U0554765

"十四五"时期国家重点出版物出版专项规划项目

马克思主义理论研究与当代中国书系

总体布局

新时代建设中国特色社会主义的系统路线图

张云飞 等 著

中国人民大学出版社
·北京·

目　录

引　　言

在科学把握人类社会发展规律、社会主义建设规律、共产党执政规律以及人与自然和谐共生规律的基础上，2012 年 11 月，党的十八大创造性地将生态文明建设纳入中国特色社会主义总体布局中，从而建构和形成了由中国特色社会主义经济建设、政治建设、文化建设、社会建设和生态文明建设共同构成的“五位一体”的中国特色社会主义总体布局（“五大建设”）。在科学总结推进总体布局实践经验的基础上，2017 年 10 月，党的十九大进一步完善了党在社会主义初级阶段的基本路线，提出了建设富强民主文明和谐美丽的社会主义现代化强国的目标（“五大目标”）。进而，2018 年 3 月，按照党的十九大精神，第十三届全国人民代表大会第一次会议将促进物质文明、政治文明、精神文明、社会文明、生态文明协调发展的内容写入宪法中（“五大文明”），将建设富强民主文明和谐美丽的社会主义现代化强国的目标写入宪法中。这样，就实现了“五大建设”“五大目标”“五大文明”的有效对接和有机统一，进一步完善了中国特色社会主义总体布局（见图 0－1）。

2021 年 7 月 1 日，习近平总书记在庆祝中国共产党成立 100 周年大会上指出：“我们坚持和发展中国特色社会主义，推动物质文明、政治文明、精神文明、社会文明、生态文明协调发展，创造了中国式现代化新道路，创造了人类文明新形态。”① 这就表明，总体布局是中国特色社会主义的重要内容和要求，推动形成了中国式现代化新道路，推动形成了人类文明新形态。

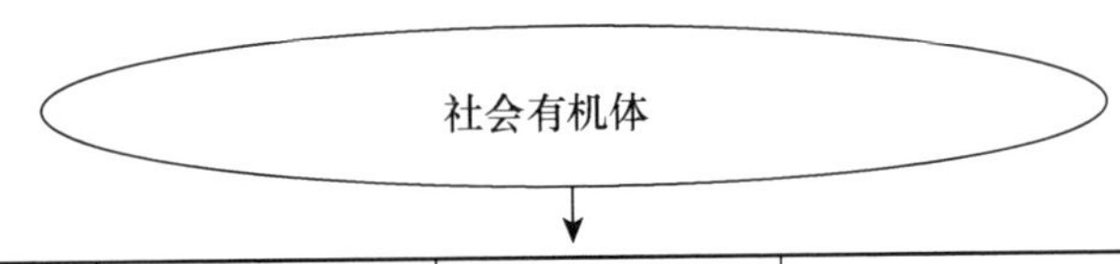

社会有机体层次	人类活动层次	建设领域	阶段目标	文明成果
经济结构	经济活动	经济建设	富强	物质文明
政治结构	政治活动	政治建设	民主	政治文明
文化结构	文化活动	文化建设	文明	精神文明
社会结构	社会活动	社会建设	和谐	社会文明
生态结构	生态活动	生态文明建设	美丽	生态文明

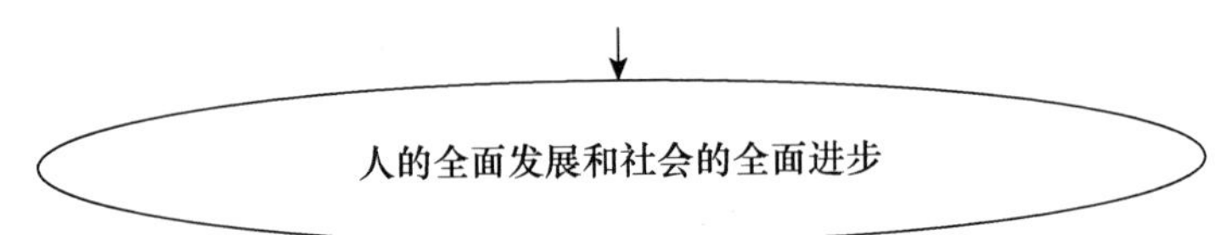

图 0-1　中国特色社会主义总体布局的系统构成

事实上，总体布局就是根据社会发展规律的全面性、整体性、系统性、协调性、动态性制定出来的社会主义建设尤其是中国特色社会主义建设的系统路线图，是社会主义建设尤其是新时代中国特色社会主义建设的顶层设计和总体构想，从总体上回答了社会主义尤其是中国特色社会主义是由哪些要素构成的系统、这些要素如何通过内外协同作用推动这个系统的优化发展、这个系统的优化发展将实现什么样的前景等问题。从这个意义上说，探索总体布局形成和发展的客观规律，探索总体布局的构成方式和运行方式，探索总体布局运行的科学原则和政治保障，探索统筹推进总体布局的前景，总结推进总体布局的实践经验，全面深化对总体布局理论和实践的科学认识，对于实现富强、民主、文明、和谐、美丽的社会主义

① 习近平. 在庆祝中国共产党成立 100 周年大会上的讲话. 人民日报，2021-07-02 (2).

现代化，对于实现中华民族伟大复兴的中国梦，对于在系统推进社会主义建设的基础上促进社会的全面进步和人的全面发展以及最终走向共产主义，都具有重大的理论意义和深远的历史意义。

“五位一体”总体布局是在理论和实践的双重探索的基础上建构起来的。在马克思主义看来，人类社会是一个处于不断变化发展过程中的有机体。社会有机体是社会实践基础上的社会结构和社会形态的统一。从其构成来看，经济、政治、文化、社会（狭义的社会）、生态构成了社会有机体的基本结构。只有合理地处理和把握这些要素（子系统）的内在关系，才能促进社会的健康、和谐、持续、全面发展，才能促进社会的全面进步和人的全面发展。总体布局的提出，是对马克思主义社会有机体思想的创造性运用和发展。

在批判和反思资本主义弊端的基础上，通过对社会主义建设正反经验的反思，中国马克思主义创造性地提出，社会主义社会是全面发展、全面进步的社会，中国特色社会主义事业是全面发展、全面进步的事业。这样，就形成了实践形态的社会有机体思想。

当然，在社会主义社会建立以后，对社会有机体复杂关系和多重维度的把握，经历了一个在实践中不断探索、不断深化、不断成熟的过程。在当代中国，从最初的物质文明建设和精神文明建设“两手抓”，到经济建设、政治建设、文化建设“三位一体”，到经济建设、政治建设、文化建设、社会建设“四位一体”，再到今天的“五位一体”总体布局，既是中国特色社会主义实践的深度拓展、系统拓展的过程，也是中国特色社会主义理论的不断发展、不断创新的过程。当前，统筹推进“五位一体”总布局，对于破解发展难题，提升发展质量和效益，实现以人为本、全面的、协调的、可持续的科学发展具有重大的指导价值，对于实现以人民为中心的发展具有重大的指导意义，对于实现创新发展、协调发展、绿色发展、开放发展、共享发展具有重大的指导意义，对于实现高质量的发展具有重大的指导意义，对于推进中国式现代化和建成社会主义现代化强国，具有重大的指导意义。

“五位一体”总体布局是一个多维的、动态的、开放的系统。用系统的眼光来看，总体布局就是中国特色社会主义事业发展的总体实践系统。

在这个系统中，社会主义经济建设、政治建设、文化建设、社会建设和生态文明建设，既具有高度的统一性，具有内在关联，又分别承担着不同的“职能”和“分工”，具有互补关系。其中，经济建设始终是其中心任务，政治建设是其政治保障，文化建设是其价值引领，社会建设为其提供条件支撑，而生态文明建设则是其自然物质基础。在总体布局的系统运行中，“五大建设”相互作用、相互耦合，形成了巨大的系统“合力”，从而助推社会全面进步和人的全面发展在社会主义初级阶段的不断实现。实际上，在推进总体布局的系统实践中，“五大建设”都是作为这个总体实践系统的子系统而存在，它们同属总体布局系统的基本构成要素，缺一不可。当然，每一个子系统都是独立的系统性存在，也包含着自己的要素，具有其独特的结构和功能。在“五位一体”总体布局中，不仅这些子系统之间发生着非线性的关系，而且它们也作为要素、单元与系统整体发生着相互关系，从而对总体布局的发展和完善产生一定的影响。具体而言，作为一个系统整体，中国特色社会主义总体布局有着自身的辩证结构，不仅表现在子系统之间相互制约、相互反馈、相互适应、相互合作、协同进化的辩证关系上，还表现在子系统与总体布局之间相互制约、相互反馈、相互适应、相互合作、协同进化的辩证关系上。在推进总体布局的系统实践中，必须高度重视、全面把握、有效利用这种系统内部的复杂关系，只有这样，才能促进系统结构的合理化和系统功能的优化，促进系统的更新和升级，从而形成社会实践系统中各种要素良性组合、协同进化的有利发展态势。这样，“五位一体”总体布局就在马克思主义社会有机体理论和社会系统工程之间架起了一座桥梁，甚至成为社会有机体理论和社会系统工程理论相结合的过程和产物。

统筹推进“五位一体”总体布局必须坚持科学的原则。这是一项异常艰巨复杂的实践活动，也是一项前无古人的伟大事业。要保证这一事业按照科学的规划和构想不断前进，必须遵循合规律性与合目的性统一的实践法则，按照“美的规律”进行构造。在社会主义条件下，就是要实现人民群众的根本利益，创造人民群众的幸福生活和美好生活，促进人的全面发展。在推进总体布局的现实语境下，这一实践法则要求将之转换为实践的基本原则。为了实现经济建设、政治建设、文化建设、社会建设、生态文明建设的全面发展、共同发展、协同发展，必须坚持客观性、总体性、人民性、实践性、动态性等原则。统筹推进总体布局必须坚持客观性原则。客观性原则要求必须立足基本国情，遵循人类社会发展规律、社会主义建设规律和共产党执政规律以及人与自然和谐共生的规律。统筹推进总体布局必须坚持总体性原则。总体性原则要求把总体布局实践视为一项总体性活动，注重总体谋划、总体协调和总体推进。统筹推进总体布局必须坚持人民性原则。人民性原则要求坚持以人民为中心的发展思想，坚持发展为了人民，发展依靠人民，发展成果由人民共享，发展业绩由人民评价。统筹推进总体布局必须坚持实践性原则。实践性原则要求把总体布局视为一个实践过程，坚持实践导向、做好实践谋划、遵循实践规律、凝聚实践动力，从而不断提升总体布局实践水平。统筹推进总体布局必须坚持动态性原则。动态性原则要求以发展的眼光对待总体布局，把握总体布局发展的动态性特征，通过总体布局实践的信息反馈、反思、调控和优化，实现总体布局实践的不断升级。显然，统筹推进总体布局是一种实践形态的唯物辩证法。

统筹推进“五位一体”总体布局是一项伟大的历史接力实践。党的十八大以来，以习近平同志为核心的党中央，在统筹推进总体布局的伟大实践过程中，注重总体设计和总体实践，协调推进全面建成小康社会（全面建设社会主义现代化国家）、全面深化改革、全面依法治国、全面从严治党（“四个全面”战略布局），大力倡导、贯彻、落实以创新、协调、绿色、开放、共享为核心的新发展理念，依靠和凝聚中国力量，坚持中国特色社会主义道路自信、理论自信、制度自信、文化自信（“四个自信”），不仅适应和引领了经济新常态，推进了供给侧结构性改革，开启了高质量发展的路子，而且将统筹推进“五位一体”总体布局实践推向了一个新高度，将建设中国特色社会主义事业推向了一个新阶段。现在，在以习近平同志为核心的党中央的带领下，在实现民族复兴的道路上，中国人民锐意进取，奋发图强，统筹推进“五位一体”总体布局，不断取得社会主义现代化建设的新成绩。在此基础上，我们开辟了 21 世纪马克思主义发展的新境界，开辟了当代中国马克思主义发展的新境界。

“四个全面”是统筹推进“五位一体”总体布局的战略安排。“五位一体”总体布局是对社会发展的整体规律、系统规律、总体规律的科学把握，具有“客观实在性”；“四个全面”是对社会发展的整体规律、系统规律、总体规律的自觉运用，具有“主观能动性”。前者是对客观规律的把握，追求的是社会发展（现代化）的全面性。后者围绕着前者而展开和布设。众所周知，第一个全面为“全面建成小康社会和全面建设社会主义现代化国家”。我们的小康是包括经济建设、政治建设、文化建设、社会建设、生态文明建设等目标在内的全面小康，我们的现代化是包括经济现代化、政治现代化、文化现代化、社会现代化、人与自然和谐共生现代化在内的全面现代化，即，我们的小康和现代化都是“五位一体”发展目标的具体体现和现实要求。因此，后者表明的是推进总体布局的改革动力、法治保障、领导力量，是执政党战略目标的体现，追求的是治国理政的全面性。实际上，“四个全面”与“五位一体”是统一的。从目标定位上看，“四个全面”与“五位一体”根本方向一致，具体目标相互包含和相互包容；从具体策略来看，“四个全面”是推进“五位一体”的现实战略部署。从发展领域来看，全面建成小康社会覆盖的领域要全面，要求全面推进经济建设、政治建设、文化建设、社会建设、生态文明建设等“五大建设”，从而凝练“五位一体”的发展目标。全面建成小康社会就是统筹推进总体布局的一个战略阶段。由于生产关系对生产力发展具有反作用，因此，在全面建成小康社会和全面建设社会主义现代化国家的同时，必须全面深化改革。从其内容来看，全面深化改革必须加快推进经济体制、政治体制、文化体制、社会体制、生态文明体制的改革。这五个领域对应的也是总体布局的领域。全面深化改革为推进总体布局提供了直接动力，是对推进总体布局动力的系统优化。全面依法治国是“四个全面”中的法治保障。全面依法治国强调法治国家、法治社会、法治政府的一体化建设，能够为推进中国特色社会主义总体布局提供法治保障。全面建成小康社会、全面深化改革、全面依法治国都必须在党的领导下进行。全面从严治党能够强化和优化党对发展、改革和法治的领导作用，提高党的治国理政的能力和水平。因此，全面从严治党强化了推进总体布局的领导力量。可见，坚持“四个全面”就是推进“五位一体”。

“新发展理念”是统筹推进“五位一体”总体布局的科学理念。要顺利推进总体布局，必须对当今世界和当代中国的经济社会发展的状况和趋势形成科学的认识和清晰的把握，必须对社会发展规律形成科学的认知和简练的表达。这就是发展理念。发展理念是对关系发展全局性的、根本性的、长远性的问题形成的战略性的、纲领性的、引领性的科学概念系统，是人类实践的“实践观念”。只有将“实践观念”内化在实践过程中，才能保证实践的科学性、系统性、预见性和有效性。以创新、协调、绿色、开放、共享为主要内容的新发展理念，不仅是指导中国经济社会发展的基本方针和重要遵循，而且是统筹推进中国特色社会主义总体布局的科学的理念指导和思想引领。新发展理念是一个科学发展理念的五个相互关联的方面，是一而五、五而一的整体。其中，创新是引领发展的第一动力。按照创新发展理念，必须推动社会主义“五大建设”的创新发展，这样，就为“五位一体”总体布局提供了系统动力。协调是健康持续发展的内在要求。按照协调发展理念，在协调社会主义现代化建设一系列关系的过程中，必须实现经济、政治、文化、社会、生态文明之间的协调发展，这样，就为统筹推进“五位一体”总体布局提供了根本原则。绿色是永续发展的必要条件。按照绿色发展理念，我们要努力将生态文明的原则和理念真正渗透和贯彻在经济建设、政治建设、文化建设和社会建设中，这样，就为统筹推进总体布局提供了永续条件。开放是国家繁荣发展的必由之路。按照开放发展理念，必须提升“五大建设”的对外开放水平，这样，就为统筹推进总体布局开拓了国际视野。共享是中国特色社会主义的本质要求。按照共享发展理念，必须将以人民为中心的发展思想贯穿和渗透在社会主义“五大建设”中，这样，就为统筹推进总体布局提供了科学的价值导向。将新发展理念贯彻和渗透在统筹推进总体布局的实践中，那么，必将有力、有序、有效地推进中国特色社会主义事业的发展。

坚持中国特色社会主义是统筹推进“五位一体”总体布局的政治保障。中国特色社会主义是科学社会主义理论逻辑和中国社会发展历史逻辑的辩证统一，是近代以来中国人民长期奋斗历史逻辑、理论逻辑、实践逻辑的必然结果，是道路、理论、制度、文化的统一，是中国共产党领导下的中国力量的凝聚。中国特色社会主义是全面发展和全面进步的事业。在这个整体当中，总体布局和“四个自信”是辩证统一的关系。一方面，总体布局是“四个自信”的重要内容和重要要求。中国特色社会主义道路是我们的道路抉择。总体布局是中国特色社会主义道路的重要构成内容。因此，总体布局是道路自信的重要内容和重要要求。中国特色社会主义理论体系尤其是习近平新时代中国特色社会主义思想是我们的指导思想。总体布局是党提出的重大理论创新成果。因此，总体布局是理论自信的重要内容和重要要求。中国特色社会主义制度是我们的制度成果。这一制度体系包括经济、政治、文化、社会、生态文明等方面的制度。因此，总体布局是制度自信的重要内容和重要要求。中国特色社会主义文化是我们的文化抉择。我们的文化是追求社会的全面发展和人的全面发展的文化。因此，总体布局是文化自信的重要内容和重要要求。另一方面，“四个自信”是总体布局的政治抉择和精神动力。具体来说，中国特色社会主义道路是推进总体布局的道路依托。坚持道路自信，强化和优化了统筹总体布局的动力。中国特色社会主义理论尤其是习近平新时代中国特色社会主义思想是推进总体布局的理论指南。坚持理论自信，为统筹推进总体布局提供了科学思路。中国特色社会主义制度是推进总体布局的制度保障。坚持制度自信，为统筹推进总体布局提供了有效的制度保障。弘扬中国精神是推进总体布局的价值导引，集中体现为文化自信。在“四个自信”中，文化自信是更基础更广泛更深厚的自信。坚持文化自信，为统筹推进总体布局提供了科学的价值导引。最后，建设中国特色社会主义必须在党的领导下凝聚中国力量，充分发挥人民群众的主体作用。凝聚中国力量是推进总体布局的力量支撑。这几个方面相互促进、相互支撑，贯穿推进中国特色社会主义总体布局的全过程。

我们只要按照“五位一体”总体布局这一建设中国特色社会主义的系统路线图，将统筹推进“五位一体”的中国特色社会主义总体布局作为一项复杂的社会系统工程，总体设计，总体施工，总体实践，总体推进，总体完工，就必然会向世人展示出中国特色社会主义的光明而伟大的愿景。这一愿景是发展愿景、文明愿景、价值愿景的有机统一。

实现社会的全面发展是统筹推进“五位一体”总体布局的发展愿景。从推动总体布局的发展愿景来看，我们在坚持以经济建设为中心的同时，必须从整体上协调推进经济建设、政治建设、文化建设、社会建设、生态文明建设，把我国建设成为一个富强、民主、文明、和谐、美丽的社会主义现代化强国。这样，就实现了发展目标在总体布局中的系统整合。在这个过程中，我们必须将“中心论”（以经济建设为中心）和“全面性”（全面发展）统一起来。作为发展目标的“五位一体”重在一体（系统），提供了建设中国特色社会主义的系统路线图。在推进总体布局的实践视域下，必须实现发展战略的综合创新。在对内发展方面，通过实施京津冀协同发展战略、长江经济带发展战略等，不仅可以有效培育新的发展极，而且必将在协调发展、共享发展方面迈出关键性的步伐。在对外发展方面，按照“人类命运共同体”理念，通过“一带一路”建设，实现内外联动，将中国的区域发展总体战略和对外开放战略有效衔接起来，必将有效开拓中国的发展空间。在这一过程中，通过实施创新驱动发展战略，将为实施上述战略提供强大的动力支撑。按照新发展理念推动上述战略，将会有效实现发展战略的系统综合。在统筹推进总体布局的过程中，还要以新发展理念为指针，坚决克服“以 GDP 论英雄”的弊端，确立和完善创新发展指数、协调发展指数、绿色发展指数、开放发展指数、共享发展指数，这样，就可以构建起科学而系统的衡量指标体系，进而实现对发展成果的系统衡量，最终引导我们走上全面发展之路。可见，总体布局是我们坚持马克思主义的立场、观点和方法，在吸收中国化马克思主义最新成果的基础上继续开拓、不断创新的结果，进一步科学地回答了发展观的基本问题，从而进一步科学而系统地表达了当代中国的发展愿景，从而开辟了 21 世纪中国马克思主义社会发展理论发展的新境界。

全面、立体、系统推进文明进步是统筹推进“五位一体”总体布局的文明愿景。在恩格斯看来，“文明是实践的事情，是社会的素质”①。由此

① 马克思，恩格斯．马克思恩格斯文集：第 1 卷．北京：人民出版社，2009：97.

观之，统筹推进总体布局的过程，也是推进文明进步的过程。“五位一体”总体布局科学而系统地揭示了社会有机体的整体构成，是马克思主义社会结构理论的创造性运用和发展。统筹推进总体布局，就是要大力加强社会主义经济建设、政治建设、文化建设、社会建设和生态文明建设，进而要实现物质文明、政治文明、精神文明、社会文明、生态文明的全面发展、共同发展和协调发展。从我国所处的发展阶段来看，我国已进入了新型工业化、信息化、城镇化、农业现代化同步发展、并联发展、叠加发展的关键时期，但是，实现“新四化”必须以绿色化为原则和前提，否则，仍然是不可持续的。因此，按照总体布局，我们必须协调推进“新四化”和绿色化。在这个过程中，我们将推进新型农业文明（包括新型乡村文明）、新型工业文明（包括新型城市文明）、现代智能文明的永续演进，将实现新型农业文明（包括新型乡村文明）与生态文明、新型工业文明（包括新型城市文明）与生态文明、现代智能文明与生态文明的有机融合，最终将确保中华文明和人类文明有一个永续发展的未来。这样，我们就进一步丰富和发展了马克思主义的技术社会形态理论，丰富和发展了马克思主义关于文明形态演进的理论。随着总体布局的系统推进，在经济富强、政治民主、文化繁荣、社会和谐、生态美丽的基础上，我们必将实现中华民族伟大复兴的中国梦。因此，中华民族复兴之梦就是中华文明复兴之梦。在当今世界格局中，由于中国坚持走和平发展道路，积极推动构建人类命运共同体，因此，中国梦必将为世界文明的发展做出自己的独特贡献。在统筹推进总体布局的过程中，中华文明与世界文明和谐共处，就是总体布局对世界文明的重大贡献。在统筹推进总体布局的过程中，将生态文明纳入这个整体，创造人类文明新形态，是中国马克思主义的创造性贡献，从而开辟了马克思主义文明理论发展的新境界。

促进人的全面发展是统筹推进“五位一体”总体布局的价值愿景。作为人类社会发展进步过程中积极进步成果的有效积累和总体积累，文明与价值具有不可分割的联系。如果从价值的维度来看，总体布局必然体现着特定主体的价值立场、价值观念，折射出价值的愿景和理想的光芒，这就必然涉及总体布局是“相信谁”“依靠谁”“为了谁”的问题。“相信谁”

"依靠谁""为了谁",是否始终站在最广大人民的立场上,是区分唯物史观和唯心史观的分水岭,也是判断马克思主义政党的试金石。促进人的全面发展是建设社会主义新社会的本质要求。党的十八大以来,在统筹推进总体布局的过程中,以习近平同志为核心的党中央又创造性地提出了以人民为中心的发展思想。因此,坚持以人民为中心的发展思想,不断促进人的全面发展,就是推进中国特色社会主义总体布局的崇高的价值愿景和理想维度。人的发展和社会发展是同一个过程的不可分割的两个方面。在统筹推进中国特色社会主义总体布局的过程中,社会主义经济建设、政治建设、文化建设、社会建设和生态文明建设的发展,将为实现人的全面发展提供相应的经济、政治、文化、社会和生态文明等方面的条件,这样,人的全面发展才有可能。同时,人的全面发展,将推动社会主义经济建设、政治建设、文化建设、社会建设和生态文明建设的全面发展、共同发展、协调发展,最终会促进社会的全面发展。人的全面发展和社会的全面发展的双向互动,将会进一步促进中国特色社会主义事业的发展。中国特色社会主义事业的发展,将为建成社会主义和实现共产主义准备相应的条件。这也昭示人们,人的发展不是一个抽象的概念,也不是一个脱离了现实的、具体的、历史的实践的孤立行为,而是在社会的全面进步中促进人的全面发展,在人的全面发展中促进社会的全面进步这样一个双向互动的过程。中国特色社会主义事业的不断发展,就是通达人的全面发展的共产主义理想的希望所在。我们共产党人的理想就是要实现共产主义。因此,推进中国特色社会主义总体布局,不能忘掉我们的初心。不忘初心,方得始终。中国共产党人是最低纲领和最高纲领的统一论者。我们在坚持中国特色社会主义共同理想的同时,必须坚持共产主义崇高理想,必须为共产主义理想而奋斗。共产主义是必然王国的结束和自由王国的开始。

总之,中国特色社会主义总体布局,是中国共产党领导中国人民在新的历史起点上加快中国特色社会主义建设的系统路线图,是新时代建设中国特色社会主义的系统路线图,是推进全面建成小康社会和全面建设社会主义现代化国家的基本框架、顶层设计和总体构想。总体布局也是一个在实践中动态发展的、开放的复杂巨系统。目前,按照党的二十大精神,在"五位一体”总体布局确定的实践格局中，我们必须坚持一切从实际出发、实事求是、解放思想、与时俱进的思想路线，坚持守正创新，坚持系统观念，努力钻研实践之法，科学把握实践之道，不断完善总体布局的构成和结构，不断提升推进总体布局发展的质量和层次，不断促进社会的全面进步和人的全面发展。这样，我们就能不断取得中国特色社会主义事业的新胜利，顺利实现“两个一百年”的奋斗目标，以中国式现代化全面推进中华民族伟大复兴，把我国建设成为一个经济富强、政治民主、文化繁荣、社会和谐、生态美丽的社会主义现代化强国，并向着共产主义的远大理想迈出新的步伐。

第一章　中国特色社会主义总体布局的系统生成

在马克思社会有机体理论的指导下，在科学把握人类社会发展规律、社会主义建设规律和共产党执政规律以及人与自然和谐共生规律的基础上，通过批判资本主义制度弊端和反思社会主义建设经验，党的十八大创造性地提出了经济建设、政治建设、文化建设、社会建设、生态文明建设“五位一体”的中国特色社会主义的总体布局。党的十九大将“五位一体”总体布局作为习近平新时代中国特色社会主义思想的重要内容，并明确写入了《中国共产党章程》中。进而，《中华人民共和国宪法》明确要求推动物质文明、政治文明、精神文明、社会文明、生态文明协调发展。这样，就进一步明确了建设中国特色社会主义尤其是新时代中国特色社会主义的系统路线图。

第一节　“五位一体”总体布局形成的理论依据

马克思社会有机体理论是提出中国特色社会主义总体布局的理论基础，为全面推进社会主义建设指明了方向。社会有机体包括全部社会生活及其关系，是建立在人类生产生活方式基础上的，是各种社会关系同时存在又相互依存所构成的有机整体。

一、马克思社会有机体理论的历史演进

马克思社会有机体理论是在批判继承前人社会有机体思想的基础上，在不断探索中，逐步形成进而发展完善起来的科学的社会系统理论。

1. 马克思社会有机体理论的理论渊源

在马克思探索社会有机体之前，西方思想家对社会有机体已有不同程度的认识和理解，可以区分为从哲学理论视角和实证科学视角来认识社会有机体的两种路径。

（1）社会有机体的哲学理论视角探索。在德国古典哲学中，康德与黑格尔关于社会的思想对马克思社会有机体理论的形成与发展产生了重要影响。康德从合目的性角度提出，自然界基于其内在和外在目的性，构成一个自组织的有机整体，促使其内部各要素与整体之间形成辩证关联。康德对自然的分析，往往建立在对经验对象与自在之物的二元对立的分析之上，所以，他所谓的有机体也往往忽视人的能动作用和所发挥的物质力量，从而使这一有机体带有神秘色彩。黑格尔从国家决定市民社会的角度看到社会的有机整体性，认为国家是普遍利益与个人特殊利益的融合体，也是政治情绪与政治制度的融合体，还是整体权力和部分权力的融合体。他的国家有机体思想中尽管蕴含着丰富的辩证法思想，却构建在颠倒的世界观之上，将国家的整体利益凌驾于个人与市民社会之上。马克思之前哲人对社会有机体的理解，尤其是康德、黑格尔关于社会有机体的思想，尽管建立在头脚倒置的世界观之上并存在着认识上的偏差，但其辩证思考社会、对社会从“目的性”到“过程论”的理解，给马克思的社会有机体思想提供了宝贵的思想资源。

（2）社会有机体的实证主义视角探索。这方面主要的代表人物有法国社会学家孔德与英国社会学家斯宾塞。孔德从对生物有机体的认识和与社会有机体的对比中形成社会有机体思想。他认为社会由家庭、阶级和种族、城市和社区构成，家庭类似于生物体的“细胞”、阶级和种族类似于生物体的“组织”、城市和社区类似于生物体的“器官”；它们相互关联、

分工合作又层层递进，共同推动社会有机体运行发展。当然，社会也有其独特的特性。孔德将自己的理论概括为社会秩序论和社会进步论等。孔德认为，社会自组织发展是有秩序的，其秩序的核心在于“爱”与“和谐”，人们通过家庭、社区等在道义上的教化，能够促使人们形成对保持和谐生活的追求；社会秩序的维持需要通过国家管理的方式实现各利益集团相互制衡和各阶级利益的调和。孔德认为，社会有机体是发展的进步的，其动力在于人的理性，而人的理性的发展阶段分为神学阶段、形而上学阶段和科学阶段或实证阶段。斯宾塞继承了孔德关于社会有机体的思想，提出了社会有机论。他更加详尽地比较了生物有机体与社会之间的关系，并将社会系统比拟为人体，认为社会系统同人体生理运转一样都有维持系统、循环系统和调节系统。其中，社会的物质生产系统为社会提供必要的生产与生活资料，类似于人体的维持系统；社会产品的流通、运转与分配以满足社会各成员的需求，类似于人体的循环系统；以国家为代表的各政治组织调节社会各成员间的权益关系，类似于人体的调节系统。作为发展的社会系统，斯宾塞认为，“社会有机体在发展过程中必然经历一些暂时性的形式，在这些形式中它的各种各样的职能是由临时性设施来履行的，它们注定要随着最终设施变得有效率而迅速消失”①。可见，斯宾塞进一步沿着孔德的逻辑思路从社会有机学说和社会进化论的动静两条主线对社会有机体进行了详细探讨，进一步促进了实证主义同有机理论的融合。总之，从实证主义角度探析社会，将其同生物有机体作类比，并未看到人的能动价值，具有一定的局限性；但其采用科学实证方法考察人类社会，为马克思社会有机体理论的形成发展提供了重要的理论素材。

2. 马克思社会有机体理论的形成过程

在资本主义蓬勃发展却蕴含激烈冲突与矛盾的历史背景下，在科学技术空前发展的理论支撑下，在无产阶级斗争的迫切要求下，马克思恩格斯深入分析社会系统，探索社会发展规律，在理论与实践的结合中逐渐形成了科学的社会有机体理论。

（1）基于社会现实，开启对社会有机体的探索。在其思想发展的早期

① 斯宾塞. 社会静力学. 北京：商务印书馆，1996：231.

阶段，基于对社会现实问题的考察和对劳动人民的同情，马克思恩格斯开始了对社会有机体的探析。在《莱茵报》时期，马克思揭示和批判了劳动人民在专制制度下饱受疾苦的现实，从现实的社会关系中考察了社会这一有机体，意识到了物质利益在社会现实生活中的重要作用，反思了黑格尔思辨哲学的局限。同时，他也探析了“生命的有机体”和“国家生活的有机体”之间的辩证关系，认为国家这一有机体同生命有机体一样，是受同一生命体推动的不同职能的活生生的运动，而对国家的考察，不应也不能在感性现象的事实中去寻找和发现其真实本质。在《1844 年经济学哲学手稿》中，马克思以异化劳动理论为核心，探析了劳动在联结人、自然、社会中的重要意义。在《神圣家族》中，马克思考察了人民群众在社会历史发展中的重要作用，超越了青年黑格尔派以自我意识为社会发展的决定性力量的思想，批判了英雄史观。在《关于费尔巴哈的提纲》中，马克思考察了实践的重要作用，剖析了唯心主义与旧唯物主义的思维局限，认为人的本质是一切社会关系的总和，是自然属性与社会属性的统一，由此真正触及了社会有机体的核心与关键，即社会实践。在这一时期，马克思恩格斯超越了以往哲学家对社会历史发展的认识，从实践的角度考察社会这一有机体，开启了对社会有机体的全新认知。

（2）确立唯物史观，形成社会有机体的理论。在 1845 年前后，马克思在社会实践的基础上，逐步形成唯物史观的系统内容，为社会有机体思想的形成与确立奠定了科学基础。在《德意志意识形态》中，马克思恩格斯强调，应从现实的个人出发来研究社会有机体。他们以考察现实的生产实践为核心，科学分析了生活资料的生产、生产资料的再生产、人自身的生产及再生产、社会关系再生产等四种生产在社会发展中的作用，揭示了生产力、物质交往方式构成物质生产方式及二者辩证运动推动社会发展的历史规律。基于此，他们指出，市民社会是“受到迄今为止一切历史阶段的生产力制约同时又反过来制约生产力的交往形式”①。市民社会是全部历史的真正发源地和舞台，是国家政权与意识形态安身立命的决定性力量。他们也提出，由物质生产力和物质交往方式构成社会结构，社会历史发展经

① 马克思，恩格斯．马克思恩格斯文集：第 1 卷．北京：人民出版社，2009：540.

历了“部落所有制”“古代公社所有制和国家所有制”“封建的或等级的所有制”等不同社会形态。这样，社会结构和社会形态就构成了社会有机体的总体框架。接着，在《哲学的贫困》中，马克思批判了蒲鲁东的小资产阶级思想，明确提出了社会有机体的范畴，初步构建了社会有机体理论的基本内容。他认为，社会是一个一切关系在其中同时存在而又互相依存的机体。在各个相互作用的组成部分中，经济要素尤其是生产力与生产关系的辩证运动，成为了推动社会发展的决定性要素。由此，社会发展自身具有的社会发展规律是合目的性与合规律性的统一。这一系列思想推动了马克思社会有机体理论的形成与确立。进而，在《共产党宣言》中，马克思恩格斯基于唯物史观的基本原理深入考察了当时资本主义社会现实，揭示了资本主义社会作为社会发展的暂时性形态尽管具有进步意义，却终究克服不了自身内在矛盾而最终会被新的社会形态（社会主义和共产主义社会）所取代。最后，在《〈政治经济学批判〉序言》中，马克思详尽探讨了社会有机体的基本问题（社会存在与社会意识的关系问题），也探讨了社会的基本结构（经济结构、政治结构、文化结构、社会结构），还考察了社会历史发展演进的形态演变等问题，系统呈现了社会有机体理论的基本内容。可见，这一时期，随着对唯物史观的研究深入，马克思社会有机体思想逐步形成与确立，建构起了科学的社会有机体理论的总体架构。

（3）在理论与实践的结合中考察现实社会，丰富社会有机体理论。在唯物史观创立之后，通过投身革命实践、进行政治经济学分析、探析东方社会发展道路，马克思恩格斯丰富了关于社会有机体的理论内容并拓展了研究视域。通过对资本主义社会进行政治经济学的分析，写作《资本论》“三大手稿”及《资本论》等相关著作，马克思指出，“社会不是坚实的结晶体，而是一个能够变化并且经常处于变化过程中的有机体”①。他探讨了资本主义社会形态内部所存在的不可克服的矛盾，考察了资本主义社会运动规律，并提出了通过无产阶级的力量推翻资本主义制度的要求。在指导无产阶级革命过程中，马克思恩格斯探索了革命在社会历史发展中的作

① 马克思，恩格斯．马克思恩格斯文集：第5卷．北京：人民出版社，2009：10-13.

用，考察了无产阶级革命的斗争形式与策略，深化了关于国家与无产阶级专政的学说。此外，马克思恩格斯写作了《人类学笔记》《历史学笔记》《家庭、私有制和国家的起源》等，深入研究了世界历史的形成及其二重性、亚细亚生产方式、东方社会的社会结构及发展动力等理论问题。基于此，他们提出，俄国可以不通过资本主义制度的“卡夫丁峡谷”，而占有资本主义制度所创造的一切积极的成果，从而走出一条与欧洲不同的社会发展道路，最终实现无产阶级与全人类的解放，走向共产主义。在这一时期，马克思恩格斯从不同视角对社会有机体进行了考察，丰富与发展了社会有机体理论的内容，为无产阶级革命提供了强有力的理论指导。

总之，吸收借鉴以往思想家关于社会的思考，以实践为突破口，在唯物史观的理论框架中，在研究资本主义生产关系的矛盾运动中，马克思恩格斯逐步形成对社会有机体的总体认知和系统阐释，从理论与实践的综合考察中，客观地、逻辑地再现了社会有机体的真实面貌。

二、马克思社会有机体理论的系统内容

马克思科学揭示出社会有机体的形成、结构和特征等问题，形成了科学的社会有机体理论。

1. 社会有机体的形成

社会有机体的形成和发展有三个前提，即实践前提、人的自主性前提和自然前提。人在生活和生产实践中，在与自然、社会和他人的交往中，形成了各种关系。这些关系之间普遍联系、密不可分，逐步形成为统一的社会有机体。

社会有机体是在人的创造活动中形成和发展的。社会有机体的形成和发展离不开人的自主活动。由于人是社会中的现实的人，是进行物质生产和精神生产的活生生的主体，因此，社会有机体不是凭空想象出来的主观的东西，而是生动的客观存在物。人类区别于动物的特点是人能够运用其智能，自主地生产自身需要的生活资料，能够自主地生产自身和自身的生活，即能够有计划地进行创造性的活动。同时，人在能动的物质生产活动中也进行着精神创造活动，“思想、观念、意识的生产最初是直接与人们

的物质活动，与人们的物质交往，与现实生活的语言交织在一起的”①。在人创造的社会形式中，由于物质生产状况的不同，不同时期有不同的特点，从最简单的氏族社会形式到胞族和部落所有制社会形式莫不如此。原始的社会有机体的结构相对简单，生产力水平低下，社会实践活动效率低下。随着人口的增加、社会分工的发展和人们交往活动的扩展，私有制社会产生，私有财产开始集中，出现人与人关系的等级分化。从奴隶社会、封建社会到资本主义社会，私有制的发展不断地剥夺人的自由，但是，也提高了生产效率，因此，具有历史进步意义。当然，资本主义毕竟是人类的史前时期。随着资本主义危机的不断爆发，人类将创造出新的、全面发展的、效率更高、更加健康和充满活力的社会主义社会有机体，将实现社会有机体向更高层次的飞跃。总之，社会有机体是人的创造性活动的产物。

社会有机体是在人的实践活动中形成和发展起来的。实践是人类区别于其他生物的重要特征甚至是本质特征。虽然蜜蜂、蚂蚁等动物的群体的生命活动也很复杂，具有一定的社会活动习性，但都只是在生物遗传基因控制下的本能活动。人类的实践活动，完全不同于动物本能，是在人类智能基础上的可以预见活动结果的积极活动。同时，人的实践首先是为了满足人类生存而进行的物质生活实践，即“人们为了能够‘创造历史’，必须能够生活。但是为了生活，首先就需要吃喝住穿以及其他一些东西。因此第一个历史活动就是生产满足这些需要的资料，即生产物质生活本身”②。可见，人类的第一个历史活动，即物质生活资料的生产实践由此产生，对物质生活资料的需要是人类永恒的需要，也是人类永恒的实践动力，因此，全部社会生活在本质上是实践的。在物质生活资料生产中，人们必然要结成各种交往关系，同时，还存在着在满足人类繁衍的需要基础上建立起的家庭关系，以及人口增加后不断扩展的人与人的社会交往关系。人们在社会实践中不仅形成了错综复杂的交往关系，还产生了新的交往的需要、参与政治的需要、精神的需要、社会生活的需要、生态环境的

① 马克思，恩格斯．马克思恩格斯文集：第1卷．北京：人民出版社，2009：524.

② 同①531.

需要等。在这些需要的基础上，人们通过实践形成了经济关系、政治关系、文化关系、社会生活关系（交往关系）、生态关系等，并逐渐将社会变成一个有机整体。社会有机体运动变化源于人的实践，社会有机体形成后，社会有机体中的人始终不断在各种需要的推动下，扩展有机体中的各种实践形式，加深各种交往关系，使社会有机体得以不断发展壮大。总之，社会有机体是在实践中形成的，也是在实践中发展的。

社会有机体是在人与自然的互动中形成和发展的。无论是人还是人类社会，都是自然界长期发展的产物，时刻离不开自然。社会存在和社会发展必须以保持与自然的物质变换为前提。一方面，自然影响和制约着社会结构。社会有机体存在着不同的层次和结构（社会结构）。从根本上看，社会结构的形式和划分是由生产力发展水平决定的。但是，在发生学的意义上，“不同的共同体在各自的自然环境中，找到不同的生产资料和不同的生活资料”①。进而，它们就形成了不同的生产方式、治理方式、思维方式和价值观念、生活方式和消费方式等社会结构要素，这样，就形成了不同的经济结构、政治结构、文化结构和社会生活结构等社会结构领域。另一方面，自然影响和制约着社会演化。社会有机体是一个不断演化的过程，集中表现为社会形态的更替。社会形态的更替是社会基本矛盾发展的结果，尤其是由劳动生产率决定的。但是，“撇开社会生产的形态的发展程度不说，劳动生产率是同自然条件相联系的。这些自然条件都可以归结为人本身的自然（如人种等等）和人的周围的自然。外界自然条件在经济上可以分为两大类：生活资料的自然富源，例如土壤的肥力，鱼产丰富的水域等等；劳动资料的自然富源，如奔腾的瀑布、可以航行的河流、森林、金属、煤炭等等。在文化初期，第一类自然富源具有决定性的意义；在较高的发展阶段，第二类自然富源具有决定性的意义”②。显然，没有持续的自然资源的支撑，社会就不可能向前发展。在总体上，以劳动为特征，人在自然界中与其他动物相分离成为人类；以实践为媒介，人与自然在互动中结成各种社会交往关系，进而形成了社会。社会有机体始终与自

① 马克思，恩格斯．马克思恩格斯文集：第5卷．北京：人民出版社，2009：407.

② 同①586.

然生态环境处于双向互动之中。社会有机体的存在和发展必须实现人与自然之间的物质变换，即与外部自然环境不断进行物质、能量和信息的交换。由于社会有机体是在人与自然的交往中形成和发展起来的，因此，无论是人类有意识地改造自然的活动，还是改变自身以适应自然环境的变化，或者是人有目的地调整社会有机体的结构状况以保护自然环境，都不能忽视自然前提，必须在尊重自然规律的前提下进行。

总之，以社会实践为基础和中介，在人类进行创造性活动的基础上，在社会和自然的物质变换过程中，社会成为一个自组织系统——社会有机体。马克思的社会有机体理论将社会以整体的方式展现出来。在这个整体中，主体是能动的人，动力是实践，前提是自然，三个要素不可或缺，构成了一个复杂巨系统。

2. 社会有机体的结构

社会有机体包含多层次的复杂要素，并通过人类实践中的交往关系紧密联系起来，形成稳定的结合方式，即社会结构。社会有机体主要包括以下要素。

(1) 社会有机体的经济结构。经济结构是物质生产中的交往关系产生的社会结构，反映的是人们之间的物质关系。这些在生产中结成的“生产关系的总和构成社会的经济结构”①。在整个社会有机体中，经济结构是政治结构、文化结构、社会生活结构和生态结构的基础。社会主义经济结构尤其是社会主义生产资料所有制构成了社会主义社会的经济基础。在此基础上，形成了物质文明。物质文明是人类实践在经济结构领域中形成的积极进步的成果总和。

(2) 社会有机体的政治结构。各种政治权利实体因素，政治的组织形式、规章与准则，以及国家治理体系和方式，构成了社会有机体的政治关系系统，即政治结构。政治结构规范人们进行政治交往的方式，以强制性的方式保证社会总体的有序性和稳定性，是对社会有机系统进行总体性调节的手段。究其实质来看，“这种从生产关系本身中生长出来的经济共同体的全部

① 马克思，恩格斯. 马克思恩格斯文集：第2卷. 北京：人民出版社，2009：591.

结构，从而这种共同体的独特的政治结构，都是建立在上述的经济形式上的”①。显然，政治结构是经济结构的政治体现。在无产阶级专政的社会主义国家里，人民群众成为了国家、社会和自己命运的主人，担负着建造整个社会的任务，是人类历史上最后的国家形式。在这个过程中，形成了政治文明。政治文明是人类实践在政治结构领域中形成的积极进步的成果。

（3）社会有机体的文化结构。文化结构是在人类精神交往活动中形成的。社会的文化结构是与社会存在相对的社会意识，包括社会心理、社会思潮和社会思想等一系列的要素。意识形态是系统化、制度化了的社会意识。由于它对每个社会成员的精神活动都有规范作用和导向作用，从而就作为社会有机系统的总体性的自我意识对整个系统进行调节、控制，保证系统的稳定运行。文化结构一旦形成，就具有相对独立性，与经济发展不一定完全同步，既有可能超前于经济结构，也有可能落后而阻碍社会发展。文化结构还有继承和创新的特点，不仅反映现实状况，也承继传统文化，指引未来。文化对经济结构和政治结构具有能动的反作用。社会主义文化是人类历史上最进步的文化，其主流意识形态是马克思主义。党的十九届四中全会指出，必须坚持马克思主义在意识形态领域指导地位的根本制度。在这个过程中，形成了精神文明。精神文明是人类实践在文化结构领域中形成的积极进步的成果总和。

（4）社会有机体的社会生活结构。社会生活结构是人们社会交往的产物。社会生活结构反映社会成员的组成方式及其关系，是社会诸要素之间按照一定的秩序所构成的相对稳定的关系结构和构成方式，如人口结构、社会组织结构、社会阶层结构、城乡结构、就业和收入分配结构、消费结构等。社会生活结构是根据社会需要而自然形成的或人为建立起来的。如果社会生活结构不健康或者运行过程受阻，其社会功能就难以实现或者会造成社会功能失调，产生社会问题。健康的社会生活结构应该具有开放性和公正合理性，反映人民在社会生活中的良好关系。社会主义社会形成了团结友爱的社会关系。在此基础上，形成了社会文明。社会文明是人类实

① 马克思，恩格斯．马克思恩格斯文集：第7卷．北京：人民出版社，2009：894．

践在社会生活结构领域中形成的积极进步的成果总和。

（5）社会有机体的生态结构。自然生态环境条件的持续存在和生态平衡是社会有机体存在的前提。在社会有机体的存在和发展过程中，“从物质生产的一定形式产生：第一，一定的社会结构；第二，人对自然的一定关系。人们的国家制度和人们的观念由这两者决定。因而，人们的精神生产的方式也由这两者决定”①。这种人对自然的一定关系是一种不同于物质生产的特殊社会结构，即生态结构。社会有机体的生态结构是作为社会主体的人与作为社会前提的自然之间相互作用中形成的特殊结构。在微观的意义上，自然是人的无机的身体。这一无机的身体事实上就是整个社会有机体的物质外壳或物质平台，即社会的生态结构。社会主义社会明确把人与自然和谐发展作为自己的发展目标和特征。在这个过程中，形成了生态文明。生态文明是人类实践在生态结构领域中形成的积极进步的成果总和。

总之，社会有机体是由经济、政治、文化、社会生活以及生态等结构（要素）构成的有机系统，社会文明系统是由物质文明、政治文明、精神文明、社会文明和生态文明等文明要素（文明结构）构成的系统。社会的全面发展和全面进步要求经济建设、政治建设、文化建设、社会建设和生态文明建设共同发展、协调发展，要求物质文明、政治文明、精神文明、社会文明、生态文明共同发展、协调发展。这也是社会主义社会全面发展和人的全面发展的基本要求。

3. 社会有机体的特征

社会有机整体具有整体性、全面性、目的性、协调性、稳定性和发展性等特征。

（1）社会有机体的整体性。社会有机体最重要的特征是整体性。在实践基础上形成的社会有机体内含多重要素。各独立要素与社会整体的关系表现为，“一切关系在其中同时存在而又互相依存”②，就是说，社会有机体的整体是由经济、政治、文化、社会、生态等各个要素共同组成的。同时，这些社会要素是社会有机整体中的部分，只有在社会整体中才能实现

---

① 马克思，恩格斯．马克思恩格斯全集：第33卷．2版．北京：人民出版社，2004：346.

② 马克思，恩格斯．马克思恩格斯文集：第1卷．北京：人民出版社，2009：604.

其存在价值。在社会有机体中，实践是社会整体形成和发展的重要纽带，也是社会有机整体与各要素之间关系的纽带。由于社会实践具有多样性，包括了人与自然、人与社会、人与人之间的多重关系，因此，任何生产实践都与其他实践相联接、联结甚至联合。这样，作为实践的成果，任何社会文明要素都是其他社会文明要素的前提并影响到其他文明的构建，社会有机体就这样形成一个动态的、多系统、多层次的统一整体。在此情形下，"谁用政治经济学的范畴构筑某种意识形态体系的大厦，谁就是把社会体系的各个环节割裂开来，就是把社会的各个环节变成同等数量的依次出现的单个社会。其实，单凭运动、顺序和时间的唯一逻辑公式怎能向我们说明一切关系在其中同时存在而又互相依存的社会机体呢?"① 可见，社会有机体的各个要素是一个相互联系的系统。社会有机体的整体性表明，只有从社会的整体联系中考察、理解社会生活现象，才能认识社会的本质。只有完整准确地认识了社会有机体，才能科学地谋划社会主义建设的总体布局。

（2）社会有机体的全面性。在社会有机体中，整体性突出的是社会结构要素的不可分割性和相互依赖性，而全面性突出的是社会构成的多样性和复杂性以及它们的共同存在和共同发展。在社会有机体的存在和发展过程中，不时有新的社会要素形成和涌现，同时，社会要素之间的联系趋向复杂化，使社会有机体的全面性不断出现新的表现形式。无论怎样，物质条件是社会有机体全面发展的基础。从根本上说，社会有机体是在满足作为其主体的人的物质需要的过程中产生和演化的。由于各种社会关系以生产关系为基础，而生产关系以生产力为基础，因此，生产力状况在社会发展中具有决定作用，社会形态一定是和生产发展水平相适应的。社会形态的演替始终是和生产力发展水平相对应的。这是不以人的意志为转移的历史必然性。因此，社会有机体的全面发展的基础是物质发展。在此基础上，社会主义社会成为了全面发展和全面进步的社会，成为人类社会有机体的发展新过程。社会主义需要不断总结经验，在社会的各个领域全面发展，从而不断解放和发展生产力，不断走向繁荣和进步。社会主义的最终

① 马克思，恩格斯. 马克思恩格斯文集：第1卷. 北京：人民出版社，2009：603-604.

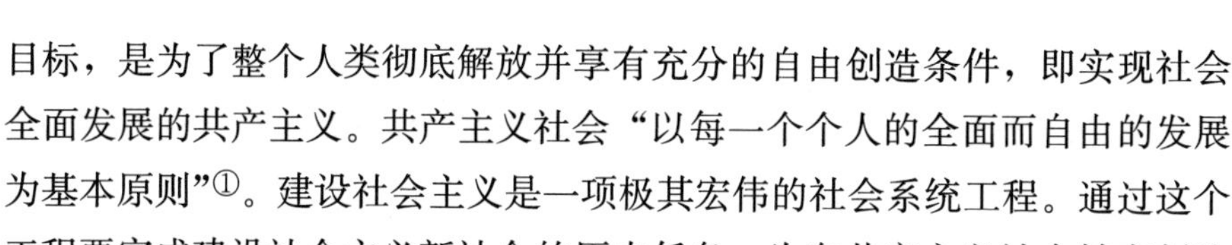

目标，是为了整个人类彻底解放并享有充分的自由创造条件，即实现社会全面发展的共产主义。共产主义社会“以每一个个人的全面而自由的发展为基本原则”①。建设社会主义是一项极其宏伟的社会系统工程。通过这个工程要完成建设社会主义新社会的历史任务，为向共产主义社会转变创造物质条件和精神条件等方面的条件。

（3）社会有机体的目的性。由于人的活动是自觉的有意识、有目的的活动，因此，社会有机体的发展具有目的性。人类能够按照自己的需要把尚未存在的社会要素创造出来。在物质生产的基础上，人类由于其精神世界活动为自己打开了可能世界而有了选择的自由，更获得了发明和创造的可能。人通过自己的物质性活动改变了现实世界的状况，自然环境被人改造为人化自然，这样，也改变了人类自己与外部世界的关系，创造了人类社会的历史。显然，“人离开狭义的动物越远，就越是有意识地自己创造自己的历史，未能预见的作用、未能控制的力量对这一历史的影响就越小，历史的结果和预定的目的就越加符合”②。一方面，人的自我意识决定了它能够主动与自然进行互动。人具有在实践中主动适应环境、改变环境、创造环境的能力，实现与自然的物质变换，从而赋予社会有机体以生机和活力。另一方面，人的能动能力决定了人能够全面自主地构建社会有机体，改变和调整自身，发展和壮大社会有机体。这样，人类就能够在可能世界中建立起一个目的世界。当然，从根本上来看，人凭借实践确证自己的存在。

（4）社会有机体的协调性。协调性是社会有机体存在和发展的基本要求。社会的基本结构本身是在社会关系的制度化、规范化基础上建立起来的社会关系的体系，要把社会中的复杂多样的个人组织起来，就必须协调各种社会关系，这样，才能使社会成为一个有机整体。同时，社会有机体处于不断的变化和发展之中，相应地，社会结构也必须不断整合调整以适应社会变化。如果各种社会结构长期处于不平衡甚至冲突状态中，那么社会有机体将会失衡甚至是瓦解。在这个过程中，“对立面互相均衡，互相

---

① 马克思，恩格斯. 马克思恩格斯文集：第5卷. 北京：人民出版社，2009：683.

② 马克思，恩格斯. 马克思恩格斯文集：第9卷. 北京：人民出版社，2009：421-422.

中和，互相抵消”，“两个相互矛盾方面的共存、斗争以及融合成一个新范畴，就是辩证运动”①。因此，社会有机体的协调性反映了社会有机体的自组织性、自调节性。只有把握了这一点，才能够在社会主义建设中，正确把握各种社会关系，合理解决人与自然、人与他人、人与社会的关系，促进社会主义社会的和谐发展。

（5）社会有机体的稳定性。稳定性是社会有机体的基本特征。社会有机体的结构是社会关系固定化、制度化的结果，因此，社会有机体在一定历史时期必然具有相对的稳定性。这种稳定既表现在制度化的社会关系的稳定特点上，也表现在整个有机系统具有自组织性和自我调节能力上。在社会有机体中，物质生产活动要求有多层次的稳定的社会关系。只有在稳定的条件下，物质生产活动才能顺利进行。因此，人们必须维护社会交往关系的稳定，进而要维护社会有机体整个结构的稳定，维护社会有机体运行的稳定。在社会有机体的形成过程中，社会交往关系不断规范化、制度化，从而形成稳定的秩序和结构，保证了社会有机体的持续存在和永续发展。因此，在一定历史时期，社会有机体即使不断地代谢和发生量变，也必须能够自我维持、自我协调、自我改良，保持相对稳定的结构。总之，社会有机体的稳定性是其持续存在的基本前提。

（6）社会有机体的发展性。生产力是社会生活中最活跃最革命的因素。随着生产力的变化，社会的各种结构必然发生相应变化，整个社会有机体必然不断自我更新和自我完善，社会有机体也必然从低级阶段向高级阶段发展。社会有机体不仅能够与自然互动，而且具有自主构建自身的能力。也就是说，“这种有机体制本身作为一个总体有自己的各种前提，而它向总体的发展过程就在于：使社会的一切要素从属于自己，或者把自己还缺乏的器官从社会中创造出来。有机体制在历史上就是这样生成为总体的。生成为这种总体是它的过程即它的发展的一个要素”②。显然，社会有机体的自我构建性，决定了它可以自觉调整社会结构的不合理因素，使人类社会获得充分发展和不断进步的功能基础。同时，社会有机体的发展还

---

① 马克思，恩格斯. 马克思恩格斯文集：第1卷. 北京：人民出版社，2009：601，605.

② 马克思，恩格斯. 马克思恩格斯全集：第30卷. 2版. 北京：人民出版社，1995：237.

体现在人的发展阶段上。“人的依赖关系（起初完全是自然发生的），是最初的社会形式，在这种形式下，人的生产能力只是在狭小的范围内和孤立的地点上发展着。以**物的**依赖性为基础的人的独立性，是第二大形式，在这种形式下，才形成普遍的社会物质变换、全面的关系、多方面的需要以及全面的能力的体系。建立在个人全面发展和他们共同的、社会的生产能力成为从属于他们的社会财富这一基础上的自由个性，是第三个阶段。”①显然，在社会有机体发展的初期阶段，是人对人的依赖阶段。由于生产力不发达，人类只能在狭小的地域内生存发展。第二阶段是人对物的依赖阶段，人的能力增强。生产力的发展，使得人们有了更广阔的发展空间，更自由的生活可能。资本主义阶段是人对物（商品、货币、资本）的依赖阶段。第三阶段，是人的自由全面发展的阶段。社会主义就是人类逐渐摆脱了对物的依赖，逐渐实现人的自由而全面发展的阶段。未来的共产主义社会就是人的自由而全面发展的社会。

可见，社会不是一个坚实的结晶体，而是一个自组织的不断建构的过程。社会有机体总是趋向于全面发展。

三、马克思社会有机体理论的实践价值

由于马克思社会有机体理论本身就是科学的社会系统理论，要求把社会作为一个整体来把握和对待，因此，它为总体布局的提出奠定了理论根基，也为总体布局的完善提供了理论支撑。

1. 构建“五位一体”总体布局的理论根基

马克思社会有机体理论为中国特色社会主义“五位一体”总体布局的构建奠定了理论根基。马克思在考察社会有机体的结构时提出，物质生活的生产方式制约着整个社会生活、政治生活和精神生活的过程。这样，就表明了人类社会是由经济结构、政治结构、文化结构、社会结构等结构要素构成且这些结构处于相互影响与相互制约之中的有机整体。同时，在考察人类及其社会发展的历史演进中，马克思恩格斯提醒我们，不可忽视自然这一社会存在和社会发展的物质前提，因为这些自然物质条件“是人的生

① 马克思，恩格斯. 马克思恩格斯文集：第 8 卷. 北京：人民出版社，2009：52.

活和人的活动的一部分。人在肉体上只有靠这些自然产品才能生活”①。由此可见，以人与自然关系为核心的生态结构也是社会有机体不可或缺的社会结构之一。既然社会有机体由经济、政治、文化、社会、生态结构构成，这些结构各自执行不同职能且相互依赖、相互制约、相互影响、相互作用，那么，它们就共同推动社会的自组织运转及有序发展。因此，在现实生活中，就应该促进经济建设、政治建设、文化建设、社会建设和生态文明建设的共同发展、协调发展、全面发展。对于社会主义建设来说，更是如此。正是根据马克思社会有机体理论，党的十八大创造性地提出了“五位一体”的中国特色社会主义总体布局。

2. 完善“五位一体”总体布局的理论支撑

马克思社会有机体理论为完善中国特色社会主义“五位一体”总体布局提供了理论支撑。马克思在探讨社会有机体各要素的相互制约时提出，体现推动社会历史发展的决定性要素为经济要素。这一论断为我们在总体布局中坚持以经济建设为中心提供了理论指导。然而只看到经济要素的决定性力量而忽视其他结构的作用，终究也会导致社会主义建设的片面发展。社会有机体的不断发展，对社会主义建设提出更加全面系统的要求，要求在推动生产力发展的同时，更应注重社会发展的整体性、系统性及全面性的特征和要求。因此，唯物史观同时是辩证的历史观，是把社会视为一个动态的发展过程和总体的实践系统的历史观。它不仅强调经济的决定作用，同时也如实地揭示社会思想文化、政治制度、社会生活和社会交往、生态关系等对经济的巨大反作用。社会有机体是一个包含多维结构的集合，社会的经济、政治、文化、社会、生态等维度之间存在着复杂的、非线性的相互关系和相互作用，显示出辩证的张力。社会的任何一个方面发生变动，都会引起社会大系统的整体“涨落”，从而体现出社会有机体发展过程的复杂性。由此，基于社会主义社会是全面发展与全面进步的社会的理论认知，社会主义建设必须按照经济富强、政治民主、文化繁荣、社会和谐和生态美丽的要求来完善中国特色社会主义总体布局，这样，才

① 马克思，恩格斯．马克思恩格斯文集：第1卷．北京：人民出版社，2009：161.

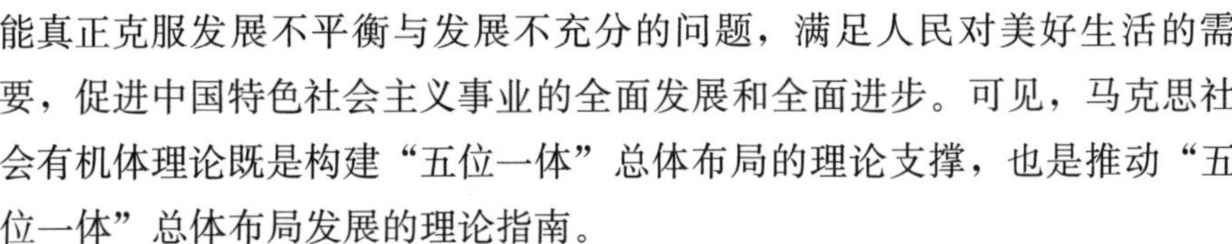

能真正克服发展不平衡与发展不充分的问题，满足人民对美好生活的需要，促进中国特色社会主义事业的全面发展和全面进步。可见，马克思社会有机体理论既是构建“五位一体”总体布局的理论支撑，也是推动“五位一体”总体布局发展的理论指南。

总之，马克思社会有机体理论为中国特色社会主义总体布局奠定了科学的理论基础。总体布局的提出和推进过程，就是马克思社会有机体理论的具体运用和创新发展的过程。

第二节　“五位一体”总体布局形成的历史经验

基于对资本主义总体性危机的科学反思和对社会主义建设全面性经验的科学总结，按照社会主义建设的全面性要求，我们党创造性地提出了“五位一体”的中国特色社会主义总体布局。

一、资本主义制度的全面性危机

资本主义社会实质上是一个单面社会（单向度的社会）。资本主义危机主要体现在以下几个方面。

1. 资本主义经济危机

随着资本主义基本矛盾的发展，必然爆发经济危机。经济危机一般指资本主义经济发展过程中周期性爆发的社会经济的大混乱。它是资本主义制度在经济方面出现的弊病和灾难，是资本主义总体危机的最初的和最基本的表现，是资本主义社会无法摆脱的危机形式。“一切现实的危机的最终原因，总是群众的贫穷和他们的消费受到限制。”① 经济危机暴露了资本主义的一切病症，体现了资本主义的历史暂时性。

资本主义经济危机的核心是生产相对过剩。由于资本的扩张本性，资本积累促使工人支付能力下降，导致供求比例失衡，造成无节制的生产，最终带来了生产相对过剩的问题。这一过剩是现代工业社会特有的产物，

① 马克思，恩格斯．马克思恩格斯文集：第7卷．北京：人民出版社，2009：548.

更是资本主义自身矛盾不可克服的产物，必然会影响整个资本主义经济的动态，造成经济危机，带来整个资本主义社会的危机。

第二次世界大战之后，资本主义经济危机发生了很大变化。在危机到来之时，国家垄断资本主义为缓解经济危机造成的社会动荡，往往利用通货膨胀政策，致使整个社会在生产过剩的同时伴随着通货膨胀，危机对社会的影响在范围和程度上都远远超出初期的经济危机。2008 年发生至今仍未探底的次贷危机更是如此。

可见，资本主义经济危机是资本主义社会发展不可避免的产物，随着资本主义的发展而进一步严重化。

2. 资本主义政治危机

资本主义政治危机主要是指资本主义国家面临的政治统治方面的危机。

资本主义基本矛盾在政治上表现为政治的社会化与政权的资本性之间的矛盾。资本主义民主政治只是为少数资本持有者服务的，保证了资本和财富向少数人的集中。这样，就造成少数垄断集团占有全国大多数的财富而大部分民众却占有极少财富，带来贫富差距的日益拉大以及阶级矛盾的日益尖锐化。资本主义的民主制度的核心在于精英治国，也就是少数政治精英统领社会运行，其中精英的选择在选举制度中则是以金钱政治与权钱交易的特征呈现，导致社会的发展是由少数精英引领与决定着，这样，难免造成“寡头政治”的局面，造成社会整体的政治结构尤其是民主政治遭到严重的破坏。

资本主义政治危机集中体现在阶级之间、民族之间、国家之间的压迫与剥削关系上。资本主义国家的统治阶级是资产阶级，国家政权掌握在资产阶级手中，国家活动是以维护资本主义制度和资产阶级的阶级利益为导向，对工人阶级进行剥削和压迫，以实现资产者利益最大化。在垄断资本主义阶段尤其是国家垄断资本主义阶段，垄断集团不仅掌握经济统治权，而且进一步夺取政治统治权力，实现经济垄断和政治专权的结合。这样，在造成贫富差距日益拉大的同时，阶级矛盾日益尖锐化。

为缓和国内阶级矛盾的尖锐化和获取更多财富，资本家更多地将目光

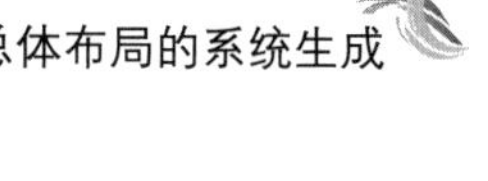

放在海外殖民和海外自然资源及劳动力资源的掠夺上，这样，不可避免地造成民族之间与国家之间矛盾的激化，尤其是资本主义列强同被压迫民族与国家之间的矛盾空前激烈。为克服这一尖锐矛盾，资本主义国家企图借用政治民主解放的口号来转移公众的注意力。例如，为了攫取经济利益，两次世界大战及多次局部战争，都是在这类政治口号的鼓噪下发起的。

总之，资本主义政治危机是资本主义发展不可避免的产物。由资本主义经济危机造成的政治危机，也能造成资本主义政权的崩溃。

3. 资本主义文化危机

资本主义文化危机主要是指文化产品作为商品为资本所掌控而造成的文化异化。

随着资本主义制度的确立，社会化大生产给予了人们丰富的物质财富，同时也促使社会滋生了拜物教。人们沉浸于对商品、货币、资本的崇拜中，并未意识到“金银作为货币代表一种社会生产关系，不过这种关系采取了一种具有奇特的社会属性的自然物的形式”①。在当今物欲横流的资本主义社会，人们对金钱和财富的崇拜依旧没有摆脱拜物教的怪圈，依旧在这种物统治人的生产关系中苦苦挣扎。

由于受这样的价值观念的影响和支配，人们沉浸在对物质产品的满足中，沉浸在追求个人利益的角逐中而将自己的理想、自由和解放抛之脑后，更不会对现实社会进行批判性思考和革命性行动。在资本主义生产方式中，“每一个人都只隶属于某一个生产部门，受它束缚，听它剥削，在这里，每一个人都只能发展自己才能的**一方面**而偏废了其他各方面，只熟悉整个生产的某**一个**部门或者某一个部门的一部分”②。显然，单向度的社会就是片面的社会，单向度的人就是片面的人。

随着资本主义社会的国家干预增强以及技术水平的提高，资本主义对文化艺术的控制增强，逐步干预和引导人们的意识形态，淡化工人阶级的阶级意识，模糊阶级关系。这样，随着文化商品和文化产业的流行和发展，工人阶级的阶级意识被严重消解，丧失了文化上的领导权。

---

① 马克思，恩格斯．马克思恩格斯文集：第5卷．北京：人民出版社，2009：101.

② 马克思，恩格斯．马克思恩格斯文集：第1卷．北京：人民出版社，2009：688.

总之，资本主义在文化领域造成人们价值观念的扭曲、精神信仰的缺失和阶级意识的淡薄，表面上缓和了阶级矛盾，实际上进一步促成了人与人关系的异化和扭曲。

4. 资本主义社会危机

资本主义社会危机主要是指资本主义社会在经济危机带动下造成社会生活秩序的紊乱和动荡，致使社会安全处于高危状态中。

资本主义社会危机集中体现在资本主义经济利益不平等条件下社会领域中人与人之间的非正义和不正义现象的层出不穷上。为获取更多利润，资本主义“已经不能按照资本主义生产过程的‘健康的、正常的’发展所需要的剥削程度来剥削劳动，而这种发展所需要的剥削程度至少要使利润量随着所使用的资本量的增加而增加，从而使利润率不会在资本增加时按同一程度下降，更不会比资本的增加更为迅速地下降”①。随着剥削率的增长，资本主义社会中的贫富差距将逐步拉大，造成无产阶级贫困化，造成社会的全面危机的爆发。

这种经济利益的不平等现象铺展开来，致使整个社会中人与人、阶级与阶级、区域与区域、国家与国家之间的不平等关系也日渐严重。即使出现了“福利资本主义”，也难以改变事情的本质。一系列不平等关系源自物质生产中形成的人与人之间的关系。这样，社会就丧失了其原有的生机与活力。

总之，资本主义的生产关系必然促使社会贫富差距的拉大，造成严重的两极分化，威胁着社会的公共秩序与社会良性循环，促成社会危机的产生。

5. 资本主义生态危机

资本主义生态危机主要是指资本逻辑造成了人与自然之间物质变换关系的断裂，突出表现为资源枯竭、环境污染、生态恶化、气候变暖等问题。

为实现资本无限增殖，资本主义生产方式促成生产无限扩张并致使消费无限扩张。这一生产方式必然会促使城市的崛起和人口在城市中的集聚，并在生产扩张和消费扩张的环境下，人们在城市中大量生产废弃物并将之直接排放至自然界。这一过程最终导致了资本主义生态危机的爆发。

---

① 马克思，恩格斯．马克思恩格斯文集：第7卷．北京：人民出版社，2009：284.

从全球范围看，由于西方资本主义国家消耗了全球大部分的资源，主导着世界经济秩序，并且在全球大肆转移公害，这样，就导致了全球生态危机。全球性生态危机在形式上是全球性的问题，实质上是资本逻辑在全球扩展导致的生态恶果。

总之，“资本主义生产发展了社会生产过程的技术和结合，只是由于它同时破坏了一切财富的源泉——土地和工人”①。资本主义生态危机造成了对劳动者和自然界的双重掠夺。

显然，在资本主义条件下，存在着各种各样的危机。这也就决定了其必然被全面发展的社会主义所取代。

二、社会主义建设的全面性经验

社会主义社会是无产阶级和劳动人民在共产党的领导下有计划地按照人类社会发展规律构建起来的社会，能够彻底摆脱资本主义的片面性，实现社会的全面进步和人的全面发展。但是，由于社会主义是一种崭新的社会制度，没有现成的经验可以遵循和借鉴，对于什么是社会主义、怎样建设社会主义的问题，需要不断探索，这样，在这个过程中就可能发生这样或那样的失误以至挫折。

1. 巴黎公社的全面性探索

作为世界上无产阶级夺取政权的第一次伟大尝试的巴黎公社，进行了具有社会主义性质的全面性的实践探索。

（1）经济探索。为了减轻人民的经济负担，公社废除了法国资产阶级政府将普法战争战败赔款的主要重担转嫁到农民身上的做法。对于大资本家，公社一概没收其财产。对于中小资本家，公社酌情没收或收归其财产，交由工人阶级管理。公社将一切已经关闭的作坊或工厂交给工人协作社，同时给企业保留获得补偿的权利。

（2）政治探索。公社废除了资产阶级“三权分立”的政治形式，建立了公社委员会这一立法和行政统一的新的政府机构。公社废除了资产阶级的官僚集中制，代之以无产阶级的民主集中制。公社各级领导机关，都由

① 马克思，恩格斯. 马克思恩格斯文集：第5卷. 北京：人民出版社，2009：580.

民主选举产生，统一在公社领导下工作。对公职人员实行普选制和撤换制，并规定其最高薪金。一切重大问题由公社委员会决定，由其下属委员会执行。这种探索具有明显的无产阶级专政的特征。

（3）文化探索。公社颁布了政教分离的法令。公社取消了国家用于宗教事务的一切开支，剥夺教会财产变为公共财产，并将各种宗教象征和宗教活动等宗教教育从学校中革除。

（4）社会探索。公社实现男女平等、妇女解放的政策。主要措施有：公社发动妇女参加劳动，实现男女在经济上的平等，并规定男女教师同酬。公社改变法国轻视女子教育的传统，高度重视妇女教育问题，规定女子同男子享有同样受普通教育的权利，还开设一些女子职业学校，实行男女在教育上的平等。公社免除了农民的“血税”，还颁发了有利于中下层人民的免交房租的命令。

可见，通过政治、经济、文化和社会等方面的制度变革探索，成立于1871年的巴黎公社成为世界上全面建设社会主义的最早尝试和科学探索，不愧为无产阶级夺取政权的第一次伟大尝试①。

2. 苏联的全面社会主义建设探索

十月革命的成功，使社会主义成为现实的社会制度，促进了人的全面发展和社会的全面进步，初步展现出了社会主义制度的优越性。

（1）社会主义经济建设。在计划经济的条件下，推进重工业的发展，是苏联社会主义经济建设的重要特征。1925年，联共（布）第十四次代表大会，确立了社会主义工业化的方针，并根据当时苏联的具体国情，确定了优先发展重工业的方针。1927年，联共（布）第十五次代表大会通过了加快农业集体化的决议，同时确定了农民自愿参加集体化的原则。通过国家计划的安排，在工人阶级和劳动人民的共同努力下，苏联最终实现了社会主义工业化和农业集体化。1937年，苏联成为世界第二、欧洲第一的强国。

（2）社会主义政治建设。苏联是世界上第一个无产阶级专政的国家。

---

① 张云飞，等. 为了人民的幸福和尊严：中国特色社会主义社会建设的理论与实践. 北京：人民出版社，2015：89-90.

十月革命胜利后，列宁和共产党立即采取措施建立和巩固新生的政权。全俄苏维埃代表大会是国家的最高权力机构，人民委员会是行政机构，对全俄苏维埃代表大会负责，并接受其监督，由人民委员会的各部代替苏维埃政权颁布一系列法令，建立新型的无产阶级政权。1936 年，苏联颁布了新宪法，标志着社会主义制度在苏联已经确立。

（3）社会主义文化建设。列宁和苏联共产党高度重视社会主义文化建设。苏共第十六次代表大会就通过了实施普及初等义务教育的决议。从 1920 年到 1940 年，苏联全国扫盲 5 000 万人。苏联大力支持科技事业的发展，主张依靠科技进步来推动经济社会发展。为此，苏联提高知识分子地位，发挥其积极作用，创立了大批科研机构，培养了众多科研人才，从而在科技进步上取得了重大突破。

（4）社会主义集体福利。苏联的集体福利非常普遍。例如，苏联推行全免费教育，各级各类教育都是免费的，高等学校的学生还领取助学金。从 1960 年到 1986 年，苏联社会消费基金提供的教育费用增加了近 4 倍，即从 79 亿卢布增加到 394 亿卢布。此外，苏联的医疗、住房、通信等方面的福利水平也较高。即使在苏联解体之后，原苏联民众仍然享受着由苏联延续下来的免费住房、免费水电等方面的福利。

（5）社会主义生态建设。苏联高度重视资源保护和环境保护工作。1921 年，苏联颁布了国土野生资源、森林资源和渔业资源管理基本法。此后，陆续颁布了一系列的环境法律法规，如土地法、水资源法、地下资源法、森林法等。1977 年 1 月 1 日起，苏联实施国家环境标准。由苏联国家计划委员会统一负责全国环境规划，苏联还注重资源、环境、经济的协调发展。

尽管苏联社会主义建设出现过这样或那样的问题，但是，在全面建设社会主义社会方面仍然取得了重大成就①。

3. 中国的全面社会主义建设探索

中国共产党十分重视社会主义社会的全面发展和全面进步，在这方面

① 张云飞，等. 为了人民的幸福和尊严：中国特色社会主义社会建设的理论与实践. 北京：人民出版社，2015：90-92.

进行了科学探索，取得了一系列理论成就和实践成果。

早在论述建设新民主主义国家的纲领时，毛泽东就从建设新民主主义的政治、经济、文化三个方面规定了新中国的未来前景，并阐明了三者之间的辩证关系。

在完成了社会主义改造任务之后，我们力求全面推动社会主义建设。在第一个五年计划时期（1953 年—1957 年），我们将重工业放在整个社会主义建设的重要位置。这在提升国家总体经济实力的同时，也造成了发展的失衡。因此，1956 年，毛泽东发表了《论十大关系》，要求正确处理社会主义建设中的各种重大关系，促进社会主义社会的全面发展。之后，我们开始主动地扭转片面发展的问题，提出要实现农轻重的协调发展，经济建设和国防建设的协调发展，以及协调国家、集体、个人三者的关系，协调中央与地方的关系，协调民族间的关系和党派间关系，开始努力向全面发展和全面进步的方向发展。在现代化问题上，我们最早把工业化作为我国社会发展的目标。随着中国社会主义工业化的发展，我们开始逐步用"现代化"的目标来取代"工业化"的目标；而对现代化的认识，逐步从经济领域扩展到了国防和科学技术领域，最终提出了实现"四个现代化"的奋斗目标。此外，毛泽东要求整个国民经济必须按比例协调发展，将统筹兼顾作为社会主义现代化建设中的一项重要的原则和方法。他强调，"搞社会主义建设，很重要的一个问题是综合平衡"①。但是，由于国内外一系列复杂的因素，随着阶级斗争的逐渐扩大化，在"文化大革命"期间，我们并没有将上述科学思想很好地贯穿始终。

党的十一届三中全会后，我们将全党和全国的工作重心从阶级斗争转向了经济建设，走上了改革开放的道路，开创了社会主义现代化建设的新局面。在突出以经济建设为中心的同时，我们党强调指出："现代化建设的任务是多方面的，各个方面需要综合平衡，不能单打一。"② 邓小平理论明确指出，我国已经进入社会主义现代化建设的新时期，要在大幅度提高社会生产力的同时，改革和完善社会主义的经济制度和政治制度，发展高

---

① 毛泽东．毛泽东文集：第 8 卷．北京：人民出版社，1999：73.

② 邓小平．邓小平文选：第 2 卷．2 版．北京：人民出版社，1994：250.

度的社会主义民主和完备的社会主义法制，提高全民族的科学文化水平，发展高尚的丰富多彩的文化生活，建设高度的社会主义精神文明。在这个过程中，必须坚持综合平衡，而不能顾此失彼。按照这种思路，1987 年，党的十三大把建设富强、民主、文明的现代化国家作为我国社会主义现代化建设的基本目标，纳入党的基本路线中。在此基础上，有中国特色的社会主义理论提出了一系列“两手抓”的战略思想和方针：一手抓经济建设，一手抓民主法制；一手抓物质文明，一手抓精神文明；一手抓改革开放，一手抓惩治腐败。在我们党看来，只有坚持两手抓，两手都要硬，才是合格的社会主义。但是，由于认识的失误，现实中也存在着一系列片面发展的问题。因此，随着中国特色社会主义事业的发展，我们党进一步突出了社会主义社会全面发展和全面进步的必要性和重要性。针对物质文明一手硬而精神文明一手软的问题，我们党提出了两个文明要一起抓的思想，进而提出要高度重视政治文明。针对经济建设一腿长而社会建设一腿短的问题，我们党提出了构建社会主义和谐社会的战略构想，突出了社会建设和社会治理的价值。针对重发展而轻环境的问题，我们党突出了可持续发展和生态文明建设在社会主义建设中的战略位置，吹响了走向社会主义生态文明新时代的号角。在此基础上，“三个代表”重要思想明确提出了社会主义社会是全面发展、全面进步的社会的科学论断。进而，科学发展观又进一步提出中国特色社会主义是全面发展和全面进步的事业的科学论断。同时，社会的全面发展离不开人的全面发展。因此，“三个代表”重要思想提出，实现人的全面发展是建设社会主义新社会的本质要求。这也是马克思主义关于建设社会主义新社会的本质要求。这样，我们党就明确地将全面发展和全面进步作为社会主义建设的努力方向。

总之，从整体上不断推进社会主义建设，努力实现社会的全面进步和人的全面发展，为我们提出“五位一体”的中国特色社会主义总体布局提供了科学的理论准备和实践基础。

三、构建社会主义总体布局的整体要求

中国特色社会主义总体布局是中国社会主义建设的总体规划，是在马

克思社会有机体理论的基础上，充分把握社会有机体的社会结构和发展规律，系统建构起来的全面的完整的中国特色社会主义建设的系统蓝图。

社会主义是人类社会进步发展的新阶段，是走向全面发展和全面进步的社会。社会主义是以共产主义为指向的社会制度，而共产主义与资本主义之前的社会制度根本不同的地方就是，“它推翻一切旧的生产关系和交往关系的基础，并且第一次自觉地把一切自发形成的前提看做是前人的创造，消除这些前提的自发性，使这些前提受联合起来的个人的支配”①。因此，社会主义的特征决定了社会主义社会的有机体不是自发形成的，而是系统地自主地构建起来的。因此，我们必须按照以下要求，构建和完善作为社会主义建设的系统路线图的中国特色社会主义总体布局。

1. 全面性原则

万物互联。一切事物都是处于普遍联系之中的，既影响其他事物又受其他事物影响。在社会有机体中更是如此。作为社会主体的人是一切社会关系的总和。在社会主义建设中，我们要系统地全面地认识和把握社会有机体，必须从社会有机体的整体出发，科学认识和正确处理经济要素、政治要素、文化要素、社会生活要素、生态文明要素的关系，将之作为一个系统，按照科学合理的社会经济发展规划有目的地全面建设和全面推进社会主义事业，全面地推进包括经济建设、政治建设、文化建设、社会建设、生态文明建设在内的整个社会主义建设事业。为此，我们必须全面完整地勾画社会主义建设的系统蓝图——中国特色社会主义总体布局。这样，才能建设全面的完整的健康的社会主义社会。

2. 自主性原则

万物自动。一切事物都处于运动、变化和发展当中，而这一切都源于事物自身的矛盾。一切事物都具有自组织的机制。自组织是指事物自身具有不断发展和完善的能力，并能够适应变化着的外部环境而自我保持和自我更新。社会有机体不仅是一个内生的自组织系统，而且是自组织系统发展的高级形式。因此，“辩证逻辑要求从事物的发展、‘自己运动’（像黑

① 马克思，恩格斯. 马克思恩格斯文集：第1卷. 北京：人民出版社，2009：574.

格尔有时所说的）、变化中来考察事物”①。社会有机体的自组织过程可以区分为自下而上地自发形成和自上而下地自觉组织两种情况或者两种机制。前者指大量的个体或群体之间的不确定的、偶然的、分散的、无序的力量之间发生相互作用而形成某种共同利益和共同目标的过程。后者指人们首先认识到了某种共同利益和共同目标，然后围绕这种共同利益和共同目标而组织成一个特定的社会系统。这两种过程在社会有机体的自组织中是彼此结合和相互转化的。因此，在社会主义建设中，我们必须将“基层创新”和“顶层设计”统一起来，以此来构建和完善社会主义建设的系统路线图——中国特色社会主义总体布局。这样，在党的领导下，中国特色社会主义建设事业才能成为人民群众自我创造美好生活的过程。

3. *实践性原则*

行塑万物。实践是塑造一切形式的活火。作为人的自由而自觉的活动，实践是主体和客体联系和统一的基础和中介。社会有机体是在社会实践的过程中建构起来的，并随着社会实践的发展而不断完善自己的结构、优化自己的功能、提升自己的水平。因此，“必须把人的全部实践——作为真理的标准，也作为事物同人所需要它的那一点的联系的实际确定者——包括到事物的完整的‘定义’中去”②。在社会主义建设中，我们不仅要在理论上坚持实践标准，而且在实践上更应该如此。我们必须立足于人民群众创造美好生活的伟大实践，立足于社会主义的生产实践、社会主义时期的阶级斗争和治理实践、社会主义的科学实践，立足于社会主义的伟大创造，通过全面总结和概括社会主义建设实践的正反经验，来系统地规划社会主义建设的系统蓝图——中国特色社会主义总体布局，这样，才能保证中国特色社会主义实践的科学性和有效性。

4. *具体性原则*

万物各异。一切事物都随着时间、地点、条件的变化而变化。社会有机体更是变动不居的。因此，“辩证逻辑教导说，‘没有抽象的真理，真理

①② 列宁．列宁选集：第4卷．3版修订版．北京：人民出版社，2012：419.

总是具体的’”①。我们必须坚持因时制宜、因地制宜、因人制宜、因事制宜的矛盾特殊性原理。我们要看到，社会有机体不仅具有稳定性，还有实践性、开放性、自然前提性等特点，是一个不断运动变化发展的有机整体。这就决定了社会主义建设必须坚持与时俱进。同时，这也要求作为推动社会主义社会全面发展路线图的总体布局，也必须随着时代发展而不断完善。据此，我们必须把马克思主义基本原理和中国实际以及中华优秀传统文化具体地历史地结合起来，应当不断在总结社会主义建设的实践经验中吸收一切有利于中国社会主义社会全面发展的成分，针对发展中的问题制定相应的对策，严格遵循人类社会发展的规律、社会主义建设的规律、共产党执政的规律以及人与自然和谐共生的规律，努力实现社会主义的全面发展和全面进步。

总之，社会主义社会的全面发展和全面进步是可以自我建构、自我完善的。中国特色社会主义总体布局是否科学全面决定着中国社会主义建设事业的发展走向，决定着社会整体是否和谐和稳定，决定着人与自然的关系是否可以得到和谐发展。

第三节 “五位一体”总体布局形成的现实考量

新中国成立以来尤其是改革开放以来，我国社会主义建设取得了一系列的巨大成就，但是，由于一系列复杂的原因，仍然存在着发展不平衡和不充分的问题。面对这些发展中存在的矛盾和问题，中国共产党人始终坚持以实际问题为导向的马克思主义学风，在进行一系列具有时代特点的伟大斗争的过程中，建构和完善了中国特色社会主义总体布局。

一、走出“唯 GDP 是从”误区的科学抉择

改革开放以来，我国实现了经济的腾飞和人民生活的巨大改善。同时

① 列宁．列宁选集：第 4 卷．3 版修订版．北京：人民出版社，2012：419.

也要看到，在取得显著成绩的同时，我们在发展理念和发展思路方面还存在一些问题。例如，由于各种原因，在一定程度上还存在着为增长而增长、为发展而发展的“唯 GDP 是从”现象。这种看似能够带来一定的“效果”的发展具有短期性，在人口、资源、环境、社会等方面都带来了许多问题。针对这一弊端，党的十八大提出，要全面落实经济建设、政治建设、文化建设、社会建设、生态文明建设“五位一体”总体布局，促进现代化建设各方面相协调。

“唯 GDP 是从”是对“以经济建设为中心”的错误“解读”。从辩证法的角度看，以经济建设为中心抓住了中国在社会主义初级阶段的主要矛盾，鲜明地体现了辩证法的“重点论”思想。这里需要注意的是，不能将“重点论”理解为“一点论”。“重点论”是与“两点论”辩证结合、不可割裂的。只有正确理解和统筹运用“重点论”和“两点论”的辩证关系，才符合辩证的矛盾分析法的真精神。如果人为地割裂“重点论”和“两点论”的内在关系，就会只顾经济建设的中心地位，而看不到社会发展的丰富内涵和全面要求，简单地把社会发展理解为经济增长，必然在认识和实践上走进“唯 GDP 是从”的误区。

“唯 GDP 是从”也是机械的经济决定论的重要表现。经济决定论是一种庸俗的机械的历史观。它把经济看作社会发展过程中唯一起作用的决定性因素，根本否认政治、文化、社会生活和社会交往、生态等因素在社会总体演进中的重大作用，简单地用经济的自动作用解释复杂的社会有机体及历史演变进程，认为社会发展只是经济发展的自然结果。这种违背唯物史观的错误思想，在无产阶级革命过程中曾一度出现，并且多次受到马克思主义经典作家的严厉而深刻的批判。在社会主义建设和改革的新时期，这种简单的、机械的、线性的经济决定论及类似的思维模式依然存在。由于把单纯的经济增长视为社会发展的唯一目标，就造成只关注经济增长的速度而不注重经济发展的质量，也不顾社会的承受能力和其他指标，甚至认为只要经济发展了，其他问题自然就迎刃而解了，这样，就陷入了“唯 GDP 是从”的误区，并产生了一系列其他问题。

“五位一体”总体布局是走出“唯 GDP 是从”误区的有效科学路径。

根据“重点论”和“两点论”相统一的原则，在中国特色社会主义建设中要抓住重点，集中精力解决主要矛盾，保证经济建设的中心地位。同时，还需放眼全局、综合施策，要统筹兼顾，协调推进经济建设、政治建设、文化建设、社会建设、生态文明建设，在“五位一体”的全面落实中实现经济增长和社会进步的良性互动。对此，习近平指出：“要改进考核方法手段，既看发展又看基础，既看显绩又看潜绩，把民生改善、社会进步、生态效益等指标和实绩作为重要考核内容，再也不能简单以国内生产总值增长率来论英雄了。”① 因此，在社会主义建设中，我们不仅要关注经济这个维度，而且要把社会看成一个多维集成的复杂系统，这样，就可有效避免对社会发展过程的简单化、绝对化和片面化的理解。反之，如果不顾社会的动态平衡而孤立地、盲目地追求经济的快速增长，必然会造成社会有机体的“熵增”以及系统和谐性的递减。

总之，只有在实践中按照全面性的要求来确定发展思路和工作部署，才能彻底走出“唯 GDP 是从”的误区，实现经济发展和社会进步的协同共进。根据这一点，我们党创造性地提出了中国特色社会主义总体布局。

二、增强发展协调性的科学抉择

协调是系统要素之间彼此和谐一致的程度和水平，体现了系统由无序走向有序的趋势。在社会主义建设中，只有协调推进经济建设、政治建设、文化建设、社会建设和生态文明建设，才能真正贯彻协调发展的理念，增强发展的协调性。目前，“我国社会生产力水平总体上显著提高，社会生产能力在很多方面进入世界前列，更加突出的问题是发展不平衡不充分，这已经成为满足人民日益增长的美好生活需要的主要制约因素”②。发展的不协调是发展不平衡的重要体现。为了切实解决我国发展中的不协调问题，促进协调发展，我们党提出统筹推进“五位一体”总体布局。

中国经济社会发展协调性不够的问题值得重视。纵观中国改革开放的历程，虽然取得了举世瞩目的成就，但是发展的协调性远远不够，在某些

① 十八大以来重要文献选编：上. 北京：中央文献出版社，2014：343-344.

② 十九大以来重要文献选编：上. 北京：中央文献出版社，2019：8.

方面还存在亟待补足的短板。在全球经济不景气的大背景下，中国经济也面临着不少困难和问题。地区发展不平衡，收入差距过大，扩大就业的难度增大，提高社会保障水平任重道远。同时，在经济发展过程中还存在着劳动力资源短缺、人口结构老龄化等值得关注的问题。这些问题都不是孤立地发生和存在着，而是往往相互联系、相互叠加，在总体上削弱了发展的协调性。

就发展的总体状况来看，经济建设、政治建设、文化建设、社会建设、生态文明建设之间的协调性也有待增强。

协调发展是实现高质量发展的一项重要原则和方法论要求。社会发展是一个总体的实践过程，也是一个动态的复杂系统。社会是在特定历史条件下个体实践和群体实践的集合。每一个体、群体在实践的主体和客体、对象和手段、过程和规律、目的和效果等方面都是千差万别的，要在这种复杂的总体实践中达到推进社会发展、造福人民大众的效果，就必须高度重视社会发展的协调性，使其内部的各个环节、各个方面相互衔接、有机融合，使社会系统内部的子系统之间协同一致、优化组合，这样，才能不断增强发展的协调性，提高发展的整体效益。这正如音乐一样。“要产生好的音乐，十个指头的动作要有节奏，要互相配合。”① 进一步来讲，只有不断增强发展的协调性，才能实现社会发展的整体推进和质的跃迁。在这种情况下，将各项社会主义建设事业统筹起来纳入一个系统中，才能增强发展的协调性。中国特色社会主义总体布局就是我们在这方面采取的根本举措。

在社会大系统中，每一层级的要素不仅和自己的“上级”、“同级”和“下级”具有直接联系，也与其“上级”或“下级”的“同级”要素发生系统关联。这样看来，在社会系统内部不是部门和层次之间互不交叉的垂直层级关系，而是一种复杂的、立体的网状关系，每一层级上的任一要素都在一定程度上影响着系统整体的存在和发展。只有让系统的每个层级及每个要素都充分发挥其应有的作用，并通过系统结构的优化实现系统功能的良性耦合，才能切实增强系统发展的协调性。因此，只有把经济、政

---

① 毛泽东．毛泽东选集：第 4 卷．2 版．北京：人民出版社，1991：1442．

治、文化、社会、生态等领域的实践融入社会“总体实践”中，把经济结构、政治结构、文化结构、社会结构和生态结构作为社会的子系统加以整合，不仅重视各个子系统的优化升级，还注重各子系统之间协调度的培养和生成，才能促进社会的协调发展，才能促进社会主义社会的协调发展。因此，我们党提出了总体布局。总体布局是实现经济、政治、文化、社会、生态协调发展的根本举措。

总之，在建设中国特色社会主义的实践过程中，“我们要按照这个总布局，促进现代化建设各方面相协调，促进生产关系与生产力、上层建筑与经济基础相协调”①。同时，要促进人与自然关系的协调发展。

三、提高绿色发展指数的科学抉择

发展必须是促进人与自然和谐共生的发展，必须是可持续发展，必须是绿色发展。绿色发展指数是衡量社会经济的可持续发展和资源环境的可持续发展的有机结合程度的一种重要指标。统计数据表明，目前中国的绿色发展指数尚处于世界中等偏下位置，属于浅绿色发展水平。根据中国的基本国情和发展现状，我们党提出了中国特色社会主义的总体布局。“五位一体”总体布局对于提高绿色指数发展具有重要意义。

（1）绿色发展是自然规律向社会实践活动提出的“绝对命令”。自然是人的无机的身体，也是人类诞生的先在性条件。人类只有在实践中认识自然、尊重自然、修复自然、养育自然、爱护自然，有效地调控人与自然的关系，兼顾社会系统内部关系的优化和人与自然关系的和谐化，才能保证实践活动永久的自然条件，以及社会系统存在发展的持续性。可以说，处理好人与自然的关系，实现人与自然和谐发展，是社会发展的内在要求，也是自然对人类的“绝对命令”。这是一种体现尊重自然规律的生态唯物主义的态度和立场。

（2）绿色发展指数是衡量和推进绿色发展的重要工具。社会指标运动和环境治理实践催生了绿色发展指标的开发和研制。现在，提高绿色发展指数不仅是世界性的潮流，而且是实现科学发展尤其是高质量发展的重要

① 十八大以来重要文献选编：上. 北京：中央文献出版社，2014：77.

手段和基本选择。在推动和实现科学发展的过程中，科学发展观同样提出了推行绿色发展指数的要求。“发展是我们党执政兴国的第一要务。我们已进入新的发展阶段，现在的发展不仅仅是为了解决温饱，而是为了加快全面建设小康社会、提前基本实现现代化；不能光追求速度，而应该追求速度、质量、效益的统一；不能盲目发展，污染环境，给后人留下沉重负担，而要按照统筹人与自然和谐发展的要求，做好人口、资源、环境工作。为此，我们既要 GDP，又要绿色 GDP。”① 只有既看经济指标，又看环境指标，才能促进科学发展。

（3）总体布局是提高绿色发展指数的基本遵循。总体布局从社会系统工程的角度，在经济、政治、文化、社会、生态文明建设的紧密交融、协同推进中，不断落实生态文明理念，可有效提高社会的绿色发展指数。首先，“五位一体”总体布局的提出，有利于促进经济的发展和人民生活的改善，为实现绿色发展提供了必要的物质基础。其次，“五位一体”总体布局的提出，有利于促进科技文化教育事业的不断发展，科技创新能力不断增强，这将为绿色技术和绿色产品的研发提供强大的技术条件。再次，“五位一体”总体布局的提出，有利于促进生态文明理念日益深入人心，人们更加崇尚绿色消费，自觉践行绿色化的生活方式。最后，“五位一体”总体布局的提出，有利于促进政治领域依法治国的全面推进，各级政府将加大环境监管力度，通过严格的环境执法，有效治理乱采乱排等各种浪费资源、污染环境的违法行为，提高环境保护法治化水平，从法治维度有力地促进资源保护和环境治理。

总之，在建设中国特色社会主义的过程中，“最重要的是要完善经济社会发展考核评价体系，把资源消耗、环境损害、生态效益等体现生态文明建设状况的指标纳入经济社会发展评价体系，建立体现生态文明要求的目标体系、考核办法、奖惩机制，使之成为推进生态文明建设的重要导向和约束”②。这样看来，只有在“五位一体”全面推进的大格局中，才能更好地贯彻生态文明理念，提高绿色发展指数，使生态破坏的势头得到有效

① 习近平. 之江新语. 杭州：浙江人民出版社，2007：37.

② 习近平关于全面深化改革论述摘编. 北京：中央文献出版社，2014：104.

遏制，实现人与自然的和谐发展，建设美丽中国。

四、提高人文发展指数的科学抉择

人本发展是世界现代化的一般趋势和要求。尽管我国经济社会发展取得了巨大成就，但是，由于发展不平衡不充分的问题，我们还不能满足人民对美好生活的需要。根据马克思主义政治立场，我们党创造性地提出了以人民为中心的发展思想。因此，在坚持高质量发展的过程中，必须采用和推行人文发展指数。毋庸讳言，作为一个发展中大国，中国目前的人文发展指数仍然位于世界中等水平。我们党创造性地提出了中国特色社会主义的总体布局，有利于我国提高人文发展指数。

（1）以人民为中心的发展是对“见物不见人”的发展倾向的纠正。传统的发展观把发展简单地理解为经济增长，在理论上存在着两个缺陷：一是只追求经济增长而忽视了社会发展的其他方面，更没有看到它们和经济有着不可分割的联系。二是并没有真正廓清实现经济增长的终极意义是什么，造成在发展问题上的舍本逐末、“见物不见人”。改革开放以来，中国逐渐推行以市场化为取向的经济改革，在一定程度上利用了资本逻辑对生产力发展的促进作用。但是，由于市场经济的实质就是追求经济利益最大化，因此，出现了“为生产而生产”“为增长而增长”的现象。当然，历史地看，在社会主义初级阶段，市场经济和资本逻辑有其存在发展的合理性，但是，社会主义的制度属性要求我们通过发展社会保障事业，利用必要的政策导向以及法治措施，将市场经济和资本逻辑的负面作用降低到最低限度，这样，才能更好地维护社会公平，改善人与自然的关系，改变“见物不见人”的发展怪相，实现发展成果由人民共享，提高人的全面发展程度。

（2）人文发展指数是衡量和推进以人民为中心的发展的重要工具。为了实现以人民为中心的发展，必须推行人文发展指数。现在，提高人文发展指数不仅是世界性的潮流，而且是实现科学发展尤其是高质量发展的重要手段和基本选择。因此，“我们要从坚持立党为公、执政为民的高度来考评干部的政绩，坚持抓好发展与关注民生的结合、对上负责与对下负责的结合、立

足当前与着眼长远的结合，科学设定考核政绩的内容和程序，完善考评体系和方法”①。只有既看经济指标，又看人文指标，才能推动高质量发展。

（3）协调推进总体布局对提高人文发展指数具有重要意义。发展归根结底是人的发展，是为了增强人的体质，开发人的智力，提高人的生活质量和文明层次，实现人的全面发展。总体布局是提高人文发展指数的重要理论设计、制度安排和实践保障。首先，总体布局的提出，有利于提高发展的质量和效益，促进经济社会又好又快发展，这是提高人文发展指数的必要物质前提。其次，总体布局的提出，必将有力促进社会主义先进文化的传播和弘扬，提高国家文化软实力和国民人文素质。再次，总体布局的提出，将有效补齐社会建设的短板，使社会收入分配更趋均衡合理，基本消除贫困现象，从而更好地改善人们的生存条件，提高城乡居民的生活质量和获得感。最后，生态文明建设的有效推进，将从根本上缓解或解决雾霾等危害人类健康的突出环境问题，促进环境改善和人民生活质量的提高。

以上这些，都是提高人文发展指数的重要方面，也是人文发展指数提高的重要标志。

五、增强发展的创新驱动力的科学抉择

发展不仅表现为量的增长和规模的扩张，更要注重技术和文化层次上的提升，这就意味着必须走创新发展之路，唯此才能引领社会发展和文明进步的潮流。目前，中国经济社会发展中还存在着科技含量不高、创新人才缺乏、创新能力不足等问题，造成总体上发展的创新驱动力不强。为了增强发展的创新驱动力，更好地推进科学发展尤其是高质量发展，我们党创造性地提出了中国特色社会主义总体布局。

创新是事物发展中的质的跃迁。创新是一个民族进步的灵魂，是一个国家兴旺发达的不竭动力。“创新是引领发展的第一动力，是建设现代化经济体系的战略支撑。”② 创新意味着在质上改变或消灭原有的事物。没有

① 习近平．之江新语．杭州：浙江人民出版社，2007：30.

② 十九大以来重要文献选编：上．北京：中央文献出版社，2019：22.

创新，就没有事物的新陈代谢，就不能凝聚成世界前进、上升的趋势和潮流。只有不断创新，使事物在新的环境中不断扬弃不合时宜的要素或性质，在破旧立新、吐故纳新中打破旧的系统，形成新的要素、结构和功能，才能有效增强系统的协调性和质的优越性，使事物在新的环境中获得更加旺盛的生命力。从这个意义上说，创新是事物发展的必经路径和必要形式。

创新驱动力不强是中国发展中值得关注的问题。近年来尤其是十八大以来，“创新驱动发展战略大力实施，创新型国家建设成果丰硕，天宫、蛟龙、天眼、悟空、墨子、大飞机等重大科技成果相继问世”①。但是，就经济社会发展全局来看，依然存在着创新发展能力不足、创新驱动力不强的问题。

总体布局的提出对提高创新发展水平、增强创新驱动力具有重要意义。从现代系统论的视角来看，总体布局的提出可以增进社会的经济结构、政治结构、文化结构、社会结构和生态结构之间的信息交流和“能量转换”，孕育社会发展的“活力因子”，形成促进系统自我更新的“创新势”，从而增强系统集成和创新发展的内驱动力。首先，总体布局的全面推进有利于实现科学研究和经济建设的深度融合，促进科技成果向现实生产力转化，促进新质生产力的发展，使中国从制造大国向智造大国和创造大国转变。其次，文化建设和文化事业的发展进步，将会助力教育和科技的腾飞，从长远来看，这将更加有利于增强中华民族的自主创新能力和持续创新的后劲。最后，实施创新驱动发展战略是一项社会系统工程，经济、政治、文化、社会、生态的优化组合和全面进步，可以在更广泛的意义上实现社会各方面的综合集成创新，通过创新促进社会各个层面兴利除弊、革故鼎新，从而实现社会运行机制的整体优化和各项事业的全面发展。

总之，在建设中国特色社会主义的过程中，总体布局是解决创新发展能力不足、创新驱动力不强的科学对策，是建设创新型国家的总体方案和科学谋略。

---

① 十九大以来重要文献选编：上. 北京：中央文献出版社，2019：3.

六、增强发展的开放性的科学抉择

在全球化的态势下，发展必须是开放的发展。在实行对外开放基本国策的基础上，党的十八届五中全会创造性地提出了开放发展的科学理念。在全球化的时代背景下，按照总体布局的战略部署，推进经济建设、政治建设、文化建设、社会建设、生态文明建设的协调发展，是增强中国发展的开放性的重要方略。

增强发展的开放度是新时期中国经济社会发展的客观要求。“开放带来进步，封闭必然落后。”① 作为一项基本国策，对外开放是在总结中国社会主义建设的经验教训的基础上，根据现代化建设的发展要求和经济全球化的时代潮流，做出的重大的科学的战略决策。在系统发展的过程中，随着系统要素以及要素之间关系的演变，客观上要求系统与外部环境不断地进行着物质、能量和信息的交换，这样才能保证系统结构的持续优化和系统新质的不断生成，实现系统的“内外和谐”。从这个角度来说，保持一定的、合理的开放度是系统存在发展的必然要求。而且，系统在内部结构上越合理、越有序，对环境信息和能量的“吞吐量”就越大，对开放度的要求也就越高。改革开放以来，中国积极融入世界发展的潮流，积极吸收世界上一切国家包括资本主义发达国家创造的先进文明成果和管理经验，促进了中国与世界的接轨，使中国走上了加快发展的快车道。随着经济社会的全面进步，客观上要求中国更加深度地融入世界，进一步增加社会大系统的开放度，把“引进来”和“走出去”统一起来，在世界文明的大舞台上整合资源、技术和人才，实现开放发展。这不仅是在经济新常态背景下促进发展的重要举措，更是实现未来长远发展的客观需要。只有坚持对外开放，深度融入世界经济，才能实现可持续发展。

总体布局的提出有利于增强发展的开放度。只有不断增强发展的开放度，才能促进社会系统的新陈代谢，优化现代化事业的发展布局，提高发展质量。这就决定了以下情况：一方面，中国的开放应该是全面的开放，是在经济、政治、文化、社会、生态等方面的全方位、高层次、宽领域的

---

① 十九大以来重要文献选编：上. 北京：中央文献出版社，2019：24.

开放。不仅要在经济和科技领域扩大开放，也要在建设法治国家、发展文化和社会事业、促进环境保护和环境治理等方面加强对外交流。另一方面，“五位”之间的紧密联系和相互作用，决定了社会某一个层面的开放往往也伴随或渗透着其他层面或整个系统的开放，这就要求重视并利用对外开放的综合效应，形成加快开放的“合力”。

总之，正如习近平指出的那样，中国将始终不渝走和平发展道路，始终不渝奉行互利共赢的开放战略，不仅致力于中国自身发展，也强调对世界的责任和贡献；不仅造福中国人民，而且造福世界人民。实现中国梦给世界带来的是和平，不是动荡；是机遇，不是威胁。为了推动形成全面开放新格局，增强发展的开放性，实现开放发展，我们党提出了中国特色社会主义的总体布局。

综上，“五位一体”总体布局是我们党在我国社会主义建设实践进程中，在不断地总结解决现实问题的经验基础上形成的总谋略和总对策。当然，中国特色社会主义总体布局的提出，不仅是应对矛盾和问题的科学对策，而且是促进社会主义社会全面发展、全面进步的科学抉择。

第四节 “五位一体”总体布局形成的创新过程

新中国成立后，中国共产党人对社会主义建设事业进行了不懈的探索，逐渐形成了“五位一体”的中国特色社会主义总体布局。“五位一体”总体布局的形成，标志着中国化马克思主义对社会发展规律、社会主义建设规律、共产党执政规律以及人与自然和谐共生规律的认识达到了一个新的科学高度。

一、社会主义建设总体布局的探讨和准备

在领导中国社会主义革命和建设的过程中，以毛泽东为主要代表的中国共产党人就从全局和大局的高度提出了社会主义建设的系统性要求，为形成中国特色社会主义总体布局进行了实践探讨和理论准备。这一探讨和

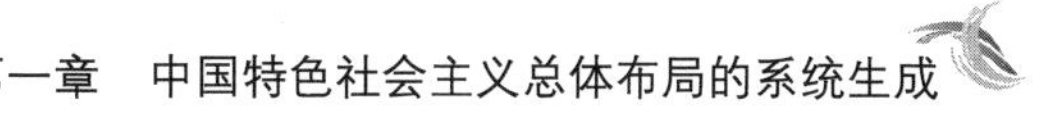

准备是毛泽东思想的重要内容和宝贵贡献。

1. 从全局和大局上开展社会主义建设

从唯物辩证法的宽阔视野出发，毛泽东思想十分重视全局和大局问题。全局事实上就是系统及其层次性问题。关于战争的序列性和系统性问题，毛泽东指出："在打第一仗之先，必须想到第二、第三、第四以至最后一仗大体上如何打法。"① 这里体现的是系统谋划的思想。在方法论上，毛泽东思想将部分与整体、局部与全局的辩证关系看作一个复杂的系统"群"或系统"系"的问题，认为涉及整体性、全局性、决定性的问题，必须从总体和大局着眼，而不能由局部的或部分的矛盾去规定。这在于，"这种全局性的东西，眼睛看不见，只能用心思去想一想才能懂得"②。同时，毛泽东思想强调，中国共产党人必须始终把握好全局和整体的关系，调节好局部与全局、部分与整体之间的关系。因此，"共产党员必须懂得以局部需要服从全局需要这一个道理"③。按照上述方法论要求，在社会主义改造时期，我们党提出了过渡时期的总路线：要在一个相当长的时期内，逐步实现国家的社会主义工业化，并逐步实现国家对农业、对手工业和对资本主义工商业的社会主义改造。这里的总路线具有从总体上考虑和推进社会主义改造的方法论意义，蕴含着总体布局的思想和思路。在社会主义改造任务完成之后，毛泽东思想强调，在社会主义建设中，要注意各个部分系统内部、各个部分系统之间、各个部分系统与环境之间的相互作用、相互依存和相互关系，必须注意统筹兼顾。毛泽东指出："我们的方针是统筹兼顾、适当安排。无论粮食问题，灾荒问题，就业问题，教育问题，知识分子问题，各种爱国力量的统一战线问题，少数民族问题，以及其他各项问题，都要从对全体人民的统筹兼顾这个观点出发，就当时当地的实际可能条件，同各方面的人协商，作出各种适当的安排。"④ 这里的统筹兼顾不仅要求社会主义建设要有协调性，而且要有系统性。

① 毛泽东．毛泽东选集：第 1 卷．2 版．北京：人民出版社，1991：221.

② 同①177.

③ 毛泽东．毛泽东选集：第 2 卷．2 版．北京：人民出版社，1991：525.

④ 毛泽东．毛泽东文集：第 7 卷．北京：人民出版社，1999：228.

2. 社会主义现代化的系统目标

新中国成立之初，鉴于第一个社会主义国家苏联的工业化成就，我们采用了苏联模式，采取优先发展重工业的战略。显然，这和当时的国际国内形势和对社会主义的认识有关。从国内来看，我国正处于极为艰难的处境中，物资缺乏，人民生活困难，国内反动势力大量残存。从国际上来看，我国在政治上受孤立、经济上被封锁、军事上受威胁。显然，要想尽快改变这种局面，首先必须尽快发展经济。在此情形下，新中国成立初期的计划主要体现在经济计划和军事计划上。此后，在社会主义实践中，我们对社会总体规划的认识逐步加深。1954 年，一届全国人大一次会议提出中国社会主义建设的任务是实现工业、农业、交通运输业和国防现代化。这里，除了国防之外，工农业、交通运输业都是经济建设的内容。1956 年后，我们党进一步将之修改为工业、农业、科技和国防现代化，这包含了经济、文化、军事三个方面的部分内容。1964 年，三届全国人大一次会议正式确定了实现“四个现代化”的战略构想，即实现农业现代化、工业现代化、国防现代化和科学技术现代化的战略目标，并宣布了实现“四个现代化”目标的“两步走”的设想。“四个现代化”目标的提出，表明了我们党初步对社会有机体的科学认识及其在社会主义建设实践中的创造性运用。工业化是现代化的基础和核心，工业现代化是当时社会主义经济建设的核心部分；农业现代化也是经济结构的组成部分，是当时改善人民生活的关键所在；国防现代化是当时政治建设的焦点和重点，是捍卫和巩固社会主义政权的必要之举；科学技术现代化是文化建设的组成部分，是整个社会主义现代化的动力和支撑。显然，“四个现代化”反映了当时我们党对社会有机体结构的科学认识，也是适应当时社会主义建设重点的总体社会经济发展计划。

3. 毛泽东思想中关于社会主义建设的全面性思想

在社会主义建设的初步实践中，我们党系统地探讨了社会主义建设问题，在毛泽东思想中形成了全面的社会主义建设思想。第一，社会主义经济建设思想。社会主义社会的主要矛盾是人民日益增长的物质文化需要同落后的社会生产之间的矛盾，社会主义的根本任务是发展生产力，建立比较完整的工业经济体系和国民经济体系，实现社会主义“四个现代化”。

在生产关系方面，在坚持社会主义公有制的基础上，要实行按劳分配的政策。在运用计划手段管理经济的过程中，要注意综合平衡，要注意发挥商品经济的作用。第二，社会主义政治建设思想。中华人民共和国是工人阶级领导的、以工农联盟为基础的人民民主专政的社会主义国家。在坚持人民当家作主的前提下，要加强民主集中制建设。最终，要“造成一个又有集中又有民主，又有纪律又有自由，又有统一意志、又有个人心情舒畅、生动活泼，那样一种政治局面”①。要坚持社会主义政治制度，建立和完善人民代表大会制度、政治协商制度和民族区域自治制度。第三，社会主义文化建设思想。在坚持马克思主义在意识形态中的指导地位的前提下，要坚持“百花齐放、百家争鸣”的方针，坚持“古为今用”“洋为中用”的方针，大力发展社会主义文化。劳动人民要知识化，知识分子要劳动化。第四，社会主义社会建设思想。在社会主义条件下，必须正确处理敌我矛盾和人民内部矛盾这两类不同性质的矛盾，协调好工农之间、区域之间、产业之间和国内外之间的关系，调动一切积极因素建设社会主义。同时，要搞好集体福利。“社会主义社会，不搞社会集体福利事业还成什么社会主义?”② 社会主义国家要举办社会保险、社会救济和群众卫生事业，并且逐步扩大这些设施。第五，社会主义生态文明建设思想。在社会主义建设中，必须正确处理人与自然之间的关系。节约是社会主义经济的基本原则之一。森林是宝贵的资源，要重视植树造林。要注意水土流失造成的灾害问题，做好水利工作。经济建设、城乡建设和环境建设要同步规划、同步实施、同步发展。此外，毛泽东思想在民族问题、祖国统一问题、国防问题、外交问题等方面，也提出了一系列创造性的思想。

显然，在社会主义建设的艰辛探索中，毛泽东思想对社会主义建设的系统性有了最初的认识，构建了社会主义建设事业的总体布局的雏形。

二、“两个文明”一起抓的形成和发展

1978 年以来，在将全党和全国工作重心转移到经济建设上来之后，在

---

① 建国以来重要文献选编：第 15 册．北京：中央文献出版社，1997：50.

② 毛泽东著作专题摘编：上．北京：中央文献出版社，2003：992.

探索有中国特色的社会主义现代化的过程中，中国共产党人创造性地提出了“两个文明”一起抓。

1.“两个文明”一起抓形成的背景

改革开放后，我国社会主义经济建设取得飞速发展的成就，同时，在思想文化领域中也出现了各种问题。例如，多样化的思想和生活环境冲击着原有的道德规范；对外开放后，西方思潮大肆入侵，对主流意识形态造成冲击，在党内影响了党风，在社会上造成了不良风气。在社会上，“一切向钱看”，经济领域犯罪增多，对社会的全面健康发展构成严重的阻碍和威胁。这些实践中出现的矛盾和问题，促使我们党进一步对社会主义社会的全面发展进行了深入思考。邓小平理论强调，要坚持两手抓，两手都要硬。只有高度的物质文明不是社会主义，社会主义还要有高度发达的精神文明。

2.“两个文明”一起抓形成的过程

根据社会主义建设的正反两方面的经验，我们党在马克思主义发展史上第一次将社会主义文明划分为物质文明和精神文明两个相互联系的方面。1979 年 9 月 29 日，在庆祝中华人民共和国成立三十周年大会的讲话中，叶剑英代表党中央第一次提出了“社会主义精神文明”的概念，并科学地阐述了两个文明的辩证关系。他指出：“我们要在建设高度物质文明的同时，提高全民族的教育科学文化水平和健康水平，树立崇高的革命理想和革命道德风尚，发展高尚的丰富多彩的文化生活，建设高度的社会主义精神文明。”① 此后，我们党多次提出要坚持物质文明、精神文明两手抓，指出只抓物质文明不抓精神文明要走弯路。1980 年，邓小平指出：“所谓精神文明，不但是指教育、科学、文化（这是完全必要的），而且是指共产主义的思想、理想、信念、道德、纪律，革命的立场和原则，人与人的同志式关系，等等。”② 显然，这里的精神文明是指社会主义精神文明，而不是泛泛之论。社会主义精神文明建设具有丰富而深刻的内涵和全面而具体的要求。

---

① 叶剑英. 叶剑英选集. 北京：人民出版社，1996：540.

② 邓小平. 邓小平文选：第 2 卷. 2 版. 北京：人民出版社，1994：367.

3. “两个文明”一起抓的确立

1982年，党的十二大提出了建设有中国特色的社会主义的科学命题，要求大力推进社会主义物质文明建设和社会主义精神文明建设。十二大报告详细阐述了物质文明和精神文明的辩证关系：“物质文明的建设是社会主义精神文明的建设不可缺少的基础。社会主义精神文明对物质文明的建设不但起巨大的推动作用，而且保证它的正确的发展方向。两种文明的建设，互为条件，又互为目的。”① 同时，十二大将“两个文明”建设的内容写入了党章中，并成为培养“有理想、有道德、有文化、有纪律”的社会主义“四有”新人的重要内容和基本任务。至此，我们党确立了社会主义物质文明建设和社会主义精神文明建设“两手抓”的总体布局。

4. 邓小平理论中关于社会主义建设的全面性思想

邓小平理论将中国特色社会主义建设看作是一个包含经济、政治、文化建设的大系统，充分论述了经济、政治、文化之间的互为前提和互为条件的关系。在经济建设方面，要突出社会主义的根本任务是发展生产力，要看到计划和市场都是资源配置的手段，要实行对外开放，最终要实现“共同富裕”。在政治建设方面，必须坚持“四项基本原则”，要看到民主与集中、民主与法制之间都具有关联性。社会主义的民主和法制是不可分割的。没有民主就没有集中统一，没有集中统一就没有战斗力。在文化建设方面，要大力加强社会主义精神文明建设，大力培育社会主义“四有”新人。在社会建设方面，要处理好先富和后富的关系，最终实现社会发展的相对平衡，实现共同富裕。在生态建设方面，要大力倡导和开展全民义务植树运动，坚持环境保护的基本国策，制定和完善资源保护、环境保护方面的法律。此外，在祖国统一方面，邓小平理论创造性地提出了“一国两制”的战略构想。

总之，在探索有中国特色的社会主义现代化道路的过程中，我们党鲜明地提出了社会主义物质文明与社会主义精神文明同时抓的思想。这样，就确立了社会主义总体布局的“两手抓”的架构。

---

① 十二大以来重要文献选编：上. 北京：人民出版社，1986：26.

三、“三位一体”总体布局的形成和发展

在社会主义建设中，不仅要有高度发达的物质文明和高度发达的精神文明，而且要有高度发达的政治文明。在建设中国特色社会主义的过程中，围绕着“三个文明”的关系，我们党提出了“三位一体”的中国特色社会主义总体布局。

1.“三位一体”总体布局提出的背景

改革开放后，我国经济社会发展的多元化趋势，导致经济利益关系与利益格局发生剧烈变化，对原有高度集中的社会主义政治体制改革的要求更加迫切与凸显。我国政治生活中存在的官僚主义、家长制、特权制、领导干部职务终身制等问题，严重阻碍着社会生产力发展。为此，1979 年，邓小平明确提出，在发展生产力的基础上，我们必须改革完善社会主义经济政治制度，健全社会主义法制。这样，就提出了政治体制改革的问题，表达了社会主义建设中经济建设、政治建设和文化建设“三位一体”的总体布局的初步思路。

2.“三位一体”总体布局提出的过程

1978 年之后，在实现工作中心转移的过程中，我们党明确意识到，在“两个文明”一起抓的同时，必须注重社会主义民主和社会主义法制建设；在推进经济体制改革的同时，必须推进政治体制改革。1979 年，在庆祝建国三十周年大会的讲话中，叶剑英代表党中央指出：“我们要在改革和完善社会主义经济制度的同时，改革和完善社会主义政治制度，发展高度的社会主义民主和完备的社会主义法制。”① 进而，1980 年，邓小平发表了《党和国家领导制度的改革》的讲话，将改革党和国家的领导制度作为一件大事提上议事日程。他认为：“改革是全面的改革，包括经济体制改革、政治体制改革和相应的其他各个领域的改革。”② 1982 年，党的十二大指出，建设物质文明和精神文明，需要社会主义民主来保证和支持，这就将政治建设提到了战略高度。在此基础上，1987 年，党的十三大确认我国正

---

① 叶剑英. 叶剑英选集. 北京：人民出版社，1996：540.

② 邓小平. 邓小平文选：第 3 卷. 北京：人民出版社，1993：237.

处于并将长期处于社会主义初级阶段，要求通过改革和探索，建立和发展充满活力的社会主义经济、政治、文化体制。同时，按照党在社会主义初级阶段的基本路线，十三大要求把我国建设成为富强民主文明的社会主义现代化国家。这样，就把经济建设、政治建设、文化建设统一到了中国特色社会主义的整体框架中。

3.“三位一体”总体布局的确立

在全面推进改革的过程中，我们党正式提出了“我国社会主义现代化建设的总体布局”的概念。1986 年 9 月，党的十二届六中全会通过的《中共中央关于社会主义精神文明建设指导方针的决议》提出：“我国社会主义现代化建设的总体布局是：以经济建设为中心，坚定不移地进行经济体制改革，坚定不移地进行政治体制改革，坚定不移地加强精神文明建设，并且使这几个方面互相配合，互相促进。”① 在这一表述中，已经包含有经济建设、政治建设和文化建设三个方面的内容，或者说物质文明、政治文明、精神文明三个方面的内容。尽管在马克思的思想中早已提出过政治文明的概念，但是，我们是在“三个代表”重要思想的语境中明确提出社会主义政治文明概念的，并将社会主义文明看作是由物质文明、政治文明、精神文明构成的整体。在 2001 年召开的全国宣传部长会议上，江泽民提出：法治属于政治建设、属于政治文明，德治属于思想建设、属于精神文明。2002 年 5 月 31 日，我们党提出，要发展社会主义民主政治，建设社会主义政治文明。2002 年 7 月 16 日，我们党强调物质文明、精神文明、政治文明三个文明应该协调发展。2002 年 11 月，党的十六大报告中提出，要不断促进社会主义物质文明、政治文明和精神文明的协调发展。这样，就形成了“三个文明”协调发展或“三个文明”全面抓或一起抓的思想，从而完善了“三位一体”的总体布局。

4.“三个代表”重要思想中关于社会主义建设的全面性思想

“三个代表”重要思想明确提出了社会主义社会是全面发展、全面进步社会的科学思想。在经济建设方面，要坚持代表中国先进生产力发展的要求，建立和完善社会主义市场经济体制。在政治建设方面，要把坚持党

---

① 十二大以来重要文献选编：下．北京：人民出版社，1988：1173-1174.

的领导、人民当家作主和依法治国统一起来，建设社会主义政治文明。在文化建设方面，要代表社会主义先进文化的前进方向，大力推动社会主义文化的发展。在社会建设方面，要坚持代表中国最广大人民的根本利益，切实解决“三农”问题，推动区域协调发展。在生态建设方面，要大力贯彻和落实可持续发展战略，坚持走生产发展、生活富裕、生态良好的文明发展道路。最终，实现人的全面发展是建设社会主义新社会的本质要求。

总之，从“两个文明”向“三个文明”转变的历史过程，就是中国特色社会主义“三位一体”总体布局的形成与确立的过程。

四、“四位一体”总体布局的形成和发展

2000 年，我国提前完成了社会主义现代化建设“三步走”战略的前两步，实现了总体小康。但是，我们实现的小康是低水平的、不全面的、不均衡的小康，因此，必须建设高水平的、全面的、均衡的小康，即全面建设小康社会。围绕着这一问题，我们党与时俱进地提出了科学发展观。科学发展观提出了“构建社会主义和谐社会”的战略构想。这样，中国特色社会主义总体布局就从“三位一体”扩展到了“四位一体”。

1.“四位一体”总体布局提出的背景

在建立和完善社会主义市场经济的过程中，民生问题日益凸显。同时，随着中国社会经济的发展，社会复杂程度日益加深。在这样的情况下，我国发展遇到了经济建设“一条腿长”、社会建设“一条腿短”的问题。主要的问题是：就业形势严峻，社会事业发展滞后，社会保障体系不完善，收入分配差距拉大，社会管理相对滞后。上述经济建设和社会建设“一条腿长、一条腿短”的问题，在 2003 年抗击“非典”斗争中明显地暴露出来。对此，科学发展观创造性地提出了构建社会主义和谐社会的战略构想。

2.“四位一体”总体布局提出的过程

面对“一条腿长、一条腿短”如此复杂的社会环境，我们党深刻地认识到了加强社会主义社会建设的必要性、重要性和迫切性。2002 年，党的十六大在规定全面建设小康社会的目标时，明确提出了让“社会更加和

谐”的要求，使之成为实现社会主义现代化建设的阶段性目标。这成为构建社会主义和谐社会战略构想的理论萌芽，开启了构建“四位一体”总体布局的历史进程。进而，2004年，党的十六届四中全会第一次明确地提出了“构建社会主义和谐社会”的战略构想。社会主义和谐社会是科学发展观在社会形态上的表现和表征。科学发展观是构建社会主义和谐社会的指导思想。在这个过程中，我们党强调，在推进经济发展的同时，必须注重促进社会全面进步，对教育、科技、卫生、环保、体育等社会事业发展做出部署。最后，科学发展观明确提出了加强党的执政能力建设的任务，要“按照推动社会主义物质文明、政治文明、精神文明协调发展的要求，不断提高驾驭社会主义市场经济的能力、发展社会主义民主政治的能力、建设社会主义先进文化的能力、构建社会主义和谐社会的能力、应对国际局势和处理国际事务的能力”①。这里，我们党明确将构建社会主义和谐社会提到了加强党的执政能力建设主要任务的高度，强调要建设和谐社会。由此，科学发展观将经济建设、政治建设、文化建设、社会建设及外交工作结合起来提高到党的执政能力的高度，是从“三位一体”总构想向“四位一体”总体布局迈进的关键标志。2005年，在纪念抗战胜利60周年大会上的讲话中，胡锦涛提出要促进经济、政治、文化、社会建设全面发展。这样，就把我国的发展目标明确概括为“四个建设”。

3. “四位一体”总体布局的确立

2005年2月19日，在省部级主要领导干部提高构建社会主义和谐社会能力专题研讨班上的讲话中，胡锦涛首次明确提出了“中国特色社会主义事业总体布局”的完整概念。根据马克思主义基本原理和我国社会主义建设的实践经验，根据新世纪新阶段我国经济社会发展的新要求和我国社会出现的新趋势新特点，作为科学发展观实践形态的社会主义和谐社会，应该是民主法治、公平正义、诚信友爱、充满活力、安定有序、人与自然和谐相处的社会。构建社会主义和谐社会，是我们党从全面建设小康社会、开创中国特色社会主义事业新局面的全局出发提出的一项重大任务，适应了我国改革发展进入关键时期的客观要求，体现了广大人民群众的根

① 十六大以来重要文献选编：中. 北京：中央文献出版社，2006：276.

本利益和共同愿望。“这表明，随着我国经济社会的不断发展，中国特色社会主义事业的总体布局，更加明确地由社会主义经济建设、政治建设、文化建设三位一体发展为社会主义经济建设、政治建设、文化建设、社会建设四位一体”①。这样，在中国特色社会主义总体布局中就突出了马克思提出的“社会生活”的概念，突出了社会建设（包括社会管理）在建设中国特色社会主义中的战略地位，最终形成了“四位一体”的中国特色社会主义总体布局。

4. *科学发展观中关于社会主义建设的全面性思想*

科学发展观提出了“中国特色社会主义是全面发展、全面进步的事业”的科学论断，并且明确提出了“全面发展”的科学发展要求。在经济建设方面，必须加快完善社会主义市场经济体制，完善公有制为主体、多种所有制经济共同发展的基本经济制度，完善按劳分配为主体、多种分配方式并存的分配制度，更大程度更广范围发挥市场在资源配置中的基础性作用，完善宏观调控体系，完善开放型经济体系，推动经济更有效率、更加公平、更可持续发展。在政治建设方面，必须加快推进社会主义民主政治制度化、规范化、程序化，从各层次各领域推动和扩大公民有序政治参与，实现国家各项工作的法治化。在文化建设方面，必须加快完善文化管理体制和文化生产经营机制，基本建立现代文化市场体系，健全国有文化资产管理体制，形成有利于创新创造的文化发展环境。在社会建设方面，必须加快形成科学有效的社会管理体制，完善社会保障体系，健全基层公共服务和社会管理网络，建立确保社会既充满活力又和谐有序的体制机制。在生态文明建设方面，必须加快建立生态文明制度，健全国土空间开发、资源节约、生态环境保护的体制机制，推动形成人与自然和谐发展现代化建设新格局。总之，全面发展，就是在坚持以人为本的前提下，坚持以经济建设为中心，全面推进经济建设、政治建设、文化建设、社会建设、生态文明建设，实现经济发展和社会全面进步，努力促进人的全面发展。

总之，“四位一体”总体布局突出了社会主义和谐社会建设在中国特色社会主义事业中的战略地位和战略意义。

---

① 十六大以来重要文献选编：中. 北京：中央文献出版社，2006：696.

五、“五位一体”总体布局的确立和发展

在大力贯彻和落实可持续发展战略的基础上，科学发展观创造性地提出了生态文明的理念。党的十八大将生态文明纳入到了中国特色社会主义总体布局中，这样，就形成了“五位一体”的中国特色社会主义总体布局。

1.“五位一体”总体布局提出的背景

社会发展的过程也是一个人与自然和谐共生的过程。生态兴则文明兴，生态衰则文明衰。我国是人口众多、资源相对不足的国家。这是我国的基本国情。尽管我们不遗余力地推进可持续发展战略，但是，由于产业结构不合理、发展方式不集约等一系列复杂的原因，我国在现代化建设中面临着严重的人口、资源、能源、环境、生态和灾害等问题。资源约束趋紧、环境污染严重、生态系统退化，已经成为我国现代化的重大障碍，严重影响着我国的可持续发展。与此同时，随着我国经济社会发展和人民群众生活水平的提高，人民群众的需要从“求温饱”转向了“求环保”，对生态环境质量提出了越来越高的要求。这样，如何实现人与自然的和谐发展，形成人与自然和谐发展的现代化建设新格局，就成为中国特色社会主义理论必须科学回答的重大问题。在这样的背景下，我们党创造性地提出了生态文明的科学理念。

2.“五位一体”总体布局提出的过程

根据我国的基本国情和世界可持续发展的潮流，1997 年，党的十五大把可持续发展确立为我国社会主义现代化的重大战略。2002 年，与经济、政治、文化等目标相并列，党的十六大将可持续发展能力提升确立为全面建设小康社会的目标，提出了走生产发展、生活富裕、生态良好的文明发展道路的要求。2003 年，我们党创造性地提出了科学发展观，将统筹人与自然和谐发展、坚持可持续发展作为实现科学发展的基本要求。2004 年 3 月 10 日，在中央人口资源环境工作座谈会的讲话中，胡锦涛对可持续发展做出了新的诠释：“可持续发展，就是要促进人与自然的和谐，实现经济发展和人口、资源、环境相协调，坚持走生产发展、生活富裕、生态良好的文明发展道路，保证一代接一代地永续发展。”① 2005 年 2 月，在科学阐

① 十六大以来重要文献选编：上. 北京：中央文献出版社，2005：850.

明构建社会主义和谐社会的科学内涵和基本特征的时候，胡锦涛提出，社会主义和谐社会应该是人与自然和谐相处的社会，人与自然和谐相处就是要走生产发展、生活富裕、生态良好的文明发展道路。2005 年 10 月，党的十六届五中全会明确提出了“建设资源节约型、环境友好型社会”的要求。在此基础上，2007 年，与经济、政治、文化、社会四个方面的目标并列，党的十七大将生态文明确立为全面建设小康社会奋斗目标的新要求之一。十七大报告提出：“建设生态文明，基本形成节约能源资源和保护生态环境的产业结构、增长方式、消费模式。”① 这样，生态文明就成为中国化马克思主义的原创性概念，并写入了中国共产党的政治报告中，成为执政党治国理政的基本理念和基本方略。2009 年，党的十七届四中全会提出，为应对世界格局新变化和迎接新的挑战，我们党要将经济建设、政治建设、文化建设、社会建设和生态文明建设结合起来共同推进，向历史新起点迈进。科学发展观强调，生态文明建设关系到生产方式和生活方式的根本变革，必须把生态文明建设的理念、原则、目标深刻融入和全面贯穿到我国经济建设、政治建设、文化建设及社会建设的各方面和全过程，坚持节约资源和保护环境的基本国策，着力推进绿色发展、循环发展、低碳发展。这样，就形成了“五大建设”一起抓的思想和战略。

3. “五位一体”总体布局的确立和拓展

2012 年 11 月，党的十八大报告进一步从经济、政治、文化、社会和生态文明五个方面规定了全面建成小康社会的目标，要求形成节约资源、保护环境的空间布局、产业结构、发展方式和消费模式，建设美丽中国，努力走向社会主义生态文明新时代。在此基础上，十八大报告将生态文明纳入到了中国特色社会主义总体布局中。科学发展观要求把生态文明建设放在突出地位，融入经济建设、政治建设、文化建设、社会建设各方面和全过程。

党的十八大以来，以习近平同志为核心的党中央，在带领中国人民建设中国特色社会主义的伟大实践中，按照“五位一体”的中国特色社会主

① 十七大以来重要文献选编：上. 北京：中央文献出版社，2009：16.

义总体布局全面推进我国社会主义现代化建设事业和民族复兴伟业，推动中国特色社会主义进入了新时代。2017 年 10 月，党的十九大将“五位一体”的中国特色社会主义总体布局纳入习近平新时代中国特色社会主义思想中，将之视为这一思想的重要组成部分。同时，党的十九大要求，必须按照中国特色社会主义事业“五位一体”总体布局和“四个全面”战略布局，统筹推进经济建设、政治建设、文化建设、社会建设、生态文明建设，协调推进全面建成小康社会、全面深化改革、全面依法治国、全面从严治党。进而，党的十九大报告将“美丽”纳入到了党在社会主义初级阶段的基本路线中。在新修改后的党章中，我们党明确提出：“中国共产党在社会主义初级阶段的基本路线是：领导和团结全国各族人民，以经济建设为中心，坚持四项基本原则，坚持改革开放，自力更生，艰苦创业，为把我国建设成为富强民主文明和谐美丽的社会主义现代化强国而奋斗。”① 在描绘在本世纪中叶把我国建成富强民主文明和谐美丽的社会主义现代化强国的发展目标时，十九大报告提出了“我国物质文明、政治文明、精神文明、社会文明、生态文明将全面提升”的美好愿景②。在此基础上，我国已经将“五大文明”协调发展的要求明确写入了宪法中。这样，就使“五大建设”、“五大文明”和“五大目标”对应了起来，进一步完善了中国特色社会主义总体布局。

尽管我国遭遇到了各种困难和挑战，但是，在以习近平同志为核心的党中央的坚强领导下，到 2020 年底，我国脱贫攻坚战取得了全面胜利，现行标准下 9 899 万农村贫困人口全部脱贫，832 个贫困县全部摘帽，12.8 万个贫困村全部出列，区域性整体贫困得到解决，我国胜利完成了消除绝对贫困的艰巨任务。我国之所以能够取得如此巨大的成就，就在于“我们坚持党中央对脱贫攻坚的集中统一领导，把脱贫攻坚纳入‘五位一体’总体布局、‘四个全面’战略布局，统筹谋划，强力推进”③。自此，我国的发展开始从全面建成小康社会转向全面建设社会主义现代化国家，开启了建设社会主义现代化国家新征程。

---

① 中国共产党章程．人民日报，2017-10-29（4）．

② 十九大以来重要文献选编：上．北京：中央文献出版社，2019：20．

③ 习近平．论把握新发展阶段、贯彻新发展理念、构建新发展格局．北京：中央文献出版社，2021：515．

2021年，我们迎来了中国共产党百年华诞。党的十九届六中全会在总结党的十八大以来习近平新时代中国特色社会主义思想的重大贡献时指出，“明确中国特色社会主义事业总体布局是经济建设、政治建设、文化建设、社会建设、生态文明建设五位一体，战略布局是全面建设社会主义现代化国家、全面深化改革、全面依法治国、全面从严治党四个全面”①。党的二十大报告进一步强调了这一点。坚持和完善中国特色社会主义总体布局，是党和国家事业取得历史性成就、发生历史性变革的重要原因和重要保证。

4. 习近平新时代中国特色社会主义思想关于社会主义建设的全面性思想

在坚持以人民为中心的发展思想的前提下，习近平新时代中国特色社会主义思想进一步科学阐明了社会主义社会全面发展的思想，要求全面推进社会主义经济建设、政治建设、文化建设、社会建设、生态文明建设，要求统筹推进全面建成小康社会和全面建设社会主义现代化国家、全面深化改革、全面依法治国、全面从严治党，要求认真贯彻和落实创新发展、协调发展、绿色发展、开放发展、共享发展等新发展理念，推动中国特色社会主义进入新时代。

在经济建设方面，要贯彻新发展理念，发展新质生产力，建设现代化经济体系。在政治建设方面，要健全人民当家作主制度体系，发展社会主义民主政治。在文化建设方面，要坚定文化自信，推动社会主义文化繁荣兴盛。在社会建设方面，要提高保障和改善民生水平，加强和创新社会治理。在生态文明建设方面，要加快生态文明体制改革，建设人与自然和谐的美丽中国。

习近平新时代中国特色社会主义思想强调：“我们要在继续推动发展的基础上，着力解决好发展不平衡不充分问题，大力提升发展质量和效益，更好满足人民在经济、政治、文化、社会、生态等方面日益增长的需要，更好推动人的全面发展、社会全面进步。”② 这样，我们党就将满足人民的全面需要作为社会主义全面发展的价值支点和价值目标，进一步明确了中国特色社会主义总体布局的价值取向。

---

① 中共中央关于党的百年奋斗重大成就和历史经验的决议．人民日报，2021-11-17（1）.

② 十九大以来重要文献选编：上．北京：中央文献出版社，2019：8.

总之，中国特色社会主义“五位一体”总体布局的提出和完善的过程表明，中国共产党对马克思社会有机体理论的科学认识达到了一个新的水平，对中国特色社会主义的建设目标的系统构成和发展道路的系统构成的科学认识达到了一个新的水平，这样，就推动中国特色社会主义进入了一个新的时代。

综上，按照马克思社会有机体理论的科学要求，在科学把握人类社会规律、社会主义建设规律、共产党执政规律以及人与自然和谐共生规律的基础上，在科学探索社会主义全面发展、全面进步的过程中，根据当今时代变化和我国国情的现实状况，中国共产党人创造性地提出了中国特色社会主义总体布局。

第二章　中国特色社会主义总体布局的基本框架

中国特色社会主义总体布局是一个复杂系统。其中，经济建设始终是其中心任务，政治建设是其政治保障，文化建设是其价值引领，社会建设为之提供条件支撑，生态文明建设是其自然基础。上述五者的“合力”作用，助推社会全面进步和人的全面发展。

第一节　经济建设在总体布局中的中心地位

作为一种具体的实践活动，经济建设在任何社会形态中都发挥着决定性的作用，为该历史阶段的社会和人的发展创造所需的物质条件和提供基本的物质保障。

一、经济建设是中国特色社会主义总体布局的基础

经济结构既是社会结构产生的基础，也是理解社会结构性质和社会制度的基础。

每一时代的社会经济结构构成现实的物质基础。马克思主义指出，一切历史的首要前提和首先需要确认的事实是，人要创造历史，必须先能够

生活。而要生活，就必须首先解决吃喝住穿用行等基本的物质生活需要问题。因而，物质生产活动，即经济建设是社会的人的首要活动。人们在这种生产活动过程中所产生的相互关系，即生产关系，总和起来就构成社会的经济结构，这形成了每一时代的现实基础，以及必然由此产生的相应的由经济、政治、文化、社会、生态等多种要素构成的社会结构的历史基础。“其中每一个生产关系的总和同时又标志着人类历史发展中的一个特殊阶段。”① 这就是说，作为现实社会的人的基本活动方式和生活方式的物质生产，是社会结构产生的基础。有什么样的经济结构基础，就会相应地产生出什么样的社会。这在于，作为社会结构产生的现实基础的物质生产，在任何一个历史阶段的社会有机体中都始终处于决定性地位，不仅规定着某个特定历史阶段中社会的基本生活条件和内容，还规定着处于该历史阶段的社会的特殊性质。

经济结构是一切社会制度的基础。由人们在生产过程中所结成的生产关系总合起来构成的社会经济结构和所谓社会，总是具有独特的特征和处于一定历史发展阶段之上。因为，在每个处于特定历史阶段的社会中，物质生产和分配以及与之相对应的社会结构划分等，都是由该社会能够生产什么、怎样生产以及怎样交换来决定的。而且，任何一个处于特定历史发展阶段的社会，都是建立在以往历史所创造和提供的经济基础之上。这些历史的经济基础，一方面会被新社会中的下一代人所改变。但是，另一方面它们在赋予新社会中的人以特定生活条件和内容的同时，也为新社会结构的产生和发展规定了独特的社会属性。

物质生产是社会结构和社会制度的基础，同样构成了中国特色社会主义总体布局的基础。物质生产总是同具有一定特征的社会相联系，人们在社会的物质生产过程中所达到的生产力总和，决定着社会状况。任何一个历史阶段的社会，归根到底都由这个基础来说明。只有首先弄明白了这个现实的、历史的基础，才能更准确地把握历史和理解处于特定历史发展阶段中的社会。中国特色社会主义是社会主义，而不是别的什么主义，并且是处于初级阶段的社会主义。这是对当前中国社会形态、社会制度和社会

---

① 马克思，恩格斯．马克思恩格斯文集：第1卷．北京：人民出版社，2009：724.

发展阶段的基本判断和基本规定。中国特色社会主义“五位一体”的总体布局正是建立在这个规定基础之上。因而，对于中国特色社会主义总体布局的理解，必须要坚持从中国特色社会主义的现实经济基础出发。公有制为主体、多种所有制经济共同发展，按劳分配为主体、多种分配方式并存，社会主义市场经济体制等社会主义基本经济制度，是中国特色社会主义总体布局的基本经济制度根基，是中国特色社会主义经济建设的经济基础规定和依据。

总之，中国特色社会主义总体布局的经济基础和制度依据，决定了经济建设始终是中国特色社会主义建设的中心任务。

二、经济建设是中国特色社会主义总体布局的中心

在任何一个社会历史发展阶段中，经济建设都是决定性的物质因素，规定着该社会的整体生活状况。在中国特色社会主义总体布局中，经济建设同样是决定性因素和中心任务。

物质生产决定社会的总体生活状况。在任何社会发展阶段中，都始终是物质生活的生产方式制约着其他各个方面的生活过程。从社会有机体活动层面来讲，物质生产方式就是指经济生产方式，物质生产主要指经济建设。换言之，在任何一个历史阶段的特定社会中，经济建设都始终是该阶段社会的中心任务，都始终对该阶段社会其他各方面的建设和发展起着决定性的作用。因为，物质生产不仅为处于该历史阶段的社会创造和提供基本的物质生活保障，而且还规定着该历史阶段社会的基本社会特性。手推磨产生的是封建主为首的社会，机器化大生产产生的是资本家为首的社会。当然，这并不意味着我们不需要重视其他社会因素，如社会生活、政治生活、精神生活和生态文明建设等因素对物质生产的作用。这些社会因素也会对物质生产起反作用，有时甚至是重要的反作用。这个规律在中国特色社会主义建设中也如此。

经济建设是中国特色社会主义建设的中心任务。马克思主义指出，无产阶级专政条件下要尽可能快地增加生产力的总量。为此，就必须坚持以经济建设为中心，不断地解放和发展社会主义生产力。这实际上也就规定

了，经济建设是社会主义建设的中心任务。为了实现这个任务和目标，中国共产党领导中国人民进行了长期不懈的努力。新中国的建立和社会主义制度的确立，虽为开展社会主义经济建设奠定了根本的制度保障，但如何建设社会主义，尽快找到一条适合中国国情的社会主义建设道路，使中国摆脱贫穷落后的面貌和使人民过上美好生活，成为摆在中国共产党面前的首要问题。经过新中国前30多年的艰辛探索和改革开放初期的艰苦努力，中国共产党正确地回答和解决了“什么是社会主义、怎样建设社会主义”这个根本问题，最终确立了以经济建设为中心的基本路线，开辟了以经济建设为中心的中国特色社会主义经济发展道路。进入新世纪以来，中国共产党又先后回答和解决了“实现什么样的发展、怎样实现发展”等一系列基本问题。这更加明确和巩固了以经济建设为中心、解放和发展社会主义生产力在中国特色社会主义建设中的中心地位。由此，中国特色社会主义经济发展道路基本形成。这是一条中国共产党领导中国人民走向社会主义现代化和为人民创造美好生活的必由之路。无论是要实现中国社会主义的现代化，还是实现为人民创造美好生活的目标，离开经济建设这个中心都不可能。

经济建设是中国特色社会主义总体布局的中心。党的十八大确立的中国特色社会主义“五位一体”总体布局，是社会主义社会有机体各构成要素、社会关系各构成要素等彼此之间的相互和谐协调、永续科学发展的战略规划。这样的总体发展规划，是在中国经济保持总体稳定健康、持续科学发展基础上的协调推进。这在于，以经济建设为中心为兴国之要。只有推动经济持续健康发展、实现高质量发展，才能筑牢国家繁荣富强、人民幸福安康、社会和谐稳定的物质基础。从微观层面讲，中国特色社会主义总体布局的目标就是要实现国家的繁荣富强、人民的幸福安康、社会的和谐稳定。这一切都离不开经济建设这个物质基础和保障。所以，坚持以经济建设为中心，解放和发展社会主义生产力，仍然是这个总发展规划的中心任务和根本任务；坚持发展是我们党执政兴国的第一要务，发展是解决中国社会问题的根本和关键出路，仍然是这个总体发展规划遵循的基本逻辑。

但是，总体布局所强调和要求的发展并非传统意义上的发展。马克思主义固然强调无产阶级要“尽可能快”地增加社会的生产力总量，但这个快不是单纯指速度方面的快，这个生产力总量也不是单纯数理意义上的总量，而是既让它达到能够满足所有人的需要的规模，为组成社会的人们谋利益和让人民共享发展福利，还要使它成为提高人民生活水平的一种手段，使每个人的才能得到自由全面的发展。简言之，人的全面发展和社会的全面进步才是其根本目的，全面性是其基本特质。以此观之，传统意义上的发展也强调以经济建设为中心，但它更多强调的是经济增长的数量和速度，甚至“以 GDP 论英雄”，而忽视了经济增长的社会效益和生态效益，人民群众并未因此真正共享到经济发展带来的红利，人的发展和社会的全面进步也就更谈不上。所以，这样的发展是片面的和不可持续的。而中国特色社会主义总体布局所强调和要求的发展，是对传统意义上的发展的修正和完善。这种发展同样强调要求坚持以经济建设为中心，坚持把解放和发展社会生产力作为中国特色社会主义的根本任务，但它更强调要“坚持以经济建设为中心，以科学发展为主题，全面推进经济建设、政治建设、文化建设、社会建设、生态文明建设，实现以人为本、全面协调可持续的科学发展”①。这正是中国特色社会主义总体布局在经济建设方面规定的独特之处。

当然，经济建设虽然是中国特色社会主义总体布局的中心，但是总体布局所规定和要求的这个中心不再是片面的唯经济中心论，而是坚持以人民为中心的、全面协调永续的科学发展的中心。

三、全面建成小康社会为经济建设提出新的要求

在提出中国特色社会主义建设“五位一体”总体布局的同时，党的十八大和十九大提出了以人民生活水平全面提高等为主要特征和标志的全面建成小康社会的宏伟目标。

全面建成小康社会的目标要求与以经济建设为中心的中国特色社会主义总体布局相一致。全面建成小康社会是实现国家富强、民族振兴和人民幸福中国梦的重要内容和关键一步。全面建成小康社会是以经济建设为中心的中国特色社会主义总体布局的目标指向，而以经济建设为中心的总体

① 十八大以来重要文献选编：上. 北京：中央文献出版社，2014：11.

布局是实现全面建成小康社会的基本途径。全面建成小康社会的关键在于全面，不仅覆盖人群广，而且涉及领域全。总体布局同样要求和体现全面与协调。换言之，全面建成小康社会与中国特色社会主义总体布局，都关系着中国特色社会主义的全面发展。因此，二者在目标要求上是内在一致的。也可以说，全面建成小康社会就是要实现以经济建设为中心的“五位一体”的全面小康。

实现经济持续健康发展是全面建成小康社会的中心。全面建成小康社会是中国特色社会主义“两个一百年”奋斗目标之一，是中国特色社会主义建设的阶段性战略目标。但要在中国这样一个人口大国实现全面建成小康社会，面临诸多困难和问题，其中最艰巨繁重的任务在农村，尤其是要消灭老少边穷地区的贫困落后问题。没有农村的小康，特别是没有贫困地区的小康，就不会有全面建成小康社会。此外，发展的不均衡、不协调、不可持续性等问题也十分突出。这些问题有历史的因素，但更重要的是发展起来之后出现的问题。因而，全面建成小康社会，从根本上说是发展问题，中心环节是经济的健康发展。这就要求，全面建成小康社会必须要坚持发展是硬道理的战略思想，牢牢把握坚持以经济建设为中心这个环节。通过经济发展方式的合理转变和经济结构的优化调整，努力破除经济建设过程中的各种结构性阻碍，实现经济的持续健康发展。这是全面建成小康社会对中国特色社会主义经济建设提出的客观要求。

人民生活水平全面提高是经济建设要实现的基本目标和全面建成小康社会的基本判断标准。随着党的十六大宣布“人民生活总体上达到小康水平”，到党的十八大全面建成小康社会奋斗目标的提出，小康社会的判断标准也在随着中国经济社会发展水平的不断提高而逐渐调整。但人民渴望幸福生活和让广大人民群众过上幸福美好的生活这个标准依旧没有改变，党领导人民坚持坚定不移地走共同富裕的决心和目标没有改变。那以什么标准来判断全面小康呢？习近平指出：“小康不小康，关键看老乡。”[①] 在谈及改革与全面小康的问题时，他又指出，人民是否真正得到了实惠，人

---

① 习近平关于全面建成小康社会论述摘编. 北京：中央文献出版社，2016：21.

民生活是否真正得到了改善。这就是对全面建成小康社会提出的判断标准。如何达到这个标准，关键还在经济建设这个中心任务上。这就要求，总体布局中的经济建设，除了要保持持续健康发展之外，还必须要实现“实实在在、没有水分”的经济发展和“有效益、有质量、可持续的经济发展”。只有这样，人民生活水平的全面提高才真正有希望，让人民过上幸福美好的生活才能成为现实。

总之，全面建成小康社会的宏伟目标引领中国经济社会的发展，需要坚持以经济建设为中心，实现“五位一体”的全面发展。在全面建设社会主义现代化国家的今天，更是如此。党的二十大报告指出，团结带领全国各族人民全面建成社会主义现代化强国，以中国式现代化全面推进中华民族伟大复兴，是从现在起中国共产党的中心任务。中国式现代化是全面现代化，要求在经济建设上聚焦高质量发展。

四、全面深化改革是经济健康持续发展的驱动力

党的十八届三中全会和十九届四中全会以及党的二十大对中国特色社会主义总体布局各个领域的全面深化改革做出了总体部署，为持续推进经济建设注入了十足活力和提供了强大动力。

全面深化改革是推进以经济建设为中心的中国特色社会主义总体布局的关键一招。改革开放是党在新的历史条件下领导中国人民进行的新的伟大革命，是决定当代中国命运的关键一招。经过了改革开放 40 多年的发展，中国特色社会主义经济建设在取得举世瞩目成就的同时，面临的深层次困难和问题也日益凸显。比如，发展中的不平衡、不协调、不可持续问题依然突出，科技创新能力不强，产业结构不合理，发展方式依然粗放，发展差距和收入差距依然较大，同群众切实利益相关的问题较多，部分群众生活困难等。这些困难和问题，既有经济发展方式、理念等方面的因素导致的，更多的是由一系列的体制和机制屏障造成的。尤其在当前中国经济发展速度放缓、经济结构调整缓慢、经济发展动力不足等综合情况下，如何解决这些深层次的问题，已成为当前和今后相当长时间内中国经济能否持续健康发展的重点和难题。既然这些问题是体制机制性等深层制约因

素造成的，那么很显然，要解决这些问题，关键在于深化改革。只有通过以经济体制改革为重点的全面深化改革，从根本上破除这些体制机制的藩篱和束缚，才能实现中国经济的平稳持续健康发展。

以经济体制改革为重点的全面深化改革的要求，同以经济建设为中心的总体布局相一致。全面深化改革是为了进一步解放和发展社会主义生产力，更是为了实现中国经济的平稳健康持续发展。全面深化改革是对全面协调推进经济体制、政治体制、文化体制、社会体制和生态文明体制等领域改革做出的总体部署。全面性是深化改革的重要特征。但全面不等于眉毛胡子一把抓。经济建设仍然是全党和全国的中心工作，经济体制改革是全面深化改革的重点和主轴。所以，在全面深化改革过程中，坚持以经济建设为中心不动摇，就是必须坚持以经济体制改革为重点不动摇。这样的要求与中国特色社会主义总体布局是一致的。总体布局是全面深化改革的依据，而全面深化改革则既为总体布局建设提供了动力，也为它提出了认识论和方法论的要求。那就是：必须要坚持战略思维、系统思维、整体思维、辩证思维的统一。以改革为驱动力，克服以往以偏概全、片面化的发展观念和“以 GDP 论英雄”的唯经济中心论，统筹协调经济建设同政治、文化、社会、生态文明建设等之间的相互作用关系和经济发展同人、自然、社会发展等之间的相互作用关系。为此，我们必须从总体布局出发，以经济体制改革为重点，发挥经济体制改革的牵引作用，带动其他领域的改革，使中国特色社会主义的经济建设、政治建设、文化建设、社会建设和生态文明建设等各方面的体制机制改革协调推进、形成合力。

以经济体制改革为重点的全面深化改革，为经济健康持续发展注入了新的活力和提供了强大驱动力。全面深化改革是经济、政治、文化、社会和生态等方面协调整体推进的系统工程。一方面，全面深化改革就是要消除各种附加在经济建设上的体制机制性枷锁和束缚，为经济发展减负和扫清障碍，使经济建设在焕发新的生机和活力的同时，保持健康持续平稳发展。另一方面，通过全面深化改革，促进经济建设自身在经济结构、发展方式、发展观念和发展动力等方面的全面优化、转变和提升，使经济建设不断提高自身免疫力，以更好地适应和应对国内外的各种风险和挑战。同时，激发各种社会发展进步要素的活力、创造力和凝聚社会多方面的正能量，并把这些要素和能量融入中国特色社会主义的经济建设中，为经济的健康持续发展注入新的活力和动力，形成一种经济持续健康发展的新常态。

显然，全面深化改革是为以经济建设为中心的总体布局开出的一剂良方。要实现经济的持续健康发展，就要按照全面深化改革的目标、立场、原则、要求和方法，有重点地整体全面协调推进各方面的改革。

五、物质文明上的富强是经济建设的奋斗目标

从中国特色社会主义“五位一体”总体布局同社会文明系统构成和社会主义现代化奋斗目标的关系来看，以经济建设为载体建设社会主义物质文明，是中国特色社会主义总体布局中经济建设所要达到的整体文明程度，而由物质文明奠定基础的富强中国才是中国特色社会主义总体布局中经济建设所要实现的最终奋斗目标。

经济建设是物质文明的实践载体，物质文明是经济建设所要达到的文明程度。经济建设是社会有机体结构的中心和决定性要素。它作为一种实践活动，基本职能是满足人们对于生产生活资料等物质方面的需要。但如果单纯如此，那它也构不成社会的基础和决定性因素。关键就在于，它在满足人们基本物质需要的基础上，对人的政治、精神、社会、生态等方面的需要和发展能够起到推动和促进作用。换言之，经济建设在解决了人们对物质财富追求问题的同时，还可以满足人们对发展资料和享受资料的追求，促进人在政治、文化、社会、生态以及人自身等方面的全面协调发展，从而推动人的全面发展和社会的全面进步。这些方面总合起来构成了社会文明系统，也才因此而产生了社会文明的演进和变迁。其中，经济建设所实现和达到的规模总量、结构质量和综合效益，总合起来则构成了社会的物质文明。它是社会文明系统的中心和决定性要素。对于更加先进和文明的社会主义社会，当然在人和社会的整体性方面都要比资本主义更加发达和进步。就中国特色社会主义而言，以经济建设为中心的总布局，实现经济建设在规模总量上的增长是其基本任务，但又并非仅仅要实现经济总量的增长，而是更要重视经济规模和总量增长对人的全面发展、社会全

面进步的作用和意义。这既是衡量中国特色社会主义经济建设的重要标准，也是中国特色社会主义经济建设所要达到的整体文明程度。

建设物质文明上的富强中国是中国特色社会主义经济建设所要实现的奋斗目标。国家富强是中华民族伟大复兴梦和中国特色社会主义建设总任务的理想追求之一，是社会主义现代化建设的首要奋斗目标。而物质文明上的富强中国，则是把中国特色社会主义总体布局同社会主义的社会文明系统和总奋斗目标相结合，在经济建设方面的基本要求和具体体现。以经济建设为实践载体的物质文明发展程度是国家富强与否的重要指标。国家富强包括“富”（社会生产力充分发达和可供分配的社会产品足够丰富）和“强”（社会文明程度高），二者缺一不可。只有富没有强，充其量只是个经济大国；只有强没有富，充其量只是个伪强国。从历史和现实的经验来看，无论是所谓的单纯经济大国还是文明强国，都难以实现民族复兴的伟业。而真正能够在世界历史舞台上扮演重要角色或发挥重要作用的国家，则必然是既富又强的那些国家。当下的社会主义中国，虽已可以称得上是一个经济大国，但距离强国还有较大距离。因此，党的十九大提出了在站起来、富起来的基础上实现强起来的要求。为了实现从经济大国到强国的转变，必须在中国特色社会主义总体布局的引导下，坚持中国特色社会主义基本经济制度，坚持以经济建设为中心，解放和发展社会主义生产力，走中国特色社会主义的经济发展道路；坚持发展成果由人民共享和实现共同富裕，按照建立和完善社会主义市场经济体制的要求，全面深化经济体制改革，实施创新驱动发展战略，推进经济结构战略性调整，推动城乡发展一体化，全面提高开放型经济水平，完善中国特色社会主义分配制度，促进中国特色社会主义经济健康持续发展，致力于建设和实现物质文明上的富强中国。

综上所述，经济建设作为社会结构的基础和中心环节，在中国特色社会主义总体布局中始终处于中心地位。只有按照总体布局的要求，坚持以经济建设为中心，不断深化改革，全面协调推进中国特色社会主义各项建设事业的改革和发展，为经济健康持续发展注入持久活力和强大动力，实现物质文明上的富强中国的奋斗目标才有实现的可能。

第二节　政治建设在总体布局中的保障作用

作为政治文明建设载体的政治建设，在中国特色社会主义总体布局中，既为这项伟大建设事业规定着根本的政治方向，也为它提供着重要的政治保障。

一、政治结构是特定社会的全部上层建筑的核心

政治结构同特定社会形式相对应，是该历史阶段社会生产活动的产物。由政治和法律等所构成的政治结构，在特定社会的全部上层建筑中处于核心地位。

每种社会形式都必然会产生出某种独特的政治结构以与之相适应。正如每种生产形式都产生出它特有的法的关系、统治形式等等一样，同每种生产形式相联系和对应的社会形式，也都会有某种特殊的政治结构与之相对应和适应。这在于，一定的生产方式总是同处于一定历史发展阶段的社会，并且是具有某种独特特征的社会相联系。而正是在一定的生产方式条件下，从事生产活动的社会的人们之间才会发生和形成一定的社会关系和政治关系。如果说，社会生产关系的总和构成了社会的经济结构，那么，社会政治关系的总和则构成了社会的政治结构。社会主义是无产阶级专政的社会制度和社会形式，社会主义的政治结构就是在这种社会制度和形式中产生并与之相适应的。中国特色社会主义首先是社会主义，但又是处于初级阶段的社会主义。因而，中国社会政治结构的设置和安排就必须同时体现这两个方面的特征。中国特色社会主义政治发展道路更加全面完整地解答了这个问题。在中国特色社会主义政治发展道路的探索过程中，围绕人民当家作主、一切权力属于人民这个根本，最终形成了把党的领导、人民当家作主、依法治国有机结合和统一的政治文明，由中国特色社会主义政治制度体系和法律体系构成的完整政治结构。

政治生活受社会的经济活动制约，也对社会经济活动起反作用。正是特定物质生活的生产方式，才产生出了特殊的社会关系和政治关系，也才

因此而把社会划分为处于特殊政治关系中的阶级或等级，形成了该社会的特定政治生活和政治结构。物质生产生活就是通常所指的经济基础，而政治生活构成所谓的上层建筑。经济基础决定上层建筑，上层建筑对经济基础具有反作用，有时甚至是重要的反作用。从处于特定历史阶段的社会来看，虽然物质生产活动的方式是基本确定的，但它的具体实现形式却可能会多种多样。而这多样化的实现方式，很大程度上是由该社会的全部上层建筑所规定的。资本主义国家虽都是生产资料私有制基础上的资产阶级专政的社会，但它们在具体上层建筑的构成和经济生产的实现方式上却各有特色。在政治生活中产生了议会君主制、议会共和制、总统共和制、半总统制等模式，在经济发展方式上形成了英美模式、法国模式、德国模式、日本模式等表现形式。后者在很大程度上受前者的制约。就社会主义社会而言，生产资料公有制和按劳分配是经济生活的基本规定，无产阶级专政是政治生活的根本。但具体到不同社会主义国家，它的实现形式也存在明显差异。中国特色社会主义坚持实行人民民主专政，坚持公有制和按劳分配的社会主义本质规定，但它在坚持这两个主体的同时允许多种所有制形式和多种分配方式与之并存和共同发展，二者相得益彰。而后者恰是中国共产党在领导探索中国特色社会主义政治发展道路的过程中得出的科学结论。

政治结构在特定社会的全部上层建筑中处于中心地位，是全部上层建筑的核心。在每一个历史时期的特定社会阶段中，该社会的全部上层建筑都是“由法的设施和政治设施以及宗教的、哲学的和其他的观念形式所构成”①。而在全部的上层建筑中，由法的设施和政治设施所构成的政治结构始终处于核心地位。就中国特色社会主义的上层建筑而言，它虽然也是由根本政治制度、法律体系、一系列基本制度和具体体制机制、社会意识形态等构成，但在其中，中国特色社会主义政治制度——人民代表大会制度的根本政治制度，中国共产党领导的多党合作和政治协商制度、民族区域自治制度以及基层群众自治制度等基本政治制度——和中国特色社会主义法律体系这两个方面，则是中国特色社会主义政治建设的核心，在中国特色社会主义全部上层建筑中始终处于中心地位。中国特色社会主义政治制

① 马克思，恩格斯. 马克思恩格斯文集：第9卷. 北京：人民出版社，2009：29.

度和法律体系不仅是中国特色社会主义制度的根本体现，也是中国作为社会主义国家的制度根基。它不仅规定着中国社会发展的社会主义方向，也是中国社会发展的根本政治保障。

总之，政治结构是特定社会的全部上层建筑的核心。

二、政治建设是中国特色社会主义总体布局的保障

中国特色社会主义政治制度是中国特色社会主义政治建设发展道路的成果，是中国发展进步的根本制度保障。

中国特色社会主义政治制度是中国特色社会主义政治发展道路的集大成者，是建设中国特色社会主义的根本政治规定。在领导探索中国特色社会主义政治发展道路的过程中，中国共产党始终不渝地坚持社会主义的根本制度规定和要求，坚持从中国的实际出发开展中国特色社会主义政治建设。经过几代人坚持不懈的努力探索，在成功开辟了中国特色社会主义经济发展道路的同时，把根本政治制度、基本政治制度同基本经济制度以及各方面体制机制等具体制度有机结合，把国家层面的民主制度同基层民主制度有机结合，把党的领导、人民当家作主、依法治国有机结合和统一，成功探索出一条适合中国国情、具有中国特色的社会主义政治发展道路，形成了中国特色社会主义政治制度。中国特色社会主义政治制度是中国特色社会主义政治发展道路的集中体现。可以说，中国特色社会主义政治建设，就是坚持和完善中国特色社会主义政治制度的过程。中国特色社会主义政治建设道路，规定了中国特色社会主义政治的根本属性，体现着科学社会主义的基本原则。这条道路的关键是要把党的领导、人民当家作主、依法治国有机结合和统一。它规定了中国特色社会主义建设的根本领导力量、依靠力量、建设主体和实施方略。后者是贯穿“五位一体”的中国特色社会主义建设的政治主题，而前者则是“五位一体”的中国特色社会主义建设的根本方向指导。因此，要建设中国特色社会主义，实现中国特色社会主义各项建设事业在正确的方向上全面协调科学永续发展，就必须坚持中国特色社会主义政治制度，走中国特色社会主义的政治建设和发展道路。

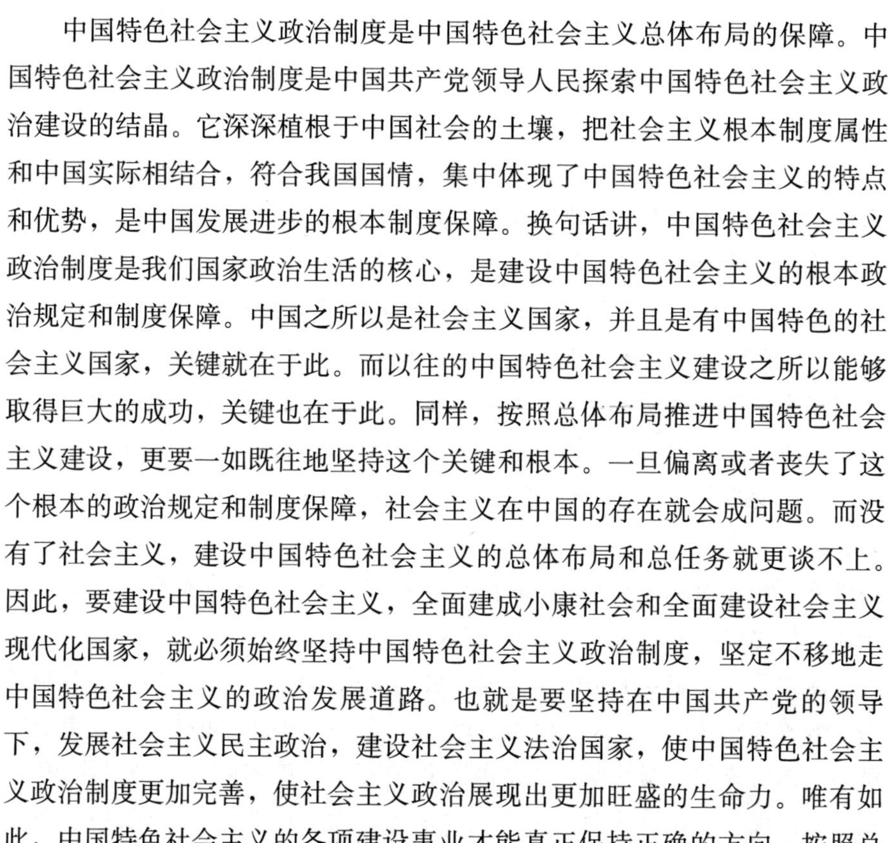

中国特色社会主义政治制度是中国特色社会主义总体布局的保障。中国特色社会主义政治制度是中国共产党领导人民探索中国特色社会主义政治建设的结晶。它深深植根于中国社会的土壤，把社会主义根本制度属性和中国实际相结合，符合我国国情，集中体现了中国特色社会主义的特点和优势，是中国发展进步的根本制度保障。换句话讲，中国特色社会主义政治制度是我们国家政治生活的核心，是建设中国特色社会主义的根本政治规定和制度保障。中国之所以是社会主义国家，并且是有中国特色的社会主义国家，关键就在于此。而以往的中国特色社会主义建设之所以能够取得巨大的成功，关键也在于此。同样，按照总体布局推进中国特色社会主义建设，更要一如既往地坚持这个关键和根本。一旦偏离或者丧失了这个根本的政治规定和制度保障，社会主义在中国的存在就会成问题。而没有了社会主义，建设中国特色社会主义的总体布局和总任务就更谈不上。因此，要建设中国特色社会主义，全面建成小康社会和全面建设社会主义现代化国家，就必须始终坚持中国特色社会主义政治制度，坚定不移地走中国特色社会主义的政治发展道路。也就是要坚持在中国共产党的领导下，发展社会主义民主政治，建设社会主义法治国家，使中国特色社会主义政治制度更加完善，使社会主义政治展现出更加旺盛的生命力。唯有如此，中国特色社会主义的各项建设事业才能真正保持正确的方向，按照总体布局的要求实现全面协调发展。

总之，建设中国特色社会主义，关键在制度。这个制度就是指中国特色社会主义制度尤其是政治制度，它是中国特色社会主义政治建设的进步成果，是总体布局的根本制度保障。

三、“四个全面”为政治建设提出新的要求

全面建成小康社会（全面建设社会主义现代化国家）、全面深化改革、全面依法治国和全面从严治党的“四个全面”战略布局，是中国共产党在十八大以来提出的重大战略布局。它不仅为“五位一体”的中国特色社会主义建设提出了新的内涵和要求，也为中国特色社会主义政治建设提出了新的要求。

人民民主不断扩大是全面建成小康社会和全面建设社会主义现代化国家的重要政治指标。党的十八大和十九大提出，要确保到2020年实现全面建成小康社会的宏伟目标。其中，在民主政治建设方面要求达到和实现“人民民主不断扩大”和“民主更加健全”。这既是全面建成小康社会为中国特色社会主义民主政治建设提出的具体要求，同时也是衡量是否全面小康的重要政治指标。小康是全体人民的小康，全面小康就是人民群众在经济、政治、文化、社会和生态等方面都能够共享发展成果，过上幸福美好生活。但在以往全面建设小康社会的过程中，人民群众实现利益诉求存在一定困难。今天，要实现人民民主不断扩大的全面现代化，就必须要坚持人民主体地位，扩大人民民主，推进依法治国，实现“干部清正、政府清廉、政治清明”；让人民群众能够顺畅地表达利益诉求和充分享有民主选举、民主决策、民主管理、民主监督的权利，依法参与管理国家事务、社会事务、经济和文化事务，有效参与国家政治生活，进而提高人民群众在全面现代化中政治生活方面的幸福指数。

深化政治体制改革是中国特色社会主义政治建设的重要内容。改革是为了解放和发展社会主义社会的生产力，是发展中国特色社会主义事业的动力。深化政治体制改革，则是破除各种阻碍发展的政治体制机制束缚、发展人民民主、建设社会主义民主政治的动力。但在以往的建设过程中，人民群众的一些民主权利得不到完全有效的保障、参与国家政治生活的渠道途径受限、部分党员干部的腐败、政治决策的民主透明度不高、政府服务人民的职能滞后等问题，严重制约了人民民主的发展。因而，要坚持走中国特色社会主义政治发展道路，必须积极稳妥地推进政治体制改革。这就要求，“转变政府职能，深化简政放权，创新监管方式，增强政府公信力和执行力，建设人民满意的服务型政府”①。只有从以政府职能转变为核心的行政体制改革入手，才能首先保证人民群众的合理利益诉求得到满足，人民群众依法参与国家政治生活和依法管理国家各项建设事务的权利得到有效保障，人民民主权利也才能不断得到实现。

全面依法治国是中国特色社会主义政治建设的重要支撑和保障。全面

---

① 十九大以来重要文献选编：上. 北京：中央文献出版社，2019：28.

实现依法治国是中国共产党在深刻总结我国社会主义法治建设的深刻教训和丰富经验的基础上做出的重大抉择，是着眼于实现中华民族伟大复兴、实现党和国家长治久安的长远考虑。它是对推进“五位一体”总体布局的中国特色社会主义做出的重要战略部署，是对中国特色社会主义政治建设提出的新的发展要求。坚持中国特色社会主义制度，坚定不移地走中国特色社会主义政治发展道路，离不开依法治国的支撑和保障。民主和法治都是社会主义的生命，民主是基础，法治是保障，二者相辅相成，缺一不可。但在中国特色社会主义政治建设的过程中，人民主体地位有时得不到保障、公民的权利和义务有时得不到落实，法治的权威有时得不到保障，部分党员干部和群众法治观念淡薄，有法不依、执法不严、违法不究等问题依然突出。因此，必须按照坚持走中国特色社会主义法治道路、建设中国特色社会主义法治体系、建设社会主义法治国家的目标要求，坚持把党的领导、人民当家作主、依法治国有机统一起来，在全面深化改革中不断推进和健全社会主义民主法治建设，全面实现依法治国。围绕中国特色社会主义总体布局，全面依法治国的战略部署提出，要构建五大法治体系，依法治国、依法执政、依法行政共同推进，坚持法治国家、法治政府、法治社会一体化建设，推进科学立法、严格执法、公正司法、全民守法。只有全面而严格地实行法治，才能为党和国家事业发展提供根本性、全局性、长期性的制度保障；只有在党的领导下依法治国、厉行法治，公民的权利义务才能切实得到保障，人民当家作主才能充分地实现；只有全面实现依法治国，才能激发和增强社会活力、促进社会公平正义、维护社会和谐稳定、确保国家长治久安。

全面从严治党是中国特色社会主义政治建设的根本保障。中国共产党是中国特色社会主义的坚强领导核心。党的作风关系民心向背，关系党的生死存亡，关系中国特色社会主义建设事业的兴衰成败。坚持党要管党、从严治党是中国共产党始终坚持的一贯原则和要求，是它在中国特色社会主义政治建设过程中形成的科学经验。但党在领导中国特色社会主义政治建设和其他各项建设的实践过程中，还是暴露出了许多亟待解决的问题，尤其是一些党员干部中发生的贪污腐败、脱离群众、形式主义、官僚主义等。本着对党负责、对国家负责、对人民负责的态度，2014 年 10 月 8 日，习近平在党的群众路线教育实践活动总结大会上提出，要落实从严治党责任，坚持思想建党和制度治党紧密结合，严肃党内政治生活，从严管理干部，持续深入改进作风，严明党的纪律，发挥人民监督作用，深入把握从严治党规律，实现党的自我净化、自我完善、自我革新、自我提高，保持和发展党的先进性和纯洁性，全面从严治党。全面从严治党，核心问题是始终保持党同人民群众的血肉联系，始终保持党的先进性和纯洁性，重点是从严治吏、正风反腐、严明党纪，根本目标是锻造中国特色社会主义建设事业的坚强领导核心，使中国共产党在任何情况下都能够从容驾驶中国现代化的列车，在正确的轨道上奔向远方。这就要求，必须要坚持不懈地反“四风”，加强作风建设；坚持老虎苍蝇一起打，深入推进反腐倡廉建设；坚持走群众路线，密切同人民群众的联系；坚持完善党的建设制度、党内法规体系等。这是切实解决党自身存在的突出问题和坚持完善中国特色社会主义政治制度的根本要求。只有坚持党要管党、从严治党，才能真正建设好社会主义政治，坚定不移地走中国特色社会主义政治发展道路。

显然，无论从哪个方面讲，“四个全面”都是与中国特色社会主义总体布局环环相扣、紧密联系和相互一致的，既为总体布局和中国特色社会主义政治建设提出了新的要求，也为总体布局和中国特色社会主义政治建设创造了支撑条件、提供了发展动力。

四、政治文明上的民主是政治建设的重要目标

政治文明是社会文明系统的重要构成要素，是中国特色社会主义政治建设的基本目标，而人民民主是社会主义民主政治的生命和真谛。发展人民民主，建设社会主义政治文明，实现政治文明上的民主，是中国特色社会主义政治建设的重要目标。

政治文明是社会文明系统的一个重要构成要素，是中国特色社会主义总体布局的重要内容。在社会文明系统中，由政治制度、政治思想和政治实践等方面发展的一切积极进步成果所构成的政治文明，在社会文明系统中有着重要的作用和地位。它不仅为社会文明系统中其他方面的文明建设

发展规定政治方向和提供政治保障，也对该社会文明系统的发展方向发挥着政治规定和政治保障的作用。中国特色社会主义的社会文明系统更是如此。经济、政治、文化、社会和生态文明建设“五位一体”的全面协调发展，是中国特色社会主义建设的总体布局。与此相对应，由物质文明、政治文明、精神文明、社会文明和生态文明的“五位”，构成了中国特色社会主义的社会文明系统这个“一体”。其中，由根本政治制度、基本政治制度同基本经济制度以及各方面体制机制等具体制度组成的中国特色社会主义制度，构成了中国特色社会主义政治文明的核心，是中国社会主义事业发展的根本制度保障。而以此为核心和保障，发展民主政治，建设社会主义政治文明则是社会主义政治建设的重要目标，同样也是中国特色社会主义总体布局的一个重要目标。

发展人民民主、建设社会主义政治文明是中国共产党的历史使命和追求。马克思主义指出，无产阶级革命的首要任务就是要使自己成为统治阶级上台执政，争得民主。这意味着，社会主义就是要实现民主，没有民主就没有社会主义。中国共产党在领导中国革命和建设的过程中，始终把追求人民民主作为自己的重要历史使命而努力奋斗。新中国的成立，确立了人民民主专政的社会主义国家性质，建立了人民代表大会制度的政权组织形式，使人民当家作主的主体地位从国家的根本制度层面得到确认和保障。改革开放以后，加强社会主义民主法制建设，实现民主的制度化、法制化，成功开辟了中国特色社会主义政治发展道路，使人民民主得以巩固和发展。党的十八大以来，以习近平同志为核心的党中央，为了找到符合全社会意愿和要求的最大公约数这个人民民主的真谛，坚持走中国特色社会主义政治发展道路，全力推进法治中国建设，坚决把权力关进制度的笼子里，不断深化和加强行政体制改革。这为中国特色社会主义政治建设明确了目标方向、构建了新格局、丰富了新内涵、拓展了新外延、注入了发展动力、提出了实施方略，进一步丰富和发展了社会主义政治文明。具体从党的领导、人民当家作主、依法治国相统一的方面来看，以改进和完善党的领导方式和执政方式，不断提高党科学执政、民主执政、依法执政的水平为龙头，坚决把权力关进制度的笼子里，让人民监督权力，让权力在阳光下运行，切实保证国家的一切权力属于人民，以民主的制度、民主的形式、民主的手段支持和保证人民当家作主。以保证人民当家作主为根本，坚持和完善根本政治制度和基本政治制度，不断健全民主制度、丰富民主形式，全面扩大公民有序政治参与，发展更加广泛、更加充分、更加健全的人民民主，实行全过程民主。以依法治国为保障，努力建设法治中国，切实保障人民当家作主地位的实现。这其中不仅有“四个全面”统领的顶层制度设计和规划，更有实实在在的严厉打击贪污腐败、坚决纠正“四风”、开展群众路线教育等具体实践行动。这些都使人民民主不断得到扩大，人民当家作主的地位日益巩固，使社会主义民主政治保持了旺盛的生命力。

发展社会主义政治文明，建设政治文明上的民主中国是中国特色社会主义政治建设的重要目标。人民民主是社会主义的生命，人民当家作主是社会主义民主政治的本质和核心，是我们党始终高扬的光辉旗帜。党的基本路线要求把我国建设成为富强民主文明和谐美丽的社会主义现代化强国，其中的民主，就是指人民当家作主，这是发展社会主义政治文明的目标规定。可以说，没有民主就没有社会主义，就没有社会主义现代化。社会主义愈向前发展，民主也必须愈向前发展。全面建成小康社会和全面建设社会主义现代化国家要求不断扩大人民民主；全面深化改革要求深化政治体制改革，不断完善中国特色社会主义制度；全面实现依法治国，要求坚持走中国特色社会主义法治道路、建设中国特色社会主义法治体系、建设社会主义法治国家；全面从严治党要求必须始终保持党同人民群众的血肉联系，始终保持党的先进性和纯洁性，从严治吏、正风反腐、严明党纪，锻造中国特色社会主义的坚强领导核心；社会主义现代化要求实现民主；实现中国梦要求坚定中国特色社会主义道路、理论、制度、文化自信，坚持中国道路。这些规定和要求的根本目的都是为了发展人民民主，建设社会主义政治文明。把这些内容总合起来放置在中国特色社会主义总体布局之中，就构成了中国特色社会主义政治建设这个重要的子系统，中国特色社会主义政治发展道路是实现这个内容的具体路径。“坚持中国特色社会主义政治发展道路，关键是要坚持党的领导、人民当家作主、依法

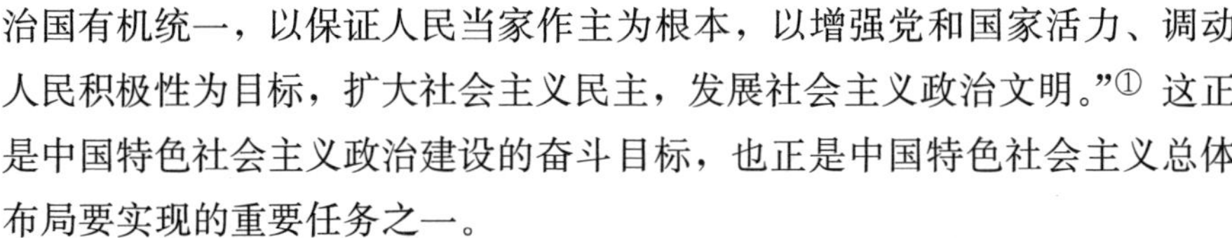

治国有机统一，以保证人民当家作主为根本，以增强党和国家活力、调动人民积极性为目标，扩大社会主义民主，发展社会主义政治文明。”① 这正是中国特色社会主义政治建设的奋斗目标，也正是中国特色社会主义总体布局要实现的重要任务之一。

综上所述，在中国特色社会主义总体布局中，政治建设是一个重要组成内容，而中国特色社会主义政治发展道路则是政治建设的具体实践。以党的领导、人民当家作主、依法治国有机结合和统一为根本特征的中国特色社会主义制度，是中国特色社会主义发展道路的结晶，对整个总体布局的发展走向做了根本的政治方向规定，发挥着根本的制度保障作用。

第三节　文化建设在总体布局中的引领作用

文化结构是社会有机体结构的精神层面和意识形态层面。作为社会精神文明建设的载体，文化建设在中国特色社会主义总体布局中发挥重要的引领作用，为中国特色社会主义建设提供精神动力和智力支持。

一、文化建设是总体布局的重要组成部分

在中国特色社会主义“五位一体”总体布局中，文化建设同样是重要“一位”，发挥着重要作用。

文化是社会有机体结构的重要构成要素。马克思主义指出，在任何一个社会中，上层建筑包括由法的设施和政治设施等构成的政治结构以及由宗教的、哲学的和其他的观念形式等构成的文化结构两个部分。这说明，文化结构在任何一个社会有机体中，都是社会结构的重要构成要素。只不过，相比较政治结构这个上层建筑的核心而言，它在上层建筑中处于更为远离经济基础的外层。但这并不意味着文化结构在社会有机体中的作用就相对较弱。相反，它是社会结构的灵魂。这在于，文化建设不仅满足了人的发展和社会进步对精神方面的追求和需要，而且为社会有机体其他各结

① 十八大以来重要文献选编：上. 北京：中央文献出版社，2014：88-89.

构要素的建设和发展提供着重要的智力支撑作用。

文化建设是经济基础的集中反映和体现，受经济结构的制约，又反作用于经济基础。在社会有机体中，经济基础决定和制约着文化发展，文化建设要适应经济基础的需要。文化是经济的集中反映和体现，有什么样的经济基础，就会产生什么样的文化。同时，文化建设对经济基础具有反作用。一定的社会意识形式和精神生活，总是与一定社会的政治统治形式和性质相联系，对该社会的经济和政治以及其他社会生活具有反作用。代表先进生产力发展要求的文化可以对社会经济的发展和整个社会的发展起到积极的引导、支持和促进作用，落后消极的文化则会对经济发展和整个社会的发展起到阻碍和限制作用。处于中国特色社会主义总体布局中的文化建设，就是要在马克思主义的指导下，积极学习借鉴、充分利用国内外先进文化，建设面向现代化、面向世界、面向未来的，民族的科学的大众的社会主义文化，实现社会主义文化大繁荣和大发展，从而为总体布局提供文化引领、精神动力、智力支持和思想保证。

文化建设是中国特色社会主义总体布局的重要组成部分。中国特色社会主义是全面发展的社会主义。文化建设在其中的重要价值和意义可以从两个方面来理解。一方面，既然是全面发展的社会主义，就理所当然离不开中国特色社会主义文化建设。在“五位一体”的中国特色社会主义总体布局中，文化是同经济、政治、社会和生态文明并列的重要“一位”。正是有了这“五位”，才构成了完整意义上的中国特色社会主义这个“一体”。另一方面，既然是全面发展，又是全面发展的社会主义，也当然离不开中国特色社会主义文化建设。社会主义的根本目的和价值取向是为了人，社会主义全面发展的核心是以人民为中心，社会主义建设的根本目的是实现人的全面发展和社会全面进步。这就是说，中国特色社会主义建设要满足人民群众的根本利益需要、人的全面发展和社会全面进步的需要。不仅要满足人和社会的发展对经济、政治、社会、生态方面的追求和需要，也要满足人和社会的发展对精神层面的追求和需要。只有在这些方面的需要都得到满足和提高，才是真正的以人民为中心的和全面的发展，才能真正促进和实现人的全面发展与社会的全面进步。

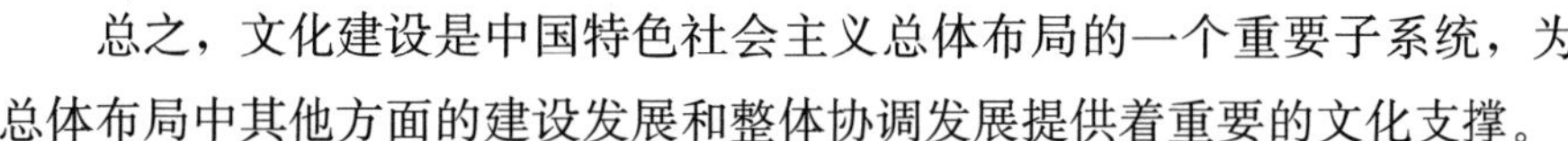

总之，文化建设是中国特色社会主义总体布局的一个重要子系统，为总体布局中其他方面的建设发展和整体协调发展提供着重要的文化支撑。

二、文化建设引领总体布局的发展

文化建设为建设中国特色社会主义总体布局提供文化引领、精神动力、智力支持和思想保证，对中国特色社会主义整体事业发展具有重大意义。

1. *充分发挥文化建设的作用*

文化建设是凝聚社会共识、激发社会活力和创造力、推进中国特色社会主义总体布局的精神动力。中国特色社会主义是前无古人的伟大事业，中国特色社会主义道路是中国共产党领导中国人民经过千辛万苦才探索出来的道路，是一条能使中国实现社会主义现代化的必由之路，没有任何现成的经验可以借鉴。只有依靠中国人民的智慧，坚定走中国特色社会主义道路，才能实现目标。但前进的道路并非一帆风顺，这就需要通过中国特色社会主义文化建设，提高对坚持和发展中国特色社会主义的认识，坚定社会主义的理想信念，弘扬中国精神，弘扬以伟大建党精神为源头的中国共产党人精神谱系，广泛凝聚社会共识，激发社会的活力、潜力和创造力，不断探索和开创中国特色社会主义建设的新局面。

文化建设为中国特色社会主义总体布局提供智力支持。无论从长远发展还是从全面发展的角度来看，要实现“两个一百年”的奋斗目标，都离不开教育和科学的发展与支持。“百年大计，教育为本”“科学技术是第一生产力”，这是对二者在总体布局中的地位的根本规定和体现，对中国特色社会主义总体布局都具有决定性的意义。只有坚持教育为社会主义现代化建设服务和为人民服务的方向，按照培育社会主义“四有”新人的标准，办好人民满意的教育，繁荣哲学社会科学，发展科学技术，才可以提高全民族的整体素质和社会的文明程度，为总体布局营造良好的文化环境，才可以为中国特色社会主义各方面的建设培养高素质人才和创新型人才，为中国特色社会主义总体布局提供重要的智力支持。

文化建设为中国特色社会主义总体布局提供思想保证。中国特色社会主义是整个中华民族的共同事业，要在一个人口多、分布广、民族关系复杂、发展差异较大的国家建设社会主义，就必须要使全社会统一思想，坚定社会主义的理想信念，增强对中国特色社会主义的认同感和责任感，同心同德地建设社会主义。这就需要按照发展社会主义先进文化的要求，加强思想道德建设。只有坚持马克思主义指导思想和中国特色社会主义共同理想，紧密围绕社会主义核心价值体系建设，积极培育和践行社会主义核心价值观，深入挖掘中华优秀传统文化精髓，弘扬以爱国主义为核心的民族精神和以改革开放为核心的时代精神，倡导爱国主义、集体主义、社会主义思想和以“八荣八耻”为主要内容的社会主义荣辱观，培育和践行社会主义核心价值观，不断加强思想道德建设，才能不断提高全民族的思想道德素质，巩固全党全国人民团结奋斗的共同思想道德基础，才能凝聚社会共识和力量，增强对各种腐朽思想的抵制，坚定中国特色社会主义文化自信，为中国特色社会主义夯实思想基础和提供思想保证。

2. 善于发挥文化建设的作用

在建设中国特色社会主义中，我们要充分发挥文化的引领作用。

（1）发掘中华优秀传统文化的现代价值。人类文明进步的历史充分表明，一个国家、一个民族的强盛，总是以文化兴盛为支撑，以先进文化为引领的。建设中国特色社会主义，实现社会主义现代化和中华民族的伟大复兴，同样需要以中华文化的繁荣发展为条件和引领。中华优秀传统文化是中国特色社会主义文化建设最深厚的根源，是我们民族的“根”和“魂”，必须要大力弘扬。中国特色社会主义文化建设，就是要善于继承中华传统文化的优秀基因，特别是先人传承下来的先进价值理念和道德规范，坚持古为今用、推陈出新，把中华民族优秀传统文化与当代文化相适应、与现代社会相协调，实现中华文化的创造性转换和创造性发展，努力用中华民族创造的一切精神财富以文化人、以文育人，发展中国特色社会主义先进文化。当然，我们对待传统文化也必须坚持历史分析和阶级分析。

（2）发挥意识形态工作的话语权引领作用。意识形态工作是党的一项极端重要的工作，事关党的前途命运，事关国家长治久安，事关民族凝聚力和向心力。掌握了意识形态话语权，就把握住了社会主义建设的发展方

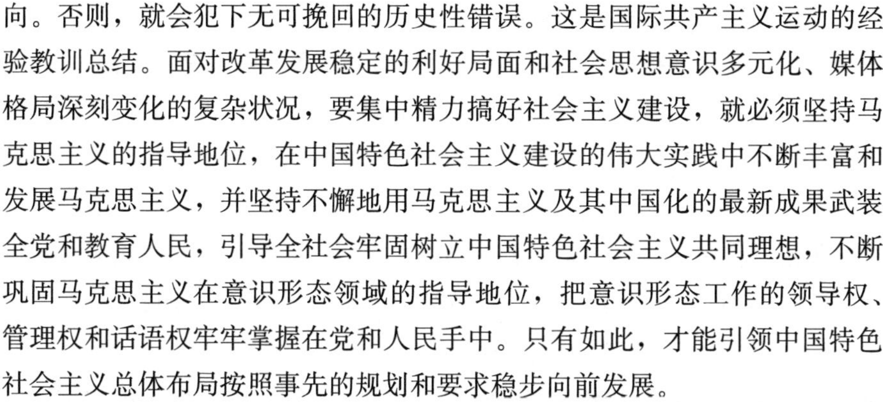

向。否则，就会犯下无可挽回的历史性错误。这是国际共产主义运动的经验教训总结。面对改革发展稳定的利好局面和社会思想意识多元化、媒体格局深刻变化的复杂状况，要集中精力搞好社会主义建设，就必须坚持马克思主义的指导地位，在中国特色社会主义建设的伟大实践中不断丰富和发展马克思主义，并坚持不懈地用马克思主义及其中国化的最新成果武装全党和教育人民，引导全社会牢固树立中国特色社会主义共同理想，不断巩固马克思主义在意识形态领域的指导地位，把意识形态工作的领导权、管理权和话语权牢牢掌握在党和人民手中。只有如此，才能引领中国特色社会主义总体布局按照事先的规划和要求稳步向前发展。

（3）发挥社会主义核心价值观的引领作用。人类社会发展的历史表明，对一个民族、一个国家来说，最持久、最深层的力量是全社会共同认可的核心价值观。核心价值观，承载着一个民族、国家的精神追求，体现着一个社会评判是非曲直的价值标准。社会主义核心价值观是中国特色社会主义文化建设的灵魂和重点，是决定文化建设性质和文化发展方向的最深层次要素，是全国各族人民共同认可的价值观最大公约数。社会主义核心价值观强调的“三个倡导”，是社会主义核心价值体系的内核和高度凝练。社会主义核心价值体系和核心价值观，都是社会主义意识形态本质要求的体现，是社会主义制度在思想和精神层面的质的规定性体现。它凝结着社会主义先进文化的精髓，是中国特色社会主义道路、理论、制度和文化的价值表达。中国特色社会主义文化建设的一个根本任务，就是要从巩固全党全国各族人民团结奋斗的共同思想基础、巩固党的执政地位的战略高度，持续加强社会主义核心价值体系建设，培育和弘扬社会主义核心价值观，发展社会主义先进文化。通过教育引导、舆论宣传、文化熏陶、实践养成、制度保障等，使社会主义核心价值观内化为人们的精神追求，外化为人们的自觉行动。

总之，只有充分重视文化建设，积极发展社会主义先进文化，建设社会主义精神文明，才能夺取中国特色社会主义的全面胜利。

三、精神文明是实现全面小康和全面现代化的重要任务

精神文明是衡量中国特色社会主义整体建设事业发展水平的重要标

尺。要全面建成小康社会、实现社会主义现代化和中华民族伟大复兴的中国梦，同样要坚持把社会主义精神文明建设作为关键环节常抓不懈。

（1）精神文明是中国特色社会主义总体布局的重要指示器。文明是社会进步的标尺，精神文明是衡量社会文明程度的重要标尺。社会主义现代化建设的基本目标之一就是实现“文明”，这里的“文明”主要指精神文明。发展社会主义先进文化，实现社会主义文化的大发展和大繁荣，建设社会主义精神文明，是建设中国特色社会主义的基本任务和目标。物质贫穷不是社会主义，精神贫乏也不是社会主义。只有物质文明建设和精神文明建设都搞好，国家物质力量和精神力量都增强，全国各族人民的物质生活和精神生活都改善，中国特色社会主义事业才能顺利向前发展。另外，当今世界正处于大发展、大变革和大调整时期，世界多极化、经济全球化深入发展，科技日新月异，各种思想文化的交流融合碰撞更加频繁，文化在综合国力竞争中的地位和作用更加突出。中国特色社会主义文化建设，承担着提高民族凝聚力、提升国家综合实力、增强国际竞争力、维护国家文化安全的重要任务。因而，只有发展社会主义先进文化，建设社会主义精神文明，中国特色社会主义才能真正在世界发展潮流中立于不败之地。

（2）发展社会主义先进文化，建设社会主义精神文明，是中国共产党的一项重要历史任务。中国共产党既是中华优秀传统文化的忠实传承者，又是中国先进文化的积极倡导者和发展者。中国共产党在领导中国革命、建设和改革开放的过程中，始终代表中国先进文化的前进方向，坚持把重视和发展社会主义先进文化作为一项重要任务，努力建设和弘扬反映民族精神和时代精神的新文化。民主革命时期和新中国成立后，中国共产党强调和提出了建设无产阶级领导的民族的、科学的、大众的新民主主义文化，文化建设要坚持为社会主义服务、为人民服务的方向，坚持百花齐放、百家争鸣的方针。在改革开放和社会主义现代化建设的新时期，中国共产党明确提出了“建设高度的社会主义精神文明”的任务，并强调要坚持把物质文明建设和精神文明建设“两手抓”，努力提高全民族的思想道德素质和科学文化素质，培育社会主义“四有”新人。党的十八大以来，中国共产党对文化建设高度关注和重视，提出要坚守我们的核心价值体系和核心价值观，弘扬主旋律、传播正能量，中华优秀传统文化是我们民族的“根”和“魂”，提升国家文化软实力等，坚持走中国特色社会主义文化发展道路，弘扬社会主义先进文化，推动社会主义文化大发展大繁荣，不断丰富人民精神世界，增强人民精神力量，努力建设社会主义文化强国。

（3）发展社会主义先进文化，建设社会主义精神文明，是全面建成小康社会和实现中华民族伟大复兴的中国梦的重要任务。全面建成小康社会是实现中华民族伟大复兴的中国梦的关键一步。而发展社会主义先进文化，建设社会主义精神文明，是全面建成小康社会和全面建设社会主义现代化国家的关键环节。这就是不仅要让人民群众过上殷实富足的物质生活，而且也要让人民群众享有健康丰富的文化生活，更好地满足人民群众的精神需求，丰富人民的精神世界。中国梦是中国人民和中华民族的价值体认和价值追求，是中华民族团结奋斗的最大公约数。全面建成小康社会、全面建设社会主义现代化国家，就不仅要在物质上强大起来，而且要在精神上强大起来。所以，全面建成小康社会和全面建设社会主义现代化国家，都离不开中华优秀传统文化的繁荣发展。这是中国共产党在正确认识文化建设和发展规律的基础上，对社会主义精神文明建设的科学把握。

总之，发展社会主义先进文化，建设社会主义精神文明，始终是中国特色社会主义事业的一个基本任务和奋斗目标。

四、建设社会主义文化强国

中国特色社会主义总体布局中的文化建设，坚持以习近平文化思想为根本遵循，坚持以社会主义核心价值观为引领，走中国特色社会主义文化发展道路，发展社会主义先进文化，不断增强和提高国家文化软实力，实现社会主义文化的大发展大繁荣，建设社会主义文化强国。

（1）坚持以社会主义核心价值观引领中国特色社会主义文化建设。中国特色社会主义文化建设归根到底涉及的是核心价值观的问题。核心价值观是一个民族和国家的最持久、最深层的力量，是全社会共同认可的价值观最大公约数。社会主义核心价值观是中国特色社会主义文化建设的

“核”，从根本上决定着中国特色社会主义文化建设的性质和发展方向。这就要求，在中国特色社会主义文化建设过程中，必须持续加强社会主义核心价值体系建设，把培育和弘扬社会主义核心价值观作为凝神聚气、强基固本的基础工程和一项根本任务，切实抓紧抓好。立足中华优秀传统文化这个社会主义核心价值观的源泉，通过思想教育、实践养成、制度保障，把社会主义核心价值观的要求融入社会主义精神文明创建的各种活动过程，引领社会主义文化体制改革和社会主义文化发展的前进方向，坚持走中国特色社会主义文化发展道路，推动社会主义文化大发展大繁荣。

（2）以核心价值观为灵魂和重点，提高文化软实力，推动社会主义文化大发展大繁荣。当今世界，文化软实力已经越来越成为衡量一个国家综合国力的重要标志。“文化软实力集中体现了一个国家基于文化而具有的凝聚力和生命力，以及由此产生的吸引力和影响力。”[①] 社会主义的中国要想真正发展成为一个世界大国和强国，就必须提高国家文化软实力。这不仅关系着中国在世界文化格局中的定位和中国在世界总体格局中的国际地位与国际影响力，而且关系着“两个一百年”奋斗目标的实现和中华民族伟大复兴中国梦的实现。而要提高国家文化软实力，核心价值观是其灵魂和重点。因为，一个国家的文化软实力，从根本上说，取决于其核心价值观的生命力、凝聚力、感召力。社会主义核心价值观是中国文化软实力的灵魂和重点，代表着社会主义先进文化的前进方向。提升中国国家软实力，就是要构建具有强大感召力的核心价值观，以此为灵魂和重点，弘扬社会主义先进文化，深化文化体制改革，推动社会主义文化大发展和大繁荣，增强全民族的文化创造力和活力，推动社会主义文化事业全面繁荣、文化产业稳步健康发展，不断丰富人民精神世界，增强人民精神力量，不断提高中国特色社会主义先进文化的整体实力和竞争力，朝着建设社会主义文化强国的目标迈进。

（3）坚持中国特色社会主义文化发展道路，建设社会主义文化强国。中国特色社会主义文化发展道路，是中国共产党领导中国人民开辟出的一条适合中国国情、具有中国特色、代表社会主义先进文化发展方向的

---

① 习近平关于社会主义文化建设论述摘编．北京：中央文献出版社，2017：198.

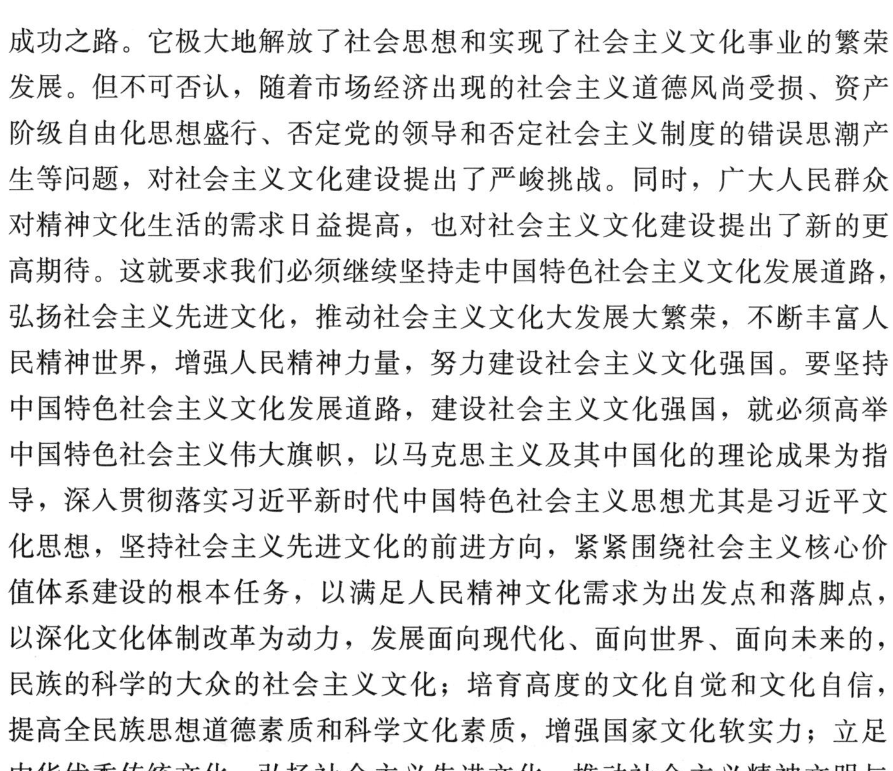

成功之路。它极大地解放了社会思想和实现了社会主义文化事业的繁荣发展。但不可否认，随着市场经济出现的社会主义道德风尚受损、资产阶级自由化思想盛行、否定党的领导和否定社会主义制度的错误思潮产生等问题，对社会主义文化建设提出了严峻挑战。同时，广大人民群众对精神文化生活的需求日益提高，也对社会主义文化建设提出了新的更高期待。这就要求我们必须继续坚持走中国特色社会主义文化发展道路，弘扬社会主义先进文化，推动社会主义文化大发展大繁荣，不断丰富人民精神世界，增强人民精神力量，努力建设社会主义文化强国。要坚持中国特色社会主义文化发展道路，建设社会主义文化强国，就必须高举中国特色社会主义伟大旗帜，以马克思主义及其中国化的理论成果为指导，深入贯彻落实习近平新时代中国特色社会主义思想尤其是习近平文化思想，坚持社会主义先进文化的前进方向，紧紧围绕社会主义核心价值体系建设的根本任务，以满足人民精神文化需求为出发点和落脚点，以深化文化体制改革为动力，发展面向现代化、面向世界、面向未来的，民族的科学的大众的社会主义文化；培育高度的文化自觉和文化自信，提高全民族思想道德素质和科学文化素质，增强国家文化软实力；立足中华优秀传统文化，弘扬社会主义先进文化，推动社会主义精神文明与物质文明、政治文明、社会文明、生态文明全面协调发展，不断开创社会主义先进文化大发展大繁荣的新局面，努力实现建设社会主义文化强国的奋斗目标。

总之，提高国家文化软实力关系着“两个一百年”奋斗目标和中华民族伟大复兴中国梦的实现。

综上所述，文化建设是中国特色社会主义总体布局的重要组成内容，对总体布局发挥着重要的道德引领、话语权引领和价值观引领作用，是总体布局的强大精神动力和坚强思想保证。

第四节　社会建设在总体布局中的条件支撑

社会结构（社会生活结构、社会交往结构）是社会有机体结构中社会活动层面的体现，在社会实践中主要表现为社会建设的实践形式。作为社会文明建设实践载体的社会建设，在中国特色社会主义总体布局中，为总体布局提供重要的社会条件支撑。

一、社会建设是总体布局的重要组成内容

社会生活是社会有机体结构的一个重要构成要素和内容，在社会主义社会有机体中同样如此。社会建设的关键是社会稳定与社会和谐，根本任务是实现人的全面发展与社会的全面进步。

社会生活是社会有机体活动的一个重要组成内容，在中国特色社会主义总体布局中具有同等重要性。马克思指出："物质生活的生产方式制约着整个社会生活、政治生活和精神生活的过程。"[①] 从社会有机体的结构来看，任何一个社会有机体都起码包括物质生活（即经济生活）、政治生活、精神生活和社会生活四个重要而基本的构成要素。与此相对应，社会实践也就相应地包括经济建设、政治建设、文化建设和社会建设四个方面。这说明，社会建设在社会有机体中从来都是存在的，并且是同经济、政治、文化建设等相并列和具有同样重要性而存在的。党的十六大提出的"社会更加和谐"和十六届四中全会提出的"构建社会主义和谐社会"战略任务，是对中国特色社会主义社会有机体中社会建设内容的更加重视和专门强化，以体现社会建设在中国特色社会主义整体事业中的重要地位和作用。在此基础上，我们党相继形成了包含"社会建设"在内的"四位一体"中国特色社会主义建设格局（党的十七大提出）和"五位一体"中国特色社会主义总体布局（党的十八大提出）。因而，社会建设是中国特色社会主义总体布局的重要组成部分。

实现社会和谐与维护社会稳定是中国特色社会主义社会建设的关键，促进和实现人的全面发展与社会的全面进步是其根本任务。人是社会的人，是总处于一定社会关系之中的人，人的本质在其现实性上是一切社会关系的总和。因而，社会生活的核心内容就是要实现社会和谐与维护社会

① 马克思，恩格斯．马克思恩格斯全集：第 31 卷．2 版．北京：人民出版社，1998：412．

稳定。相应地，社会建设的根本任务就在于如何实现和维护社会和谐与稳定。通过不断改善民生和不断增进民生福祉，促进和实现社会和谐与社会稳定，在任何社会中都是社会生活的关键和社会建设的重点。中国特色社会主义是全面发展的社会主义。全面发展的社会主义就是指社会主义要实现人的全面发展和社会的全面进步。它必然要求社会的各方面、各领域都要实现全面协调和谐发展。要发展就离不开稳定，稳定是发展的保障。稳定不是要因循守旧、故步自封，而是为了健康持续和更好地发展。也就是要实现社会主义的经济、社会与人之间的全面协调和谐与稳定发展，实现社会主义的经济、政治、文化、社会和生态文明建设等方面的全面协调和谐与稳定发展。所有这些方面，归根结底都只不过是社会关系的表现。因而，中国特色社会主义社会建设，说到底就是要实现人与自然、人与社会、人与人等关系的全面协调和谐与稳定发展。我们也可以说，中国特色社会主义社会建设就是总体布局要求在社会建设领域的具体展开和明确细化。

但是，中国特色社会主义社会建设，根本上受经济发展水平的制约和决定，同时它也反过来制约经济的健康持续发展。社会生活是社会中人的生产生活条件、活动方式和存在状态等的集中概括和体现。人总是处于一定的社会关系之中，他们生活得如何，总是同他们能够生产什么和如何进行生产相一致。中国特色社会主义是处于社会主义初级阶段的社会主义，这从根本上规定了中国特色社会主义社会建设的性质和进度。社会主义初级阶段意味着社会主义社会生产力的发展水平还不够发达。它决定了中国特色社会主义社会建设必须要坚持社会主义方向，从社会主义初级阶段的实际出发开展各方面工作。偏离了这个方向，中国特色社会主义社会建设就会出问题。在中国特色社会主义社会建设中存在的地区发展不均衡，社会贫富差距拉大，经济、社会与人的发展不协调和片面化，社会发展成果共享度低，社会事业总体滞后等问题，既是生产力发展水平不发达和相对较低在一定程度上的反映，也是当前总体布局中社会建设滞后，或社会建设同其他各方面建设失衡的现实表现。这些问题成为制约经济持续健康发展的瓶颈，也严重影响着中国特色社会主义整体事业发展的进程和水平。

因而，解决这些社会问题和困难，实现经济、社会、人的全面协调和谐稳定发展就成为了社会建设的重要任务。但从根本上讲，还必须要坚持以经济建设为中心，不断解放和发展社会生产力，通过发展来解决社会建设领域的问题和困难。

可见，中国特色社会主义社会建设作为总体布局的一个重要组成内容，在总体布局中具有重要地位。

二、社会建设是总体布局的重要条件支撑

社会建设为总体布局创造和谐的社会关系基础和营造良好有序的社会发展环境，为总体布局注入永续良性发展的社会活力和动力，是总体布局的重要社会条件支撑。

（1）社会建设是国家执行社会职能的重要体现和基本方式，关系着中国特色社会主义事业发展的大局。马克思主义指出，在任何一个有阶级的社会中，“政治统治到处都是以执行某种社会职能为基础，而且政治统治只有在它执行了它的这种社会职能时才能持续下去”①。这充分说明了社会建设在一个国家整体建设和发展事业中的重要地位和作用。具体而言，履行社会职能是一个国家政权的重要而基础性的工作，只有履行好其基本的社会职能，国家政权才能得以存在和持续发展下去。中国是人民民主专政的社会主义国家，人民当家作主、一切权力属于人民是国家政治职能的根本体现。而要维护和实现这个根本政治职能，就必须切实履行和执行好国家的社会职能，真正使改革和发展成果更多更公平地惠及全体人民。中国特色社会主义社会建设作为国家执行社会职能的基本实践体现，就是要坚持以人民为中心的发展思想，把民生福祉工作和社会治理工作作为社会建设的两大根本任务，真正让人民共享改革和发展成果，让人民过上幸福美好的生活，最终实现共同富裕。

（2）社会建设为总体布局创造和提供良好有序的社会条件支撑。中国特色社会主义社会建设，作为中国特色社会主义建设在社会建设领域的具体化和系统展开，是国家社会职能的具体执行和基本体现。解决同人民群

① 马克思，恩格斯．马克思恩格斯文集：第9卷．北京：人民出版社，2009：187.

众的生产生活直接而密切相关的教育、就业、收入分配、社会保障、医疗卫生、住房、生态安全与保障等问题，既是中国特色社会主义社会建设的基本内容和要求，更是关系人民群众幸福和尊严以及社会和谐稳定的大事，是实现全面建成小康社会和全面建设社会主义现代化国家的社会条件。虽然我国社会总体和谐稳定，但在社会领域也存在诸多不利于社会和谐稳定的矛盾和问题，尤其同人民群众切身利益密切相关的民生问题依然突出，影响社会稳定与社会和谐。积极开展和加强社会建设，解决好民生问题，不断改善民生和增进民生福祉，让人民群众过上“学有所教、劳有所得、病有所医、老有所养、住有所居、生态美丽”的美好生活，不仅有助于协调和处理好社会建设同经济、政治、文化和生态文明等方面建设的相互关系，为实现“五位一体”全面协调永续的科学发展创造有利条件，而且有助于改善人与人、人与自然、人与社会的关系，为实现人、自然、社会的全面协调与和谐发展创造有利条件。

（3）社会建设为总体布局创造和提供社会活力和动力支撑。中国特色社会主义的奋斗目标是由基本目标和远大理想目标构成的一个整体。无论从全面建成小康社会和全面建设社会主义现代化国家奋斗目标来看，还是从实现共产主义的远大理想这个奋斗目标来看，坚持在中国共产党的领导下走中国特色社会主义道路，实现全面协调的健康永续发展始终都是我们的首要任务。而要实现健康永续发展，就离不开人民主体这个根本力量的参与。一方面，我们的一切发展都是为了人民，人民对美好生活的向往，就是中国社会整体事业发展永不枯竭的动力源泉。人民群众积极、广泛、有序的参与，又为各项建设注入了十足的活力。另一方面，社会力量是中国特色社会主义建设的一支重要力量和生力军。社会力量的发展程度，不仅是一个国家政治建设开放程度的重要衡量标准，同时也是该国社会建设发达程度的重要衡量指标。在一定程度上讲，中国特色社会主义社会建设，就是要通过不断改善民生和创新社会治理，解放和发展社会生产力，为社会力量的不断发展壮大拓展出足够广阔的空间，为社会力量充分发挥其生力军作用提供宽广的舞台，不断释放社会活力和激发社会创造力，为中国特色社会主义整体事业的发展不断注入新鲜的活力和提供持久不竭的动力。

总之，中国特色社会主义社会建设是国家履行社会职能的重要体现，事关中国特色社会主义建设大局，在总体布局中具有重要的基础性地位和条件支撑作用。

三、社会建设是民心向背的指示器

让人民群众过上美好生活是最大的民生，民生就是民心所系。中国特色社会主义社会建设的重点就是要不断改善民生，直接关系着中国特色社会主义总体布局的民心向背。

(1) 对美好生活的向往是人类共同的理想诉求和民心所向。古往今来，实现社会和谐，建设美好社会，过上美好的生活，都始终是人类孜孜以求的社会理想，是人心所向。在中国历史上，尽管以下思想都具有浓厚的平均主义和空想色彩，且在阶级剥削和压迫的旧制度下这样的“大同”社会也根本无法实现，但实际上反映了人们对于理想社会美好生活的向往和追求。例如，“和为贵”，“天下为公”，“老有所终，壮有所用，幼有所长，鳏寡孤独废疾者皆有所养”等社会思想，以及太平天国运动提出的建立“有田同耕、有饭同食、有衣同穿、有钱同使、无处不均匀、无人不保暖”的社会。在西方，从毕达哥拉斯到柏拉图和赫拉克利特，再到空想社会主义者们的“和谐社会”思想，也都蕴含着人们对社会和谐与美好生活的向往。而这些思想只有在实现了社会主义从空想到科学的历史性飞跃之后，才具有了现实的意义。《共产党宣言》明确指出，代替资产阶级旧社会的将是一个自由人的联合体，那时，每个人的自由发展是一切人自由发展的条件。但只有打碎旧的国家机器和消灭私有制，实现生产资料归全体社会成员共同所有和物质财富极大丰富，人们精神境界极大提高，才有可能实现每个人的全面自由发展，才有可能实现人与人、人与自然、人与社会之间的和谐。

(2) 让人民群众过上幸福美好的生活，是中国共产党、中国特色社会主义建设的奋斗目标和民心之基。我们的人民热爱生活，期盼有更好的教育、更稳定的工作、更满意的收入、更可靠的社会保障、更高水平的医疗卫生服务、更舒适的居住条件、更优美的环境，期盼孩子们能成长得更

好、工作得更好、生活得更好。人民对美好生活的向往，就是我们的奋斗目标。这是对中国共产党自成立以来，始终坚持以让人民过上幸福美好的生活为己任和使命而不懈努力奋斗的完美诠释。中国共产党来自人民、植根人民、服务人民，是以全心全意为人民服务为宗旨的无产阶级政党。无论干革命、搞建设和抓改革，中国共产党都是为了让人民过上幸福生活。正是因为如此，在中国共产党的领导下，经过28年的艰苦浴血奋斗，推翻了压在中国人民身上的三座大山，建立了新中国，为马克思主义的社会理想提供了实现的可能和现实的途径。也正是因为如此，在它的领导下又经过70多年建设和改革的艰辛努力探索，才成功开辟出中国特色社会主义道路。这是一条带领中国人民追求社会和谐、过美好生活的康庄大道。中国特色社会主义社会建设道路，同人民对美好生活的向往息息相关，所要解决的恰是广大人民对更好的教育、更稳定的工作、更满意的收入、更可靠的社会保障、更高水平的医疗卫生服务、更舒适的居住条件和更优美的环境等的期盼的民生问题。

（3）社会建设的重点是改善民生，直接关系着总体布局的民心向背。对中国特色社会主义建设和总体布局而言，人心是最大的政治，民生是最高的标准。民生就是民心。民生是人民幸福之基、社会和谐之本。民生连着民心，民心凝聚民力。所以，民生工作做得如何，不仅直接关系着人民群众的民生福祉与社会的和谐稳定，更直接决定着中国特色社会主义建设事业整体的发展程度和走向，是中国特色社会主义建设和民心向背的晴雨表和指示器。无论是中国特色社会主义社会建设，还是中国社会整体事业的发展，检验一切工作的根本标准都在于“让老百姓过上好日子”，最终都要看人民是否真正得到了实惠，人民生活是否真正得到了改善和提高。因而，中国特色社会主义社会建设也好，总体布局也罢，都必须坚持以人民为中心的发展思想，坚持发展依靠人民、发展为了人民、发展成果由人民共享、发展成效由人民评价。而全面建成小康社会和全面建设社会主义现代化国家、实行改革开放和社会主义现代化建设，从根本上都是为了不断改善民生和增进民生福祉，都是为了不断满足人民群众日益增长的物质文化需要，让人民群众过上幸福美好的生活，促进人的全面发展。只有顺应这个民意则赢得民心，人民就会积极拥护、支持和参与，中国特色社会主义建设的目标才能实现。反之，如果人民群众不能在其中得到真正的实惠，广大人民群众的根本利益得不到实现、维护和发展，人民群众的生活得不到根本改善，那就是违背民意，则民心丧失，那么，我们的事业就会失去人民的拥护、支持和参与。这是社会建设在总体布局中的民心向背的体现。

显而易见，以改善民生为重点的社会建设在总体布局中具有重要意义，顺民意得民心则总体布局成，违背民意失民心则总体布局败。

四、构建社会主义和谐社会

社会和谐是中国特色社会主义的本质属性和内在要求，关系着全面建成小康社会和社会主义现代化目标的实现。只有紧抓社会建设的根本任务，才能实现构建社会主义和谐社会的奋斗目标。

构建社会主义和谐社会是中国特色社会主义建设的题中应有之义，是全面建成小康社会和实现社会主义现代化的内在要求。马克思恩格斯明确指出，未来取代资本主义旧社会的将会是一个自由人的联合体，在那里，每个人的自由全面发展是其他一切人自由全面发展的条件。社会化的人和联合起来的生产者，将在最符合人性的前提下合理地控制他们同自然的物质变换关系。这就在本质上规定了，社会主义社会必然是人与人、人与自然和人与社会等关系和谐的和谐社会。中国特色社会主义是社会主义而非其他什么主义。因此它必然要加强社会建设，实现社会和谐的社会主义和谐社会，只有这样，才能真正确保实现国家富强、民族振兴、人民幸福的目标。全面建成小康社会和实现社会主义现代化，都需要社会和谐。社会和谐既是二者共同的社会基础，也是它们共同的社会条件支撑。党的十六大在首次提出“社会和谐”时，就是把它作为全面小康社会的一个重要内容和目标。社会主义现代化的奋斗目标同样强调和要求实现富强、民主、文明、和谐的社会主义。党的十八大，则不仅强调了它同实现全面小康和现代化目标的关联，更明确了它同实现中华民族伟大复兴中国梦的联系和结合。这足以说明，建设社会主义和谐社会在中国特色社会主义建设整体事业中具有重要意义。它关系着全面建成小康社会、社会主义现代化和中华民族复兴中国梦的实现。

以“四个全面”引领社会建设，构建社会主义和谐社会。社会主义和谐社会的本质要求，就是要实现人与人、人与自然、人与社会等和谐统一与协调发展的社会和谐，实现经济、政治、文化、社会和生态文明等各方面和谐统一与全面协调持续发展的社会和谐。放置在中国特色社会主义总体布局中，要完善“党委领导、政府负责、社会协同、公众参与、法治保障、科技支撑”的社会治理体系，构建“民主法治、公平正义、诚信友爱、充满活力、安定有序、人与自然和谐相处”的社会主义和谐社会，无论从哪个方面来看，都离不开“四个全面”的战略部署的引领。全面建成小康社会和全面实现现代化，要求实现“经济健康持续发展、人民民主不断扩大、文化软实力显著增强、人民生活水平全面提高、资源节约和环境友好型社会建设取得重大进展”的全面和谐的小康社会和现代化；全面深化改革，要求在社会和谐稳定的基础上全面推进经济、政治、文化、社会和生态文明等各方面的体制机制改革和发展，推进国家治理体系和治理能力现代化；全面依法治国，要求社会建设必须要有法治保障，做到“有法可依、有法必依、执法必严、违法必究”，实现“科学立法、严格执法、公正司法、全民守法”基础上的社会和谐；全面从严治党，要求从政治、思想、组织、作风等各方面真正把党锻造成中国特色社会主义更加坚强的领导核心，更好地带领人民实现国家富强、民族振兴、人民幸福的伟大中国梦。

以全面深化改革为契机，深化社会管理体制改革，加强社会建设，不断改善民生和创新社会治理，构建社会主义和谐社会。构建社会主义和谐社会，是中国共产党坚持立党为公、执政为民的必然要求，是实现好、维护好、发展好最广大人民根本利益的重要体现，也是我们党实现执政历史任务的重要社会基础和社会条件支撑。只有社会建设搞好了，才能有效地化解各种社会矛盾和问题，有力地应对国内外各种困难和挑战，始终保持国家统一、民族团结和社会稳定的良好局面。这就要求：一方面，不断改善民生和增进民生福祉，稳固根基。就是要按照“守住底线、突出重点、完善制度、引导舆论”的思路做好民生工作。以保障和改善民生为重点，多谋民生之利，多解民生之忧，积极解决好教育、就业、收入分配、社会保障、医疗卫生、居住条件和环境改善等人民群众最关心最直接最现实的利益问题。另一方面，创新社会治理，抓住关键。就是要以全面深化改革为契机，积极推进社会管理体制改革，创新社会治理体制，改进社会治理方式。正确处理改革、发展、稳定的关系，充分协调各方面的利益关系，有效化解各种社会矛盾，维护安定有序、充满活力的社会稳定大局。按照总体国家安全观，着力推进平安中国建设，把平安中国建设置于中国特色社会主义事业发展全局中，谋划和实现“源头治理、系统治理、综合治理、依法治理”。只有按照构建社会主义和谐社会的指导思想、目标任务、原则要求和部署，紧紧抓住民生工作和社会治理工作这两项社会建设的根本任务，才能在不断改善民生和创新社会治理中加强社会建设。

当然，社会主义和谐社会并不是没有矛盾的社会。矛盾的对立统一运动是人类社会的基本存在方式和发展动力所在，没有矛盾的社会只能存在于人们的想象中，是真正的乌托邦。作为一种实践的社会形式，社会主义和谐社会并非是没有矛盾的社会。恰恰相反，随着改革开放的不断深入和发展，社会矛盾越来越呈现出多发多样的特征。这是社会发展变革的客观实际。因而，社会主义和谐社会建设要直面和正视矛盾，认真检查和发现各项政策、各项工作中不符合社会实际和人民群众根本利益需要的问题，容易引发或激化社会矛盾的地方，积极寻找化解矛盾的有效途径和正确方法，把矛盾的对立和斗争控制在有序的范围之内，形成妥善处理社会矛盾的长效体制机制，实现社会治理的稳定有序运行和社会建设的健康持续发展。

概言之，加强社会建设对构建社会主义和谐社会意义重大，只有以“四个全面”为引领，全面深化社会管理体制改革，加强社会建设，不断改善民生和创新社会治理，才能实现构建社会主义和谐社会的奋斗目标。

第五节　生态文明建设在总体布局中的基础地位

作为生态文明实践载体的生态文明建设，在中国特色社会主义总体布局中处于基础地位。它为中国特色社会主义建设提供基本的自然条件和创造良好的生态基础。

一、生态文明建设是社会有机体结构的重要自然基质

生态结构是社会有机体的重要组成部分和自然基质，生态文明是社会文明系统的重要构成内容。生态文明建设由社会形式决定，又反过来影响和制约着社会发展，在人类社会历史发展进程中扮演着重要的角色。

（1）生态文明建设是社会有机体结构的重要构成要素。从其构成来看，“劳动主体所组成的共同体，……归根到底归结为劳动主体的生产力发展的一定阶段，而和该阶段相适应的是劳动主体相互间的一定关系和他们对自然的一定关系”①。而劳动首先是人和自然之间通过人自身的活动来调整和控制物质变换的过程。通过生产劳动这种实践形式，自然界逐渐被人类劳动纳入人类社会发展的历史中，并被深深地打上了人类自身的印记，而自然也就日益成为与一定历史发展阶段相适应的社会化了的自然，即人化自然。同样，这样的自然也越来越深刻地影响和制约着该历史阶段上人们的生产和生活。这样，人、自然、社会就彼此相互作用而联结成了一个有机统一、密不可分的整体。如果撇开劳动的社会性质不谈，那么，这样的劳动，即联结人与自然的中介在任何社会中都存在。并且，每一种新的社会有机体形式的产生和发展，都是立足于前一代所奠定的基础上，继续发展前一代的工业和交往。而在工业中向来就存在着著名的“人与自然的统一”的公式，交往本身就包含着人同人之间的社会交往和人同自然之间的生态交往两个方面。因而，伴随着工业和交往的发展，人与自然彼此之间的相互关系也得以不断向前发展，以此推动着社会制度和社会形态的发展演进。可见，人与自然关系的建设，即生态文明建设在任何由人所组成的社会中都始终“在场”，是社会有机体结构的基本构成要素和重要组成内容。马克思主义正是从实践出发，通过劳动这个联结人与自然的社会实践活动，论证了生态文明建设在整个社会有机体结构中的重要性和基础地位。实现在人与自然关系和谐共生基础上的人的自由全面发展，是中

① 马克思，恩格斯．马克思恩格斯文集：第8卷．北京：人民出版社，2009：146.

国特色社会主义的终极价值目标和追求，人、自然、社会彼此间和谐统一、全面协调发展是其基本社会特质。而要实现这个基本社会特征和终极价值追求，生态文明建设理所当然要发挥其在中国特色社会主义建设事业发展中的基础性作用。

（2）生态文明建设由特定社会形式决定，又反过来影响和制约社会发展的内容与形式。“自然界和人的同一性也表现在：人们对自然界的狭隘的关系决定着他们之间的狭隘的关系，而他们之间的狭隘的关系又决定着他们对自然界的狭隘的关系。”① 这正如特定社会中的人与人的关系一样，他们本身是什么样，取决于他们生产什么和怎样生产。特定社会形式中的人与自然关系，都是该社会阶段中特定社会关系的反映，受该社会形式的制约。这在于，人与自然的关系正是通过具有特定社会属性的生产实践而发生和形成的。而一切生产形式都只不过是人通过劳动对自然的占有。于是，有什么样的社会形式，就会产生什么样的社会生产关系，也就会产生相应的人与自然关系，这决定了该社会历史阶段生态文明建设的水平和程度。反过来讲，“历史的每一阶段都遇到一定的物质结果，一定的生产力总和，人对自然以及个人之间历史地形成的关系，都遇到前一代传给后一代的大量生产力、资金和环境，尽管一方面这些生产力、资金和环境为新的一代所改变，但另一方面，它们也预先规定新的一代本身的生活条件，使它得到一定的发展和具有特殊的性质”②。外在自然条件在经济上分为生活资料的自然富源和劳动资料的自然富源两大类。“在文化初期，第一类自然富源具有决定性的意义；在较高的发展阶段，第二类自然富源具有决定性的意义。”③ 即人与自然关系的发展或生态文明建设的程度和水平，反过来规定着社会存在和发展的内容与方向，影响和制约着社会形式的发展。这在于，自然界是先于人类存在的客观独立力量，但为了满足生存需要，人类必须通过对自然物的占有而作用于他身外的自然界，从自然界获得物质滋养，并根据自己的目的来塑造自然。随着这个相互影响和相互塑

---

① 马克思，恩格斯．马克思恩格斯文集：第1卷．北京：人民出版社，2009：534.

② 同①544-545.

③ 马克思，恩格斯．马克思恩格斯文集：第5卷．北京：人民出版社，2009：586.

造过程的发展，人与自然的关系也从文明初始的自然支配人，发展到了资本主义条件下的人全面支配自然，并将必然向着人与自然重归和谐与本质统一的社会主义迈进。可见，自然条件的丰富多样性决定了人和社会发展的差异性与多样性，形成了相应的人与自然关系。这决定了社会生产的发展水平，社会发展也就因此具有相应的水平。中国特色社会主义当然如此。之所以把生态文明建设纳入中国特色社会主义建设“五位一体”的总体布局，并强调要把生态文明建设融入中国特色社会主义经济、政治、文化和社会建设的各个环节和整个过程，就在于生态文明建设在中国特色社会主义建设事业发展中具有的重要地位和作用。

（3）生态文明建设是关系整个社会文明系统兴衰成败的重要因素。生态兴则文明兴，生态衰则文明衰。在古今中外的历史发展过程中，由生态关系的发展变化所导致的社会文明兴衰演变的事例比比皆是。古代玛雅文明、巴比伦文明等的消失，今天资本主义开创的工业文明所带来的全球性的生态危机等都是典型代表。因此，“我们不要过分陶醉于我们人类对自然界的胜利。对于每一次这样的胜利，自然界都对我们进行报复”①。这在于，生态环境对社会文明兴衰具有极其重要的作用。美索不达米亚、希腊、小亚细亚以及其他各地的居民，为了得到耕地而毁灭了森林，但是他们做梦也想不到，今天这些地方竟因此成了不毛之地。阿尔卑斯山的意大利人、在欧洲推广马铃薯的人、西班牙种植园主等的经济行为，也都导致了同样的生态恶果。中国历史上虽也出现过局部生态恶化的现象，但也积淀了丰富的以“天人合一”“道法自然”等为集中体现的生态智慧，积累了许多类似坎儿井、都江堰等生态文明建设的实践经验。这些都给中华文明的发展以深刻警示和启迪。我们要实现中华民族的伟大复兴，理应深刻反思历史，吸取历史教训，铭记自然规律不可逆，努力克服生态恶化的现状，大力加强生态文明建设，实现人、自然、社会的和谐统一与全面协调发展。

可见，生态文明建设在社会有机体的构成和整个人类社会历史发展的进程中，都具有基础性的地位，在中国特色社会主义总体布局中同样

---

① 马克思，恩格斯．马克思恩格斯文集：第9卷．北京：人民出版社，2009：559-560.

如此。

二、生态文明是中国特色社会主义总体布局的自然条件

生态文明建设作为中国特色社会主义建设的重要内容，是中国特色社会主义总体布局的物质前提和自然基础保障，对总体布局具有重要作用。

(1) 生态文明建设是人类社会历史演进的自然基础，贯穿全部人类历史的始终。“全部人类历史的第一个前提无疑是有生命的个人的存在。因此，第一个需要确认的事实就是这些个人的肉体组织以及由此产生的个人对其他自然的关系。”① 这就是说，在人类社会漫长的历史演进过程中，人与自然之间从一开始就具有某种特殊的物质关联，即人与自然之间通过劳动而进行的物质变换关系，也即生态关系。这样的劳动，作为人与自然相互作用和相互关系的实践，是一切社会形式所共有的。同样，这种物质联系也同人本身的发展一样，有着同样长久的发展和演进历史。而正是由于这种联系的形式不断发生变化，才有了人类社会的不断更替和演进，才表现为了历史。我们可以从自然史和人类史这两个不可分割的方面来考察。但是，“只要有人存在，自然史和人类史就彼此相互制约”②。可见，作为贯穿人类社会始终的一个基本社会关系的人与自然关系，是人类社会存在和发展的历史前提与基础。相应地，作为处理人与自然关系基本实践活动的生态文明建设，在整个人类社会历史发展演进的过程中也始终处于同样的基础地位，是整个人类社会历史的自然前提和基础。中国特色社会主义当然离不开这个重要的历史的自然基础，而且应当比以往的任何社会形式都更加重视这个自然基础。这在于，从生态关系的角度讲，中国特色社会主义在本质上就是要实现人与自然在合理物质变换基础上的和谐相处。

(2) 生态文明建设是中国特色社会主义总体布局的物质前提与条件。良好的生态环境是最公平的公共产品，是最普惠的民生福祉。如果说有生命的个体的存在是全部历史的首要前提，那么，保证生命个体存在的良好生态环境就是这个前提的自然物质前提和条件。很显然，中国人民要想过

① 马克思，恩格斯．马克思恩格斯文集：第1卷．北京：人民出版社，2009：519.

② 同①516.

上幸福美好的生活，中华民族要实现伟大复兴的梦想，都离不开良好的生态环境。这在于，中国特色社会主义是以人民为中心的社会形式。坚持发展为了人民、发展依靠人民、发展成果由人民共享。人民是否在改革、建设和发展中真正得到实惠，人民生活水平是否得到了真实全面的提高，是检验中国特色社会主义一切建设和发展事业成效的根本标准。在这些原则和标准中，既包含着人们对物质富裕、政治民主、精神文明、社会和谐的向往，也包含着人民群众对“天蓝、地绿、水净”的美好家园的追求。如今，随着社会发展和人民生活水平的不断提高，人民群众对干净的水、清新的空气、安全的食品、优美的环境等的要求越来越高，生态环境在人民生活幸福指数中的地位和作用日益突出。以往“盼温饱”现在“盼环保”，过去“求生存”现在“求生态”的愿望，更加凸显了生态文明建设作为总体布局的物质前提和条件的重要性。这就要求，必须本着对广大人民群众和子孙后代高度负责的态度、责任感和使命感，大力加强生态文明建设，实现经济效益、社会效益和生态效益并重的良性发展，为总体布局和总任务的实现创造可持续的物质前提与条件。

（3）生态文明建设是中国特色社会主义总体布局的自然基础。保护生态环境就是保护生产力，改善生态环境就是发展生产力。中国特色社会主义坚持以经济建设为中心，解放和发展社会生产力，实现“五大建设”的全面协调可持续发展。但作为全面发展的社会主义，发展社会生产力并非随心所欲，而是必须充分考虑经济的发展速度、自然的承载力度和社会的接受程度。从根本上讲，这些都可以归结为社会生产力发展的自然基础。丧失了这个自然基础，不仅社会生产力得不到解放和发展，而且还会受到阻碍和制约。这在于，人与自然关系的解放和发展本身就是一种生产力，生态文明建设也是要解放和发展生态生产力即绿色生产力。“历史的每一阶段都遇到一定的物质结果，一定的生产力总和，人对自然以及个人之间历史地形成的关系，都遇到前一代传给后一代的大量生产力、资金和环境”①。这其中就包含着生态生产力这个自然基础。因此，中国特色社会主义总体布局要坚持以发展为根本任务，就必须要更加重视生态生产力这个因

---

① 马克思，恩格斯．马克思恩格斯文集：第1卷．北京：人民出版社，2009：544-545.

素，克服把保护生态与发展生产力对立起来的传统思维，正确处理好经济发展同生态环境保护之间的关系，把绿水青山同金山银山联结起来，甚至在必要情况下宁要绿水青山，不要金山银山。更加尊重自然生态的发展规律，坚持以自然承载力为基础，以自然规律为准则，以可持续发展、人与自然和谐为目标，保护和利用好生态环境，解放和发展生态生产力，努力建设资源节约型和环境友好型社会，实现生产发展、生活富裕、生态良好的文明发展。

如此来看，生态文明建设在总体布局中具有重要的基础保障作用。

三、经济新常态为生态文明建设常态化提供契机

新常态是当前中国经济发展呈现出的总体特征。以经济转型升级为主的新常态发展与社会主义生态文明建设具有内在一致性。积极适应新常态，是实现社会主义生态文明建设常态化的重要历史机遇。

新常态是当前中国经济发展的阶段性特征。新常态是一种形态更高级、分工更复杂、结构更合理的阶段。它是这样一个过程：从高速增长向中高速增长转变，从规模速度型粗放增长向质量效益型集约增长转变，从增量扩能为主向调整存量、做优增量并存深度调整，从传统增长点向新的增长点转变。新常态是以创新驱动为主的新型发展思路和方式。新常态的实质是要实现经济、社会、自然相互协调，人与自然和谐统一，经济发展与生态文明建设并重的可持续发展。它要求在发展过程中，既要考虑经济发展的规律性和科学性，又要尊重经济发展规律、社会发展规律和自然发展规律，实现符合经济规律的科学发展、符合社会规律的包容性发展和符合自然规律的绿色发展。但是，这种新常态化的发展，并非仅仅为了实现经济发展的形态、结构、动力和方式等方面转变得更加科学合理，更重要的是为了通过实现高质量的科学永续发展，来更好地满足人民群众日益发展和不断提高的物质、政治、文化、社会、生态等各方面的需要，为社会主义条件下人的全面发展提供服务和创造条件。造福于民，让广大人民群众切实体会到发展带来的幸福感提升和真正地共享经济社会发展带来的红利，是新常态发展的根本价值取向和目标追求所在。可见，经济新常态既是推动经济社会可持续发展尤其是实现高质量发展的基本要求和体现，也

是建设美丽中国的内在要求和根本体现。

社会主义生态文明建设要求一种经济发展的新常态，这与经济新常态下的发展具有内在一致性。社会主义建设的根本目的是为了“人”——人的全面发展。但“人—自然—社会”是一个有机整体，人的全面发展离不开社会全面进步的基础和良好自然生态环境条件的保障。不仅离开人的社会和离开社会的人不可能存在，而且离开自然的人和与人分割开的自然界也都只能是抽象的无。因此，社会主义建设必然是人的发展、社会的进步及人同自然的和谐三者相互协调统一基础上的整体全面进步，而人的全面发展则始终是这个和谐统一体的中心和根本目的。只有坚持以人民为中心，积极推进社会主义生态文明建设，为人民创造良好的生态环境，才能真正实现社会主义建设造福于民和促进人的全面发展这个根本价值目标。这就要求必须要有一种新的发展理念和发展常态与之相适应，以实现人、自然、社会相互之间的和谐永续发展，以及社会有机整体各个构成要素相互之间的协调永续发展。但传统上“以 GDP 论英雄”、粗放式的、先污染后治理的发展方式或逻辑，不仅不可能实现人、自然、社会的和谐发展，也不可能实现经济社会的可持续发展，而且对人的全面发展也造成了不利的影响。因此，必须要转变发展方式和发展思路，走出一条新的发展道路，构建一种与社会主义生态文明建设相适应的发展新常态。而突出强调发展方式、发展思路和发展要求根本转变的新常态，则既符合这个要求，又体现了这个要求。

新常态为社会主义生态文明建设提供了重要的历史和战略机遇。在新常态下的中国经济，“增速虽然放缓，实际增量依然可观”，“增长更趋平稳，增长动力更为多元”，“结构优化升级，发展前景更加稳定”，“政府大力简政放权，市场活力进一步释放”①。这是当前经济新常态为中国带来的四个新的发展机遇，更是社会主义生态文明建设的重要战略机遇。中国经济发展之所以呈现出降速度、调结构、转方式的总体特征，既有全球经济格局深刻调整导致的外部需求萎缩，和国际创新驱动竞争更加激烈而我国

① 习近平．谋求持久发展，共筑亚太梦想：在亚太经合组织工商领导人峰会开幕式上的演讲．人民日报，2014-11-10（2）.

产业结构转型升级滞后的原因，又是从根本上改变片面、粗放、不可持续的发展方式的必然要求。中国本身就是一个人口大国、资源乏国、生态弱国。长期以过分强调和追求经济增长速度为主的粗放式发展，过度依赖劳动力和能源资源的大规模供给，过度依靠投资和外需总量扩大，导致传统人口红利逐渐减少，生态环境压力不断加大。转变发展思路和方式，处理好人口、社会、环境之间的关系和经济发展与保护生态环境之间的关系已刻不容缓。这在客观上促使中国经济逐步向稳增长、调结构和保民生的平稳发展新常态转型升级。但新常态下的发展并非停滞不前，而是要求更加注重经济社会与生态的全面协调和可持续性，更加重视科技和创新驱动在发展中的重要作用，是一种高水平发展。这为在新常态下将生态文明理念融入经济发展之中，做到经济发展与生态保护同时并重指明了方向。这就要求在新常态下，发展经济绝不能超越资源环境的承载能力，绝不能以牺牲生态和破坏环境为代价换取经济的一时发展。而是必须要将生态文明的理念融入中国特色社会主义建设的各个方面和全过程，确保人口、资源、环境相协调，经济社会和生态健康持续协调发展。

总之，构建社会主义生态文明建设新常态，是经济新常态为生态文明建设创造出的重要历史机遇，是走向社会主义生态文明新时代的必然选择。

四、走向社会主义生态文明新时代

生态文明是社会主义的本质要求和中国特色社会主义的题中之义，建设生态文明的社会主义是中国共产党的基本奋斗目标。在中国共产党的领导下，在习近平生态文明思想的指导下，大力加强生态文明建设，建设美丽中国，致力于走向社会主义生态文明新时代，是生态文明建设的奋斗目标。

(1) 建设生态文明是社会主义的本质要求和中国特色社会主义的题中之义。这可以从两个方面来理解：一是从共产主义自身的规定和要求来看，“**共产主义**是对**私有财产**即**人的自我异化**的**积极**扬弃，……是人向自身、也就是向**社会的**即合乎人性的人的复归。……它是人和自然界之间、人和人之间的矛盾的**真正**解决”①。共产主义将会在社会方面把人从其他的动物中提升出来，正像劳动在物种方面把人从其他动物中提升出来一样，它将会为实现人类与自然的和解及人类本身的和解开辟道路。因此，在自由王国里，“社会化的人，联合起来的生产者，将合理地调节他们和自然之间的物质变换，把它置于他们的共同控制之下，而不让它作为一种盲目的力量来统治自己；靠消耗最小的力量，在最无愧于和最适合于他们的人类本性的条件下来进行这种物质变换”②。这些都说明，人与自然、社会之间矛盾的真正解决，实现彼此间相互关系的和谐共生即生态文明，是共产主义的基本内容和本质要求。作为共产主义的第一步，社会主义应该坚持同样的追求。二是从社会历史发展演进角度来看，资本主义虽开创了现代人类文明，创造出了巨大的物质生产力，但它取得的任何进步，都是以短期利益最大化为根本追求，都同时破坏了一切财富的源泉——土地和工人，在人与自然的物质变换关系中造成了无法弥补的“裂缝”，导致了生态危机的严重后果。社会主义作为资本主义的取代者，就是要在实现人的解放、社会的解放和自然的解放之基础上，恢复人与自然之间的和谐物质变换关系，促进人的全面发展和社会的全面进步。可见，生态文明是社会主义的内在规定和本质要求。而中国特色社会主义，尽管是处于初级阶段的社会主义，但它首先已经是社会主义，那就必须坚持科学社会主义的根本原则和本质要求，以此为指导开展社会主义的各项具体建设与实践。

（2）建设社会主义生态文明是中国共产党的基本奋斗目标。中国共产党历来重视生态文明建设，在它所确立的全面建成小康社会战略目标中，包含人与自然和谐相处的内容要求；在它所领导的社会主义现代化建设中，促进人与自然和谐共生是中国式现代化的本质要求之一；在它所要实现的中华民族伟大复兴中国梦中，更是把建设人与自然和谐相处的美丽中国，作为实现中华民族永续发展的基础。为此，中国共产党做出了不懈努力。新中国的成立和社会主义制度的确立，为实现这个目标提供了根本的社会根基和制度保障。新中国成立之初，大规模开展农田水利建设和江河

① 马克思，恩格斯. 马克思恩格斯文集：第1卷. 北京：人民出版社，2009：185.

② 马克思，恩格斯. 马克思恩格斯文集：第7卷. 北京：人民出版社，2009：928-929.

治理，积极发展医疗卫生事业，为我国社会主义建设奠定了良好的自然物质和人力资源基础。改革开放之初，计划生育和环境保护先后作为基本国策确立下来。进入 21 世纪，在党的十六大报告中把实现人与自然和谐相处的和谐社会建设作为我们党的一个重要奋斗目标公开明确地提了出来。其后在 2004 年党的十六届四中全会上，又进一步提出了构建人与自然和谐相处的社会主义和谐社会的重大战略任务和基本要求，并把它作为考验我们党执政能力建设的一个标准确立下来。党的十七大正式提出生态文明建设，把它作为党的执政理念确立下来。党的十八大进一步明确要大力加强生态文明建设，把其纳入“五位一体”的中国特色社会主义总体布局，并写入党章。这样，中国共产党就把“社会和谐”和“生态文明”同时写在了社会主义的旗帜上，实现了社会主义生态文明建设、社会主义和谐社会建设和社会主义建设三者在内在本质一致基础上的融合。党的十八大以来，生态文明建设更是被提到了事关人民福祉和民族未来大计的高度，上升到了实现中华民族伟大复兴中国梦重要内容的战略高度。这既是中国共产党在坚持和发展马克思主义的理论与实践过程中，对党的执政规律、社会主义建设规律、人类社会发展规律以及人与自然和谐共生规律的认识的提升，也是对国内外社会主义建设尤其是中国特色社会主义建设实践经验教训的总结。

（3）大力加强社会主义生态文明建设，努力走向社会主义生态文明新时代。既然生态文明建设是中国特色社会主义总体布局的重要内容和生态基础，是关系人民福祉和民族未来的大计，那么，在建设总体布局的过程中，就“决不像征服者统治异族人那样支配自然界，决不像站在自然界之外的人似的去支配自然界”①。而是相反，必须要尊重自然发展规律，按照“美的规律”去构建“人同自然界和谐一致的生活”。具体来讲，我们必须要树立敬畏自然、尊重自然、顺应自然、保护自然的理念，把生态文明建设放在突出位置，使其融入社会主义经济建设、政治建设、文化建设、社会建设的各个方面和全过程。坚决贯彻落实节约资源和保护环境的基本国策，坚持节约优先、保护优先、自然恢复为主，优化国土空间开发格局、全面促进资源节约、加大自然生态系统和环境保护力度、加强生态文明制

① 马克思，恩格斯. 马克思恩格斯文集：第 9 卷. 北京：人民出版社，2009：560.

度建设，推进绿色发展、循环发展和低碳发展，形成资源节约与保护环境并重的空间格局、产业结构、生产方式、治理方式、思维方式、价值观念、生活方式和消费方式。在经济健康持续发展的基础上，协调推进中国特色社会主义的经济、政治、文化、社会和生态文明“五位一体”的全面发展。在全面深化改革和高质量发展背景下，就是要全面深化生态文明建设的体制机制改革，加强生态文明制度创新；加快转变产业结构和生产方式，加强发展的创新驱动，努力探索经济健康发展与生态文明建设并重的发展道路，坚持走生产发展、生活富裕、生态良好的文明发展道路，推动社会主义的全面发展和进步。

显然，没有生态文明，中国特色社会主义总体布局就失去了生态基础和保障，实现全面小康和社会主义现代化就好比水中花镜中月，社会主义的全面发展就只能是空谈，也就更不可能走进社会主义生态文明新时代和实现中华民族的永续发展。

综上所述，生态文明建设作为社会有机体结构中的重要一环，在中国特色社会主义总体布局中具有极其重要的基础性地位。它既是总体布局的自然物质前提和条件，也是总体布局的自然生态基础和保障。当下，建设人与自然和谐共生现代化将社会主义现代化建设和社会主义生态文明建设联结了起来，必将开辟人与自然和谐共生的新境界。

第三章　中国特色社会主义总体布局的辩证结构

中国特色社会主义总体布局是一个总系统，包括经济建设、政治建设、文化建设、社会建设和生态文明建设等子系统。其中，每一个子系统都是独立的系统整体，在构成总体布局的子系统的同时，也对总体布局的发展和完善产生一定的影响。作为一个系统整体，中国特色社会主义总体布局有着自身的辩证结构，不仅表现为子系统与总体布局之间相互制约、相互反馈、相互适应、相互合作、协同进化的辩证关系，还表现为子系统之间相互制约、相互反馈、相互适应、相互合作、协同进化的辩证关系。

第一节　总体布局子系统的相互制约

社会有机体包括经济、政治、文化、社会和生态等要素。“不同要素之间存在着相互作用。每一个有机整体都是这样。”① 同样，在中国特色社会主义总体布局中，五个子系统并不是孤立的，而是相互联系、相互作用

① 马克思，恩格斯．马克思恩格斯文集：第 8 卷．北京：人民出版社，2009：23.

的有机整体，每一个子系统都制约着其他子系统的发展和完善。

一、经济建设的制约作用

在社会有机体中，经济要素发挥着首要的、主导的和决定的作用，制约着其他要素的发展。物质生活的生产方式决定着整个社会生活、政治生活和精神生活的过程。

经济建设的性质和发展方向决定其他方面建设的性质和发展方向。虽然1949年新中国的成立，标志着中国人民摆脱了帝国主义、封建主义和官僚资本主义的剥削和压迫，真正成为国家和社会的主人，但是我国仍然处于新民主主义社会。要完成由新民主主义社会向社会主义社会的过渡，首先必须实现由新民主主义的经济向社会主义经济的过渡。为此，从1953年开始，我国开始对农业、手工业和资本主义工商业进行社会主义改造。1956年，“三大改造”任务基本完成，标志着我国进入社会主义社会。显然，社会主义性质的经济的建立，要求我国在政治上确立社会主义制度，同时要求文化建设必须坚持社会主义方向。为此，我们提出了文艺必须坚持“为人民服务，为社会主义服务”的方向。同时，社会主义制度确立后，我国一直积极地推动社会建设和生态文明建设。由于我国是社会主义国家，经济上坚持以公有制经济为主体，这就决定了社会建设和生态文明建设必须结合社会主义的制度属性，必须始终坚持社会主义性质。与此同时，在人类历史的发展进程中，新的社会制度取代旧的社会制度，都是建立在新的经济基础之上的，而作为上层建筑的政治和文化都是为经济基础服务的。因此，经济建设的发展方向制约着政治建设和文化建设的发展方向。我国完成由新民主主义的经济向社会主义的经济过渡后，立即要求完成由新民主主义的政治和文化向社会主义政治和文化的过渡。同样，社会主义制度确立后，经济建设的社会主义方向要求社会建设和生态文明建设不能偏离社会主义方向。

经济建设的发展水平决定着其他方面建设的发展水平。社会主义制度建立以来，尤其是改革开放以来，我国生产力发展水平得到了极大的飞跃，经济总量位居世界第二，为推进其他方面建设奠定了坚实的物质基础，使得其他方面建设取得了长足的发展。具体而言，在政治建设方面，广大人民群众的民主意识、法治意识等得到了长足的进步。在文化建设方面，文化事业和文化产业得到了长足的发展，人们的思想道德素质和科学文化素质得到了显著的提高。在社会建设方面，人们的生活水平得到了很大的提高，在教育、医疗、住房等领域的诉求得到了较大程度的满足。在生态文明建设方面，人们的生态意识和环保意识不断得到提高，生态文明建设不断推进。同时，虽然我国的经济总量已经位居世界第二，但是人均国内生产总值仍然较低，在世界上的排名仍然比较落后。目前，尽管我国进入了新时代，社会的主要矛盾发生了变化，但是，我国仍处于并将长期处于社会主义初级阶段的基本国情没有变，我国是世界最大发展中国家的国际地位没有变。只有科学地理解和把握我国的基本国情，才能充分认识和把握经济建设对其他方面建设的制约作用。具体而言，在政治建设方面，生产力发展水平的不足限制了广大人民群众尤其是一度为贫困人口的人群的政治素质的提高。在文化建设方面，经济建设发展的不足无法充分提供文化建设所需要的人力、物力和财力，使得很多地方尤其是广大农村地区的文化建设还很薄弱。在社会建设方面，城乡发展、区域发展、经济社会发展的不平衡直接制约着社会主义现代化事业尤其是社会建设的开展。在生态文明建设方面，由于经济发展水平相对较低，直接制约着生态文明建设方面尤其是原贫困地区生态文明建设方面的投入，而许多原贫困地区恰恰是生态环境相对脆弱的地区。

总之，经济建设制约着中国特色社会主义总体布局的发展和完善。

二、政治建设的制约作用

政治建设在中国特色社会主义总体布局中不仅为其他方面建设提供稳定的政治保障，也制约着其他方面建设的发展。

政治建设为其他方面建设的顺利开展提供稳定的政治保障，有利于推动其他方面建设的发展。“三大改造”任务完成后，我国进入了社会主义社会，确立了社会主义的生产关系。社会主义制度确立后，尤其是改革开放之后，我国大力发展社会主义民主政治，推进社会主义政治建设，

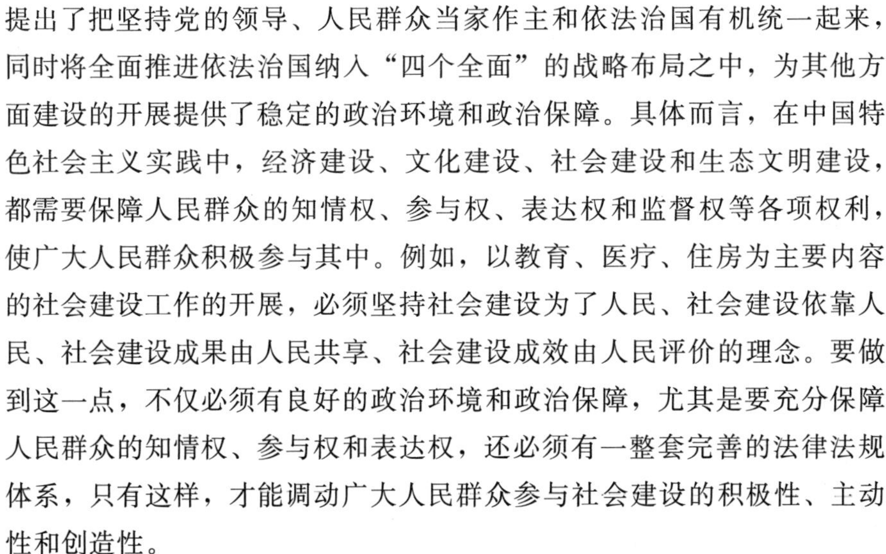

提出了把坚持党的领导、人民群众当家作主和依法治国有机统一起来，同时将全面推进依法治国纳入“四个全面”的战略布局之中，为其他方面建设的开展提供了稳定的政治环境和政治保障。具体而言，在中国特色社会主义实践中，经济建设、文化建设、社会建设和生态文明建设，都需要保障人民群众的知情权、参与权、表达权和监督权等各项权利，使广大人民群众积极参与其中。例如，以教育、医疗、住房为主要内容的社会建设工作的开展，必须坚持社会建设为了人民、社会建设依靠人民、社会建设成果由人民共享、社会建设成效由人民评价的理念。要做到这一点，不仅必须有良好的政治环境和政治保障，尤其是要充分保障人民群众的知情权、参与权和表达权，还必须有一整套完善的法律法规体系，只有这样，才能调动广大人民群众参与社会建设的积极性、主动性和创造性。

政治建设的不足制约着其他方面建设的持续发展。我国现在正处于社会主义初级阶段，生产力发展水平尤其是先进生产力水平仍然较低。我国的社会主义生产关系总体上可以适应和推动社会主义生产力的发展。然而，我国社会主义生产关系是在推翻半殖民地半封建社会的基础上建立的，而数千年的封建社会直接导致了现实社会中仍然存在着诸多封建残余思想，再加上政治建设中还存在的一些体制机制问题，都直接制约着其他方面建设的发展。具体而言，在经济建设方面，改革开放前，由于我国长期实行高度集中的计划经济体制，单位包办一切，进而形成了高度集中的政治体制，限制了经济建设的持续健康发展。在文化建设方面，虽然政治和文化都属于上层建筑的范畴，都是上层建筑的重要构成要素，但是，上层建筑各要素之间并非铁板一块，而是相互作用、相互制约的。由于政治体制的不健全和不完善，人们的政治素质相对偏低，制约着文化建设的发展。在社会建设方面，高度集权的政治体制不利于调动人们参与社会建设的积极性、主动性和创造性，不利于激发社会活力，制约着社会建设的开展。在生态文明建设方面，人们的法治观念，尤其是生态法治观念较为薄弱，制约着生态文明建设的开展。

总之，政治建设制约着中国特色社会主义总体布局的发展和完善。

三、文化建设的制约作用

文化建设在中国特色社会主义总体布局中不仅为其他方面建设提供强大的精神动力和智力支持，也制约着其他方面建设的发展。

文化建设为其他方面建设提供了强大的精神动力和智力支持。在中国特色社会主义实践中，没有文化的积极引领，没有人民精神世界的极大丰富，没有全民族精神力量的充分发挥，我们不可能屹立于世界民族之林。为此，在坚持以经济建设为中心的同时，应自觉把文化繁荣发展作为坚持发展是硬道理、发展是党执政兴国第一要务的重要内容。在中国特色社会主义实践中，大力加强文化建设，可以不断提高人民群众的科学文化水平和思想道德素质，培育社会主义新人，为其他方面建设提供精神动力和智力支持。

文化建设的不足制约着其他方面建设的发展。在人类社会发展的历史进程中，既存在着适应并对人类社会历史发展起到推动作用的先进文化，也存在着不适应并对人类社会历史发展起到阻碍作用的落后文化。由于我国经历了数千年的封建社会，是从半殖民地半封建社会直接过渡到社会主义社会的，仍然保留了大量的封建腐朽落后的文化。经过长期的发展，虽然我国文化建设取得了重大成绩，但是，总体上讲文化建设不能完全适应经济快速发展和社会深刻变革的需要。在经济建设方面，文化建设是上层建筑的重要范畴，对经济建设具有重要的反作用。虽然我国的教育水平和人们的素质得到了极大的提高，但是相对于发达国家而言，人们的科学文化素质整体上还相对较低，直接制约着科学技术水平的提高，进而制约着经济建设的持续快速健康发展。在政治建设方面，人们的文化素质较低，导致了人们政治素质较低，制约着政治建设的发展；一些地方和部门仍然存在着家长制和一言堂等封建文化的残余现象，阻碍了政治建设的发展。在社会建设方面，教育、医疗、住房、养老等领域都涉及众多文化层面的内容，而人们的文化素质的低下和文化理念的偏差还不能完全适应社会建设的发展要求。在生态文明建设方面，推进生态文明建设，首先必须唤醒和提高人们的生态意识，使得生态文明观念在全社会牢固树立。然而，人们

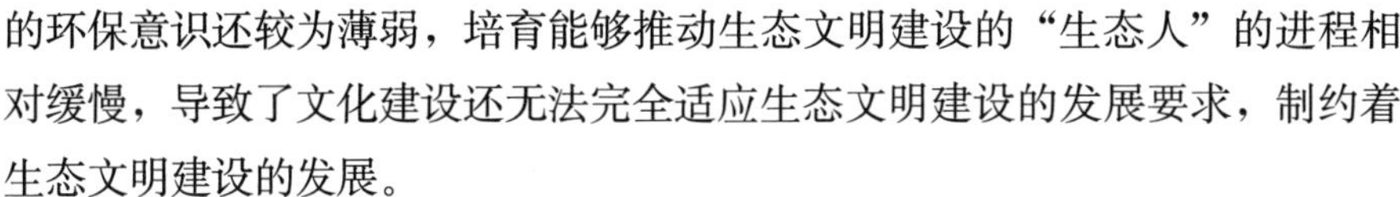

的环保意识还较为薄弱，培育能够推动生态文明建设的“生态人”的进程相对缓慢，导致了文化建设还无法完全适应生态文明建设的发展要求，制约着生态文明建设的发展。

总之，文化建设制约着中国特色社会主义总体布局的发展和完善。

四、社会建设的制约作用

在中国特色社会主义总体布局中，社会建设为其他方面建设创造了坚实的社会基础和稳定的社会环境，也制约着其他方面建设的开展。

社会建设为其他方面建设创造坚实的社会基础和稳定的社会环境。社会建设担负着为全体社会成员提供基本公共服务的重任。“从我国情况看，基本公共服务主要包括公共就业服务、基本养老、义务教育、基本医疗卫生、保障性住房、公共文化、基本环境质量以及公共安全等服务类别，旨在保障全体公民特别是低收入群众生存发展的基本需求，这是公共服务中最基础、最重要的部分，公益性较强，政府担负着义不容辞的主体责任。”① 显然，社会建设的内容，全面涵盖了其他方面建设的部分内容。在此情形下，社会建设的有效开展，不仅是对其他方面建设的直接推进，还可以调动广大人民群众的积极性、主动性和创造性，使其积极参与到其他方面建设中去，为其他方面建设奠定坚实的社会基础。同时，维护社会稳定，创造稳定的社会环境，是社会建设的重要内容和任务，也是其他方面建设顺利开展的最基本的前提。没有稳定，任何建设都无从谈起。要保持和创造稳定的社会环境，必须大力加强社会建设，尤其是大力发展以民生为重点的社会建设，充分保障人民群众的教育、医疗、就业、住房等方面的基本权利，不断提高广大人民群众的生活水平和质量，不断缩小社会的贫富差距。

社会建设的不足制约着其他方面建设的发展。随着我国经济建设的发展和人们的生活水平的提高，人们对教育、医疗、住房等社会建设方面的要求越来越高，使得社会建设在中国特色社会主义实践中的重要性不断凸显。然而，我国正处于并将长期处于社会主义初级阶段，经济发展水平离

---

① 十七大以来重要文献选编：下. 北京：中央文献出版社，2013：669-670.

人民群众的要求和期待还有一定的距离，导致了社会建设存在着很多不足：基本公共服务供给不足，收入差距较大，人口老龄化加快，巩固脱贫成果和实现共同富裕任务艰巨，人们文明素质和社会文明程度有待提高。在经济建设方面，贫富差距过大、人口老龄化加快等社会问题的存在无疑会影响经济建设的发展活力，制约着经济建设的持续发展。在政治建设方面，人口老龄化加快、人们的文明素质和社会文明程度较低等因素，无疑会影响人们参与政治建设的热情和能力，不利于政治建设的健康发展。在文化建设方面，教育投入不足、教育发展不均衡等问题，制约着文化建设的健康发展。在生态文明建设方面，社会的文明程度和人们的文化素质较低，导致人们的环保意识和生态意识较为薄弱，不利于人们树立敬畏自然、尊重自然、顺应自然和保护自然的科学理念，制约着生态文明建设的开展。

总之，社会建设制约着中国特色社会主义总体布局的发展和完善。

五、生态文明建设的制约作用

生态文明建设在中国特色社会主义总体布局中居于基础地位，为其他方面建设的顺利开展提供良好的生态环境保障，也制约着其他方面建设的发展。

生态文明建设为其他方面建设提供良好的生态环境保障。改革开放后，在经济快速发展的过程中，一些地方盲目追求 GDP，导致我们在环境方面付出了重大代价，引发了一系列生态环境问题。对此，党的十七大报告明确提出了生态文明的科学理念。在中国特色社会主义总体布局中，无论是经济建设、政治建设、文化建设，还是社会建设，其顺利开展都必须有良好的生态环境支撑。如果一个地方的生态环境遭到严重的破坏，出现了十分严重的水污染、土壤污染、大气污染等问题，不仅短期内无法得到有效的恢复，还会对人们的生存和发展造成十分严重的影响，也无法为其他方面建设提供良好的生态环境。反之，如果一个地方的生态环境很好，不仅有利于人们的生存和发展，还可以为其他方面建设创造良好的生态环境。

生态文明建设的不足制约着其他方面建设的发展。目前，资源约束趋紧、生态环境恶化等问题直接制约着其他方面建设的开展。具体而言，在经济建设方面，充足的能源资源是支撑经济建设不断发展的自然资源基础，因此，资源能源约束趋紧的现状制约着经济建设的持续发展。在政治建设方面，生态文明建设不仅是重大的经济问题，也是重大的政治问题。“我们不能把加强生态文明建设、加强生态环境保护、提倡绿色低碳生活方式等仅仅作为经济问题。这里面有很大的政治。”① 曾几何时，一些地方生态环境恶化，出现了严重的污染事件，严重损害了人们的环境权和生命健康权，引发了一系列环境群体性事件，制约着政治建设的发展。在文化建设方面，人们的环保意识和生态意识薄弱等思想观念问题与文化建设密切相关，也制约着文化建设的发展。在社会建设方面，一些地方生态环境恶化引发的环境群体性事件不仅是生态文明建设方面的重大问题，也是社会建设方面的重大问题，直接制约着社会建设的发展。

总之，生态文明建设制约着中国特色社会主义总体布局的发展和完善。

综上，经济建设、政治建设、文化建设、社会建设和生态文明建设的发展和完善不断推动着其他子系统和中国特色社会主义总体布局的发展和完善，其自身存在的不足也制约着其他子系统和中国特色社会主义总体布局的发展和完善。

第二节　总体布局子系统的相互反馈

反馈是现代科学技术尤其是控制论的基本概念，指将系统的输出返回到输入端并以某种方式改变输入，进而影响系统功能的过程。在中国特色社会主义总体布局中，五个子系统之间的相互反馈作用，主要是指子系统之间可以发挥正反两方面的相互影响，进而影响中国特色社会主义总体布局的总系统的功能。

① 习近平关于全面深化改革论述摘编. 北京：中央文献出版社，2014：103.

一、经济建设的反馈作用

经济建设是中国特色社会主义总体布局中最早提出的概念，对其他方面建设发挥着重要的反馈作用。

（1）经济建设对政治建设的反馈作用。充分发挥经济建设对政治建设的反馈作用，必须通过经济发展促进政治稳定。在实践中，经济建设的发展是坚持、发展和巩固社会主义制度的重要保证。从1917年十月革命胜利后世界上第一个社会主义国家苏维埃俄国成立至今，社会主义制度已经存在一百余年，取得了重大的成就。在此期间，社会主义国家一直处于资本主义世界体系的包围之中，面临着如何坚持、巩固和发展的重大课题。在现实中，由于俄国和中国等国家的社会主义制度都不是建立在高度发达的资本主义的基础之上，而是建立在生产力水平很低的基础上，因此，大力推动经济建设、解放和发展社会生产力，成为摆在社会主义国家面前的当务之急。对此，列宁指出："共产主义就是苏维埃政权加全国电气化。"① 由于电气化是当时先进生产力的代表，因此，坚持和巩固社会主义，并最终进入共产主义社会，就必须在经济上大力发展社会主义先进生产力。如果没有生产力的发展，"那就只会有**贫穷**、极端贫困的普遍化；而在**极端贫困**的情况下，必须重新开始争取必需品的斗争，全部陈腐污浊的东西又要死灰复燃"②。可见，如果没有生产力的发展，社会主义取得的成果就会消失殆尽，甚至连社会主义制度都会出现反复。苏东剧变就是最惨痛的教训。

（2）经济建设对文化建设的反馈作用。充分发挥经济建设对文化建设的反馈作用，必须通过经济建设大力推进文化建设的发展。经济建设和文化建设是紧密联系的统一体。改革开放之初，我们党就提出要坚持社会主义物质文明和精神文明"两手抓、两手都要硬"的方针。物质文明主要是经济建设创造的，精神文明主要是文化建设创造的。改革开放后，经济建设不仅极大地推动了教育的发展和人的素质的提高，还带动了文化事业和

---

① 列宁．列宁专题文集·论社会主义．北京：人民出版社，2009：181.

② 马克思，恩格斯．马克思恩格斯文集：第1卷．北京：人民出版社，2009：538.

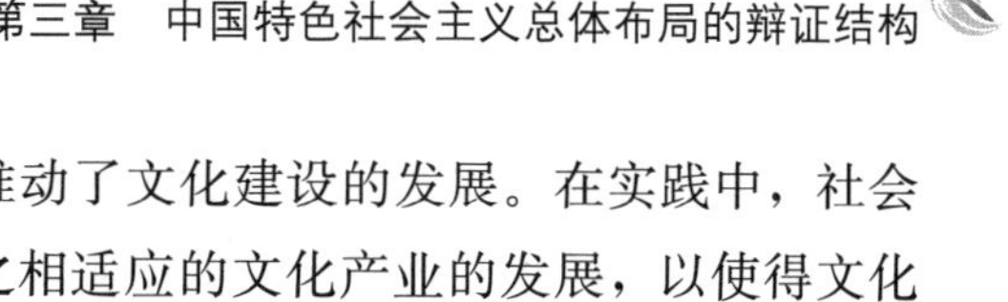

文化产业的快速发展，进而全面推动了文化建设的发展。在实践中，社会主义市场经济的快速发展要求与之相适应的文化产业的发展，以使得文化建设和经济建设的发展相匹配。文化产业的重要性在市场经济条件下不断凸显，在随着市场经济的发展而不断发展的同时，也对经济建设起着重要的推动作用。目前，我国文化建设的发展与经济建设的发展不相匹配，尤其是文化产业的发展与经济总量之间还存在很大差距，还没有成为国民经济的支柱性产业。因此，在坚持以经济建设为中心的过程中，要大力发展与经济建设相关的文化产业，使之随着经济建设的发展而不断发展。

（3）经济建设对社会建设的反馈作用。充分发挥经济建设对社会建设的反馈作用，必须始终坚持以经济建设为中心，同时把社会建设放在更为突出的位置。改革开放以来，虽然经济建设取得了举世瞩目的伟大成就，但是我们在经济发展过程中也出现了一系列问题。例如，城乡发展差距大、区域发展不平衡、贫富差距扩大。因此，解决社会问题，推进社会建设成为十分重要的课题。面对这种情形，有些人提出我国不能再以经济建设为中心，而要以改善民生为核心的社会建设为中心。这一观点虽然看到了社会矛盾的尖锐性，以及加强和改善以民生建设为主的社会建设的重要性，但是没有看到社会建设的问题实质上是在经济发展过程中产生的，仍然要在经济发展过程中解决。目前，实现共同富裕也不能脱离经济发展水平。脱离了经济建设这个中心，社会建设将成为无源之水和无本之木。

（4）经济建设对生态文明建设的反馈作用。充分发挥经济建设对生态文明建设的反馈作用，必须始终坚持以经济建设为中心，同时高度重视生态文明建设，实现生态化和现代化的统一。有些人认为，我国的生态环境问题十分严重，已经严重影响到人们的生活质量甚至是生命健康安全，因此，我们应该从以经济建设为中心转向以生态文明建设为中心。这一观点虽然看到了生态文明建设的极端重要性，然而是不科学的，容易走向生态中心主义。在中国特色社会主义实践中，我们既不能因为环境问题突出，就否认经济建设的中心地位，也不能因为以经济建设为中心，就忽视生态环境方面的保护。现阶段的环境问题主要是因为一些地方在发展经济的过程中，采用了粗放的方式片面追求 GDP 造成的。因此，必须在发展过程中解决生态环境问题，不仅要发展经济，创造 GDP，更要转变经济发展方式，发展低碳经济、循环经济和绿色经济，创造绿色 GDP。我们要看到，“发展循环经济是走新型工业化道路的重要载体，也是从根本上转变经济增长方式的必然要求”①。显然，只有在经济发展过程中，才能有效解决生态环境问题。在此基础上，我们必须把建设物质文明与建设生态文明有机统一起来，必须充分发挥经济建设对生态文明建设的反馈作用，实现经济效益和生态效益、生态化和现代化的统一。

总之，只有坚持以经济建设为中心，大力发展社会主义先进生产力，才能充分发挥经济建设对其他方面建设的反馈作用。

二、政治建设的反馈作用

政治建设对其他方面建设发挥着反馈作用，推动其他方面建设的不断发展。

（1）政治建设对经济建设的反馈作用。经济建设和政治建设分别属于经济基础和上层建筑的范畴，存在着决定与被决定、作用与反作用的紧密联系。在中国特色社会主义总体布局中，必须处理好经济建设和政治建设、经济发展和政治稳定的辩证关联。在这个问题上，政治稳定是经济发展的前提和保障，没有政治稳定，经济发展就无从谈起。同时，在中国特色社会主义实践中，要积极推动社会主义市场经济的发展，不仅需要有稳定的政治环境，还需要有与之相适应且能够推动其不断发展的一整套的民主政治制度。也就是说，社会主义民主法治、公平正义的发展对社会主义市场经济的发展起着重要的反馈作用。

（2）政治建设对文化建设的反馈作用。政治建设和文化建设的发展大体上是同步的，一定的社会制度必然要求有与之相适应的文化为之服务。这表明政治建设对文化建设有着重要的反馈作用。文化有特定的阶级属性，要为特定的阶级服务。社会主义制度建立后，我国提出了文艺要坚持“为人民服务、为社会主义服务”的方针。同时，大力加强政治建设本身就需要文化建设的发展。例如，我国政治建设的重要目标之一是培养社会

① 习近平. 之江新语. 杭州：浙江人民出版社，2007：140.

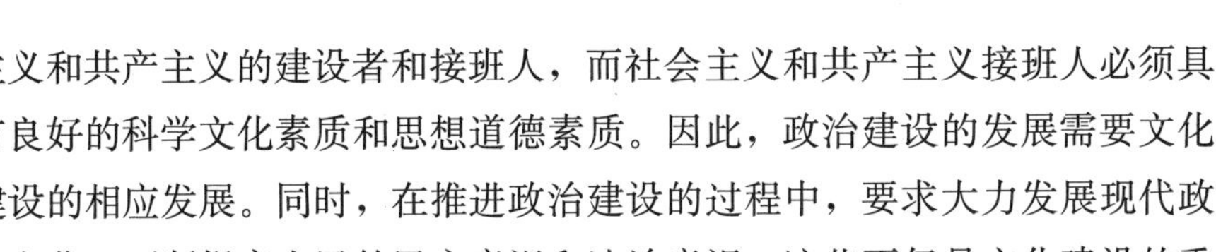

主义和共产主义的建设者和接班人，而社会主义和共产主义接班人必须具有良好的科学文化素质和思想道德素质。因此，政治建设的发展需要文化建设的相应发展。同时，在推进政治建设的过程中，要求大力发展现代政治文化，不断提高人民的民主意识和法治意识。这些不仅是文化建设的重要内容，还能推动文化建设的发展。

（3）政治建设对社会建设的反馈作用。在人类社会发展早期的相当长一段时间内，人类是生活在以氏族为基本单位构成的社会中，国家还没有产生。随着生产力的发展，逐渐产生了阶级和私有制，并使得国家从社会当中分离出来。可见，国家与社会、政治建设和社会建设之间具有复杂的关系。在实践中，政治建设的推进有利于不断提高社会公众的政治意识、民主意识和法治意识。在推进社会建设的过程中，一些地方在征地、拆迁、环境保护等领域存在着严重的社会问题，甚至引发了一系列群体性事件，对社会稳定和政治稳定造成了一系列影响。

（4）政治建设对生态文明建设的反馈作用。在实践中，坚持以人民为中心的发展思想有利于推进生态文明建设的发展。生态文明建设都是涉及人民群众切身利益的工作，一定要把最广大人民的根本利益作为出发点和落脚点，即必须坚持以人民为中心的发展思想，这是政治建设的重要内容。同时，在推进生态文明建设的过程中，面对现阶段众多的生态环境问题，一些地方甚至出现了人民群众为了维护自身环境权益的环境群体性事件，如果处理不好，不仅会损害人民群众的环境权益，也不利于政治建设的推进；如果处理得当，不仅可以切实有效地维护人民群众的环境权益，还能够以此为契机，积极推动公众的政治参与，不断提升公众的政治素质，进而对政治建设产生积极的推动作用。

总之，只有坚持大力发展社会主义民主政治，才能推动政治建设不断发展，并充分发挥政治建设对其他方面建设的反馈作用。

三、文化建设的反馈作用

文化建设对其他方面建设发挥着反馈的作用，推动着其他方面建设的不断发展和完善。

（1）文化建设对经济建设的反馈作用。文化建设为经济发展确立了价值目标和价值取向。“社会主义的本质，是解放生产力，发展生产力，消灭剥削，消除两极分化，最终达到共同富裕。”[①] 在社会主义条件下，解放和发展生产力，尤其是发展社会主义先进生产力，是为了消灭剥削、消除两极分化，最终的目标是实现共同富裕。因此，必须在经济建设中始终将实现共同富裕作为价值目标。反之，脱离了价值目标的经济建设，必然走向只见物不见人的“唯 GDP 论”，甚至会背离社会主义性质和方向。显然，要坚持经济建设的价值导向，必须在文化建设中大力宣传社会主义的根本目标以及社会主义核心价值体系和价值观，为经济建设提供科学的理论指引和价值支撑。同时，大力推进文化建设，尤其是文化建设中的文化产业部分，不仅可以推动文化建设的发展，进而更好地满足人民群众日益增长的精神文化需要，还可以为经济建设创造新的经济增长极，进而推动经济建设的发展。

（2）文化建设对政治建设的反馈作用。在和政治建设一道为经济基础服务的同时，文化建设不仅承担着为政治建设服务的重任，还对政治建设产生重要的反馈作用，可以为政治建设提供精神动力、智力支持和人才资源。同时，文化建设的开展，可以不断提高广大人民群众的科学文化素质和思想道德素质，为政治发展提供充足的人力资源，推动政治建设的发展。目前，我国社会的主要矛盾是人民日益增长的美好生活需要和不平衡不充分的发展之间的矛盾。只有文化建设得到充分的发展，发展到和经济建设相适应和相匹配的程度，才能不断满足人民群众精神文化方面不断提高的需求，进而更好地解决新时代的主要矛盾，推动政治建设的发展。

（3）文化建设对社会建设的反馈作用。虽然我国的文化建设和社会建设都取得了长足的发展，但是相对于经济建设的发展总量和发展水平而言，文化建设和社会建设的发展还比较滞后。这就需要大力加强文化建设和社会建设，尤其需要通过大力发展文化建设来推动社会建设的发展。由于起步较晚，社会建设的发展在很多方面依然十分薄弱。在养老助残、心理辅导和救治、志愿服务等特定的领域中，还缺少大量的专业的社会工作

① 邓小平．邓小平文选：第 3 卷．北京：人民出版社，1993：373.

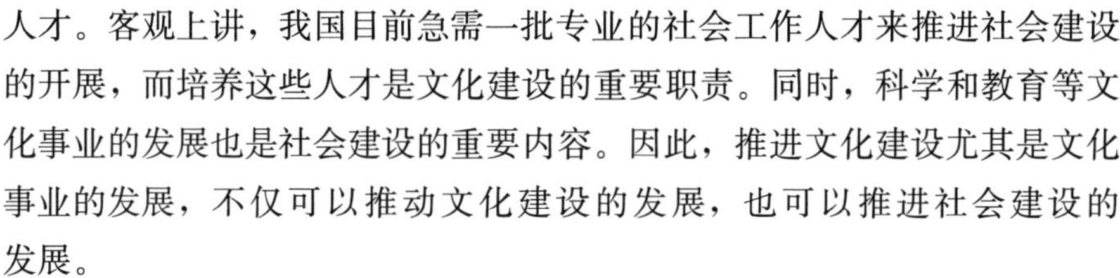

人才。客观上讲，我国目前急需一批专业的社会工作人才来推进社会建设的开展，而培养这些人才是文化建设的重要职责。同时，科学和教育等文化事业的发展也是社会建设的重要内容。因此，推进文化建设尤其是文化事业的发展，不仅可以推动文化建设的发展，也可以推进社会建设的发展。

（4）文化建设对生态文明建设的反馈作用。科学技术的发展有利于推动生态文明建设，“科学技术迅猛发展深刻改变着经济发展方式，创新成为解决人类面临的能源资源、生态环境、自然灾害、人口健康等全球性问题的重要途径，成为经济社会发展的主要驱动力。经济发展方式从资源依赖型、投资驱动型向创新驱动型为主转变，以知识为基础的产业快速发展。经济发展方式将加速向资源节约、环境友好、人与自然和谐相处的方向转变，推动可持续发展成为各国共同面临的任务和挑战”①。显然，生态文明建设的发展需要强有力的科技支撑，而这恰好是文化建设的重要内容。在实践中，充分发挥文化建设对生态文明建设的反馈作用，必须大力推进文化建设，尤其是要积极宣传和唤醒人们的生态意识、环保意识，积极宣传和大力弘扬生态文化，不仅为生态文明建设奠定坚实的文化基础，还可以推进生态文明建设的发展。

总之，只有坚持大力发展社会主义先进文化，才能推动文化建设不断发展，并充分发挥文化建设对其他方面建设的反馈作用。

四、社会建设的反馈作用

社会建设对其他方面建设发挥着反馈的作用，推动着其他方面建设的不断发展和完善。

（1）社会建设对经济建设的反馈作用。在整个社会有机体中，社会建设对经济建设的反馈作用，主要表现为：一方面，要求经济建设必须坚持科学的发展理念，必须在经济建设中倡导包容性增长。“倡导包容性增长，增强经济发展内生动力。我们应该坚持发展经济，坚持社会公平正义，坚持以人为本，让经济全球化和经济发展成果惠及所有国家和地区、惠及所

① 十七大以来重要文献选编：中. 北京：中央文献出版社，2011：745.

有人群。我们应该坚持优先开发人力资源的指导方针，实施有利于充分就业的发展战略，提高全体劳动者素质和能力，加快构建可持续发展的社会保障体系，真正做到发展为了人民、发展依靠人民、发展成果由人民共享。”① 实质上，包容性增长就是将经济发展成果惠及最广大人民群众。同时，必须在经济建设中坚持共享的发展理念，即坚持发展为了人民、发展依靠人民、发展成果由人民共享、发展绩效由人民评价，只有这样，才能实现经济建设人人参与、经济建设成果人人共享的目标。否则，经济建设会脱离正确方向。另一方面，必须维护社会稳定的大好局面，正确处理好发展和稳定之间的辩证关系。这就是要把促进改革发展同保持社会稳定结合起来，坚持改革是动力、发展是目的、稳定是前提，坚持把改革的力度、发展的速度和社会可承受的程度统一起来。只有大力推进以解决民生问题为核心的社会建设，才能不断提高人民群众的物质生活水平，有效化解社会矛盾，为经济发展创造良好的社会环境。

（2）社会建设对政治建设的反馈作用。社会建设的目标是构建社会主义和谐社会，而和谐社会应该是民主法治、公平正义、诚信友爱、充满活力、安定有序、人与自然和谐相处的社会。这里，民主法治和公平正义都是政治方面的要求，鲜明地彰显了社会建设的政治诉求。社会建设的推进就要力图实现民主法治和公平正义，因此，推进社会建设、实现社会建设目标就是对政治建设的有力推进。实现社会建设的目标，建设社会组织机制健全、社会管理完善、社会秩序良好、社会保持安定团结的社会主义和谐社会，可以为政治建设提供稳定的社会环境和提供良好的社会保障。

（3）社会建设对文化建设的反馈作用。社会建设和文化建设是紧密联系的统一体，存在着很多共通甚至是共同之处。教育事业、文化事业、卫生事业、科技事业是联系二者的桥梁和纽带，甚至是汇集点。社会建设中包括众多文化建设的内容。例如，社会建设要为公众提供良好而充足的教育等公共服务。因此，在推进社会建设的过程中，必须大力发展科学文化教育事业。同时，实现社会主义文化的大发展和大繁荣，必须通过社会建

① 十七大以来重要文献选编：下．北京：中央文献出版社，2013：17.

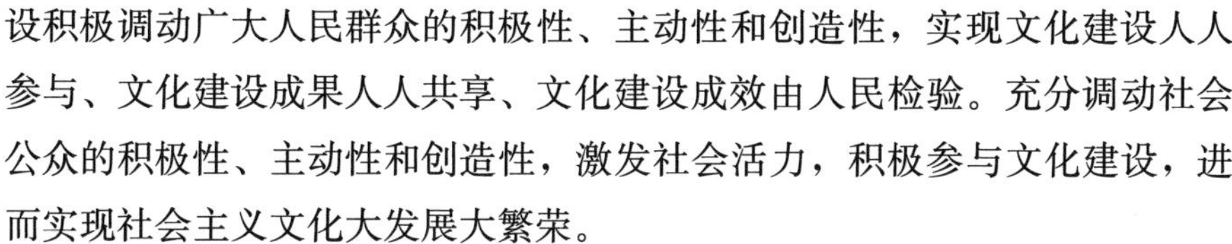

设积极调动广大人民群众的积极性、主动性和创造性，实现文化建设人人参与、文化建设成果人人共享、文化建设成效由人民检验。充分调动社会公众的积极性、主动性和创造性，激发社会活力，积极参与文化建设，进而实现社会主义文化大发展大繁荣。

（4）社会建设对生态文明建设的反馈作用。社会建设和生态文明建设是紧密联系的有机整体，社会建设有着生态文明方面的诉求，可以通过社会建设推进生态文明建设。社会和谐是中国特色社会主义的本质属性，社会主义和谐社会要求实现人与自然和谐相处，就是要实现生产发展、生活富裕和生态良好。为此，在推进社会建设的过程中，必须科学处理好人与自然的关系，尤其要在实现生产发展和生活富裕的同时，实现生态良好。同时，由于生态文明建设是一项复杂的系统工程，需要全社会人人参与，需要调动广大人民群众的积极性、主动性和创造性，而社会建设的开展对于调动公众的积极性、主动性和创造性具有重要的作用。例如，群众性的生态文明建设活动是促进生态文明建设的重要力量。

总之，只有坚持大力构建社会主义和谐社会，才能推动社会建设不断深入发展，并充分发挥社会建设对其他方面建设的反馈作用。

五、生态文明建设的反馈作用

生态文明建设对其他方面建设发挥着反馈的作用，推动其他方面建设的不断完善和发展。

（1）生态文明建设对经济建设的反馈作用。生态文明建设的理念对于推动经济建设的发展具有突出的作用。在经济发展过程中，必须坚持生态化的发展理念。具体来说，清洁发展、节约发展是经济建设必须坚持的发展理念。同时，经济建设必须坚持绿色发展的理念，推动绿色发展。绿色发展的理念不仅是生态文明建设的题中之义，也是经济建设必须坚持的重要理念。绿色是永续发展的必要条件和人民对美好生活追求的重要体现。在社会主义建设中，我们必须坚持节约资源和保护环境的基本国策，坚持可持续发展，坚定走生产发展、生活富裕、生态良好的文明发展道路，加快建设资源节约型、环境友好型社会，形成人与自然和谐共生现代化建设新格局，推进美丽中国建设，为全球生态安全做出新贡献。显然，经济建设要实现持续健康发展，必须坚持绿色发展理念。同时，发挥生态文明建设对经济建设的反馈作用，必须积极推动公众进行生态消费。从我国国情出发，应在消费领域倡导绿色消费、适度消费的理念，进而形成有利于节约资源和保护环境的消费模式。生态消费有利于促进经济的发展和经济结构的转型。可见，充分发挥生态文明建设对经济建设的反馈作用，有利于实现经济发展的经济效益和生态效益的统一。

（2）生态文明建设对政治建设的反馈作用。改革开放后，在长期快速发展的过程中，一些地方片面追求经济发展速度和GDP，造成了生态环境的极大破坏，出现了大气污染、水污染、土地污染等一系列生态环境问题。这些生态环境问题严重损害了广大人民群众的生活质量甚至是生命健康，进而影响到社会稳定。因此，这不仅仅是生态环境问题，也是严重的政治问题。如果生态环境问题处理不好，不仅无法推进生态文明建设，也不利于营造稳定的政治环境，甚至会引发一系列严重的群体性事件，进而对政治建设产生严重的影响。如果能够妥善地处理生态环境问题及其引发的环境群体性事件，并在此过程中引导公众养成平和理性的心态，并不断提升社会公众的民主意识和法治意识，不仅有利于创造稳定的政治环境，还可以推动政治建设的发展。

（3）生态文明建设对文化建设的反馈作用。在推进生态文明建设的过程中，不仅需要不断提高人们的思想道德素质和科学文化素质，尤其是人们的节约意识、生态意识和环保意识，还需要宣传和弘扬生态文化。显然，生态文明建设和文化建设的发展是一个双向互动的过程。人们思想道德素质和科学文化素质的提高，有利于生态文明建设的推进；生态文明建设所倡导的生态文化、生态意识和环保意识，不仅丰富了文化建设的内容，还可以通过实践推动人们生态意识和环保意识的发展，进而推动文化建设的发展。显然，文化建设的发展是一项复杂的社会系统工程，不能仅仅从文化方面来推进，还需要从生态文明建设方面来推进。例如，虽然生态文化是文化建设的重要内容，但是生态文化的重要性是在生态文明建设的推进过程中逐渐凸显的，也需要在推进生态文明建设的进程中不断

发展。

（4）生态文明建设对社会建设的反馈作用。现阶段环境问题对社会建设尤其是医药卫生工作带来了重大的挑战。我们要看到，工业化、城镇化和生态环境变化等，都给医药卫生工作带来一系列新的严峻挑战。生态环境的变化对社会建设的开展有着重要的反馈作用。在实践中，生态需求得不到有效满足会引发一系列社会问题。目前，广大人民群众对干净的水、新鲜的空气、优美的环境等方面的要求越来越高，但生态环境治理还面临着一些问题。这些问题不仅是社会问题的突出组成部分，且在社会问题中所占比例越来越重。因此，如果生态环境问题能够得到有效解决，不仅能减少很多社会问题，还能在解决问题的过程中积累大量的经验，进而推动其他社会问题的解决；如果生态环境问题得不到有效解决，必然不利于社会稳定，会对社会建设产生严重影响。

总之，只有大力发展社会主义生态文明，推动生态文明建设不断发展，才能充分发挥生态文明建设对其他方面建设的反馈作用。

第三节　总体布局子系统的相互适应

在中国特色社会主义总体布局中，五个子系统是一个相互联系的有机整体，其关系是一个动态的发展过程，必须相互适应，进而实现全面、协调和均衡发展。要使得总体布局子系统相互适应，必须在全面深化改革的进程中，大力推进经济体制改革、政治体制改革、文化体制改革、社会体制改革和生态文明体制改革。

一、经济建设和其他方面建设的相互适应

在中国特色社会主义总体布局中，虽然经济建设决定着其他方面建设的发展，但是由于各个系统之间不断地相互作用，因此，经济建设必须适应其他方面建设的发展。这就要求积极推进经济体制改革，为其他方面建设排除经济方面的障碍。

经济体制改革是全面深化改革的重点。1984 年，党的十二届三中全会通过的《中共中央关于经济体制改革的决定》中指出，经济体制的改革，不仅会引起人们经济生活的重大变化，而且会引起人们生活方式和精神状态的重要变化。而经济体制改革会影响到经济社会发展的各个方面。“社会主义基本制度确立以后，还要从根本上改变束缚生产力发展的经济体制，建立起充满生机和活力的社会主义经济体制，促进生产力的发展，这是改革，所以改革也是解放生产力。”[①] 可见，经济体制改革从根本上说是为了适应生产力的发展，进而解放和发展生产力。显然，只有不断推进经济体制改革，才能不断解放和发展生产力，进而推动经济建设和其他方面建设的不断发展。

推进经济体制改革，核心是处理好政府和市场的关系。从社会的构成要素来看，经济体制改革的核心问题是处理好政府和市场的关系，使市场在资源配置中起决定性作用，更好发挥政府作用。经济体制改革必须处理好政治（政府）和经济（市场）的关系。改革开放后，在推进经济建设的进程中，我国开始意识到单纯的计划经济的局限性，并逐步厘清计划和市场的关系。计划经济不等于社会主义，市场经济不等于资本主义。计划和市场都是经济手段。在此基础上，我们不断推行经济体制改革，实现了从计划经济向社会主义市场经济的转变。当然，对于市场经济，我们也深刻认识到，市场从来都不是万能的，必须发挥政府应有的宏观调控作用，克服市场缺陷。可见，要使经济建设能够适应其他方面建设的发展，不仅要积极利用社会主义市场经济的优越性，更要克服市场经济的局限性。为此，“我们要坚持社会主义市场经济改革方向，从广度和深度上推进市场化改革，减少政府对资源的直接配置，减少政府对微观经济活动的直接干预，加快建设统一开放、竞争有序的市场体系，建立公平开放透明的市场规则，把市场机制能有效调节的经济活动交给市场，把政府不该管的事交给市场，让市场在所有能够发挥作用的领域都充分发挥作用，推动资源配置实现效益最大化和效率最优化，让企业和个人有更多活力和更大空间去

---

① 邓小平. 邓小平文选：第 3 卷. 北京：人民出版社，1993：370.

发展经济、创造财富”①。因此，我们必须科学厘清政府和市场的关系，在发挥市场在资源配置中决定性作用的同时，必须充分发挥政府科学的宏观调控和有效的政府治理的作用。“更好发挥政府作用，就要切实转变政府职能，深化行政体制改革，创新行政管理方式，健全宏观调控体系，加强市场活动监管，加强和优化公共服务，促进社会公平正义和社会稳定，促进共同富裕。”② 可见，只有处理好政府和市场的关系，充分发挥好政府和市场的不同作用，将有为政府和有效市场统一起来，充分发挥新型举国体制的作用，才能推动经济体制改革不断发展。

总之，只有积极推进经济体制改革，才能推动经济建设不断发展，进而适应并推动其他方面建设的发展。

二、政治建设和其他方面建设的相互适应

政治建设的推进是一个长期的复杂过程。要使得政治建设能够适应其他方面建设的发展，必须在全面深化改革的进程中积极推进政治体制改革，为其他方面建设扫清政治方面的障碍。

政治体制改革是全面深化改革的重要组成部分。如果说经济体制改革在全面深化改革中处于基础地位，那么政治体制改革在全面深化改革中就处于核心地位，制约着其他方面改革的成效。“我们所有的改革最终能不能成功，还是决定于政治体制的改革。”③ 只有不断推进政治体制改革，才能适应并推动经济、文化、社会和生态文明建设的不断发展。1980 年，邓小平在《党和国家领导制度的改革》中强调要进行政治体制改革，指出政治体制改革的根本目的是实现社会主义制度的自我发展和完善，加速社会主义现代化建设事业的发展，进而在经济上和政治上全面超过西方发达资本主义国家。同时，政治体制改革并非一成不变，要随着经济社会的发展不断向前推进。换言之，推进政治体制改革就是要适应并推动经济社会尤其是经济建设、文化建设、社会建设和生态文明建设的不断发展。

---

① 习近平关于社会主义经济建设论述摘编．北京：中央文献出版社，2017：60.

② 同①61.

③ 邓小平．邓小平文选：第 3 卷．北京：人民出版社，1993：164.

推进政治体制改革、建设社会主义民主政治的关键是将坚持党的领导、人民当家作主和依法治国有机统一起来。目前，“坚持中国特色社会主义政治发展道路，关键是要坚持党的领导、人民当家作主、依法治国有机统一，以保证人民当家作主为根本，以增强党和国家活力、调动人民积极性为目标，扩大社会主义民主，发展社会主义政治文明”①。这里，坚持党的领导不仅是推进政治体制改革的根本保证，也是实现人民当家作主和依法治国的根本保证。脱离党的领导，政治体制改革就会走向邪路，走向自身的反面。人民当家作主是社会主义民主政治的本质要求，是推进政治体制改革的根本出发点和落脚点，也是推进党的领导和依法治国的重要保障和落脚点。依法治国是党领导人民群众依照宪法和法律治理国家、管理社会事务和经济文化事务的重大方略，是实现党的领导和人民当家作主的重要保障。全面推进依法治国是“四个全面”战略布局的重要组成部分，是推进政治体制改革的重要手段和保障。

推行政治体制改革的重点是转变政府职能。在建立社会主义市场经济体制之前，我国长期实行高度集中的计划经济体制，直接导致了政治上的高度集权，使得在经济领域、文化领域、社会领域和生态文明领域中都存在着政府占据绝对主导甚至包办一切的现象。在此情形下，政府职能过多、权力过大，形成了典型的“大政府、小社会”的格局，出现了大量政府该管的事却没有管好的缺位现象，不该管的事却又管得太多的越位现象，应该管好却没有管好的错位现象，不仅不利于资源的合理分配和建立现代服务型政府，还容易造成腐败和权力寻租等现象，因此，必须积极转变政府职能。在改革中，“转变政府职能是深化行政体制改革的核心，实质上要解决的是政府应该做什么、不应该做什么”②。显然，转变政府职能是政治体制改革的重点，就是要大力推行简政放权，把政府该管的事情管好，以免出现政府缺位的现象；把政府不该管和管不了的事情交给市场和社会去管理，以免出现政府越位的现象；把政府该管却没有管好的事情管好，以免出现错位现象。但不论如何，人民政府的为人民服务的宗旨不

---

① 习近平关于全面深化改革论述摘编. 北京：中央文献出版社，2014：69.

② 同①52.

能变。

总之，只有积极推进政治体制改革，才能推动政治建设不断发展，进而适应并推动其他方面建设的发展。

三、文化建设和其他方面建设的相互适应

文化建设有其内在的规律，存在着与其他方面建设不完全适应的情况，因此，只有积极推进文化体制改革，才能为其他方面建设扫清文化方面的障碍。

文化体制改革是全面深化改革的重要组成部分。1979 年 10 月，邓小平指出："衙门作风必须抛弃。在文艺创作、文艺批评领域的行政命令必须废止。如果把这类东西看作是坚持党的领导，其结果，只能走向事情的反面。"① 这里突出强调的是文化体制改革的问题，强调在文化建设领域要坚持和尊重文艺工作、文化建设自身的规律。2011 年，党的十七届六中全会正式通过了《中共中央关于深化文化体制改革 推动社会主义文化大发展大繁荣若干重大问题的决定》，将深化文化体制改革看作是推动社会主义文化实现大发展大繁荣的重要举措。党的十八届三中全会和十九届四中全会对此都有专门的要求和安排。显然，只有不断推进文化体制改革，才能推动文化建设不断发展。

深化文化体制改革，必须处理好文化事业和文化产业的辩证关系。文化事业主要强调文化的公益性特点，文化产业主要强调文化的营利性的特点。在推进文化建设的实践中，必须一边抓文化事业，一边抓文化产业，推动二者的全面协调可持续发展。"发展公益性文化事业是社会主义制度下保障人民基本文化权益的基本途径，是实现文化发展成果由人民共建共享的制度保障。发展文化产业是社会主义市场经济条件下满足人民多样化精神文化需求的重要途径，是充分发挥市场在文化资源配置中的积极作用、激发全社会文化创造活力的必然要求。"② 这里，文化的公益性属性主要指文化必须满足人民群众日益增长的精神需要，文化的营利性属性

① 邓小平．邓小平文选：第 2 卷．2 版．北京：人民出版社，1994：213.

② 十七大以来重要文献选编：下．北京：中央文献出版社，2013：589.

主要指文化可以创造一定的经济效益。虽然文化事业主要强调文化的公益性，但是在发展文化事业的过程中，在产生社会效益的同时，也会产生一定的经济效益；虽然文化产业比较注重营利性，但是文化本身是公共产品，因此，文化产业的发展必须注重社会效益。从本质上说，发展文化事业和文化产业都是为了满足人民群众日益增长的精神文化生活的需要。

深化文化体制改革，必须把握好文化建设的意识形态属性和产业属性的辩证关系。除了公益性和营利性属性之外，文化还具有意识形态的属性。在这个问题上，习近平指出："关于文化体制改革，我只强调一点，就是要在继续大胆推进改革、推动文化事业全面繁荣和文化产业快速发展、建设社会主义文化强国的同时，把握好意识形态属性和产业属性、社会效益和经济效益的关系，始终坚持社会主义先进文化前进方向，始终把社会效益放在首位。"① 文化的意识形态属性主要是指文化不仅能够满足人们的精神文化需要，还发挥着影响人、教育人、塑造人的作用，即发挥文化的教化功能。因此，文化的意识形态属性是文化的重要功能，必须得到高度重视。在实践中，坚持文化的意识形态属性，就是坚持以马克思主义尤其是习近平文化思想为指导思想，以共产主义为奋斗目标，用社会主义核心价值观来武装全党和教育人民。可见，只有坚持文化的意识形态属性和产业属性的统一，才能不断深化文化体制改革。

总之，只有积极推进文化体制改革，才能推动文化建设不断发展，进而适应并推动其他方面建设的发展。

四、社会建设和其他方面建设的相互适应

社会建设的推进是一项复杂的系统工程。要使社会建设适应其他方面建设，必须积极推进社会体制改革，为其他方面建设扫清社会方面的障碍。

社会体制改革是全面深化改革的重要组成部分，也是构建社会主义和谐社会的基本要求。党的十九届四中全会提出，必须完善党委领导、政府

① 习近平关于全面深化改革论述摘编. 北京：中央文献出版社，2014：85.

负责、民主协商、社会协同、公众参与、法治保障、科技支撑的社会治理体系。社会体制改革包括建立健全完善的社会管理体制、基本公共服务体系、现代社会组织机制和社会管理机制等内容。推进社会体制改革，必须坚持以下原则：其一，坚持党委领导。必须充分发挥党委总揽全局、协调各方的领导核心作用。只有坚持党的领导核心作用，才能使社会体制改革沿着社会主义方向稳步前进。其二，坚持政府负责。必须充分发挥政府的主导作用，要强化政府在推进社会管理和完善基本公共服务体系中的主导性作用。其三，坚持民主协商。在社会治理中必须依法实行民主协商，确保人民群众依法通过各种途径和形式管理社会事务。其四，坚持社会协同。要建立健全公共服务体系、现代社会组织机制，必须充分发挥群众组织、社会组织等社会力量的协同作用。其五，坚持公众参与。推进社会体制改革，必须调动社会公众积极参与社会建设和社会管理。“我们要发挥社会力量在管理社会事务中的作用，因为有些事情是政府管不了也管不好的，可以让群众依法实行自我管理、自我服务。”① 这里，公众参与是推动社会建设不断发展的重要动力。其六，坚持法治保障。推进社会体制改革，必须有宪法和相关法律的保障，因此，必须完善社会建设领域的相关法律法规，尤其是社会组织领域的立法工作，进而为社会建设的开展和社会体制改革的深化提供法律保障。其七，坚持科技支撑。我们要将大数据等新科技革命成果运用在社会治理中，提高社会治理的科技化水平。可见，只有积极推进社会体制改革，建立适应经济社会发展的社会体制，才能不断适应并推动其他方面建设的发展。

总之，只有积极推进社会体制改革，才能推动社会建设不断发展，进而适应并推动其他方面建设的发展。

五、生态文明建设和其他方面建设的相互适应

为了更好地推动其他方面建设，为其提供良好的生态环境，必须积极推进生态文明体制改革，为其他方面建设排除生态文明方面的障碍。

生态文明体制改革，是全面深化改革的重要组成部分。2013 年 11 月，

① 习近平关于全面深化改革论述摘编. 北京：中央文献出版社，2014：54.

党的十八届三中全会通过的《中共中央关于全面深化改革若干重大问题的决定》，首次明确提出要加强生态文明制度建设，强调推进生态文明体制改革。“紧紧围绕建设美丽中国深化生态文明体制改革，加快建立生态文明制度，健全国土空间开发、资源节约利用、生态环境保护的体制机制，推动形成人与自然和谐发展现代化建设新格局。”① 推进生态文明体制改革，是为了建立生态文明制度，健全生态环境保护的相关体制机制。这里，建立生态文明制度，从制度上保证生态文明建设，不仅是深化生态体制改革的重要目标，也是使生态文明建设更好地适应其他方面建设的重要制度保障。在实践中，“建设生态文明，必须建立系统完整的生态文明制度体系，实行最严格的源头保护制度、损害赔偿制度、责任追究制度，完善环境治理和生态修复制度，用制度保护生态环境”②。为了建立系统完整的生态文明制度体系，加快推进生态文明建设，增强生态文明体制改革的系统性、整体性、协同性，中共中央、国务院于2015年9月印发了《生态文明体制改革总体方案》，为推进生态文明体制改革指明了正确的方向和具体的路径。党的十九届四中全会提出，要坚持和完善生态文明制度体系。

推进生态文明体制改革，必须健全自然资源资产产权制度、建立国土空间开发保护制度、建立空间规划体系、完善资源总量管理和全面节约制度、健全资源有偿使用和生态补偿制度、建立健全环境治理体系、健全环境治理和生态保护市场体系、完善生态文明绩效评价考核和责任追究制度。只有建立健全上述体系和制度，才能推动生态文明体制改革不断发展，进而实现生态文明体制改革的目标。现在，我们已经构建起由自然资源资产产权制度、国土空间开发保护制度、空间规划体系、资源总量管理和全面节约制度、资源有偿使用和生态补偿制度、环境治理体系、环境治理和生态保护市场体系、生态文明绩效评价考核和责任追究制度等八项制度构成的产权清晰、多元参与、激励约束并重、系统完整的生态文明制度体系。此外，推进生态文明体制改革，还必须不断加强和完善党的领导、

---

① 十八大以来重要文献选编：上. 北京：中央文献出版社，2014：513.

② 同①541.

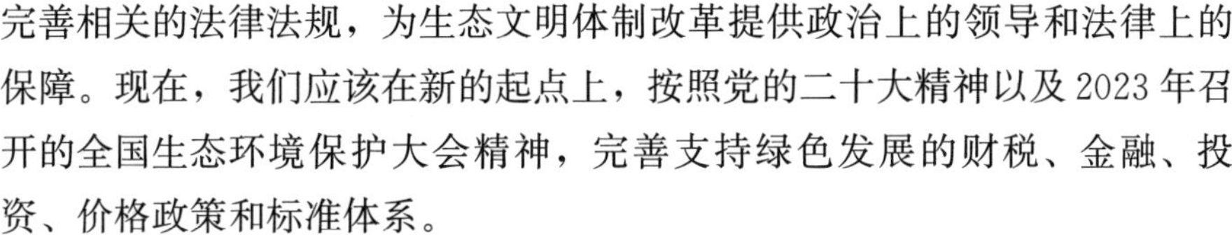

完善相关的法律法规，为生态文明体制改革提供政治上的领导和法律上的保障。现在，我们应该在新的起点上，按照党的二十大精神以及2023年召开的全国生态环境保护大会精神，完善支持绿色发展的财税、金融、投资、价格政策和标准体系。

总之，只有积极推进生态文明体制改革，才能推动生态文明建设不断发展，进而适应并推动其他方面建设的发展。

综上，“所谓‘社会主义社会’不是一种一成不变的东西，而应当和任何其他社会制度一样，把它看成是经常变化和改革的社会”①。只有在全面深化改革的进程中，不断推进经济体制、政治体制、文化体制、社会体制和生态文明体制的改革，才能不断地推进经济建设、政治建设、文化建设、社会建设和生态文明建设，进而为人的全面发展和社会的全面进步奠定物质文明、政治文明、精神文明、社会文明和生态文明等基础。

第四节　总体布局子系统的相互合作

在中国特色社会主义总体布局这个总系统中，只有各个子系统之间相互合作，才能推进中国特色社会主义总体布局的发展。

一、经济建设和其他方面建设的相互合作

虽然经济建设在中国特色社会主义总体布局中为其他方面建设奠定了坚实的物质基础，但是经济建设也有赖于其他方面建设所创造的积极成果，因此，必须加强经济建设和其他方面建设的相互合作。

（1）经济建设和政治建设相互合作，必须保证政治上的稳定。经济建设的发展需要稳定的政治环境，经济建设的发展成果需要有力的政治保障。没有稳定的政治环境，经济建设无法正常开展，经济建设的成果也无法得到有效保障。在社会主义建设中，必须正确处理好发展和稳定之

① 马克思，恩格斯．马克思恩格斯文集：第10卷．北京：人民出版社，2009：588.

间的关系，稳定是发展的前提和保障，发展是推进稳定的重要变量。改革开放初期，在经济快速发展的过程中，我们在政治方面出现了一些不和谐的声音，对此，邓小平强调必须坚持四项基本原则："第一，必须坚持社会主义道路；第二，必须坚持无产阶级专政；第三，必须坚持共产党的领导；第四，必须坚持马列主义、毛泽东思想。"① 只有坚持四项基本原则，才能避免经济建设和政治建设出现一条腿长、一条腿短的情况，实现协调发展。1987 年，党的十三大科学阐述了社会主义初级阶段理论，制定了党在社会主义初级阶段的基本路线，强调要坚持"一个中心，两个基本点"，即以经济建设为中心，坚持四项基本原则，坚持改革开放。在全面建设社会主义现代化国家的今天，仍然必须坚持党的基本路线不动摇。

（2）经济建设和文化建设相互合作，必须大力发展文化产业。文化产业是一种特殊的文化形态和经济形态，主要是生产和提供相应的精神产品，以满足人们的精神文化需要。发展文化产业，不仅是文化建设的重要内容，也是经济建设的重要内容。文化产业不仅具有重要的社会效益，可以满足社会主义市场经济条件下人民群众日益增长的精神文化方面的需求，让广大人民群众共享文化发展成果，还具有重要的经济效益，可以推动国民经济向前发展，甚至可以成为国民经济支柱产业。推动文化产业的发展，必须构建具有结构合理、科技含量高、富有创意和竞争力强等特征的现代文化产业体系，形成以公有制为主体、多种所有制共同发展的文化产业格局，推进文化科技创新，扩大文化消费。只有不断推进科技文化创新和扩大文化消费，构建现代文化产业体系和现代文化产业格局，才能推动文化产业不断发展，实现文化建设的社会效益和经济效益的统一。同时，我们也要避免文化市场的"失灵"。

（3）经济建设和社会建设相互合作，必须促进社会建设领域中相关产业的发展。社会建设不仅要实现社会效益，还要追求经济效益。为了不断提高广大人民群众的物质文化生活水平，在推进以民生为重点的社会建设的过程中，必须大力发展教育、医疗、住房等社会事业。这些公共服务都

---

① 邓小平．邓小平文选：第 2 卷．2 版．北京：人民出版社，1994：164-165.

属于社会事业的范畴，理应由政府来提供。在很长一段时间内，我国由政府直接提供这些公共服务。随着经济社会的快速发展，人们对公共服务要求的质和量都提出了新的更高的要求。然而，在市场经济条件下，政府也存在“失灵”现象，只能提供有限的公共服务，还有可能存在资源配置不合理和浪费的现象。因此，政府必须创新公共服务方式。“推动供给方式多元化，能由政府购买服务提供的，政府不再直接承办；能由政府和社会资本合作提供的，广泛吸引社会资本参与。”① 可见，政府应该引导和帮助市场和社会组织提供相应的公共服务，并直接购买这些公共服务。这里，市场和社会组织提供公共服务的过程，就是不断地促进社会建设中相关产业发展的过程。在这个过程中，也应发挥新型举国体制的作用。

（4）经济建设和生态文明建设相互合作，必须大力发展节能环保产业。推进生态文明建设，可以培育和发展一系列新型产业，尤其是生态环保产业，为经济发展提供新的经济增长极。作为新兴产业，环保产业的发展必须有坚实的物质基础和技术支撑，需要大量的物质投入，因此，必须创造条件鼓励各类投资进入环保市场，尤其是要积极吸引社会资本进入环保市场。同时，要推动环保产业的发展，必须建立鼓励发展节能环保产业的体制机制和采取相应政策措施。在发展环保产业的过程中，必须积极利用环保技术。例如，在发展生态环保农业的过程中，“要加快推进农业科技创新，促进农业技术集成化、劳动过程机械化、生产经营信息化，以节地、节水、节肥、节药、节种、节能、资源综合循环利用和农业生态环境保护为重点，研发和推广应用农业节约型技术、减少农业面源污染、农业废弃物资源性利用等环保技术，促进农业可持续发展”②。显然，利用节能环保技术和大力发展生态农业，是经济建设和生态文明建设相互合作的重要表现。

总之，只有加强经济建设和其他方面建设的相互合作，才能更好地推动经济建设的发展，为其他方面建设奠定坚实的物质基础。

---

① 中华人民共和国国民经济和社会发展第十三个五年规划纲要. 北京：人民出版社，2016：154.

② 十七大以来重要文献选编：中. 北京：中央文献出版社，2011：462.

二、政治建设和其他方面建设的相互合作

在中国特色社会主义总体布局中，虽然政治建设为其他方面建设提供了稳定的政治保障，但是政治建设也有赖于其他方面建设创造的积极成果，因此，必须加强政治建设和其他方面建设的相互合作。

（1）政治建设和经济建设相互合作，必须坚持以经济建设为中心，大力发展社会主义市场经济。政治建设的发展需要经济建设提供坚实的物质基础。从直接投入来看，经济建设为政治建设的有序开展提供大量的人力、物力和财力的支持；从间接投入来看，推进政治建设需要的人的民主素质的提高、社会环境的改善等条件，都需要在文化建设和社会建设等方面进行大量的投入，而这最终还要依赖经济建设的发展。社会主义市场经济不仅要坚持社会主义的一般制度属性，还要遵循市场经济发展的一般规律，是坚持经济建设和政治建设相互合作的典范，也是中国共产党人在中国社会主义实践中将社会主义的制度属性和市场经济的一般规律紧密结合的重大创新。坚持和发展社会主义市场经济，就要不断推进经济体制和政治体制改革，处理好政府和市场在配置资源中的关系问题，充分发挥市场在资源配置中的决定性作用，同时更好地发挥政府在资源配置中的作用，将“看得见的手”和“看不见的手”统一起来。同时，“坚持党的领导，发挥党总揽全局、协调各方的领导核心作用，是我国社会主义市场经济体制的一个重要特征”①。坚持和发展社会主义市场经济，必须始终坚持党的领导。

（2）政治建设和文化建设相互合作，必须坚持依法治国和以德治国的统一。为了更好地治理国家，我们党提出了依法治国和以德治国相结合的方针。依法治国就是在党的领导下，广大人民群众依照宪法和法律规定，通过各种途径和形式管理国家事务，管理经济文化事业，管理社会事务。以德治国就是在马克思主义的指导下，强调道德建设在治理国家中的作用，建立与社会主义市场经济相适应、与社会主义法律体系相配套的社会主义道德体系，并使之成为全体人民普遍认同和自觉遵守的行为规范。显

① 习近平关于社会主义经济建设论述摘编. 北京：中央文献出版社，2017：61.

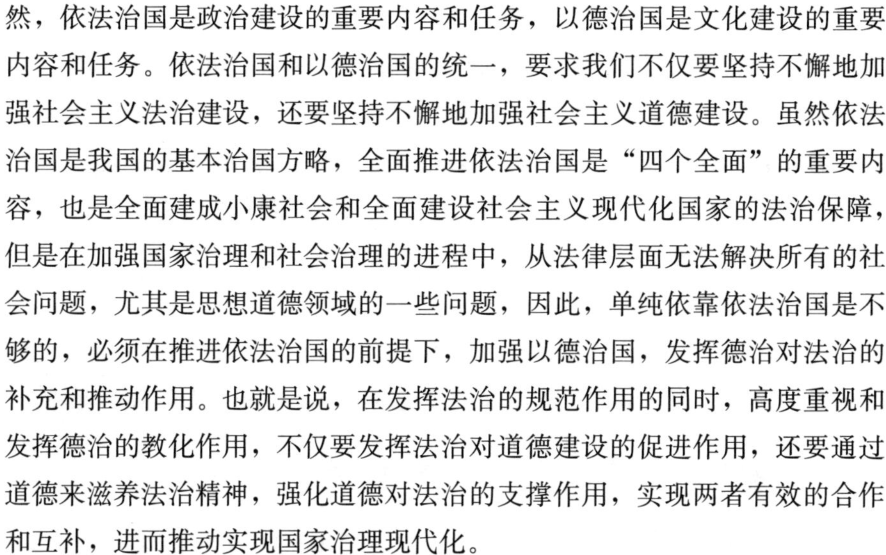

然，依法治国是政治建设的重要内容和任务，以德治国是文化建设的重要内容和任务。依法治国和以德治国的统一，要求我们不仅要坚持不懈地加强社会主义法治建设，还要坚持不懈地加强社会主义道德建设。虽然依法治国是我国的基本治国方略，全面推进依法治国是“四个全面”的重要内容，也是全面建成小康社会和全面建设社会主义现代化国家的法治保障，但是在加强国家治理和社会治理的进程中，从法律层面无法解决所有的社会问题，尤其是思想道德领域的一些问题，因此，单纯依靠依法治国是不够的，必须在推进依法治国的前提下，加强以德治国，发挥德治对法治的补充和推动作用。也就是说，在发挥法治的规范作用的同时，高度重视和发挥德治的教化作用，不仅要发挥法治对道德建设的促进作用，还要通过道德来滋养法治精神，强化道德对法治的支撑作用，实现两者有效的合作和互补，进而推动实现国家治理现代化。

（3）政治建设和社会建设相互合作，必须通过解决民生问题不断推进政治建设。如果以民生问题为代表的社会建设问题得不到有效解决，人民群众的物质文化生活水平长期得不到提高，人民群众的教育、医疗和住房等基本的社会权益得不到有效保障，不仅会引发严重的社会问题，还会削弱党的执政基础，引发严重的政治问题。在现实中，一些地方没有解决好涉及环境保护、征地拆迁等领域的民生问题，引发了一系列群体性事件。从本质上说，大多数群体性事件没有明确的反政府反社会的政治目的，只是希望通过这种形式解决自身利益受损的问题，是人民群众维护自身合法权益所采取的集体行动，是人民群众的自力救济事件。要处理好群体性事件，维护社会稳定，必须加强以民生为重点的社会建设，切实有效地解决与人民群众生活密切相关的现实问题，进而调动人民群众参与政治建设和社会建设的积极性、主动性和创造性，维护政治和社会稳定。当然，我们要严格防范来自外部的风险，坚持发扬斗争精神。

（4）政治建设和生态文明建设相互合作，必须通过生态文明建设来保障人民群众的环境权益，进而推动政治建设的发展。环境权主要是指人民群众在生态环境方面享有的权益，包括喝上干净的水、呼吸上清洁的空气、吃上放心的食物等。尊重人民群众的环境权益不仅是政治文明建设的要求，也是生态文明建设的要求。在实践中，只有充分保证人民群众的环境权益，才能实现经济社会的协调有序发展。如果人民群众的环境权益得不到有效保障，喝不上干净的水、呼吸不上新鲜的空气、吃不到放心的食物，必然会导致维权现象越来越多，甚至会引发一系列环境群体性事件，进而影响社会稳定。反之，如果生态文明建设取得良好的成绩，不仅可以保证人民群众的环境权益，推进政治建设的发展，还可以为政治建设的推进提供良好的生态环境。

总之，只有加强政治建设和其他方面的相互合作，才能更好地推动政治建设的发展，为其他方面建设提供稳定的政治环境和有力的政治保障。

三、文化建设和其他方面建设的相互合作

在中国特色社会主义总体布局中，虽然文化建设为其他方面建设提供了强有力的精神动力和智力支持，但是文化建设也有赖于后者创造的积极成果，因此，必须加强文化建设和其他方面建设的相互合作。

（1）文化建设和经济建设的相互合作，必须推动文化事业的发展。改革开放以来，我国的经济建设取得了举世瞩目的伟大成就，经济总量稳居世界第二，经济建设为文化建设奠定了坚实的物质基础。虽然文化建设得到了很大的发展，文化事业和文化产业的发展得到了长足的进步，但是还滞后于经济建设的发展，尤其是文化事业的发展还有很大的提升空间。文化事业是指满足人民群众基本的文化权益的事业，具有公益性和公共性等特点。因此，文化事业应该由政府来提供，受众是广大人民群众，理应是免费的或者带有优惠性质的较低收费。显然，对于我们这样一个有14亿多人口的大国来说，要保障人民群众的基本文化权益，需要大力发展文化事业，这就需要大量的直接的物质投入，来推动文化事业的发展。要之，只有大力推进文化事业的发展，才能提高人民群众的思想道德素质和科学文化素质，才能发挥文化建设对经济建设的引领作用。

（2）文化建设与政治建设相互合作，必须加强理想信念教育，积极培育社会主义新人。文化建设和政治建设都包含着政治教育、政治文化的建构等内容，都要求进行理想信念的教育，尤其是共产主义远大理想和中国

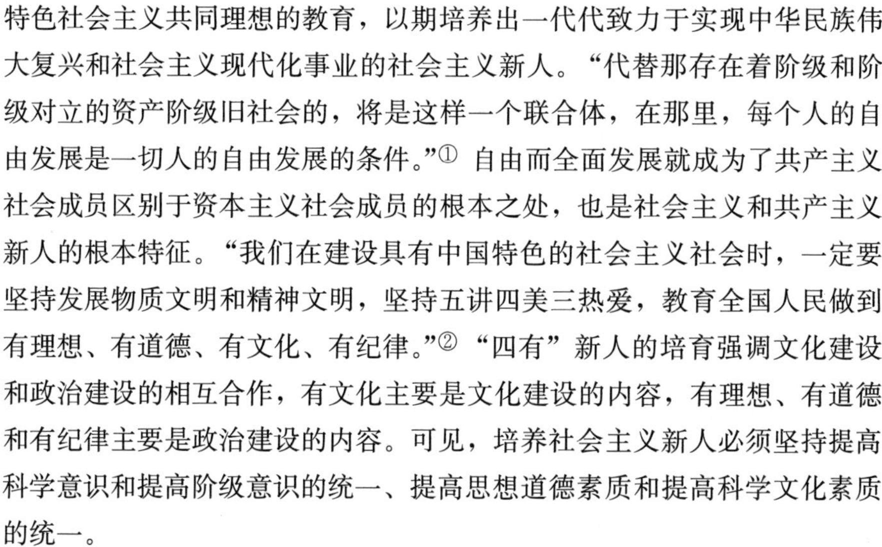

特色社会主义共同理想的教育，以期培养出一代代致力于实现中华民族伟大复兴和社会主义现代化事业的社会主义新人。“代替那存在着阶级和阶级对立的资产阶级旧社会的，将是这样一个联合体，在那里，每个人的自由发展是一切人的自由发展的条件。”[1] 自由而全面发展就成为了共产主义社会成员区别于资本主义社会成员的根本之处，也是社会主义和共产主义新人的根本特征。“我们在建设具有中国特色的社会主义社会时，一定要坚持发展物质文明和精神文明，坚持五讲四美三热爱，教育全国人民做到有理想、有道德、有文化、有纪律。”[2] “四有”新人的培育强调文化建设和政治建设的相互合作，有文化主要是文化建设的内容，有理想、有道德和有纪律主要是政治建设的内容。可见，培养社会主义新人必须坚持提高科学意识和提高阶级意识的统一、提高思想道德素质和提高科学文化素质的统一。

（3）文化建设和社会建设相互合作，必须大力发展教育，尤其是要积极推进教育公平。一方面，大力发展教育事业，必须加大教育投入。经过长期坚持不懈的努力，我国的教育投入已经实现了占国内生产总值4%的目标，达到了国际平均水平，但是就教育发展现状而言，还远远不够。教育投入是支撑国家长远发展的基础性、战略性投资，必须得到充分保障。显然，教育投入是推动教育向前发展的前提和保障。另一方面，大力发展教育，必须不断推进教育公平。教育公平是社会公平的重要基础。只有坚持和推进教育公平，保障人们受教育机会的平等，才能不断推进社会公平正义的实现。这里，实现教育公平是一项复杂的系统工程，不仅要建立在经济社会不断发展的基础之上，还必须有相应的制度保障。只有建立保障教育公平的相应的体制机制，从制度上保证并推进教育公平，不断满足人民群众日益增长的多层次、多样化的教育需要，才能真正实现教育公平。

（4）文化建设和生态文明建设相互合作，必须大力开展环境教育和生态文明宣传教育，提高人们的环保意识和生态意识。一方面，必须加强环境教育。环境教育是以人与自然的关系为核心，以解决环境问题和实现可

---

① 马克思，恩格斯．马克思恩格斯文集：第2卷．北京：人民出版社，2009：53．

② 邓小平．邓小平文选：第3卷．北京：人民出版社，1993：110．

持续发展为目的，以普及环境保护知识、培养环境保护人才为任务的教育活动。“保护环境是全民族的事业，环境宣传教育是实现国家环境保护意志的重要方式。要加大环境保护基本国策和环境法制的宣传力度，弘扬环境文化，倡导生态文明，以环境补偿促进社会公平，以生态平衡推进社会和谐，以环境文化丰富精神文明。”① 在开展环境教育的过程中，必须大力培养环保人才，积极推动和强化青少年环保教育，开展全民环保活动，不断提高全民保护环境的自觉性。另一方面，必须加强生态文明宣传教育。加强生态文明宣传教育，使生态文明的理念深入人心，是文化建设和生态文明建设都必须重视的基本工作。因此，“要加强生态文明宣传教育，增强全民节约意识、环保意识、生态意识，营造爱护生态环境的良好风气”②。同时，开展生态文明宣传教育必须加强对人口资源环境等方面基本国情的教育，加强计划生育、节约资源、保护环境等基本国策以及生态文明相关法律法规的教育，积极组织和引导广大人民群众参与生态文明建设。要之，只有在全社会形成了节约意识、环保意识和生态意识，牢固树立社会主义生态文明观，营造尊重自然、爱护生态环境的良好风气，才能推动文化建设与生态文明建设的合作。

总之，只有加强文化建设和经济建设、政治建设、社会建设、生态文明建设的相互合作，才能更好地推动文化建设的发展，为其他方面建设提供强有力的精神动力和智力支持。

四、社会建设和其他方面建设的相互合作

在中国特色社会主义总体布局中，虽然社会建设为其他方面建设提供了坚实的社会基础和稳定的社会环境，但是社会建设也有赖于其他方面建设所创造的积极成果，因此，必须加强社会建设和其他方面建设的相互合作。

（1）社会建设和经济建设相互合作，必须坚持经济社会的协调发展。我国社会的主要矛盾是人民日益增长的美好生活需要和不平衡不充分的发

① 十六大以来重要文献选编：下．北京：中央文献出版社，2008：97.

② 习近平．论坚持人与自然和谐共生．北京：中央文献出版社，2022：35.

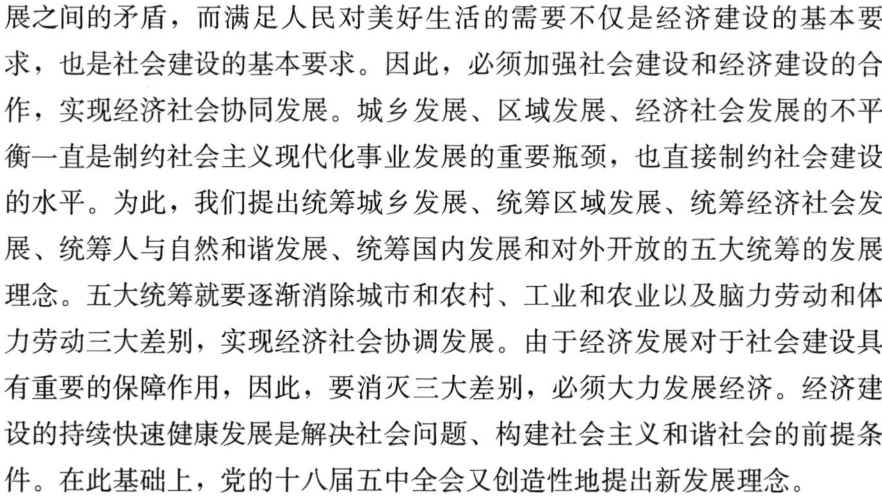

展之间的矛盾，而满足人民对美好生活的需要不仅是经济建设的基本要求，也是社会建设的基本要求。因此，必须加强社会建设和经济建设的合作，实现经济社会协同发展。城乡发展、区域发展、经济社会发展的不平衡一直是制约社会主义现代化事业发展的重要瓶颈，也直接制约社会建设的水平。为此，我们提出统筹城乡发展、统筹区域发展、统筹经济社会发展、统筹人与自然和谐发展、统筹国内发展和对外开放的五大统筹的发展理念。五大统筹就要逐渐消除城市和农村、工业和农业以及脑力劳动和体力劳动三大差别，实现经济社会协调发展。由于经济发展对于社会建设具有重要的保障作用，因此，要消灭三大差别，必须大力发展经济。经济建设的持续快速健康发展是解决社会问题、构建社会主义和谐社会的前提条件。在此基础上，党的十八届五中全会又创造性地提出新发展理念。

（2）社会建设和政治建设相互合作，必须保证社会建设的顺利开展。在开展社会建设的过程中，要以保障和改善民生为重点，着力解决好人民群众最关心最直接最现实的利益问题，尤其是教育、就业、医疗、养老、住房等问题，使广大人民群众真正实现学有所教、劳有所得、病有所医、老有所养、住有所居。要实现上述目标，需要大量的财政投入。虽然推进社会建设可以产生相应的经济效益，但是以改善民生为重点的社会建设，主要追求的是社会效益，需要大量的直接的财政投入。显然，要构建良好的公共文化服务体系，必须加强社会建设和政治建设的合作。和构建公共文化服务体系一样，住房问题的解决也需要社会建设和政治建设的相互合作，因为住房问题既是社会问题，也是政治问题。因此，“加快推进住房保障和供应体系建设，要处理好政府提供公共服务和市场化的关系、住房发展的经济功能和社会功能的关系、需要和可能的关系、住房保障和防止福利陷阱的关系”①。尤其是，房子是用来住的，不是用来炒的。社会建设和政治建设的相互合作，对于解决社会建设中的住房、医疗、教育等问题具有重要的作用。

（3）社会建设和文化建设相互合作，必须大力发展公益性文化事业，保障人民群众的基本文化权益。“满足人民基本文化需求是社会主义文化

① 习近平关于全面深化改革论述摘编. 北京：中央文献出版社，2014：95.

建设的基本任务。必须坚持政府主导，按照公益性、基本性、均等性、便利性的要求，加强文化基础设施建设，完善公共文化服务网络，让群众广泛享有免费或优惠的基本公共文化服务。”① 这里，公益性主要强调文化建设的社会效益，即文化建设要以满足人民群众的文化权益为基本目标。在实践中，大力发展公益性文化事业，必须大力构建公共文化服务体系。加强公共文化服务是满足和实现人民群众文化权益的基本途径。同时，大力发展公益性文化事业，必须促进文化的均衡发展，尤其是加快城乡文化一体化发展，提高广大农村居民的科学文化素质，缩小城乡文化差距，推动城乡之间的经济社会协调发展。

（4）社会建设和生态文明建设合作，必须坚持社会建设的生态方向。社会建设是一个复杂的系统工程，涉及住房、医疗等诸多领域，必须坚持生态化的发展方向。住房问题是重要的社会建设问题，“要千方百计增加住房供应，同时要把调节人民群众住房需求放在重要位置，建立健全经济、适用、环保、节约资源、安全的住房标准体系，倡导符合国情的住房消费模式”②。在解决住房问题的过程中，我们必须坚持生态化的方向。进而，我们要大力建设生态城市。同时，由于社会建设的主要任务是向公众提供充足而均衡的公共服务，需要大量的投入，必须坚持适度的原则，不能出现过度消费的倾向。如果出现铺张浪费和消费过度的情况，不仅无法解决社会建设问题，还会给生态文明建设造成巨大的压力。此外，还要积极引导公众进行绿色消费。

总之，只有加强社会建设和其他方面建设的相互合作，才能更好地推动社会建设的发展，为其他方面建设提供稳定的社会环境和坚实的社会基础。

五、生态文明建设和其他方面建设的相互合作

在中国特色社会主义总体布局中，虽然生态文明建设为其他方面建设提供了良好的生态环境，但是生态文明建设也有赖于其他方面建设所创造的积极成果，因此，必须加强生态文明建设和其他方面建设的相互合作。

---

① 十七大以来重要文献选编：下．北京：中央文献出版社，2013：570-571.

② 习近平关于全面深化改革论述摘编．北京：中央文献出版社，2014：95.

（1）生态文明建设和经济建设相互合作，必须巩固生态扶贫成果。消除贫困、实现共同富裕是经济社会发展的重要目标，也是社会主义发展的根本目标和社会主义制度优越性的集体表现。与一般的扶贫不同的是，生态扶贫强调要从改善贫困地区的生态环境入手，加强贫困地区的基础设施建设，积极改变贫困地区的生产生活环境，进而推动贫困地区实现可持续发展。由于自然条件和历史原因，我国很多地方的生态环境十分脆弱，甚至有些地方不适宜人们的生存和发展，不利于经济社会的发展和人们生活条件的改善。因此，我国高度重视生态扶贫工作，并在实践中不断优化贫困地区生态建设投入结构。“要正确处理好经济发展同生态环境保护的关系，牢固树立保护生态环境就是保护生产力、改善生态环境就是发展生产力的理念，更加自觉地推动绿色发展、循环发展、低碳发展，决不以牺牲环境为代价去换取一时的经济增长，决不走‘先污染后治理’的路子。”①由于经济发展和生态环境保护之间存在着一种互动的关系，因此，在乡村全面振兴的过程中，必须进一步巩固生态扶贫成果，在发展中保护、在保护中发展，进而实现原贫困地区的经济效益、社会效益和生态效益的统一。

（2）生态文明建设和政治建设相互合作，必须制定和完善相应的政策和法律法规。一方面，必须将绿色政绩作为考核的重要内容。只有从政治上将生态文明建设纳入政府和干部的绩效考核，实行环境保护一票否决制，才能使各级政府和领导干部高度重视生态文明建设，进而推动生态文明建设不断发展。另一方面，必须为生态文明建设提供强有力的法治保障。“只有实行最严格的制度、最严密的法治，才能为生态文明建设提供可靠保障。在这方面，最重要的是要完善经济社会发展考核评价体系，把资源消耗、环境损害、生态效益等体现生态文明建设状况的指标纳入经济社会发展评价体系，建立体现生态文明要求的目标体系、考核办法、奖惩机制，使之成为推进生态文明建设的重要导向和约束。”② 同时，要建立责任追究制度，对那些不顾生态环境盲目决策、造成严重后果的人，必须追

① 习近平．论坚持人与自然和谐共生．北京：中央文献出版社，2022：31．

② 同①34．

究其责任，而且应该终身追究。这就表明，推进生态文明建设，必须在政治建设方面提供强有力的法治保障和生态责任追究制度。2014 年，我国修订了《中华人民共和国环境保护法》，为我们推进生态文明建设提供了重要的法律依据和保障。

（3）生态文明建设和文化建设相互合作，必须培育和造就一大批献身保护生态环境、推进生态文明建设的“生态人”。人的发展不仅有经济维度、政治维度、文化维度和社会维度，还有生态维度。“生态人”是与“经济人”和“自然人”相对而言的。“经济人”强调人的逐利本性，是新自由主义的陈词滥调；“自然人”强调以自然为中心，是生态中心主义的诉求。“生态人”强调人与自然的和谐共处，是对“经济人”和“自然人”的超越。可见，“生态人”强调人的发展的生态维度，即作为主体的人“真正认识到生态问题无边界，认识到人类只有一个地球，地球是我们的共同家园，保护环境是全人类的共同责任，生态建设成为自觉行动”[①]。生态文明建设和文化建设的合作是培育“生态人”的关键。生态文明建设为“生态人”的形成和塑造提供了良好的生态环境基础，也对“生态人”的形成和发展不断提出新的要求；文化建设为“生态人”的形成和发展提供了强有力的精神动力和智力支持，有利于“生态人”的心理和智能等方面素质的形成和塑造。同时，推动人向“生态人”转变，必须加强环境教育、生态文明教育，使人们树立社会主义生态文明观。

（4）生态文明建设和社会建设相互合作，必须从社会建设的角度着力解决生态环境问题。社会建设要给人民群众提供基本的均衡的社会公共服务和公共产品，而生态环境是典型的公共产品，因此，社会建设必须向公众提供良好的生态环境。生态环境问题不仅是生态文明建设中的突出问题，也是社会建设中的突出问题。在实践中，生态环境问题的重要表现是人与自然关系的紧张，而人与自然的关系是在人与自然相互作用的过程中形成的，实质上反映的是人与人的关系、人与社会的关系。因此，人与自然关系的紧张，也会造成人与人、人与社会关系的紧张。例如，生态环境的恶化，必然会引起生产环境和生活环境的恶化，不利于形成生产发展、

① 习近平. 之江新语. 杭州：浙江人民出版社，2007：13.

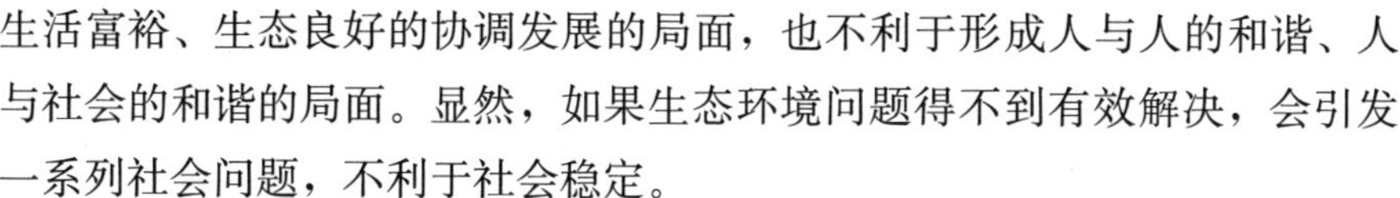

生活富裕、生态良好的协调发展的局面，也不利于形成人与人的和谐、人与社会的和谐的局面。显然，如果生态环境问题得不到有效解决，会引发一系列社会问题，不利于社会稳定。

总之，只有加强生态文明建设和其他方面建设的相互合作，才能更好地推动经济建设的发展，并为其他方面建设提供良好的生态环境。

第五节　总体布局子系统的协同进化

中国特色社会主义总体布局是一个不断发展的有机体。五个子系统之间相互制约、相互反馈、相互适应、相互合作，有利于推进子系统之间的协同进化，进而推动中国特色社会主义总体布局的发展和完善，并在此基础上推动人的全面发展和社会的全面进步。

一、经济建设和其他方面建设的协同进化

在中国特色社会主义总体布局中，经济建设的发展对其他方面建设不断提出新的要求，其他方面建设的发展也对经济建设不断提出新的要求，因此，必须推动经济建设和其他方面建设的协同进化。

（1）经济建设和政治建设的协同进化贯穿于经济建设和政治建设发展的全过程。在实践中，经济建设尤其是社会主义市场经济的不断发展，不仅要求人们的民主意识和权利意识不断提高，也要求与社会主义市场经济相对应的社会主义民主法治不断发展，还要求社会主义民主法治的发展作为保障。而人们的民主意识、政治权利的发展与经济建设的推进密切相关。“权利决不能超出社会的经济结构以及由经济结构制约的社会的文化发展。”① 可见，经济建设和政治建设协同进化是人类社会发展的一般规律。经济的发展推动政治的发展，且要求政治发展方面的保障；政治的发展在需要经济发展作为支撑的同时，也推动着经济的发展。在实践中，经济建设和政治建设的协同进化，必须在经济发展过程中实现安全发展。具

① 马克思，恩格斯. 马克思恩格斯文集：第3卷. 北京：人民出版社，2009：435.

体来看，为了更好地维护好经济建设的成果，必须保持政治上的稳定，实现安全发展。概括地讲，只有实现经济建设和政治建设的协同进化，才能为实现人的全面发展和社会的全面进步奠定坚实的物质文明和政治文明基础。

（2）实现经济建设和文化建设的协同进化，必须坚持两者的协调发展。文化建设是社会主义精神文明建设的重要范畴，与经济建设的发展密切相关。改革开放以来，在经济快速发展的过程中，为了避免经济发展和文化发展出现一手硬、一手软的问题，我们党提出了社会主义精神文明的概念，强调坚持物质文明建设和精神文明建设“两手抓、两手都要硬”。从总体上来看，“中国特色社会主义是物质文明和精神文明全面发展的社会主义。一个没有精神力量的民族难以自立自强，一项没有文化支撑的事业难以持续长久”①。在这个问题上，物质贫乏不是社会主义，精神空虚也不是社会主义。社会主义的发展不仅必须有强大的物质基础，还必须有强大的精神动力。显然，经济建设和文化建设之间存在着辩证发展、协同进化的关系。一方面，经济建设为文化建设奠定了坚实的物质基础。“随着经济建设的高潮的到来，不可避免地将要出现一个文化建设的高潮。”② 可见，经济建设的发展有利于推进文化建设的发展。另一方面，文化建设为经济建设提供了强有力的精神动力和智力支持。在我国，经济建设的发展需要坚持社会主义方向，这就需要在文化建设中加大社会主义教育和宣传的力度。显然，经济建设和文化建设的协同进化，就是要一手大力发展经济，推动经济建设，建设社会主义物质文明；一手大力发展文化，推动文化建设，建设社会主义精神文明。概括地讲，只有实现经济建设和文化建设的协同进化，才能为实现人的全面发展和社会全面进步奠定物质基础和文化基础。

（3）实现经济建设和社会建设的协同进化，必须高度重视经济建设的社会功能，实现经济建设的经济效益和社会效益的统一。大力加强经济建设，大力发展实体经济，不仅具有重要的经济意义，还具有重要的社会建

---

① 十八大以来重要文献选编：上. 北京：中央文献出版社，2008：280.

② 毛泽东. 毛泽东文集：第5卷. 北京：人民出版社，1996：345.

设的意义。在中国特色社会主义实践中，实体经济是社会财富和综合国力的基础，也是改善人民生活的物质基础。社会建设的开展需要经济建设，尤其是实体经济提供的物质基础。脱离了实体经济的发展，不仅不利于经济建设的开展，还会引起贫富差距的扩大，进而不利于社会建设的开展。经济发展只是一种手段，其最终目的是将经济发展成果惠及最广大人民群众，因此，经济建设的发展，必须实现经济效益和社会效益的统一。概括地讲，只有实现经济建设和社会建设的协同进化，才能为人的全面发展和社会的全面进步奠定坚实的物质基础和社会基础。

（4）实现经济建设和生态文明建设的协同进化，必须高度重视经济建设的生态功能，实现经济建设的经济效益和生态效益的统一。经济发展不仅可以创造大量的经济成果，还可以通过不断地利用和改善生态环境，创造大量的生态成果。也就是说，经济发展有着自身的生态目标，可以实现和生态文明建设的协同进化。然而，一些地方在片面追求 GDP 的过程中，虽然经济发展取得了很大的成就，但是对生态环境造成了巨大的损害，导致了严重的空气污染、水污染、土壤污染等恶果。这不仅不利于经济建设的持续发展，还会消解经济发展的成果。对此，我们要深刻地认识到："人与自然是生命共同体"①。因此，在经济发展过程中，必须树立保护生态环境的理念，牢固树立保护环境就是保护生产力、改善环境就是改善生产力、破坏环境就是破坏生产力的理念，将经济建设与生态环境的保护和改善紧密联系起来。

总之，只有大力开展经济建设，推动经济建设和其他方面建设的协同进化，才能为实现人的全面发展和社会的全面进步奠定坚实的物质基础。

二、政治建设和其他方面建设的协同进化

在中国特色社会主义总体布局中，政治建设的发展对其他方面建设不断提出新的要求，其他方面建设的发展也对政治建设的发展不断提出新的要求，因此，必须推动政治建设和其他方面建设的协同进化。

（1）实现政治建设和经济建设的协同进化，必须树立科学的发展观和

---

① 习近平．论坚持人与自然和谐共生．北京：中央文献出版社，2022：187.

政绩观。经济建设和政治建设是一个相互联系、相互影响、相互促进的有机整体。因此，在经济建设方面，只有树立科学的发展观，才能推动经济建设和政治建设的协同进化；在政治建设方面，只有树立科学的政绩观，才能保证经济社会的协调发展。“政绩观与发展观密切相连。有什么样的政绩观，就会有什么样的发展观，反之亦然。一段时间以来，一些干部在‘发展’问题上产生了误区，把‘发展是硬道理’片面地理解为‘经济增长是硬道理’，把经济发展简单化为GDP决定一切。”① 单纯追求GDP的发展观，必然导致一些地方将GDP作为干部考核任用的唯一标准的政绩观，进而导致一系列经济社会问题和生态环境问题。为此，我们必须按照科学发展观的要求，在将发展作为党执政兴国的第一要务的基础上，坚持以人民为中心的发展思想，坚持全面协调可持续发展，改变那种只见物不见人的片面的机械的发展观。同时，在衡量干部的政绩时，既要追求经济发展的总量，更要追求经济发展的质量；既要追求经济发展的速度，更要追求经济发展的效益；既要将经济指标纳入干部政绩考核之中，更要将人文指标、社会指标和环境指标纳入干部的政绩考核之中。显然，科学的政绩观不仅是科学发展观的要求，也有利于在实践中推进科学发展。

（2）实现政治建设和文化建设的协同进化，必须大力培育社会主义新人，通过社会主义新人推进社会主义民主政治建设。沙皇的长期专制统治，导致了俄国文化落后、教育普及率很低、广大人民群众科学文化素质较低。对此，列宁指出：“在一个文盲的国家里是不能建成共产主义社会的。”② 这在于，大量文盲现象的存在，从根本上限制了政治教育的开展，不利于社会主义民主政治的发展。在列宁看来，消灭旧社会培养出来的人，只能消灭旧的上层建筑的剥削方式，建立和保持无产阶级政权；而要进行社会主义建设，必须靠人与人之间剥削关系已经不存在条件下参加工作的一代人去担负。因此，要发展社会主义民主政治、推进社会主义政治建设，必须积极培育社会主义新人。邓小平结合中国特色社会主义的实践，提出了培育有理想、有道德、有文化、有纪律的社会主义“四有”新

---

① 习近平. 之江新语. 杭州：浙江人民出版社，2007：73.

② 列宁. 列宁专题文集·论无产阶级政党. 北京：人民出版社，2009：290.

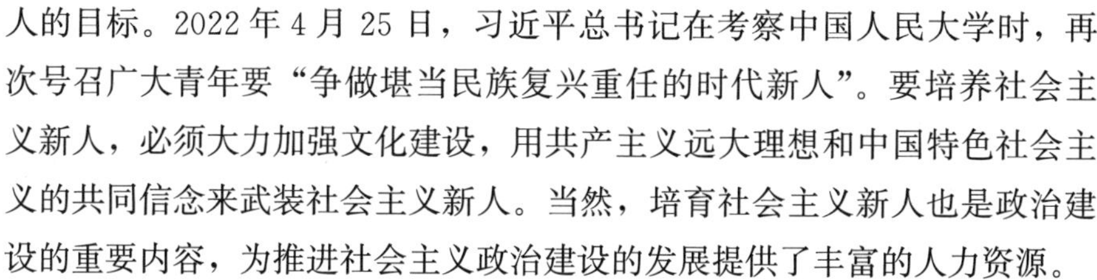

人的目标。2022年4月25日，习近平总书记在考察中国人民大学时，再次号召广大青年要“争做堪当民族复兴重任的时代新人”。要培养社会主义新人，必须大力加强文化建设，用共产主义远大理想和中国特色社会主义的共同信念来武装社会主义新人。当然，培育社会主义新人也是政治建设的重要内容，为推进社会主义政治建设的发展提供了丰富的人力资源。

(3) 实现政治建设和社会建设的协同进化，必须通过社会建设积极引导广大人民群众依法参与政治建设。虽然相对于政治建设而言，社会建设作为一个独立的领域提出相对较晚，但是社会建设的迅速发展对政治建设提出了许多要求。总体上看，我国政治建设和社会建设的发展之间还存在一些不协调的情况。推进社会建设，尤其是解决以群体性事件为代表的社会问题，一定程度上有利于扩大群众的政治参与，可以倒逼政治建设的推进。同时，必须充分发挥社会建设在调动群众积极性、主动性和创造性方面的优势。在实践中，要引导群众依法维护自身的合法权益、表达诉求、化解纠纷，提高群众参与社会建设和社会管理的意识和能力，这不仅是社会建设的重要内容，也是政治建设的重要内容，有利于推进政治建设和社会建设的协同进化。

(4) 政治建设和生态文明建设的协同进化，必须加强生态文明建设领域的立法，确保生态文明建设有法可依。生态文明建设作为一个独立的领域提出较晚，和政治建设的发展之间还存在一些不协调、不均衡的问题。要推进两者的协调发展，尤其是通过生态文明建设推进政治建设的发展，必须首先加强生态文明建设领域的立法工作。虽然生态文明建设已经作为我们党的发展理念写入党的报告之中，写入了宪法中，生态文明建设取得了重大的成就，然而，由于历史和现实等一系列原因，我国在生态文明建设领域的立法工作还相对比较滞后，不利于生态文明建设的持续快速推进。为了避免盲目发展所造成的生态环境的代价，首先必须加强生态文明建设领域的立法工作，切实做到保护生态环境有法可依。在此基础上，必须加强对生态文明建设领域的执法，尤其是对环境污染等问题加大执法力度，做到有法必依、执法必严、违法必究。推进生态文明建设，还必须制定生态文明建设的指标体系，将其纳入地方各级人民政府绩效考核，实行环境保护一票否决制。这里，将生态文明纳入考核体系，是建立生态型政府、积极推进生态治理的重要内容。

总之，只有大力加强政治建设，推动政治建设和其他方面建设的协同进化，才能为实现人的全面发展和社会的全面进步奠定坚实的政治基础。

三、文化建设和其他方面建设的协同进化

在中国特色社会主义总体布局中，文化建设对其他方面建设不断提出新的要求，其他方面建设也对文化建设不断提出新的要求，因此，必须推动文化建设和其他方面建设的协同进化。

(1) 实现文化建设和经济建设的协同进化，必须实现文化建设和经济建设的协调发展。目前，我国的经济总量稳居世界第二，然而，我国的文化的影响力与经济的影响力不相匹配，尤其是文化产业的发展与经济总量不相匹配。这就要求我们必须大力推进文化建设，使文化的影响力和经济大国的地位相匹配，成为文化大国和文化强国。具体而言，必须大力推动文化产业化，坚持文化建设的社会效益和经济效益的统一。文化建设作为上层建筑的组成部分，主要是为了向广大人民群众提供精神文化产品，以满足人民群众日益增长的精神文化方面的需求。这是解决社会主义初级阶段基本矛盾和实现人的自由而全面发展的重要手段。文化建设具有重要的事业属性，即文化事业。然而，和经济建设一样，文化建设也可以创造巨大的经济效益，甚至可以成为国民经济的支柱产业。文化建设也包含重要的产业属性，即文化产业。在社会主义市场经济条件下，文化产业在国民经济发展中的作用越来越大，因此，推动经济建设和文化建设的协同进化，必须在始终坚持文化事业的公益性的基础上，大力推动文化产业的发展，不仅为经济建设提供精神动力和新的增长极，也为文化建设的持续发展奠定一定的物质基础，实现文化建设的社会效益和经济效益的统一。

(2) 实现文化建设和政治建设的协同进化，必须加强文化立法工作。文化和政治同属于上层建筑，需要协同进化、协调发展。在现实中，要推进文化建设和政治建设的协同进化，必须充分发挥政治建设对文化建设的

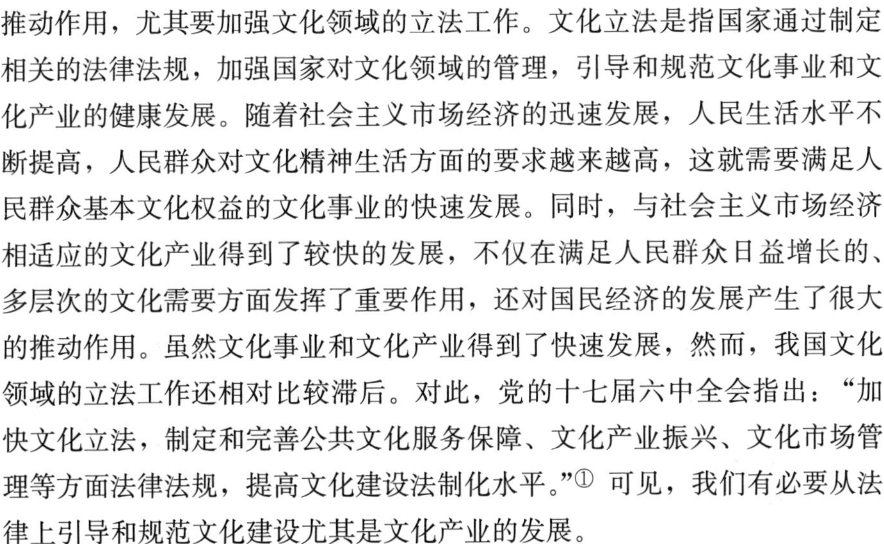

推动作用，尤其要加强文化领域的立法工作。文化立法是指国家通过制定相关的法律法规，加强国家对文化领域的管理，引导和规范文化事业和文化产业的健康发展。随着社会主义市场经济的迅速发展，人民生活水平不断提高，人民群众对文化精神生活方面的要求越来越高，这就需要满足人民群众基本文化权益的文化事业的快速发展。同时，与社会主义市场经济相适应的文化产业得到了较快的发展，不仅在满足人民群众日益增长的、多层次的文化需要方面发挥了重要作用，还对国民经济的发展产生了很大的推动作用。虽然文化事业和文化产业得到了快速发展，然而，我国文化领域的立法工作还相对比较滞后。对此，党的十七届六中全会指出："加快文化立法，制定和完善公共文化服务保障、文化产业振兴、文化市场管理等方面法律法规，提高文化建设法制化水平。"① 可见，我们有必要从法律上引导和规范文化建设尤其是文化产业的发展。

（3）实现文化建设和社会建设协同进化，必须坚持文化建设的社会价值取向。从根本上来看，文化建设是为提高人民群众的精神文化生活水平，为实现人的自由而全面发展奠定文化基础，进而推动人的全面发展和社会的全面进步。和社会建设一样，文化建设也必须坚持共享的价值取向。只有将文化建设的发展成果惠及最广大人民群众，才能调动广大人民群众的积极性、主动性和创造性，积极参与文化建设和社会建设，推动文化建设和社会建设的协同推进、协调发展。同时，由于社会建设本身就包含丰富的文化建设的内容，因此，文化建设和社会建设的协同进化，还必须大力发展社会建设中所包含的文化建设的内容，尤其是大力发展教育和推进教育公平。

（4）实现文化建设和生态文明建设的协同进化，就要求提高人们的环境意识，努力解决生态环境问题。一方面，解决生态环境问题，必须大力弘扬生态文明理念，积极培育"生态人"。面对严峻的生态环境问题，人们的环保意识和理念还比较薄弱，滞后于生态文明建设的发展要求，不利于生态文明建设的推进，更不利于文化建设和生态文明建设的协同推进、协调发展。因此，必须大力开展生态文明宣传教育，积极培育"生态人"。

① 十七大以来重要文献选编：下．北京：中央文献出版社，2013：577.

生态文明理念是“生态人”必须具备的重要品德，而“生态人”强调的是人的发展的生态维度，是培育社会主义新人的重要环节。另一方面，解决生态文明问题，必须大力发展科学技术，进行科技创新。“要面向生态环境保护重大需求，发展城乡环境保护、治理、修复技术，着力解决环境污染、垃圾处理等突出问题，开展示范和推广应用，促进城镇化健康发展和新农村建设，提高自然灾害监测预报和防灾减灾能力。”① 显然，生态文明建设的推进，必须有强有力的科技支撑，而这也是生态文明建设和文化建设协同进化的目标。

总之，只有大力加强文化建设，推动文化建设和其他方面建设的协同进化，才能为实现人的自由而全面发展的共产主义社会奠定坚实的文化基础。

四、社会建设和其他方面建设的协同进化

在建设中国特色社会主义实践中，社会建设对其他方面建设不断提出新的要求，其他方面建设也对社会建设不断提出新的要求，因此，必须推动社会建设和其他方面建设的协同进化。

（1）实现社会建设和经济建设的协同进化，要求通过经济建设推动社会建设的发展，充分发挥社会建设的经济建设功能。一方面，必须处理好社会建设领域事业和产业的关系。“加强社会建设，要正确处理社会领域事业与产业的关系。社会领域既包括义务教育、公共卫生、公共文化、群众体育等主要由政府提供的服务型事业，也包括培训服务、非基本医疗、文化产业、体育健身等主要由市场提供的服务型产业，具有就业吸纳能力强、社会和市场需求潜力大以及能耗低、污染小等特点，发展前景十分广阔。协调推进经济发展和社会建设，既要维护社会事业的公益性，又要推进社会领域产业的市场化、产业化，积极培育新的增长点。”② 显然，社会建设领域事业和产业之间是一种有机的辩证关系。教育、医疗、体育和卫生等社会建设领域具有鲜明的公益性和人民性的特点，理应由政府提供相

① 十七大以来重要文献选编：下．北京：中央文献出版社，2013：976.

② 同①670.

应的公共服务，不应以营利为目的。然而，由于这些领域涉及范围十分广泛、影响人群十分巨大，且又可以解决大量的人员就业问题，因此，在坚持社会建设事业公益性的基础上，应积极推动社会建设领域产业的市场化和产业化，为经济建设培育新的增长点，进而推动经济建设和社会建设的持续发展。但是，也要防范这方面的“失灵”。另一方面，必须加强以民生为重点的社会建设。保障和改善民生，既拉动消费，又增加投资，是扩大内需的重要举措和有效途径。加强以民生为重点的社会建设，不仅有利于推进社会建设不断发展，也有利于推进经济建设的不断发展，进而实现社会效益和经济效益的统一。

（2）实现社会建设和政治建设的协同进化，要求通过政治建设推动社会建设的不断发展。从总体上看，我国政治建设的发展还相对滞后于社会建设的快速发展的要求，因此，必须大力推动政治建设和社会建设的协同进化、协调发展。一方面，必须加强社会领域的立法。随着人民群众生活水平的不断提高和社会文明程度的不断提高，我国的慈善事业得到蓬勃发展，要求我们从法律上规范、引导和促进慈善事业的发展。这对于巩固反贫困成果、调节贫富差距、构建社会主义和谐社会具有一定的作用。2016年3月16日，第十二届全国人民代表大会第四次会议通过了《中华人民共和国慈善法》，并于2016年9月1日开始实施。然而，从总体上看，由于社会建设作为一个领域为人们所重视并独立出来相对较晚，这直接导致了我国在社会组织、社会保障等社会建设领域的立法方面相对滞后，不利于社会建设的持续发展。为此，只有加强社会领域的立法工作，从法律上保证社会建设工作的开展，才能推进社会建设不断发展，推进社会建设和政治建设的协同进化。另一方面，必须充分保证群众的社会权益，健全维护群众社会权益的机制。构建社会主义和谐社会，必须解决好现阶段存在的一系列社会问题，尤其是损害群众利益的问题。在实践中，只有健全维护群众权益的机制，才能保证社会建设的顺利开展。同时，维护群众合法权益，必须坚持用法律手段解决社会矛盾。只有坚持依法治国的基本方略，全面推进依法治国，坚持用法律手段解决社会矛盾，才能有效化解社会矛盾。

（3）社会建设和文化建设的协同进化，必须积极发挥文化建设的社会推动作用。一方面，必须充分发挥文化建设的引领作用。在领导苏俄社会主义实践的过程中，列宁指出：“精打细算，节俭办事，不偷懒，不盗窃，遵守最严格的劳动纪律——正是这些从前被资产阶级用来掩饰他们这个剥削阶级的统治时受到革命无产者的正当讥笑的口号，现在，在推翻资产阶级以后，已变成当前迫切的主要的口号。”① 这就表明，向社会主义过渡，必须具备相应的社会道德条件。由于我国正处于并将长期处于社会主义初级阶段，离实现现代化的目标还有一定的差距，因此，在建设中国特色社会主义实践中，必须大力发扬艰苦奋斗、劳动光荣、勤俭节约的优良传统。另一方面，必须坚持社会建设的价值取向。社会主义的本质是解放生产力、发展生产力，消灭剥削，消除两极分化，最终达到共同富裕。这里，共同富裕是社会主义的价值目标，也是社会建设的价值取向。要实现共同富裕，不仅要大力发展社会主义先进生产力，还要坚持共享发展理念。共享是中国特色社会主义的本质要求。必须坚持发展为了人民、发展依靠人民、发展成果由人民共享、发展绩效由人民评价，做出更有效的制度安排，使全体人民在共建共享发展中有更多获得感，增强发展动力，增进人民团结，朝着共同富裕方向稳步前进。在推进社会建设的进程中，必须牢牢坚持社会建设发展为了人民、社会建设发展依靠人民、社会建设发展的成果由人民共享、社会建设发展的成效由人民评价的价值取向。唯此，才能确保社会建设和文化建设的协同进化、协调发展。

（4）实现社会建设和生态文明建设的协同进化，要通过生态文明建设推进社会建设。一方面，必须着力解决生态环境问题。生态文明建设致力于解决生态环境问题，实现人与自然的和谐，而要实现人与自然的和谐，首先必须实现人与人、人与社会的和谐。也就是说，生态文明建设就是要按照恩格斯在《政治经济学批判大纲》中提出的“两个和解”的思想，实现人同自然的和解以及人同自身的和解。然而，现实中的生态环境的变化尤其是环境问题的存在对社会建设的开展造成了巨大的压力。因此，解决生态环境问题，不仅为社会建设提供良好的生态环境，也是社会建设必须

① 列宁．列宁专题文集·论社会主义．北京：人民出版社，2009：84.

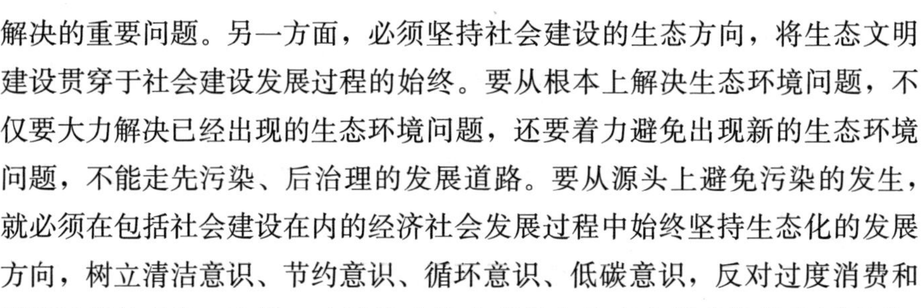

解决的重要问题。另一方面，必须坚持社会建设的生态方向，将生态文明建设贯穿于社会建设发展过程的始终。要从根本上解决生态环境问题，不仅要大力解决已经出现的生态环境问题，还要着力避免出现新的生态环境问题，不能走先污染、后治理的发展道路。要从源头上避免污染的发生，就必须在包括社会建设在内的经济社会发展过程中始终坚持生态化的发展方向，树立清洁意识、节约意识、循环意识、低碳意识，反对过度消费和铺张浪费的现象。这样，才能推动社会建设和生态文明建设的协同进化、协调发展。

总之，只有大力加强社会建设，推动社会建设和其他方面建设的协同进化，才能为实现人的全面发展和社会的全面进步奠定坚实的社会基础。

五、生态文明建设和其他方面建设的协同进化

在中国特色社会主义总体布局中，生态文明建设对其他方面建设不断提出新的要求，其他方面建设也对生态文明建设不断提出新的要求，因此，必须推动生态文明建设和其他方面建设的协同进化。

（1）实现生态文明建设和经济建设的协同进化，必须大力发展生态经济，实现生态效益和经济效益的统一。绿水青山（自然生态环境）不仅可以创造金山银山（经济效益），而且绿色青山本身就是金山银山。因此，必须“树立绿水青山就是金山银山的理念，清新空气、清洁水源、美丽山川、肥沃土地、生物多样性是人类生存必需的生态环境，坚持发展是第一要务，必须保护森林、草原、河流、湖泊、湿地、海洋等自然生态”①。生态文明建设不仅创造了大量的生态效益，还为经济发展创造了良好的生态环境，创造了大量的经济效益。具体来看，生态文明建设和经济建设的协同进化，要求大力发展与生态文明建设直接相关的生态环保产业，尤其是推动生态经济的发展。生态经济强调经济的发展要在自然生态系统的可承受范围之内，将社会、经济和自然看作是一个复合生态系统，挖掘一切可以利用的资源，发展一些经济发达、生态高效的产业，实现经济发展的生态效益、经济效益和社会效益的统一。可见，生态经济是推动经济发展与

① 中共中央国务院印发《生态文明体制改革总体方案》. 人民日报，2015-09-22（14）.

环境保护、物质文明与生态文明、人的发展与自然发展高度统一的可持续发展的经济。在实践中，发展循环经济是发展生态经济的重要形式，主要强调实现资源的充分利用，尤其是资源的循环再利用。因此，为了实现生态文明建设和经济建设的协同推进、协调发展，必须大力发展生态经济，实现发展的经济效益、社会效益和生态效益的统一。

（2）实现生态文明建设和政治建设的协同进化，必须大力发展生态政治，建设生态型政府。由于政府在推进生态文明建设、解决生态环境问题的过程中还存在一些薄弱环节，因此，政治建设还无法完全适应生态文明建设的快速发展要求。这就需要进一步发挥政府在生态治理中的主导作用，建设生态型政府。在现实中，生态环境问题的产生有政治上的原因。一方面，在发展过程中，一些地方政府片面强调 GDP 的发展，并将之作为考核干部政绩的唯一指标，导致了其在解决环境问题的过程中，存在着不积极作为甚至是不作为的现象；另一方面，在提供环境公共服务的过程中，政府存在失灵现象，表现为政府只能提供有限的公共服务，且还可能存在资源配置不均或浪费的现象。因此，只有政府一方面改变片面强调 GDP 增长的考核体系，将经济发展和环境保护统一起来，作为考核干部政绩的主要标准，实现经济建设和生态文明建设协同推进、协调发展，另一方面切实解决生态环境问题，充分保证人民群众的环境权益，为人民群众提供良好的环境公共服务，才能建设好生态型政府。

（3）实现生态文明建设和文化建设协同进化，必须大力发展生态文化。在实践中，生态环境问题主要表现为人与自然关系的紧张。这里，“要化解人与自然、人与人、人与社会的各种矛盾，必须依靠文化的熏陶、教化、激励作用，发挥先进文化的凝聚、润滑、整合作用”[①]。同样，要解决生态环境问题，构建和谐的人与自然的关系，必须大力发扬文化的作用，尤其是大力推进生态文化的发展。生态文化是对生态环境进行合理利用和保护，以实现人与自然和谐相处、实现经济社会可持续发展的知识和经验的文化积淀。生态文化不是对传统文化的割裂，而是建立在传统文化基础上的新的文化，有利于实现资源的开发和利用，实现经济发展和保护

---

① 习近平．之江新语．杭州：浙江人民出版社，2007：149.

环境的良性循环。显然，发展生态文化，不仅有利于实现生态文明建设和文化建设的协调发展，还有利于推进经济社会的可持续发展。

（4）实现生态文明建设和社会建设的协同进化，必须大力建设生态社会。生态社会是生态文明建设和社会建设相互协同的重要典范，强调在社会建设的过程中，坚持生态化的方向。生态社会是对人类传统生存方式尤其是工业革命以来形成的以破坏环境为代价的片面的城市化和工业化的生存方式反思和变革的成果，其目标是实现人、自然和社会的可持续发展。因此，建设生态社会的过程是人们改变传统的生产和生活方式走向生态文明的过程，是以生态理念建设新社会的过程。在发展中，城市的规划也有其生态要求，即建设生态城市。为此，要“合理确定城市开发边界，提高建成区人口密度，防止特大城市面积过度扩张。城市规划和建设要注重以人为本、节地节能、生态环保、安全实用、突出特色、保护文化和自然遗产，强化规划约束力，加强城市公用设施建设，预防和治理‘城市病’”①。显然，生态城市也是生态社会建设的重要一环。由于生态社会建设是一项复杂的系统工程，需要处理好人与人、人与自然、人与社会等各个方面的关系，因此，在建设生态社会的过程中，必须充分发挥政府的主导作用、市场的调节作用和公众的参与和监督作用，最终实现人、自然和社会三者的和谐统一和永续发展。

总之，生态文明建设和其他方面建设之间的协同进化，是为了人的全面发展和社会的全面进步创造良好的生态条件，进而最终实现人的全面发展和社会的全面进步。

综上，中国特色社会主义总体布局的最终目标是实现马克思主义最高理想，即实现物质财富极大丰富、人们精神境界极大提高、每个人自由而全面发展的共产主义社会。只有大力发展社会主义先进生产力，不断提高生产力发展水平和人民群众生活水平，建设物质文明，才能为人的发展奠定坚实的物质基础。只有大力发展社会主义政治，加强社会主义法治建设，不断提高人民群众当家作主的能力和水平，建设政治文明，才能为人的发展提供稳定的政治保障。只有大力发展社会主义先进文化，不断提高

① 十七大以来重要文献选编：中. 北京：中央文献出版社，2011：984-985.

社会主义精神文明建设水平以及人民群众精神文化素质，建设精神文明，才能为人的发展不断提供强大的精神动力和智力支持。只有大力构建社会主义和谐社会，切实推动社会参与，有效维护社会稳定，大力彰显社会公平，建设社会文明，才能为人的发展不断提供安定祥和的社会环境。只有大力实施可持续发展战略，坚持绿色发展，不断推进社会主义生态文明建设，努力促进人和自然和谐共生，努力满足人民群众的生态需要，切实保障人民群众的生态权益，才能为人的发展提供优美和谐的生态环境。

第四章　推进中国特色社会主义总体布局的基本原则

全面推进中国特色社会主义总体布局，实现经济建设、政治建设、文化建设、社会建设、生态文明建设相互促进、协同发展，必须坚持客观性、总体性、人民性、实践性、动态性等科学原则。只有始终坚持这些原则，并在社会主义建设中不断地充实和丰富其内涵，才能不断提高推动总体布局发展的质量，提升总体布局发展的层次，从而有力推进改革开放和社会主义现代化建设事业。

第一节　推进总体布局的客观性原则

一切从实际出发是马克思主义唯物主义的基本原则和要求，同样，推进中国特色社会主义总体布局必须坚持客观性原则。根据这一原则，在统筹推进“五位一体”总体布局的过程中，必须坚持辩证唯物主义的思想路线和工作方法，坚持从中国的基本国情出发，遵循人类社会发展规律、社会主义建设规律、共产党执政规律以及人与自然和谐共生规律。

一、客观性原则是唯物主义世界观的根本方法论要求

唯物主义世界观认为，不管是自然界还是人类社会都是客观存在的。

不仅客观世界的存在不以人的意志为转移，而且客观世界的运动规律也不以人的意志为转移。即使精神世界，也有其客观基础和物质载体。因此，一切从实际出发，实事求是，理论联系实际，就是从辩证唯物主义世界观得出的最根本的方法论。

（1）世界存在形态的客观性。从物理学的角度来看，自然界的任何事物都是以实物或场的形式存在着。不管是实物还是场，都是在人的意志之外客观存在的东西，不以人的主观意志为转移。在人类社会产生以前，自然界就不断地发生着自发的、无目的的物质运动、能量转换和信息交流。客观存在的自然界尤其是以地球为核心的生态系统，构成了人类社会产生、发展的物质基础和自然前提。人类社会诞生以后，人通过实践活动不断地创造历史，自觉地开创了一个不同于纯粹自然演化史的社会进化史过程。与自然相比较而言，人类社会最大的特点就在于它是一种能动的、实践的存在，在社会的发展和进化中有了人类有目的的参与，从而使社会实践成为合规律性和合目的性相统一的活动。而且，社会实践还不是社会个体实践的简单相加，而是一种有机化、系统化的社会总体实践。尽管如此，人类社会依然不能改变自身存在的客观性，人类实践必然是一种感性的物质性活动，只能是一种凭借客观的工具和手段、遵循客观的规律、实现客观结果的客观过程。“劳动本身不过是一种自然力即人的劳动力的表现。”① 只有通过这种感性的实践活动，才能实现人与自然之间的物质变换，并现实地调整和变革人与人之间的社会关系。

（2）世界演变和运动规律的客观性。所谓规律，就是事物运动变化过程中客观的、本质的、稳定的、必然的联系。自然界的运动遵循着机械、物理、化学、生物、天体、地质等规律，这些规律构成了人类活动的自然规律基础，也是自然界向人类社会发出的“绝对命令”，是人类活动必须遵循的基本准则。当然，人类社会作为一种异于自然界的实践性存在，也有自身运动发展的独特规律。不过，这种规律须臾离不开人和人类社会。它就体现在人的实践活动中，形成对实践活动的规律性约束，并框定了社会发展的“可能性空间”。总体来看，人类社会存在着生产力与生产关系、

① 马克思，恩格斯．马克思恩格斯文集：第3卷．北京：人民出版社，2009：428.

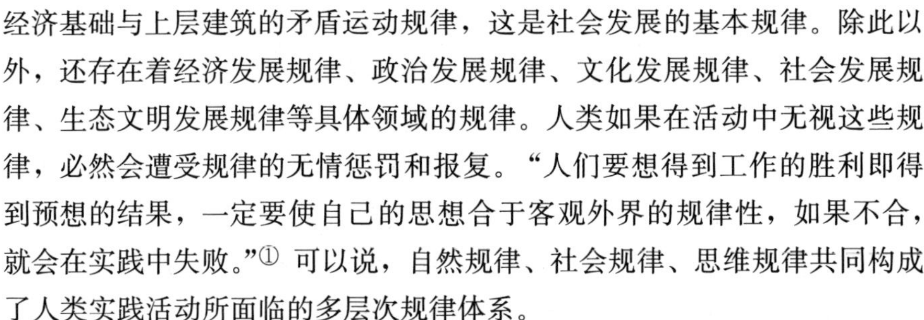

经济基础与上层建筑的矛盾运动规律，这是社会发展的基本规律。除此以外，还存在着经济发展规律、政治发展规律、文化发展规律、社会发展规律、生态文明发展规律等具体领域的规律。人类如果在活动中无视这些规律，必然会遭受规律的无情惩罚和报复。“人们要想得到工作的胜利即得到预想的结果，一定要使自己的思想合于客观外界的规律性，如果不合，就会在实践中失败。”① 可以说，自然规律、社会规律、思维规律共同构成了人类实践活动所面临的多层次规律体系。

从实际出发、按规律办事是唯物主义世界观的根本结论。既然世界的存在是客观的，世界运动变化的规律也是客观的，从这个意义上说，包括人类社会在内的整个世界就是一个统一的物质世界。这就要求人们无论在何时何地，不管从事何种工作，也不管是什么人，都必须无条件地、严格地从既定的实际情况出发，按照世界的本来面目认识世界，按照世界的固有规律改造世界。将之运用到实际工作当中，就形成了我们党的思想路线。“按照实际情况决定工作方针，这是一切共产党员所必须牢牢记住的最基本的工作方法。”② 这不是对人的主观能动性和历史创造性的否定和排斥，而恰恰是正确地发挥人类主观能动性和实践创造性的基础和前提。只有立足实际，尊重客观规律，才能使实践活动符合实事求是的基本要求，才能在革命、建设和改革开放的历史征程中披荆斩棘、无往而不胜。

总之，坚持客观性原则，一切从实际出发，遵循客观规律，这是实事求是的本质要求和首要条件。习近平强调指出，必须按照马克思主义唯物主义的要求，坚持从客观实际出发制定政策、推动工作。显然，客观性是推进“五位一体”总体布局必须遵循的基本原则。

二、推进总体布局必须立足基本国情

根据客观性的原则和要求，统筹推进“五位一体”总体布局必须从基本国情出发。“我们推进改革发展、制定方针政策，都要牢牢立足社会主义初级阶段这个最大实际，都要充分体现这个基本国情的必然要求，坚持

① 毛泽东．毛泽东选集：第1卷．2版．北京：人民出版社，1991：284.

② 毛泽东．毛泽东选集：第4卷．2版．北京：人民出版社，1991：1308.

一切从这个基本国情出发。”① 只有这样，才能在社会主义建设和改革中做到一切从实际出发，使实践活动符合实事求是的本质要求。

从基本国情出发是客观性原则的具体体现和基本要求。中国特色社会主义建设是一项高度复杂、涉及广泛的总体性活动。在这里，实践活动本身就是一种客观的、感性的力量，而参与实践活动的这些要素和系统都是在人的意志之外的客观存在。因此，要保证实践活动的正常开展，避免各种脱离实际的主观主义风险，就必须将实践活动建立在尊重客观情况的基础上。当然，这里的客观情况也表现为一种系统性、总体性的存在，这就是基本国情。“这些个人是从事活动的，进行物质生产的，因而是在一定的物质的、不受他们任意支配的界限、前提和条件下活动着的。”② 在这个意义上说，坚持客观性原则是唯物辩证法对中国特色社会主义建设提出的本质要求，这其中的一个重要方面就是要严格地从基本国情出发，使社会主义事业立足中国实际、扎根中国大地、体现中国特色。

充分认识社会主义初级阶段基本国情的复杂性和多样性。在实践中，要做到从国情出发，就需要对国情有一个科学的认识和全面的把握。当前，从总体上看，我国现代化建设面临的最大国情和最大实际就是我国处于并将长期处于社会主义初级阶段。社会主义初级阶段的基本国情具有高度的复杂性和多样性。具体表现在：一方面，从社会制度的维度来看，我们已经建立起了社会主义的基本制度。在经济领域坚持并发展了公有制经济的主体地位，在政治领域建立并完善了人民民主专政的国家政权，在思想文化领域确立并巩固了马克思主义的指导地位。这些都体现了社会主义制度与资本主义制度的本质区别，也是社会主义本身应有的制度优势，体现了社会主义制度的根本优越性。在统筹推进总体布局的过程中，必须坚持社会主义的基本制度和基本原则，有效防范并积极消除经济全球化背景下资本主义造成的各种影响。另一方面，中国的社会主义还是初级阶段的、不发达的社会主义。从社会主义改造任务完成到改革开放的初期，人民日益增长的物质文化需要同落后的社会生产之间的矛盾一直是我国社会

① 十八大以来重要文献选编：上. 北京：中央文献出版社，2014：696.

② 马克思，恩格斯. 马克思恩格斯文集：第1卷. 北京：人民出版社，2009：524.

的主要矛盾。这又表现在众多方面：从生产力的角度来看，生产力总体落后的状况没有得到根本改变；从世界舞台上看，中国是世界上最大的发展中国家的国际地位没有改变，在许多方面与发达资本主义国家仍有相当距离。目前，尽管我国已成为世界上第二大经济体，社会主要矛盾发生了变化，但是，从人均水平来看，我国在世界上的排名依然只是居中。因此，统筹推进“五位一体”总体布局必须充分考虑我国总体上尚不发达的实际情况，从现实出发找问题想办法，只有这样，才能不断提高发展的质量、程度和层次。

要顺利推进“五位一体”总体布局，必须确保路线方针政策的制定和执行符合基本国情。从特定角度来看，中国特色社会主义现代化建设包含着五个相互作用、相互联系的子系统。在统筹推进总体布局的过程中，要坚持客观性原则，从基本国情出发，就必须将社会主义现代化建设的每个子系统与基本国情的相应方面结合起来，使路线方针政策的制定，既能坚持社会主义的基本原则，体现人民的愿望和利益，又符合客观实际，具有现实针对性和可操作性。从经济建设方面来看，在看到改革开放以来取得显著成绩的同时，必须正视我国人多地少、人均资源拥有量相对不足、自主创新能力有待增强、经济发展中不平衡不协调不可持续的问题突出等现状。只有抓住问题、摸清情况、对症下药、科学施策，才能切实转变发展方式，将经济发展转移到依靠科技进步、提高劳动者素质的轨道上来，从而实现以新发展理念引领现代化建设，不断提高经济发展的质量和效益。从政治建设方面来看，要看到中国没有经过资本主义的充分发展，就由半殖民地半封建社会进入了社会主义社会的实际。经过 70 多年的政治建设，社会主义民主有了相当大的发展，但是社会主义民主政治的机制尚不健全完备。在法治建设中，还不断地出现一些新情况和新问题，实现依法治国、建设社会主义法治国家依然任重道远。因此，在建设社会主义民主政治的过程中，必须坚持从这些实际情况出发，采取积极、稳妥的方针，将加强党的领导、人民当家作主和实行依法治国有机统一起来，只有这样，才能推动社会主义民主政治建设不断前进，从而在政治上不断巩固和加强人民群众的历史主体地位。在文化建设中，既要看到马克思主义已经成为社会主义革命、建设和改革的指导思想，成为全党全国人民团结奋斗的精神支柱，也要看到资产阶级拜金主义、利己主义、极端个人主义和腐朽生活方式以及形形色色的封建遗毒对人民群众精神生活带来的各种危害。只有这样，才能在推进马克思主义时代化中国化的过程中发挥马克思主义批判现实、引领未来的科学功能，丰富人民群众的精神生活，提高人民群众的精神境界。在社会建设中，在看到民生不断改善、社会保障事业不断进步的同时，也要看到社会收入差距过大、社会收入分配不尽合理的现象。因此，在社会建设中要把改善民生、促进社会收入分配合理化、实现共同富裕作为促进社会和谐、维护公平正义的重点和抓手，只有这样，才能切实提高社会和谐度。在生态文明建设中，要看到我国目前资源紧张和资源浪费严重同时存在，空气、水和土壤污染事件时有出现，生态环境问题仍然突出。在实践中，要积极探索建立促进经济社会绿色发展的体制和机制，走绿色发展之路，实现生产发展、生活富裕和生态良好的有机统一。

总之，只有坚持从中国的基本国情出发，才能在统筹推进总体布局的过程中找到反映时代要求、符合中国实际、体现中国特色的中国道路，使制定的路线方针政策扎根中国大地，符合发展规律，顺应人民意愿。

三、推进总体布局要遵循“三大规律”

统筹推进“五位一体”总体布局是一项既宏伟壮丽又艰巨复杂的事业，必须遵循客观规律。当然，这里需要遵循的不仅是某一个具体的规律，更是规律的总体，既包括人类社会发展规律，也包括社会主义建设规律和共产党执政规律。

1. 推进总体布局要遵循人类社会发展规律

在某种意义上说，统筹推进总体布局是中国共产党领导中国人民在改革开放的伟大征途中努力促进人的全面发展和社会全面进步，向着富强、民主、文明、和谐、美丽的社会主义现代化强国不断迈进的过程。这当然地具有推进世界历史进步的伟大意义，创造了人类文明新形态。在这个过程中，一定要自觉地遵循人类社会发展的一般规律，只有这样，才能不断

取得事业的胜利。

唯物史观揭示了人类社会发展的一般规律。在人类思想史上，只有马克思主义的诞生才开天辟地地结束了唯心主义在历史观上的支配地位，从此才有了真正的历史科学。历史唯物主义正确地揭示了人类社会发展的一般规律。在它看来，人类社会有两对基本矛盾：生产力与生产关系的矛盾、经济基础与上层建筑的矛盾。其中，生产力与生产关系的矛盾是最根本的矛盾。在生产力和生产关系所构成的生产方式中，生产力决定生产关系，生产关系也在一定程度上对生产力的发展起着促进或阻碍的作用。社会生产发展的一定阶段占统治地位的生产关系的总和，构成了社会的经济基础。经济基础好比是社会的骨骼系统，决定着社会的上层建筑。实际上，不管是思想上层建筑还是政治上层建筑，其内容、性质和服务的方向都是由经济基础决定的。当然，上层建筑也会利用自己的资源和力量千方百计地巩固、支持和服务于自己的经济基础。当然，唯物史观不仅揭示了社会历史运动的基本矛盾和根本动力，而且还揭示了社会有机体的特征和内涵，以及历史由各民族相对独立的发展史走向真正的世界历史的必然趋势。在唯物史观视野下，人类社会不是孤立的单子式的存在，也不是一种机械的东西。社会历史的各个方面、系统和因素之间相互联系、相互作用，形成一个系统的有机整体。随着社会的发展和文明的进步，各民族国家间的交往也日益增多，在资本逻辑的全球扩张中，人类历史开始变成一种世界性的存在。最终，人类要冲破必然王国的束缚，走向自由王国。

建设中国特色社会主义必须自觉地遵循社会发展规律。要推进中国特色社会主义事业全面发展，必须自觉地遵循生产力与生产关系辩证运动的规律、经济基础与上层建筑辩证运动的规律、社会有机体发展规律以及世界历史运动的总体规律等规律。在某种意义上说，改革就是社会主义制度的自我完善和发展。因此，“坚持和发展中国特色社会主义，必须不断适应社会生产力发展调整生产关系，不断适应经济基础发展完善上层建筑”。“我们提出进行全面深化改革，就是要适应我国社会基本矛盾运动的变化来推进社会发展”①。只有通过全面深化改革，使生产关系更好地适应生产

---

① 习近平. 论党的宣传思想工作. 北京：中央文献出版社，2020：34.

力的发展，使上层建筑更好地适应经济基础的变化，才能推动经济社会持续健康发展。只有遵循社会有机体运动规律，才能切实增强中国特色社会主义发展的协调性、全面性和整体性，实现发展成果的系统优化。只有主动地遵循世界历史发展规律，才能在资本逻辑主导的经济全球化浪潮中最大限度地吸取对我有用的文明果实，博采天下之长为我所用，同时又能在旧的国际秩序没有根本改变的情况下主动地趋利避害，有效规避全球化过程中的各种风险和不利因素，达到巩固和发展中国特色社会主义的目的。其实，存在着由资本主义主导的全球化向社会主义引领的全球化转变的历史趋势。

“五位一体”总体布局是对人类社会发展规律的自觉运用，又必将在推进总体布局的过程中进一步深化对人类社会发展规律的系统性认识。在中国特色社会主义建设中，中国共产党根据形势的发展，总结实践的经验和智慧，提出了“五位一体”总体布局，这是社会有机体思想和系统观念在社会主义建设和改革中的运用和创新。抓住经济、政治、文化、社会、生态文明这些社会发展中密切相关的五个方面，使其相互促进、协同发展，必将增强中国特色社会主义发展的全面性、协调性和整体性。总体布局实践必将进一步深化对社会有机体的复杂性、系统性、多样性、非线性的认识，使我们对社会发展规律的认识进一步深化。

2. 推进总体布局要遵循社会主义建设规律

“五位一体”总体布局是中国特色社会主义全面发展的基本路径，必须遵循社会主义建设的规律。这不仅是协调推进总体布局的客观需要，也是深化对社会主义建设规律的认识的必然要求。

统筹推进总体布局要坚持社会主义的根本方向。虽然资本主义在人类历史上创造了经济增长和财富爆炸的神话，但是，它是利用资本逻辑的剥削本性残酷地榨取工人的血汗的社会制度，以血与火的方式写进了人类编年史。可以说，资本主义社会发展的最终目的是满足资产阶级价值增殖的需要，人的全面发展和人的自由解放根本不在其考虑范围之内。究其原因，生产的社会化和生产资料的私人占有之间的矛盾是资本主义社会的基本矛盾。社会主义是实行生产资料公有制和人民当家作主的社会制度，这与资本主义制度具有本质区别。在推进总体布局的过程中，要明确社会主义现代化建设的目的是为了人民群众，而不是为了少数人，这是关系现代化建设发展方向的根本问题。在改革开放的实践中，不能因为现行的经济政策就对资本逻辑听之任之，实行无底线的宽容，而要积极消除资本逻辑造成的异化现象和负面作用，保证人民群众共享改革发展的成果。目前，我们“要为资本设置‘红绿灯’”①。这样，才能规范资本行为。

在统筹推进总体布局过程中巩固中国特色社会主义。社会主义社会的基本矛盾依然是生产力和生产关系的矛盾、经济基础和上层建筑的矛盾。但是，社会主义能够凭借自身的力量化解这一矛盾，推进自身的发展。因此，我们必须通过改革实现社会主义的自我发展和自我完善。同时，“党的十八大把生态文明建设纳入中国特色社会主义事业总体布局，使生态文明建设的战略地位更加明确，有利于把生态文明建设融入经济建设、政治建设、文化建设、社会建设各方面和全过程。这是我们党对社会主义建设规律在实践和认识上不断深化的重要成果”②。因此，我们要通过社会主义经济建设、政治建设、文化建设、社会建设和生态文明建设的不断推进，使中国特色社会主义各方面发展更加协调、社会主义制度的优越性更加显现，从而使中国大地上经济更加繁荣、政治更加民主、文化更加昌盛、社会更加和谐、生态更加美丽，让中国特色社会主义不断焕发出旺盛的生命力。可以说，中国特色社会主义的发展进步，也是对“社会主义终结论”和“马克思主义失败论”的有力回击。

总体布局是从中国特色社会主义迈向共产主义的重要渠道。从人类社会发展的角度来看，“五位一体”总体布局不仅是社会主义的全面发展和充分提升，也是向着“自由人联合体”的共产主义社会的不断迈进。通过中国特色社会主义经济建设，大力发展社会生产力，建设社会主义市场经济，这样一步一步地走下去，就能实现生产力高度发达、社会物质财富极大丰富。建设社会主义民主政治，实行依法治国，这样一步一步地走下去，就能促进人民民主的高度实现。建设社会主义先进文化和精神文明，

① 习近平．正确认识和把握我国发展重大理论和实践问题．求是，2022（10）．

② 十八大以来重要文献选编：上．北京：人民出版社，2014：77．

大力培育和弘扬社会主义核心价值观，这样一步一步地走下去，就会实现人民群众精神境界的极大提高。建设社会主义和谐社会，维护社会公平正义，这样一步一步地走下去，必然能实现社会关系高度和谐。建设社会主义生态文明，打造美丽中国，实现绿色发展，这样一步一步地走下去，最终必能实现“绿水青山”和“金山银山”的统一，走向人道主义和自然主义相统一的共产主义社会。可见，“五位一体”总体布局的不断发展，就是为未来每个人的自由而全面发展是一切人自由而全面发展的“自由人联合体”创造和积累条件。从这个意义上说，共产主义既是未来的远大理想，又是当下的生动实践。

3. 推进总体布局要遵循共产党执政规律

中国共产党是中国特色社会主义事业的领导核心。统筹推进“五位一体”总体布局，必须自觉地遵循共产党执政规律，使推进总体布局的过程成为加强和改善党的领导的过程，成为党领导人民群众共同创造新的历史、开创美好生活的过程。

中国共产党是中国特色社会主义事业的领导核心。中国共产党是中国工人阶级的先锋队，也是中国人民和中华民族的先锋队。我们党不仅代表先进生产力的发展要求，代表先进文化的前进方向，更是代表14亿多中国人民的根本利益。我们党在100多年的风雨历程中，虽然历经了革命、建设和改革开放等不同时期，但全心全意为人民服务的根本宗旨没有丝毫改变，并在不同的时代被赋予了不同的内涵。中国特色社会主义是为了人民、相信人民、依靠人民、造福人民的事业。它以促进人的全面发展和社会的全面进步为崇高价值目标，以实现每个人自由全面发展的共产主义为远大理想。在这个意义上说，坚持中国共产党的领导地位，是历史和人民的选择，是中国特色社会主义事业不断发展的内在要求。

统筹推进总体布局必须加强党的领导。统筹推进“五位一体”总体布局，不可避免地带来一定程度的利益格局的调整和变动，这需要一个坚强有力的、代表人民利益的执政党作为各项事业的领导核心。在这个意义上说，统筹推进“五位一体”总体布局，协调推进“四个全面”战略布局，贯彻落实新发展理念，都必须加强党的领导。只有这样，才能有效地协调

和理顺总体布局中的各种关系，形成改革攻坚的强大动力和推进总体布局发展的强大合力。

总体布局的顺利推进将提高中国共产党领导实现国家治理体系和治理能力现代化的水平。统筹推进总体布局也是对中国共产党治国理政、执政为民能力的锻炼和提升。为此，我们需要进一步提升党治国理政的能力。习近平指出："必须适应国家现代化总进程，提高党科学执政、民主执政、依法执政水平，提高国家机构履职能力，提高人民群众依法管理国家事务、经济社会文化事务、自身事务的能力，实现党、国家、社会各项事务治理制度化、规范化、程序化，不断提高运用中国特色社会主义制度有效治理国家的能力。"① 具体来看，要提高党驾驭社会主义市场经济的能力、发展社会主义民主政治的能力、建设社会主义先进文化的能力、构建社会主义和谐社会的能力、建设社会主义生态文明的能力、促进和实现祖国统一的能力、全面推进国防和军队现代化建设的能力、应对国际局势和处理国际事务的能力。习近平指出，目前要不断提高领导、谋划、推动、落实改革的能力和水平。可以说，提高党治国理政能力的过程，就是科学把握共产党执政规律的过程。而对执政规律认识的继续深化，必将在实践中提高统筹推进总体布局的能力和水平。这样就形成了把握执政规律、提升执政能力与总体布局发展之间的良性循环。换言之，推进总体布局的过程也是为人民谋福利的过程。在这个过程中，党会进一步增强和人民群众的血肉联系，加深对人民群众的感情，提高贯彻群众路线的工作本领，在带领人民群众创造美好生活的过程中进一步巩固党的执政地位，使其能够更好地完成执政使命，党的二十大将尊重自然、顺应自然、保护自然作为全面建设社会主义现代化国家的内在要求。

当然，在推进总体布局的过程中，我们还必须自觉把握人与自然和谐共生的规律，努力建设人与自然和谐共生的现代化。正是根据这一规律，党的十九大将坚持人与自然和谐共生作为新时代坚持和发展中国特色社会主义的基本方略之一。

综上，客观性原则是根据辩证唯物主义世界观得出的根本方法论。在

① 习近平关于全面深化改革论述摘编. 北京：中央文献出版社，2014：28-29.

推进总体布局的过程中必须坚持客观性原则。只有立足基本国情，遵循人类社会发展规律、社会主义建设规律和共产党执政规律，中国特色社会主义建设和全面深化改革才能取得良好的效果。

第二节　推进总体布局的总体性原则

总体性原则是以普遍联系、系统全面和永恒发展为基本特征的唯物辩证法的本质要求，要求从总体的角度看待事物以及事物构成的系统关系，从大局着眼把握矛盾，以标本兼治的方式处理问题，追求系统的整体优化。中国特色社会主义现代化建设是一项总体性实践。可以说，统筹推进“五位一体”总体布局就是总体性原则的自觉运用。

一、总体性是唯物辩证法和系统观念的重要原则

从哲学世界观和方法论的角度来看，总体性原则既是唯物辩证法的具体要求，也是系统观念的本质体现。

（1）总体性原则是唯物辩证法的基本要求。在辩证唯物主义看来，世界不是孤立存在的，而是普遍联系的整体。任何一个事物的生成，都有其他事物参与其中，并且它也参与其他事物的生成。任何事物之间，以及事物内部的各种要素、向度之间，都普遍地存在着相互影响、相互作用、相互制约的关系。由此，世界成为一个有机整体，即系统。世界这种本然的存在状态就决定了认识世界和改造世界必须从事物的普遍联系出发，为此，“我们一方面要加强调查研究，准确把握客观实际，真正掌握规律；另一方面要坚持发展地而不是静止地、全面地而不是片面地、系统地而不是零散地、普遍联系地而不是单一孤立地观察事物，妥善处理各种重大关系”①。总之，从总体着眼而不是局限于一隅，这是唯物辩证法对人类认识和实践活动的基本要求。

（2）总体性原则是系统观念的重要特点。系统观念把整个世界看成一

---

① 习近平. 论党的宣传思想工作. 北京：中央文献出版社，2020：130.

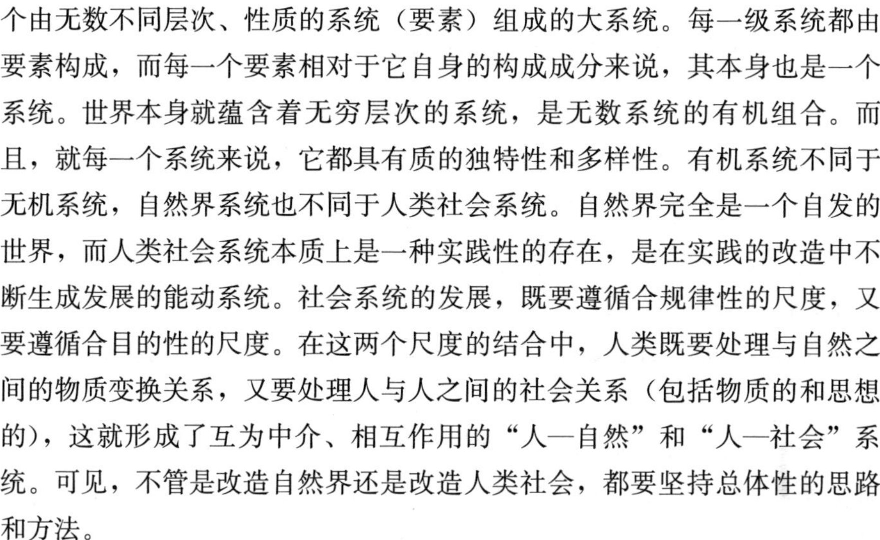

个由无数不同层次、性质的系统（要素）组成的大系统。每一级系统都由要素构成，而每一个要素相对于它自身的构成成分来说，其本身也是一个系统。世界本身就蕴含着无穷层次的系统，是无数系统的有机组合。而且，就每一个系统来说，它都具有质的独特性和多样性。有机系统不同于无机系统，自然界系统也不同于人类社会系统。自然界完全是一个自发的世界，而人类社会系统本质上是一种实践性的存在，是在实践的改造中不断生成发展的能动系统。社会系统的发展，既要遵循合规律性的尺度，又要遵循合目的性的尺度。在这两个尺度的结合中，人类既要处理与自然之间的物质变换关系，又要处理人与人之间的社会关系（包括物质的和思想的），这就形成了互为中介、相互作用的“人—自然”和“人—社会”系统。可见，不管是改造自然界还是改造人类社会，都要坚持总体性的思路和方法。

（3）总体性原则是科学方法的基本要求。在某种意义上说，任何科学的世界观都是科学的方法论，都具有指导实践改造客观世界的功能。世界的普遍联系和系统存在，不仅需要人们在观念中以系统的眼光和总体的原则看待、把握世界，而且需要人们把总体性原则转化为实践活动的基本方法。习近平指出：“要坚持用联系的发展的眼光看问题，增强战略性、系统性思维，分清本质和现象、主流和支流，既看存在问题又看其发展趋势，既看局部又看全局，提出的观点、作出的结论要客观准确、经得起检验，在全面客观分析的基础上，努力揭示我国社会发展、人类社会发展的大逻辑大趋势。”① 例如，在全面深化改革的过程中，要加强宏观思考和顶层设计，更加注重改革的系统性、整体性、协同性。为此，我们必须在认识和改造世界时坚持统筹兼顾、总揽全局、协调各方的原则，全面把握事物关系的总体性、性质的多样性和结构的复杂性，站在总体的视角妥善处理事物内部各要素、各层次之间的关系以及事物与外部环境的关系，促进系统的整体优化，从而提升实践活动的整体效果。

总之，总体性原则是人类在面对普遍联系、系统构成的世界时应该采取的一个基本原则和方法，对于成功地推进社会主义总体布局具有重要意义。

---

① 习近平. 论党的宣传思想工作. 北京：中央文献出版社，2020：225.

二、中国特色社会主义实践的总体性

从根本上说，之所以要用总体性原则统筹推进总体布局，就在于中国特色社会主义本身就是一项总体性实践。作为与资本主义具有本质区别，并且以促进人的全面发展和社会的全面进步为价值目标的先进社会形态，社会主义要在其总体性的实践中实现人与自然的和解、人与人的和解，全面充实和系统提升人的自然本质、社会本质和精神本质，就必须实现经济、政治、文化、社会、生态文明等方面的全面发展、协同发展和共同发展。

（1）社会主义经济建设的总体性。在中国特色社会主义语境下，以经济建设为中心，实现经济社会持续快速健康发展本身就是一项总体性的活动。在这个过程中，既要注意处理好经济建设本身的问题，也要处理好经济建设和其他各项建设的关系。最为重要的是，社会主义经济建设本身就是一个有机系统。社会主义经济建设的最终目的是通过提高社会劳动生产率，创造更多的物质财富、精神财富等财富，满足人民群众日益增长的物质文化需要以及优美生态环境需要。从抽象的意义上看，在社会经济活动中，人通过劳动的方式改造自然界，从自然界获得各种劳动产品。在现实中，经济活动总是由社会化的人类承担的，人与自然构成的系统关系实质上是“人—社会—自然”系统。而且，由于人类物质需要的多样化和生产力的日益进步，生产的社会化程度不断加深，这就形成了复杂的行业结构和产业结构。就我国目前的状况来说，产业结构不合理的状况依然存在。从整个社会生产的不同环节来看，生产状况决定着分配、交换和消费状况，反过来看，分配、交换和消费也在一定程度上反作用于生产。而且，分配、交换和消费之间也存在着非线性的相互关系。可见，社会主义经济建设本身就是一个有机系统，行业之间、产业之间、地区之间、生产的各个环节之间的关系是这个系统内生的关系，而且这些关系之间也是相互影响、相互交织的，往往牵一发而动全身。因此，处理经济建设中的这些关系和问题，必须运用总体性原则，注重统筹兼顾、综合协调。总之，社会主义经济建设是一项总体性活动，必须从全局加以谋划。

（2）社会主义政治建设的总体性。社会主义政治建设也是一项总体性活动。在总体布局视域下，它与社会主义建设的其他方面也是相互联系、相互制约的。用系统的观点来看，社会主义政治建设本身也是一个复杂的系统，其中的能动性要素不仅包括人民群众，还包括政党、政府和各种社会组织。在政治建设过程中，必须妥善处理这些要素之间的关系，实现其关系有序化、合理化。具体来看，要把握好以下方面：第一，坚持政治实体和政治价值的统一。任何政治实体的生成、存在和发展，都是为一定的政治价值服务的。反过来说，任何政治价值都不是抽象的东西，它必须通过一定的政治实体体现出来。从根本上说，社会主义社会的政治实体，如各级党的组织、政权组织和基层自治组织都反映了党的领导、人民当家作主和依法治国的统一，具有科学性、先进性和合理性。当然，由于社会主义政治建设总体上还不发达，政治实体和政治价值之间也有不尽一致的地方，这就需要在实践中采取积极稳妥的方针，不断探索提高政治实体和政治价值统一程度的有效路径。第二，政治结构和政治行为的统一。从普遍的意义上看，结构对行为具有根本制约性，行为是结构的动态表现。从根本上说，社会主义社会的政治管理体制和权力运行机制是为了更好地支持人民群众当家作主，使人民群众成为国家和社会生活的真正主人，正常地享有法定权利、履行法定义务。因此，在政治建设实践中，要坚持政治结构和政治行为统一的原则，使政治结构的设计和调整更加有利于政治行为的开展。第三，坚持政治建设和政治文明的统一。任何成功的社会主义建设都要蕴含文明的成分，都要以提高社会的文明程度为重要价值追求。要通过扎实有效的社会主义政治建设，达到发展和丰富社会主义政治文明的目的。

（3）社会主义文化建设的总体性。从本质上看，社会主义文化建设是丰富人民群众精神生活、提升人民群众精神素质和精神境界的总体性活动，必须运用总体性原则加以推进。第一，坚持发展社会主义先进文化和建设社会主义精神文明、培育弘扬社会主义核心价值观的统一。社会主义先进文化是社会主义社会的基本特征，是社会主义社会全面发展繁荣的重要标志。只有发展社会主义先进文化，才能丰富人民的精神生活，陶冶人民的情操，提高人民的精神境界，建成高度发达的社会主义精神文明。在这个过程中，要大力培育和弘扬富强、民主、文明、和谐、自由、平等、公正、法治、爱国、敬业、诚信、友善的社会主义核心价值观。只有充分发挥社会主义核心价值观的引领作用，才能保证发展社会主义文化、建设社会主义精神文明的正确方向。第二，坚持发展文化事业和文化产业的统一。我们要发展的文化是社会主义文化，以丰富人民群众的精神生活、促进人民在精神领域的全面发展为基本目标。在这个意义上说，社会主义文化建设是一项“为人民服务”、造福人民的伟大事业。在建设社会主义市场经济和改革开放的条件下，要坚持文化事业和文化产业相统一的原则，在把文化事业的公益性作为首要追求的前提下，以产业的运作方式和运营理念促进文化事业的健康和繁荣。同时，要警惕文化商品化可能带来的各种消极腐败文化的入侵，关键是社会主义文化的领导权必须掌握在无产阶级及其先锋队的手里。第三，坚持文化发展和人的发展的统一。文化发展的根本价值在于促进人的发展。因此，要在发展社会主义文化事业的过程中，促进每个人在德、智、体、美、劳等方面的全面发展，只有这样，才能造就社会主义新人。具体来说，就是要通过深入有效的思想道德教育提高人的思想政治素质，通过发展科技和教育事业提高人的科学文化素质，通过发展卫生和体育事业提高人的身体素质，通过艺术教育提高人的审美能力，通过社会实践和劳动技能教育全面提高人的劳动能力。只有把文化发展和人的发展统一起来，才能为文化发展确立正确的价值目标和价值方向。在总体布局的视域下来看，社会主义文化建设与社会主义建设的其他方面也有密切联系。经济的发展不仅可以提供更加便利的物质条件，而且可以带给人更多的自由和闲暇，政治的进步给人实现自身权利以更多的机会和平台，和谐的社会给人营造公平公正的交往环境，优美的生态给人以精神层面的享受和愉悦感，这些都是发展和繁荣社会主义文化所不可缺少的“外部环境”。而这些条件的实现，都依赖于以总体性原则统筹推进总体布局实践。

（4）社会主义社会建设的总体性。社会主义社会建设以构建和谐社会为主要目标，是一个由多种因素构成的整体。从其构成来看，既有理论性

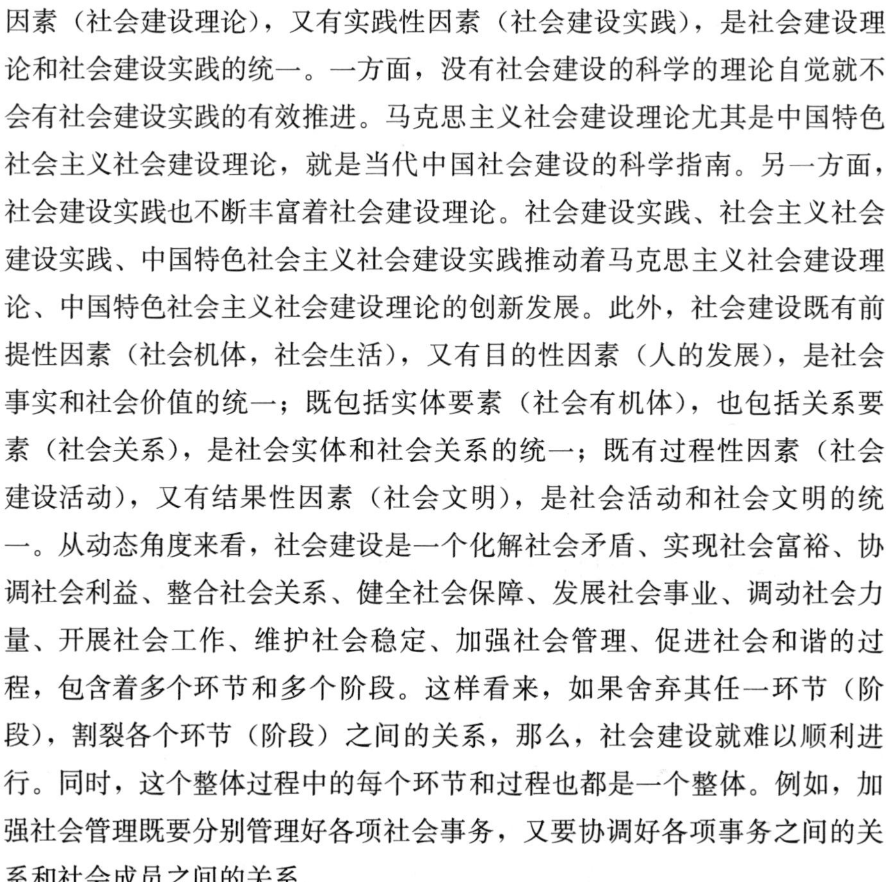

因素（社会建设理论），又有实践性因素（社会建设实践），是社会建设理论和社会建设实践的统一。一方面，没有社会建设的科学的理论自觉就不会有社会建设实践的有效推进。马克思主义社会建设理论尤其是中国特色社会主义社会建设理论，就是当代中国社会建设的科学指南。另一方面，社会建设实践也不断丰富着社会建设理论。社会建设实践、社会主义社会建设实践、中国特色社会主义社会建设实践推动着马克思主义社会建设理论、中国特色社会主义社会建设理论的创新发展。此外，社会建设既有前提性因素（社会机体，社会生活），又有目的性因素（人的发展），是社会事实和社会价值的统一；既包括实体要素（社会有机体），也包括关系要素（社会关系），是社会实体和社会关系的统一；既有过程性因素（社会建设活动），又有结果性因素（社会文明），是社会活动和社会文明的统一。从动态角度来看，社会建设是一个化解社会矛盾、实现社会富裕、协调社会利益、整合社会关系、健全社会保障、发展社会事业、调动社会力量、开展社会工作、维护社会稳定、加强社会管理、促进社会和谐的过程，包含着多个环节和多个阶段。这样看来，如果舍弃其任一环节（阶段），割裂各个环节（阶段）之间的关系，那么，社会建设就难以顺利进行。同时，这个整体过程中的每个环节和过程也都是一个整体。例如，加强社会管理既要分别管理好各项社会事务，又要协调好各项事务之间的关系和社会成员之间的关系。

（5）社会主义生态文明建设的总体性。从总体上看，建设社会主义生态文明就是要遵循人与自然和谐共生的规律，合理地调控人与自然之间的物质变换，有效地预防、控制和修复人与自然之间的生态断裂，从而实现人与自然和谐发展、协同进化，实现生产发展、生活富裕和生态良好的有机统一。在这个过程中，也要坚持总体性原则和方法。第一，从生态文明的基础层面来看，要通过有效的生态治理，建设人口均衡型社会、资源节约型社会、环境友好型社会、生态安全型社会、灾害防减型社会。第二，从生态文明建设的核心层面来看，要通过教育、法律、政策等多种手段和方式在全社会确立节约资源、保护环境的空间结构、治理方式、产业结构、生产方式、生活方式、思维方式、消费方式、价值观念等。由此可见，生态文明作为以处理人与自然的生态关系为主要内容的文明，涉及社会生活以及人们的观念领域的方方面面。第三，从生态文明的扩展层面来看，要以生态文明为价值导引，大力发展生态经济、生态政治、生态文化和生态社会。反过来看，基于社会有机体自身的特性，生态经济、生态政治、生态文化和生态社会也将从经济、政治、文化和社会等维度对生态文明的发展产生积极影响。第四，从生态文明建设的动态过程来看，要将绿色化有机融入中国特色新型工业化、信息化、城镇化、农业现代化之中，在“新四化”中落实绿色化，反过来，又以绿色化促进和助推“新四化”，从而实现“新四化”和绿色化良性互动、相互促进的发展格局。

可见，经济建设、政治建设、文化建设、社会建设和生态文明建设“五大建设”都具有总体性，体现了中国特色社会主义实践的总体性。

三、总体布局是运用总体性原则对“五种建设”的科学统筹

统筹推进“五位一体”总体布局，促进经济建设、政治建设、文化建设、社会建设和生态文明建设的协同发展和共同发展，这本身就是总体性原则在中国特色社会主义建设中的自觉运用。

（1）运用总体性原则谋划推进总体布局。推进总体布局是一项复杂的社会系统工程。在这项复杂的总体性实践中，由于实践的要素众多而且特征多样，实践的情况千变万化，人们对实践规律的认识也不可能一步到位，因此，在实践中出现一些小的失误和偏差是难以完全避免的。但是，为了社会主义事业的前途和人民群众的利益，要千方百计地避免在实践中出现一些大的波折，这就要求在总体布局实践开展之前，要在“谋”字上下狠功夫、下足功夫，要加强总体设计。为此，要考虑到各地不同的特点，充分考虑经济、政治、文化、社会、生态文明等方面之间相互影响、相互制约的关系，制定出具体的、科学的实践方案，作为推进总体布局的宏伟蓝图。

（2）运用总体性原则统筹推进总体布局。在推进总体布局的过程中，要坚持总体性原则，积极利用和把握经济、政治、文化、社会和生态文明之间的“正相关”关系，努力创造这“五种建设”相互带动、相互促进、

协同进化的良性态势。在这个过程中，要坚持“两点论”和“重点论”相结合的工作方法。习近平指出：“面对复杂形势和繁重任务，首先要有全局观，对各种矛盾做到心中有数，同时又要优先解决主要矛盾和矛盾的主要方面，以此带动其他矛盾的解决。”① 要统筹推进总体布局，实现“五大建设”协同发展和共同发展并不意味着没有重点、平均用力，那样就会使实践变得四平八稳、步履缓慢。相反，在推进总体布局的过程中，必须根据形势的变化，敏锐地捕捉各个时期、各个阶段、各个地区的重点，集中精力攻克重点难题。当然，把握重点问题，摸清实际情况，拿出对路的方法和策略，这是考验实践主体能力和智慧的事情。但是不管怎样，运用总体性原则推进总布局，就要做到既有全局又有重点，既要攻下重点难题又要实现协同发展和共同发展。

总之，在中国特色社会主义建设中，要尊重社会有机体存在和运动的规律，把握社会有机体的发展特征，唯此才能促进社会有机体各要素、向度之间关系的系统优化，实现系统质的提升。在推进总体布局的过程中，要抓住这五大建设之间的“正相关”关系，促进其在中国特色社会主义总体布局中的功能耦合和协同进步，从而促进中国特色社会主义事业的总体发展。

第三节　推进总体布局的人民性原则

作为一项复杂的社会总体实践，推进总体布局需要做好顶层设计和科学谋划。但是，这不但不能忽视和排斥人民群众的作用，反而要以充分发挥人民群众的历史主体作用作为实践成功的必要前提。党的十八届五中全会创造性地提出了以人民为中心的发展思想。“人民是推动发展的根本力量，实现好、维护好、发展好最广大人民根本利益是发展的根本目的。必须坚持以人民为中心的发展思想，把增进人民福祉、促进人的全面发展作为发展的出发点和落脚点，发展人民民主，维护社会公平正义，保障人民

① 习近平．论党的宣传思想工作．北京：中央文献出版社，2020：129.

平等参与、平等发展权利，充分调动人民积极性、主动性、创造性。”① 在推进总体布局的过程中，只有坚持以人民为中心的发展理念，坚持发展为了人民、发展依靠人民、发展成果由人民共享、发展成就由人民评价，才能使推进总体布局的实践真正成为促进社会全面进步和人的全面发展的基本路径和系统平台。

一、社会主义是人民群众创造历史的伟大事业

在整个人类历史上，社会主义以实现人类的自由解放和全面发展尤其是无产阶级和劳动人民的解放作为自己的价值目标。充满生机和活力的社会主义是由人民群众自己创造的。

人民群众是社会历史的主体。在人类思想史上，只有唯物史观才真正揭示出了人民群众创造历史的伟大作用。在这之前，剥削阶级的思想家出于维护和巩固剥削制度的需要，总是千方百计地歪曲历史的真相，将历史描绘成英雄豪杰和帝王将相创造的东西，而广大人民群众则被描绘成默默无闻的“小人物”，对历史的影响自然微乎其微。唯物史观揭开历史的神秘面纱，发现了社会的物质生活制约着全部社会生活，社会物质资料的生产方式是社会发展的决定因素。社会物质生产的主体是人民群众，他们是认识世界、改造世界、创造世界的真正力量，是推动历史发展、社会进步的真正动力。在认识世界的过程中，人民群众不断地积累着对自然界和人类社会的认识，并通过实践活动处理着人与自然、人与社会的关系，在改造世界和创造世界的过程中也促进了人类自身的发展。实际上，人民群众是社会物质财富和精神财富的创造者，是社会历史变革的决定力量。人民群众的历史实践决定了社会发展的实际进程，人民群众的意愿和行动决定了历史发展的最终结果。

社会主义是由人民群众自己书写的伟大历史。在资本主义社会条件下，作为历史创造者的人民群众受到了资本逻辑的压制和奴役。他们虽然也创造了丰富的物质财富和精神财富，但是在资本主义私有制条件下，工

---

① 十八大以来重要文献选编：中. 北京：中央文献出版社，2016：789.

人只能作为被榨取剩余价值的工具而存在。这样，他们的历史主体地位不仅得不到合理的实现，而且还受到了极大的束缚和控制，丧失了人类的尊严和实现自身价值的机会。与资本主义社会根本不同的是，社会主义社会消灭了生产资料私有制的支配地位，建立了以公有制为主体的生产关系，这就为人民群众当家作主、发挥历史主体作用奠定了最基本的经济基础。人民群众成了生产资料的主人，也就成为社会生产的真正主人。与此同时，社会主义国家还建立了人民当家作主的国家政权，为人民群众管理自己的事务奠定了政治基础；把马克思主义作为指导思想，用于指导无产阶级和人类的解放事业。这些最基本的经济、政治和思想条件的创立，既是社会主义制度成功建立的标志，也表明社会主义为实现和发展人民群众的历史主体作用开辟了广阔空间。同时也要看到，社会主义在人类历史的舞台上承担着最终战胜资本主义、实现人的自由解放和全面发展的历史重任，要赢得与资本主义相比较的巨大优势，显示出无比的优越性和旺盛的生命力，就必须充分调动历史活动的主体——人民群众的积极性、主动性和创造性，使社会发展中创新的能量和实践的智慧不断涌现，这样才能汇聚起推进历史前进的磅礴力量，形成促进人类解放的巨大历史合力。这样，社会主义才有资格有信心成为人类有史以来最美好、最先进的社会制度。

总之，正如习近平指出的那样，我们“要学习和掌握人民群众是历史创造者的观点，紧紧依靠人民推进改革”①。推进总体布局不是单纯的客观规律发挥作用的过程，必须充分发挥人民群众的历史创造性。

二、推进总体布局必须坚持以人民为中心的发展思想

在推进“五位一体”总体布局的过程中，要发挥人民群众的历史主体作用，必须坚持以人民为中心的发展思想，坚持发展为了人民、发展依靠人民、发展成果由人民共享、发展成就由人民评价。

(1) 坚持发展为了人民。需要是历史的原动力，而作为人口最大多数的人民群众的需要是最为根本的需要。推进“五位一体”总体布局的全面

① 习近平．论党的宣传思想工作．北京：中央文献出版社，2020：38.

发展、协调发展和共同发展，就是为了在社会全面发展的过程中促进人的全面发展。这里的人不是抽象的人，也不是封建社会的地主和资本主义社会的资本家，而是历史的真正创造者和社会主义国家的真正主人——人民群众。人的需要是一个复合系统，人民群众的需要是多方面和多样化的整体。我们“要通过深化改革、创新驱动，提高经济发展质量和效益，生产出更多更好的物质精神产品，不断满足人民日益增长的物质文化需要”①。同时，党的十九大报告提出，要提供更多优质生态产品以满足人民群众对优美生态环境的需要。社会主义社会的政治建设不是为了确立和维护少数人的特权，而是要让人民群众当家作主。社会主义社会的文化建设不是为了让权贵阶层附庸风雅，而是为了满足人民群众的精神需求和文化需要，带给人民群众美的享受。社会主义社会的社会建设不是为了建立抽象的“正义王国”，而是为了让公平和正义在人民生活中无处不在。社会主义社会的生态文明建设不是为了给有钱人营造风景优美的“后院”，而是为了满足人民群众的生态需要，让绿水青山成为全体人民共同的财富和家园。

（2）坚持发展依靠人民。推进“五位一体”总体布局，主体力量是广大人民群众。这在于，“人民，只有人民，才是创造世界历史的动力”②。具体来看，首先，人民群众是认识世界的主体。人民群众在改造自然的过程中积累对自然的认识，在处理社会关系的实践中吸收社会的文明成果。他们不仅可以吸收同代人的经验和智慧，也可以吸取历史上流传下来的知识和技术，实现文明的传承和延续。这样，就在认识世界的过程中掌握了世界之本然状态。其次，人民群众是改造世界的主体。要改造世界，只能通过实践活动，而人民群众是实践的主体。人类要生存发展，必须通过劳动进行人与自然之间的物质变换，在改造自然的过程中满足自身生存发展的物质需要，同时也改造人类社会和人类自身，促进人的全面发展。最后，人民群众是价值创造的主体。人民群众改造自然、改造社会、改造自身，力图使世界的变化更加符合人类生存发展的需要，达到促进人的全面

---

① 习近平．论把握新发展阶段、贯彻新发展理念、构建新发展格局．北京：中央文献出版社，2021：94.

② 毛泽东．毛泽东选集：第3卷．2版．北京：人民出版社，1991：1031.

发展的目的，这样就在实践的基础上建立了人与世界之间需要的满足关系、目的的实现关系，这就是价值的生成和创造过程。

（3）坚持发展成果由人民共享。从社会主义社会的本质规定性来看，坚持人民群众的历史创造者地位，就必须坚持发展成果由全体人民共享。首先，任何发展成果的取得都不是凭空出现的，都是人民群众在实践中改造世界和创造世界的结果，是人民群众的辛勤劳动创造了社会主义的丰硕果实。人民群众作为实践成果的贡献者，无疑应该享有社会主义改革发展的成果。其次，社会主义国家消灭了剥削阶级和等级特权，人民群众是国家的真正主人，理应享有社会主义建设和发展的成果。在人类社会发展史上，也只有社会主义制度才将人民群众从剥削制度下解放出来，实现了人民的解放，从而开启了人民群众自由自觉地创造美好生活、创造人类历史的伟大进程。在这样的社会制度下，人民共建必然意味着人民共享。最后，在社会全面进步中促进人的全面发展是社会主义的根本价值诉求。人类的任何实践活动都是为了实现一定的目的，因此，在实践中必然蕴含着特定的价值诉求。推进中国特色社会主义经济建设、政治建设、文化建设、社会建设和生态文明建设的全面发展、协调发展和共同发展，显然也存在着一个价值诉求和终极关怀的问题。“五位一体”总体布局实践不是为了别的，就是为了通过推动经济、政治、文化、社会和生态文明等方面的全面进步，促进人民群众的自由、全面、和谐、充分发展，并为将来实现“自由人联合体”积累必要的条件。在总体上，国家建设是全体人民共同的事业，国家发展过程也是全体人民共享成果的过程。需要指出的是，当前经济社会发展不平衡的状况依然存在，在不同行业、地区、群体之间存在着收入差距过大的现象，这就要求从坚持社会主义制度的本质属性和维护人民群众根本利益的高度，妥善处理好公平与效率的关系，让全体人民都能在一定程度上共享改革发展的成果，不断创造更加幸福美好的生活。目前，在实现共同富裕中更应如此。

（4）坚持发展成就由人民评价。在现实生活中，由于某些领导或部门没有树立科学的政绩观，对发展成就的评价中还存在着“以 GDP 论英雄”的弊病。这样，就会严重偏离以人民为中心的发展思想，造成发展问题上的舍本逐末、见物不见人，甚至会出现好大喜功、劳民伤财的经济乱象。实际上，只有人民才最有资格评价发展的成就。在这个意义上说，统筹推进总体布局的具体成就如何，必须也只能接受人民群众的评价。具体而言，如果人民群众在经济发展中实现了生活水平的不断提高，在政治进步中能够更好实现民主权利，在文化繁荣中享受了更加充实的精神生活，在和谐社会中感受到公平正义就在身边，在生态文明建设中看到了美丽中国的进展和希望，在总体布局实践中得到了实实在在的利益，就会对总体布局的发展成就给予充分的肯定，这就是对总体布局发展成就的最公正、最权威的评价。更为重要的是，在坚持党管干部的前提下，对各级党政干部的评价也必须坚持民主化的原则，坚持从群众中来、到群众中去，认真听取人民群众对干部的评价意见，将人民群众对干部的直接评价作为评价干部政绩的重要方面。

总之，在推进“五位一体”总体布局的过程中，我们必须坚持以人民为中心的发展思想，坚持权为民所用、情为民所系、利为民所谋，让推进总体布局的过程成为人民群众谱写历史新篇、创造美好生活的过程。

三、人民性原则在推进总体布局中的具体要求和体现

人民群众的历史主体作用不是抽象的，而是具体地体现在经济建设、政治建设、文化建设、社会建设和生态文明建设等多个方面。从普遍意义上看，任何实践活动都是由人来从事的，任何实践的成功必须调动人的积极性。在实践过程中，人的积极性发挥的程度直接影响着实践活动的效果。因此，在统筹推进总体布局的过程中，必须充分发挥人民群众的积极性、主动性和创造性。

（1）在经济建设中发挥人民群众的作用。从本质上看，经济建设是通过解放和发展生产力，创造更加丰富、优质的物质产品，解决原初自然相对于人的匮乏问题。可以说，由自然对人的匮乏而产生的人对自然的需求，是人类物质生产实践的原动力，也是一切经济活动的最终目的。当然，人类满足物质需求的方式不同于动物出于本能的生存行为，而是通过自觉的有意识的实践活动实现的。人类的实践不仅满足了人类的物质需

求，也促进了需求本身的发展和提升。但是，不管人类的物质需求和满足需求的方式、手段怎么发展，都必须承认物质生产始终是人生在世所要面临的“必然王国”，都必须承认获取和发展经济利益是一切人类经济活动的目的和动力。因此，要建设高度发达的社会主义经济，必须重视物质需要和经济利益的作用，调动人民群众发展生产、发家致富的积极性，鼓励人民群众在诚实劳动、合法经营的前提下积极从事各种经济活动，这样才能让创新的动能充分涌现，让创业的梦想不断变成活生生的现实。进入新时期以来，由于实行改革开放、放开搞活的经济建设方针，我国经济建设领域活力迸发，人民群众在致富奔小康的道路上你追我赶，在不同的程度上促进了人民群众生活水平的明显提高。从总体来看，公有制经济的经营机制得到了转换，国有企业成为自主经营、自负盈亏的市场经济主体，实现了提质增效，对国民经济的控制力和主导能力进一步增强；各类个体经济和民营经济也迎来了快速发展的好时机，已经成为社会主义市场经济的一支重要力量。当然，由于社会主义市场经济也具有优胜劣汰的功能，在发展经济的过程中也可能拉大贫富差距，这就需要从国家和社会层面规范和完善市场经济秩序，更好地发挥政府对经济运行的宏观调控作用，同时要健全社会保障和相关服务，为人民群众参与经济建设创造公平竞争的良好环境。

（2）在政治建设中发挥人民群众的作用。在社会主义政治建设过程中固然要进行科学的顶层设计，建立科学完善的民主政治制度，为人民群众参与国家和社会事务提供良好的制度基础，同时，也要重视发挥人民群众在社会主义政治建设中的主体作用。可以说，人民群众在社会主义政治建设中的参与程度，直接影响社会主义民主政治建设的效果。首先，人民民主是社会主义的本质要求，社会主义制度必须实现人民当家作主。社会主义的各级政权是人民的政权，社会主义国家的执政党是代表无产阶级和劳动人民的政党，要领导和支持人民当家作主。从这个意义上说，实行人民民主，当然需要发挥人民群众的主体作用，这是人民民主的应有之义。其次，人民群众对社会主义民主政治的期待和要求是推进社会主义政治建设的动力。自由、民主、公正、法治是人类长久以来的美好向往，但是，只

有在社会主义条件下才能真正实现这些价值。在社会主义条件下，人民群众当家作主的愿望和要求必然会转化为参与社会主义民主政治建设的热情和动力，从而使社会主义民主政治建设成为一项富有生机和活力的实践活动，这样，不仅彰显了社会主义民主的人民性质，也必将使高度的社会主义民主成为社会主义事业全面发展的政治保障。最后，人民群众在参与社会主义政治建设的过程中，能够丰富和积累民主政治尤其是基层民主政治建设的经验，对于提高社会主义民主政治发展水平、促进国家治理体系和治理能力现代化具有重要意义。当然，在鼓励和引导人民群众参与社会主义政治建设的过程中，必须从国情出发，从民主政治建设的实际情况出发，采取积极、稳妥的方针，将民主的形式和效果统一起来，将社会主义民主建设和全面依法治国、全面从严治党结合起来，不断提高社会主义民主政治发展水平。

（3）在文化建设中发挥人民群众的作用。繁荣和发展社会主义文化事业，必须充分发挥人民群众的主体作用。首先，满足人民群众的精神文化需要是社会主义文化建设的基本动力。人以其需要的全面性区别于其他一切动物。人的需要具有全面性，不仅有物质需要，还有精神和文化方面的需要，是一种总体性需要。随着经济社会的发展，尤其是随着我国社会主要矛盾的变化，人民群众对精神文化方面的需求也随之提高，这必然会激发人民群众投身社会主义文化建设的热情和意愿，促进形成社会主义文化大发展大繁荣的可喜局面。其次，从性质上来看，社会主义文化是人民群众的文化，要坚持为人民服务、为社会主义服务的基本方向，必须有人民群众这一主体性因素的积极参与，只有这样，才能不断发展进步。最后，人民群众的生产和生活是社会主义精神生产的源头活水。任何精神生产和文化创造都必须从人民群众中汲取最原始的材料，获得启发和灵感，把人民群众的实践作为培育文化生长的沃土良田。从这个意义上说，人民群众是社会主义文化的直接创造者，人民群众火热的实践是社会主义文化的现实生长点。当前，中国人民正在中国共产党的领导下，意气风发地为实现“两个一百年”奋斗目标和中华民族伟大复兴而不懈奋斗，中国特色社会主义展现出无限光明的前景。伟大时代呼唤伟大的文化，只要紧紧地依靠人民，热情讴歌人民，坚持为人民、为社会主义的创作方向，就一定能创造出无愧于时代和人民的社会主义先进文化。

（4）在社会建设中发挥人民群众的作用。人民群众对和谐生活环境的向往是构建和谐社会的基本动力。习近平指出："带领人民创造幸福生活，是我们党始终不渝的奋斗目标。"① 同时，建设社会主义和谐社会是全体人民共建共享的事业，需要发挥人民群众的主体作用。人都是社会的存在，并依赖于一定的社会关系实现自身的生存发展。人的本质不是单个人所具有的抽象的东西，在其现实性上是一切社会关系的总和。社会关系的状况不仅影响人的现实生活，而且会影响人的全面发展。在这个意义上说，和谐的社会关系是人类生存发展的内在需求。不过，在社会主义社会建立之前，从来没有过真正意义上的社会和谐。在阶级社会，统治阶级凭借占有的生产资料剥削广大劳动者，被统治阶级的反抗和斗争从来没有停止过。社会主义确立了公有制的主体地位，并将消灭剥削、消除两极分化、实现全体人民共同富裕作为社会主义的本质要求，这是社会主义和谐社会能够建成的最根本的依据和保证。在社会主义条件下，人民群众将对和谐社会的渴望转变成构建社会和谐的动力，从而自觉地成为社会主义和谐社会建设的"责任人"。当然，毋庸讳言，在社会主义初级阶段，由于生产力发展不平衡，以及各方面机制、体制还不够健全，在社会生活中还有一些影响社会和谐的矛盾和因素，处理不好的话甚至会引发群体性事件。这些往往是由于人民群众在权利和利益得不到有效保障的情况下而自发开展的维权行为，对待这些问题，要注重"疏"而不是"压"，要多做理顺情绪、沟通思想的工作，同时要注重开展对问题的源头治理，在妥善处理国家、集体和个人关系的情况下，促进矛盾的合理解决。此外，还要重视建立正常的群众诉求表达和回应机制，尽量把社会矛盾解决在基层、处理在萌芽状态。在这方面，毛泽东和习近平都号召我们学习依靠群众进行社会治理的"枫桥经验"。总之，只要坚持人民立场，发挥人民群众的历史主体作用，就一定能创造充满活力而又安定祥和的社会局面。

（5）在生态文明建设中发挥人民群众的作用。首先，人民群众对良好

---

① 十八大以来重要文献选编：下．北京：中央文献出版社，2018：352.

生态环境的需求是建设社会主义生态文明的基本动力。人生在世，时时刻刻都在进行着人与自然的物质交换。在这个意义上说，“自然界是人为了不致死亡而必须与之处于持续不断的交互作用过程的、人的**身体**”①。充足的自然资源和良好的生态环境是人类生存发展的自然基础。一旦这些遭到了破坏，人类的生存发展将受到极大的影响，甚至会面临灭顶之灾。因此，生态需求和物质需求一样，也是人类最基本的需求。社会主义制度的建立为满足人民群众的生态需求奠定了最基本的制度条件。在资本主义条件下，资本逻辑对剩余价值的无限追求，必然造成对自然资源的大肆掠夺和对生态环境的极大破坏。社会主义社会将人和自然从资本逻辑的宰制下解放出来，必然会唤起或激发人民群众满足生态需要、实现生态和谐的积极性、主动性和创造性，凝聚起建设社会主义生态文明的强大力量。其次，人民群众是绿色发展的主体。要建设生态文明，必须走绿色发展道路，促进绿色发展、低碳发展、循环发展等措施落实到人民群众的生产活动中。最后，人民群众是绿色生活的主体。建设生态文明，要普及绿色化生活，倡导绿色化消费，实现生活富裕和生态良好的统一。这些生态文明理念只有在人民群众的生活中真正践行，才能产生现实效果。总之，正如习近平指出的：“生态文明是人民群众共同参与共同建设共同享有的事业，要把建设美丽中国转化为全体人民自觉行动。”② 在生态文明建设中，只有发挥好人民群众的主体作用，才能创造资源节约、环境改善、生态和谐的良好局面。

总之，在推进总体布局的过程中，一定要坚持人民性原则，全面贯彻以人民为中心的发展思想，从而让人民群众成为总体布局实践的建设者和受益者。

四、坚持以人民为中心的发展思想的举措

面对推进总体布局这个复杂的社会系统工程，我们必须站在人民群众的立场上把握和处理好一些重大问题，必须从人民利益出发谋划思路、制

① 马克思，恩格斯．马克思恩格斯文集：第1卷．北京：人民出版社，2009：161.

② 习近平．论坚持人与自然和谐共生．北京：中央文献出版社，2022：11-12.

定举措，必须充分发挥人民群众的主体作用。

(1) 坚持放权于民。人民是历史、国家、社会和自己命运的主人，中国共产党的领导地位、执政地位和社会主义国家的权力都来源于人民群众。在社会主义条件下，我们党是受人民群众的委托来代表人民群众履行国家治理的职责的。因此，我们必须坚持马克思主义政治立场，充分保证人民群众当家作主的权力。尤其是在利益分化和利益固化并存所导致的社会矛盾加剧和群体性事件上升的情况下，我们必须通过完善社会主义法治来“赋权”(empowerment) 于民，通过扩展制度和体制的容量来化解民怨、顺应民意，在体现公正性的基础上，实现社会稳定与社会和谐。目前，在坚持党的领导的前提下，必须切实推进政企、政社和政事的合理分工，坚持和发展社会主义民主，放权于民，充分保障人民群众的主人翁地位。尤其是在涉及人民群众切实利益的土地征用、企业改制、城市拆迁、环境治理等重大问题上，必须保障人民群众的民主管理和民主监督的权利。只有这样，才能避免和减少统筹推进总体布局的代价。

(2) 坚持问计于民。在现代化建设中，决策失误是最大的失误。决策固然需要领导的顶层设计和精英的出谋划策，但是，更需要人民群众的积极参与。因此，在坚持科学决策、民主决策、依法决策相统一的基础上，关键是必须坚持和实现决策民主化。决策民主化是把党的群众路线和马克思主义认识论自觉地统一于决策的科学过程。诚如毛泽东指出的：“凡属正确的领导，必须是从群众中来，到群众中去。这就是说，将群众的意见（分散的无系统的意见）集中起来（经过研究，化为集中的系统的意见），又到群众中去作宣传解释，化为群众的意见，使群众坚持下去，见之于行动，并在群众行动中考验这些意见是否正确。”① 目前，关系到人民群众切身利益的重大决策在出台前和实施中，必须广泛地虚心地听取群众意见和建议，尤其是要包容不同的意见甚至是反对的意见，要认真地科学地分析和研究不同意见、反对意见的合理性，避免偏听偏信，要严肃认真地开展批评与自我批评，及时纠正决策失误，不断健全决策机制，科学完

① 毛泽东．毛泽东选集：第3卷．2版．北京：人民出版社，1991：899.

善决策内容。更为重要的是，我们要及时发现和总结人民群众在实践中创造的新鲜经验，在科学提炼的基础上将之上升为党和国家的路线、方针和政策，以此来进一步推动人民群众的实践。

（3）坚持聚力于民。推进总体布局必须加强党的领导，但是，也必须群策群力，凝聚中国力量，推动社会参与。目前，必须进一步向人民群众开放参与总体布局发展的空间，鼓励人民群众去大胆探索和勇于实践。正确的加以推广，错误的加以纠正。同时，必须进一步解放和增强社会活力，通过社会创新推动发展。我们既要在党的领导下充分发挥工会、共青团、妇联等人民团体的作用，又要在社会主义法律框架中有效发挥社会运动和社会团体的作用。在社会主义市场经济条件下，社会运动和社会组织已经成为人民群众参与的重要形式。社会运动主要是指有组织的一群人，有意识、有计划地改变或重建社会秩序的集体行为。社会组织是指人们为了实现特定的目标而组织起来的社会群体或集体行为网络。我们要“建立健全社会组织参与社会事务、维护公共利益、救助困难群众、帮教特殊人群、预防违法犯罪的机制和制度化渠道。支持行业协会商会类社会组织发挥行业自律和专业服务功能。发挥社会组织对其成员的行为导引、规则约束、权益维护作用”①。只有这样，才能有效避免社会失灵。

综上，只有坚持和尊重人民的历史主体地位，坚持以人民为中心的发展思想，才能凝聚共识、形成合力、保证总体布局实践取得成功。

第四节　推进总体布局的实践性原则

统筹推进中国特色社会主义总体布局本身就是一个总体的实践过程。在这个过程中，要坚持马克思主义科学实践观的基本原则、理念和方法，遵循社会主义建设实践发展的客观规律，不断提高总体实践的系统性和协调性，提升实践发展的质量和层次。

① 十八大以来重要文献选编：中. 北京：中央文献出版社，2016：173.

一、科学实践观是马克思主义思想变革的关键

马克思主义是我们立党立国的根本指导思想。对于社会主义国家和无产阶级政党来说，在学习和实践中科学揭示和全面把握马克思主义的精髓和精神实质，对于推进社会主义建设和改革开放事业科学发展具有极其重要的意义。

(1) 科学实践观是马克思主义思想变革的"原点"。马克思主义是关于无产阶级和全人类解放的科学，实现了科学性和革命性的完美统一。因此，它不仅具有解释世界的功能，还具有指导实践改造世界的功能，实现了解释世界与改造世界的统一。一方面，马克思主义以实践的方式把握人与世界的关系，实现了世界观意义上的根本变革。在马克思主义诞生以前，旧唯物主义坚持世界的客观性原则，这在基本立场上无疑是正确的，但是它不能理解感性的实践活动的意义，因此，不能正确地解释人与世界的关系及其变化。相反，唯心主义虽然抓住了人的思维和意识的能动性，但是由于它完全颠倒了思维和存在之间的真实关系，因此，也只能抽象地发展人的能动性，从而把精神变成了脱离了物质、脱离了自然的神化了的绝对。在马克思主义看来，凡是把理论引向神秘主义的神秘东西，都能在实践中以及对实践的理解中得到合理的解决。如果用实践的视角观之，人与世界的关系并不神秘。物质世界的优先性是人类实践活动的必要前提，而环境的改变和人的活动的一致只能被理解为变革世界的实践。另一方面，马克思主义不仅把实践作为思考问题的出发点，也把实践作为理论的归宿点和目的。"对**实践的**唯物主义者即**共产主义者**来说，全部问题都在于使现存世界革命化，实际地反对并改变现存的事物。"① 马克思主义不是天国的玄思，而是人间的真理。它不再纠缠于抽象的东西，而是从现实的实践出发，揭示实践发展的规律，把指导实践改造世界和创造世界从而提升人与世界的关系作为理论思考的根本目的。在马克思主义看来，以往的哲学只是解释世界，问题在于改造世界。只有把实践既作为理论变革的出发点，又作为理论变革的归宿点，才能使马克思主义成为指导无产阶级和

① 马克思，恩格斯. 马克思恩格斯文集：第1卷. 北京：人民出版社，2009：527.

人类解放的思想武器。

（2）科学实践观是马克思主义整体性理论中的核心观点。马克思创立了唯物史观和剩余价值理论，使马克思主义成为一个完整的科学的理论体系，成为批判资本主义社会、建设社会主义社会、实现共产主义的理论指南。如果真正走进马克思主义理论体系的内部，探寻马克思主义思想、观点和方法的内在联系，就会发现科学实践观是马克思主义世界观的“天才萌芽”，进而发现科学实践观与“两大发现”的真实逻辑联系。以科学实践观观察和分析人类社会，就会发现推进历史发展的决定力量不是思想动机，而是思想动机背后的物质原因，这样才能揭示人民群众创造历史的伟大作用，从而产生科学的唯物主义历史观。进而，以历史唯物主义的立场、观点和方法分析资本主义社会，才会发现和揭示资本家发财致富的秘密就是无偿地榨取工人劳动创造的剩余价值，生产社会化和资本主义私有制之间的矛盾是资本主义社会的基本矛盾，这个矛盾的激化就是资本主义经济危机的周期性爆发。剩余价值理论揭示出资本主义社会资产阶级和无产阶级对立的经济根源，由此找到了通过无产阶级革命的方式实现从资本主义过渡到社会主义的科学路径，使社会主义由空想变成了科学。总之，科学实践观是一个核心理论，沟通了历史唯物主义、剩余价值理论和科学社会主义，使这几个基本的组成部分之间呈现出一种内在的有机的联系，从而使马克思主义成为科学性和实践性完美统一的真理体系。

社会主义社会自从诞生以来就承担着战胜资本主义、走向共产主义的伟大使命，要实现这一使命，无疑要发挥马克思主义的指导作用。因此，发掘科学实践观在整个马克思主义思想革命和理论体系建构中的“原创性”意义，对于捍卫马克思主义的科学性和真理性、在实践中推进中国特色社会主义建设具有重要意义。

二、总体布局实践性的具体体现和展开

从根本上说，政治、经济、文化、社会和生态文明建设都是人类以不同的实践方式处理人与世界的关系，都体现出实践的特性和特点。

（1）社会主义经济建设的实践性。实际上，社会主义经济建设就是通

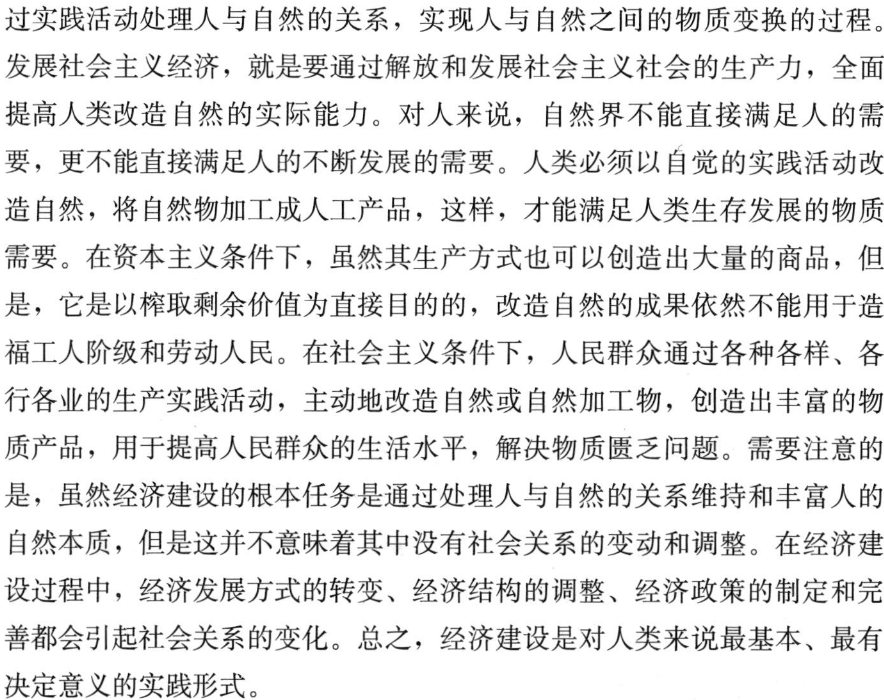

过实践活动处理人与自然的关系，实现人与自然之间的物质变换的过程。发展社会主义经济，就是要通过解放和发展社会主义社会的生产力，全面提高人类改造自然的实际能力。对人来说，自然界不能直接满足人的需要，更不能直接满足人的不断发展的需要。人类必须以自觉的实践活动改造自然，将自然物加工成人工产品，这样，才能满足人类生存发展的物质需要。在资本主义条件下，虽然其生产方式也可以创造出大量的商品，但是，它是以榨取剩余价值为直接目的的，改造自然的成果依然不能用于造福工人阶级和劳动人民。在社会主义条件下，人民群众通过各种各样、各行各业的生产实践活动，主动地改造自然或自然加工物，创造出丰富的物质产品，用于提高人民群众的生活水平，解决物质匮乏问题。需要注意的是，虽然经济建设的根本任务是通过处理人与自然的关系维持和丰富人的自然本质，但是这并不意味着其中没有社会关系的变动和调整。在经济建设过程中，经济发展方式的转变、经济结构的调整、经济政策的制定和完善都会引起社会关系的变化。总之，经济建设是对人类来说最基本、最有决定意义的实践形式。

（2）社会主义政治建设的实践性。从总体来看，社会主义政治建设就是在坚持党的领导、人民当家作主和依法治国相统一的根本原则下，为了建立人与人之间平等的政治关系而进行的一系列政治实践。在历史上，在生产力水平所决定的一定社会关系中，由于人们在生产资料占有上的不平等，社会上出现了压迫和剥削现象。于是，广大劳动者只能在异化的社会关系中以扭曲的形式维持个人生存，获得片面的、畸形的发展，这就导致了阶级斗争的出现。在这样的条件下，国家以及整个社会的政治上层建筑就应运而生。从这个意义上说，人与人之间的政治关系就是政治统治关系的具体体现。在社会主义社会，国家政权的本质是人民民主专政，也就是对广大人民实行民主，对极少数破坏社会主义的敌对分子实行专政，这就决定了社会主义国家的人民群众在政治关系上是完全平等的。因此，在社会主义社会生生不息的发展进程中，必须通过政治实践建立和发展人民群众之间平等的政治关系，在这个过程中还要有效摒除“官本位”、腐败现象对社会主义民主政治关系的消极影响和破坏。具体来说，要通过不断发

展和完善人民代表大会制度、中国共产党领导的多党合作和政治协商制度、民族区域自治制度、基层群众自治制度等政治制度，保障人民当家作主的权利，使人民群众成为社会主义国家的主人。

(3) 社会主义文化建设的实践性。社会主义文化建设是为了满足人民群众的精神需求、提升人的精神素质、发展人的精神本质而进行的一系列实践活动。在这里，虽然文化建设的结果表现为人民群众文化素养的提高和精神生活的丰富，似乎这只是发生在观念领域的事情，但是，要达到这样的结果，必须通过广大人民群众共同参与的外在的、感性的文化实践活动。因此，在现实的文化实践中，要广泛开展科学普及活动以提高人民群众的科学素养；通过各种卓有成效的形式宣传和弘扬社会主义核心价值观，使其融入人民群众的日常生活和行为中；发展和繁荣哲学社会科学、文学艺术、新闻出版、广播影视等文化事业，繁荣文化产业，增强中华民族文化软实力，努力建设中国特色社会主义文化强国。随着改革开放以来中国综合国力的增强，以及中国在经济全球化过程中的参与程度不断加深，也要积极地推进中国特色社会主义文化走出国门，在世界文化交流的舞台上发出中国声音、讲好中国故事，让中华文化为世界文明进步做出更大的贡献。

(4) 社会主义社会建设的实践性。社会主义社会建设就是通过主动地调整和协调社会关系的实践，促进社会公平正义，提高社会发展的和谐度。社会主义制度为实现社会和谐奠定了基本的制度基础，但是由于实践中主观方面和客观方面的各种复杂因素的影响，和谐社会不是天然实现的，也不是一劳永逸的，而是在社会建设的实践中动态地实现的。从不和谐到和谐，再从和谐到更加和谐，也是一个不断发展的实践过程。当然，随着经济社会发展中新情况、新问题不断出现，随时又有可能出现影响和破坏社会和谐的因素，于是又要通过开展有效的社会治理，理顺社会关系，在实践中消除不良因素，促进社会和谐的再度生成。只有全面推进社会建设方面的实践活动，才能让人民群众在社会关系中感受到真正的尊严和平等，让社会主义的社会共同体真正成为促进个人全面发展的良好平台。

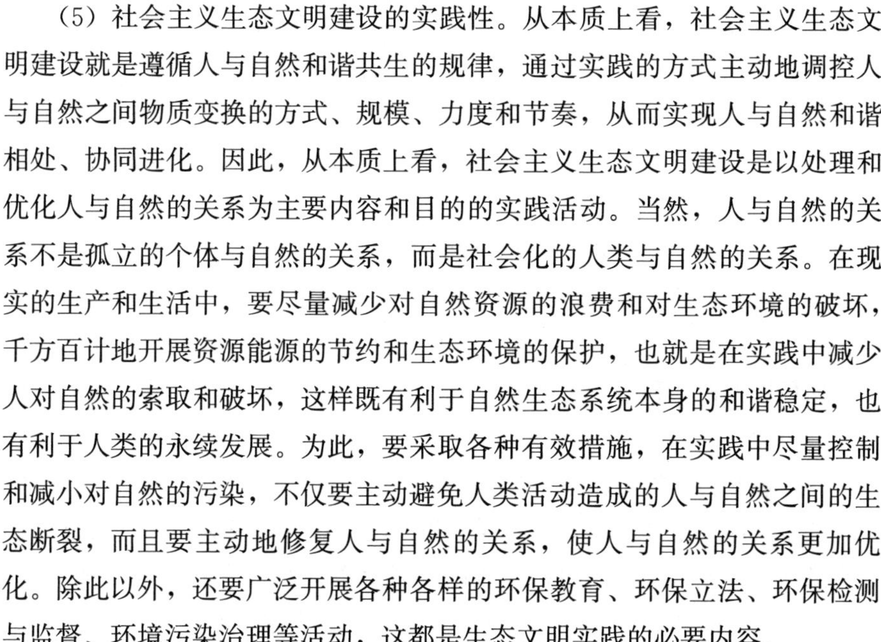

（5）社会主义生态文明建设的实践性。从本质上看，社会主义生态文明建设就是遵循人与自然和谐共生的规律，通过实践的方式主动地调控人与自然之间物质变换的方式、规模、力度和节奏，从而实现人与自然和谐相处、协同进化。因此，从本质上看，社会主义生态文明建设是以处理和优化人与自然的关系为主要内容和目的的实践活动。当然，人与自然的关系不是孤立的个体与自然的关系，而是社会化的人类与自然的关系。在现实的生产和生活中，要尽量减少对自然资源的浪费和对生态环境的破坏，千方百计地开展资源能源的节约和生态环境的保护，也就是在实践中减少人对自然的索取和破坏，这样既有利于自然生态系统本身的和谐稳定，也有利于人类的永续发展。为此，要采取各种有效措施，在实践中尽量控制和减小对自然的污染，不仅要主动避免人类活动造成的人与自然之间的生态断裂，而且要主动地修复人与自然的关系，使人与自然的关系更加优化。除此以外，还要广泛开展各种各样的环保教育、环保立法、环保检测与监督、环境污染治理等活动，这都是生态文明实践的必要内容。

总之，五大建设即五种实践，共同构成了总体布局实践，即社会主义建设实践。

三、科学实践观对社会主义建设的指导作用

科学实践观是马克思主义思想变革的关键。当前，改革开放处于重要的攻坚时期，要在统筹推进总体布局的实践中破除利益分化和利益固化并存的藩篱，革除体制或机制中一些不合时宜的东西，在社会主义建设中不断地革故鼎新、破旧立新，必须以马克思主义科学实践观为指导，解放思想，不断地探索发展新路径、开辟发展新境界。

（1）确立实践导向。“五位一体”总体布局是中国特色社会主义全面发展的基本路径，在本质上是一个总体实践过程。因此，要确立总体布局发展的正确实践导向，具体来说包括这几个方面：首先，要立足当下实践中的实际情况。对于实践主体来说，实际既是复杂的，又是内容广泛的；既包括客体方面的情况，也包括主体自身的情况。而且，实际并不是指世界的所有情况，而是在一定程度上和实践发生系统关联的情况。这样，以

实践的需要为核心，这些实际情况就根据自身与实践关系的重要程度构成了一个层次分明的“实践场”。要谋划实践、发展实践，必须立足当下的“实践场”。否则就难免会做出脱离实际，甚至与实践发展的现状与要求根本违背的决策和行为。其次，以推进实践发展为目的。任何实践活动都是有目的有方向的，没有方向的活动不叫实践。统筹推进总体布局作为中国特色社会主义全面发展的路径设计，要以实现五大建设协调发展，建设富强、民主、文明、和谐、美丽的社会主义现代化强国为目标。要紧紧围绕实践目标，积极地想问题出主意，尽量避免任何偏离目标的决策和行动，并调动一切积极因素，利用一切可以利用的力量，在排除一切困难中促进目标的顺利实现。

（2）做好实践规划。总体布局实践不仅具有高度的复杂性和系统性，而且关系到社会主义事业的发展全局和人民群众的切身利益，具有重大的现实意义。因此，必须运用科学实践观做好总体布局实践的设计和谋划，制定科学完善的总体性实践方案。“要真正向前展望、超前思维、提前谋局。”① 具体来说，要做好以下几方面工作：首先，全面把握实践要素。一方面需要把握总体布局实践中的客观情况，包括经济、政治、文化、社会和生态文明等方面的情况，力争把这些情况找全、找准、摸清楚；另一方面，也要了解实践主体方面的情况，包括人民群众在总体布局实践中表现出的能力和素质、愿望和期待等。只有把这些方面的情况琢磨透彻，才能使总体布局的推进达到知民情、顺民意、接地气的良好效果。其次，确定实践的中介和方法。从普遍的意义上看，要在实践过程中实现主体客体化和客体主体化的双向贯通，中介的作用不仅必不可少，而且非常重要。同样，方法对于实践的意义不能小觑，科学方法会让人事半功倍，而非科学方法则可能让人事倍功半。最后，设计好实践的过程和步骤，只有这样才能保证在推进总体布局的过程中成竹在胸、应付裕如。要根据实践发展的总体目标，划定不同的实践阶段，设计好每个阶段怎么发起、怎么实施、怎么检查总结，还要保证这些不同实践阶段之间的有效衔接和顺利过渡。

---

① 十八大以来重要文献选编：上. 北京：中央文献出版社，2014：509.

（3）凝聚实践动力。任何实践活动的开展都需要一定的动力支撑，推进总体布局实践亦不例外。如果没有形成强大的动力或者动力不足的话，实践活动势必难以进行，即使勉强完成了也难以达到理想的效果。归根结底，实践的强大动力来自人民群众，来自人民群众在总体布局实践中焕发出的历史主动性和创造性。当然，要在总体布局实践中有效激发人民群众的能动性、积极性和主动性，必须保证创造建设和改革开放的实际成果赢得人民的信任，制定科学的符合人民利益和意愿的社会发展蓝图赢得人民群众的支持。只有这样，才能让全体社会成员发挥建设社会主义的巨大潜能，形成推进总体布局发展的强大“历史合力”。当然，社会主义建设是一项总体性的活动，实践动力一旦形成就表现出一定的综合性。

（4）遵循实践法则。在总体布局实践中要遵循实践法则、实践逻辑。从普遍的意义上看，任何成功的实践活动都要坚持合规律性和合目的性的统一，也就是坚持“物的尺度”和“人的尺度”的统一。一方面，从规律的角度来看，任何实践活动都要遵循客观规律。在统筹推进总体布局的过程中，要遵循经济建设规律、政治建设规律、文化建设规律、社会建设规律和生态文明建设规律。此外，还要遵循总体布局协同发展规律。从更普遍的意义上看，还要遵循人类社会发展规律、社会主义建设规律和共产党执政规律以及人与自然和谐共生的规律。另一方面，从目的的角度来看，任何实践都要合乎人类目的，总体布局实践当然也应当如此。要通过总体布局实践促进社会进步、丰富人的价值、实现人的全面发展、提升人的自由程度。

（5）坚持社会实践的科学标准。在现实中，总体布局的推进方案是否科学完善，总体布局的实施是否达到了预定的发展目的，只能以推进总体布局实践的具体效果来检验，而不能以片面性或主观性的东西来检验，也不能以抽象的原则来检验。从这个意义上说，社会实践是检验总体布局实施效果的最高标准。如果在总体布局实践中创造了经济发展、政治进步、文化繁荣、社会和谐、生态美丽的可喜成绩，则说明统筹推进总体布局的实践是成功的、有效的；反之，则是无效的。当然，社会实践的检验不是一次性完成的，既不可能一蹴而就，也不可能一劳永逸，而是一个长期的历史的过程。在这个问题上，我们必须注意，个体的经历和经验不是实践，不能从之出发评价社会主义建设的成败得失。

总之，在推进总体布局的过程中，要以马克思主义科学实践观为指导，把握实践之道，遵循实践之法，向着人的全面发展和社会全面进步的崇高目标不断开拓、奋力攀登。

四、总体布局实践的总体性

在总体布局中，五大建设的实践活动相互作用、相互影响、相互制约，构成了中国特色社会主义总体实践。

（1）总体布局实践的系统性。人类社会本身就是一个有机体，中国特色社会主义当然也不例外。在社会中，各种要素不是杂乱无章地结合在一起，而是表现为一种系统的集合，体现出系统的特征。在社会有机体中，经济、政治、文化、社会、生态文明等方面的情况都不是孤立存在的，而存在着一种非线性特征的联系和作用。在某种程度上说，总体布局就是对中国特色社会主义建设各个领域、各个向度之间固有联系的科学把握和自觉利用。在推进总体布局的实践中，五大建设构成了一个有机的实践系统。当然，这种系统与一般的自然系统不同，是在人类的实践活动中生成的，体现了人类的实践目的。

（2）总体布局实践的协调性。由于总体布局中的五大建设之间的关系中存在着一定的“正相关”性质，因此，这五种建设之间常常会出现“一荣俱荣、一损俱损”的状况，表现出协同发展、共同进步的特征。例如，经济的科学发展会从根本上有利于政治的进步、文化的繁荣、社会的和谐和生态的改善。在统筹推进总布局的过程中，要善于利用五大建设发展的协调性，促进形成这五种建设之间相互促进、协调发展的良好态势。

（3）总体布局实践发展中的总体跃迁。在推进总体布局实践的过程中，如果善于运用总体布局发展的协调性，并不断提高总体布局发展的协同性，就会使五大建设保持量变和质变方面的基本同步。在实践中往往会出现这种情况：在社会发展的总体量变过程中，这五种建设也

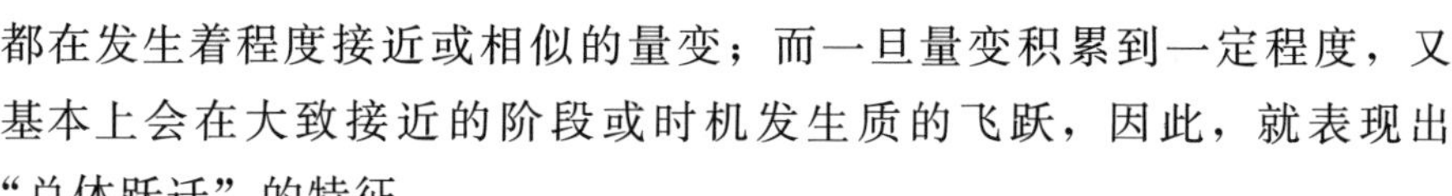

都在发生着程度接近或相似的量变；而一旦量变积累到一定程度，又基本上会在大致接近的阶段或时机发生质的飞跃，因此，就表现出“总体跃迁”的特征。

总之，中国特色社会主义实践的总体性表明，社会主义是一个追求全面发展和全面进步的社会。只有在社会的全面发展中，才能不断提高人的全面发展程度，实现社会主义制度的根本价值和宗旨。

第五节　推进总体布局的动态性原则

从普遍意义上看，任何实践活动都是实践主体为了实现一定的实践目的，借助工具和手段并遵循一定的方法，通过自觉的感性的活动而达到一定实践结果的过程。“五位一体”总体布局实践也是一个动态推进的过程。在这个过程中，要主动地遵循历史辩证法的基本要求，实现对总体布局发展的系统控制和总体优化。

一、永恒发展是社会历史的基本特征

人类社会是一个动态的发展过程。从根本上说，社会发展的动态性是历史辩证法的具体体现。主动把握社会发展的这一重要性质，对于在推进总体布局的过程中提高发展的质量和效果具有非常重要的意义。

永恒发展是唯物辩证法所揭示的包括人类社会在内的整个世界的总体特征。唯物辩证法认为，世界处于永恒发展当中，生生不息。事物发展的动力是事物内部所蕴含的矛盾。在某种意义上说，任何事物都是矛盾的存在，都包含着对立统一的关系。矛盾运动的结果，就是新事物的产生和旧事物的灭亡，就是事物的运动和发展。在这个世界上，矛盾是普遍存在的，无处不在、无时不有。因此，世界上永远没有无矛盾的角落，也永远没有无矛盾的状态。因此，永恒发展是世界运动的本质特征。“世界不是既成**事物**的集合体，而是**过程**的集合体。”① 当然，这里说的永恒发展是对

① 马克思，恩格斯．马克思恩格斯文集：第4卷．北京：人民出版社，2009：298.

世界状态的一种最普遍的概括，不仅包括自然界的永恒发展，还包括人类社会的永恒发展。从自然界看，自然界的万事万物无时无刻不在发生着机械的、物理的、化学的、生物的、天体的、地质的运动和变化，并由此推动着自然界从低级向高级、由简单到复杂、由无序到有序的不断进化。从人类社会来看，社会的永恒发展表现为以物质生产劳动为基础，人类社会有机体在政治、经济、文化、社会和生态文明等方面的全面进步。在这个过程中，推进社会永恒发展的根本动力依然是矛盾，是生产力和生产关系、经济基础和上层建筑之间的矛盾。这种矛盾的不断运动，促进了人类社会从原始社会一步一步向社会主义社会和共产主义社会的过渡。当然，即使社会主义社会已经消灭了剥削阶级，但是生产力和生产关系、经济基础和上层建筑的矛盾依然存在并发挥作用，促进了社会主义社会在运动中不断发展、不断更新。

把握社会发展的动态性的方法论意义。社会是一个生生不息的运动过程。把握社会发展的动态性特征，对于推进社会主义建设和改革事业具有非常重要的方法论意义。首先，由于社会实践本身就是一个动态的过程，社会发展的动态性是社会实践必然体现出的特点，因此，要根据社会发展动态过程出现的一些苗头和趋势，敏锐地把握和研判实践的各种变化，弄清哪些是积极的有益的变化，哪些是消极的甚至有害的变化，从而深化对实践本性和社会发展规律的认识。其次，对社会发展动态性的把握，有利于促进对社会发展实践的反思、调整和优化，从而使实践能够更好地沿着预定的轨道，向着合理的方向不断发展。最后，认清社会发展的动态性特征，能够坚定推进社会主义改革的决心和信心。社会主义社会不能是死气沉沉、一成不变的。没有运动就没有活力，没有变化就没有发展。因此，推进社会主义建设要主动地利用社会发展的动态性特征，在动态中实现社会主义的自我完善、自我发展和自我革新。

统筹推进“五位一体”总体布局，必然会强化和提升社会发展的动态性。从人类社会发展的全部历史来看，社会主义社会作为人类社会发展过程中的一个先进的阶段，必然在实践中体现出较强的动态性特征。由于社会主义社会不仅是建立在社会化的生产力和现代文明的基础上，而且它在社会制度的层面消灭了阶级压迫和阶级剥削，让人民群众的历史主体作用得到充分发挥，因此，它必然在自身发展的过程中蕴含了更多的活力和能量，体现出更强的动态性。随着在实践中对社会主义建设规律认识的不断深化，我们逐渐完善实践的格局，增强社会发展实践的总体性，也就是在这样的背景下，提出了统筹推进“五位一体”总体布局。这意味着不仅要在动态的实践中发展社会主义，而且还要实现社会主义发展过程中各个领域、各个方面、各个向度之间的“联动”，从而让中国特色社会主义建设体现出一种系统的动态性。只有通过总体布局实践的顺利推进，使中国特色社会主义的发展体现出这种系统的动态性，才称得上用实践的方式有力证明社会主义是能够实现而且必然会实现全面发展和全面进步的社会。

总之，从整个世界来看，万物皆流，无物常驻。在实践的推动下，人类社会更是以加速度的方式不断发展。中国特色社会主义社会要通过统筹推进总体布局，实现社会主义总体实践内部各种要素之间的良性互动，从而实现建设和改革全局的“系统联动”。

二、中国特色社会主义实践动态性的辩证体现

中国特色社会主义实践是一个辩证的发展过程，因此，实践的动态性在本质上符合事物辩证运动的规律，表现出渐进性与飞跃性、继承性与创新性的统一等基本特征。

（1）把握中国特色主义在动态演进中渐进性与飞跃性的统一。世界上任何事物的变化，都有一个由量变引起质变的过程。量变不是不变，而是事物在量的积累中表现出一种质的稳定性。量变不仅表现为量的积累，也表现为事物内部结构或组合的变化。但是，不管是哪一种类型的量变，都在为事物的质变积累能量和实力。在这个阶段，事物处于渐进的发展状态。当然，量变也不可能永远持续下去，因为凡事均有度，量变达到一定的度必然会突破事物固有的度，从而引发事物质变。质变的发生具有双重意义，既是对以往量变的巩固和确认，也是在新的起点上开启了事物的发展历程。因此，质变彰显着事物发展中的飞跃性。实际上，从事物无限上升的发展过程来看，量变与质变总是交替循环，从而使事物的运动体现出

渐进性与飞跃性相统一的整体面貌。在推进总体布局的实践中，五大建设都在一定程度上体现出渐进性与飞跃性相统一的特征。中国特色社会主义既是前景无限广阔的伟大事业，又是异常艰巨复杂的探索过程，需要全体中国人民付出异常艰辛的劳动。我们必须立足社会主义初级阶段的实际情况，扎实推进社会主义实践，除此以外没有任何捷径可走。在实践的动态推进中，中国特色社会主义事业将不断跃上新的发展台阶。

（2）把握中国特色社会主义在动态演进中的问题导向。矛盾是唯物辩证法的核心范畴，矛盾规律是唯物辩证法的根本规律。世界就是矛盾，矛盾表现为问题。旧的矛盾解决了，新的矛盾又会产生，因此，事物的发展就呈现为一连串的矛盾系列。人类社会本身就是一个动态的实践过程，在某种意义上说，任何实践都是为了解决矛盾和问题而开展的。因此，人类社会的进步也就是不断地捕捉问题、解决矛盾、推进发展的过程。“问题是事物矛盾的表现形式，我们强调增强问题意识、坚持问题导向，就是承认矛盾的普遍性、客观性，就是要善于把认识和化解矛盾作为打开工作局面的突破口。”[①] 在统筹推进总体布局的过程中，要坚持问题导向，首先就要找准现代化建设和改革开放全局中的主要矛盾和突出问题，然后，集中精力地抓住关键环节、解决主要问题。当然，任何问题的解决都不是一劳永逸的。随着实践的发展，又会出现新的问题和矛盾，需要集中精力解决新的矛盾。可以说，推进总体布局的动态过程，就是一个以问题为基本导向，不断地发现问题、不断地解决问题、不断地实现新的发展的过程。

（3）把握中国特色社会主义在动态演进中继承性与创新性的统一。唯物辩证法坚持辩证的否定观，否定不是全盘否定，而是在否定中有肯定，在批判中有继承，在克服中有保留，这也就是所谓的“扬弃”。如果没有否定只有肯定的话，事物就没有创新发展的机会。如果只有否定没有肯定的话，一味地否定，最后只能剩下纯粹的虚无。在否定完成以后，由于事物内在的矛盾性，还要在否定的基础上进行新的否定。只有不断地进行否定，才能使包括人类社会在内的整个世界日新月异。在统筹推进总体布局的动态实践中，要在实践中立足现有的基础，不断地汲取有价值的、有生

① 习近平．论党的宣传思想工作．北京：中央文献出版社，2020：127-128.

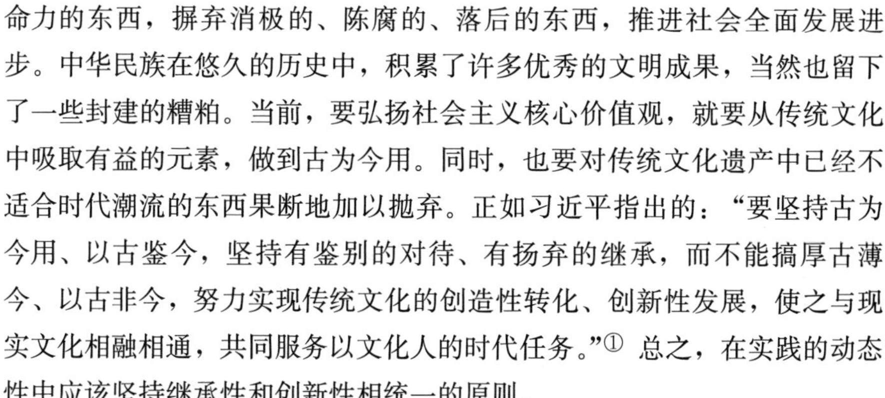

命力的东西，摒弃消极的、陈腐的、落后的东西，推进社会全面发展进步。中华民族在悠久的历史中，积累了许多优秀的文明成果，当然也留下了一些封建的糟粕。当前，要弘扬社会主义核心价值观，就要从传统文化中吸取有益的元素，做到古为今用。同时，也要对传统文化遗产中已经不适合时代潮流的东西果断地加以抛弃。正如习近平指出的：“要坚持古为今用、以古鉴今，坚持有鉴别的对待、有扬弃的继承，而不能搞厚古薄今、以古非今，努力实现传统文化的创造性转化、创新性发展，使之与现实文化相融相通，共同服务以文化人的时代任务。”① 总之，在实践的动态性中应该坚持继承性和创新性相统一的原则。

总之，在总体布局实践的动态运用中要善于把握辩证的智慧，做到照辩证法办事。辩证法在本质上是批判的和革命的。

三、推进总体布局是一个动态的过程

从系统控制论的角度来看，推进总体布局的动态性表现在经过反馈、总结、调控、优化等环节，必然造成总体布局实践在方向、方式和效果方面的不断变化。而且，动态性是中国特色社会主义的重要特性，是社会主义事业发展进步的必然表现。

（1）推进总体布局中的信息反馈与总结。实际上，五大建设在本质上都是通过不同的方式处理人与人、人与自然之间关系的活动，在这个过程中必然会产生并释放出大量的信息，在这些信息中蕴含着解读总体布局实践状况的“密码”。只有全面地把握和占有这些信息，才能准确地了解实践的进展状况，从而进一步研判实践的大致路向和可能的实践结果。因此，在推进总体布局的实践过程中，面对千变万化的实践，首先就要积极主动地获取实践中的各种相关信息。要高质量地完成这项工作，就要建立健全完善的实践信息反馈机制，保证“实践场”中产生的各种信息能够以尽快的速度、以最便捷的方式被实践的决策者和参与者所获取。在获取了这些信息以后，实践主体要对这些信息进行加工处理、归纳总结。实践产

① 习近平．在纪念孔子诞辰 2565 周年国际学术研讨会暨国际儒学联合会第五届会员大会开幕会上的讲话．人民日报，2014-09-25（2）．

生的第一手信息往往既是真实的、感性的，也是零散的、粗糙的，难免还带有一定的不全面性。这就要求实践主体运用科学的思维工具对实践信息进行去粗取精、去伪存真、由此及彼、由表及里的加工制作，从而形成对实践发展状况的系统的全面的认识。这时，实践主体也就基本上摸清了实践的进展状况，知道有哪些成绩，也认识到有哪些问题和不足。例如，在社会主义生态文明建设中，要把空气、地下水和土壤污染的实时监测和预警情况作为环境治理和改善中的基本信息加以采集归纳，以总结环境治理状况，评判经济社会绿色发展所取得的阶段性成绩。总之，做好实践信息的反馈和总结工作，是对总体布局实践进行调整和控制的必要前提。

（2）推进总体布局中的实践调整与控制。一般来说，实践活动很难做到完美无缺。由于主观和客观方面各种条件的限制，以及难以预料或难以控制的意外情况，实践活动总会发生一定的偏差。这就需要实践主体及时根据情况的变化，对实践的方案进行合理调整，有效纠正实践中的偏差、消除实践中的风险和隐患，使实践顺利地达到预定的目的。当然，这些都要建立在从实践中获取了全面的、丰富的信息，并对信息进行认真总结和科学处理的基础上。这样，根据实践中反馈的情况，实践主体就会形成对实践的初步判断，达到对实践的准确把脉。如果问题是出在实践目的上，就要对实践目的进行反思、调整和完善。如果是出在实践方法上，就要对实践方法进行重新比较和取舍。如果问题是出在实践对象上，就要对实践对象进行适当处理和改造。由于实践本身具有极强的系统性，实践要素的变动往往伴随着整体实践方案的修订。这样，也就在实践的不断调整中实现了对实践的有效控制。例如，在生态环境方面，前几年每到冬季就在我国北方许多城市肆虐的雾霾，给人民群众的生命健康和生活质量造成了严重危害。这实际上反映了经济社会发展中一些深层次的矛盾和问题。为此，在雾霾最严重的时候，各地积极采取限制机动车上路行驶、关停各类污染企业、淘汰落后的锅炉燃煤技术、推广脱硫技术等措施，从而扭转了大气污染的态势。这就说明，不管是面临什么样的问题和情况，只要从实际出发，科学地进行实践的调整和调节，一定能够提高实践的水平，改善实践的效果。

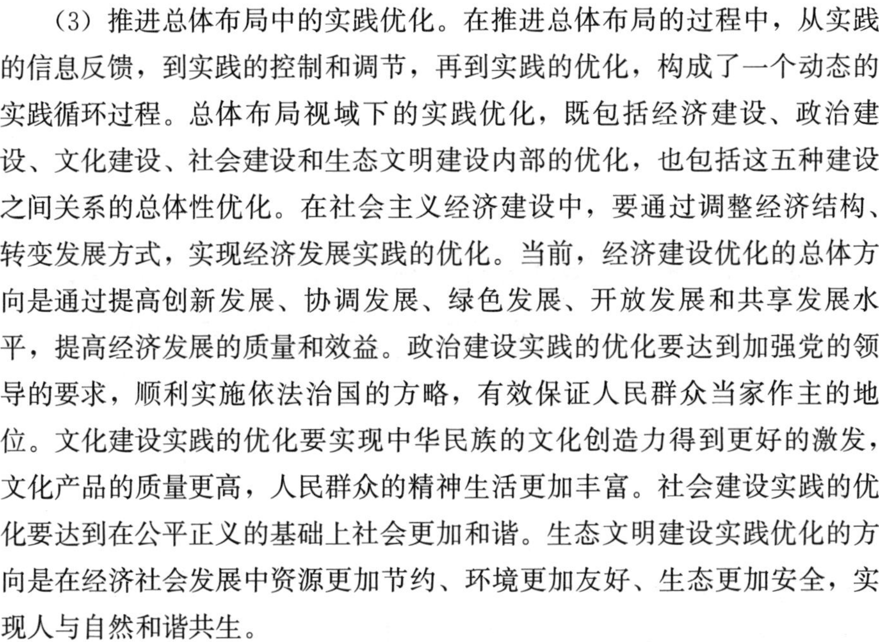

（3）推进总体布局中的实践优化。在推进总体布局的过程中，从实践的信息反馈，到实践的控制和调节，再到实践的优化，构成了一个动态的实践循环过程。总体布局视域下的实践优化，既包括经济建设、政治建设、文化建设、社会建设和生态文明建设内部的优化，也包括这五种建设之间关系的总体性优化。在社会主义经济建设中，要通过调整经济结构、转变发展方式，实现经济发展实践的优化。当前，经济建设优化的总体方向是通过提高创新发展、协调发展、绿色发展、开放发展和共享发展水平，提高经济发展的质量和效益。政治建设实践的优化要达到加强党的领导的要求，顺利实施依法治国的方略，有效保证人民群众当家作主的地位。文化建设实践的优化要实现中华民族的文化创造力得到更好的激发，文化产品的质量更高，人民群众的精神生活更加丰富。社会建设实践的优化要达到在公平正义的基础上社会更加和谐。生态文明建设实践优化的方向是在经济社会发展中资源更加节约、环境更加友好、生态更加安全，实现人与自然和谐共生。

当然，统筹推进总体布局实践的动态性不仅表现在从信息反馈、总结，到实践的调控，再到实践的优化这样一个孤立的循环过程。实际上，社会发展是个永无止境的过程，中国特色社会主义也是不断上升的过程。因此，在“五位一体”总体布局的实践中从实践到反馈到调控再到优化，就会表现为一个循环往复、不断上升的过程，这是总体布局实践动态性更重要的表现。每一次这样新的循环，都使总体布局得到一定的提升，在提升的基础上又会开始下一次循环。无数循环联系起来，就是生生不息的社会主义建设和改革的历史。

综上所述，在实践中推进中国特色总体布局的过程中应该坚持客观性原则、总体性原则、人民性原则、实践性原则和动态性原则。这些原则体现了马克思主义的基本立场、观点和方法，体现了习近平新时代中国特色社会主义思想的世界观和方法论，既符合唯物辩证法，也符合唯物史观的精神实质。要把这些原则内化为统筹推进总体布局的基本要求，并外化于中国特色社会主义的实践中。这样，才能更好地推进中国特色社会主义事业的全面发展、协调发展。

第五章　推进中国特色社会主义总体布局的战略安排

推进“五位一体”的总体布局，必须落实“四个全面”的战略布局。2014年12月14日，习近平在江苏考察调研时明确提出“四个全面”的战略布局。他指出，要全面贯彻党的十八大和十八届三中、四中全会精神，落实中央经济工作会议精神，主动把握和积极适应经济发展新常态，必须协调推进全面建成小康社会、全面深化改革、全面推进依法治国、全面从严治党，推动改革开放和社会主义现代化建设迈上新台阶。随着全面建成小康社会任务的完成，我们进一步明确“战略布局是全面建设社会主义现代化国家、全面深化改革、全面依法治国、全面从严治党四个全面”①。“五位一体”总体布局是对社会全面发展规律的客观把握，“四个全面”战略布局是对社会全面发展规律的主体谋划，二者统一于建设中国特色社会主义的伟大实践中。从目标定位上看，“四个全面”与中国特色社会主义总体布局根本方向一致，具体目标相互包容；从具体策略看，“四个全面”是推进中国特色社会主义总体布局的现实战略安排。在新时代，要全面推进中国特色社会主义总体布局，必须依托“四个全面”的深度展开。

---

① 中共中央关于党的百年奋斗重大成就和历史经验的决议. 人民日报，2021-11-17 (1).

第一节　协调推进“四个全面”：推进总体布局的战略布局

“四个全面”的提出并不是一蹴而就的，而是中国共产党人对中国共产党执政规律、社会主义建设规律以及人类社会发展规律的深刻认识的科学结晶。

一、“四个全面”的演变逻辑

正确处理“四个全面”与中国特色社会主义总体布局的关系，必须首先系统梳理“四个全面”的形成过程。

1. 全面建成小康社会和全面建设社会主义现代化国家战略的形成过程

根据发展主题和战略内核的区别，可以将全面建成小康社会和全面建设社会主义现代化国家战略的形成过程划分为以下几个阶段。

（1）小康社会战略的形成。实现社会主义现代化是我国既定的国家战略。1964年，周恩来在第三届全国人民代表大会第一次会议上提出实现“四个现代化”的“两步走”战略。1975年，他在第四届全国人民代表大会第一次会议上重申了这一战略。第一步用15年，形成基础性比较完整的工业体系和国民经济体系；第二步用10年，到2000年实现农业、工业、国防和科学技术的现代化。但是，“文化大革命”严重影响了这一战略安排。党的十一届三中全会后，随着工作中心的转移，迫切需要对我国现代化的阶段和步骤做出适当的安排。在这种背景下，1978年10月，邓小平在日本参观时提出“中国式现代化”的发展目标，并于1979年12月会见日本首相大平正芳时用小康社会定义“中国式现代化”的发展目标。1987年4月30日，邓小平会见西班牙工人社会党副总书记格拉时指出：“我们原定的目标是，第一步在八十年代翻一番。以一九八〇年为基数，当时国民生产总值人均只有二百五十美元，翻一番，达到五百美元。第二步是到本世纪末，再翻一番，人均达到一千美元。实现这个目标意味着我们进入小康社会，把贫困的中国变成小康的中国。那时国民生产总值超过一万亿美元，虽然人均数还很低，但是国家的力量有很大增加。我们制定的目标更重要的还是第三步，在下世纪用三十年到五十年再翻两番，大体上达到人均四千美元。”① 1987 年 10 月，党的十三大正式确认我国社会主义现代化的“三步走”战略。这样，小康既成为中国式现代化的通俗称呼，又成为我国现代化的一个具体阶段。

（2）全面建设小康社会战略的确立。党的十三大提出了社会主义初级阶段的理论，提出了党在社会主义初级阶段的基本路线，确立了我国社会主义现代化“三步走”战略。自此，我国社会主义现代化建设全面铺展。1997 年，党的十五大提出了“新三步”战略，使“三步走”的战略目标进一步量化、科学化，进一步丰富了小康社会战略。党的十五届五中全会明确提出，从新世纪开始，我国将进入全面建设小康社会，加快推进现代化的新的发展阶段。新阶段的历史定位推动了全面小康社会战略的形成和发展。2002 年，党的十六大进一步强调，21 世纪头 20 年，对我国来说，是一个必须紧紧抓住并且可以大有作为的重要战略机遇期。根据十五大提出的到 2010 年、建党一百年和新中国成立一百年的发展目标，我们要在本世纪头 20 年，集中力量，全面建设惠及十几亿人口的更高水平的小康社会，使经济更加发展、民主更加健全、科教更加进步、文化更加繁荣、社会更加和谐、人民生活更加殷实。根据党的十六大关于全面建设小康社会的战略决策，党的十七大做出了全面部署。

（3）全面建成小康社会战略的形成。到 2010 年，我国经济总量已经从世界第六位跃升到第二位。在这种情况下，为了适应全面建设小康社会发展的新形势，夺取全面建设小康社会的关键性胜利，党的十八大提出了全面建成小康社会的战略。在此基础上，根据我国目前的发展水平和发展方位，2017 年，习近平在党的十九大报告中高瞻远瞩地提出了全面建成小康社会决胜阶段的战略安排：“从现在到二〇二〇年，是全面建成小康社会决胜期。要按照十六大、十七大、十八大提出的全面建成小康社会各项要求，紧扣我国社会主要矛盾变化，统筹推进经济建设、政治建设、文化建设、社会建设、生态文明建设，坚定实施科教兴国战略、人才强国战略、

---

① 邓小平．邓小平文选：第 3 卷．北京：人民出版社，1993：226.

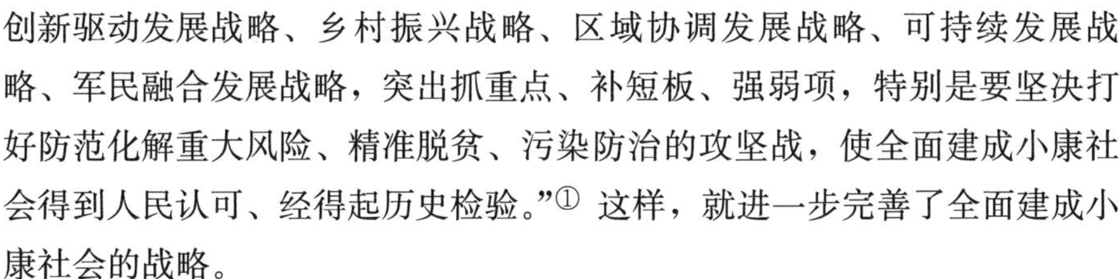

创新驱动发展战略、乡村振兴战略、区域协调发展战略、可持续发展战略、军民融合发展战略，突出抓重点、补短板、强弱项，特别是要坚决打好防范化解重大风险、精准脱贫、污染防治的攻坚战，使全面建成小康社会得到人民认可、经得起历史检验。”① 这样，就进一步完善了全面建成小康社会的战略。

（4）建设社会主义现代化国家战略的确立。按照我国现代化“三步走”的战略，2017 年，习近平总书记在党的十九大上提出，在 2020 年全面建成小康社会之后，我们要向第二个百年奋斗目标进军，全面建设社会主义现代化国家。2020 年，党的十九届五中全会提出：“全党全国各族人民要再接再厉、一鼓作气，确保如期打赢脱贫攻坚战，确保如期全面建成小康社会、实现第一个百年奋斗目标，为开启全面建设社会主义现代化国家新征程奠定坚实基础。”② 2021 年 2 月 25 日，习近平总书记在全国脱贫攻坚总结表彰大会上庄严宣告，我国脱贫攻坚战取得了全面胜利，我们开启了全面建设社会主义现代化国家的新征程。2021 年 11 月 11 日，党的十九届六中全会进一步确认了这一点。2022 年 10 月 16 日，习近平在党的二十大报告中提出，从现在起，中国共产党的中心任务就是团结带领全国各族人民全面建成社会主义现代化强国、实现第二个百年奋斗目标，以中国式现代化全面推进中华民族伟大复兴。这样，我们就确立了全面建设社会主义现代化国家的战略地位。全面建设社会主义现代化国家成为“四个全面”中的重要一面。

总之，全面建成小康社会和全面建设社会主义现代化国家体现了中国特色社会主义总体布局的发展要求。

2. 全面深化改革战略的形成过程

根据历史发展脉络，可以将全面深化改革战略的形成过程划分为以下几个阶段。

（1）循序渐进式改革战略的形成和发展。在将工作中心转移到经济建设的同时，我们发现传统的计划经济体制严重阻碍生产力的发展。因

① 十九大以来重要文献选编：上. 北京：中央文献出版社，2019：19-20.

② 十九大以来重要文献选编：中. 北京：中央文献出版社，2021：788.

此，1978 年 12 月，邓小平在中央工作会议上发表了《解放思想，实事求是，团结一致向前看》的重要讲话，阐述了改革的必要性和紧迫性，为十一届三中全会的召开奠定了基调。1979 年，经过党中央和国务院批准，我国先后在深圳、珠海、汕头、厦门试办经济特区。以经济体制改革为重点，从农村到城市、从沿海到内地，改革逐步展开，为中国特色社会主义事业注入崭新的活力。1987 年，党的十三大明确将政治体制改革纳入议程，认为社会主义初级阶段是通过改革和探索，建立和发展充满活力的社会主义经济、政治、文化体制的阶段。同时，制定了政治体制改革的近远期目标，并全面阐述了党政分开、权力下放、法制建设、改革政府机构和人事制度等重点问题。1992 年“南方谈话”和党的十四大召开，也明确了文化体制改革的任务。1996 年，中共十四届六中全会审议并通过了《中共中央关于加强社会主义精神文明建设若干重要问题的决议》，分析了精神文明建设的形势、性质、任务和方向，提出要深化文化体制改革，增强文化事业的活力。2006 年，《中共中央国务院关于深化文化体制改革的若干意见》颁布实施，全面论述了文化体制改革的指导思想、原则、任务等问题。这一系列举措为社会主义文化大发展大繁荣提供了根本动力，推动中国特色社会主义文化事业不断登上新台阶。自 2002 年起，党和国家日益加大了对社会体制改革的重视程度。党的十六大提出，要改进社会管理，保持良好的社会秩序。2006 年，党的十六届六中全会明确提出：“加强社会管理，维护社会稳定，是构建社会主义和谐社会的必然要求。必须创新社会管理体制，整合社会管理资源，提高社会管理水平，健全党委领导、政府负责、社会协同、公众参与的社会管理格局，在服务中实施管理，在管理中体现服务。”①

（2）全面深化改革战略的形成和发展。中国特色社会主义改革事业是一项全面性的事业，党的十三大就明确指出经济建设所取得的成就与坚决推进全面改革和对外开放是分不开的。然而，经过多年的改革开放，国际国内环境都发生了深刻变化，我国的经济社会发展遭遇很多新的问题和挑战，改革已经进入攻坚区和深水区。根据邓小平 1992 年南方谈话的精

---

① 十六大以来重要文献选编：下. 北京：中央文献出版社，2008：662.

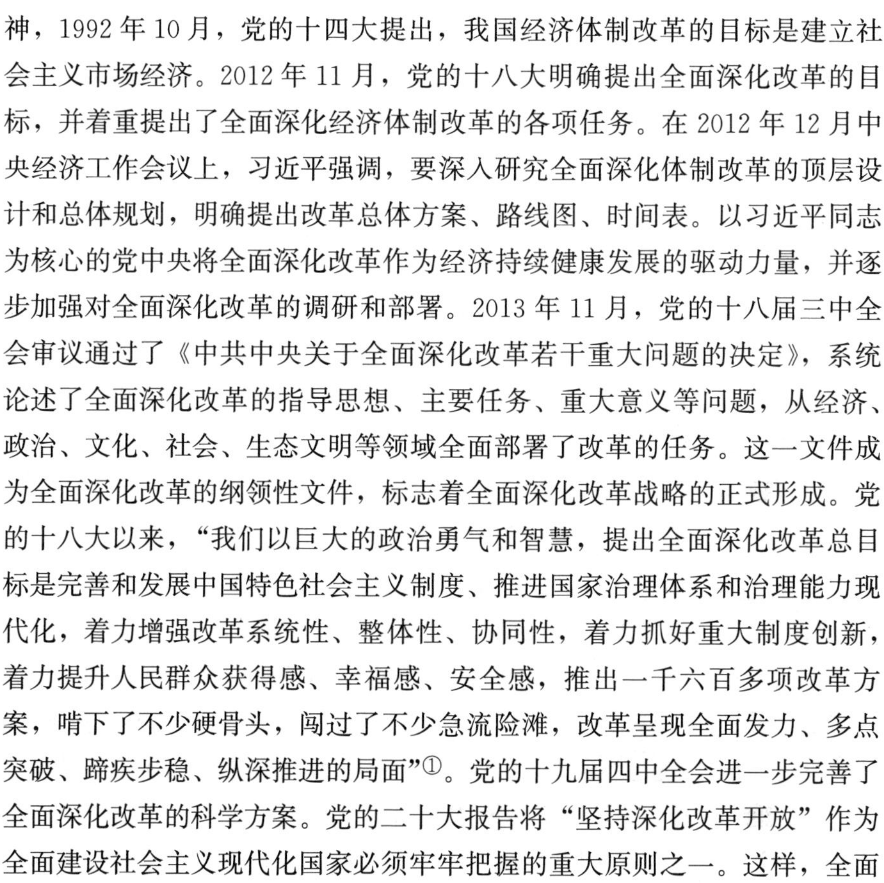

神，1992 年 10 月，党的十四大提出，我国经济体制改革的目标是建立社会主义市场经济。2012 年 11 月，党的十八大明确提出全面深化改革的目标，并着重提出了全面深化经济体制改革的各项任务。在 2012 年 12 月中央经济工作会议上，习近平强调，要深入研究全面深化体制改革的顶层设计和总体规划，明确提出改革总体方案、路线图、时间表。以习近平同志为核心的党中央将全面深化改革作为经济持续健康发展的驱动力量，并逐步加强对全面深化改革的调研和部署。2013 年 11 月，党的十八届三中全会审议通过了《中共中央关于全面深化改革若干重大问题的决定》，系统论述了全面深化改革的指导思想、主要任务、重大意义等问题，从经济、政治、文化、社会、生态文明等领域全面部署了改革的任务。这一文件成为全面深化改革的纲领性文件，标志着全面深化改革战略的正式形成。党的十八大以来，“我们以巨大的政治勇气和智慧，提出全面深化改革总目标是完善和发展中国特色社会主义制度、推进国家治理体系和治理能力现代化，着力增强改革系统性、整体性、协同性，着力抓好重大制度创新，着力提升人民群众获得感、幸福感、安全感，推出一千六百多项改革方案，啃下了不少硬骨头，闯过了不少急流险滩，改革呈现全面发力、多点突破、蹄疾步稳、纵深推进的局面”①。党的十九届四中全会进一步完善了全面深化改革的科学方案。党的二十大报告将“坚持深化改革开放”作为全面建设社会主义现代化国家必须牢牢把握的重大原则之一。这样，全面深化改革就成为了推动中国社会发展和进步的直接动力。

总之，全面深化改革是改革开放发展的积淀性结果，是决定中国特色社会主义命运的关键性抉择。

3. 全面依法治国战略的形成过程

依法治国是党领导人民治理国家的基本方略。总结依法治国方略的理论和实践经验，可以将其形成过程划分为以下几个阶段。

（1）依法治国方略的形成和发展。1954 年，全国人民代表大会第一次会议召开，制定了中华人民共和国第一部宪法，正式开启了我国社会主义法制建设的历史进程。然而，“文革”扰乱了民主法制建设的正常进程。

---

① 十九大以来重要文献选编：上. 北京：中央文献出版社，2019：723.

为了保证社会主义事业的正常发展，我们党提出，必须实现社会主义民主的制度化和法制化。1978 年 11 月，邓小平强调，为了保障人民民主，必须坚持法治优先于人治的精神。邓小平还指出，要做到有法可依、有法必依、执法必严、违法必究。1979 年，五届人大二次会议通过了《关于修正〈中华人民共和国宪法〉若干规定的决议》，以及《地方各级人民代表大会和地方各级人民政府组织法》等七个法律，推动立法体系的完善。社会主义市场经济的建立，对法治提出了新要求。在一定程度上，市场经济就是法治经济。因此，1997 年，党的十五大明确提出依法治国的科学内涵和重大意义，标志着依法治国基本方略的正式形成。至此，依法治国的精神、理念、原则成为中国特色社会主义经济、政治、文化、社会、生态文明建设的根本依据和重要保障。2002 年，党的十六大提出将依法治国和以德治国结合起来。2007 年，党的十七大要求全面落实依法治国的基本方略，并从立法、司法、法制宣传教育等各个环节做出全面部署。

（2）全面依法治国方略的形成和发展。为了保证 2020 年如期全面建成小康社会，2012 年，党的十八大首次明确提出要全面推进依法治国，同时强调法治是治国理政的基本方式，并将依法治国的基本要求进一步细化。在党的十八届三中全会提出实现国家治理体系和治理能力现代化的任务之后，2014 年 10 月，党的十八届四中全会审议通过了《中共中央关于全面推进依法治国若干重大问题的决定》，指明了全面推进依法治国与全面建成小康社会、全面深化改革的内在关系。全会提出："全面推进依法治国，总目标是建设中国特色社会主义法治体系，建设社会主义法治国家。这就是，在中国共产党领导下，坚持中国特色社会主义制度，贯彻中国特色社会主义法治理论，形成完备的法律规范体系、高效的法治实施体系、严密的法治监督体系、有力的法治保障体系，形成完善的党内法规体系，坚持依法治国、依法执政、依法行政共同推进，坚持法治国家、法治政府、法治社会一体建设，实现科学立法、严格执法、公正司法、全民守法，促进国家治理体系和治理能力现代化。"① 这是全面推进依法治国的纲领性文件，对全面推进依法治国的任务进行了总体部署。依法治理是治理的重要

① 十八大以来重要文献选编：中. 北京：中央文献出版社，2016：157.

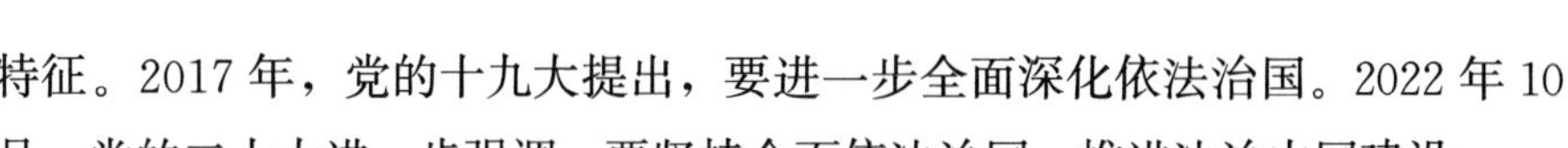

特征。2017 年，党的十九大提出，要进一步全面深化依法治国。2022 年 10 月，党的二十大进一步强调，要坚持全面依法治国，推进法治中国建设。

总之，全面推进依法治国方略的形成和发展是立法、司法、行政工作发展的必然结果，也是推进中国特色社会主义总体布局的根本保障和客观要求。

4. 全面从严治党方略的形成过程

全面从严治党是社会主义革命和建设不断取得胜利的一大法宝。大体来看，全面从严治党的形成和发展过程经过了以下几个阶段。

（1）从严治党要求的形成过程。在加强党的领导的同时，必须从严治党。打铁需要自身硬。办好中国的事情关键在党。加强党的建设，既是中国共产党成立以来一贯坚持的根本原则，也是加强和改善党的领导的根本途径。1977 年，党的十一大提出“抓纲治国，首先要治党”，要认真搞好党的思想建设和组织建设。在党的十三大报告中，专辟章节阐释党的建设，系统论述了集体领导与民主集中制等重要原则，并鲜明指出加强党的建设不仅靠教育，更要依靠纪律，即要坚持从严治党。此外，在这次会议上首次提到同腐败分子做斗争的相关精神。随着市场经济的发展，党所处的环境和肩负的任务有了很大变化，要求我们党有效应对市场经济的考验。因此，1992 年，党的十四大指出，“我们一定要结合新的实际，遵循党的基本路线，坚持党要管党和从严治党”①，明确提高了从严治党的政治地位。1997 年，党的十五大提出，从严治党，是保持党的先进性和纯洁性、增强党的凝聚力和战斗力的保证，因此，要通过严格党的纪律、严肃党的原则、严格要求、严格管理、严格监督等强制性策略将从严治党进一步系统化、具体化。党的十五大将党的建设定位为新的伟大工程。2002 年，党的十六大提出，“一定要坚持党要管党、从严治党的方针，进一步解决提高党的领导水平和执政水平、提高拒腐防变和抵御风险能力这两大历史性课题”②。在此基础上，党的十七大则进一步指出，“必须把党的执

① 江泽民. 江泽民文选：第 1 卷. 北京：人民出版社，2006：245.

② 十六大以来重要文献选编：上. 北京：中央文献出版社，2005：38.

政能力建设和先进性建设作为主线，坚持党要管党、从严治党”①。

（2）全面从严治党要求的形成过程。由于执政考验、改革开放考验、市场经济考验、外部考验将长期存在，因此，党的十八大以来，以习近平同志为核心的党中央从指导方针、落实策略、执行力度、覆盖程度等各个方面对从严治党提出新要求、做出新部署。2012 年 12 月，为了改进工作作风、密切联系群众，中央政治局提出八项规定。该规定内容明确细致，体现了我党脚踏实地的态度和方法。为了有效领导和推进国家治理现代化，2013 年 11 月，党的十八届三中全会通过的《中共中央关于全面深化改革若干重大问题的决定》，明确提出“六个不准”，要求规范并严格执行领导干部工作生活保障制度。2014 年 1 月，中共中央印发《党政领导干部选拔任用工作条例》；同年 6 月，中央政治局会议审议通过《党的纪律检查体制改革实施方案》。这些条例加强了对党员干部的管理和监督。为了有效解决形式主义、官僚主义、享乐主义、奢靡之风问题，按照党的十八大精神，2013 年，我们党开展了群众路线教育实践活动。2014 年 10 月 8 日，习近平在党的群众路线教育实践总结大会上首次提出“全面推进从严治党”的要求。2016 年 10 月，党的十八届六中全会审议通过了《关于新形势下党内政治生活的若干准则》和《中国共产党党内监督条例》，对全面从严治党做出新的制度安排。2017 年 10 月，党的十九大提出：“新时代党的建设总要求是：坚持和加强党的全面领导，坚持党要管党、全面从严治党，以加强党的长期执政能力建设、先进性和纯洁性建设为主线，以党的政治建设为统领，以坚定理想信念宗旨为根基，以调动全党积极性、主动性、创造性为着力点，全面推进党的政治建设、思想建设、组织建设、作风建设、纪律建设，把制度建设贯穿其中，深入推进反腐败斗争，不断提高党的建设质量，把党建设成为始终走在时代前列、人民衷心拥护、勇于自我革命、经得起各种风浪考验、朝气蓬勃的马克思主义执政党。”② 2022 年 10 月，党的二十大提出，要坚定不移全面从严治党，健全全面从严治党体系，全面推进党的自我净化、自我完善、自我革新、自我提高，深入推

① 十七大以来重要文献选编：上. 北京：中央文献出版社，2009：38.

② 十九大以来重要文献选编：上. 北京：中央文献出版社，2019：43-44.

进新时代党的建设新的伟大工程。这样，就进一步明确了新时代全面从严治党的基本要求。

总之，全面从严治党与全面建成小康社会和全面建设社会主义现代化国家、全面深化改革、全面依法治国的发展轨迹相一致，必将成为推进中国特色社会主义总体布局的战略安排。

二、“四个全面”的结构关系

全面建成小康社会和全面建设社会主义现代化国家、全面深化改革、全面依法治国以及全面从严治党并不是孤立存在的，而是相互影响、相互制约的，构成一个有机整体。

1.“四个全面”的任务分工

“四个全面”是科学而自觉地把握执政兴国规律的科学成果，具有明确的任务分工。

“四个全面”是对中国特色社会主义系统工程的科学把握。由于其目标的宏大性、长期性和根本性，建设中国特色社会主义必须秉持系统性、全局性思维以使各种利益关系得到恰当权衡、各种矛盾关系得到恰当处理、各种力量得到科学支配、各种问题得到统筹兼顾、各个环节得到有效衔接。“四个全面”以中国特色社会主义事业为总体着眼点，包括全面建成小康社会和全面建设社会主义现代化国家的目标系统、全面深化改革的动力系统、全面依法治国的保障系统以及全面从严治党的控制系统等结构，是在充分考虑中国特色社会主义事业复杂构成与宏大指向的基础上加强顶层设计的伟大尝试，是支撑中华民族复兴的系统性的战略建构。同时，每一个“全面”内部也是一个系统结构，分别统领不同的领域，必须按照“四个全面”的整体性要求才能把握之，才能形成有效合力。全面建成小康社会和全面建设社会主义现代化国家的目标系统主要依据我国经济社会发展现状明确了可行、合理、适度的阶段性任务，并将阶段性任务进一步细化。全面深化改革的动力系统，通过改革手段调整经济社会发展的方向和模式。全面依法治国的保障系统，通过使目标系统、动力系统、控制系统的各项内容规范化、法治化，保障经济社会发展的稳定性。全面从严治党的控制系统，通过加强党的建设、改进党的领导方式践行党的宗旨，提高党的执政能力和执政水平，统筹“四个全面”协调前进。

进入全面建成小康社会和全面建设社会主义现代化国家阶段是实现中华民族伟大复兴的必经阶段，凝聚了中华民族的伟大梦想。鸦片战争后的百年耻辱以及改革开放40多年的成就验证了改革开放的必要性和重要性，全面深化改革是推动中国特色社会主义事业的根本动力，全面依法治国是保障国家长治久安的基本方略，从严治党是中国共产党革命和建设不断取得胜利的伟大法宝。

“四个全面”深化了对人类社会发展规律、社会主义建设规律以及共产党执政规律的科学认识，是中国共产党执政经验的深刻总结。改革开放40多年最根本的经验在于弄清楚什么是社会主义、怎样建设社会主义，建设什么样的党、怎样建设党，实现什么样的发展、怎样发展，新时代坚持和发展什么样的中国特色社会主义、怎样坚持和发展中国特色社会主义等重大理论和实际问题。而“四个全面”在回答这些根本理论问题的同时，主要解决的是执政党如何布局社会主义建设和怎样布局社会主义建设问题。

2.“四个全面”的辩证特征

“四个全面”相互配合、相互牵引。因此，必须从总体上把握“四个全面”战略布局的要求和特征。

(1)“四个全面”兼顾了战略目标与战略举措的统一。其中，全面建成小康社会和全面建设社会主义现代化国家从发展任务、发展进程等角度对“四个全面”的总体目标进行规定，全面深化改革、全面依法治国、全面从严治党则为实现目标体系的基本途径。发展是党执政兴国、建设中国特色社会主义的第一要务，而全面建成小康社会和全面建设社会主义现代化国家规定了发展的阶段性目标。全面建成小康社会和全面建设社会主义现代化国家要解决的是实现什么样的发展以及怎样发展等关键性问题。以“四个全面”统领中国特色社会主义事业必须坚持全面建成小康社会和全面建设社会主义现代化国家的发展目标和发展方向。全面深化改革是实现“四个全面”的直接动力。全面依法治国为贯彻“四个全面”提供法治保

障。中国共产党是中国特色社会主义事业的领导核心，全面从严治党是加强党的建设、巩固执政地位、提高领导水平和执政水平的重要途径，有利于规范领导力和执行力，为“四个全面”提供政治保障。

(2)“四个全面”兼顾了事实与价值的统一。价值选择是指“四个全面”的战略布局坚持以中国共产党为领导核心；按照以人民为中心的发展思想，以实现最广大人民群众的根本利益为发展目标，尊重人民群众的主体地位和首创精神，切实关注和解决民生问题，力求实现社会全面进步和人的全面发展的统一。事实选择是指目标以及措施的长期性、原则性、实效性以及协调性。全面建成小康社会和全面建设社会主义现代化国家的发展目标作为阶段性的发展目标至少要贯穿整个社会主义初级阶段。在当前历史条件下，我国的经济社会发展已经达到一个新的阶段，必须坚持全面深化改革的战略抉择，破除经济社会发展遇到的体制困境与体制阻力，促进新的经济、政治、文化、社会、生态文明体制的构建。全面依法治国作为治理国家的基本方略必须渗透到国家事务、经济文化社会生态事业的方方面面，并且在立法、司法、守法等各个环节遵循严格的法律程序和严肃的法治精神。中国共产党作为社会主义事业的核心力量是历史和人民的选择，实现发展目标，切实贯彻全面深化改革、全面依法治国的方针策略必须以中国共产党为领导力量，而党必须从严治党。

(3)“四个全面”坚持了全局与重点的统一。改革开放以来，我国一直坚持“一个中心，两个基本点”的基本路线，而“四个全面”是对这一基本路线的发扬和光大。既坚持以经济建设为中心，强调发展是党执政兴国第一要务，同时更加注重中国特色社会主义建设的总体布局。首先，突出了党和政府治理国家的关键环节、重点领域以及主攻方向。其次，每一个“全面”之间相互支撑、相互配合，构成四个全面的总体结构，构成推动现代化建设的总体框架。在“四个全面”的战略布局中，坚持了“两点论”和“重点论”的统一。

总之，“四个全面”具有内在关联，是当前推动中国特色社会主义事业总体布局的战略谋划。

第二节　全面建成小康社会和全面建设社会主义现代化国家：凝练推进总体布局的发展目标

全面建成小康社会和全面建设社会主义现代化国家，是推进总体布局的目标凝练，也是“四个全面”的目标凝练。

一、从全面建成小康社会到全面建设社会主义现代化国家的主要要求

经过新中国70余年尤其是改革开放40余年的发展，按照社会主义现代化建设“三步走”的战略，我国已经全面建成小康社会，开启了全面建设社会主义现代化国家的新征程。因此，在发展目标上，我们经历了从全面建成小康社会到全面建设社会主义现代化国家的历史飞跃，新时代中国进入了新的发展阶段。

（1）全面建成小康社会和全面建设社会主义现代化国家以“中国式”为鲜明特色。中国的发展必须从中国的实际出发，而不能照抄照搬别国的道路和模式。在经过“以苏为师”的阶段以后，我们党从20世纪50年代就开始注意到中国现代化的具体性。1978年之后，在拨乱反正的基础上，我们党提出了“有中国特色的社会主义”和“中国式的现代化”的科学命题。1983年，邓小平对此进行了概括总结：“我们搞的现代化，是中国式的现代化。我们建设的社会主义，是有中国特色的社会主义。”① 在此基础上，我们把“小康”作为我国现代化介于“温饱”和“比较富裕”的一个阶段。小康社会之“小康”无论是从语义表述还是从核心内容来看，都彰显了中国特色。《诗经》《礼记》等古代典籍中多次使用“小康”一词，以区别于大同盛世的理想目标，表达民众生活安康的状态。改革开放之后，这一术语融合了现代社会的期许，经历了从小康社会、总体小康、全面建设小康社会到全面建成小康社会发展历程。随着如期全面建成小康社会、打赢脱贫攻坚战，站在新的发展阶段上，习近平进一步指出：“我们的任

① 邓小平．邓小平文选：第3卷．北京：人民出版社，1993：29.

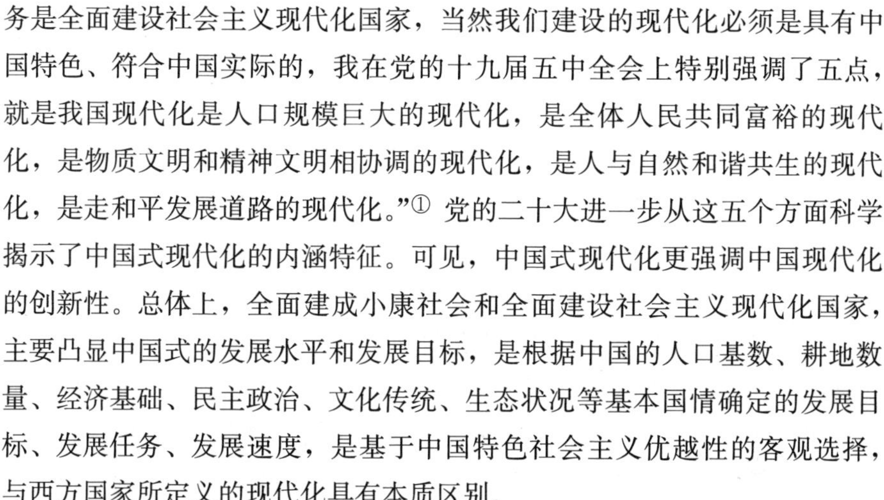

务是全面建设社会主义现代化国家，当然我们建设的现代化必须是具有中国特色、符合中国实际的，我在党的十九届五中全会上特别强调了五点，就是我国现代化是人口规模巨大的现代化，是全体人民共同富裕的现代化，是物质文明和精神文明相协调的现代化，是人与自然和谐共生的现代化，是走和平发展道路的现代化。”① 党的二十大进一步从这五个方面科学揭示了中国式现代化的内涵特征。可见，中国式现代化更强调中国现代化的创新性。总体上，全面建成小康社会和全面建设社会主义现代化国家，主要凸显中国式的发展水平和发展目标，是根据中国的人口基数、耕地数量、经济基础、民主政治、文化传统、生态状况等基本国情确定的发展目标、发展任务、发展速度，是基于中国特色社会主义优越性的客观选择，与西方国家所定义的现代化具有本质区别。

（2）全面建成小康社会和全面建设社会主义现代化国家突出强调发展的全面性。无论是全面建成小康社会还是全面建设社会主义现代化国家，都突出的是发展的全面性。全面建成小康社会基于新的发展根基，以“全面性”为鲜明特色。“‘小康’讲的是发展水平，‘全面’讲的是发展的平衡性、协调性、可持续性。”② 同样，全面建设社会主义现代化国家更强调发展的水平，更强调发展的平衡性、协调性、可持续性。全面性是指发展内容、造福主体、衡量标准的全面性。第一，发展内容的全面性。我们既坚持以经济建设为中心，又追求社会的全面发展和全面进步，即我们谋求的发展是全面的发展。因此，全面建成小康社会和全面建设社会主义现代化国家所覆盖的范围不是单一的，而是包括经济、政治、文化、社会、生态文明等多领域目标在内的全面的发展，是全面、均衡、持续性的发展。第二，造福主体的全面性。全面小康，覆盖的人口要全面，是惠及全体人民的小康。全面现代化，覆盖的人口更要全面，更要成为实现共享发展和共同富裕的现代化。我们既要求不同民族、性别、职业等个体在政治、法律地位上的平等，更要求不同群体在经济、政治、文化、社会、生态文明

① 习近平．论把握新发展阶段、贯彻新发展理念、构建新发展格局．北京：中央文献出版社，2021：474．

② 习近平关于全面建成小康社会论述摘编．北京：中央文献出版社，2016：12．

等权益方面的事实上的平等。全面建成小康社会和全面建设社会主义现代化国家是一种平等的发展，是实现共享发展、共同富裕的必由之路。第三，发展指标的全面性。我们必须走出“以 GDP 论英雄”的弊端，坚持按照全面性的标准衡量和评价小康和现代化。我们既要明确经济指标，也要明确政治、文化、社会、生态等方面的指标。我们既要从质上进行衡量和评价，也要从量上进行衡量和评价。例如，就全面建成小康社会的质上的内容和要求来看，“我们党提出，到建党一百年时建成经济更加发展、民主更加健全、科教更加进步、文化更加繁荣、社会更加和谐、人民生活更加殷实的小康社会”①。从量上来看，人均国内生产总值超过 3 000 美元、恩格尔系数低于 0.4、大学入学率超过 20%等等，都是必不可少的指标。当然，就全面现代化来说，我们要将世界上的现代化指标和中国式现代化的目标结合起来，进一步完善我国的现代化指数体系。另外，全面建成小康社会和全面建设社会主义现代化国家的基本标准，既要有静态标准，也要有动态考量。这样才能不断提升我国的现代化水平。

（3）全面建成小康社会和全面建设社会主义现代化国家突出强调发展的阶段性和连续性的统一。现代化是一个生生不息的发展过程。党的十八大提出全面建成小康社会是相对于十六大提出的全面建设小康社会而言的。“建设”是过程性叙述，侧重小康社会的具体实现过程。“建成”属于完成时状态，是指全面建成小康社会的质的真正飞跃，要求小康社会各项指标全部实现。同时，全面建成小康社会之“建成”是一个动态性的范畴，是在充分融合经济社会发展新形势、新状态的基础上提出的发展目标。也就是说，“建成”不仅是发展状态的判断，而且在发展内容上承载了新的内涵。从国内生产总值、人均国内生产总值到城乡居民人均收入的演变历程可以看出，这是一个层层递进的过程。全面建成小康社会之“建成”目标不仅更加科学合理，而且更加突出全面建成小康社会的可及性、普惠性和共享性，鲜明地体现了以人民为中心的发展思想。在“建成”小康的基础上，全面建设社会主义现代化国家是我们迈向新的发展阶段的科学抉择。以社会主义本质而论，全面建设小康社会强调一部分人、一部分

① 十九大以来重要文献选编：上. 北京：中央文献出版社，2019：19.

地区通过诚实劳动、合法经营、照章纳税先富起来，先富带后富；全面建成小康社会强调消灭绝对贫困，强调在发展的基础上向共享发展和共同富裕迈进；全面建设社会主义现代化国家更重视共享发展和共同富裕。因此，相对全面建设小康社会和全面建成小康社会而言，全面建设社会主义现代化国家是更高层次的要求，体现了党和国家对建设中国特色社会主义现代化事业的雄心壮志，也是党和国家坚定道路自信、理论自信、制度自信和文化自信的重要表现。无论是哪种表述都是围绕人民生活幸福、民族振兴、国家富强等根本目标展开的，其价值追求在于改善人民生活质量、提高人民生活水平、造福人民群众，最终实现社会的全面进步和人的全面发展的统一，如期完成“两个一百年”的奋斗目标，把我国建成富强、民主、文明、和谐、美丽的社会主义现代化强国。

二、从全面建成小康社会到全面建设社会主义现代化国家的主要内容

现代化是一个整体的社会进步过程。就全面小康的内容和要求来看，“全面小康，覆盖的领域要全面，是五位一体全面进步”①。就全面现代化的内容和要求来看，“我们坚持和发展中国特色社会主义，推动物质文明、政治文明、精神文明、社会文明、生态文明协调发展，创造了中国式现代化新道路，创造了人类文明新形态”②。无论是全面小康还是全面现代化，都体现了中国特色社会主义总体布局的全面发展要求。我们可以将之概括为全面发展。全面发展包括经济发展、政治发展、文化发展、社会发展、生态发展（绿色发展）等方面的内容。

（1）坚持以物质文明为导向的经济发展。小康首先是经济上的小康，现代化首先是经济上的现代化，它们追求的都是经济发展，最终要建设高度发达的社会主义物质文明。从经济发展来看，现代化主要包括工业化和市场化两个方面。第一，工业化是从农业社会向工业社会的转变过程。社会主义初级阶段就是我国从落后的农业国向先进的社会主义工业国的转变过程。在全面建成小康社会的基础上，我国应该将我国的工业化提升到一

① 习近平关于全面建成小康社会论述摘编. 北京：中央文献出版社，2016：13.

② 习近平. 在庆祝中国共产党成立100周年大会上的讲话. 人民日报，2021-07-02（2）.

个新的水平。“西方发达国家是一个‘串联式’的发展过程，工业化、城镇化、农业现代化、信息化顺序发展，发展到目前水平用了二百多年时间。我们要后来居上，把‘失去的二百年’找回来，决定了我国发展必然是一个‘并联式’的过程，工业化、信息化、城镇化、农业现代化是叠加发展的。”① 因此，在坚持社会主义工业化（现代化）道路的基础上，我们要坚持走新型工业化道路，统筹“新四化”，这样，才能夯实我国的发展基础。第二，市场化是从自然经济向商品经济的过渡过程。社会主义初级阶段也指我国在商品经济不发达的条件下建设社会主义必然要经历的历史阶段。因此，我们要推动社会主义市场经济体制的完善和发展。现在，我们将社会主义市场经济已经纳入和上升到了社会主义基本经济制度的层面。“公有制为主体、多种所有制经济共同发展，按劳分配为主体、多种分配方式并存，社会主义市场经济体制等社会主义基本经济制度，既体现了社会主义制度优越性，又同我国社会主义初级阶段社会生产力发展水平相适应，是党和人民的伟大创造。”② 因此，我们必须坚持社会主义基本经济制度，充分发挥市场在资源配置中的决定性作用，更好发挥政府作用，全面贯彻新发展理念，坚持以供给侧结构性改革为主线，加快建设现代化经济体系。在这个过程中，我们要科学界定政府与市场的关系，充分发挥新型举国体制的作用。

（2）坚持以政治文明为导向的政治发展。民主化和法治化是政治现代化的基本要求和重要特征。全面建成小康社会和全面建设社会主义现代化国家都有政治方面的目标和要求。发展民主和加强法治，都必须结合中国国情以及发展阶段，而不能机械照搬别国模式，更不能将资本主义民主视为“普世价值”。我们要坚定不移走中国特色社会主义政治发展道路，建设高度发达的社会主义政治文明。一方面，没有民主就没有社会主义和社会主义现代化。与资本主义“程序”民主不同，我国社会主义民主是“实质”民主。与资本主义“选举”民主不同，我国社会主义民主是“全过程”民主。“新的征程上，我们必须紧紧依靠人民创造历史，坚持全心全

---

① 习近平关于社会主义经济建设论述摘编. 北京：中央文献出版社，2017：159.

② 十九大以来重要文献选编：中. 北京：中央文献出版社，2021：280-281.

意为人民服务的根本宗旨，站稳人民立场，贯彻党的群众路线，尊重人民首创精神，践行以人民为中心的发展思想，发展全过程人民民主，维护社会公平正义，着力解决发展不平衡不充分问题和人民群众急难愁盼问题，推动人的全面发展、全体人民共同富裕取得更为明显的实质性进展！”① 从内容来看，全过程人民民主涉及经济建设、政治建设、文化建设、社会建设、生态文明建设等领域，要求切实保证全体人民群众的经济权益、政治权益、文化权益、社会权益和生态权益等各项权益。例如，在经济建设中，我们强调经济民主的作用。从流程来看，全过程人民民主包括民主选举、民主决策、民主管理和民主监督等环节，要求切实保证全体人民的知情权、参与权、表达权和监督权。另一方面，没有法治就没有社会主义和社会主义现代化。我们要促进依法治国方略的全面落实，完善法律体系，维护司法尊严，净化法治环境，尊重和保障人权。我们要完善人民代表大会制度、中国共产党领导的多党合作和政治协商制度、民族区域自治制度、基层群众自治制度等政治制度，健全国家权力运行机制和监督机制。最终，实现政治发展，必须坚持党的领导、人民当家作主和依法治国的统一，充分尊重人民群众主体地位，保障人民民主权利的有效实现，使人民群众的积极性、主动性、创造性得到进一步发挥。这样，才能真正实现国家的长治久安。

（3）坚持以精神文明为导向的文化发展。全面建成小康社会和全面建设社会主义现代化国家都有自己的文化目标和文化要求。“我国现代化是物质文明和精神文明相协调的现代化。我国现代化坚持社会主义核心价值观，加强理想信念教育，弘扬中华优秀传统文化，增强人民精神力量，促进物的全面发展和人的全面发展。”② 因此，我们要加强社会主义文化建设，建设高度发达的社会主义精神文明。一方面，我们要正确处理马克思主义、中华优秀传统文化与西方文化的关系。第一，由于马克思主义是关于自然、社会、思维发展普遍规律的科学，是无产阶级和劳动人民解放的

① 习近平．在庆祝中国共产党成立100周年大会上的讲话．人民日报，2021-07-02（2）．

② 习近平．论把握新发展阶段、贯彻新发展理念、构建新发展格局．北京：中央文献出版社，2021：9．

科学武器，因此，我们要坚定马克思主义信仰，坚持和捍卫马克思主义在文化发展中的指导地位。第二，在面向现代化、面向世界、面向未来的基础上，我们要坚持马克思主义基本原理与中国具体实际、与中华优秀传统文化相结合，努力实现马克思主义时代化中国化。第三，在马克思主义的指导下，我们要坚持“古为今用”，继承和发扬优秀的传统文化，推动中华优秀传统文化的创造性转化和创新性发展，同时要剔除其封建主义糟粕。第四，在马克思主义的指导下，我们要坚持“洋为中用”，以海纳百川的态度积极借鉴世界优秀文化成果。同时，我们增强民族文化的自信和自强，既反对文化保守主义，又反对西方中心主义。第五，按照“不忘本来、吸收外来、面向未来”的综合创新原则，我们要促进社会主义文化的大繁荣和大发展。另一方面，我们要正确处理中华优秀传统文化、革命文化和社会主义先进文化的关系。在中华文化的生生不息的发展过程中，“中国共产党从成立之日起，既是中国先进文化的积极引领者和践行者，又是中华优秀传统文化的忠实传承者和弘扬者”①。革命文化，上承中华优秀传统文化，下启社会主义先进文化，是我们发展社会主义文化的宝贵精神财富。因此，我们要弘扬革命文化，传承红色基因，大力发展社会主义先进文化。在这个过程中，我们要大力抵制极端个人主义，利己主义、拜金主义思潮的负面影响，高扬爱国主义、集体主义、国际主义、共产主义大旗。

（4）坚持以社会文明为导向的社会发展。全面建成小康社会和全面建设社会主义现代化国家都有社会生活方面的目标和要求。在大力构建社会主义和谐社会的基础上，党的十九大创造性地提出了“社会文明”的概念。“从二〇三五年到本世纪中叶，在基本实现现代化的基础上，再奋斗十五年，把我国建成富强民主文明和谐美丽的社会主义现代化强国。到那时，我国物质文明、政治文明、精神文明、社会文明、生态文明将全面提升，实现国家治理体系和治理能力现代化，成为综合国力和国际影响力领先的国家，全体人民共同富裕基本实现，我国人民将享有更加幸福安康的

① 十九大以来重要文献选编：上. 北京：中央文献出版社，2019：31.

生活，中华民族将以更加昂扬的姿态屹立于世界民族之林。”① 在一般的意义上，社会文明就是社会建设的成果。在具体的意义上，社会文明是构建社会主义和谐社会的成果。社会主义核心价值观倡导的“自由、平等、公正、法治”就是社会文明成果的集中体现。因此，在建设中国特色社会主义的过程中，我们必须加强社会主义社会建设，建设高度发达的社会主义社会文明。从中国式现代化来看，目前亟须解决两个具有相互联系的问题，即如何使人口规模巨大的现代化发展成为全体人民共同富裕的现代化。第一，要建设好人口规模巨大的现代化。我国人口基数大，由此造成的经济社会压力和生态环境压力也大，因此，我国的现代化具有世界难度。随着如期建成小康社会，我们有效破解了这一世界历史难题。“我国现代化是人口规模巨大的现代化。我国十四亿人口要整体迈入现代化社会，其规模超过现有发达国家的总和，将彻底改写现代化的世界版图，在人类历史上是一件有深远影响的大事”。② 但是，我国人力资本实力仍然有待于进一步提升。因此，我们要加强教育文化、医疗卫生等社会事业的发展，为人民群众提供优质的公共产品和公共服务，大力解决人民群众最关心最直接的现实利益问题，这样，才能有效提升我国的人力资本实力，将我国建设成为一个人力资本强国。第二，要建设好全体人民共同富裕的现代化。贫穷不是社会主义，两极分化更不是社会主义。因此，“我国现代化是全体人民共同富裕的现代化。共同富裕是中国特色社会主义的本质要求，我国现代化坚持以人民为中心的发展思想，自觉主动解决地区差距、城乡差距、收入分配差距，促进社会公平正义，逐步实现全体人民共同富裕，坚决防止两极分化”③。在使2.5亿贫困人口脱贫的基础上，如何使14亿多中国人民走上共同富裕的现代化道路是更为艰巨的世界性难题。因此，我们要加强社会体制机制建设，完善劳动就业制度、社会福利制度、收入分配制度等等，使各种发展成果得到恰当分配、各种矛盾得到及时化

---

① 十九大以来重要文献选编：上. 北京：中央文献出版社，2019：20-21.

② 习近平. 论把握新发展阶段、贯彻新发展理念、构建新发展格局. 北京：中央文献出版社，2021：9.

③ 同②.

解或解决，营造良好的社会秩序和社会氛围。更为重要的是，我们充分尊重人民群众的主体地位，大力发挥人民群众的首创精神，使人民群众成为实现共同富裕的主体，使共同富裕造福全体人民。

（5）坚持以生态文明为导向的生态发展（绿色发展）。西方现代化走过了一条先污染后治理的老路。在反思这一弊端的基础上，西方社会提出了“生态现代化”的理论和模式。与之不同，我国现代化是人与自然和谐共生的现代化。我国现代化注重同步推进物质文明建设和生态文明建设，走生产发展、生活富裕、生态良好的文明发展道路，否则资源环境的压力不可承受。在新时代中国的语境中，人与自然和谐共生现代化是中国式现代化的重要特征和取向，绿色发展突出的是人与自然和谐共生的理念，生态文明是坚持绿色发展、建设人与自然和谐共生现代化的成果。全面建成小康社会和全面建设社会主义现代化国家都有其生态目标和要求。因此，我们要加强人与自然和谐共生现代化建设，坚持绿色发展，建设高度发达的社会主义生态文明。一方面，要同步推进物质文明建设和生态文明建设。我们要以发展生态经济为中介，既要将生态文明渗透到物质文明建设当中，又要将生态文明建立在物质文明的基础上。另一方面，要同步推进工业文明建设和生态文明建设。工业文明是工业化的成果，目前仍然是物质文明中的先进力量，因此，我们不可能超越工业文明建设生态文明。放弃工业文明建设生态文明，就会重蹈“落后就要挨打”的覆辙。但是，工业化必须按照生态化方式进行，工业文明必须接受生态文明的约束。我们要以新型工业化为中介，实现工业文明和生态文明的统一。当然，从根本上来看，生态文明是人类社会发展的趋势和成果。

此外，一些老牌资本主义国家走的是暴力掠夺殖民地的道路，是以其他国家落后为代价的现代化。与之不同，我国现代化强调同世界各国互利共赢，推动构建人类命运共同体。因此，我国现代化是走和平发展道路的现代化。

可见，从全面建成小康社会到全面建设社会主义现代化国家，体现的是全面发展的要求，我们的小康是“五位一体”的小康，我们的现代化是“五位一体”的现代化。只有这样，我们才能为实现社会的全面进步和人

的全面发展创造条件。

三、从全面建成小康社会到全面建设社会主义现代化国家的重要地位

全面建成小康社会和全面建设社会主义现代化国家从发展目标、发展任务、发展步骤等方面对中国特色社会主义总体布局做出了全面的战略部署。

(1) 全面建成小康社会和全面建设社会主义现代化国家进一步明确了中国特色社会主义总体布局的发展目标。全面建成小康社会和全面建设社会主义现代化国家的出发点和归宿都是人的全面发展，这与中国特色社会主义总体布局的要求是一致的。全面建成小康社会和全面建设社会主义现代化国家是一个复合系统，要求经济、政治、文化、社会、生态文明等建设要协同演进。这些目标又都是围绕广大人民群众的根本利益展开的，也就是说，全面建成小康社会和全面建设社会主义现代化国家目标具有鲜明的人民性，体现了以人民为中心的发展思想。全面建成小康社会和全面建设社会主义现代化国家的各项要求和目标，都是以人民群众是否满意、是否支持为根本评定标准。目标的多层次性是为了满足人民群众构成的多样性，内容的丰富性是为了满足人民群众的多元化需求。促进人的全面发展既有时间上的要求，也有空间上的界定，具体包括以下几层含义：在第一层上，人是一个群体性概念，人的全面发展是指人的社会关系的普遍发展，既表现在物质文明、精神文明、政治文明、社会文明、生态文明的协调发展和共同发展上，也表现在区域之间、城乡之间、群体之间的协调发展和共同发展上；在第二层上，人是个体性概念，人的全面发展指的是个体的丰富性和全面性，即表现为个体智力、体力、品质等方面的全方位提升。全面建成小康社会和全面建设社会主义现代化国家的主要目的是为人的全面发展创造高度发达的物质文明、精神文明、政治文明、社会文明、生态文明等条件，以满足个体以及群体的多层次需求。因此，促进人的全面发展是全面建成小康社会和全面建设社会主义现代化国家的内含价值指向。习近平指出："中国特色社会主义事业是造福人民的美好事业，也是需要我们为之付出智慧和力量的艰辛事业。"① 显然，全面建成小康社

① 习近平．在全国政协新年茶话会上的讲话．人民日报，2013-01-02 (2).

会和全面建设社会主义现代化国家与中国特色社会主义总体布局具有共同的价值追求。

（2）全面建成小康社会和全面建设社会主义现代化国家进一步明确了中国特色社会主义总体布局的发展任务。全面建成小康社会和全面建设社会主义现代化国家的主题是发展。经济转型的阵痛、资源环境的瓶颈都是全面建成小康社会和全面建设社会主义现代化国家必须应对的困难和挑战。这些困难和挑战往往是由发展不成熟、不科学、不全面的状况导致的。“全面建成小康社会，实现社会主义现代化，实现中华民族伟大复兴，最根本最紧迫的任务还是进一步解放和发展社会生产力。解放思想，解放和增强社会活力，是为了更好解放和发展社会生产力。”① 只有完成解放生产力和发展生产力的根本任务，才能为经济社会发展创造根本的物质基础，圆满完成全面建成小康社会和全面建设社会主义现代化国家的发展要求。中国特色社会主义总体布局从“三位一体”发展到“五位一体”，都是中国特色社会主义事业的总体规划和总体部署，贯穿于中国特色社会主义事业发展过程的始终，以经济、政治、文化、社会、生态文明建设事业为基本维度，是实现中华民族伟大复兴的基本纲领。解放生产力和发展生产力也是中国特色社会主义总体布局要实现的根本目标。党的十八大正是根据中国特色社会主义总体布局的战略部署而将全面建成小康社会的目标界定为经济持续健康发展、人民民主不断扩大、文化软实力显著增强、人民生活水平全面提高、资源节约型和环境友好型社会建设取得重大进展。现在，根据我国社会主要矛盾的变化，党的十九大提出，中国特色社会主义总体布局的现代化目标是富强、民主、文明、和谐、美丽，全面建成小康社会是中国特色社会主义事业在建党一百周年要达到的目标，全面建设社会主义现代化国家是中国特色社会主义在建国一百周年要达到的目标。确切地说，这些具体目标是中国特色社会主义总体布局阶段性目标的具体呈现。

（3）全面建成小康社会和全面建设社会主义现代化国家进一步明确了中国特色社会主义总体布局的发展步骤。全面建成小康社会和全面建设社

---

① 十八大以来重要文献选编：上．北京：中央文献出版社，2014：549.

会主义现代化国家理论和实践的逐步成熟，使中国特色社会主义总体布局的发展步骤更加科学、更加具体。1987 年 10 月，党的十三大提出中国社会主义现代化建设分三步走的总体战略部署。1997 年，党的十五大将第三步目标进一步具体化，形成新的战略规划。习近平进一步指出："为了实现中国梦，我们确立了'两个一百年'奋斗目标，就是到 2020 年实现国内生产总值和城乡居民人均收入比 2010 年翻一番，全面建成小康社会；到本世纪中叶建成富强民主文明和谐的社会主义现代化国家，实现中华民族伟大复兴。"① 党的十九大进一步完善了这个目标。从 2020 年到本世纪中叶可以分两个阶段来安排。第一个阶段，从 2020 年到 2035 年，为基本实现社会主义现代化的阶段。从 2035 年到本世纪中叶，是把我国建成富强民主文明和谐美丽的社会主义现代化强国的阶段。这样，"从全面建成小康社会到基本实现现代化，再到全面建成社会主义现代化强国，是新时代中国特色社会主义发展的战略安排"②。党的二十大提出，全面建成社会主义现代化强国，总的战略安排是分两步走：从 2020 年到 2035 年基本实现社会主义现代化；从 2035 年到本世纪中叶把我国建成富强民主文明和谐美丽的社会主义现代化强国。由此可见，对于全面建成小康社会和全面建设社会主义现代化国家的相继探索和创新，指向 2020 年、本世纪中叶这两个重要时间节点。

总之，全面建成小康社会和全面建设社会主义现代化国家是将"四个全面"凝聚为整体的目标力量。全面建成小康社会和全面建设社会主义现代化国家在规定自身阶段内容的同时，也进一步明确了中国特色社会主义总体布局的发展价值、发展任务、发展方向等一系列问题。

第三节　全面深化改革：优化推进总体布局的改革动力

全面深化改革是"四个全面"的动力系统，为"四个全面"共同发

---

① 习近平．在中法建交五十周年纪念大会上的讲话．人民日报，2014-03-29（2）．

② 十九大以来重要文献选编：上．北京：中央文献出版社，2019：21．

展、全面发展、协调发展提供动力保障，同时也构成中国特色社会主义总体布局的动力系统。

一、全面深化改革的主要要求

正确理解和发挥全面深化改革的地位和作用，必须科学界定和科学把握全面深化改革的内涵和要求。

(1) 全面深化改革以“改革”为主要着力点。我们所界定的全面深化改革是改革的升级阶段，无论从改革目标还是改革方法论上看都获得了极大提升。但是全面深化改革的着力点仍然是改革，是在继承以往改革精神的基础上的新发展。从改革的性质看，全面深化改革仍然是社会主义制度的自我完善和发展。改革是有原则、有立场的抉择。改革必须保持战略定力，保持政治坚定性，明确政治定位。全面深化改革以中国特色社会主义道路为根本方向，是社会主义性质的改革。从改革的地位看，全面深化改革仍然是决定中国命运的历史性抉择，是推进中国特色社会主义事业的主要驱动力量。党的十一届三中全会将党和国家的工作重点转移到社会主义现代化建设事业上来。而全面深化改革以“完善和发展中国特色社会主义制度，推进国家治理体系和治理能力现代化”为总目标，必将推动中国特色社会主义事业步入新阶段。两者都是促进中华民族伟大复兴的重要举措。从改革的目的看，全面深化改革目的仍然是解放生产力和发展生产力，以实现国家富强、民族复兴、人民幸福。全面深化改革继承了党的十一届三中全会以来改革的价值取向，坚持以人民为中心。

(2) 全面深化改革强调全面性。全面深化改革之“全面”包括以下几层含义：首先，主题全面。全面深化改革重在全面性。“全面深化改革，全面者，就是要统筹推进各领域改革，就需要有管总的目标，也要回答推进各领域改革最终是为了什么、要取得什么样的整体结果这个问题。正所谓‘立治有体，施治有序’。”① 全面深化改革是一项极为宏大的工程，必须促进各个领域的改革的联动和协调。其次，措施全面。为了保障改革实

① 习近平关于全面深化改革论述摘编. 北京：中央文献出版社，2014：26.

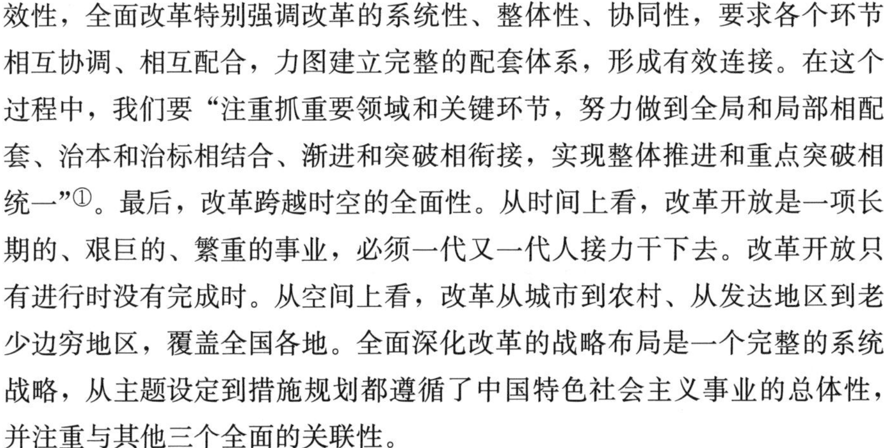

效性，全面改革特别强调改革的系统性、整体性、协同性，要求各个环节相互协调、相互配合，力图建立完整的配套体系，形成有效连接。在这个过程中，我们要“注重抓重要领域和关键环节，努力做到全局和局部相配套、治本和治标相结合、渐进和突破相衔接，实现整体推进和重点突破相统一”①。最后，改革跨越时空的全面性。从时间上看，改革开放是一项长期的、艰巨的、繁重的事业，必须一代又一代人接力干下去。改革开放只有进行时没有完成时。从空间上看，改革从城市到农村、从发达地区到老少边穷地区，覆盖全国各地。全面深化改革的战略布局是一个完整的系统战略，从主题设定到措施规划都遵循了中国特色社会主义事业的总体性，并注重与其他三个全面的关联性。

（3）全面深化改革以“深化”为鲜明特色。强调“深化”是由改革所面临的国际国内形势决定的。改革的艰巨性和复杂性前所未有，如果处理不好不但影响中国特色社会主义事业的总体进程，也可能葬送改革开放所取得的一切成就。因此，“必须以强烈的历史使命感，最大限度集中全党全社会智慧，最大限度调动一切积极因素，敢于啃硬骨头，敢于涉险滩，以更大决心冲破思想观念的束缚、突破利益固化的藩篱，推动中国特色社会主义制度自我完善和发展”②。全面深化改革所强调之“深化”是指改革的深刻性，具体来说包含两层含义。其一，要全面巩固已有改革成果。全面深化改革是建立在已有改革成果基础上的举措。在40多年的改革开放之中，党和国家经过实践探索积累了很多重要经验，形成了很多关于改革内在规律的科学认识。全面深化改革必须坚持改革的社会主义方向，把改革的力度、发展的速度和社会可承受的程度结合起来。其二，要拓展改革的深度和广度。全面深化改革在已有改革成果的基础上进行重要突破，提出了很多新观点、新举措、新思路。为了避免少走弯路、错路，现阶段的改革更强调自主性、自觉性，突出改革的顶层设计，而不是简单地“摸着石头过河”。而且，为了更好地促进资源的合理配置，必须更加清晰地界定政府与市场的关系，发挥市场在资源配置中的决定性作用，发挥新型举国

① 同①44.

② 十八大以来重要文献选编：上. 北京：中央文献出版社，2014：514.

体制的重要作用。另外，全面深化改革将推进国家治理体系和治理能力现代化作为总目标，使改革的总目标更加科学，有利于总体把握改革的整体进程。

总之，全面深化改革坚持社会主义改革的方向、原则、立场，必然为中国特色社会主义总体布局注入强大的创新动力。

二、全面深化改革的主要内容

全面深化改革的总目标是促进中国特色社会主义制度的完善和发展，与中国特色社会主义总体布局相适应，全面深化改革必须加快推进经济体制、政治体制、文化体制、社会体制、生态文明体制的改革。

（1）深化经济体制改革。当前我国全面深化改革的重点仍是经济领域的改革，经济领域改革的任务占全面深化改革总任务的 1/3 以上。经济体制改革要解决的核心问题是政府与市场的关系问题。我们既要充分发挥市场在资源配置中的决定性作用，又要“正确认识和把握资本的特性和行为规律”，“支持和引导资本规范健康发展”①。具体来说，要做到以下几点：首先，要正确处理市场和政府的关系。根据现行经济运行的一般规律来看，市场是最好的资源配置方式。发挥市场的决定性作用，同时要发挥政府在宏观调控、市场监管、公共服务、社会管理、保护环境等方面的职能。其次，要坚持市场经济的社会主义方向。为了保证市场经济运行的社会主义方向，必须坚持和完善基本经济制度，坚持公有制的主体地位，促进多种所有制经济共同发展，同时要提高民生支出在国有资本收益中的比重，促进民众共享经济发展的成果。最后，要营造良好的经济运行环境。要通过完善市场价格机制、竞争机制、金融机制等建立并完善现代市场体系，以保证市场交易的公平性。同时，要深化财税制度改革，健全城乡一体化发展体制机制，构建开放型经济体制，保障市场经济运行的流畅。

（2）深化政治体制改革。政治体制改革是在坚持社会主义性质和根本政治制度前提下进行的改革，是政权组织及其相互关系的调整和完善。事

① 习近平．正确认识和把握我国发展重大理论和实践问题．求是，2022（10）．

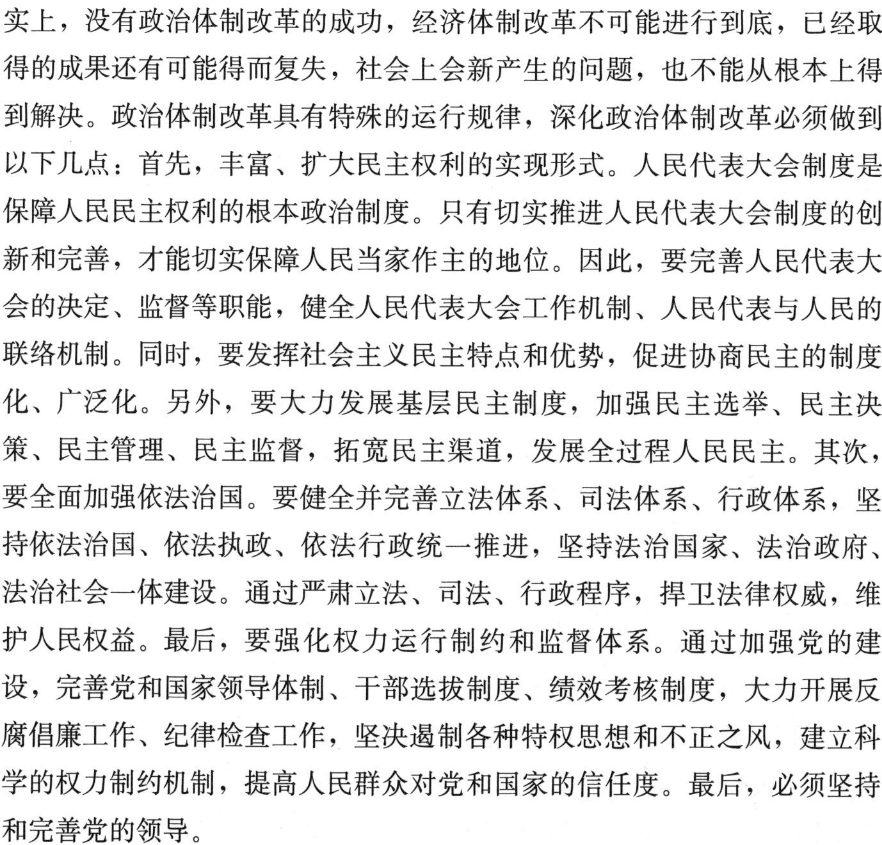

实上，没有政治体制改革的成功，经济体制改革不可能进行到底，已经取得的成果还有可能得而复失，社会上会新产生的问题，也不能从根本上得到解决。政治体制改革具有特殊的运行规律，深化政治体制改革必须做到以下几点：首先，丰富、扩大民主权利的实现形式。人民代表大会制度是保障人民民主权利的根本政治制度。只有切实推进人民代表大会制度的创新和完善，才能切实保障人民当家作主的地位。因此，要完善人民代表大会的决定、监督等职能，健全人民代表大会工作机制、人民代表与人民的联络机制。同时，要发挥社会主义民主特点和优势，促进协商民主的制度化、广泛化。另外，要大力发展基层民主制度，加强民主选举、民主决策、民主管理、民主监督，拓宽民主渠道，发展全过程人民民主。其次，要全面加强依法治国。要健全并完善立法体系、司法体系、行政体系，坚持依法治国、依法执政、依法行政统一推进，坚持法治国家、法治政府、法治社会一体建设。通过严肃立法、司法、行政程序，捍卫法律权威，维护人民权益。最后，要强化权力运行制约和监督体系。通过加强党的建设，完善党和国家领导体制、干部选拔制度、绩效考核制度，大力开展反腐倡廉工作、纪律检查工作，坚决遏制各种特权思想和不正之风，建立科学的权力制约机制，提高人民群众对党和国家的信任度。最后，必须坚持和完善党的领导。

（3）深化文化体制改革。我国文化体制改革经历了从 1978 年到 2002 年的应对式改革阶段和十六大以来的主动式改革两个阶段。在应对式改革阶段，文化体制改革的目的、改革的方式都遵循经济体制改革的运行逻辑展开。其实，文化产品本身具有事业和产业的双重属性，必须正确处理经济效益与社会效益的关系，否则，必然会干扰文化发展的根本方向。深化文化体制改革，要求采取更积极、更广泛的形式推动文化发展。具体来看，首先，明确文化体制改革的发展方向。全面深化文化体制改革的目标是全面建成小康社会和全面建设社会主义现代化国家，建设社会主义文化强国。目标决定举措，因此，必须高举中国特色社会主义文化旗帜，坚持文化为人民服务的工作导向，坚持贯彻和落实“百花齐放、百家争鸣”的基本方针。其次，要完善文化领导体制、管理体制和生产经营机制。深化文化体制改革，建立现代文化管理体系和经营体系，必须遵循文化运行体制的特殊规律，要正确处理政府与市场的关系，促进政府由参与者转变为管理者；要正确处理文化产业与文化事业的关系，既要大力发展文化事业保障人民群众的基本文化权益，也要大力发展文化产业，活跃文化市场，满足人民群众的多样化的文化需要；要正确处理经济效益与社会效益的关系，无论发展文化产业还是文化事业，都必须将社会效益放在首位，发挥文化的教化功能。再次，要大力完善文化创新体系。要通过优化文化产业结构，丰富文化内容、创新文化合作形式，推动文化与科学技术相融合，促进文化事业和产业的规模化、集约化、专业化，提高文化的竞争力和凝聚力。最后，要构建文化公共服务体系。要优化文化产品的生产、分配的空间格局，大力开展文化惠民项目和惠民工程，促进文化公平性、广泛性覆盖，尤其是要向基层、农村、脱贫地区倾斜，保障民众基本文化权益。

（4）深化社会体制改革。这里的社会体制指在一定社会制度条件下政府、社会组织、个人之间的责权配置关系、社会的运行秩序和社会管理模式。我国正处于社会发展的战略机遇期，也是社会矛盾凸显期，各种利益关系错综复杂、社会结构深刻变动。深化社会体制改革已经成为全面深化改革的新重点。深化社会体制改革，主要需要完成以下任务：其一，要深化社会事业改革。教育、就业、社会保障制度、医疗卫生等社会事业是与人民群众日常生活息息相关的领域，直接关系到人民群众的现实利益问题。要充分利用现代教育手段，优化教育结构，要创新高校人才培养机制，推进考试制度改革、招生制度改革、就业制度改革，建立健全现代教育组织机制和运行机制，构建能够满足社会发展多方面需要的教育格局；要厘清政府和医院的关系，深化基层卫生机构改革，完善居民的基本医疗卫生制度、全民医保体系、医疗信息共享平台，加快健全重大疾病医疗保险和救助制度、中医药事业发展政策和机制、医疗人力资源管理机制、医疗绩效评价机制、人事薪酬制度，要改革医药流通体制，建立国家基本药物制度。各种公共卫生事件提示我们：必须坚持医疗卫生事业的人民性、公共性。唯此，才能切实保障人民群众的健康，有效维护社会稳定。要建

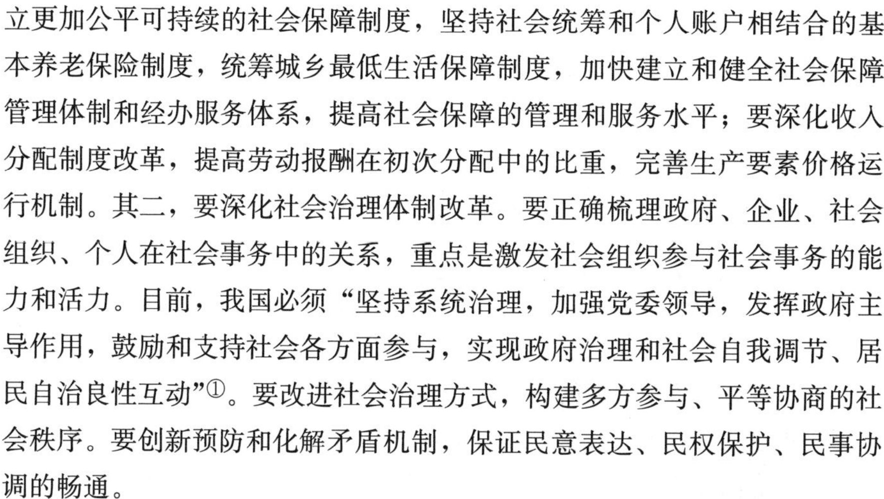

立更加公平可持续的社会保障制度，坚持社会统筹和个人账户相结合的基本养老保险制度，统筹城乡最低生活保障制度，加快建立和健全社会保障管理体制和经办服务体系，提高社会保障的管理和服务水平；要深化收入分配制度改革，提高劳动报酬在初次分配中的比重，完善生产要素价格运行机制。其二，要深化社会治理体制改革。要正确梳理政府、企业、社会组织、个人在社会事务中的关系，重点是激发社会组织参与社会事务的能力和活力。目前，我国必须“坚持系统治理，加强党委领导，发挥政府主导作用，鼓励和支持社会各方面参与，实现政府治理和社会自我调节、居民自治良性互动”①。要改进社会治理方式，构建多方参与、平等协商的社会秩序。要创新预防和化解矛盾机制，保证民意表达、民权保护、民事协调的畅通。

（5）深化生态文明体制改革。党的十八大以来，党和国家加快了生态文明建设的步伐。然而，对生态环境思想上高度重视、经济面前让步的现象仍然存在，局部环境改善、总体污染严重的尴尬局面并没有根本扭转。在坚持党的领导的前提下，深化生态文明体制改革，主要应该做好以下工作：首先，加强环境立法体系改革。深化生态文明体制改革，必须健全生态环境法律法规，编纂和颁布生态文明法典，严肃环境保护的原则和精神，加大对生态破坏行为的惩治力度，扩大环境保护客体范围，使生态文明建设有法可依。其次，健全并完善生态文明制度体系。“建设生态文明，必须建立系统完整的生态文明制度体系，实行最严格的源头保护制度、损害赔偿制度、责任追究制度，完善环境治理和生态修复制度，用制度保护生态环境。”② 要把能源资源消耗、环境损害等行为纳入经济社会发展评价体系之中，建立体现生态文明要求的考核方式和奖惩机制。同时，要严守资源环境生态红线，健全国土空间开发保护制度，将各类开发活动限制在资源环境的承载限度之内。最后，健全生态文明建设宣传机制、领导机制和工作机制，推动生产方式、生活方式的绿色化。要大力发展绿色产业、循环经济，推进节能减排、加强资源节约。积极培育生态文化、生态道

① 十八大以来重要文献选编：上．北京：中央文献出版社，2014：539.

② 同①541.

德，使生态文明成为社会主流价值观，成为社会主义核心价值观的重要内容。要加强和改进中央环保督察制度。此外，要统筹国际、国内资源，探索有效的工作模式，形成有利于推进生态文明建设的工作格局。

综上，全面深化改革要求我们在坚持党的领导的前提下，大力推进经济、政治、文化、社会、生态文明领域的体制改革。

三、全面深化改革在总体布局中的重要地位

经济、政治、文化、社会、生态文明等领域的深刻体制改革，可以全面、科学地处理各个方面的利益关系和矛盾冲突，全方位释放社会发展活力，为推进中国特色社会主义总体布局提供动力保障。

（1）全面深化改革是实现中国特色社会主义总体布局的关键环节。我国改革大体经过了由简入繁、由浅入深的循序推移过程，当先行先试的“改革红利”耗尽时，剩下的更多的是暗礁险滩和难啃的硬骨头。全面深化改革是解放思想，清除僵化观念，破除生产力、经济发展的桎梏，改革经济发展方式、分配制度、行政体制的强大动力。为了跨越“中等收入陷阱”，把权力关进制度的笼子里，使人民群众共享经济社会发展的成果，必须提高改革精确发力和精准落地能力，力求在关键重点领域和关键环节有所突破，重新规划国家与人民、中央与地方、东中西部、城市和农村利益格局，使人民群众真正成为经济、政治、文化、社会、生态文明事业发展的参与者和利益获得者，促进经济社会全面发展。习近平强调：“我们胆子要大、步子要稳。胆子要大，就是改革再难也要向前推进，敢于担当，敢于啃硬骨头，敢于涉险滩。步子要稳，就是方向一定要准，行驶一定要稳，尤其是不能犯颠覆性错误。”① 因此，全面深化改革是实现中国特色社会主义总体布局的关键环节。

（2）全面深化改革是推进中国特色社会主义总体布局全面推进的根本驱动力。全面深化改革是对中国特色社会主义实践经验的深刻反思，是中国特色社会主义理论的创新设计。中国特色社会主义总体布局涵盖经济、政治、文化、社会、生态文明等各个领域，贯穿中国特色社会主义事业发

① 习近平接受俄罗斯电视台专访. 人民日报，2014-02-09（1）.

展的全过程，是一个全面性、系统性工程。任何一个领域的改革都会对其他领域产生带动效应。任何一项改革举措、任何一个环节的调整都会对其他举措、其他环节产生关联效应。“这项工程极为宏大，零敲碎打调整不行，碎片化修补也不行，必须是全面的系统的改革和改进，是各领域改革和改进的联动和集成，在国家治理体系和治理能力现代化上形成总体效应、取得总体效果。”① 全面深化改革的工作思路在于避免头痛医头、脚痛医脚，以全局性的眼光把握中国特色社会主义事业的整个进程，统筹各个领域、各个环节、各项举措，使各个领域的改革相互协调、各个环节的改革相互衔接、各项举措相得益彰。因此，必须通过全面深化改革，使每一个领域、每一个环节、每一项措施的活力都能有效释放，最终推动实现国家治理体系和治理能力的现代化。

（3）全面深化改革是决定中国特色社会主义命运的关键性抉择。全面深化改革是中国特色社会主义的战略抉择，也是成就中国特色社会主义事业的战略举措。1978 年的改革开放开启了中国特色社会主义之旅，新时代提出的全面深化改革是解决中国式问题的针对性方略。在全面深化改革过程中，必须要紧紧围绕使市场在资源配置中起决定性作用深化经济体制改革，坚持和完善基本经济制度；紧紧围绕坚持党的领导、人民当家作主、依法治国有机统一深化政治体制改革，加快推进社会主义民主政治制度化、规范化、程序化；紧紧围绕建设社会主义核心价值体系、社会主义文化强国来深化文化体制改革，推动社会主义文化大发展大繁荣；紧紧围绕更好保障和改善民生、促进社会公平正义深化社会体制改革，改革收入分配制度，促进共同富裕；紧紧围绕建设美丽中国深化生态文明体制改革，推动形成人与自然和谐发展的现代化建设新格局；紧紧围绕提高科学执政、民主执政、依法执政水平深化党的建设制度改革②。“六个围绕”确定了全面深化改革的社会主义方向和基本内容，是坚持和完善中国道路的根本途径。全面深化改革的着力点直接影响中国特色社会主义事业的全局面貌。必须通过全面深化改革解决经济、政治、文化、社会、生态文明等各

① 习近平关于全面深化改革论述摘编．北京：中央文献出版社，2014：27.

② 十八大以来重要文献选编：上．北京：中央文献出版社，2014：512-513.

个领域的弊端，巩固党和人民的血肉联系，这样，才能夯实中国特色社会主义道路根基。

总之，全面深化改革必须以百折不挠的决心和勇气直面各种困难，以前所未有的广度、深度、力度清除体制机制障碍，为推进中国特色社会主义总体布局提供动力支持。今天，我们要通过全面深化改革推动形成与新质生产力相适应的新型生产关系，促进新质生产力的发展。

第四节　全面推进依法治国：加强推进总体布局的法治保障

全面推进依法治国是“四个全面”的法治保障系统，是促进“四个全面”协调发展的法治措施，是推进中国特色社会主义总体布局的法治保障。我们要切实把习近平法治思想贯彻落实到全面依法治国全过程。

一、全面推进依法治国的主要要求

要正确把握全面推进依法治国在中国特色社会主义总体布局中的作用，必须科学界定和把握其基本内涵。

（1）全面推进依法治国的基本要义为“依法治国”。1997 年，党的十五大第一次清晰界定了依法治国的基本内涵。十五大报告指出，依法治国，就是广大人民群众在党的领导下，依照宪法和法律规定，通过各种途径和形式管理国家事务，管理经济文化事业，管理社会事务，保证国家各项工作都依法进行，逐步实现社会主义民主的制度化和法律化，使这种制度和法律不因领导人的改变而改变，不因领导人看法和注意力的改变而改变。由此可见，依法治国的实质就是广大人民群众在党的领导下，依靠宪法和法律去管理国家以及社会经济文化事务。依法治国，更具客观性、常态化，与德治相区别，更强调权威性和程序性。由此可见，依法治国是完善国家治理体系以及提高国家治理能力的根本手段。在道德失灵的领域，应该推进法治的积极介入。然而，我国的依法治国能力和水平尚不能完全适应经济社会发展的客观要求。实现全面建成小康社会和全面建设社会主义现代化国家的宏伟目标，必须全面推进依法治国，使各项工作事业沿着法治的轨道有效运转，使企业、公民的合法权利得到公平维护，使违法乱纪行为得到有效遏制。全面推进依法治国以法律、制度的形式规范全面从严治党、全面深化改革的进程和成果，是全面建成小康社会和全面建设社会主义现代化国家的政治目标。因此，我们必须全面推进依法治国，促进社会主义民主政治的制度化、规范化和程序化，推动社会主义政治文明建设。

（2）全面推进依法治国的阶段特征为“全面”。全面推进依法治国所强调的“全面性”，包括法治目标的全面性、法治环节的全面性以及法治举措的全面性。首先，法治目标的全面性。与推进中国特色社会主义总体布局的目标相适应，全面推进依法治国的目标也必须具有全面性。全面推进依法治国的总目标是建设中国特色社会主义法治体系，建设社会主义法治国家。全面推进依法治国与全面建成小康社会和全面建设社会主义现代化国家、全面深化改革、中国特色社会主义总体布局的目标是相互衔接、相互贯通的。具体来说，要坚持中国特色社会主义制度，健全并完善中国特色社会主义法治理论、法律规范体系、法治实施体系、法治监督体系、法治保障体系，形成完善的党内法规体系，要求依法治国、依法执政、依法行政共同推进，坚持法治国家、法治政府、法治社会一体建设①。全面推进依法治国需要以上述五大法律法规体系作支撑，党、政府、人民共同参与，中国特色社会主义制度、中国特色社会主义法治理论共同引导。其次，法治环节的全面性。1978年，党的十一届三中全会提出“有法可依、有法必依、执法必严、违法必究”的社会主义法治建设的基本方针。在总结社会主义法治建设的基本经验的基础上，2012年党的十八大进一步提出“科学立法、严格执法、公正司法、全民守法”的新十六字方针，进一步提升了法治建设的水平。科学立法是全面推进依法治国的前提，严格执法是关键，公正司法是保障，全民守法是基础。新十六字方针对法治建设各个环节的要求更加严肃，体现了全面推进依法治国的一致性，更加明确了

① 十八大以来重要文献选编：上. 北京：中央文献出版社，2014：529.

法治建设的一体化要求。最后，法治举措的全面性。其中，依法治国是党和人民治理国家的基本方略，党的领导是根本保证，依法执政是依法治国的关键，依法行政是依法治国的重点。只有坚持法治观念的科学性、立法体系的完善性、司法工作的公正性、执法工作的严格性、守法层面的普遍性，才能确保依法治国的有效性。

（3）全面推进依法治国强调“积极推进”。全面推进依法治国既是一种积极主动的战略决心和勇气，也是一种重视质量和效益的创新精神。尽管我国已经建立起与社会主义市场经济相适应的社会主义法治体系，但是，原有法治体系建设主动性不强，一些法律不能全面客观反映人民意愿，很多法律执行效果差等。历史地看，我国缺乏一个长期的法治孕育环境，公众没有经过系统的法治启蒙。在经济全球化时代，无论国内市场经济的发展，还是国际贸易的有序对接都需要来自法治体系的根本保障。我国的法治建设开始由粗放型向精细化、质量化、规范化阶段发展。“各级领导干部要提高运用法治思维和法治方式深化改革、推动发展、化解矛盾、维护稳定能力，努力推动形成办事依法、遇事找法、解决问题用法、化解矛盾靠法的良好法治环境，在法治轨道上推动各项工作。”① 为此，必须在新的发展模式中更重视法治建设的质量和效益，更坚持立法的质量。与全面深化改革一致，全面推进依法治国强调一种改革创新精神，要勇于革除陈规陋法，推进法治的时代化，使法治建设与经济生活的发展相协调。

总之，只有坚持依法治国才能保障各方面事业的顺利开展。全面推进依法治国，是全面建成小康社会和全面建设社会主义现代化国家、全面深化改革、全面从严治党的法治保障。

二、全面推进依法治国的主要内容

全面推进依法治国是一项系统工程。为了保障依法治国方略的全面贯彻落实，必须将法治精神、法治文化、法治意识整合起来，坚持依宪治国、依法行政、依法执政的有机统一，坚持科学立法、严格执法、公正司

---

① 十八大以来重要文献选编：上. 北京：中央文献出版社，2014：92.

法、全民守法相协调。

(1) 党的领导是全面推进依法治国的根本保证。中国共产党是我国的执政党，是中国特色社会主义事业的领导核心。坚持党的领导、人民当家作主和依法治国的统一是中国特色社会主义民主政治的根本原则，也是加强社会主义法治建设的基本原则。因此，我国“必须坚持党领导立法、保证执法、支持司法、带头守法，把依法治国基本方略同依法执政基本方式统一起来，把党总揽全局、协调各方同人大、政府、政协、审判机关、检察机关依法依章程履行职能、开展工作统一起来，把党领导人民制定和实施宪法法律同党坚持在宪法法律范围内活动统一起来，善于使党的主张通过法定程序成为国家意志，善于使党组织推荐的人选通过法定程序成为国家政权机关的领导人员，善于通过国家政权机关实施党对国家和社会的领导，善于运用民主集中制原则维护中央权威、维护全党全国团结统一”①。只有坚持党的领导，才能经过法定程序将党的意志上升为国家的意志，才能将党的科学决策以法治的形式表现出来，才能推进法治方略的顶层设计和具体贯彻。中国共产党是社会主义事业的核心力量，只有坚持党的领导，才能将立法、司法、行政等各项工作和法治机构统一起来，形成社会主义法治建设的协同力量。党员干部是依法治国方略的领导者、组织者和实践者。党领导人民制定宪法和法律，经过立法机关通过之后，全体党员必须在宪法和法律范围内活动，必须严格遵守宪法和法律的各项要求。坚持党的领导，就要通过党员的先锋模范作用维护社会主义法律权威，捍卫社会主义法律尊严。

(2) 依宪治国是全面推进依法治国的首要前提。宪法是制定各项法律法规的根本依据，在整个法律体系中居于核心地位，具有最高的法律地位、法律权威和法律效力。从某种意义上说，依宪治国就是依法治国。因此，“坚持依法治国首先要坚持依宪治国，坚持依法执政首先要坚持依宪执政”②。维护人民权益是依法治国的出发点和归宿，而宪法规定了公民的基本权利和义务，是国家机关和各部门维护人民权益的法律依据。同样，

① 十八大以来重要文献选编：中. 北京：中央文献出版社，2016：158.

② 同①55.

党和广大人民群众都必须在宪法规定的范围内活动，任何人都没有超越宪法的特权。国家和地方机关的建立、组织、运行都必须以宪法为根本规则，接受宪法监督。中国特色社会主义理论、中国特色社会主义制度、中国特色社会主义道路、中国特色社会主义文化都是依托宪法得以呈现的。推进中国特色社会主义总体布局所需要的法治理论、法律规范体系、法治实施体系、法治监督体系、法治保障体系、党内法规体系必须在宪法的框架体系内完成。全面推进依法行政、依法治国、依法执政、依法行政必须以宪法为根本依据。宪法凝练了国家法律原则和法治精神，建设社会主义法治国家、法治政府、法治社会必须以宪法为根本准绳。“宪法的生命在于实施，宪法的权威也在于实施。”① 坚持依宪治国，必须健全并完善宪法的实施和监督制度。按照党的十八届四中全会和十九届四中全会精神，要明确全国人民代表大会及其常务委员会的宪法监督职权，规范宪法解释程序，确保宪法精神的具体化及有效贯彻。

（3）依法行政是全面推进依法治国的关键环节。在我国，不仅经济、政治、文化、社会、生态文明等各个领域的管理任务都是由行政机关承担，而且80%的法律、地方性法规都是由行政机构执行。行政机构能否依法行政直接关系到人民群众最直接最现实的利益关系，关乎政府形象以及人民群众对党的信任度。因此，依法行政是全面推进依法治国的重大任务和关键环节，加快建设法治政府是发展社会主义民主政治的迫切需要。从总体状况看，我国行政领域的发展状况与改革开放后的经济发展状况相适应，但是，也存在行政不作为、乱作为等现象，甚至出现弄虚作假、消极腐败等问题。为了彻底有效地贯彻落实依法治国基本方略，我们必须大力建设职能科学、权责法定、执法严明、公开公正、廉洁高效、守法诚信的法治政府，使法治政府的基本标准更加明确具体。要全面推进依法行政，达到依法治国根本要求，必须坚持行政机构于法有据，法无授权不可为，法定责任必须为。党的十九大报告提出：“建设法治政府，推进依法行政，严格规范公正文明执法。”② 为此，行政机关要知法、懂法，严格按照法律

---

① 十八大以来重要文献选编：上. 北京：中央文献出版社，2014：88.

② 十九大以来重要文献选编：上. 北京：中央文献出版社，2019：27.

法规章程办事，公平、公正、公开地处理工作事务。行政机构工作人员要以身作则，带头守法，营造和谐的守法氛围。

（4）公正司法是全面推进依法治国的核心要求。从人治到法治是政治文明的重大进步，而法治的精髓在于限制强权、特权，保障法律面前人人平等。司法机构可以通过矫正、修复、救济等方式惩治违法行为，规范社会权利义务关系，维护社会公正。司法机关的职能具有特殊性，司法公正是维护社会公平正义的最后一道防线。“公正是法治的生命线。司法公正对社会公正具有重要引领作用，司法不公对社会公正具有致命破坏作用。”① 然而，在司法实践中违背司法公正的做法时有发生，造成多起影响广泛的冤假错案。这些案件反映出我国司法体制和司法公正领域存在一些缺陷和漏洞，引发了全社会的关注。因此，全面推进依法治国，必须在司法领域进行冤假错案的复查和平反，要以最坚决的意志和最坚决的行动纠正政法领域的歪风邪气。要以此为契机，将司法公正的原则在法治建设中予以整体推进，防止悲剧重演。司法机关工作人员是维护公平正义的守护神，如果司法机关工作人员不能依法办事，必然亵渎法律尊严，损害司法权威，败坏法治公信力。司法机关由人民法院、人民检察院、公安机关等部门组成，其中人民法院是国家审判机构，人民检察院是国家的法律监督机关，公安机关是治安机关，是法治建设的主力军。司法机构必须以事实为根据，以法律为准绳，依法公正行使审判、监督、治安等职能，确保司法公正高效权威，惩恶扬善，让人民群众在每一起案件中都能感受到公平正义。

（5）全民守法是全面推进依法治国的基础。全民守法是依法治国的基础工程，具有普遍性和广泛性。这里，全民既包括自然人，也包括法人；既包括党员，也包括普通群众。它主要是依托法律文化和法律精神的浸染与熏陶，提高公民对法律认知与认同。我们要看到，“法律的权威源自人民的内心拥护和真诚信仰。人民权益要靠法律保障，法律权威要靠人民维护。必须弘扬社会主义法治精神，建设社会主义法治文化，增强全社会厉行法治的积极性和主动性，形成守法光荣、违法可耻的社会氛围，使全体

① 十八大以来重要文献选编：中. 北京：中央文献出版社，2016：168.

人民都成为社会主义法治的忠实崇尚者、自觉遵守者、坚定捍卫者”①。建设法治社会依赖全体社会成员的有效参与，这必然要求人们加强自我管理、自我服务、自我约束，以形成人人知法、懂法、守法的良好社会氛围。因此，必须加强社会主义法治的宣传和教育，弘扬社会主义法治精神，建设社会主义法治文化，树立科学的社会主义法治价值观，引导人们积极遵守法律法规，成为社会主义法治的践行者和捍卫者，使法治精神深入人心。任何企业、组织、个人都必须在宪法和法律规定的范围内活动，以宪法和法律为行动准则，依照宪法和法律来行使权利、履行义务和职责。党员干部更要以身作则、率先垂范，依照法律规定的内容和程序履行职权。

概括地讲，全面推进依法治国是“四个全面”战略布局的重要内容，是推动顺利实现“五位一体”总体布局的法治保障。加强社会主义法治建设，必须坚持科学立法、严格执法、公正司法、全民守法的有机统一，这样，才能开拓中国特色社会主义法治建设的新局面。

三、全面推进依法治国在推进总体布局中的重要作用

全面推进依法治国，通过规范公民、组织、国家等主体的价值理念和行为方式，推进法治国家、法治社会、法治政府的一体化建设，能够为推进中国特色社会主义总体布局提供法治保障。

（1）全面推进依法治国是中国特色社会主义政治建设的重要内容。政治建设是中国特色社会主义总体布局中的重要环节。我国正处于政治建设的敏感时期，有一部分人罔顾中国的历史和现实，打着所谓“民主化”的旗帜，企图背离马克思主义信仰和中国特色社会主义道路。另外，特权思想、家长制作风在一部分人的思想中仍然根深蒂固，违背社会主义民主政治发展的客观规律。而全面推进依法治国是中国特色社会主义政治事业的重要组成部分，是推进中国特色社会主义经济、文化、社会、生态文明事业的重要保障，其目标在于推进社会主义民主的不断兴旺发达。具体来

① 十八大以来重要文献选编：中．北京：中央文献出版社，2016：172.

说，全面推进依法治国通过完善以宪法为核心的中国特色社会主义法律体系，能够推动中国特色社会主义法治建设的进步；通过深入推进依法行政，加快建设法治政府，能够推动行政管理体制改革，促进政府自身建设；通过保证公正司法，提高司法公信力，捍卫宪法和法律权威，能够营造公正、公平、公开的法治氛围；通过增强全民法治观念，推进法治社会建设，能够保障公民公平享有社会权利，积极履行社会义务；通过加强政法工作队伍建设，能够推动社会主义法治组织建设和人才建设；通过加强和改进党对全面推进依法治国的领导，能够提高党的执政能力和领导能力。中国特色社会主义总体布局是一项全面性的事业。全面推进依法治国不仅是其路径选择，而且强调途径上升为目标的发展指向。

（2）全面推进依法治国是推进中国特色社会主义总体布局的规范指引。法令行则国治国兴，法令弛则国乱国衰。全面推进依法治国即通过法律的权威性和威慑力影响行为主体的思维方式、行为方式和价值观念，以确保通过理性的方式选择行为路径。从经济层面看，社会主义市场经济是契约经济、法治经济、信用经济，市场经济运行之下的权利义务关系需要法律的规范和确认，市场交易规则需要法律的引导和保障。要充分发挥市场经济在资源配置中的决定性作用，必须全面推进依法治国工作，规范引领市场主体的交易行为，维护市场经济的平稳运行。改革开放进入攻坚期和深水期，按照市场经济要求推动经济、政治、文化、社会、生态文明等领域的全面变革，全面巩固改革开放所积淀的成果也需要法律的引导和保障作用。在执法层面上，法治建设任务非常繁重，仍然存在知法犯法、徇私枉法、以言代法等问题，例如冤假错案、拆迁上访等问题。如果任由此种现象蔓延，势必影响政府和群众的关系，降低司法公信力。因此，必须全面推进依法治国，规范政府审批权限和管理方式，约束政府权力，保障公民基本权利。另外，进入转型时期以来，我国的腐败问题越演越烈，破坏党群关系和干群关系，危害社会大局。为了持久有效地根治腐败问题，化解矛盾冲突，提高党的执政能力，必须全面推进依法治国，加强党纪党规建设。

（3）全面推进依法治国是推进中国特色社会主义总体布局的价值指

引。依法治国不仅是施政工具和管理手段，而且是价值观建设的重要内容。然而，在全面建成小康社会和全面建设社会主义现代化国家的关键阶段，一些思想扭曲、道德失范、违法乱纪现象的不时涌现，给社会公序良俗造成消极影响。坚持全面推进依法治国和践行社会主义核心价值观的统一，是党和国家基于社会现实发展状况的正确选择。培育和践行社会主义核心价值观的宗旨在于树立科学合理、积极向上的精神信仰，引导人们规范自身行为方式，保持对美好生活的向往和追求。法治是社会主义核心价值观的重要组成部分，是其他构成要素的必要保障。全面推进依法治国的主体是广大人民群众。法律是民主政治发展的成果，是所有公民必须遵循的共同准则。只有坚持依法治国，才能构建国家层面的富强、民主、文明、和谐；只有坚持依法治国，才能构建社会层面的自由、平等、公正；只有坚持依法治国，才能构建个人层面的爱国、敬业、诚信、友善。社会主义法治本身包含对公平正义的价值判断，内含惩恶扬善的示范，是建立公平、公正、合理社会秩序的内在要求。因此，我们要“引导全体人民做社会主义法治的忠实崇尚者、自觉遵守者、坚定捍卫者”①。全面推进依法治国，以法律强化公民的主体地位和权利地位，可以确保公众广泛参与，形成推动中国特色社会主义总体布局的社会合力。

总之，全面推进依法治国是协调社会主体力量的最根本方式。通过全面推进依法治国可以巩固改革开放成果，推动经济、政治、文化、社会、生态文明领域的改革，提高党的执政能力和执政水平，以保障稳定实现全面建成小康社会和中华民族伟大复兴事业的目标。我们要坚持以习近平法治思想为根本遵循和行动指南，全面推进依法治国。

第五节　全面从严治党：强化推进总体布局的领导力量

全面从严治党是“四个全面”的保障系统，是引领“四个全面”协调

① 中共中央关于坚持和完善中国特色社会主义制度 推进国家治理体系和治理能力现代化若干重大问题的决定. 人民日报，2019-11-06（1）.

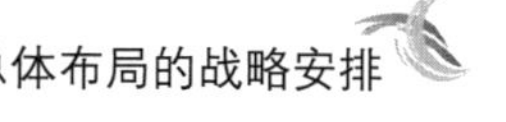

前进的根本保证，也是推进中国特色社会主义总体布局的核心力量之所在。

一、全面从严治党的主要要求

要正确把握全面从严治党在中国特色社会主义总体布局中的作用，必须科学界定其基本内涵和要求。

（1）全面从严治党以“治党”为本质追求。从严治党就是要锤炼党的纯洁性，保持党的先进性，提高党的执政能力、战斗力、创新力以及凝聚力，是促进党自我管理、自我创新、自我净化、自我完善、自我革命的根本途径。“治党”强调落实党员责任，加强对党员尤其是党员干部的日常监督管理，侧重预防监督制度的工作落实。从当前状况看，形式主义、官僚主义、享乐主义、奢靡之风是群众深恶痛绝、反映最强烈的问题，也是损坏党群干群关系的根源所在。如果任由“四风”蔓延和肆虐，势必破坏党的形象，撼动党的执政根基。这就要求我们首先要促进党建工作的细致化、常态化、规范化，防微杜渐，坚决从具体问题抓起，从源头上规范治理活动。为此，必须认真贯彻“八项规定”“六项禁令”，推动党员管理的制度化，重点加强对党员干部的监督工作。从严治党能够有效解决在党的工作和党员队伍中已经发生的危害党的形象、党群关系的违法乱纪问题。习近平指出：“凡是影响党的创造力、凝聚力、战斗力的问题都要全力克服，凡是损害党的先进性和纯洁性的病症都要彻底医治，凡是滋生在党的健康肌体上的毒瘤都要坚决祛除，使中国共产党始终同人民心连心、同呼吸、共命运。”① 这要求我们必须严格遵守党的章程，着力解决在实际工作中出现的违背党的性质、宗旨的问题。坚持全面从严治党，必须从各个领域、各个环节加强党的建设工作，要以“照镜子、正衣冠、洗洗澡、治治病”为总要求，务必找准穴位、抓住要害，“打虎”“拍蝇”绝不姑息。

（2）全面从严治党以“全面”为根本。全面从严治党是根据党建工程的长期性、广泛性等特征而制定的整体性规划。“全面”意味着横纵两个维度，既有空间上的规制，又有时间上的常态化要求。这就要求，必须建

---

① 十八大以来重要文献选编：中. 北京：中央文献出版社，2016：82.

立一整套覆盖全面、运行长效的体制机制，使之纵横结合、环环相扣、有效衔接。具体来说，从内容上看，全面从严治党涵盖政治建设、思想建设、组织建设、作风建设、反腐倡廉建设、制度建设。其中，政治建设是要害，思想建设是灵魂，组织建设是保障，作风建设是基础，反腐倡廉建设是关键，制度建设是根本。只有坚持从政治、思想、组织、作风、反腐倡廉、制度等各个方面加强规范管理，才能保障从严治党收到成效。从主体上看，从严治党所涉及的主体覆盖从上至下各级党组织，包括党组织负责人、各级党员干部以及普通党员，要求人人有责，杜绝特权。从纵向维度看，从严治党贯穿党员培育、监督、管理、激励、惩处等各个环节，必须落实到党的建设的全过程。从严治党是一项常态化建设，必须常抓不懈。另外，坚持全面从严治党还要处理好全局和重点的关系，注重方法的科学性，确保工作的有效性。促进全面从严治党的整体推进，必须在关键问题、重点环节上有所突破，切实发挥重点工作的牵引作用。同时，要重点加强对领导干部的管理和监督工作，通过以点带面、以上率下，形成人人有责、层层尽责的局面。

（3）全面从严治党以“从严”为关键。“从严”是全面从严治党的一条主线。习近平强调，党员干部既要严以修身、严以用权、严以律己，又谋事要实、创业要实、做人要实。严是一种决心、一种态度。打铁还需自身硬，中国共产党一贯重视自身建设，有勇气有能力解决危害党风党纪的问题。严也是一种策略。基于世情、国情、党情以及社情民意的新变化，党不仅要经受执政考验、改革开放考验、市场经济考验、外部环境考验，而且要抵御精神懈怠的危险、能力不足的危险、脱离群众的危险、消极腐败的危险。坚持从严治党，首先要严格党员及党员干部的资格和标准。中国共产党是由工人阶级中的先进分子构成，严格党员标准，必须认真考核其政治信仰、政治立场，必须发展高质量的党员。另外，在党员干部的选拔任用方面，要切实坚持“德才兼备”的标准，大胆选用敢作敢为、任劳任怨的好干部。其次要严明党的纪律，严肃问责。严明党的纪律首要是严格党的政治纪律，保证党组织和党员在政治方向、政治立场、政治言论、政治行为等方面遵守规矩。同时要严明党的组织纪律，维护党的权威，坚

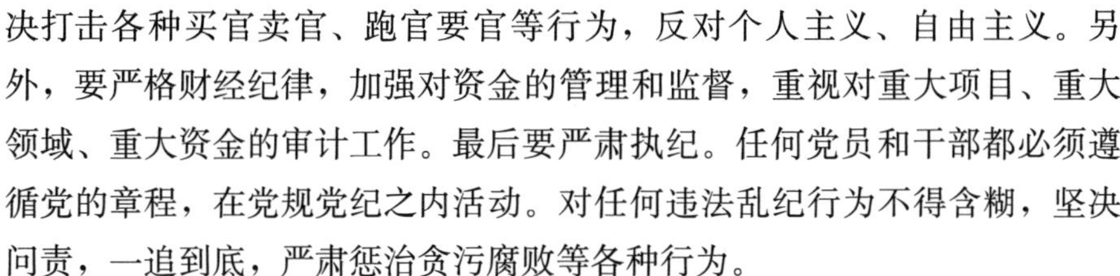

决打击各种买官卖官、跑官要官等行为，反对个人主义、自由主义。另外，要严格财经纪律，加强对资金的管理和监督，重视对重大项目、重大领域、重大资金的审计工作。最后要严肃执纪。任何党员和干部都必须遵循党的章程，在党规党纪之内活动。对任何违法乱纪行为不得含糊，坚决问责，一追到底，严肃惩治贪污腐败等各种行为。

总之，“全面”“从严”“治党”相互协调形成三位一体的治党格局。以全面为根本，以从严为关键，以治党为本质追求，对党的建设工作提出新的要求和部署。全面从严治党为全面建成小康社会、全面深化改革、全面推进依法治国提供政治导引。

二、全面从严治党的主要内容

围绕建设什么样的党、怎样建设党这一重大历史课题，全面从严治党必须着眼于全面建成小康社会和全面建设社会主义现代化国家、全面深化改革、全面推进依法治国的战略部署，着眼于全面推进中国特色社会主义总体布局的历史任务，系统展开。

（1）加强党的政治建设。党的政治建设是党的根本性建设，决定着党的建设方向和效果。为了有效克服个人主义、分散主义、自由主义、本位主义、好人主义，为了有效反对宗派主义、圈子文化、码头文化，为了彻底消除搞两面派、做两面人的歪风邪气，必须增强全党的政治意识、大局意识、核心意识、看齐意识，自觉在思想上政治上行动上与以习近平同志为核心的党中央保持高度一致。目前，“保证全党服从中央，坚持党中央权威和集中统一领导，是党的政治建设的首要任务”①。为此，我们要坚定执行党的政治路线，尊崇党章，完善和落实民主集中制的各项制度。在此前提下，必须提高党的政治领导力。党的政治领导力直接影响着政治领导的成败得失。在党的建设中，既要提高党的干部的政治能力，又要提高执政党的政治领导力。这就要切实提高党领导国家政治生活的能力，切实提高党统揽全局和驾驭全局的能力。

（2）加强党的思想建设。思想建设是关系党的指导思想层面的问题，

① 十九大以来重要文献选编：上. 北京：中央文献出版社，2019：44.

是其他建设的思想基础，居于灵魂地位。“马克思主义信仰、共产主义远大理想、中国特色社会主义共同理想，是中国共产党人的精神支柱和政治灵魂，也是保持党的团结统一的思想基础。”① 党内不正之风、腐败问题蔓延的首要原因在于个别党员思想不纯、政治信仰不坚定。思想建设的目的就是提高全体党员对共产主义远大理想、中国特色社会主义共同理想的科学信仰和忠诚程度，清除非马克思主义思想的干扰和影响，以保持思想上的先进性和纯洁性。坚持党的思想建设最根本的是用马克思主义武装头脑，加强思想政治建设，在现阶段主要是坚持习近平新时代中国特色社会主义思想的指导地位。坚持习近平新时代中国特色社会主义思想就要坚持中国特色社会主义基本理论、基本路线、基本纲领、基本经验，提高广大党员走中国特色社会主义道路的自觉性和坚定性。加强思想建设，必须用习近平新时代中国特色社会主义思想武装头脑，建设马克思主义学习型政党，促进党自我学习、自我更新、自我革命，以提高党分析问题的能力、解决问题的能力。此外，还要坚持思想作风建设，要弘扬伟大建党精神，要坚持用社会主义核心价值观教育广大党员群众，倡导艰苦奋斗、无私奉献、改革创新的精神，树立科学的世界观、人生观、价值观、政绩观，切实贯彻立党为公、执政为民的执政理念。

(3) 加强党的组织建设。党组织是保证思想路线、政治纲领贯彻落实的重要载体，是加强党自身建设的根本依托，是发挥组织优势的必要条件。“保持党在组织上的纯洁性，是保持全党步调一致和增强党的创造力、凝聚力、战斗力的组织保证。”② 在未来的征程中，如何完善干部队伍的选拔制度，规范党委内部的议事规则、决策形式，保障党员民主权利，是加强党的组织建设所要解决的主要问题。首先，要完善组织原则，尤其是民主集中制原则，以保证党员民主权利。一方面，坚持“四个服从”，保持党中央的权威性和路线方针政策的贯彻执行。另一方面，要通过完善党内选举制度、党代表制度、保障党员主体地位和民主权利、健全党内监督制度等措施进一步激发广大党员的参与意识和创造活力。其次，要加强干部

---

① 中共中央关于党的百年奋斗重大成就和历史经验的决议. 人民日报，2021-11-17 (1).

② 十七大以来重要文献选编：下. 北京：中央文献出版社，2013：824.

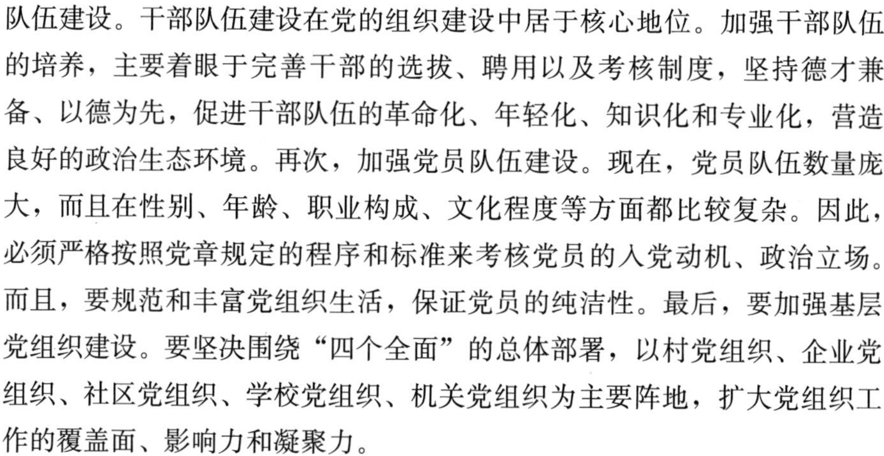

队伍建设。干部队伍建设在党的组织建设中居于核心地位。加强干部队伍的培养，主要着眼于完善干部的选拔、聘用以及考核制度，坚持德才兼备、以德为先，促进干部队伍的革命化、年轻化、知识化和专业化，营造良好的政治生态环境。再次，加强党员队伍建设。现在，党员队伍数量庞大，而且在性别、年龄、职业构成、文化程度等方面都比较复杂。因此，必须严格按照党章规定的程序和标准来考核党员的入党动机、政治立场。而且，要规范和丰富党组织生活，保证党员的纯洁性。最后，要加强基层党组织建设。要坚决围绕“四个全面”的总体部署，以村党组织、企业党组织、社区党组织、学校党组织、机关党组织为主要阵地，扩大党组织工作的覆盖面、影响力和凝聚力。

（4）加强党的作风建设。党的作风包括思想作风、学习作风、工作作风和生活作风等内容，其核心问题是保持党同人民群众的血肉联系。“党性是党员干部立身、立业、立言、立德的基石，必须在严格的党内生活锻炼中不断增强。”① 党风问题也是党性问题，关乎党的形象、人心向背以及党和国家的生死存亡。加强党的作风建设，具体来说需要从以下几个方面着手。在思想作风建设方面，必须坚定为人民服务的理想信念，强化政治意识；坚持解放思想、实事求是、与时俱进的思想路线，坚持守正创新，反对因循守旧、不思进取。在学习作风方面，坚持理论联系实际的马克思主义学风，即把马克思主义基本原理与中国实际以及中华优秀传统文化相结合，反对主观主义、教条主义以及经验主义作风。在工作作风方面，坚持求真务实，反对形式主义，从实处着眼、以实绩考核。在生活作风方面，坚持勤俭节约、艰苦奋斗的优良品质，反对铺张浪费、骄奢淫逸的享乐主义和奢侈之风。

（5）加强反腐倡廉建设。在经济社会体制转型时期，腐败问题频发，并呈现复杂性、长期性等特点，给党和国家造成不良影响。如果任由其蔓延势必破坏党群、干群关系，势必危及党的执政根基以及国家的长治久安。加强反腐倡廉建设，必须首先将反腐倡廉摆在极其重要的位置。要提

① “批评和自我批评，动了真格！”：习近平总书记参加河北省委常委班子专题民主生活会纪实. 人民日报（海外版），2013-09-27（2）.

高全党对反腐败斗争必要性和重要性的深刻认识，以对共产主义事业更坚定的信念、对反腐败问题更坚决的态度，采取更有力的举措推动中国特色社会主义事业的健康发展。因此，我们“要坚持中国特色反腐倡廉道路，坚持标本兼治、综合治理、惩防并举、注重预防方针，全面推进惩治和预防腐败体系建设，做到干部清正、政府清廉、政治清明”①。其次，加强廉政文化建设。要培育廉政思想、道德、信念，提炼廉政理论，促进廉政思想的宣传和普及，树立廉政价值观，尤其要加强党风党纪教育，提高党员道德修养。同时，要不断探讨廉政教育的方式和方法，例如以反腐典型案例为教材，形成警示作用；发挥先进人物的引领示范作用，规范党员干部的思想和行为。最后，加强反腐倡廉制度建设。绝对的权力必然导致绝对的腐败。必须坚持制度反腐即通过制度设计规范权力，把权力关进制度的笼子里。通过健全预防和惩治腐败的制度体系，如党员干部财产申报制度、引咎辞职制度、贪污贿赂惩戒制度等，以形成对权力的规范、约束、监督和惩戒合力，严格审查和惩处贪污贿赂、以权谋私、腐化堕落、失职渎职等违法违纪行为。

（6）加强党的制度建设。党的制度由领导制度和党内生活制度组成。加强党的制度建设就是把长期以来党的领导工作中和党内生活中的经验教训加以总结和概括，形成党员必须共同遵守的党内法规、条例、规则等党的制度，并长期贯彻落实。改革开放以来，我们党一直重视制度建设，取得了一定成效，但是仍存在很多问题，很多制度缺乏可操作性、不够细致，结果成了“稻草人”，并直接影响制度的执行与落实。在现阶段，要确保政治建设、思想建设、组织建设、作风建设、反腐倡廉建设的常态化，必须体现改革精神和法治思维，把中央要求、群众期盼、实际需要、新鲜经验结合起来，努力形成系统完备的制度体系，以刚性的制度规定和严格的制度执行，确保改进作风规范化、常态化、长效化，切实防止“四风”问题反弹。加强制度建设，一方面，要加强党对国家政权机关和其他非党组织的领导制度。要以民主集中制为重点，完善中国共产党代表大会制度、集体领导制度以及中国共产党领导的多党合作和政治协商制度，改

① 十八大以来重要文献选编：上. 北京：中央文献出版社，2014：42.

革和完善党同人大、政府、政协、司法机关和人民团体的关系，理顺党对国有企业和事业单位领导体制机制，规范党的地方各级代表大会、地方各级委员会全体会议、地方各级党委常委会之间的关系等等。另一方面，加强党的生活制度建设。具体来说，以政治建设、思想建设、组织建设、作风建设、反腐倡廉建设为载体完善党的生活制度建设，以指导、调节党内生活，发扬党内民主。

综上，全面从严治党是一项复杂的系统工程，涵盖政治建设、思想建设、组织建设、作风建设、反腐倡廉建设和制度建设等方面的建设。

三、全面从严治党在推进总体布局中的重要作用

自成立以来，中国共产党始终以实现中华民族伟大复兴和共产主义为己任。全面推进从严治党对建设中国特色社会主义事业具有重大的历史意义。

（1）通过全面从严治党，凝聚各级党组织和党员的意志，形成推动中国特色社会主义总体布局的合力。共产党员的理想信念、思想意志是党战胜困难、争取胜利的强大思想武器。党执政的最大危险是脱离群众，“四风”问题能否处理得当直接关系到中国特色社会主义事业的兴衰成败。全面从严治党就是立规矩，内含完整的价值理性，强调以科学的精神、坚决的态度、严格的纪律凝聚民心、汇聚民意。讲规矩是对党员、干部党性的重要考验，是对党员、干部对党忠诚度的重要检验。遵守政治纪律和政治规矩，必须维护党中央权威，在任何时候任何情况下都必须在思想上政治上行动上同党中央保持高度一致；必须维护党的团结，坚持五湖四海，团结一切忠诚于党的同志。全面从严治党，加强党的建设的核心问题是保持党同人民群众的血肉联系，以全党的意志统一全国人民的意志，最终形成推进中国特色社会主义总体布局的强大合力。要引导广大党员干部牢固树立马克思主义的群众观点，切实践行为人民服务的根本宗旨。同时，要深化党的领导机制、决策机制、协调机制、教育机制、监督机制、惩处机制改革，清除体制机制漏洞，完善党章党规，形成勤政为民的长效机制。

（2）通过全面从严治党，妥善处理中央和地方、当前和长远的利益关

系，从而推动中国特色社会主义事业的顺利开展。全面从严治党，就是要打破利益关系樊篱，促进利益格局的重新调整。首先，要改变党的领导方式，提高党的领导水平。在全社会贯彻尊重劳动、尊重知识、尊重人才、尊重创造的思想和作风，调动一切积极因素为社会主义服务，克服地方本位主义、地方保护主义思想。必须充分尊重人民群众的主体地位，切实维护社会公平正义。同时，必须依据宪法、法律、党内法规规范党员活动，坚持法治国家、法治政府、法治社会一体化建设，培育法治环境。正确处理法和权的关系，加强和改善党的领导，促进依宪执政、依法执政。其次，要正确发挥党总揽全局的能力。要防止和克服地方和部门保护主义、本位主义，决不允许“上有政策、下有对策”，决不允许有令不行、有禁不止，决不允许在贯彻执行中央决策部署上打折扣、做选择、搞变通。加强顶层设计，正确处理党同政府、人大、科研机构、社会团体的关系，统筹政治资源、政治活动，防止利益垄断，避免利益掣肘。正确发挥党的领导核心作用，通过统一部署、整体谋划统筹不同区域、不同行业、不同群体以及不同个体之间在经济、政治、文化、社会、生态文明等领域的利益关系，重建利益结构，促进利益分配的公平化、合理化。

（3）通过全面从严治党，提高党的执政能力，推进国家治理体系和治理能力的现代化。2008年国际金融危机爆发以来，全球经济格局和结构发生重大改变，中国已经告别两位数高增长时期，进入新常态。各种矛盾错综复杂，各种思想文化相互激荡，各种利益关系相互交织。在机遇与挑战并存的情况下，适应新常态，必须“坚持和发展中国特色社会主义，关键在于建设一支政治坚定、能力过硬、作风优良、奋发有为的执政骨干队伍”①。党的十八大以来，习近平特别强调要学习和掌握辩证唯物主义的世界观和方法论，分别阐述了战略思维、历史思维、辩证思维、创新思维、底线思维等治国理政的方法论。目前，推进国家治理体系和治理能力的现代化，提高党员干部的思维能力，要做到：一是提升党员干部的战略思维能力。中国特色社会主义事业是一个整体，全国一盘棋。党员干部必须提高宏观视野，将本地区、本部门的工作融入中国特色社会主义总体布局之

① 十八大以来重要文献选编：上. 北京：中央文献出版社，2014：41.

中，把握事物发展的总体趋向，统筹协调各方面力量，从长远、全局部署具体工作。二是提升党员干部的辩证思维能力。推进中国特色社会主义总体布局，所要解决的矛盾错综交错，所要处理的关系纷繁复杂。这就要求党员干部在处理经济、政治、文化、社会、生态文明等各领域问题时，既能分清主次，又能统筹兼顾，科学应对经济社会发展过程中的复杂形势，趋利避害。为此，必须提高辩证思维能力。三是提升党员干部的历史思维能力。历史是最好的教科书。中华民族的伟大复兴是一项继往开来的历史伟业，只有不断汲取历史智慧、历史力量，才能科学把握中国特色社会主义事业的发展规律，少走弯路。因此，党员干部必须树立大历史观，积极学习中国近现代史、世界史、中共党史、国际共运史、改革开放史，并善于总结历史，以史为鉴提高治国理政能力。四是提高党员干部的创新思维能力。创新是一个民族进步的灵魂，是一个国家兴旺发达的不竭动力，也是一个政党永葆生机的源泉。党员干部必须坚持理论创新和实践创新相结合，不断探索新思想、新论断、新举措，推动中国特色社会主义事业步入新台阶。五是提升党员干部的底线思维能力。凡事预则立，不预则废。坚持底线思维，就要认识到矛盾双方在一定条件下会相互转化，时刻增强忧患意识。坚持为官的底线，充分估计全面建设社会主义现代化国家、全面深化改革、全面推进依法治国、全面从严治党的过程中所遇到的困难和风险，既不走封闭僵化的老路，也不走改旗易帜的邪路；既要有胆略和魄力，又要谨慎行事，有步骤、有规划地循序推进中国特色社会主义总体布局。

目前，在新时代，实现中华民族的伟大复兴是我们要实现的伟大梦想，为此，我们要开展具有一系列新的历史特点的伟大斗争，推进中国特色社会主义这一伟大事业，以推动党的建设的伟大工程来保证我们事业的成功。其中，“推进伟大工程，要结合伟大斗争、伟大事业、伟大梦想的实践来进行，确保党在世界形势深刻变化的历史进程中始终走在时代前列，在应对国内外各种风险和考验的历史进程中始终成为全国人民的主心骨，在坚持和发展中国特色社会主义的历史进程中始终成为坚强领导核心”①。伟大梦想是理想目标，伟大斗争是问题导向，伟大工程是政治保

① 十九大以来重要文献选编：上. 北京：中央文献出版社，2019：12.

障，伟大事业是道路选择和实践路径，这样，四者就构成了一个有机整体。只有推进伟大工程，才能保证取得伟大胜利。

概括地讲，坚持全面从严治党，必须推进党的政治建设、思想建设、组织建设、作风建设、反腐倡廉建设和制度建设共同发力，系统提高党员干部自我净化、自我完善、自我革新、自我提高能力，加强核心能力建设和综合素质培养，避免出现短板效应，以推动党的执政能力水平的全面提升，为中国特色社会主义事业打造坚强的领导核心。

综上所述，“四个全面”战略布局既有战略目标，又有战略举措，内在逻辑严密，重点环节突出，是我们现阶段的行动纲领，是推进中国特色社会主义总体布局的宏观战略部署。

第六章　推进中国特色社会主义总体布局的发展理念

在提出以人民为中心的发展思想的同时，党的十八届五中全会创造性地提出了创新、协调、绿色、开放、共享的新发展理念。党的十九大将“坚持新发展理念”确立为新时代坚持和发展中国特色社会主义的十四大基本方略之一。党的十九大报告提出：“发展是解决我国一切问题的基础和关键，发展必须是科学发展，必须坚定不移贯彻创新、协调、绿色、开放、共享的发展理念。”① 2023年3月5日，习近平总书记在参加他所在的十四届全国人大一次会议江苏代表团审议时指出，必须完整、准确、全面贯彻新发展理念，始终以创新、协调、绿色、开放、共享的内在统一来把握发展、衡量发展、推动发展。新发展理念为我国破解发展难题提供了科学的发展思路和发展方向，是推动中国特色社会主义总体布局向前发展的科学理念，为推进中国特色社会主义总体布局向前发展提供了动力保障、根本原则、永续条件、国际视野和价值导向。

第一节　创新发展理念在推动总体布局中的作用

创新在发展过程中发挥着推动力的作用。创新发展理念是新发展理念

① 十九大以来重要文献选编：上. 北京：中央文献出版社，2019：15.

的核心，也是统筹推进中国特色社会主义总体布局发展的核心理念，为统筹推进中国特色社会主义总体布局提供了动力保障。

一、创新发展理念的依据和意义

创新发展理念的提出有其科学的哲学依据，旨在解决我国经济社会发展和推进中国特色社会主义总体布局过程中面临的一系列深层次问题，具有重大的战略意义。

1. 创新发展理念提出的哲学依据和意义

无论是客观世界还是主观世界，无论是自然界还是人类社会，由于其自身的内在矛盾，都处在永恒发展当中。永恒发展的观点是创新发展理念的重要哲学依据。永恒发展是唯物辩证法的基本特征之一，强调世界是一个不断变化发展的过程体。唯物史观揭示了人类社会从低级阶段向高级阶段不断发展的客观规律，指出人类社会的发展是一个不断从必然王国走向自由王国的过程。实践永无止境，发展永无止境，创新永无止境。永恒发展是一切事物存在的基本特征，这就要求我们必须保持与时俱进的精神状态，勇于开拓创新。由于事物的发展都呈现出“苟日新，日日新，又日新”的辩证特征，因此，我们不仅要强调发展，还必须强调创新发展。随着实践的不断发展，我们党的思想路线也不断完善。从以毛泽东为代表的中国共产党人确定了实事求是的思想路线，到以邓小平为代表的中国共产党人确定了解放思想、实事求是的思想路线，到我们党在解放思想、实事求是的基础上，提出了与时俱进、求真务实、守正创新的重要思想，无不体现了在实践中我们对事物创新发展的科学认知及创造性运用。这就是要坚持开拓创新，就是要坚持创新发展。因此，作为一个先进的马克思主义政党，我们党的全部理论和工作都必须富于创造性，即必须保持创新态势，坚持创新发展理念。从整体上看，只有坚持创新发展理念，才能推动自然界和人类社会的不断发展，才能跟上时代的发展；从具体上看，只有坚持创新发展理念，才能坚持党的思想路线，并在党的思想路线的科学指导下，推动中国特色社会主义总体布局的不断发展、创新发展。

2. 创新发展理念提出的国际背景和意义

一个国家和民族的创新能力，从根本上影响甚至决定着其前途命运，

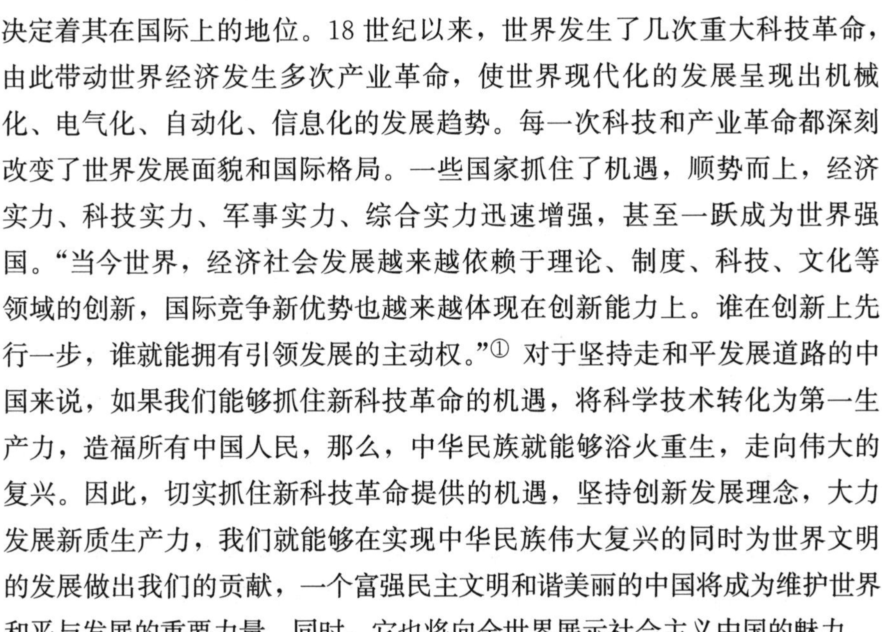

决定着其在国际上的地位。18 世纪以来，世界发生了几次重大科技革命，由此带动世界经济发生多次产业革命，使世界现代化的发展呈现出机械化、电气化、自动化、信息化的发展趋势。每一次科技和产业革命都深刻改变了世界发展面貌和国际格局。一些国家抓住了机遇，顺势而上，经济实力、科技实力、军事实力、综合实力迅速增强，甚至一跃成为世界强国。“当今世界，经济社会发展越来越依赖于理论、制度、科技、文化等领域的创新，国际竞争新优势也越来越体现在创新能力上。谁在创新上先行一步，谁就能拥有引领发展的主动权。”① 对于坚持走和平发展道路的中国来说，如果我们能够抓住新科技革命的机遇，将科学技术转化为第一生产力，造福所有中国人民，那么，中华民族就能够浴火重生，走向伟大的复兴。因此，切实抓住新科技革命提供的机遇，坚持创新发展理念，大力发展新质生产力，我们就能够在实现中华民族伟大复兴的同时为世界文明的发展做出我们的贡献，一个富强民主文明和谐美丽的中国将成为维护世界和平与发展的重要力量。同时，它也将向全世界展示社会主义中国的魅力。

3. 创新发展理念提出的国内背景和意义

创新发展理念是引领新常态的必由之策。新中国成立以来尤其是改革开放以来，在世界多极化和经济全球化的背景下，我国按照党的基本路线实现了经济的快速腾飞，一跃成为世界第二大经济体。同时，中国也遇到了前所未有的新矛盾和新问题，经济发展进入新常态。新常态的基本特征是速度变化、结构优化、动力转化，新常态的基本趋势是经济向形态更高级、分工更复杂、结构更合理的阶段演化。当前中国经济面临的问题主要表现为大而不强。中国的经济总量虽大，但质量并不高。这一问题源于创新能力的缺失。在发展动力方面，中国的创新能力、自主技术和知名品牌缺乏，科技成果转化率、科技进步贡献率与发达国家相比仍有不小的差距。低端制造依旧是中国经济增长的动力，发展方式粗放、创新能力不强依旧是当前最大瓶颈。创新不足一度成为我国经济发展的“阿喀琉斯之踵”。在新常态下，旧思维、老办法已经无法解决攻坚期难题，急需变革原有的发展思路与治理思路，摒弃头痛医头、

① 十八大以来重要文献选编：下. 北京：中央文献出版社，2018：159.

脚痛医脚的思维方式，急需颠覆性、创新性的思维与办法。在此背景下，将中国制造转变为中国研发、中国创造、中国智造将成为推动经济新发展的新动力。而实现这一转变的关键就在于推动创新，树立创新发展理念。这样，创新发展理念应运而生，成为我国经济稳步发展与高速运行的不二法门，是国家发展的动力和民族进步的灵魂。显然，“坚持创新发展，是我们分析近代以来世界发展历程特别是总结我国改革开放成功实践得出的结论，是我们应对发展环境变化、增强发展动力、把握发展主动权，更好引领新常态的根本之策”①。只有树立创新发展理念，实现发展方式的转变，提升企业的创新能力，才能使国家具有本国支柱品牌，具有中国创造的能力，把握发展主动权，在国际上才具有更强实力和更多话语权。

总之，创新发展理念是我们坚持党的思想路线的具体体现，是我们应对发展环境变化的必由之路，是我们把握发展主动权的必由之计。

二、创新发展理念的内涵和要求

创新是引领发展的首要动力。创新发展是整个社会发展的排头兵。从其内容和要求来看，树立创新发展理念，就必须“把创新摆在国家发展全局的核心位置，不断推进理论创新、制度创新、科技创新、文化创新等各方面创新，让创新贯穿党和国家一切工作，让创新在全社会蔚然成风”②。可见，创新发展具有丰富的内涵，蕴含了理论、制度、科技和文化等方面的系统要求。

1. 创新发展理念要求推动理论创新

实践基础上的理论创新是社会发展和变革的先导。理论创新是创新发展的思想和灵魂，是引领其他领域创新的先导。理论来源于实践又高于实践。理论创新同样来源于实践经验的总结及对新的实践要求的积极应对。理论创新一旦形成与确立就必然能够推动各类创新活动，推动社会发展与变革，推动社会主义建设全局的深刻变化，推动中国特色社会主义总体布

---

① 十八大以来重要文献选编：下. 北京：中央文献出版社，2018：157.

② 十八大以来重要文献选编：中. 北京：中央文献出版社，2016：825.

局的全面推进。中国共产党之所以能够保持先进性与革命性，核心就是在经历社会历史发展的新实践与新挑战下能够不断总结经验教训，大胆进行理论创新，以此指导新的实践。一代代的中国共产党人把马克思主义基本原理同中国具体实际、同中华优秀传统文化相结合，实现了马克思主义中国化时代化，进而实现了马克思主义理论的创新与发展。理论创新必须坚持问题导向的原则。“问题是创新的起点，也是创新的动力源。”① 实践创新和理论创新永无止境。据此，我们应继续坚持与时俱进，推进马克思主义理论发展；应深刻透析新形势，勇于面对新挑战，科学分析新问题，全面把握事物发展的本质规律，并做出正确的分析与判断，通过理论创新为社会主义社会发展开山辟路。事实上，党的十八大以来，习近平新时代中国特色社会主义思想是当代中国共产党人结合新形势新问题、符合新发展的理论创新，开启了当代中国马克思主义、二十一世纪中国马克思主义发展的新征程。

2. 创新发展理念要求推动制度创新

制度创新是创新发展的保障，是推动社会生活有序发展与合理运行的关键，是激发创新主体活力的动力，是推进国家治理体系和治理能力现代化的重要抓手。社会的革新关键在于制度的创新，制度的不断创新将引领社会各主体在合理的运行机制下进一步实现共生共荣、协同发展。推动创新发展，核心在于破除旧的体制机制的束缚与阻碍，启动引领新的制度与体制变革的引擎，只有这样，才能够全面深化改革。我们要“坚持和完善现有制度，从实际出发，及时制定一些新的制度，构建系统完备、科学规范、运行有效的制度体系，使各方面制度更加成熟更加定型，为夺取中国特色社会主义新胜利提供更加有效的制度保障”②。为此，党的十八大以来，我们在推动制度创新方面提出如下要求：构建发展新体制，加快形成有利于创新发展的市场环境、产权制度、投融资体制、分配制度、人才培养引进使用机制，深化行政管理体制改革，进一步转变政府职能，持续推进简政放权、放管结合、优化服务，提高政府效能，激发市场活

---

① 习近平．在哲学社会科学工作座谈会上的讲话．人民日报，2016-05-17（2）．

② 十八大以来重要文献选编：上．北京：中央文献出版社，2014：76．

力和社会创造力，完善各类国有资产管理体制，建立健全现代财政制度、税收制度，改革并完善适应现代金融市场发展的金融监管框架。这要求在经济、政治、文化、社会、生态文明等各领域实现制度的改革与创新。改革和创新必须坚持正确的方向，既不走封闭僵化的老路，也不走改旗易帜的邪路。我们要把完善和发展中国特色社会主义制度、推进国家治理体系和治理能力现代化作为全面深化改革的总目标，勇于推进创新，让制度更加成熟定型，让发展更有质量，让治理更有水平，让人民更有获得感。

3. 创新发展理念要求推动科技创新

科技创新是创新发展的基础，是推动全面创新的核心领域。习近平指出："科技是国之利器，国家赖之以强，企业赖之以赢，人民生活赖之以好。中国要强，中国人民生活要好，必须有强大科技。新时期、新形势、新任务，要求我们在科技创新方面有新理念、新设计、新战略。"① 实施创新驱动发展战略是一项系统工程，最根本的是要增强自主创新能力。因此，我们要坚定不移走中国特色自主创新道路，坚持自主创新、重点跨越、支撑发展、引领未来的方针，加快创新型国家建设步伐，要加大科技创新力度，更多地依靠科技进步转变经济发展方式，依靠科技进步调整产业结构。在此基础上，我们要以科技创新为支撑，打造新产品、建立新业态，淘汰落后产能，提升中国的产品和服务业在全球的地位，推动中国制造逐渐发展为中国智造和中国创造。此外，实施这一战略最紧迫的是要破除体制机制障碍。为此，我们要进一步解放思想，加快科技体制改革步伐，破除一切束缚创新驱动发展的观念和体制机制障碍。显然，"创新是一个系统工程，创新链、产业链、资金链、政策链相互交织、相互支撑，改革只在一个环节或几个环节搞是不够的，必须全面部署，并坚定不移推进。科技创新、制度创新要协同发挥作用，两个轮子一起转"②。总之，谁牵住了科技创新这个"牛鼻子"，谁走好了科技创新这步先手棋，谁就能占领先机、赢得优势。

---

① 十八大以来重要文献选编：下. 北京：中央文献出版社，2018：331.

② 同①336.

4. 创新发展理念要求推动文化创新

创新是文化的生命。文化创新是创新发展的根本，是保持民族发展与活力的体现，是推动各类创新的精神动力与思想凝聚，是民族复兴与国家发展的软实力的展现。中国具有的几千年的优秀传统文化，是中华民族精神追求的积淀，是中华民族生生不息的灵魂标识，既体现了人民的文化素养，也彰显了国家文化软实力。中国的优秀文化不是故步自封的文化，而是具有创新精神的文化。在文化创新发展中，我们“要坚持古为今用、以古鉴今，坚持有鉴别的对待、有扬弃的继承，而不能搞厚古薄今、以古非今，努力实现传统文化的创造性转化、创新性发展，使之与现实文化相融相通，共同服务以文化人的时代任务”①。创造性转化，就是要按照时代的新特点和新要求，对那些至今仍有借鉴价值的内涵和陈旧的表现形式加以改造，赋予其新的时代内涵和现代表达形式，激活其生命力。创新性发展，就是要按照时代的新进步和新进展，对中华优秀传统文化的内涵加以补充、拓展、完善，增强其影响力和感召力。在新时期，中国特色社会主义文化不单单指中国传统文化，而是以马克思主义理论为指导，吸收优秀传统文化精髓，光大革命文化（红色文化），借鉴西方有益文化，以中国现时代的文化为依托，不断在观念与手段、内容与形式上进行深度改革，建设社会主义先进文化。社会主义先进文化是古今中外先进文化在此形成的凝聚与对接。为此，我们要坚持以习近平文化思想为根本遵循，继续深化文化体制改革，加快完善文化管理体制和文化生产经营机制，建立健全现代文化市场体系，构建现代公共文化服务体系，提高文化开放水平，形成有利于创新创造的文化发展环境。总之，文化创新能够使中国在精神层面具有焕然一新的面貌，能够激发全社会的创新活力。

总之，创新发展理念是一个集理论创新、制度创新、科技创新和文化创新于一体的完整体系，代表了当今世界发展的潮流，指明了我国发展的方向和要求，也体现了我们党认识把握发展规律的深切构想。

---

① 习近平. 在纪念孔子诞辰 2565 周年国际学术研讨会暨国际儒学联合会第五届会员大会开幕会上的讲话. 人民日报，2014-09-25（2）.

三、创新发展理念为推进总体布局提供动力保障

创新是引领发展的第一动力，处于国家发展全局的核心位置，贯穿于党和国家一切工作之中。创新发展理念作为推进经济社会发展的动力要素，渗透于社会主义建设的方方面面，为社会主义经济建设、政治建设、文化建设、社会建设、生态文明建设及党的建设提供了强有力的动力支撑。

1. *创新发展理念为社会主义经济建设提供新的发展动力*

坚持创新发展理念，首先必须凭借科技创新推动社会主义经济建设，为经济建设服务。在经济发展新常态下，传统动力已难以支撑实现经济发展的新目标和新任务，创新发展理念要求通过创新破解经济社会发展瓶颈，切实解决需求无限性与资源有限性的矛盾。这主要体现在两个方面：一是提高自主创新能力，推动经济发展。我们要以重大科技创新为引领，加快科技创新成果向现实生产力转化，加快构建产业新体系，做到人有我有、人有我强、人强我优，增强我国经济整体素质和国际竞争力。主要包括：创新政府管理理念，强化企业创新主体地位和主导作用，发挥企业的主体作用；创新制度，破除阻碍创新发展的体制，激发创新活力，优化劳动力、资本等要素配置，推动新技术、新产业、新业态的发展。二是创新发展空间，推动经济发展。“我们要立足于科技创新，释放创新驱动的原动力，让创新成为发展基点，拓展发展新空间，创造发展新机遇，打造发展新引擎，促进新型工业化、信息化、城镇化、农业现代化同步发展，提升发展整体效能，在新的发展水平上实现协调发展。”① 具体来看，我们要创新城镇化发展空间，统筹推进城乡协调发展；要创新区域发展新空间，推进区域发展一体化进程；要创新网络经济新空间，推进“互联网＋”模式发展；要创新产业发展新空间，支持新兴产业发展和传统产业优化升级；要创新市场竞争新空间，加快放开电力、电信、石油等自然垄断行业的竞争性业务；要创新蓝色经济发展新空间，完善陆海统筹，发展海洋经济，积极与国际经

① 十八大以来重要文献选编：下．北京：中央文献出版社，2018：335.

济融合。可见，创新发展理念为经济发展打造新引擎，将推动我国经济社会持续健康发展。

2. 创新发展理念为社会主义政治建设提供新的发展动力

政治建设指执政党用一定的理论和方法在政治方面开展的工作。创新发展理念为推进中国共产党执政理念改革提供了动力，加快了由国家管理向国家治理转化的进程。作为中国共产党执政的新型理念，国家治理主要包括国家治理体系和国家治理能力两个部分，在未来中国政治和社会发展过程中将发挥重要的作用。“推进国家治理体系和治理能力现代化，就是要适应时代变化，既改革不适应实践发展要求的体制机制、法律法规，又不断构建新的体制机制、法律法规，使各方面制度更加科学、更加完善，实现党、国家、社会各项事务治理制度化、规范化、程序化。”① 具体来看，坚持创新发展理念，就是要坚持推进国家治理体系的不断更新、变革，就是要通过创新理念推进体制机制、法律法规的改革和完善，实现国家治理制度化、规范化。因此，在推进国家治理现代化的进程中，创新发展理念至少在以下四个方面有所体现：一是创新治理理念。通过与时俱进创新执政理念，来影响执政主体思想认识、价值判断进而来影响治理主体的行为。二是创新治理主体的角色。中国特色社会主义国家治理体系是一元多体、协同治理的体系，在坚持党的一元化领导的前提下，主体是人民政府、中国人民、市场主体、社会组织等。在推进国家治理现代化进程中，应以创新发展理念为先导，按照与时俱进的原则，不断地对治理主体的角色进行调整，最大化地发挥其合力。三是创新治理机制。创新国家治理体系的治理机制，包括经济、政治、文化、社会、生态文明和党的建设等各领域体制机制、法律制度安排等。四是创新治理方法。在坚持依法治理的前提下，要坚持系统治理、综合治理、源头治理，要运用科技手段治理。

3. 创新发展理念为社会主义文化建设提供新的发展动力

文化创新是推进创新的重要组成部分。创新发展理念落实在文化建设上，首先应该推动文化自身的创新发展。为此，必须大力推动公共文化体

---

① 十八大以来重要文献选编：上. 北京：中央文献出版社，2014：549.

系不断完善，推动文化创意产业不断发展，推动传统媒体与新媒体不断融合，推动文化传播能力及国际影响力不断提升。在此基础上，我们要看到，“科技同文化一样，都是最需要创新的领域。科技创新同文化创新相辅相成、相互促进”①。为此，我们要用科技创新助推文化创新。第一，我们要大力发扬中华民族自强不息、革故鼎新的优良传统，坚持用创新文化激发创新精神、推动创新实践、激励创新事业。第二，我们要自觉继承我国科技界长期以来形成的奋勇争先、崇尚一流、不甘落后的优良传统，努力营造勇于创新、宽容失败的良好氛围，始终保持严谨求实、勇于创新的科学精神，不畏艰险、勇攀高峰的探索精神，团结协作、淡泊名利的团队精神。第三，我们要积极开展科学技术普及工作，在全社会大力培育创新意识，在全社会广为传播科学知识、科学方法、科学思想、科学精神，进一步形成讲科学、爱科学、学科学、用科学的社会风尚。我们的广大科技工作者要“以提高全民科学素质为己任，把普及科学知识、弘扬科学精神、传播科学思想、倡导科学方法作为义不容辞的责任，在全社会推动形成讲科学、爱科学、学科学、用科学的良好氛围，使蕴藏在亿万人民中间的创新智慧充分释放、创新力量充分涌流”②。这样，才能使创新在全社会蔚然成风。

4\. 创新发展理念为社会主义社会建设提供新的发展动力

按照创新发展理念，我们必须大力推进社会创新，用社会创新推动社会事业和社会治理的创新发展。从宏观上看，社会建设主要包含社会事业建设、社会制度建设两个方面。社会事业建设为社会发展提供公共产品和公共服务；社会制度建设则使社会更加有序、和谐。创新发展理念在推动社会建设上，主要体现在两个大方面。一是社会事业的创新发展，将提高公共产品的质量与公共服务的效率。我们要看到，人民的需要和呼唤，是科技进步和创新的时代声音。随着经济社会不断发展，我国十四亿多人民过上美好生活的新期待日益上升，提高社会发展水平、改善人民生活、增

---

① 习近平．科技工作者要为加快建设创新型国家多作贡献：在中国科协第八次全国代表大会上的祝词．人民日报，2011-05-28（2）．

② 十八大以来重要文献选编：下．北京：中央文献出版社，2018：339-340．

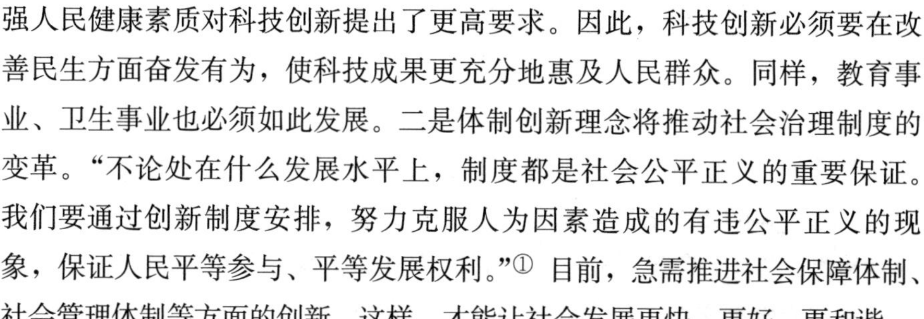

强人民健康素质对科技创新提出了更高要求。因此，科技创新必须要在改善民生方面奋发有为，使科技成果更充分地惠及人民群众。同样，教育事业、卫生事业也必须如此发展。二是体制创新理念将推动社会治理制度的变革。“不论处在什么发展水平上，制度都是社会公平正义的重要保证。我们要通过创新制度安排，努力克服人为因素造成的有违公平正义的现象，保证人民平等参与、平等发展权利。”① 目前，急需推进社会保障体制、社会管理体制等方面的创新。这样，才能让社会发展更快、更好、更和谐。

5. *创新发展理念为社会主义生态文明建设提供新的发展动力*

创新发展理念体现在生态文明建设上，要求通过生态创新的方式推动生态文明建设。实践证明，创新和改革是建设生态文明的真正驱动力。生态创新主要体现在两个方面。一是通过科技创新推动生态文明建设。在这方面，“绿色发展是生态文明建设的必然要求，代表了当今科技和产业变革方向，是最有前途的发展领域”。“不仅要研究生态恢复治理防护的措施，而且要加深对生物多样性等科学规律的认识；不仅要从政策上加强管理和保护，而且要从全球变化、碳循环机理等方面加深认识，依靠科技创新破解绿色发展难题，形成人与自然和谐发展新格局”②。目前，必须将绿色化作为科技创新的方向，大力推动绿色科技的发展，建设绿色智慧的数字生态文明。在此基础上，绿色科技创新工作必须为加快推进传统产业优化升级服务，要突破节能环保、应对气候变化的关键技术，并加快高新技术成果转化，为节能减排、绿色工业可持续发展提供动力，不断促进新质生产力成为绿色生产力。二是通过制度创新推动生态文明建设。保护生态环境必须依靠制度。“保护生态环境必须依靠制度、依靠法治。只有实行最严格的制度、最严密的法治，才能为生态文明建设提供可靠保障。”③ 目前，我们要以资源环境生态红线管控、自然资源资产产权和用途管制、自然资源资产离任审计、生态补偿等重大制度为突破口，建立系统完整的生态文明制度体系，让制度真正成为不可触碰的高压线。这是推进主体践行

---

① 十八大以来重要文献选编：上．北京：中央文献出版社，2014：553.

② 十八大以来重要文献选编：下．北京：中央文献出版社，2018：335.

③ 习近平关于全面深化改革论述摘编．北京：中央文献出版社，2014：104.

生态行为的有益方式，将使制度创新成为敦促人们自觉践行生态文明理念的强有力的动力。

6. 创新发展理念为党的建设提供新的发展动力

改革创新是解放和发展生产力的必由之路，也是增强党的创造力、凝聚力、战斗力的必由之路，是一个政党永葆生机的力量源泉。党的十九大报告提出："勇于自我革命，从严管党治党，是我们党最鲜明的品格。必须以党章为根本遵循，把党的政治建设摆在首位，思想建党和制度治党同向发力，统筹推进党的各项建设，抓住'关键少数'，坚持'三严三实'，坚持民主集中制，严肃党内政治生活，严明党的纪律，强化党内监督，发展积极健康的党内政治文化，全面净化党内政治生态，坚决纠正各种不正之风，以零容忍态度惩治腐败，不断增强党自我净化、自我完善、自我革新、自我提高的能力，始终保持党同人民群众的血肉联系。"① "三严三实"是指既严以修身、严以用权、严以律己，又谋事要实、创业要实、做人要实。党的二十大报告提出，要完善党的自我革命制度规范体系。创新发展理念将通过理论创新、制度创新等途径发挥作用。我们要按照实事求是、解放思想、与时俱进的要求，不断研究党的建设面临的新情况，勇于自我革命，进一步推进和完善党的建设的伟大工程。同时，我们要把党的自我革命与伟大社会革命结合起来。

总之，创新发展理念是新发展理念的核心，也是社会主义建设与发展的动力。它促使中国特色社会主义在经济、政治、文化、社会、生态文明及党的建设方面不断革新，与时俱进，顺应时代发展潮流，共同推动中国特色社会主义总体布局的发展。

第二节　协调发展理念在推动总体布局中的作用

协调是中国特色社会主义"五位一体"总体布局持续健康发展的基本要求和根本原则。协调发展理念为统筹推进中国特色社会主义总体布局的

① 十九大以来重要文献选编：上. 北京：中央文献出版社，2019：18.

发展提供了根本原则。

一、协调发展理念的依据和意义

协调发展理念的提出有着重要的哲学依据，旨在解决我国经济社会发展和建设中国特色社会主义总体布局进程中面临的不协调问题，具有重要的战略意义。

1. 协调发展理念提出的哲学依据和意义

普遍联系的观点是协调发展理念的重要哲学依据。无论是客观事物还是主观事物，无论是自然事物还是社会事物，都处于普遍联系之中。普遍联系是唯物辩证法的总特征之一。事物内部和各个事物之间都始终处于各种联系之中，世界上根本就不存在完全孤立静止的事物。这就要求处于相互联系中的各个事物之间必须保持一种平衡和协调的关系。在相同的条件下，各个事物之间的分工协作和排列组合的不同，往往会产生截然不同的效果。这也是量变引起质变的重要表现。例如，恩格斯曾经论述了作为骑兵创始人的希腊人如何通过科学的组织和训练以提升骑兵战斗力的问题。在《资本论》中，马克思详细论述了有计划地协同劳动即分工协作对于提高劳动生产率和发展生产力的重要影响。从整体上看，“一方面，协作可以扩大劳动的空间范围，因此，某些劳动过程由于劳动对象空间上的联系就需要协作；例如排水、筑堤、灌溉、开凿运河、修筑道路、铺设铁路等等。另一方面，协作可以与生产规模相比相对地在空间上缩小生产领域。在劳动的作用范围扩大的同时劳动空间范围的这种缩小，会节约非生产费用（faux frais），这种缩小是由劳动者的集结、不同劳动过程的靠拢和生产资料的积聚造成的”①。可见，协作可以从不同的方面提高劳动生产率。在人类社会历史发展进程中，协作对于人类文化初期的狩猎民族的发展发挥了决定性作用，对于东方国家兴建大型公共工程发挥了重要作用，对于资本主义条件下将生产过程和价值增殖过程统一起来发挥了重要作用。显然，生产过程中的协作正是普遍联系思想在一定范围内的应用。根据上述情况，我们可以认为，只有坚持协调、协作、协同，才能起到事半功倍的

① 马克思，恩格斯．马克思恩格斯文集：第5卷．北京：人民出版社，2009：381-382.

作用。将之运用到发展议题中，就要求我们必须坚持协调发展的科学理念。

2. 协调发展理念提出的国际经验和意义

纵观世界现代化的发展历程，我们可以发现，能否坚持协调发展是影响现代化实际成效的一个重要问题。例如，在 20 世纪 70 年代拉美现代化的过程中，一些国家片面追求城市化，尽管提升了现代化的水平，但是，没有注意经济和社会的协调发展，不仅导致了失业人口较多、公共服务不足、环境严重恶化等问题，而且造成了两极分化等问题，最终陷入了“拉美陷阱”（“中等收入陷阱”）。目前，“我国正处于由中等收入国家向高收入国家迈进的阶段，国际经验表明，这个阶段是各种矛盾集中爆发的时期，发展不协调、存在诸多短板也是难免的。协调发展，就要找出短板，在补齐短板上多用力，通过补齐短板挖掘发展潜力、增强发展后劲”①。这说明协调是发展短板和发展潜力的统一。在这样的情况下，我们就要把握住协调发展的一些新特点，学会和学好协调辩证法。比如，协调既是发展手段又是发展目标，同时还是评价发展的标准和尺度。再比如，协调是发展“两点论”和“重点论”的统一，一个国家、一个地区乃至一个行业在其特定发展时期既有发展优势，也存在不利因素，在发展思路上既要着力破解难题、补齐短板，又要考虑巩固和厚植原有优势，两方面互补互济、相得益彰，才能实现高水平发展。又比如，协调是发展平衡和不平衡的统一，由平衡到不平衡再到新的平衡是事物发展的基本规律。平衡是相对的，不平衡是绝对的。强调协调发展不是搞平均主义，而是更注重发展机会公平、更注重资源配置均衡。可见，只有坚持协调发展理念，才能顺利实现现代化。

3. 协调发展理念提出的国内背景和意义

坚持协调发展理念，旨在针对我国经济社会发展不平衡现象，要求补齐发展短板，正确处理发展中的重大关系。“协调发展注重的是解决发展不平衡问题。我国发展不协调是一个长期存在的问题，突出表现在区域、

① 十八大以来重要文献选编：下. 北京：中央文献出版社，2018：161-162.

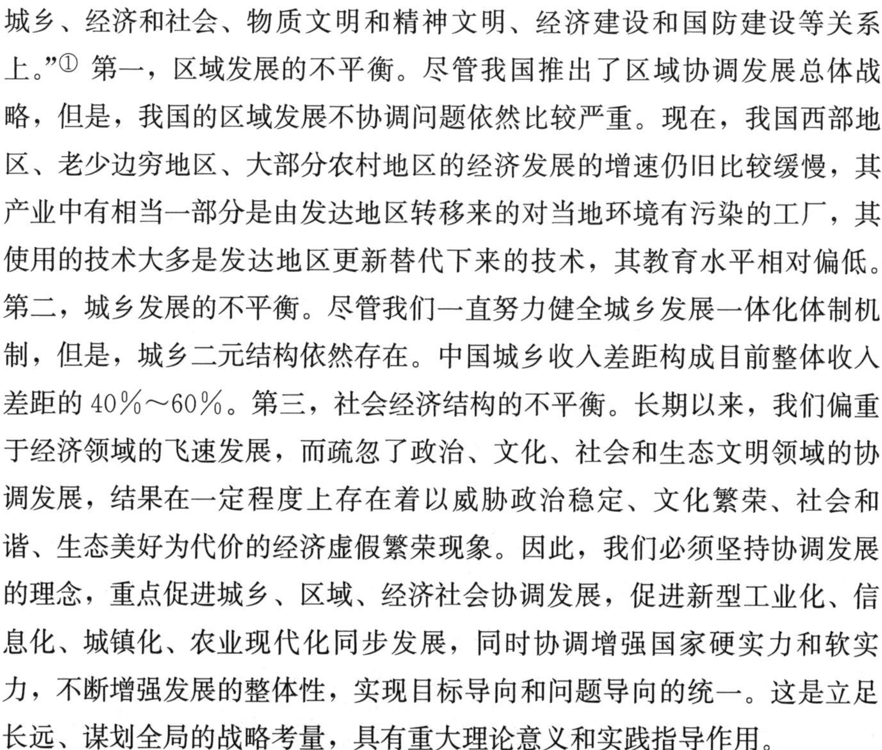

城乡、经济和社会、物质文明和精神文明、经济建设和国防建设等关系上。”① 第一，区域发展的不平衡。尽管我国推出了区域协调发展总体战略，但是，我国的区域发展不协调问题依然比较严重。现在，我国西部地区、老少边穷地区、大部分农村地区的经济发展的增速仍旧比较缓慢，其产业中有相当一部分是由发达地区转移来的对当地环境有污染的工厂，其使用的技术大多是发达地区更新替代下来的技术，其教育水平相对偏低。第二，城乡发展的不平衡。尽管我们一直努力健全城乡发展一体化体制机制，但是，城乡二元结构依然存在。中国城乡收入差距构成目前整体收入差距的40%～60%。第三，社会经济结构的不平衡。长期以来，我们偏重于经济领域的飞速发展，而疏忽了政治、文化、社会和生态文明领域的协调发展，结果在一定程度上存在着以威胁政治稳定、文化繁荣、社会和谐、生态美好为代价的经济虚假繁荣现象。因此，我们必须坚持协调发展的理念，重点促进城乡、区域、经济社会协调发展，促进新型工业化、信息化、城镇化、农业现代化同步发展，同时协调增强国家硬实力和软实力，不断增强发展的整体性，实现目标导向和问题导向的统一。这是立足长远、谋划全局的战略考量，具有重大理论意义和实践指导作用。

总之，牢固树立协调发展理念，必然为解决中国经济社会发展的不平衡问题提供切实的理念指导，为统筹推进中国特色社会主义总体布局提供适宜的社会环境。

二、协调发展理念的内涵和要求

协调发展理念要求促进经济社会的持续健康发展，重点回答了国家未来发展应如何推进以及如何正确处理发展中的重大关系等问题，要求我们善于用辩证思维推动工作，在增强国家硬实力的同时，还要注重提升国家软实力。

在新的社会环境下，协调发展具有新的要求。在总体发展上，既要求发展手段与发展目标相协调，也要求评价发展的标准和尺度相协调。目

① 十八大以来重要文献选编：中. 北京：中央文献出版社，2016：825-826.

前，树立协调发展理念，必须从推动区域协调发展、城乡协调发展、物质文明和精神文明协调发展、经济建设和国防建设融合等四个方面来入手，要促进新型工业化、信息化、城镇化、农业现代化同步发展。

1. 促进区域协调发展

区域协调发展，就是要塑造要素有序自由流动、主体功能约束有效、基本公共服务均等、资源环境可承载的区域协调发展新格局；就是要打破地区封锁和利益固化的樊篱，全面推动资源配置的流动，形成区域间相互耦合、分工清晰、功能互补的产业空间布局，既提升区域间发展的均衡性，又有效避免出现“短板效应”。这是全面推进协调发展的基础。为此，必须要大力实施西部大开发、东北振兴、中部崛起、东部率先发展等全局性的区域发展总体战略，实现以首都为核心的世界级城市群的京津冀协同发展、实现长江中下游系统发展和东中西部互动合作的长江经济带发展以及通过积极参与国际分工合作实现又好又快发展的“一带一路”建设的新战略，同时还包括加大贯彻各种功能区、特区、实验区等政策，以及新型城镇化战略、主体功能区战略等战略和政策等。此外，要培育若干带动区域协调发展的增长点，加大对资源枯竭、产业衰退、生态严重退化等困难地区的支持力度，推进经济区和主体功能区之间的优势互补与良性互动，为全面推进协调发展打下基础。其中，设立雄安新区，是实现区域协调发展的创举。

2. 促进城乡协调发展

统筹城乡协调发展，就是要把解放和发展农村社会生产力、改善和提高广大农民群众生活水平作为根本的政策取向，加快形成以工促农、以城带乡、工农互惠、城乡一体的工农城乡关系。具体来看，第一，推动城乡协调发展，既要加强城乡相同要素的相互融合，形成发展的共振；又要加强城乡不同要素的结合，形成发展的互补。在此进程中，既要考虑到城市与乡村两个经济社会的不同空间形态保持各自的特色（特别是农村的民俗风情、地域特色），防止发展的趋同化，同时，又要坚持城市与乡村有层次的错落有致的发展，让城市人口“下乡”与乡村人口“进城”统一起来，形成良性互补，最终实现城市人口能体会到乡村生活、乡村人口能享

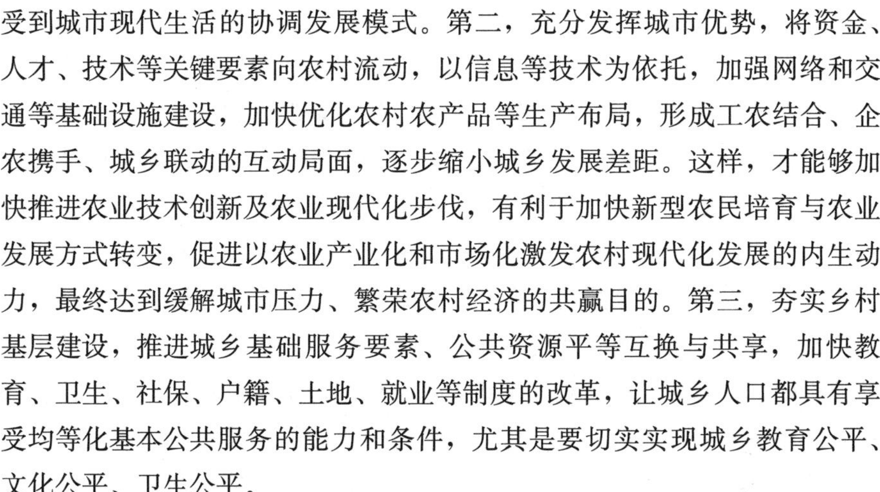

受到城市现代生活的协调发展模式。第二，充分发挥城市优势，将资金、人才、技术等关键要素向农村流动，以信息等技术为依托，加强网络和交通等基础设施建设，加快优化农村农产品等生产布局，形成工农结合、企农携手、城乡联动的互动局面，逐步缩小城乡发展差距。这样，才能够加快推进农业技术创新及农业现代化步伐，有利于加快新型农民培育与农业发展方式转变，促进以农业产业化和市场化激发农村现代化发展的内生动力，最终达到缓解城市压力、繁荣农村经济的共赢目的。第三，夯实乡村基层建设，推进城乡基础服务要素、公共资源平等互换与共享，加快教育、卫生、社保、户籍、土地、就业等制度的改革，让城乡人口都具有享受均等化基本公共服务的能力和条件，尤其是要切实实现城乡教育公平、文化公平、卫生公平。

3. 促进物质文明和精神文明协调发展

物质文明和精神文明协调发展，是指经济的发展必须与文化发展以及人的发展相匹配，使整个经济社会的发展具有系统性和可持续性，系统地推动协调发展的总体进程。习近平指出，“只有物质文明建设和精神文明建设都搞好，国家物质力量和精神力量都增强，全国各族人民物质生活和精神生活都改善，中国特色社会主义事业才能顺利向前推进”①。两个文明协调发展，就是要坚持“两手抓、两手都要硬”，以辩证的、全面的、协调的观点正确处理物质文明和精神文明的关系；就是要发展和繁荣文化，提高国家文化软实力，实现“两个一百年”奋斗目标和中华民族伟大复兴中国梦；就是要培育和弘扬社会主义核心价值观，有效整合社会意识，有效维护社会秩序和社会系统正常运转，完善国家治理体系和治理能力；就是要实现国家物质力量和精神力量都增强，全国各族人民物质生活和精神生活都改善。只有这样，中国特色社会主义事业才能顺利向前推进。

4. 促进经济建设和国防建设融合发展

经济建设和国防建设融合发展，就是要坚持以习近平经济思想和习近平强军思想为引领，把国防建设深深根植于国家经济社会发展母体，加快

---

① 习近平．论党的宣传思想工作．北京：中央文献出版社，2020：14.

形成全要素、多领域、高效益的军民深度融合发展格局，既使国防建设从经济建设、社会建设中获得更加深厚的物质支撑和发展后劲，也使经济建设、社会建设从国防建设中获得更加有力的安全保障和技术支持。党的十九大报告提出：“坚持富国和强军相统一，强化统一领导、顶层设计、改革创新和重大项目落实，深化国防科技工业改革，形成军民融合深度发展格局，构建一体化的国家战略体系和能力。”① 我们必须将经济建设与国防建设的融合提高到国家战略高度，充分发挥军与民在各领域的高度融合并发挥高效益，为实现国家发展与国家安全的统一做出贡献。经济建设与国防建设融合，涵盖了军民双方在相关基础设施、资源利用、安全监控、系统管理等过程中，通过人力、物力、财力等方面的一体实施，最大限度地实现资源最大化利用与成果的共享。总之，我们要坚持问题牵引，拿出思路举措，以强烈的责任担当推动问题的解决，正确把握和处理经济建设和国防建设的关系，使两者协调发展、平衡发展、兼容发展。

5. 促进新型工业化、信息化、城镇化、农业现代化同步发展

新型工业化、信息化、城镇化、农业现代化同步发展，就是要逐步增强战略性新兴产业和服务业的支撑作用，着力推动传统产业向中高端迈进，促进大众创业、万众创新，积极发现经济发展的新增长点。这是推进协调发展的关键性要素。具体来看，一是加大工业化与信息化的融合力度。着力推进产业升级、增强竞争力，推进信息网络技术广泛运用，以信息化带动工业化，以工业化促进信息化，切实推进工业化与信息化的深度融合，着重解决工业化发展过快带来的产能过剩、企业的信息化集成应用水平较低等问题，推进新型工业化。二是加大工业化与城镇化互动深度。构筑优势互补、合理分工的城镇产业发展格局，促进产业集群、城市群布局、人口分布相衔接，增强城镇综合承载能力和可持续发展能力，重点推进农业转移人口融入城镇生活，提高城市宜居水平，切实推进工业化与城镇化良性互动进程。为此，要着重解决城市群内部基础设施不完善、服务功能不强、人口承载能力弱、城镇化水平不高等现实问题。三是加大城镇化与农业现代化协调程度。加大统筹城乡发展力度，要着力

① 十九大以来重要文献选编：上. 北京：中央文献出版社，2019：38.

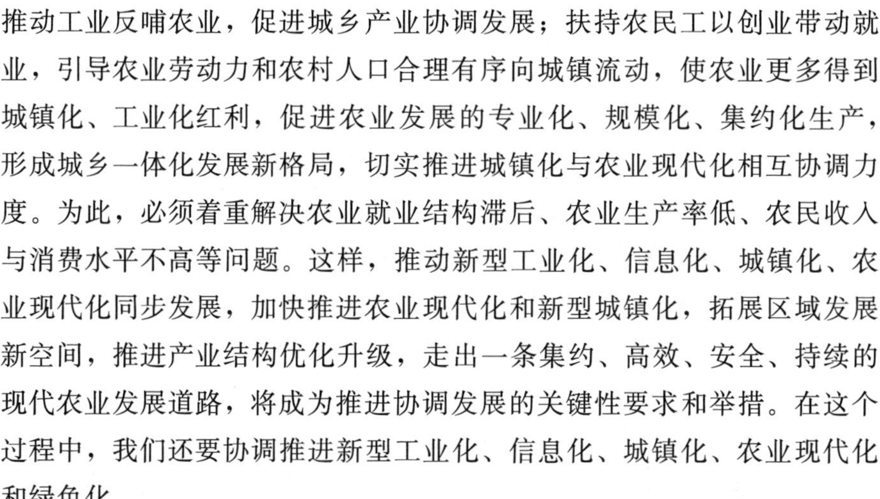

推动工业反哺农业，促进城乡产业协调发展；扶持农民工以创业带动就业，引导农业劳动力和农村人口合理有序向城镇流动，使农业更多得到城镇化、工业化红利，促进农业发展的专业化、规模化、集约化生产，形成城乡一体化发展新格局，切实推进城镇化与农业现代化相互协调力度。为此，必须着重解决农业就业结构滞后、农业生产率低、农民收入与消费水平不高等问题。这样，推动新型工业化、信息化、城镇化、农业现代化同步发展，加快推进农业现代化和新型城镇化，拓展区域发展新空间，推进产业结构优化升级，走出一条集约、高效、安全、持续的现代农业发展道路，将成为推进协调发展的关键性要求和举措。在这个过程中，我们还要协调推进新型工业化、信息化、城镇化、农业现代化和绿色化。

总之，协调是持续促进发展的内在要求。只有坚持协调发展，才能统筹推进中国特色社会主义总体布局。

三、协调发展理念为推进总体布局提供根本原则

协调发展理念是马克思主义关于协调发展思想在当代中国的创造性发展和运用，为处理当前复杂经济社会关系提供了有效方法，为进一步统筹推进中国特色社会主义总体布局提供了根本原则。

1. 增强发展整体性的根本原则

发展是一个整体的社会进步过程。发展的整体性就是所有发展要素的全面发展、共同发展和协调发展，就是所有发展关系处于有机关联、有序互动当中，就是所有发展手段的共同运用和协调运用，就是所有发展目标的全面实现、共同实现和协调实现。坚持协调发展理念，增强总体布局整体性发展，是实现全面建成小康社会和全面建设社会主义现代化国家的基本追求。完成这项工作的重点在“全面”，难点也在“全面”。“全面”意味着既要东部率先实现现代化，又要保证西部开发、中部崛起、东北振兴等战略的顺利推进，最终要形成全国一盘棋。“全面”意味着既要城市繁荣、市民富裕，又要农村发展、农民富裕，最终要形成城乡一体化的共同富裕格局。“全面”意味着既要钱袋子的鼓、追求物质丰裕，又要脑瓜子

的满、追求精神丰富，最终要形成物质文明和精神文明两手都要抓、两手都要硬的局面。“全面”意味着既要金山银山，也要绿水青山，最终要形成人与自然和谐共生的现代化新格局。“全面”意味着既要强大的国防，又要富裕的经济，最终要形成军民一体化发展格局。在根本上，“全面”意味着我们必须保证和促进经济建设、政治建设、文化建设、社会建设、生态文明建设的全面发展、共同发展和协调发展。“全面小康，覆盖的领域要全面，是五位一体全面进步。全面小康社会要求经济更加发展、民主更加健全、科教更加进步、文化更加繁荣、社会更加和谐、人民生活更加殷实。要在坚持以经济建设为中心的同时，全面推进经济建设、政治建设、文化建设、社会建设、生态文明建设，促进现代化建设各个环节、各个方面协调发展，不能长的很长、短的很短。”[①] 对于全面现代化来说，更应如此。因此，只有坚持协调发展理念，通过统筹兼顾、注重平衡、保持均势等手段，使在推进总体布局进程中出现的“不协调”问题得以协调起来，将分散的部分系统化，将发散的部分整体化，将薄弱的区域、领域、环节补起来以形成协调发展结构，只有这样，才能不断增强发展的整体效能。

2. 贯彻新发展理念的根本原则

由于协调是事物顺利发展的条件和机制，因此，增强发展的协调性，不仅是协调发展要注意的问题，而且在整个新发展理念中都必须体现这些要求。在创新发展中，要把创新性和人民性协调起来，要把科技发展、经济建设和社会建设协调起来。例如，网信事业的创新发展，不仅可以有效缩小“数字鸿沟”，而且有助于实现共同富裕和共享发展。再如，在开放发展中，只有遵循协调发展理念，才能够有效统筹考虑和综合运用国际国内两个市场、国际国内两种资源、国际国内两类规则，用好“两种资源”，促进“两个市场”的协调发展，培育发展新动力，优化劳动力、资本、土地、技术、管理等要素配置，激发创新创业活力，推动大众创业、万众创新，释放新需求，创造新供给，推动新技术、新产业、新业态蓬勃发展。因此，树立协调发展理念，能够补齐经济、政治、文化、社会及生态文明

① 十八大以来重要文献选编：中. 北京：中央文献出版社，2016：831.

建设等各领域的短板，破除它们之间相互抵触和相互制约的障碍，强化各部分在发展过程中的自身整体性发展，以及强化总体发展的整体性推进。这样，就能够增强总体布局内、外发展要素之间发展的平衡性、包容性和可持续性，促进各区域各领域各方面协同配合、均衡一体发展，为实现“两个一百年”奋斗目标和中华民族伟大复兴的中国梦提供适宜的社会环境。

3. 避免陷入“中等收入陷阱”的根本原则

“中等收入陷阱”本身是一个陷阱，或者是一个伪命题。但是，阶层的分化和固化是我们必须高度警惕的问题。科学的态度是，我们必须正视这一问题，在经济发展的基础上积极解决这一问题，在协调发展的过程中有效化解这一矛盾。就后一点来看，关键是要坚持协调发展理念，推动协调发展。我们既要坚持不懈抓发展，不断扩大经济总量，为改善民生提供坚实的经济基础，也要大力推进基本公共服务均等化，为促进社会公平提供适宜的社会环境。目前，要重点加强基本公共服务，特别是要加大对革命老区、民族地区、边疆地区、原贫困地区基本公共服务的支持力度，加强对特定人群特殊困难的帮扶，在此基础上做好教育、就业、收入分配、社会保障、医疗卫生等领域的民生工作。同时，要进一步加强对落后地区的对口支援和帮扶，把改善民生放在首位，帮扶资金主要用于民生、用于基层。从经济要素的配置来看，必须让信息、知识和财富流动起来，而不是让人和土地盲目流动。人和土地是最不可持续的资源，是最不可持续的财富，一旦消耗完毕，就难以再生。相比之下，信息、知识、财富的流动，不仅可以有效缩小城乡、区域之间的差距，成为实现城乡协调发展和区域协调发展的动力，而且可以提升整个发展的可持续性。在当代中国，经济社会的需求无限性与供给有限性、发展慢与发展快、此消彼长或此强彼弱等矛盾长期存在，而诸多的矛盾均涉及经济、政治、文化、社会以及生态文明建设。解决这些矛盾，既能够统筹推进总体布局，也能够推动协调发展理念的落实。而要化解这些矛盾，既要求协调总体布局内部各个建设之间的关系，也要协调总体布局这一系统同外部之间的关系，需要统筹兼顾、综合平衡。只有这样，才能顺利实现经济发展方式的转变，避免陷入“中等收入陷阱”。习近平指出：“对中国而言，‘中等收入陷阱’过是肯定要过去的，关键是什么时候迈过去、迈过去以后如何更好向前发展。”① 这样，坚持协调发展理念就成为解决这一问题的科学选择。

总之，协调发展理念进一步明确了统筹推进总体布局的关键性问题，为解决推进总体布局进程中的复杂问题提供了根本原则。

第三节　绿色发展理念在推进总体布局中的作用

绿色发展是实现经济社会永续发展以及人与自然和谐共生的重要条件，绿色发展理念为统筹推进中国特色社会主义总体布局的发展提供了永续条件。

一、绿色发展理念的依据和意义

绿色发展理念是针对不可持续的问题提出的以绿色低碳循环为主要原则的发展理念，旨在实现人与自然的和谐共生，建设生态文明。

1. 绿色发展理念提出的哲学依据和意义

人与自然是一个不可分割的整体，存在着相互联系、相互作用的辩证关系。马克思主义关于人与自然辩证关系的思想是提出绿色发展理念的重要哲学依据。绿色发展就是要始终坚持人与自然和谐共生的关系，满足人民群众对优美生态环境的需要。在实践中，人与自然是一种和谐共生的关系。自然界相对于人类社会而言具有客观的先在性，先于人类社会而存在。没有自然界就没有人类社会，人类是在自然界的基础上经过长期的演化产生的，因此，人是自然界的一部分。人类产生后，在和自然界长期共生的过程中，并非简单地适应自然界，而是能动地认识和改造自然界，在自然界打上人的活动的烙印，使自然界更好地适应人的需要和发展。显然，人和自然界是一个整体，自然界是人的无机身体（另外一个身体），

---

① 习近平. 中国肯定要迈过“中等收入陷阱”. http://finance.people.com.cn/BIG5/n/2014/1111/c1004-26004320.html.

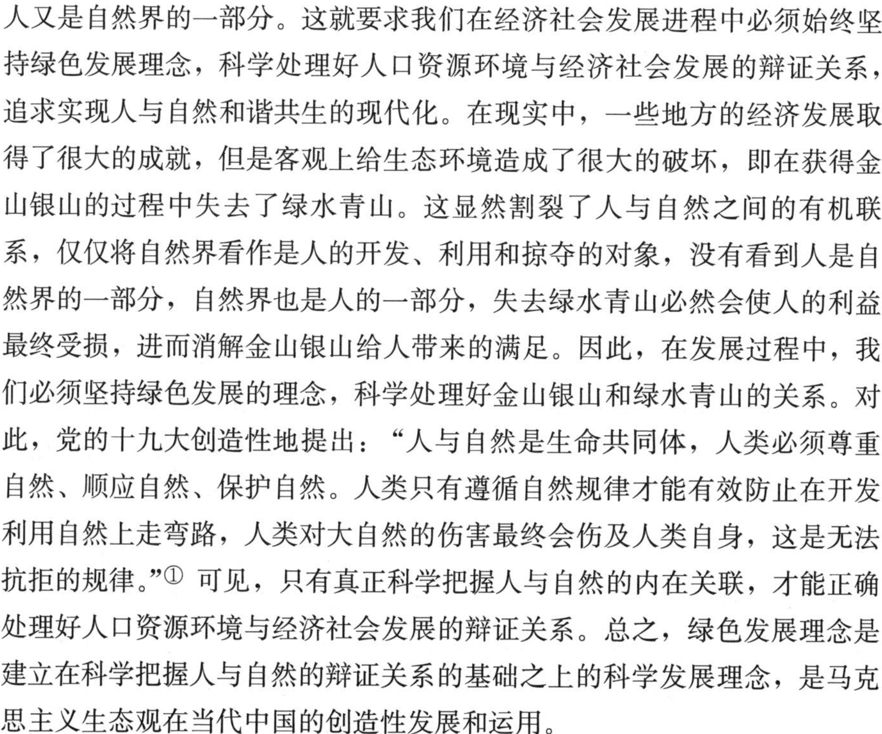

人又是自然界的一部分。这就要求我们在经济社会发展进程中必须始终坚持绿色发展理念，科学处理好人口资源环境与经济社会发展的辩证关系，追求实现人与自然和谐共生的现代化。在现实中，一些地方的经济发展取得了很大的成就，但是客观上给生态环境造成了很大的破坏，即在获得金山银山的过程中失去了绿水青山。这显然割裂了人与自然之间的有机联系，仅仅将自然界看作是人的开发、利用和掠夺的对象，没有看到人是自然界的一部分，自然界也是人的一部分，失去绿水青山必然会使人的利益最终受损，进而消解金山银山给人带来的满足。因此，在发展过程中，我们必须坚持绿色发展的理念，科学处理好金山银山和绿水青山的关系。对此，党的十九大创造性地提出："人与自然是生命共同体，人类必须尊重自然、顺应自然、保护自然。人类只有遵循自然规律才能有效防止在开发利用自然上走弯路，人类对大自然的伤害最终会伤及人类自身，这是无法抗拒的规律。"① 可见，只有真正科学把握人与自然的内在关联，才能正确处理好人口资源环境与经济社会发展的辩证关系。总之，绿色发展理念是建立在科学把握人与自然的辩证关系的基础之上的科学发展理念，是马克思主义生态观在当代中国的创造性发展和运用。

2. 绿色发展理念提出的国际背景和意义

绿色发展是世界绿色潮流的集中概括和科学提升。在资本主义发展的过程中出现了严重的生态危机。"从上世纪三十年代开始，一些西方国家相继发生多起环境公害事件，损失巨大，震惊世界，引发了人们对资本主义发展模式的深刻反思。"② 在反思的过程中，国际社会提出了各种绿色经济方案。尤其是在国际金融危机呼啸而至、环境污染日趋严重的情况下，2008 年 12 月，联合国气候变化大会正式发出了实施"绿色新政"（Green New Deal）的倡议。它包括三大目标：一是重振世界经济、创造就业机会和保护弱势群体，二是降低碳依赖、生态系统退化和淡水稀缺性，三是实现到 2025 年前结束世界极端贫困的千年发展目标。在此背景下，西方国家纷纷推出了"绿色新政"。第一，加强绿色政策的导向作用。例如，美国

---

① 习近平．论坚持人与自然和谐共生．北京：中央文献出版社，2022：187．

② 同①9．

于2009年2月颁布的《复苏与再投资法案》，将新能源作为重点领域之一，计划在10年内每年投资150亿美元，创造500万个新能源、节能和清洁生产就业岗位。第二，强化绿色法律的约束作用。例如，2010年1月，韩国颁布《绿色增长基本法》，4月开始实施。这一法律生效后，韩国对绿色产业施行绿色认证制，包括10个项目、61项重点技术；对于大型建筑物，实行“能源、温室气体目标管理制”，严格限制能源的使用。第三，重视绿色市场的激励作用。例如，在水资源开发和利用方面，水资源价格、可交易的用水权和其他基于市场的手段得到越来越广泛的运用。第四，发挥绿色科技的支撑作用。发达国家将发展绿色科技看作是创造新的增长和就业机会的动力，主要是将新能源和可再生能源的开发和利用作为科技创新的关键领域。第五，夯实绿色产业的基础作用。例如，德国发展绿色产业的重点是发展生态工业。2009年6月，德国公布了一份旨在推动德国经济现代化的战略文件，在这份文件中，德国政府强调生态工业政策应成为德国经济的指导方针。德国的生态工业政策主要包括以下内容：严格执行环保政策，制定各行业能源有效利用战略，扩大可再生能源使用范围，可持续利用生物智能，推出刺激汽车业改革创新措施及实行环保教育、资格认证等方面的措施。“绿色新政”的推行，促进了世界经济的复苏和转型。但是，国际社会惯常使用“绿色增长”和“绿色经济”等概念表述“绿色新政”的议题，很少使用“绿色发展”的概念。现在，我们党提出的绿色发展理念，既顺应了世界绿色新政的发展趋势，又在含义和要求上超越了绿色增长和绿色经济，是中国对世界可持续发展事业的卓越贡献。

3. 绿色发展理念提出的国内背景和意义

绿色发展是在科学判断我国发展方位基础上提出的科学的发展理念和生态理念。第一，应对生态环境问题的科学对策。改革开放以来，中国经济高速发展，创造了“中国奇迹”，但是，也付出了生态环境方面的严重代价。现在，资源环境的承载能力已达到极限，资源枯竭、环境污染、生态破坏问题严重。究其原因，最直接的问题在于高投入、高消耗、高污染的传统发展方式。这一发展方式往往单纯依靠要素尤其是自然要素的高投入来实现高产出，忽视了自然规律尤其是忽视了自然界的生态阈值对经济发展的前提性和基础性的作用，结果导致大量消耗资源、严重污染环境、极大干扰生态等问题。只有坚持绿色发展理念，走绿色发展之路，才能有效解决这一问题。第二，满足人民生态需要的科学举措。随着生态文明科学理念深入人心，人民群众的人口意识、环境意识、生态意识日益强烈，迫切要求改善生态环境状况，迫切要求加强生态环境治理。尤其是，环境污染与生态恶化不仅阻碍了经济的进一步发展，而且严重危害人民的健康和生命财产安全。在这种情况下，人民群众对清新空气、清澈水质、清洁环境等生态产品的需求越来越迫切，生态环境越来越珍贵。因此，我们必须顺应人民群众对良好生态环境的期待，推动形成绿色低碳循环发展的新方式，并从中创造新的增长点。第三，促进生态文明建设的科学途径。随着经济社会的深入发展，生态文明建设的地位与作用日趋凸显，成为中国特色社会主义事业总体布局的一个重要领域与方面。生态文明建设在社会主义建设中的地位明显提升，迫切需要一个切实可行的抓手和一条切实有效的途径。绿色发展就是这样的抓手和途径。因此，只有坚持绿色发展理念，将建设生态文明作为国家发展与人民行事的共识，才能有效遏制生态环境问题，突破资源环境的瓶颈，消除党和人民的忧虑，实现人与自然和谐共生，共同谋求建设美丽中国的美好愿景。

总之，“绿色发展注重的是解决人与自然和谐问题。绿色循环低碳发展，是当今时代科技革命和产业变革的方向，是最有前途的发展领域，我国在这方面的潜力相当大，可以形成很多新的经济增长点”①。只有牢固树立绿色发展理念，才能开创社会主义生态文明新时代、赢得中华民族永续发展的美好未来。

二、绿色发展理念的内涵和要求

绿色发展理念是以绿色作为基调，坚持人与自然和谐共生原则的发展思想与发展理念。坚持绿色发展理念，必须坚持节约资源和保护环境的基本国策，坚持可持续发展，坚定走生产发展、生活富裕、生态良好的文明发展道路，加快建设资源节约型、环境友好型社会，形成人与自然和谐共

① 十八大以来重要文献选编：中. 北京：中央文献出版社，2016：826.

生现代化建设新格局，推进美丽中国建设，为全球生态安全做出新贡献。绿色发展理念具有丰富的思想内涵，将推进生态文明的理论与实践走上新高度，开启了中国发展的绿色新征程。

1. 绿色发展理念要求实现均衡发展

在人类社会这一有机整体中，人口要素、资源要素和环境要素三者相互影响相互制约，是影响可持续发展的基础变量，是影响人与自然关系的最直接要素。为推动人与自然和谐发展，推动环境保护国策的落实，我们党在提出建设资源节约型和环境友好型社会之后，又提出要实现人口均衡发展。这深刻揭示了资源节约、环境友好同人口均衡的辩证关系。因此，实现人口均衡发展是绿色发展理念的基本要求。均衡发展主要指人口的发展速度和质量呈现均衡态势，从而同资源、能源的供给能力、环境的净化能力与承载能力以及经济社会的发展水平相协调的发展，同时人口自身的发展速度、质量、结构、分布等方面也应呈现出均衡性发展。从保护自然、实现绿色发展的角度看，人口的发展应适应自然资源、环境和生态的承载能力与涵容能力，将人口总量控制在自然的可承受范围内并能够实现自然的自我净化与更新范围之内，避免人口数量过度增长对自然环境造成负面影响。为此，我们应当合理控制人口数量，提升人口素质，合理规划人口结构①，促进人口均衡发展，使其能够同资源、环境、生态的发展相互协调，推动人与自然关系的和谐共处。

2. 绿色发展理念要求实现节约发展

资源是人类生产和生活的来源，是经济社会发展的自然物质基础与前提，是影响和制约可持续发展的基础变量。资源能否得到有效开发与合理利用直接关系经济社会能否可持续发展。因此，必须坚持节约发展。所谓节约发展是指通过节约和集约利用资源的方式来促进可持续发展。因此，应当确保资源的可持续性，确保开发速率维持在资源的可再生速率内，推

① 目前，由于我们人口动态趋势出现了一些新的变化，尤其是为了有效应对老龄化的挑战，国家适时调整了人口出生政策，提出实施三孩生育政策及配套措施，但是，这并不意味着我们要放弃计划生育政策。考虑到人口数量造成的社会经济压力和生态环境压力依然严重，因此，我们必须坚持计划生育基本国策，推动人口均衡发展。关于养老问题，应通过加强社会建设的方式加以解决。

动资源能够在经济发展过程中实现合理并相对充足供给。当然，确保资源的可持续降低资源利用速率的同时，更要提高资源的使用效率，通过资源的循环使用实现节约现有资源。节约资源是保护生态环境的根本之策。所以，要大力节约集约利用资源，推动资源利用方式根本转变，加强全过程节约管理，大幅降低能源、水、土地消耗强度。可见，坚持节约发展就是要在落实和坚守节约资源的基本国策前提下，全面节约和高效利用资源，树立节约集约循环利用的资源观，加快建设资源节约型社会，推动整个社会的绿色发展。

3. 绿色发展理念要求低碳发展

低碳发展是通过节能减排降耗的方式实现经济发展的理念与形式，是一种以低耗能、低污染、低排放为特征的可持续发展模式。所谓低碳，其实就是降低碳排放量。目前，以煤炭为主的化石能源的结构，最终以二氧化碳的方式排放至大气中，导致全球温室效应加剧。为此，降低碳排放量成为应对全球性问题的核心议题和重要内容。为积极应对全球气候变化，2020 年 9 月 22 日，习近平主席在第 75 届联合国大会上代表中国政府向国际社会庄重承诺：中国力争于 2030 年前实现碳达峰，努力争取 2060 年前实现碳中和。同时，他要求将“双碳”纳入经济社会发展和生态文明建设整体布局中。这不仅可以积极应对全球气候变化，推动人民创造更加优美宜居的生产生活环境，而且能够减少能源过度消耗，促进社会经济的绿色发展。为此，应当大力发展低碳科技，降低能耗、降低污染和降低排放，同时要围绕低碳发展提出低碳政策，建立低碳企业，推动低碳产业体系的确立，坚持走节能减排降耗的绿色发展道路。

4. 绿色发展理念要求实现清洁发展

清洁发展是指针对环境污染末端治理的弊端而提出的全程控制环境污染的方式，要求通过实现废物的减量化、资源化和无害化实现科学发展。据此，清洁发展的实质就是保护环境，就是合理协调环境保护与经济发展的关系，有效推动以保护环境为要求的发展和以发展为前提的保护环境的双向互动。目前，按照习近平生态文明思想的要求，坚持清洁发展，就是要坚持环境保护的基本国策，加大环境治理力度，以提高环境质量为核心，实行最严格的环境保护制度，深入实施大气、水、土壤污染防治行动计划，加快建设环境友好型社会。显然，清洁发展是绿色发展的题中之义。

5. 绿色发展理念要求实现循环发展

循环发展就是指将资源能源投入经过企业生产形成产品并进行消费与废弃的线性发展模式，转变为将废弃产品再利用实现资源能源再利用的循环发展模式的发展。其意图是要推动资源与能源的减量化、再利用、资源化，力求从源头上减少生产、流通、消费各环节上资源能源消耗和废弃物排放，推动资源和能源的多次使用和废物再利用，实现资源能源的低消耗、低排放、高效率的利用。为实现资源的循环利用，必须坚持减量化、再利用和资源化的原则，按照生态运行方式推动物质与能量永续循环与流动。可持续发展战略的贯彻落实，推动了经济的循环发展，并将循环发展理念落实到社会生产实践中，并在空间模式的各个层面贯彻落实该理念。我们要实施循环发展引领计划，推进生产和生活系统循环链接，加快废弃物资源化利用。由此，树立循环利用的资源观，变废为宝，将垃圾资源化腐朽为神奇，必将推动资源能源的合理高效利用，必将推动建立循环发展产业体系。

6. 绿色发展理念要求安全发展

安全发展主要是指以保护生态安全为主要内容的发展，是以保障生态系统安全为核心的发展方式和发展观念，是保持生态系统多样性、稳定性和完整性的发展要求。在安全领域，生态安全是国家总体安全的重要内容和基本前提。习近平指出，必须“有效防范生态环境风险。生态环境安全是国家安全的重要组成部分，是经济社会持续健康发展的重要保障。‘图之于未萌，虑之于未有。’要始终保持高度警觉，防止各类生态环境风险积聚扩散，做好应对任何形式生态环境风险挑战的准备”①。这样，在社会主义生态文明建设领域，维护生态安全成为落实安全发展的核心领域。为维护生态安全，就应划定并严守生态红线，牢固树立生态红线的观念，科

① 习近平．论坚持人与自然和谐共生．北京：中央文献出版社，2022：18-19.

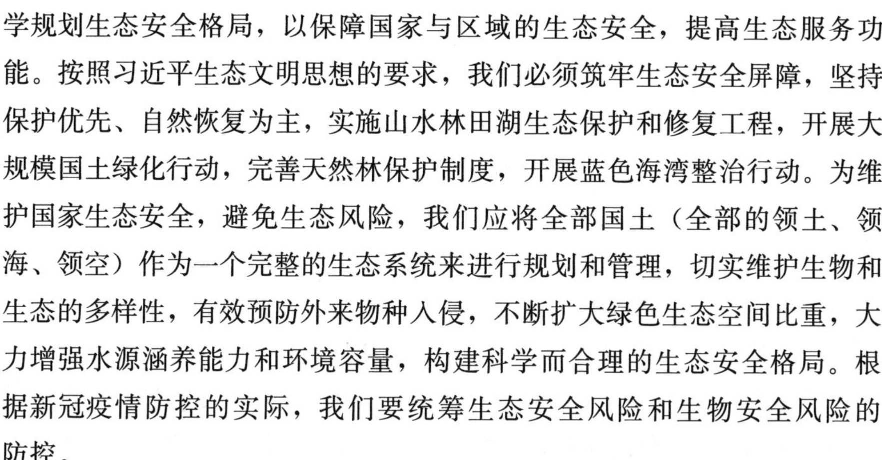

学规划生态安全格局，以保障国家与区域的生态安全，提高生态服务功能。按照习近平生态文明思想的要求，我们必须筑牢生态安全屏障，坚持保护优先、自然恢复为主，实施山水林田湖生态保护和修复工程，开展大规模国土绿化行动，完善天然林保护制度，开展蓝色海湾整治行动。为维护国家生态安全，避免生态风险，我们应将全部国土（全部的领土、领海、领空）作为一个完整的生态系统来进行规划和管理，切实维护生物和生态的多样性，有效预防外来物种入侵，不断扩大绿色生态空间比重，大力增强水源涵养能力和环境容量，构建科学而合理的生态安全格局。根据新冠疫情防控的实际，我们要统筹生态安全风险和生物安全风险的防控。

总之，绿色发展，就其要义来讲，是要解决好人与自然和谐共生的问题。绿色发展与可持续发展是统一的，最终指向的是生态文明。

三、绿色发展理念为推进总体布局提供永续条件

绿色发展对经济建设、政治建设、文化建设、社会建设和生态文明建设明确提出了绿色化要求，能够从总体上推进总体布局的永续发展。

1. 绿色发展理念推动经济建设绿色化的进程

将绿色发展理念融入经济建设中，就是要促进经济建设的绿色化，推动形成人与自然和谐共生的现代化建设新格局。劳动加上自然界才是一切财富的源泉，因此，在经济建设中必须协调好环境和发展的关系。第一，从发展阶段来看，我们正在协同推进新型工业化、信息化、城镇化、农业现代化（“新四化”），这有利于化解各种“成长的烦恼”。但是，“新四化”都必须以绿色化为前提和原则，因此，我们要协调“新四化”和绿色化的关系，走出一条经济发展和生态文明相辅相成、相得益彰的新发展道路。第二，从产业结构来看，我们要改变以资源浪费、环境污染、生态退化为代价的产业结构，加快产业结构调整和优化升级，推动工业、农业、服务业的全面绿色化，构建资源消耗低、环境污染少、科技含量高、经济效益好的绿色产业体系，大力发展绿色智慧生态农业、生态工业和生态旅游以及节能环保产业，不断提高绿色经济发展程度。第三，从发展

方式来看，要正确处理经济发展同生态环境保护之间的关系，更加自觉地推动绿色发展、循环发展、低碳发展。例如，在农业中，要以解决好地少水缺的资源环境约束为导向，深入推进农业发展方式转变。为此，要按照增产增效并重、良种良法配套、农机农艺结合、生产生态协调的原则，促进农业技术集成化、劳动过程机械化、生产经营信息化、安全环保法治化，加快构建适应高产、优质、高效、生态、安全农业发展要求的技术体系。

2. 绿色发展理念推动将生态文明建设纳入制度化、法治化轨道

将绿色发展理念融入政治建设中，就是要加快生态文明领域的国家治理体系和治理能力的现代化，加快推动生态文明领域的法治建设进程。政治建设和政治制度是影响人与自然关系的重要变量。习近平强调："要深化生态文明体制改革，尽快把生态文明制度的'四梁八柱'建立起来，把生态文明建设纳入制度化、法治化轨道。"① 第一，把生态文明建设纳入制度化轨道。从制度上来说，我们要建立健全资源生态环境管理制度，加快建立国土空间开发保护制度，强化水、大气、土壤等污染防治制度，建立反映市场供求和资源稀缺程度、体现生态价值、代际补偿的资源有偿使用制度和生态补偿制度，健全生态环境保护责任追究制度和环境损害赔偿制度，强化制度约束作用。第二，把生态文明建设纳入法治化轨道。在法治化方面，在已经实现生态文明"入宪"的前提下，我们要不断完善能够有效约束不科学的开发行为和推动绿色低碳循环发展的生态文明法律制度，推动人与自然和谐发展。目前，要加快制定、修改和完善生态文明建设、环境保护、清洁生产、发展循环经济等方面的法律法规，增强立法针对性、有效性、可操作性；完善对相关法律法规实施的法律监督机制；加强对破坏资源环境行为的惩罚力度。同时，要推动完善生态文明领域的公益诉讼。现在亟须实现生态文明立法法典化，实现"环境权益"入宪，只有这样，才能切实满足人民群众的生态环境需要。

3. 绿色发展理念推动文化建设绿色化的进程

将绿色发展理念融入文化建设中，就是要坚持以习近平生态文明思想

① 习近平．论坚持人与自然和谐共生．北京：中央文献出版社，2022：157.

和习近平文化思想为指引，促进文化建设的绿色化，大力发展绿色文化（生态文化）。第一，绿色发展理念推动生态文明价值观的确立。我们必须积极培育生态文化、生态道德，牢固树立社会主义生态文明观，认真学习和大力贯彻习近平生态文明思想，使生态文明主流价值观在全社会得到推行。第二，绿色发展理念推动绿色文化知识的普及。绿色发展理念要求把绿色发展、生态文明知识纳入包括国民教育体系和继续教育体系在内的精神文明建设中，采取多种有效方式，广泛开展生态文明、绿色文化宣传教育，使绿色发展理念深入人心。第三，绿色发展理念推动生态文明哲学社会科学的建立和完善。建设生态文明是我们提出的具有原创性、时代性的概念和理论，因此，中国特色哲学社会科学应该涵盖生态文明领域，确立生态文明哲学社会科学（如生态经济学、生态政治学、生态哲学等），建立和完善中国自主的生态文明知识体系，这样，在促进生态文化发展的同时，能够为生态文明建设提供智力支撑。

4. 绿色发展理念推动社会建设绿色化的进程

将绿色发展理念融入社会建设中，就是要促进社会建设的绿色化。生态环境需要是人民群众的基本需要，生态环境权益是人民群众的基本权益，因此，必须将生态文明建设和社会建设统一起来。一方面，要推进社会事业的绿色化发展。作为直接关系民生的教育、科学、文化、卫生等社会事业的发展都必须坚持绿色化的方向。在外在的意义上，社会事业设施的建设必须坚持节约、绿色、循环、低碳原则，避免在此过程中出现资源浪费和环境污染的问题。在内在的意义上，要将绿色化作为社会事业自身发展的原则、课题和方向。另一方面，要推进社会治理的绿色化发展。在推进生态文明建设过程中，社会运动、社会团体发挥着重要作用。例如，以植树造林为代表的群众性的生态文明建设活动是社会建设和生态文明建设的重要结合，不仅是构建生态文明建设的社会合力的重要体现，也是坚持社会建设的绿色化方向的重要表现。

从总体上看，绿色发展理念推动经济建设、政治建设、文化建设、社会建设的绿色化发展，将为统筹推动中国特色社会主义总体布局提供永续条件。

第四节　开放发展理念在推进总体布局中的作用

开放是实现国家富强和繁荣的必由之路。开放发展理念为统筹推进中国特色社会主义总体布局开拓了国际视野。

一、开放发展理念的依据和意义

开放发展理念是引领我国对外开放领域深刻变革的科学理念，为提高我国对外开放的质量与水平以及深化国内外的沟通与交流提供了思想指南，为进一步拓展实现“两个一百年”奋斗目标的发展道路、进一步拓展实现中华民族伟大复兴中国梦的发展空间、进一步拓展世界经济发展空间提供了切实指导。

1. 开放发展理念提出的哲学依据和意义

工业化以来，人类社会的发展实现了从“民族历史”（地域历史）向“世界历史”的转变。世界历史是相对于民族国家历史而言的人类历史，是指资本主义大工业的发展使得各民族之间日益摆脱了狭隘的地域和民族的界限，整个世界日益成为一个相互联系的有机整体。马克思主义世界历史思想是开放发展理念形成的重要哲学依据。马克思和恩格斯在《德意志意识形态》中指出，大工业生产“首次开创了世界历史，因为它使每个文明国家以及这些国家中的每一个人的需要的满足都依赖于整个世界，因为它消灭了各国以往自然形成的闭关自守的状态”①。可见，世界历史的形成打破了各个民族尤其是落后国家闭关自守的状态，使得整个世界成为一个开放的世界。马克思、恩格斯在《共产党宣言》中进一步深刻阐述了这一思想：“资产阶级，由于开拓了世界市场，使一切国家的生产和消费都成为世界性的了。……过去那种地方的和民族的自给自足和闭关自守状态，被各民族的各方面的互相往来和各方面的互相依赖所代替了。物质的生产

① 马克思，恩格斯．马克思恩格斯文集：第1卷．北京：人民出版社，2009：566.

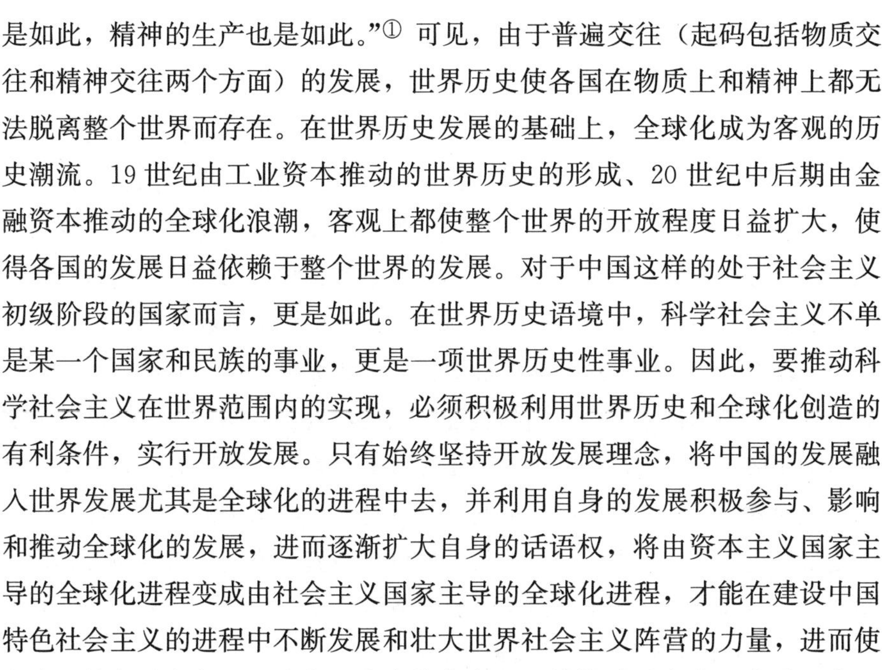

是如此，精神的生产也是如此。”[①] 可见，由于普遍交往（起码包括物质交往和精神交往两个方面）的发展，世界历史使各国在物质上和精神上都无法脱离整个世界而存在。在世界历史发展的基础上，全球化成为客观的历史潮流。19 世纪由工业资本推动的世界历史的形成、20 世纪中后期由金融资本推动的全球化浪潮，客观上都使整个世界的开放程度日益扩大，使得各国的发展日益依赖于整个世界的发展。对于中国这样的处于社会主义初级阶段的国家而言，更是如此。在世界历史语境中，科学社会主义不单是某一个国家和民族的事业，更是一项世界历史性事业。因此，要推动科学社会主义在世界范围内的实现，必须积极利用世界历史和全球化创造的有利条件，实行开放发展。只有始终坚持开放发展理念，将中国的发展融入世界发展尤其是全球化的进程中去，并利用自身的发展积极参与、影响和推动全球化的发展，进而逐渐扩大自身的话语权，将由资本主义国家主导的全球化进程变成由社会主义国家主导的全球化进程，才能在建设中国特色社会主义的进程中不断发展和壮大世界社会主义阵营的力量，进而使得中国特色社会主义逐步发展成为共产主义，并推动社会主义在世界范围内的实现。

2. 开放发展理念提出的国际背景和意义

开放发展理念是准确把握国际发展大势的先进理念。鸦片战争之后，中国之所以逐步沦为半殖民地半封建社会，与中国传统社会长期固守传统不敢开放从而导致自身孤立于世界发展潮流之外有很大的关系。所以，近代以来，才出现了“睁眼看世界”的问题。第二次世界大战之后，一些新独立的亚非拉国家之所以能够在经济上迅速崛起，与它们采用外向型经济有密切关系。在这方面，发展中国家经历了从“进口代替”战略向“出口代替”战略的转变过程，有效地推动了自身的现代化进程。因此，习近平指出：“各国经济，相通则共进，相闭则各退。”[②] 这一论断一语道破了世界经济发展规律。这一发展规律在经济全球化时代表现得尤为明显。第二次世界大战结束后，经济全球化浪潮风起云涌，生产的国际化程度空前提

---

① 马克思，恩格斯．马克思恩格斯文集：第 2 卷．北京：人民出版社，2009：35.

② 十八大以来重要文献选编：上．北京：中央文献出版社，2014：358.

高，各国经济联系日益紧密。在经济全球化深入发展、各国经济加速融合的当今时代，只有打开国门搞建设，把一国发展置于广阔的国际空间来谋划，才能获得推动发展所必需的资金、技术、资源、市场、人才乃至机遇和理念，才能充分发挥比较优势，创造更多社会财富。放眼国际，世界经济进入深度调整期，国际经济合作和竞争格局发生深刻变化，各国既需要携手共同应对发展问题和经济全球化进程中的各种挑战，又存在各自抢占科技制高点、力求占据全球价值链顶端、积极重构国际经贸新秩序的激烈竞争。现在，我国已通过高速经济增长发展成为世界第二大经济体，国际社会期待我国承担起更多的国际责任。然而，现实表明，我国对外开放水平依旧不够高，开放过程中出现的矛盾依旧非常突出。同时，我们遭遇到了“逆全球化”潮流的包围。为此，只有建立更高水平的开放型经济，才能更好顺应和平、发展、合作、共赢的世界潮流，才能有效应对发达国家再工业化及高标准区域贸易协定谈判带来的挑战。

3. 开放发展理念提出的国内背景和意义

新中国成立以后，我们就试图在开放中推动我国的社会主义建设。但是，由于“冷战”等一系列复杂的原因，我们被国外各种力量包围了起来。因此，我们强调要坚持独立自主、自力更生的方针。即使如此，以毛泽东为代表的中国共产党人还是以“小球”（乒乓球）推动了“大球”。1978年以来，当代中国之所以能够取得巨大成就，就在于我们在实现全党和全国工作重点转移的同时，采取了积极的对外开放政策。在此基础上，我们党提出了“一个中心，两个基本点”的社会主义初级阶段基本路线。在对外开放的基础上，顺应经济全球化的潮流，2001年12月11日，我国正式加入世界贸易组织（WTO）。加入WTO之后，我国外向型经济获得了进一步发展。因此，目前在全社会已经形成了这样一条共识：不开放只能是死路一条。但是，受国际金融危机的影响，保护主义在国际上抬头，在世界上出现了“逆全球化”的潮流。受新冠疫情的影响，“逆全球化”在西方社会日益加剧。同时，我们在发展外向型经济方面也遇到了新的挑战和新的困难，甚至严重影响到了国内发展。从国内来看，我国经济发展目前进入了新常态，表现在速度变化、结构优化、动力转换三个方面，加快转变经济发展方式和提高发展质量效益的任务更加紧迫。引领经济发展新常态，用好新的重要战略机遇期，必须用高水平开放推动高质量发展。因此，今天倡导对外开放，坚持开放发展理念，不是对过去做法的简单重复，而是要以新思路、新举措发展更高水平、更高层次的开放型经济；既立足国内，充分发挥我国资源、市场、制度等优势，又更好利用国际国内两个市场、两种资源，以开放促改革、促发展、促创新，与世界各国互利共赢，共享改革发展成果。开放发展带动创新、推动改革、促进发展，是其他四大发展的重要支撑，是连接国内和国际的纽带和桥梁，是全面深化改革和全面依法治国的动力源和试验场。习近平指出："二十年前甚至十五年前，经济全球化的主要推手是美国等西方国家，今天反而是我们被认为是世界上推动贸易和投资自由化便利化的最大旗手，积极主动同西方国家形形色色的保护主义作斗争。这说明，只要主动顺应世界发展潮流，不但能发展壮大自己，而且可以引领世界发展潮流。"① 总之，开放发展是观念、是体制、是格局，不仅将引领我国外向型经济发展的深刻变革，也将推动我国同世界各国的合作共赢事业。

总之，开放发展理念正是在深入把握国际国内发展大势的基础上提出来的。它深刻总结了国内外发展经验教训，抓住了经济全球化时代发展的关键，是对经济社会发展规律认识的深化，必将引发对外开放领域的深刻变革。

二、开放发展理念的内涵和要求

开放是国家繁荣发展的必由之路。树立开放发展理念，就必须顺应我国经济深度融入世界经济的趋势，奉行互利共赢的开放战略，坚持内外需协调、进出口平衡、引进来和走出去并重、引资引技引智并举，发展更高层次的开放型经济，积极参与全球经济治理和公共产品供给，提高我国在全球经济治理中的制度性话语权，构建广泛的利益共同体。开放发展理念的内涵至少包括以下几个方面的内容。

① 十八大以来重要文献选编：下. 北京：中央文献出版社，2018：167.

1. 完善对外开放战略布局

国际金融危机的后续冲击给全球经济带来深刻影响，国内外环境发生新变化，对我国对外开放布局提出了新的更高要求。因此，“我们必须坚持对外开放的基本国策，奉行互利共赢的开放战略，深化人文交流，完善对外开放区域布局、对外贸易布局、投资布局，形成对外开放新体制，发展更高层次的开放型经济，以扩大开放带动创新、推动改革、促进发展”①。完善对外开放战略布局主要包括以下任务：其一，完善对外开放区域布局，实行积极主动的开放战略，促进沿海内陆沿边开放优势互补。应增加开放口岸的建设数量，完善开放口岸与内陆沟通的基础设施，开辟跨境多式联运交通走廊，降低内陆与开放口岸间物流成本，在加快内陆发展步伐、提升沿海开放水平同时，形成沿海内陆沿边协作互动的全方位开放新格局。其二，完善对外贸易布局，从外贸大国迈向外贸强国，打造世界上最具竞争力的生产基地、最具吸引力的消费市场、最具牵引力的增长引擎，努力扩大文化、中医药和信息服务等新兴服务出口，大力推动电动汽车、锂电池、光伏产品等“新三样”可持续出口。为此，要提高纺织、轻工等传统优势产业、产品的国际竞争能力，支持中小企业走出国门开拓国际市场，利用国家平台打造国家品牌；提高制造业科技含量，打造具有国际竞争力的装备制造业；打造专业化的服务贸易团队，提高服务贸易的技术含量，丰富服务贸易种类；实行积极的进口政策，向全球扩大市场开放，建立与世界分享的“中国市场”；等等。其三，要完善投资布局，完善国内外的双向投资布局，推动对外贸易平衡发展。其四，必须坚持“引进来”和“走出去”并重，实现人才、技术、管理经验等要素的良性互动，提高国际投资合作水平；要进一步深化涉及投资、贸易等领域的体制改革，完善法律法规，为各国在华企业创造公平经营的法治环境，以此来提高我国国际制度性话语权。

2. 形成对外开放新体制

按照开放发展理念，我们要完善法治化、国际化、便利化的营商环境，健全有利于合作共赢并同国际贸易投资规则相适应的体制机制，形成

① 十八大以来重要文献选编：中. 北京：中央文献出版社，2016：826.

对外开放新体制。首先，通过完善与规范法律体系，营造公平公正的法治环境、透明高效的行政环境以及平等竞争的市场环境，更好地开展和扩大国际贸易市场，维护好国际贸易秩序。其次，建立完善诸如产权保护、信用体系等多方面的有利于合作共赢的体制。最后，建立诸如“国际谈判”新机制、维护国家安全的体制机制等能够提高国际竞争主动性的体制。总之，对外开放新体制是要建立“引进来”“走出去”良好的环境的开放型经济体制，健全有利于合作共赢并与国际贸易投资规则相适应的体制机制，建立让出口“跑得快”的贸易便利化的体制机制，建立让外资“进得来”外商投资管理便利化的体制，完善让中国企业“出得去”的境外投资管理体制。

3. 推进“一带一路”建设

“一带一路”倡议顺应了时代要求和各国加快发展的愿望，提供了一个包容性巨大的发展平台，具有深厚历史渊源和人文基础，能够把快速发展的中国经济同沿线国家的利益结合起来。推进“一带一路”建设，就是要推进同有关国家和地区多领域互利共赢的务实合作，推进国际产能和装备制造合作，打造陆海内外联动、东西双向开放的全面开放新格局。“‘一带一路’建设是扩大开放的重大战略举措和经济外交的顶层设计，要找准突破口，以点带面、串点成线，步步为营、久久为功。”① 为此，必须坚持共商共建共享原则，完善双边和多边合作机制，以企业为主体，实行市场化运作，打造陆海内外联动、东西双向开放的全面开放新格局。具体来看，一是必须加强基础设施互联互通。设施联通是合作发展的基础。因此，“我们要着力推动陆上、海上、天上、网上四位一体的联通，聚焦关键通道、关键城市、关键项目，联结陆上公路、铁路道路网络和海上港口网络。我们已经确立‘一带一路’建设六大经济走廊框架，要扎扎实实向前推进。”② 这样，才可以打造好开放合作平台。二是加强能源资源合作。要抓住新一轮能源结构调整和能源技术变革趋势，建设全球能源互联网，实现绿色低碳发展。三是共建境外产业集聚区。要采取措施鼓励和引导中国企业到沿线国家投资兴业，合作建设境外产业园区和产

---

① 十八大以来重要文献选编：中. 北京：中央文献出版社，2016：826.

② 十八大以来重要文献选编：下. 北京：中央文献出版社，2018：734.

业集聚区，共建境外产业集聚区。四是创新金融合作模式。融资瓶颈是实现互联互通的突出挑战。“中国同‘一带一路’建设参与国和组织开展了多种形式的金融合作。……形成层次清晰、初具规模的‘一带一路’金融合作网络。”① 在此基础上，我们要进一步打造金融合作平台，畅通投融资渠道，创新金融合作模式。五是坚持弘扬和传承古丝绸之路的友好传统，通过多种形式开展教育、科技、文化、旅游、卫生、环保等民生领域合作，造福当地民众，使“一带一路”成为沿线国家人民的福祉之路。

4. 为全球治理贡献中国智慧和力量

在国际交往中，中国应积极参与全球经济治理，积极承担国际责任和义务。党的十八大以来，中国经济对世界经济增长的贡献率超过1/4。目前，我们“要推动全球经济治理体系改革完善，引导全球经济议程，维护多边贸易体制，加快实施自由贸易区战略，积极承担与我国能力和地位相适应的国际责任和义务”②。第一，作为世界经济最强有力的增长引擎，中国将积极参与全球经济治理，推动国际经济治理体系改革完善，积极引导全球经济议程，在重大经济议题上发出中国倡议、提出中国方案、贡献中国智慧，支持发展中国家平等参与全球经济治理。第二，加快实施自由贸易区战略，形成面向全球的高标准自由贸易区网络，充分发挥自由贸易区对贸易投资的促进作用。第三，共同应对全球性问题，积极参与应对全球气候变化谈判，积极开展反恐合作。气候变化危害人类的生存环境和健康安全，是各国共同面临的重大挑战，中国将坚持共同但有区别的责任原则、公平原则、各自能力原则，严肃对待环境污染和气候变化，切实落实减排承诺，为全人类永续发展贡献力量。此外，恐怖主义挑战人类文明底线，成为全世界公敌。中国坚决反对一切形式的恐怖主义，同国际社会积极开展反恐合作，加大参与联合国维和行动力度，大力维护国际公共安全。第四，积极做好对外援助，加大对外援助规模，扩大科技教育、医疗卫生、防灾减灾、减贫等领域援助，把援

① 十八大以来重要文献选编：下. 北京：中央文献出版社，2018：732.

② 十八大以来重要文献选编：中. 北京：中央文献出版社，2016：826-827.

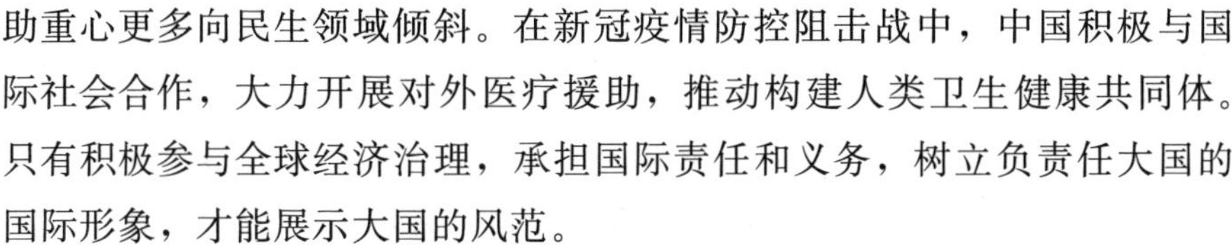

助重心更多向民生领域倾斜。在新冠疫情防控阻击战中，中国积极与国际社会合作，大力开展对外医疗援助，推动构建人类卫生健康共同体。只有积极参与全球经济治理，承担国际责任和义务，树立负责任大国的国际形象，才能展示大国的风范。

总之，坚持开放发展理念就是要提升对外开放新高度，努力形成深度融合的互利合作格局。

三、开放发展理念为推进总体布局开拓国际视野

开放发展理念为提高我国对外开放的质量和发展的内外联动性提供了行动指南，开拓了经济、政治、文化、社会和生态文明建设的国际视野。

1. 开放发展理念提升经济建设的开放水平

只有不断提高经济建设的对外开放水平，经济建设才能保持活力。现在，开放发展理念将极大地推进中国经济建设的开放水平。第一，坚持主动开放。近几年来，由中国主办的二十国集团杭州峰会、“一带一路”国际合作高峰论坛、筹建亚投行和丝路基金、金砖国家领导人厦门会晤、全球政党大会等活动，都是主动开放的创造性典范。主动开放推动了国内国际经济统筹发展的制度保障进程，主要体现在推进完善国内经济与国际经济贸易关系基本准则、投资体制机制等，提高我国经济在全球治理中制度性话语权；推进对外开放与维护经济安全的有机统一，谋求更高层次的总体安全等。第二，坚持双向开放。双向开放为国内国际经济融合提供了有效路径。坚持双向开放理念主要是指坚持“引进来”和“走出去”的统一。在“引进来”方面，主要体现在推进提高引资质量、注重吸收国际投资搭载的技术创新能力、先进管理经验以及高素质人才等；在“走出去”方面，推进了我国对外开放从贸易大国迈向贸易强国的转变，以及市场、能源资源对外深度融合的进程，增强了我国企业扩大对外投资，加大推动装备、技术、标准、服务“走出去”的力度，提升了我国经济发展在全球价值链中的位置。第三，坚持公平开放。公平开放推进了公平竞争的内外资发展环境的构建。中国市场环境是公平

的。所有在中国内地注册的企业，都是中国经济的重要组成部分。我们改进了招商引资的环境和做法，为各类在华企业的发展提供有力的保障，进一步增强外资企业长期在华发展的信心。第四，坚持全面开放。全面开放推动同世界各国的互利合作的进程，包括开放的举措、内容、空间等内容。在开放举措上主要体现在推动自主开放与对等开放进程，统筹多双边和区域开放合作，加快实施自由贸易区战略，推进“一带一路”建设，推动陆海内外联动、东西双向开放；在开放内容上推进一般制造业进一步放开，扩大服务业对外开放，扩大金融业双向开放，促进基础设施互联互通；在开放空间上主要体现在推进改变我国对外开放东快西慢、沿海强内陆弱的区域格局，拓展逐步形成沿海内陆沿边分工协作、互动发展的全方位开放新格局。第五，坚持共赢开放。共赢开放推动经济全球化朝着普惠共赢的方向发展。主要体现在推进反对保护主义，构建开放型世界经济，维护和加强多边贸易体制进程；推动区域自由贸易对多边贸易体制有益补充的建设；推进各国创造更广阔的市场和发展空间建设的进程。

2. 开放发展理念提升政治建设的开放水平

开放发展是政治文明成长与发展的基本要求，是破除僵化的政治体制的重要手段。纵观历史，在中国两千多年的专制集权史中，官本位思想根深蒂固，君主专制制度牢固不破，造成君主占据统治地位而百姓被剥削被压迫的局面。鸦片战争后，封闭的大门被打开，中国被迫向世界开放，受到世界列强的掠夺。自此，通过建立民主制度改变中国落后面貌的理论探索与实践努力层出不穷，最终找到了社会主义制度这一先进的社会制度，从而使中国的面貌焕然一新，使中国的政治更加民主，使国家实现了统一、稳定和发展。当然，在今天，必须高度警惕“普世价值”的陷阱。“如果我们用西方资本主义价值体系来剪裁我们的实践，用西方资本主义评价体系来衡量我国发展，符合西方标准就行，不符合西方标准就是落后的陈旧的，就要批判、攻击，那后果不堪设想!”① 因此，我们要坚持自主的民主政治发展道路，科学认识资本主义民主的阶

① 习近平. 论党的宣传思想工作. 北京：中央文献出版社，2020：149-150.

级实质，划清社会主义民主和资本主义民主的界限，要坚持社会主义民主政治发展道路。在此前提下，可借鉴西方行政管理等方面具体的有益经验，提升我们实现国家治理体系和治理能力现代化的水平。

3. 开放发展理念提升文化建设的开放水平

文化建设是中国特色社会主义建设的重要内容，文化的繁荣是衡量民生改善程度和人民幸福的重要指标。文明的多样性是文明发展的动力。因此，“各国各民族都应该虚心学习、积极借鉴别国别民族思想文化的长处和精华，这是增强本国本民族思想文化自尊、自信、自立的重要条件”①。开放发展理念为社会主义文化建设提供了新的思路和空间，是推动文化发展与繁荣的契机。一方面，我们要坚持“引进来”。在警惕和防范西方意识形态渗透的前提下，我们要虚心学习国外发展文化事业和发展文化产业的可取之处，在促进社会主义文化大发展大繁荣的同时，有助于提升中国文化的国际影响力。另一方面，我们要坚持“走出去”。为此，我们要坚持政府主导、企业主体、市场运作、社会参与，扩大对外文化交流，加强国际传播能力和对外话语体系建设，推动中华文化走向世界。同时，要理顺内宣外宣体制，支持重点媒体面向国内国际发展。此外，要培育外向型文化企业，支持文化企业到境外开拓市场。最终，我们鼓励社会组织、中资机构等参与孔子学院和海外文化中心建设，承担人文交流项目。只有这样，我们才能够在对开放战略中，逐渐掌握全球范围内话语权，逐渐形成人才培养、交流合作新格局，将中国文化推向国际舞台。

4. 开放发展理念提升社会建设的开放水平

开放发展理念的目标是通过推动国内外经济、政治、文化等方面的交流实现国家富强、民族振兴和人民幸福，推动中国特色社会主义事业的健康发展。这样，加强对外开放就成为促进社会建设的重要选择。在当代中国，坚持开放发展理念，推动中国特色社会主义的发展，最终目的是为了人民的幸福安康，为了解决人民日益增长的美好生活需要和不

---

① 习近平. 在纪念孔子诞辰2565周年国际学术研讨会暨国际儒学联合会第五届会员大会开幕会上的讲话. 人民日报，2014-9-25（2）.

平衡不充分的发展之间的矛盾，顺应人民过上幸福美好生活的期待，满足人们对高幸福指数的追求。因此，提升社会建设的水平构成了开放发展的价值目标。同时，坚持开放发展理念不仅从发展的具体过程上能够直接改善人们的生活状态，而且从发展目标上也能够推进社会建设。通过开放发展，在经济上能够加速贸易的国际化交流，使人们能够足不出户购买海外产品、享受海外服务，提高物质生活水平；在文化上能够推动东西文化双向互动格局，使人们可以通过互联网等方式与国际友人交流合作，拉近距离的同时开放眼界，提高文化生活水平。

5. 开放发展理念提升生态文明建设的开放水平

全球性问题的日趋严重拉近了国家之间的距离，日渐推动世界各国成为紧密联系的利益共同体和命运共同体。习近平指出："我们要坚持同舟共济、权责共担，携手应对气候变化、能源资源安全、网络安全、重大自然灾害等日益增多的全球性问题，共同呵护人类赖以生存的地球家园。"① 基于这样的理念，G20 杭州峰会在开启全球可持续发展新时代航程的同时，有助于提升我们国内的生态文明建设水平。一是积极推动《巴黎协定》尽快生效。二是制定《二十国集团落实 2030 年可持续发展议程行动计划》。三是确定增强环境可持续性在结构性改革中的优先位置。四是加强绿色金融的发展。在推动全球气候治理的同时，我们利用举办《生物多样性公约》第十五次缔约方大会的机会，积极推动我国生物多样性保护。现在，我国第一批国家公园保护面积达 23 万平方公里，涵盖近 30％的陆域国家重点保护野生动植物种类。同时，我国已启动北京、广州等国家植物园体系建设。可见，坚持开放发展理念应对全球性问题，应建立与国际合作共同解决全球性生态环境问题的合作机制，应建立与发达国家在能源资源、环境保护、气候变化、生物多样性等领域的合作机制，也应构建推动全球环境治理的合作平台，积极支持第三世界的可持续发展，共同构建绿色低碳的全球能源治理格局，推动全球绿色发展合作，共同增进人民的绿色福祉。

总之，开放发展理念，是以开放包容的姿态接纳世界，推动经济建

① 习近平. 论坚持推动人类命运共同体. 北京：中央文献出版社，2018：133.

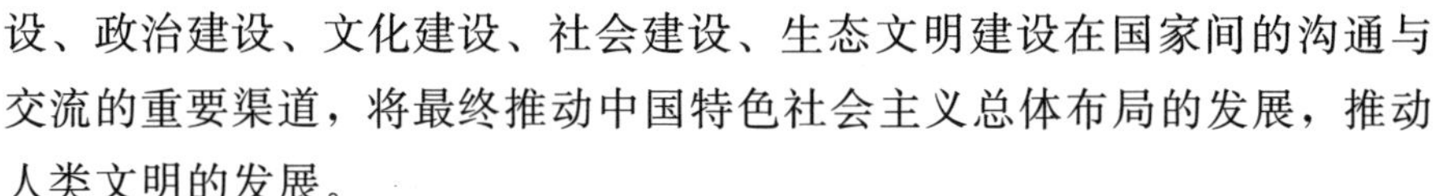

设、政治建设、文化建设、社会建设、生态文明建设在国家间的沟通与交流的重要渠道，将最终推动中国特色社会主义总体布局的发展，推动人类文明的发展。

第五节　共享发展理念在推进总体布局中的作用

共享是中国特色社会主义的本质属性和要求。共享发展理念为推进中国特色社会主义总体布局提供了根本的价值导向，使统筹推进中国特色社会主义总体布局的实践在正确的轨道上阔步前进。

一、共享发展理念的依据和意义

共享发展理念是以坚持人民共享为基本原则，以人人都有获得感、幸福感为基本要求，以实现共同富裕为目标，营造人人共享良好社会经济发展成果的科学发展理念。

1. 共享发展理念提出的哲学依据和意义

群众史观是共享发展理念形成的哲学依据。人民，只有人民，才是创造世界历史的动力。马克思、恩格斯将无产阶级和全人类的解放视为自己的最终奋斗目标，并在分析人类社会历史发展进程中始终站在无产阶级和劳苦大众的立场上去思考问题。在论述英国侵略印度的问题时，马克思强调，在印度传统社会结构没有发生根本性变化的前提下，英国对印度的入侵只是充当了历史的不自觉的工具，并担负着破坏和建设的双重使命，但是英国给印度社会带去的新的生产力和科学技术仅仅是为了更好地统治印度社会，而并非如英国侵略者所宣传的那样给印度人民带来解放。在这个意义上，“英国资产阶级将被迫在印度实行的一切，既不会使人民群众得到解放，也不会根本改善他们的社会状况，因为这两者不仅仅决定于生产力的发展，而且还决定于生产力是否归人民所有”①。可见，要从根本上解放人民群众并改善他们的社会状态，就必须

① 马克思，恩格斯. 马克思恩格斯文集：第 2 卷. 北京：人民出版社，2009：689.

将生产力的发展与生产力发展的成果归人民所有二者紧密结合在一起。这鲜明地彰显了马克思主义的政治立场，即将解放和发展生产力看作是手段，将生产力归人民所有看作是发展生产力的最终目标。然而，在阶级社会，生产力的发展成果主要是归占统治地位的统治阶级所有，广大劳动人民根本无法享受到生产力发展成果。这也使得共享发展理念在阶级社会根本无法实现。只有到了消灭了生产资料私有制、消灭了人与人之间的剥削和压迫关系的社会主义和共产主义社会，才能真正坚持以人民为中心的发展方向，实现共享发展理念，让广大人民群众共享发展成果。从这个意义上讲，社会主义的本质是解放生产力，发展生产力，消灭剥削，消除两极分化，最终达到共同富裕。可见，共同富裕是社会主义的重要目标，而要实现这一目标，必须始终坚持共享发展理念。

2. 共享发展理念提出的国际经验和意义

共享发展理念是在总结世界发展经验教训基础上提出的科学理念。长期以来，由于受机械发展观尤其是资本主义发展道路的影响，世界现代化普遍存在着见物不见人的问题。在反思世界现代化经验教训的过程中，开始出现人本主义发展观的趋向。在全球领域，各国在现代化建设上针对民众参与共享方面的问题，既有丰富的经验，也有深刻的教训。从教训看，一些国家在推进国家建设中无视成果的全民共享，国家昌盛的背后，贫富差距拉大，基尼系数升高，导致一部分人的富足和“获得感”建立在大部分人的贫困和“被剥夺感”的基础上，最终造成社会群体的严重对立，导致社会动荡不安，阻碍社会发展和国家强盛的步伐。从经验上看，各国针对经济增长没有促使贫困人口减少的现象进行反思，提出了诸多福利政策，以缩小贫富差距拉大的现实，缓和社会矛盾，推动百姓安居乐业。为此，各国提出了诸如“基础广泛的增长”“分享型增长”“亲穷人的增长”“包容性增长”等理念，提出了“满足基本需求”的战略，力图通过这些理念与战略提高人民生活水平，维护社会的公平正义。例如，“基本需求战略不主张把重点放在经济的日益增长上，因为这种增长是以国民生产总值的提高来衡量的，它把社会的千百万不幸者抛进绝望的深渊。基本需求战略主张做两件事情：（1）通过对陷入绝境

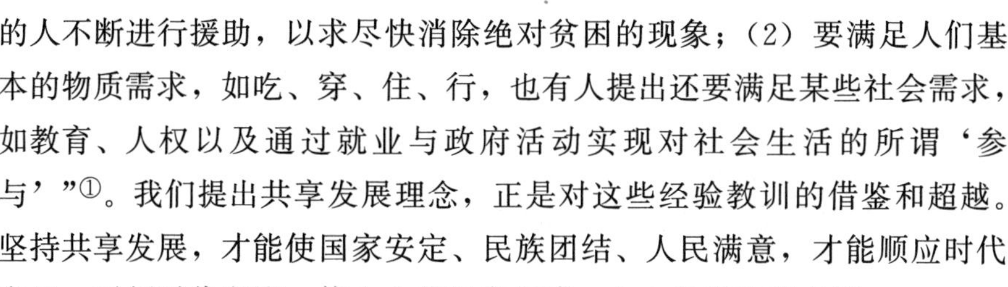

的人不断进行援助，以求尽快消除绝对贫困的现象；（2）要满足人们基本的物质需求，如吃、穿、住、行，也有人提出还要满足某些社会需求，如教育、人权以及通过就业与政府活动实现对社会生活的所谓‘参与’”①。我们提出共享发展理念，正是对这些经验教训的借鉴和超越。坚持共享发展，才能使国家安定、民族团结、人民满意，才能顺应时代发展、引领时代潮流，使人人获得幸福感，人人共享改革成果。

3. 共享发展理念提出的国内经验和意义

是否站在人民的立场和角度，是否维护最广大人民的根本利益，是检验是否坚持马克思主义政治立场的试金石。尽管我国改革开放取得了巨大成就，但是，由于受一系列因素的复杂影响，在现实中，一些地区和方面在实现共享方面仍旧存在一些问题。习近平指出：“全面深化改革必须着眼创造更加公平正义的社会环境，不断克服各种有违公平正义的现象，使改革发展成果更多更公平惠及全体人民。”② 这就要求我们，必须推动社会公平正义原则的落实，推动改革发展成果由人民共享，使人民在共建共享中享有更多获得感，享受更多改革发展红利。首先，共享发展理念关乎发展成败。坚持共享发展理念就是要变革不利于人民共享改革发展成果的体制机制，变革不利于实现社会公平正义的体制机制，变革不利于人人参与和人人尽力的体制机制，促使人民真正参与到发展中来。其次，共享发展理念关乎人民福祉。改革发展的成果与福利应由人民群众共同分享。共享理念要求人民群众共同享受改革发展红利，使中国特色社会主义事业真正成为亿万人民群众自己的事业。再次，共享发展理念关乎党的执政地位。作为执政党的中国共产党必须提出新思路和新举措，使人民在发展中得到切实的实惠，获得更多幸福感。最后，共享发展理念关乎国家长治久安。人民群众是国家和社会的主人。只有共同享有改革发展的成果，人民才能真正具有获得感与幸福感，才能真正积极投身于社会主义建设事业中来，这样，才能真正实现社会的安定与国家的长治久安。

---

① 韦伯斯特．发展社会学．北京：华夏出版社，1987：16.

② 十八大以来重要文献选编：上．北京：中央文献出版社，2014：552.

总之，共享发展理念是推进社会公平正义的理念要求。共享发展的价值诉求就是要求坚持社会公平正义，而公平正义的结果要实现改革成果的全社会共享。

二、共享发展理念的内涵和要求

共享是中国特色社会主义的本质要求。党的十九大报告提出："全党必须牢记，为什么人的问题，是检验一个政党、一个政权性质的试金石。带领人民创造美好生活，是我们党始终不渝的奋斗目标。必须始终把人民利益摆在至高无上的地位，让改革发展成果更多更公平惠及全体人民，朝着实现全体人民共同富裕不断迈进。"① 因此，树立共享发展理念，必须坚持以人民为中心的发展思想。为此，要做出更有效的制度安排，使全体人民在共建共享发展中有更多获得感，增强发展动力，增进人民团结，朝着共同富裕的方向稳步前进。

1. 坚持全民共享

全民共享是指发展成果要覆盖全民。共享发展要求保证人人享有、各得其所，反对少数人享受、一部分人享受。习近平指出："共享是全民共享。这是就共享的覆盖面而言的。共享发展是人人享有、各得其所，不是少数人共享、一部分人共享。"② 改革开放以来，我国人民总体生活水平得到很大提高。但毋庸讳言，我国在收入分配上仍有较大差距，主要反映在城乡之间，不同行业、不同地域之间的收入差距较大。因此，实现全民共享就是要把不断做大的"蛋糕"分好，让社会主义制度的优越性得到充分体现。我们要按照人人参与、人人尽力、人人享有的要求，坚守底线、突出重点、完善制度、引导预期，注重机会公平，切实保障基本民生，实现全体人民共同迈入全面小康社会，共同走上全面建设社会主义现代化国家新征程。为此，必须切实保障和改善民生，促进社会公平正义；推动实现更高质量的就业，深化收入分配制度改革；健全社会保障体系和基本公共服务体系；推进城乡要素平等交换和公共资源均衡配

① 十九大以来重要文献选编：上．北京：中央文献出版社，2019：31-32.

② 十八大以来重要文献选编：下．北京：中央文献出版社，2018：170.

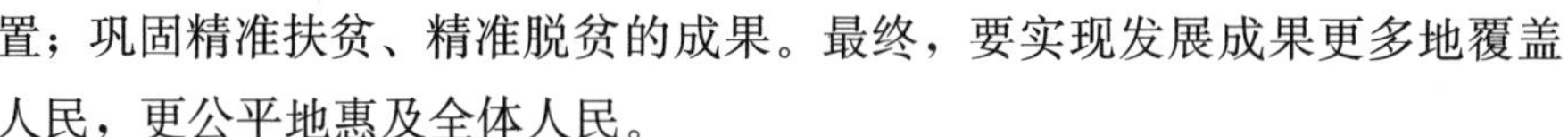

置；巩固精准扶贫、精准脱贫的成果。最终，要实现发展成果更多地覆盖人民，更公平地惠及全体人民。

2. 坚持全面共享

全面共享要求由全体人民共享改革发展的全部成果，国家必须切实保障人民群众的所有合法权益。习近平指出："共享是全面共享。这是就共享的内容而言的。共享发展就要共享国家经济、政治、文化、社会、生态各方面建设成果，全面保障人民在各方面的合法权益。"① 第一，必须保障人民群众共享经济建设的成果，切实保障人民群众的经济权益。随着我国经济建设水平的不断提高和物质财富的不断增长，国家要切实把"国富""民强"统一起来，藏富于民，让人民群众获得实实在在的物质利益。同时，国家要切实保证人民群众的就业权和劳动权，让他们在工作和劳动中实现人生的价值，贡献社会。此外，国家要切实保证人民群众的劳动成果分配权。第二，必须保障人民群众共享政治建设的成果，切实保障人民群众的政治权益。在坚持党的领导、人民当家作主和依法治国相统一的前提下，我们必须切实保证人民群众能够从社会主义民主政治发展和社会主义法治建设中获益，真正保证他们成为国家的主人。第三，必须保障人民群众共享文化建设的成果，切实保障人民群众的文化权益。在弘扬社会主义核心价值观、发展社会主义先进文化的基础上，我们要保证人民群众能够切实从文化事业和文化产业的发展中受益，切实保证他们参与文化建设的权利。第四，必须保障人民群众共享社会建设的成果，切实保障人民群众的社会权益。我们要完善社会管理制度，创新社会治理体制，切实让人民有更多的获得感，保障人人共享发展成果，人人都有人生出彩的机会，尤其是要充分尊重和发挥人民群众的自我管理的权利。第五，必须保障人民群众共享生态文明建设的成果，切实保证人民群众的生态环境权益。我们要加快生态文明建设步伐，还人民以青山绿水。要认识到环境就是民生，青山就是美丽，蓝天也是幸福，绿水青山就是金山银山，保护环境，改善环境，让人民共享美好的生活环境。同时，要切实保障人民群众的生态环境权益，允许他们依法维权。同时，我们必须大力维护人民群众的生态环

① 十八大以来重要文献选编：下．北京：中央文献出版社，2018：170.

境健康，让人民群众在绿水青山中健康地生活和生产。

3. 坚持共建共享

共建共享是实现共享的途径。习近平指出："共享是共建共享。这是就共享的实现途径而言的。共建才能共享，共建的过程也是共享的过程。"① 这里，关键是要处理好"共建"和"共享"的关系。一方面，"共建"是"共享"的前提。坚持共享发展，需要个人、社会与国家共同努力去完成，这也就是需要人人都为国家发展、民族复兴、家庭幸福贡献自己的力量。没有谁有权去"躺平"。共同建设是全社会和全体人民应共同承担的责任。没有奉献，就不能享受。另一方面，"共享"是"共建"的目的。人民群众是社会发展的创造者，也是社会发展成果的享有者。共享发展成果是全体人民应具有的权利。这样，才能激发人民群众共建的积极性。没有共享，就不可能激发奉献热情。因此，在社会共建中，我们应充分发挥人民群众的主观能动性，调动广大人民群众的积极性，充分发挥人民群众的智慧和力量，推动社会前进的同时为社会创造更多的物质财富与精神财富，进而由全体人民共享物质文化成果。当然，在更为根本的意义上，共建共享要坚持以共有为前提，坚持社会主义本质和社会主义方向。

4. 坚持渐进共享

渐进共享要求将实现共享发展作为一个历史过程来对待。习近平指出："共享是渐进共享。这是就共享发展的推进进程而言的。一口吃不成胖子，共享发展必将有一个从低级到高级、从不均衡到均衡的过程，即使达到很高的水平也会有差别。"② 因此，坚持渐进共享，必须处理好当前发展与长远发展之间的关系，必须处理好眼前利益与长远利益的关系，既要尽力解决当前必须解决与能够解决的民生问题，又要考虑社会发展的现实条件和各方面条件的成熟度和承受力，以不断提升人民的获得感为基本原则，不断推进社会的发展进步。渐进共享体现的是实事求是的唯物主义精神。在实质上，渐进共享涵盖了共享发展的全内容和全过程，包括了逐渐

①② 十八大以来重要文献选编：下. 北京：中央文献出版社，2018：170.

推进发展要义的落实、增加公共服务供给、巩固脱贫成果、提高教育质量、促进就业创业、缩小收入差距、建立更加公平更可持续的社会保障制度、推进健康中国建设等社会总体发展的各个领域的内容。

总之，上述四个方面是相互贯通的，必须从整体上理解和把握。就其实质来说，共享发展理念体现的是共同富裕的社会主义本质。社会主义本质要求我们实现共享发展。

三、共享发展理念为推进总体布局提供价值导向

人人共建、人人共享，是经济社会发展的理想状态，是新发展理念的立足点和落脚点，也是推进“五位一体”总体布局的科学的价值导向。

1．共享发展理念在经济建设上要求实现共同富裕的目标

共享发展理念进一步明确了发展过程与发展目标的统一，丰富和发展了社会主义本质理论，在新的高度上对经济建设与经济发展提出了共同富裕的目标要求。改革开放以来，我国发展取得了巨大成就，但是，也存在着发展成果受益不平衡、发展成果共享不均等问题。目前，在共享理念的指导下，要求“一是充分调动人民群众的积极性、主动性、创造性，举全民之力推进中国特色社会主义事业，不断把‘蛋糕’做大。二是把不断做大的‘蛋糕’分好，让社会主义制度的优越性得到更充分体现，让人民群众有更多获得感”①。具体如何将“蛋糕”分好，应从以下方面落实：一是要消除阻碍社会生产活力的各种体制机制弊病，推动经济体制改革。二是在毫不动摇地坚持和完善社会主义基本经济制度基础上，大力支持各种所有制经济的共同发展和公平发展。三是坚持按劳分配为主体、多种分配方式并存的分配制度，完善按生产要素和按贡献参与分配的人民共享的制度保障。四是把握混合所有制经济中的国有企业改革的“度”，始终保证国有企业的控制权。在总体上，我们要“坚持居民收入增长和经济增长同步、劳动报酬提高和劳动生产率提高同步，持续增加城乡居民收入。调整

① 十八大以来重要文献选编：下．北京：中央文献出版社，2018：170-171.

国民收入分配格局，规范初次分配，加大再分配调节力度”①。唯此，经济建设与经济发展的过程与目标才能与共同富裕的目标相吻合。

2. 共享发展理念在政治建设上要求坚持以人民利益为导向的政治

共享发展理念是中国共产党的性质与宗旨在新的历史时期的具体体现，是党中央坚持全心全意为人民服务、“立党为公，执政为民”、“坚持人民主体地位”、以人民为中心发展理念的创新性表达。在政治上，共享发展理念要求坚持以人民利益为导向的社会主义民主，完善民主政治制度体系，推进社会主义法治建设，创新国家治理体系，实现国家治理能力现代化。在共享发展理念的指导下，应从以下几个方面推进政治建设：一是坚持人民主体地位，推进人民代表大会制度理论和实践创新，发挥人民代表大会制度的根本政治制度作用，保障人民共享政治权益。二是推进民主协商向更广泛、更深层次发展。要推进协商民主广泛多层制度化发展，坚持协商于决策之前和决策实施之中。大力发展全过程人民民主。三是在经济社会改革进程中，充分发挥政府职能，让其承担起规范市场、平衡利益、促进公平的职能。四是深化司法体制改革，加快建设公正高效权威的社会主义司法制度，维护人民权益，让人民群众在每一个司法案件中都感受到公平正义。

3. 共享发展理念在文化建设上要求坚持以人民为中心的文化繁荣

社会主义先进文化是大众的文化，即以人民为中心的文化。在建设社会主义文化强国的过程中，我们必须“坚持以人民为中心的工作导向，坚持把社会效益放在首位、社会效益和经济效益相统一，以激发全民族文化创造活力为中心环节，进一步深化文化体制改革”②。具体来看，实现以人民为中心的文化繁荣，是指能够满足人民群众精神生活需求的文化的繁荣，是指充分发挥人民群众在文化建设中的主体地位的文化的繁荣。在市场经济的冲击下，在人民群众精神生活领域或多或少地出现了文化生活贫瘠的现象，因此，必须用共享发展理念来指导文化建设，促进文化大发展大繁荣。在共享发展理念的指导下，应从以下几个方

① 十八大以来重要文献选编：中. 北京：中央文献出版社，2016：814.

② 十八大以来重要文献选编：上. 北京：中央文献出版社，2014：533.

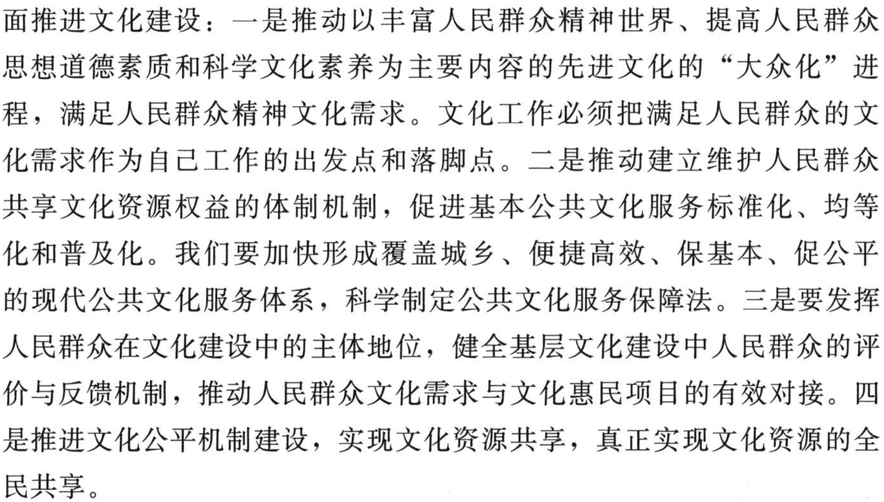

面推进文化建设：一是推动以丰富人民群众精神世界、提高人民群众思想道德素质和科学文化素养为主要内容的先进文化的“大众化”进程，满足人民群众精神文化需求。文化工作必须把满足人民群众的文化需求作为自己工作的出发点和落脚点。二是推动建立维护人民群众共享文化资源权益的体制机制，促进基本公共文化服务标准化、均等化和普及化。我们要加快形成覆盖城乡、便捷高效、保基本、促公平的现代公共文化服务体系，科学制定公共文化服务保障法。三是要发挥人民群众在文化建设中的主体地位，健全基层文化建设中人民群众的评价与反馈机制，推动人民群众文化需求与文化惠民项目的有效对接。四是推进文化公平机制建设，实现文化资源共享，真正实现文化资源的全民共享。

4. 共享发展理念在社会建设上要求坚持公平正义

共享发展注重的是解决社会公平正义问题。共享发展理念是以推进公平正义为前提，以巩固扶贫脱贫成果、缩小收入差距为抓手，以推进区域、城乡基本公共服务均等化为保障，以推进共同富裕为目标的发展理念。在当代中国，社会建设进程中需要坚持公平正义，让社会成员具有均等的共享发展的权益、过程及结果。在共享理念的指导下，应从以下几个方面推进社会建设：一是建立和完善维护和实现公平正义的制度化安排。包括建立和完善均等化公共服务体系、阶层利益表达机制、收入分配调节机制和社会保障机制；推进东中西部之间、城市与农村之间以及革命老区、民族地区、边疆地区、原贫困地区基本公共服务水平均等化；实现基本公共服务全覆盖，让全国各地基本均等、全体人民普遍受惠，积极推动确立社会公平的制度保障体系。二是从群众最关心最直接最现实的利益问题入手，关注薄弱地区、困难群体，巩固扶贫脱贫成果，防止贫富悬殊，消除贫困。我们要时刻铭记，“带领人民创造幸福生活，是我们党始终不渝的奋斗目标。我们要顺应人民群众对美好生活的向往，坚持以人民为中心的发展思想，以保障和改善民生为重点，发展各项社会事业，加大收入分配调节力度，打赢脱贫攻坚战，保证人民平等参与、平等发展权利，使改革发展成果更多更公平惠及全体人民，朝着实现全体人民共同富裕的目标稳步迈进”①。在社会建设上，真正实现社会成果由人民共享，社会服务与福利由人民共享，使广大人民群众公平享有发展机会与权利等，这样，才能真正实现社会公平正义。

5. 共享发展理念在生态文明建设上要求坚持全民共享生态文明建设成果

人民群众有权平等地享受充裕的资源、清洁的环境、安全的生态带来的便利和舒适。共享发展理念在生态文明建设上要求坚持全民共享生态文明建设成果。自然资源本身作为公共产品就应当为全体人民共同所有，为全体人民共同开发利用。在西方社会，私有化的发展逐渐侵蚀了自然资源与环境的公共性，使得资源能源被私人占有，而被污染的环境代价由人民共同承担，严重危害了人民的生态环境权益，也有违社会公平正义。我们现在提出共享发展理念，要求改变生态文明建设领域中的生态不公正现象，还人民一个天蓝、地绿、水净的美丽中国，“让老百姓呼吸上新鲜的空气、喝上干净的水、吃上放心的食物、生活在宜居的环境中、切实感受到经济发展带来的实实在在的环境效益”②。共享发展理念要求生态文明建设实现生态化成果、绿色化成果的全面共享和全民共享，在保证人与自然和谐关系基础上，保证人民公平享有自然资源和生态文明发展成果。在共享发展理念指导下，应从以下几个方面推进生态文明建设：一是加大生态文明建设宣传，让人人遵循绿色发展理念，自觉树立文明意识及践行生态文明价值观，节约自然资源，保护环境；倡导绿色消费、绿色出行，践行低碳消费等生活方式。二是加大生态环境治理，筑牢生态安全屏障，坚持保护优先、自然恢复为主的原则。三是构建科学合理的城市化格局、农业发展格局、生态安全格局、自然岸线格局，推动建立绿色低碳循环发展产业体系。四是党和政府凡事都要以共享为目标，以解决阻碍共享的障碍为导向，让绿色发展成果更具有公平性与普惠性，让社会成员在生态文明建设中有更多获得感、更强幸福感。

总之，共享发展理念要求我们党在推进中国特色社会主义经济建设、

① 十八大以来重要文献选编：下. 北京：中央文献出版社，2018：352.

② 习近平. 论坚持人与自然和谐共生. 北京：中央文献出版社，2022：136.

政治建设、文化建设、社会建设、生态文明建设中贯彻以人民为中心的发展思想。

综上，作为一个科学的有机的整体新发展理念，为统筹推进“五位一体”的中国特色社会主义总体布局提供了科学的理念指导，可以有效增强统筹推进总体布局实践的科学性、系统性、有效性和永续性。因此，在统筹推进总体布局的过程中，我们必须始终坚持创新、协调、绿色、开放、共享的新发展理念，坚持以新发展理念的内在统一来推动总体布局的贯彻和落实。

第七章　推进中国特色社会主义总体布局的政治选择

推进中国特色社会主义总体布局，必须坚定道路自信、理论自信、制度自信、文化自信，凝聚中国力量。2013年3月17日，习近平在第十三届全国人民代表大会第一次会议上指出，实现全面建成小康社会、建成富强民主文明和谐的社会主义现代化国家、实现中华民族伟大复兴的中国梦具有高度统一性。为此，我们必须坚持中国道路、弘扬中国精神、凝聚中国力量。2016年7月1日，习近平在庆祝中国共产党成立95周年大会上明确提出，要坚持对中国特色社会主义道路自信、理论自信、制度自信、文化自信，即“四个自信”。在党的十九大和二十大上，他进一步强调要更加自觉地增强“四个自信”，坚持自信自立。综合起来看，坚定理论自信就是要明确推进总体布局的理论指南，坚定道路自信就是要明确推进总体布局的道路依托，坚定制度自信就是要明确推进总体布局的制度保障，坚定文化自信就是要明确推进总体布局的价值导引，凝聚中国力量就是要明确推进总体布局的力量支撑。这几个方面相互促进、相互支撑，贯穿于推进中国特色社会主义总体布局的全过程。

第一节　中国特色社会主义道路：推进总体布局的道路依托

道路问题是关系党的事业成败与民族兴衰，甚至是国家存亡的重大问

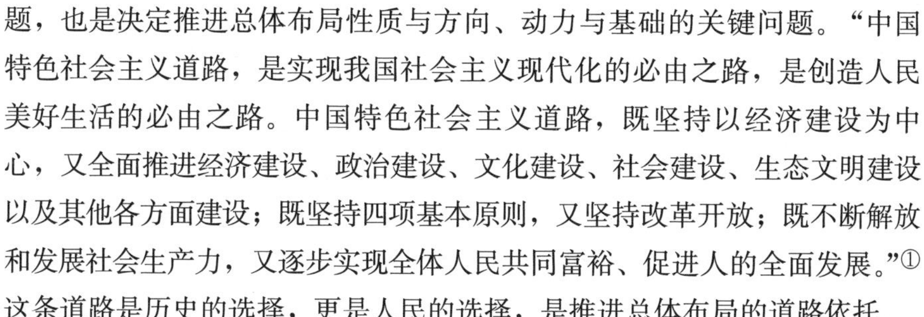

题，也是决定推进总体布局性质与方向、动力与基础的关键问题。“中国特色社会主义道路，是实现我国社会主义现代化的必由之路，是创造人民美好生活的必由之路。中国特色社会主义道路，既坚持以经济建设为中心，又全面推进经济建设、政治建设、文化建设、社会建设、生态文明建设以及其他各方面建设；既坚持四项基本原则，又坚持改革开放；既不断解放和发展社会生产力，又逐步实现全体人民共同富裕、促进人的全面发展。”① 这条道路是历史的选择，更是人民的选择，是推进总体布局的道路依托。

一、确保推进总体布局的科学化性质

中国特色社会主义道路是一条科学之路，主要表现在方向的科学性、内容的适宜性和路线的正确性。它从根本上保证了推进总体布局的科学化性质。

（1）确保推进总体布局的社会主义性质。中国特色社会主义道路坚持的是科学社会主义的方向。马克思主义始终都是我国社会主义建设的指导思想，中国特色社会主义道路就是科学社会主义在当代中国的体现。马克思、恩格斯早就指出，生产社会化和生产资料资本主义私人占有形式之间的矛盾，必然导致社会主义取代资本主义。我国坚持以生产资料公有制为主体的经济制度，从根本上克服了资本主义的弊端与缺陷；同时，实行人民民主专政，坚持人民当家作主，符合科学社会主义的本质要求。此外，我国以消灭阶级，实现共产主义，实现人的自由而全面的发展为根本目标，也彰显了科学社会主义的理想追求与价值归宿。实际上，这从本质上规约了推进总体布局沿着社会主义道路前进，在关乎命运与原则的问题上绝不妥协与退步，在建设事业中坚守与捍卫、体现与彰显社会主义。

（2）确保推进总体布局的针对性。中国特色社会主义道路始终坚持从我国的国情出发。道路的科学性主要在于它的现实的针对性，以及对实践的指导力。中国特色社会主义道路始终关照我国的现实，坚持从实际出发，能真正解决社会主义建设中存在的问题，能真正改变国家与人民的面貌，能切实改善人们的生活状况。社会主义初级阶段是我国的基本国情，

① 十八大以来重要文献选编：上．北京：中央文献出版社，2014：75.

我国的社会主义还处于不发达状态，比如生产力水平低、科技水平落后、人民平均文化素质不高、法律制度不健全、环境问题突出等等。建设社会主义不能从主观意愿出发，更不能照搬外国的模式，必须立足基本国情，正确认识到坚持社会主义的同时，又不能超越发展阶段，必须清楚在初级阶段如何建设社会主义。这决定中国特色社会主义道路的兴衰成败，也对推进总体布局提出了现实的要求。推进总体布局任重而道远，任何一个领域的建设都不能孤立冒进，而应该整体提高，齐头并进。只有坚持从基本国情出发，社会主义才有肥沃的现实土壤，社会主义建设事业才有得以发展的条件，中国特色社会主义道路才能越走越宽广，推进总体布局才不会盲目跃进，才不会脱离实际，才能够抗击干扰与阻力，建设工作才更有自觉性与坚定性，才有美好的前景。

（3）确保推进总体布局的正确性。中国特色社会主义道路坚持正确的路线，其中包括正确的思想路线和正确的工作路线。坚持党的思想路线，解放思想，实事求是，与时俱进，是坚持中国特色社会主义道路的思想保证，是应对国际国内各种压力与挑战的思想武器，是开创社会主义事业新局面的思想法宝。坚持党在社会主义初级阶段的基本路线，“领导和团结全国各族人民，以经济建设为中心，坚持四项基本原则，坚持改革开放，自力更生，艰苦创业，为把我国建设成为富强民主文明和谐美丽的社会主义现代化强国而奋斗”①。基本路线是党和国家的生命线，是推进中国特色社会主义道路的政治保证。其中，以经济建设为中心是物质基础，坚持四项基本原则是政治基石，坚持改革开放是活力源泉，建设富强民主文明和谐美丽的社会主义现代化强国是目标，共同构建并夯实了中国特色社会主义事业建设之路。坚持党的基本路线一百年不动摇，就是坚持走中国特色社会主义道路不动摇，二者具有内在一致性。换句话说，基本路线的正确性，保证了道路的科学性。这极大地鼓励人们坚持市场经济和改革开放，引导人们在经济、文化、政治、社会、生态文明各个领域的建设中，既要坚持原则性，又要坚持灵活性；既要稳扎稳打，又要大胆革新，把思想路线与基本路线紧密结合，并将其成功地贯彻到建设工作中，进而保证总体

---

① 中国共产党章程. 人民日报，2017-10-29（4）.

布局事业的成绩与效果。

总之，中国特色社会主义道路的科学性保证和规约推进总体布局的性质。

二、确保推进总体布局的发展性方向

中国特色社会主义道路是一条发展之路，从中国特色社会主义道路的形成过程来看，发展是主线；从中国特色社会主义道路的本质要求来看，发展是主题；从中国特色社会主义道路的归宿来看，发展是目的。中国特色社会主义道路的发展性，保证了推进总体布局始终沿着社会主义方向和人民方向不断前进。

（1）确保推进总体布局的正确方向。发展是中国特色社会主义道路的主线。中国特色社会主义道路的发展目标是促进人的全面发展，逐步实现全体人民共同富裕，将我国建设成为富强民主文明和谐美丽的社会主义现代化强国。中国特色社会主义道路历经艰难的探索历程，也曾遭遇过挫折，发生过重大失误，但发展是主要的。这不仅体现在理论的发展上，更体现在经济、政治、文化、社会、生态文明各个方面的进步上，这从根本上保证了社会主义建设事业的方向。党的十八大将生态文明纳入中国特色社会主义道路的内涵之中，更是明确了总体布局建设的内容。因此，我们推进总体布局，必须坚持中国特色社会主义道路，必须在坚持全面发展的前提下，始终坚持以经济建设为中心；必须在坚持以人民为中心的前提下，始终坚持以经济建设为中心。

（2）确保推进总体布局的进步方向。发展是中国特色社会主义道路的主题。在中国特色社会主义道路上，发展是永恒不变的主题，并经历了“发展才是硬道理”—“发展是党执政兴国的第一要务”—“以人为本，全面协调可持续发展”—“科学发展观”—“以人民为中心的发展”和“新发展理念”的演进轨迹。党的十八届五中全会提出了以人民为中心的发展思想以及创新、协调、绿色、开放、共享新发展理念，全面反映了我国发展所坚持的原则，体现了我国未来长期发展的思路、方式与着力点，拓宽了中国特色社会主义道路，揭示了世界发展的潮流和中国发展的规律，为社会主义建设指明了方向。一是要坚持创新发展，要把创新摆在推进总体布局发展的核心位置，既要依靠创新驱动，开发经济、政治、文化、社会、生态文明等方面的创新力，又要培育创新动力、激发各个领域的创新活力。二是要坚持协调发展，既要坚持经济、文化、政治、社会和生态文明一体化发展，促进彼此之间的良性互动，又要注意社会不同区域之间，以及社会系统各要素之间的均衡，还要重视人与自然、人与社会、人与人、人与自身之间的和谐共生。三是要坚持绿色发展，强调经济与人口、资源、环境的协调发展、永续发展，要求经济效益、社会效益、生态效益的兼顾。四是坚持开放发展。这是顺应趋势、寻求共识、达成合作、实现共同治理、促进互惠互利、推进总体布局的重要路径。五是坚持共享发展，其实质是在共有共建的基础上，让人民群众共享改革发展的成果，最终实现共同富裕。显然，总体布局与新发展理念是统一的。

（3）确保推进总体布局的人民方向。发展是中国特色社会主义道路的目的。经济、政治、文化、社会、生态文明的发展，归根到底都是为了人的发展。我国社会主义事业的建设过程，显现出几大改变：一是从“以物为本”到“以人为本”的改变；二是从优先发展到均衡发展的改变；三是以“以经济建设为中心”到“坚持以经济建设为中心”和“促进经济社会和人的全面发展”统一的改变。通过这一过程，人民的主体地位和作用更加突出，人民的需要与利益更受重视，社会的发展与人的发展更加契合与统一。中国特色社会主义道路是发展理念、发展思路和发展目的的有机统一，“五位一体”总体布局本身就体现了深切的人文关怀，是“人的全面发展”的具体要求和集中体现，凸显了人的主体意识和自觉性的提升，更是实现人的发展的重要途径。中国特色社会主义道路以实现人的自由而全面的发展为价值旨归，指明了推进总体布局，进行经济建设、政治建设、文化建设、社会建设、生态文明建设，所有的发展都是为了人民，所有的工作都必须依靠人民，所有的成果都由人民共享。十八届五中全会把共享作为一大发展理念，就是人的全面发展这一目标的体现。

总之，在推进总体布局的过程中，坚持中国特色社会主义道路，就是要始终坚持将发展作为主线、主题和目的。

三、确保推进总体布局的改革性动力

中国特色社会主义道路是一条改革之路。我国的改革坚持“三个有利于”标准，即一切改革都坚持有利于发展社会主义社会的生产力、有利于增强社会主义国家的综合国力、有利于提高人民生活水平。这也是推进总体布局的动力所在。

（1）确保推进总体布局的根本动力——生产力的发展。社会基本矛盾运动是人类社会发展的根本动力。中国特色社会主义道路在改革开放的大背景下逐步展开，并伴随着改革的不断深入而得以发展。新中国成立初期，曾仿照苏联模式建立高度集中的计划经济体制，在生产关系方面，片面追求“一大二公三纯”和分配上的平均主义，严重制约和阻碍了生产力的发展，并造成了很多突出的问题。面对激烈的国际竞争以及严峻的社会现实，如果再不实行改革，就会葬送我国的现代化事业和社会主义事业，就只能在时代中落伍。虽然改革之路充满艰难险阻，但是通过改革，我国的社会主义建设取得了巨大的成绩，尤其是在解放和发展生产力方面，实现了重大的突破和飞跃。习近平在总结改革开放 40 年的成就时指出：“40 年来，我们始终坚持以经济建设为中心，不断解放和发展社会生产力，我国国内生产总值由 3 679 亿元增长到 2017 年的 82.7 万亿元，年均实际增长 9.5％，远高于同期世界经济 2.9％左右的年均增速。我国国内生产总值占世界生产总值的比重由改革开放之初的 1.8％上升到 15.2％，多年来对世界经济增长贡献率超过 30％。”① 总之，改革促进了生产力的大幅度提高，以及生产关系的明显改善，为推进总体布局奠定了良好的基础，也是推进总体布局效果的具体显现。面向未来，我国仍然必须坚持社会主义改革方向，全面深化经济体制改革与完善社会机制，促进生产力与生产关系的发展与进步。保证推进总体布局的根本动力不间断。此外，每一次成功的改革，都是对社会上突出问题的积极应对，都是对社会基本矛盾的某一方面或某种程度的解决，都能够促进和推动社会进步。

（2）确保推进总体布局的主要动力——社会合力的发挥。从其本身的

① 习近平．在庆祝改革开放 40 周年大会上的讲话．人民日报，2018-12-19（2）．

优越性来看，中国特色社会主义道路兼顾全局，照顾整体利益，社会的宏观调控力相对较强，便于合理地配置和协调资源，理顺社会关系，疏导各领域的矛盾，对薄弱领域的建设有所偏重，约束主体活动，促进要素有序流动，建立长效发展机制，进而优化总体布局内在结构与要素，并有效整合总体布局各个环节中的力量。从改革的效果与优势来看，中国特色社会主义道路的形成发展过程就是改革不断深入的过程。通过改革，我国积极应对国际与国内的挑战，直面社会主义建设中出现的问题，走出了一条适合中国国情的独具特色的社会主义道路，我国的综合实力得到提高，社会各个领域和层面都有明显的改善。这也表明，推进总体布局的整个进程与改革的进程相统一，通过经济体制、政治体制、社会体制、文化体制、生态文明体制等方面的改革，全面推进了社会主义建设，促使现代化建设各个环节、各个方面协调发展，推进了中国特色社会主义制度的自我完善，发挥了制度的内驱力，积极调动了社会各个领域的合力，为全面推进总体布局提供了动力机制。一方面，推进总体布局是一项系统工程，各个环节之间相互联系、相互作用与影响，社会主义建设的任何一个方面都不能孤立存在，都要受到其他环节的制约。改革的重点在于体制，通过一系列措施，促进经济、政治、文化、社会、生态文明的建设工作，只要是其中的某一工作有所突破，就会有利于其他建设工作的发展。另一方面，推进总体布局的工作极其复杂，难度很大，需要经济、政治、文化、社会及生态文明各个方面的协同一致。改革所突出的整体性、系统性与关联性，坚持关照全局、统筹兼顾，深入社会各个领域与层面，贯穿社会主义建设的各个环节与方面，要求的就是经济、政治、文化、社会与生态文明的配合和协同。有目的、有计划、有重点的改革可以有效调节建设工作中的利益矛盾，梳理复杂的社会关系，充分发挥经济、政治、文化、社会、生态文明各个方面的优势，相互补益，并增强彼此之间的协调性，实现资源与力量的整合，促进彼此之间的有机衔接与有效互动，形成推进总体布局的强大合力。

（3）确保推进总体布局的直接动力——人民群众的动员。改革提高了人民的生活水平，调动了人民群众的能动性、积极性、创造性，为推进总体布局提供了直接动力。改革是为了确立新的社会体制，有效地提高生产

力，同时更是为了实现中国人民的根本利益。提高人民的生活水平，是衡量改革事业的重要标准之一。改革开放的实践证明，中国特色社会主义道路一直把人民福祉与人的发展作为出发点，改革可有效打破利益分化和固化的樊篱，去除那些束缚与阻碍人的发展的体制与因素，尤其在改善民生、提高人民生活水平、满足人民的需要及利益这个方面，取得了显著成绩。这使广大人民群众增强了投身建设的积极性，唤醒了他们的主体性，进而发挥了他们的主体力量。同时，改革有效地解决社会公平正义问题，缓解社会压力和矛盾，促进资源的合理配置，推动社会的均衡发展，使全体人民有更多的获得感和凝聚力，可以增进人民团结，促使全体人民朝着共同富裕的方向努力，全面地推进总体布局。推进总体布局是一项系统工程，必须依赖人民，重视人民的创造精神，顺应民心，尊重民意，凝聚民智。中国特色社会主义道路恰恰是在改革中维护了人民的利益，激发他们投入推进总体布局的实践热情，并增进了党与人民群众之间以及全国各族人民之间的感情，调动了各行各业的人民的力量，保证了推进总体布局能够焕发勃勃生机和无穷活力。

中国特色社会主义道路的先进性与优越性，不仅仅表现于此，还表现在正确处理改革、发展、稳定之间的关系上，改革与发展都是以稳定为前提的。目前，我们仍然处于重要的战略机遇期，推进总布局必须把改革力度、发展速度和社会可承受程度相结合。这实际上是从宏观上对推进总体布局的性质、方向及动力做出了整合与规范，进而使推进总布局依托中国特色社会主义道路而全面展开、不断深入。

总之，坚持道路自信，是推进总体布局的道路依托。

第二节　中国特色社会主义理论体系：推进总体布局的理论指南

坚定理论自信，就是要坚定对马克思主义的自信，坚定对党的理论创新成果的自信，坚定对中国特色社会主义理论体系的自信，尤其是坚定对习近平新时代中国特色社会主义思想的自信。这在于，“习近平新时代中国特色社会主义思想是当代中国马克思主义、二十一世纪马克思主义，是中华文化和中国精神的时代精华，实现了马克思主义中国化新的飞跃”①。在当下，理论自信的实质就是对马克思主义中国化最新成果的科学性、人民性、实践性、开放性的自信。

一、明确推进总体布局的目标指引

在新时代，坚定理论自信就是用马克思主义中国化最新成果统一思想、统一意志、统一行动。理论自信，为推进总体布局明确了方向指引。

（1）推进总体布局必须坚持中国特色社会主义方向。坚持中国特色社会主义方向，就必须始终坚持马克思主义指导思想。在1938年10月的党的六届六中全会上，毛泽东就明确提出“马克思主义中国化”的命题，并指出马克思主义必须通过民族形式才能实现，推进马克思主义的中国化，就是要按照中国的特点去应用它。马克思主义中国化最新成果，坚持马克思主义性质和特征，为推进总体布局提供了科学指南。坚持中国特色社会主义方向，就必须坚持社会主义方向，以解放生产力、发展生产力为根本任务。这就要求在推进总体布局的过程中，必须坚持以经济建设为中心。政治建设、文化建设、社会建设、生态文明建设等至关重要，但也不能“喧宾夺主”，动摇经济建设的中心地位。坚持中国特色社会主义方向，必须以消灭剥削、消除两极分化、最终达到共同富裕为根本目标。这就要求推进总体布局时，尤其是在加强经济建设中，必须坚持和完善社会主义基本经济制度。坚持中国特色社会主义方向，还必须以人的全面发展与社会的全面进步作为价值旨归。这就要求推进总体布局时，不能只顾经济建设，而忽视文化建设、政治建设、社会建设、生态文明建设，要注意步调一致、协调发展。坚持中国特色社会主义方向，就必须坚持中国特色，明确我国目前社会发展的状态和情况。虽然，就社会性质来说，我国已经是社会主义社会，但就发展程度来说，我国社会主义社会的成熟程度还较低，生产力还不很发达，仅是初级阶段。推进总体布局的建设，必须从这

---

① 中共中央关于党的百年奋斗重大成就和历史经验的决议．人民日报，2021-11-17（1）．

个实际出发，不能超越这个阶段。这是一个十分艰巨的任务，需要持久的努力才能够达成。

（2）推进总体布局必须坚持以人民为中心的方向。马克思主义中国化最新成果强调的群众史观与群众路线、以人为本、以人民为中心的发展思想、人民至上等，为推进总体布局指明了方向。推进总体布局，就要突出强调最广大人民的根本利益，对人的目的性价值给予充分的确证，对人的发展给予深切的人文关怀，实现协调发展、全面发展、总体发展。推进总体布局的建设，必须从“以物为本”的经济增长模式转到以人民为中心的全面发展上来，并将以经济建设为中心和以人民为中心统一起来。实现经济发展与人口、资源、环境相协调，实现人与自然、人与社会、人与人、人与自我之间的和谐，有效满足人的全面性需要，以真正提高人的生活品质，实现人的全面发展。推进总体布局，必须以人民为主体，无论是经济建设、政治建设、文化建设、社会建设，还是生态文明建设，都离不开人民群众的力量。要调动人民的能动性、积极性和创造性，就必须关照人民群众在各方面的需要，使其获得实际的利益，解决其关心的问题。推进总体布局还要坚持公平正义原则，让人民群众共享改革和发展的成果，并以此激励和引导他们正确处理个人利益与集体利益、局部利益与整体利益、短期利益与长远利益之间的关系。

（3）推进总体布局必须坚持科学发展的方向。马克思主义中国化最新成果揭示了社会主义建设的内在规律，揭示了经济、政治、文化、社会和生态文明一体化发展的规律，为推进总体布局的工作指明了科学发展的方向。坚持科学发展的方向，要义在于发展，推进总体布局的工作要把发展作为最重要、最紧迫、最关键的任务，并作为完成其他任务的基础和保障。实现经济发展、文化发展、政治发展、社会发展、绿色发展（可持续发展），不仅仅是国家和民族发展的要求，更是解决我国现实问题、协调社会矛盾的需要。坚持科学发展的方向，核心是以人为本，坚持以人民为中心的发展思想，首先回答为什么建设经济、文化、政治、社会与生态文明，以及为了谁而推进总体布局的问题。这也就意味着推进总体布局的工作，要从人民的利益和要求出发，充分考虑人民的物质生活、精神享受、健康安全、自我发展与实现等需要，关照其在各个方面的利益，真正调动人民的积极性，尊重他们的主体地位，在谋求发展的过程中以人民群众作为依靠力量，树立科学的人才观，使发展的成果惠及人民，实现人民共享。坚持科学发展的方向，基本要求是全面协调可持续。强调全面发展，就是要以经济建设为中心，全面推进经济建设、政治建设、文化建设、社会建设和生态文明建设的协调发展，并实现各个建设的可持续发展。坚持科学发展的方向，根本方法是统筹兼顾，也就是要处理好改革、发展与稳定的关系，处理好经济和社会发展中各个领域之间的关系，正确处理推进总体布局过程中的各种利益关系。

总之，马克思主义中国化最新成果是推进总体布局必须坚持的科学的指导思想。

二、明确推进总体布局的总体要求

马克思主义中国化最新成果提示我们，建设中国特色社会主义的总依据是社会主义初级阶段，总任务是实现社会主义现代化和中华民族伟大复兴。总体布局实际上是以此为基础描绘出的宏伟蓝图。换句话说，马克思主义中国化最新成果为推进总体布局提出了总体性的要求，那就是必须依据社会主义初级阶段的基本国情，并围绕总任务而展开。

（1）必须牢牢把握社会主义初级阶段这个总依据。目前，尽管我国社会的主要矛盾已经发生了变化，但是，我国仍然处于并将长期处于社会主义初级阶段的基本国情没有改变。因此，习近平指出，“不仅在经济建设中要始终立足初级阶段，而且在政治建设、文化建设、社会建设、生态文明建设中也要始终牢记初级阶段”①。社会主义初级阶段，是当代中国最大的实际，因此，推进总体布局必须始终清醒地以社会主义初级阶段为依据，思考和解决当代中国经济社会发展中存在的突出问题，只有这样，才能落实工作部署。社会主义初级阶段具有长期性与特殊性，并在新的历史时期呈现出一系列的阶段性特征。这决定了推进总体布局工作的持久性与复杂性，也就要求我们在推进总体布局的过程中，必须正确把握其中的

① 十八大以来重要文献选编：上. 北京：中央文献出版社，2014：76.

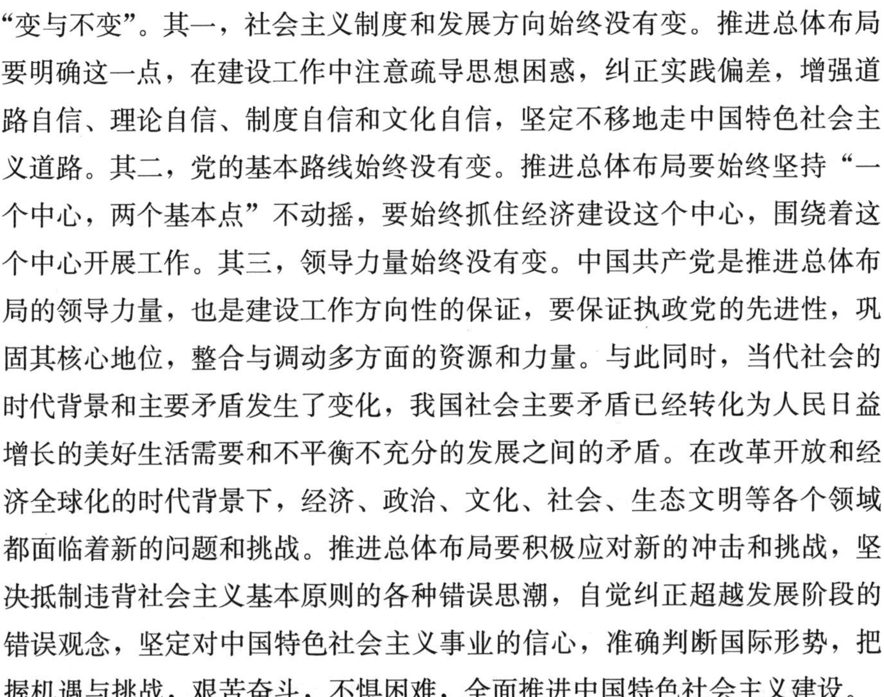

“变与不变”。其一，社会主义制度和发展方向始终没有变。推进总体布局要明确这一点，在建设工作中注意疏导思想困惑，纠正实践偏差，增强道路自信、理论自信、制度自信和文化自信，坚定不移地走中国特色社会主义道路。其二，党的基本路线始终没有变。推进总体布局要始终坚持“一个中心，两个基本点”不动摇，要始终抓住经济建设这个中心，围绕着这个中心开展工作。其三，领导力量始终没有变。中国共产党是推进总体布局的领导力量，也是建设工作方向性的保证，要保证执政党的先进性，巩固其核心地位，整合与调动多方面的资源和力量。与此同时，当代社会的时代背景和主要矛盾发生了变化，我国社会主要矛盾已经转化为人民日益增长的美好生活需要和不平衡不充分的发展之间的矛盾。在改革开放和经济全球化的时代背景下，经济、政治、文化、社会、生态文明等各个领域都面临着新的问题和挑战。推进总体布局要积极应对新的冲击和挑战，坚决抵制违背社会主义基本原则的各种错误思潮，自觉纠正超越发展阶段的错误观念，坚定对中国特色社会主义事业的信心，准确判断国际形势，把握机遇与挑战，艰苦奋斗，不惧困难，全面推进中国特色社会主义建设。

（2）必须紧紧围绕社会主义现代化和中华民族伟大复兴的总任务。实现社会主义现代化和中华民族伟大复兴，既是总任务也是奋斗目标。全面建成小康社会的预期目标涉及经济、政治、文化、社会和生态文明建设五个方面，实际上是对推进总体布局的工作提出了更为具体的要求。总任务也通过上述形式，对应到经济、政治、文化、社会和生态文明这几大领域中，被分解为更加有针对性和操作性的子任务。推进“五位一体”总体布局是要最终达到“五个文明”的全面发展、协调发展、共同发展，每一步工作都是为完成总任务服务的，时刻都不能脱离总任务的制约，是总任务的具体体现。尤其需要注意的是，社会主义现代化的内涵丰富，绝不仅仅局限于经济或者科技的现代化，还包括社会治理的现代化，以及人的现代化，从物质的向度延伸到文化、生态的向度，从个体延伸到他人与社会，这也对人的精神层次与生活品质提出了更高的要求与期待。当然，中华民族的伟大复兴也是一样，不仅是针对经济水平的提升而言，更是指文化的复兴、软实力的增强、国际影响力的提高等。

总之，必须将总依据、总体布局、总任务视为一个整体，按照社会系统工程的方式推进总体布局。

三、明确推进总体布局的工作路线

提出和推进中国特色社会主义“五位一体”总体布局，是中国特色社会主义实践发展和理论创新的重要成果，是马克思主义中国化最新成果的重要内容，标志着我国建设社会主义的实践进入了一个新阶段。

(1) 为推进总体布局规划了基本路线图。马克思主义中国化最新成果是系统化了的认识成果，直接对推进总体布局发挥指导作用，明确了“五个建设”之间的关系，让建设工作有重点地进行与开展，为其规划了基本路线图。其中，经济建设是根本，是其他建设工作乃至整个社会文明的物质基础，具体表现为物质生产和物质生活水平的提高和进步。政治建设是保证，是其他建设工作的政治保障，不仅体现为日趋完善的制度规范和秩序，也体现为不断提升的政治伦理和权利。文化建设是灵魂，是其他建设工作的精神动力和智力支持，包括提高人民受教育程度及提高其科学文化素质，也包括提升人民精神文化需求及精神生活品质，还包括加强文化创新与传播的能力。社会建设是条件，是其他建设工作的社会支持，决定着整个建设工作的环境和条件，直接联系着广大人民群众的生活实际，并直接关系到人民切身的利益，不仅包括社会安全与稳定，也包括社会保障和社会规范的完善，还包括社会发展的和谐与均衡。生态文明建设是基础，是其他建设工作的载体，制约着整个建设工作的开展，对工作的方向与效果都提出了更高的要求，影响着推进总体布局的成败与成效。最终，要使上述各个方面作为一个整体发挥作用。

(2) 为推进总体布局制定了基本工作框架。马克思主义中国化最新成果是科学的认识成果，来源于实践发展的要求，对应的是工作中现实存在的问题，强调的是推进建设中要处理的重大关系。在我国社会主义建设的历史上，某些地区、某些领域、某些单位曾一味地追求经济增长与短期效益，而忽视了其他方面的建设，造成了严重后果。马克思主义中国化最新成果，把政治建设、文化建设、社会建设与生态文明建设，一并提到了总

体布局的高度对其地位予以确认，尤其是将生态文明纳入到了总体布局中，要求将其贯穿于其他建设工作的全过程，这实际上是社会主义建设的内在要求，也表明了我党对社会主义建设规律的认识达到了新的高度。这也就要求我们在建设工作中，要从根本上转变观念，主动探索和积极实践生态文明的理念、原则和目标，遵循科学的工作路线，彻底改变粗放型经济增长方式，把绿色发展、和谐发展与可持续发展的理念，彻底落实到实际建设工作中，开创人与自然、人与社会、人与他人、人与自身和谐相处的发展境界，切实提高人民生活的品质与状态，展现中国特色社会主义事业的新景象，打造美丽中国，塑造良好的国家形象，真正推动和促进总体布局建设更上一个台阶和层次。

总之，马克思主义中国化最新成果为推进“五位一体”的总体布局明确了工作路线。

四、明确推进总体布局的系统思路

马克思主义中国化最新成果内容丰富，覆盖经济建设、政治建设、文化建设、社会建设、生态文明建设五者构成的总体布局。这些专门领域的理论都来自对实践经验与教训的总结与把握，都历经了一个形成与发展的过程，都有十分深刻的内涵。

（1）中国特色社会主义经济建设理论。关于经济建设，应包括生产力与生产关系的发展，具体包括促进国民经济又好又快发展的具体战略，以及完善社会主义基本经济制度。中国特色社会主义理论集中回答了社会主义为什么必须与市场经济结合、社会主义能否与市场经济相结合、社会主义怎样与市场经济相结合等问题。它突破了计划和市场是划分社会主义和资本主义标志的旧观念，主张计划和市场都是资源的配置方式，回应并解答了经济建设过程中所出现的疑惑与迷茫，从根本上结束了长期以来关于姓“资”姓“社”的抽象争论，以及对社会主义本质特征的误解和误读，解放了人们的思想，并为经济建设的推进提供了具体的思路。党的十八大以来，我们进一步丰富和发展了这一理论，在探索当代中国马克思主义政治经济学新境界的过程中，形成了习近平经济思想。习近平经济思想是习近平新时代中国特色社会主义思想的重要组成部分，是运用马克思主义基本原理指导我国经济发展实践形成的重大理论成果，在继承创新中开辟了马克思主义政治经济学的新境界。按照这一思想，我们在坚持以经济建设为中心的前提下，在所有制结构上，要以公有制为主体，多种所有制经济长期共同发展，国有企业通过平等竞争发挥主导作用；在分配制度上，要以按劳分配为主体，多种分配方式并存，兼顾公平和效率，以共同富裕为目标；在宏观调控上，要兼顾当前利益与长远利益、局部利益与整体利益，发挥计划与市场两种调节手段的长处，并以经济体制改革为重点，关键在于处理好政府宏观调控与市场自主运行之间的关系，注意科技创新，推进经济结构战略性调整，推动城乡发展一体化，进而适应经济全球化的新形势，改变我国经济发展的落后面貌，推动经济建设的发展进程。

（2）中国特色社会主义政治建设理论。关于政治建设，中国特色社会主义理论明确指出，必须高举人民民主的旗帜，从中国国情出发，坚持党的领导、人民当家作主、依法治国有机统一，扩大社会主义民主，加快建设社会主义法治国家，发展社会主义政治文明。坚持党的领导、人民当家作主、依法治国的统一是中国特色社会主义政治建设的根本要求。只有这样，政治建设才能保证正确的性质和方向，才能符合人民的利益和意愿，才能保证各项工作有条不紊地向前推进。坚持中国特色社会主义民主政治制度是我国当前政治建设的关键所在。这也就提醒我们，中国特色社会主义政治建设不能搞“三权分立”，因为后者在本质上是不同利益集团之间的博弈，是维护资产阶级统治的工具，并不代表全体人民的根本利益；也不能搞西方的多党制，因为多党制存在难以克服的弱点与弊端，不符合我国国情和维护社会稳定、国家安全的要求。推进中国社会主义民主政治的发展，必须积极稳妥地推进政治体制改革，切实维护政治大局稳定，反对脱离经济基础和社会背景抽象地谈论民主，反对休克疗法，反对国际霸权。因为政治文明建设只能是一个循序渐进的过程，必须充分地关照和结合本国的现实，它关涉的是国家主权范围之内的事务。当然，这也是我国总体布局在政治文明建设方面所要坚守的立场和原则，我们在此前提下建设政治制度、政治意识、政治行为等各方面的文明。在这个过程中，我们要坚持习近平法

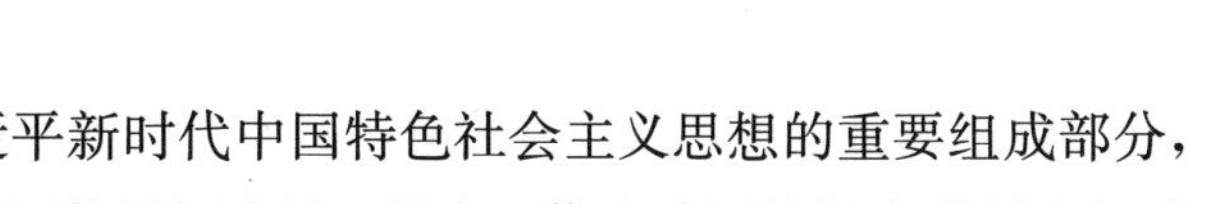

治思想。这一思想是习近平新时代中国特色社会主义思想的重要组成部分，是马克思主义法治理论中国化最新成果，是全面依法治国的根本遵循和行动指南。在此前提下，我们应大力推进国家治理体系和治理能力的现代化。

（3）中国特色社会主义文化建设理论。关于文化建设，中国特色社会主义理论深入回答了文化建设中带有方向性的、根本性、战略性的重大问题，指明了社会主义先进文化建设的发展路径，更是明确指出社会主义核心价值体系建设是文化建设的根本任务，重点在于使社会主义核心价值观与中国传统文化、革命文化、世界先进文化相对接，积极用社会主义核心价值观引领多样的社会思潮，凝聚社会共识，引领文化建设的方向，提升文化软实力。同时，也要加强公民道德素质教育，宣传与弘扬主流思想，弘扬中华传统美德，要针对道德领域的典型问题与突出问题，进行专项治理。此外，还要深化文化体制改革，改变与创新文化发展与管理的体制与方式，进一步解放和发展文化生产力，提高文化创新能力，繁荣文化市场，完善公共文化服务体系，提高服务效能，保障人民基本文化权益，加快发展文化事业和文化产业，扩大文化领域的国际影响力和对外号召力，真正实现文化自觉与文化自信。在这个过程中，形成了习近平文化思想。习近平文化思想是习近平新时代中国特色社会主义思想的文化篇章，明体达用、体用贯通，明确了新时代文化建设的路线图和任务书。按照习近平文化思想，我们要着力加强党对宣传思想文化工作的领导，着力建设具有强大凝聚力和引领力的社会主义意识形态，着力培育和践行社会主义核心价值观，着力提升新闻舆论传播力引导力影响力公信力，着力赓续中华文脉、推动中华优秀传统文化创造性转化和创新性发展，着力推动文化事业和文化产业繁荣发展，着力加强国际传播能力建设、促进文明交流互鉴，为推进总体布局提供坚强思想保证、强大精神力量、有利文化条件。

（4）中国特色社会主义社会建设理论。关于社会建设，中国特色社会主义理论把其纳入总体布局之中，要求同其他建设统一部署、整体推进，并提供了构建和谐社会、改善民生、实现社会公正、促进城乡协调发展、兼顾不同阶层利益，以及加强和创新社会管理等多方面工作的思路与方案。社会建设以促进与实现和谐为任务，即要建设一个民主法治、公平正义、诚信友爱、充满活力、安定有序、人与自然和谐相处的社会；以最广大人民群众的根本利益为目的，即要着力解决好人民最关心的教育、就业、收入分配、医疗、社会保障等现实的利益问题，努力使全体人民学有所教、劳有所得、病有所医、老有所养、住有所居；以实现社会公平正义为重点，妥善处理社会矛盾，协调各方面的利益关系，尤其要合理解决城乡二元结构矛盾，切实维护人民的合法权益。同时，我们要“加强社会治理制度建设，完善党委领导、政府负责、社会协同、公众参与、法治保障的社会治理体制，提高社会治理社会化、法治化、智能化、专业化水平”①。最终，我们要打造共建共治共享的社会治理格局，为推进总体布局提供社会治理保障。

（5）中国特色社会主义生态文明建设理论。关于生态文明建设，党的十八大第一次把其纳入到“五位一体”总体布局中，完善了中国特色社会主义建设的顶层设计。中国特色社会主义理论对此进行系统性的提升，全面地阐述了生态文明建设思想，为现实的、具体的实践指明了路径。在推动生态文明理论创新、实践创新、制度创新的过程中形成的习近平生态文明思想，是习近平新时代中国特色社会主义思想的重要组成部分，是中国特色社会主义生态文明建设理论的集大成者。“习近平生态文明思想聚焦人民群众感受最直接、要求最迫切的突出环境问题，深刻阐述了生态兴则文明兴、人与自然和谐共生、绿水青山就是金山银山、良好生态环境是最普惠的民生福祉、山水林田湖草是生命共同体、用最严格制度最严密法治保护生态环境、建设美丽中国全民行动、共谋全球生态文明建设等一系列新思想新理念新观点，对生态文明建设进行了顶层设计和全面部署，是我们保护生态环境、推动绿色发展、建设美丽中国的强大思想武器。”② 此外，习近平生态文明思想强调，要坚持党对生态文明建设的全面领导，坚持绿色发展是发展观的深刻革命。只有坚持以习近平生态文明思想为指导，我们才能搞好生态文明建设，进而推进总体布局。具体来说，就是要秉承绿色发展、循环发展、低碳发展的理念和方式，坚持节约资源和保护

---

① 十九大以来重要文献选编：上. 北京：中央文献出版社，2019：34.

② 全国人民代表大会常务委员会关于全面加强生态环境保护依法推动打好污染防治攻坚战的决议. 人民日报，2018-07-11（4）.

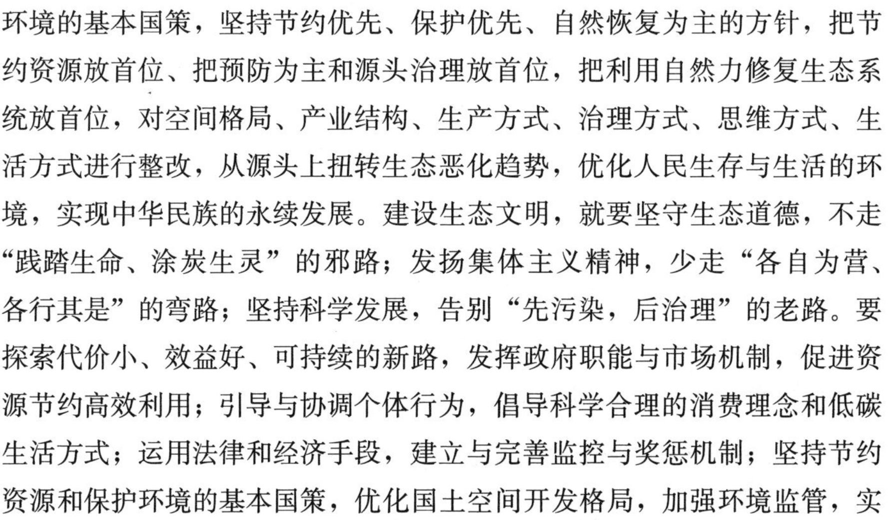

环境的基本国策，坚持节约优先、保护优先、自然恢复为主的方针，把节约资源放首位、把预防为主和源头治理放首位，把利用自然力修复生态系统放首位，对空间格局、产业结构、生产方式、治理方式、思维方式、生活方式进行整改，从源头上扭转生态恶化趋势，优化人民生存与生活的环境，实现中华民族的永续发展。建设生态文明，就要坚守生态道德，不走“践踏生命、涂炭生灵”的邪路；发扬集体主义精神，少走“各自为营、各行其是”的弯路；坚持科学发展，告别“先污染，后治理”的老路。要探索代价小、效益好、可持续的新路，发挥政府职能与市场机制，促进资源节约高效利用；引导与协调个体行为，倡导科学合理的消费理念和低碳生活方式；运用法律和经济手段，建立与完善监控与奖惩机制；坚持节约资源和保护环境的基本国策，优化国土空间开发格局，加强环境监管，实现国际合作，打造人类命运共同体和地球生命共同体，合力改善生态环境，建设清洁美丽的世界，维护全球生态安全；等等。

综上，马克思主义中国化最新成果是推进总体布局的理论指南。从宏观层面上来说，马克思主义中国化最新成果系统阐述了中国特色社会主义的指导思想、总依据、总任务、根本目的、领导核心和依靠力量等等，为推进总体布局的实践提出了总体上的要求和规定。从中观层面来看，马克思主义中国化最新成果包含建设中国特色社会主义总体布局理论，并系统阐述了总体布局的地位与意义、基本内容、工作重点等等，直接为推进总体布局的工作指明了目标与方向。从微观层面来说，马克思主义中国化最新成果涵盖经济建设理论、政治建设理论、文化建设理论、社会建设理论、生态文明建设理论，为推进总体布局提供了具体的要求和方案。因此，在总体上，坚持理论自信，是推进总体布局的思想前提。

第三节　中国特色社会主义制度：推进总体布局的制度保障

中国特色社会主义制度具有合法性、先进性与优越性，同时具有强大的约束力、包容力、调动力和凝聚力，有自身的特点和优势，对我国社会主义建设事业有十分明显的针对性、规范性和实效性。“中国特色社会主义制度，坚持把根本政治制度、基本政治制度同基本经济制度以及各方面体制机制等具体制度有机结合起来，坚持把国家层面民主制度同基层民主制度有机结合起来，坚持把党的领导、人民当家作主、依法治国有机结合起来，符合我国国情，集中体现了中国特色社会主义的特点和优势，是中国发展进步的根本制度保障。”① 中国特色社会主义制度本身就是我国经济、政治、文化、社会、生态文明等各个领域的制度化成果，同时也是推进总体布局的制度前提和制度保障。

一、确保推进总体布局的合法性制度前提

在学界，合法性被普遍地认为是政府行为和活动的基本条件。制度是否具有合法性，主要看这一制度是否符合某些特定的规则，如法律、规章、原则、标准、价值观等，是否被人民大众所接受，以及是否具有普遍的社会适用性。中国特色社会主义具有合法性，“五位一体”总体布局的具体实践活动才有合法性。这是推进总体布局的制度前提。

1. 制度的正义指向明，为推进总体布局“凝神”

相较于资本主义制度，中国特色社会主义制度有鲜明的正义指向。恩格斯曾对资本主义制度进行了深刻的批判并指出：“在历史上各个时期中，绝大多数的人民都不过是以各种不同的形式充当了一小撮特权者发财致富的工具。但是所有过去的时代，实行这种吸血的制度，都是以各种各样的道德、宗教和政治的借口来粉饰的。”② 因此，资本主义制度不具有“合法性”，而是具有剥削性质，代表的只是极少数人的利益，不符合公平正义的原则。“共产主义革命就是同传统的所有制关系实行最彻底的决裂”，“在自己的发展进程中要同传统的观念实行最彻底的决裂”③。中国特色社会主义制度以共产主义为最高理想，从根本上克服了资本主义的弊端，坚

① 十八大以来重要文献选编：上．北京：中央文献出版社，2014：75.

② 马克思，恩格斯．马克思恩格斯全集：第10卷．2版．北京：人民出版社，1998：282-283.

③ 马克思，恩格斯．马克思恩格斯文集：第2卷．北京：人民出版社，2009：52.

持生产资料公有与按劳分配制度，尊重人民的正当权利，反对阶级压迫和社会不公，旨在消灭剥削与劳动异化，体现的是最广大人民的根本利益和需求，具有明确的正义指向。在推进总体布局的过程中，中国特色社会主义制度的正义指向赋予总体布局的实践以合法性，为推进总体布局“凝神”，有助于帮助建设主体和参与者破除干扰，厘清思路不受蛊惑，坚持底线捍卫原则，集中精力搞建设。

就社会主义制度自身的发展而言，中国特色社会主义制度以史为鉴，与制度初步形成时相比，已经更加成熟与完善，也在更高的层面实现了正义。十月革命以前，社会主义制度并没有进入近代中国的选择之中，中国也进行了多次尝试，包括基于封建社会原有制度上的改良运动，旧式的农民战争，或者尝试用资本主义制度救中国的革命运动，等等。但历史的实践证明，资本主义制度不适用于中国，更不能实现中华民族的救亡图存。十月革命特别是苏维埃社会主义制度的建立，让中国人看到了前所未有的希望，中国也开始了建立社会主义制度的艰辛探索。受国际形势和苏联模式的弊端与局限的影响，我国在特殊的历史时期，社会主义制度同样也表现出很多时代性，比如，政治上缺少民主与法制，经济上缺乏效率与公平，文化上缺少独立与自由，社会上不够法治和有序，生态上不够健康和谐，等等。事实上，这属于“成长中的烦恼”。而今的中国特色社会主义制度，在总结经验教训中成长，在经济、政治、文化、社会、生态文明等方面，均改变了落后的面貌，并建立了相对完善的制度。中国特色社会主义制度久经历史的考验，在更广的层面、更高的层次促进了民主法治、公平正义、和谐有序，体现了社会主义的与时俱进，有助于社会主义事业的建设者和接班人坚定理想信念，并明确身上的使命与职责，增强推进总体布局的制度自信。

2. 制度的适用范围广，为推进总体布局“聚气”

（1）从国情的角度来说，中国特色社会主义制度符合我国的国情。我国目前处于社会主义初级阶段，在生产力与生产关系的发展上还很不成熟，照搬资本主义制度显然不适宜，照抄外国社会主义制度明显不理想，超前建立共产主义制度确实不现实。只有选择与我国国情相匹配的制度，抓好建设，才能一步步向共产主义社会迈进。此外，只有中国特色社会主义制度才能有效解决中国的现实问题。比如，社会主义基本经济制度既能够解决政府宏观调控与市场作用之间的矛盾，又能协调复杂的经济关系、缓解或解决利益冲突，还能大力发展生产力、提高经济水平；中国共产党领导的多党合作和政治协商制度则既避免了个人独断专权，又扩大了民主；民族区域自治制度则保障了少数民族在地方自治事务上的自主权，促进了民族团结与社会稳定；“一国两制”则妥善处理了历史遗留问题，促进了国家的完整与统一；等等。由此可见，中国特色社会主义制度对我国有普遍的适用性，不分地域与民族，有效解决了推进总体布局中的问题，有利于化解矛盾，凝聚共识，促进各区域、各民族、各党派在推进总体布局中的合作与共赢。

（2）从民情的角度来说，中国特色社会主义制度符合最广大人民的愿望。中国人民经历了漫长的受侵略、受压迫的历史，以及窘迫落后的生活，最迫切的愿望莫过于实现生活富足、社会公正、民族独立、国家富强的理想。中国特色社会主义制度以其自身的特点与优势，以消灭剥削、消除两极分化，最终实现共同富裕和共享发展为追求，改变了中国贫瘠面貌而建成了小康社会，开启了全面建设社会主义现代化国家的新征程，使广大人民的愿望得以成为现实，进而增强民族自信心与国家认同感。同时，中国特色社会主义制度符合最广大人民的文化认知和文化认同。自古以来，中国人就很重视道德建设与精神生活，强调仁、义、礼、智、信，提倡家国情怀，重视国家与集体利益，强调和谐关系的构建，等等。这些文化传统蕴含于中国特色社会主义制度之中，使之贴近人民的精神世界和生活实际，使制度有广泛的群众基础。此外，中国特色社会主义制度契合最广大人民的需求，代表和坚持的都是最广大人民的根本利益，保障的是人民的权力，为人民解决了很多具体的问题。这使中国特色社会主义制度对中国人民具有普遍的适用性，打破民族歧视和个人特权，有效协调了推进总体布局过程中的利益纷争，有利于保障绝大多数人的权利和利益，并兼顾少数，让总体布局的建设实践深入到各行各业和各个人群。

（3）从世情的角度来说，中国特色社会主义制度显示出社会主义国家的发展潜力。从宏观层面看，世界的发展形势可谓是激流暗涌，资本主义国家从未停止对社会主义国家的打压，尤其在意识形态领域更是掀起激烈的斗

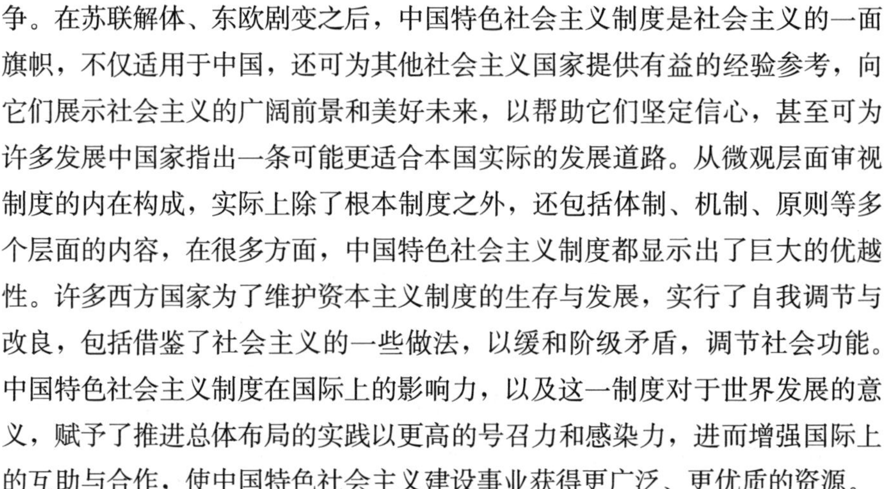

争。在苏联解体、东欧剧变之后，中国特色社会主义制度是社会主义的一面旗帜，不仅适用于中国，还可为其他社会主义国家提供有益的经验参考，向它们展示社会主义的广阔前景和美好未来，以帮助它们坚定信心，甚至可为许多发展中国家指出一条可能更适合本国实际的发展道路。从微观层面审视制度的内在构成，实际上除了根本制度之外，还包括体制、机制、原则等多个层面的内容，在很多方面，中国特色社会主义制度都显示出了巨大的优越性。许多西方国家为了维护资本主义制度的生存与发展，实行了自我调节与改良，包括借鉴了社会主义的一些做法，以缓和阶级矛盾，调节社会功能。中国特色社会主义制度在国际上的影响力，以及这一制度对于世界发展的意义，赋予了推进总体布局的实践以更高的号召力和感染力，进而增强国际上的互助与合作，使中国特色社会主义建设事业获得更广泛、更优质的资源。

3. 制度的认同程度高，为推进总体布局“助力”

中国特色社会主义制度充分体现了人民当家作主，不同于社会主义发展中在某些国家一度出现的个人专断，更有别于当代资本主义的分权制衡，而坚持把权力归还给人民，实行人民民主专政，“积极发展全过程人民民主”①，以实现更广泛的民主，加之制度本身的正义指向，以及普遍的适用性，使其赢得了民心，为推进总体布局调动了最广大人民群众的力量。同时，我国坚持按劳分配为主体，体现了多劳多得、少劳少得、不劳不得（有劳动能力者）的社会主义原则，并允许多样分配形式的存在，充分照顾到少数人的利益。此外，中国特色社会主义制度是人民的选择，兼顾人民群众的根本利益和具体利益，为不同地区、不同民族、不同部门、不同职业的劳动者的权利和利益提供制度保障与支持，有利于调动各行业劳动者推进总体布局的积极性。

从推进总体布局的主体力量来说，人民群众对制度的认同程度越高，对推进总体布局就越有责任担当，就越能够投身于具体实践中，彰显其主体地位，发挥其主动性与能动性。从推进总体布局的领导力量来说，中国共产党对制度的认同程度越高，对自身合法性的认识就越高，开展工作就会更加顺畅。人民对制度越是接受与认可，中国共产党领导权和领导地位

① 中共中央关于党的百年奋斗重大成就和历史经验的决议. 人民日报，2021-11-17 (1).

就越稳固，其组织、主导的社会主义建设活动就越凸显其正当性，政府就越有号召力，政府职能就越能够得到充分发挥，推进总体布局就越能够获得民众的理解与支持。

总之，由于其合法性，中国特色社会主义制度构成了推进总体布局的制度前提。

二、确保推进总体布局的优越性制度激励

中国特色社会主义制度自身的优越性不断凸显，实现了活力与秩序的统一、效率与公平的统一、民主与集中的统一，是推进总体布局的制度激励。

1. 有利于保持党和国家活力，激发人民的创造性

中国特色社会主义制度实现了活力与秩序的统一。它强调坚持走群众路线，既为党和国家提供行为准绳与活动纪律、强调中国共产党的领导地位，又维护人民的主体地位、尊重人民的首创精神；它明确了党的使命与职责，也明示了人民的地位与作用；既规范了推进总体布局需要遵守的秩序，又调动了人民的主动性、保持了党和国家的活力。

中国特色社会主义制度从制度的层面确认了人民群众是国家的主人，一切权力属于人民。党和国家事业的发展，以及社会主义建设事业的进步，都必须依靠群众，推进总体布局是属于人民的事业。只有相信人民，充分发挥他们的才能与作用，方能够取得实实在在的成绩。这实际上对党和政府的各级领导干部提出了明确的要求：要树立正确的权力观，全心全意为人民服务，确认人民的利益高于一切；要掌好权、用好权，坚决杜绝脱离群众的形式主义和官僚主义作风；在中国特色社会主义建设实践中，要始终把人民群众的利益放在首位，同人民同甘共苦、共命运，向人民负责，每项政策与具体的方案，都要坚持为人民大众谋利益、谋福祉。中国特色社会主义制度对党的执政水平、工作宗旨、原则与作风等，都提出了规范性要求，要情为民所系、利为民所谋，不以权谋私、不与民争利，把人民“拥护不拥护”“赞成不赞成”“高兴不高兴”“答应不答应”，作为党的各项工作得失成败的检验标准。这保证了推进总体布局的力量源泉。

中国特色社会主义制度坚持以人民为中心，真正维护人民当家作主的

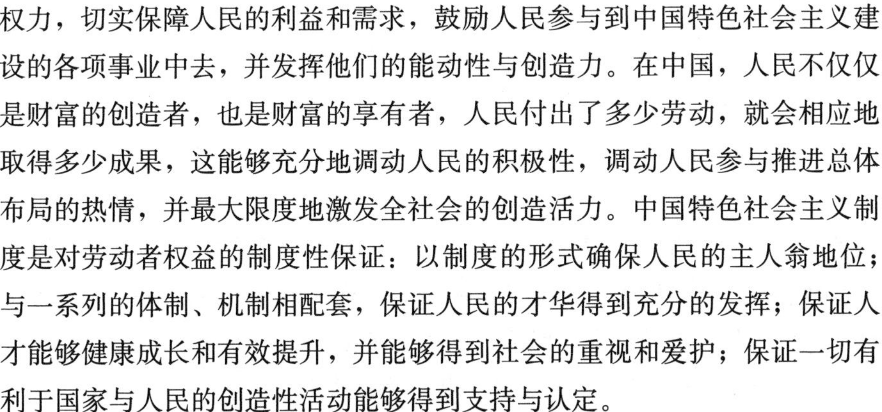

权力，切实保障人民的利益和需求，鼓励人民参与到中国特色社会主义建设的各项事业中去，并发挥他们的能动性与创造力。在中国，人民不仅仅是财富的创造者，也是财富的享有者，人民付出了多少劳动，就会相应地取得多少成果，这能够充分地调动人民的积极性，调动人民参与推进总体布局的热情，并最大限度地激发全社会的创造活力。中国特色社会主义制度是对劳动者权益的制度性保证：以制度的形式确保人民的主人翁地位；与一系列的体制、机制相配套，保证人民的才华得到充分的发挥；保证人才能够健康成长和有效提升，并能够得到社会的重视和爱护；保证一切有利于国家与人民的创造性活动能够得到支持与认定。

2. 有利于促进效率与公平，提高工作的质量

中国特色社会主义制度实现了效率与公平的统一。一方面，社会主义要解放生产力、发展生产力，提高生产效率；另一方面，也要消灭剥削、消除两极分化，达到共同富裕，实现共享发展和社会公正。公平与效率是社会主义的基本价值诉求。

在改革开放之初，为了有效改变社会的落后面貌，使中国人民迅速摆脱贫穷，使社会主义建设事业脱离困顿，制度革新以效率优先、兼顾公平为指导性原则，优先发展生产力，先让一部分人、一部分地区先富起来，然后以先富带动和帮助落后的人群与地区，逐步实现共同富裕。事实证明，这确实是快速发展的有效手段，但同时也使效率与公平的矛盾日益明显，社会贫富差距逐渐拉大。针对这一问题，制度创新的指导性原则也发生了转向，那就是从以效率为先转变为兼顾效率与公平，再到妥善处理效率与公平的关系、更加注重社会公平，又到公平与效率的均衡发展。公平正义是中国特色社会主义的内在要求。尽管中国特色社会主义制度在发展过程中，其重点发生过变化与转移，但其目标指向却始终一致，那就是始终以维护和促进公平正义、实现共同富裕和共享发展为价值取向。

通过制度的自我完善与创新，公平与效率逐步实现了统一。我国现行的政治制度、经济制度、文化制度、社会生活制度、生态文明制度等等，无不体现了这一点。社会主义基本经济制度既能够鼓励各种经济成分之间的相互竞争、相互补益，提高效率，又能够促进资源的合理配置和使用，

加强监管，促进公平。坚持按劳分配为主体、多种分配方式并存，既最大限度地调动了劳动者的积极性，又在合理的范围内注重公平。毋庸置疑，中国特色社会主义制度有利于促进社会的公平与正义，但社会上的一些不公正现象仍然存在。为了有效地解决这一问题，我国强调地区之间、城乡之间、人群之间，以及政治、经济、文化、社会、生态文明等不同领域之间的协调发展，做出了“五位一体”总体布局的顶层设计。只有着力维护社会的公平正义，致力于消除贫富差距，做到效率与公平的统一，推进总体布局的工作才有质量上的保证，工作才能够有持久的动力支持。

3. 有利于充分调动社会资源，集中力量办大事

中国特色社会主义制度实现了民主与集中的统一。它坚持民主集中制，既能够广泛地吸取意见，又能够实现统一指挥、步调一致。它能够对突发状况有效地做出反应，并迅速调动与整合社会资源，有强大的风险抵御力和抗击力。尤其是对特殊事件的处理与应对，中国特色社会主义制度显现出极大的优势，可以团结一切可以团结的力量，调动一切积极因素，集中力量办大事，并创造了很多“中国奇迹”。以我国的 2008 年抗震救灾为例，制度优势就得到了充分的体现，在短时间内就能够举全国上下之力，帮助灾区最大限度地减少损失，帮助受灾群众在短期内重建家园，这是许多国家无法想象的，也是资本主义制度无法比拟的。再以震动全球的经济危机为例，每一次经济危机的大规模爆发，都伴随着社会动乱、经济的严重衰退或下滑，以及人民的巨大损失。2008 年由美国次贷危机引起的金融危机席卷全球，许多西方国家都随之陷入混乱，经历了深刻的制度性危机。马克思、恩格斯早就揭示了剩余价值规律，指出资本主义制度不能避免的弊端以及经济危机的必然性。中国特色社会主义制度有利于充分发挥政府宏观调控的作用，尽可能地规避风险与损害、消除经济危机所造成的负面影响，集中力量办难事。

推进总体布局任重而道远。“社会是在矛盾运动中前进的，有矛盾就会有斗争。我们党要团结带领人民有效应对重大挑战、抵御重大风险、克服重大阻力、解决重大矛盾，必须进行具有许多新的历史特点的伟大斗争，任何贪图享受、消极懈怠、回避矛盾的思想和行为都是错误的。”① 按

① 十九大以来重要文献选编：上. 北京：中央文献出版社，2019：11.

照党的二十大报告的要求，我们要坚持发扬斗争精神。中国特色社会主义制度是中国抗击各类灾难和危机的强大保障，是推进总体布局的重要保证和巨大支撑。它可以利用和发挥不同地域、不同领域、不同层次的优势，针对迫切需要解决的问题紧急处理，对繁重复杂的工作进行全局性和总体性的把握，从中央到地方统一组织协调，使各个领域的建设工作全面开展而有成效。因此，我们必须更加自觉地坚持党的领导和我国社会主义制度，坚决反对一切削弱、歪曲、否定党的领导和我国社会主义制度的言行。

总之，由于其优越性，中国特色社会主义制度构成了推进总体布局的制度激励。

三、确保推进总体布局的效用性制度保证

中国特色社会主义制度的效用性，是制度本身的特点、优势与功能的体现，反映到推进总体布局的具体实践中，这种效用性就表现为许多正面的、积极的影响，主要包括制度对推进总体布局的规范作用、整合作用等，是推进总体布局的制度保证。

1. 制度的约束力对推进总体布局有规范作用

中国特色社会主义制度由根本制度、基本制度以及在此基础上的各项具体制度组成，对推进总体布局起着重要的规范作用。

中国特色社会主义制度对经济、政治、文化、社会、生态文明等各个领域，都做出了明确的制度性要求。在经济领域，建设社会主义基本经济制度，同时积极进行经济体制的改革，充分发挥市场在资源配置中的决定性作用，更好发挥政府作用，激发各类市场主体活力，以优化生产要素结构，促进经济发展。在政治领域，人民代表大会制度是我国的根本政治制度，这一制度从1954年正式建立以后，不断完善与加强，人民代表大会在社会主义建设中也发挥了越来越大的作用；基本政治制度是中国共产党领导的多党合作和政治协商制度、民族区域自治制度以及基层群众自治制度。政治制度是中国革命和建设的必然产物，是中国政治生活发扬民主、解决民族问题、凝聚共识、促进团结的重要形式。在文化领域，我们举旗帜、聚民心、育新人、兴文化、展形象，坚持马克思主义的指导地位，坚

持社会主义先进文化的前进方向，加强文化领域制度建设，提出建设中国特色社会主义文化的根本任务与基本方针，并积极倡导与培育社会主义核心价值观，推动中华优秀传统文化创造性转化、创新性发展，传承革命文化、发展先进文化、吸收外来文化，以创造光耀时代、光耀世界的中华文化，以捍卫社会主义意识形态阵地。在社会领域，我们明确了构建社会主义和谐社会在中国特色社会主义事业总体布局中的战略地位，着力推进以改善民生为重点的社会建设，不断加强社会治理制度建设，不断促进社会公平正义，保持社会有序、团结安定。在生态文明领域，我们坚持社会主义生态文明的理念、原则和目标，坚持绿色发展，坚持人与自然和谐共生，以切实改善人民生活的环境，通过生态文明领域行政体制改革推动生态文明制度创新，用制度和法律保护生态环境，促进生态系统的良性运行，等等。

2. 制度的凝聚力对推进总体布局有整合作用

中国特色社会主义制度可以有效地凝聚共识，因为这一制度具有真正的人民性，以及广泛的民主性。

中国特色社会主义制度可以有效地发挥优势。首先，它可以吸纳世界各国的优秀制度文化精髓，防范外来不良因素的干扰，促进自我进步与完善。例如，中国特色社会主义制度在坚持科学社会主义基本原理的基础上，借鉴了首先在西方国家发展起来的市场经济，并进行了创新式的发展，在确立市场在资源配置中决定性作用的同时，也注重政府的宏观调控，在一系列重大领域注重发挥举国体制的作用。在其他方面，比如教育、科技、用人制度、环境保护、医疗保障、公共服务、社会治理等，也借鉴了西方国家许多有益做法，不断革除自身体制与机制的弊端，促使制度不断成熟。其次，它可以继承与发展传统社会主义体制的优点与长处，并积极改变自身的不足与局限，进行制度的创新与发展。例如，传统社会主义体制坚持公有制，高度重视政府在经济发展及资源配置中的地位与作用，强调集体主义和为人民服务，坚持无产阶级专政，等等。其中的优点与长处，我们保留下来继续发扬，并进行了创新式发展；其中的不适宜之处，我们坚决舍弃与改革。最后，它可以凝聚国家不同地区、不同民族、

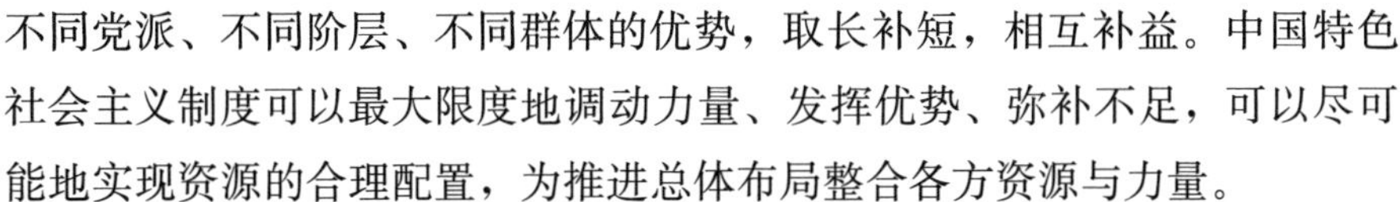

不同党派、不同阶层、不同群体的优势，取长补短，相互补益。中国特色社会主义制度可以最大限度地调动力量、发挥优势、弥补不足，可以尽可能地实现资源的合理配置，为推进总体布局整合各方资源与力量。

中国特色社会主义制度可以有效地凝聚正能量。中国特色社会主义制度是全体中国人民利益的集中体现。其一，它有利于增强国民的制度自信，坚定信念，汇聚与弘扬正气。一定程度上来说，中国特色社会主义制度承载了国家和民族的理想与追求，蕴含着始终如一的目标指向，蕴含着人民最深切的期望，体现的是民族的气质与特色，彰显的是中国的精神与情怀。它能把优秀的文化与传统、积极的因素和力量，以制度的形式确定稳固下来，并扩大那些积极因素的正面影响，同时尽可能地减少甚至消除那些负面的、消极的因素或影响，进而创设优良的环境与风气。其二，它有利于广开言路、广纳贤才、凝聚人心。人民代表大会制度最广泛地征求和汇集社会各界的想法和意见，给人才创造更宽阔的平台、更公平的机会，以确保更多的人才可以充分地施展才华。同时，我们大力发展社会主义协商民主。协商民主是我国社会主义民主政治的特有形式和独特优势。它提供了一个渠道，使各界人才得以全面地、深刻地了解推进总体布局的总体情况与实际问题，把握工作的重点与需求。以此，动员和吸引更多的人才积极投身于推进总体布局的实践之中，激励他们为推进总体布局献智、献言、献策、献力。

此外，中国特色社会主义制度实现了中国共产党和各民主党派“长期共存、互相监督、肝胆相照、荣辱与共”，并建立了与人民群众之间的血肉联系，它有强大的社会动员能力与凝聚功能，进而能够发挥对推进总体布局的整合作用。中国特色社会主义制度代表的是最广大人民的根本利益，兼顾各个民族、地域、阶层、党派、群体的需要。人民代表大会制度本身就是整合人民的各种要求、集中人民的意志、汇集人民的意见、协调人民利益的一种途径。人民代表所表达的并不是抽象的、个人的愿望，而是有共识性、有普遍性的利益诉求，他们代表的是广大的人民群众的利益，中国特色社会主义制度保障的也是人民的利益。中国特色社会主义制度可以有效地化解矛盾与分歧，尽可能地凝聚共识。一方面，把人民对于总体布局建设的许多零散的愿望、意志与要求进行汇总，通过对信息的整理与加工，收集民意，广泛地听取人民的意见与建议，以保持和发扬做得好的地方，并积极改正错误、弥补不足。另一方面，把不同领域共同的任务、目标、原则、问题等等进行明确，通过对共性的认知与理解，加强沟通与合作，优化政治、经济、文化、社会、生态文明之间的衔接，推进各个领域之间的资源共享与协同创新。

总之，在推进中国特色社会主义总体布局的过程中，“我们要坚信，中国特色社会主义制度是当代中国发展进步的根本制度保障，是具有鲜明中国特色、明显制度优势、强大自我完善能力的先进制度”①。当然，中国特色社会主义制度也是不断完善的制度。

第四节　中国特色社会主义文化：推进总体布局的价值导引

在当代中国，要推进总体布局，必须坚持对中国特色社会主义的文化自信。党的十九大报告提出：“没有高度的文化自信，没有文化的繁荣兴盛，就没有中华民族伟大复兴。要坚持中国特色社会主义文化发展道路，激发全民族文化创新创造活力，建设社会主义文化强国。”② 党的二十大报告进一步强调，要推进文化自信自强，铸就社会主义文化新辉煌。一方面，中国特色社会主义文化凝结着中华民族的精神文化成果，要在继承一切精神财富的基础上，不断创造新的文明。另一方面，中国特色社会主义文化也是联结各族人民的精神纽带，有振奋人心、凝神聚气的作用。坚持对中国特色社会主义的文化自信，关键是要坚持以习近平文化思想为引领，弘扬中国特色社会主义文化。

一、坚定文化自信是兴国强国之魂魄

中国特色社会主义文化是中华民族的精神标志，是中国特色社会主义

---

① 十八大以来重要文献选编：下. 北京：中央文献出版社，2018：349.

② 十九大以来重要文献选编：上. 北京：中央文献出版社，2019：29.

现代化建设的精神支柱，是凝心聚力的兴国之魂、强国之魄。

1. 文化是社会发展的精神向度

在社会有机体当中，既存在物质生产也存在精神生产。在社会发展中，既有物质生产动因也有精神生产动因。尽管物质生产是第一位的因素和动力，但精神生产具有巨大反作用。精神生产即文化，构成社会的文化向度。从文化的向度来看，文化是人类在社会历史发展过程中所创造的精神财富的总和。一方面，文化的生成和发展一步也离不开以物质生产实践为基础的人类总体社会实践。另一方面，文化又必将从自己的独特向度为人类实践活动提供精神动力、智力支持和价值支撑。这样，文化不仅是社会有机体的必要向度和历史前进的重要坐标，不仅会促进社会有机体的系统整合和整体优化，而且会促进社会有机体的持续、健康、全面发展。

2. 文化自信对中国特色社会主义事业的重大意义

建设中国特色社会主义是一项极其宏伟的社会系统工程，涉及社会的方方面面。要把这项伟大的事业不断推向前进，需要坚定对中国特色社会主义的道路自信、理论自信、制度自信，说到底是要坚定文化自信。“文化自信，是更基础、更广泛、更深厚的自信，是更基本、更深沉、更持久的力量。坚定文化自信，是事关国运兴衰、事关文化安全、事关民族精神独立性的大问题。”① 只有坚定文化自信，才能正确地认识中华民族的悠久历史和灿烂文化，才能从传统文化中吸取宝贵的思想文化资源，实现“以史为鉴”“古为今用”。只有坚定文化自信，才能真正坚定对中国特色社会主义的道路自信、理论自信和制度自信，才能准确把握这个伟大时代的潮流和脉动，认清社会发展和历史进步的方向和趋势。只有坚定文化自信，才能以开阔的胸怀、从容的气度积极吸纳人类创造的一切优秀文明成果，实现博采众长、“洋为中用”，从而以自己的独特魅力和强大的文化软实力屹立于世界民族之林。只有坚定文化自信，才能以开放的眼光面向未来，才能对本民族和全人类的前途充满必胜信心，步伐坚定地走向人的全面发展和社会全面进步的新阶段。

---

① 十八大以来重要文献选编：下. 北京：中央文献出版社，2018：474.

3. 中国特色社会主义文化是综合国力的重要体现和保证

从性质上看，中国特色社会主义文化具有积极性和先进性，反映社会进步的方向，体现思想文化精髓与优良传统，引领时代潮流。从特征上看，中国特色社会主义文化具有民族性与独特性，展现中华民族的精神面貌，是广大人民的精神向导。中国特色社会主义文化对内凝心聚力、构筑人们的精神家园，对外展示形象、在国际上识别民族身份，是增强综合国力的精神保证。

中国特色社会主义文化是衡量综合国力的重要依据和指标。综合国力不仅仅包括经济、科技、军事等硬实力，也包括文化、价值观、制度等软实力。当今世界，文化领域与意识形态领域的斗争日趋激烈，软实力对综合国力的影响和作用愈加凸显，在信息时代，软实力正变得比以往更为突出。中国特色社会主义文化，集中体现国家和民族思想文化的吸引力、价值的感召力、国家形象的亲和力、外交理念与原则的道义感和制度的导向力，是国家综合国力的重要组成部分。同时，作为国家软实力的集中体现，中国特色社会主义文化是硬实力的拓展与延伸，对物质生产、科技创新、军事发展有重要的影响，能大大指导和促进硬实力的提升。同时，国家在精神层面的优势，可以反映到政治、经济、文化、社会、生态文明各个领域中去，有利于综合国力的充分彰显和有效提升，进而增强对世界文明的吸纳能力，不断实现自我进步与更新，增强综合国力。国家在精神、文化、意识形态的竞争力，有助于在国际关系中占据有利位置，在综合国力的竞争和博弈中掌握主动，从而为综合国力的进一步提升赢得更为广阔的资源，获得更深层的发展动力。

总之，中国特色社会主义文化是综合国力的重要体现和保证。

二、明确推进总体布局的科学价值导引

坚持文化自信的关键是坚持价值自信。这在于，“价值观念在一定社会的文化中是起中轴作用的，文化的影响力首先是价值观念的影响力”①。按照习近平文化思想，我们要更好地构筑中国精神和中国价值，为推进总

① 习近平关于社会主义文化建设论述摘编．北京：中央文献出版社，2017：105.

体布局提供科学的价值导引。

1. 大力弘扬社会主义核心价值体系

在任何社会形态当中，必然存在着诸多的价值观念，构成了文化结构中的主干和基质。在诸多的价值观念当中，必然存在着一个主导的价值观念体系，由此形成了核心价值体系。核心价值体系是一定的社会形态（社会制度）当中居于支配地位的价值体系。尽管其是社会制度性质的体现和反映，但是，核心价值体系对一定的社会制度发挥着阐释、规范、导引的作用。在阶级社会中，核心价值体系往往具有明显的阶级性。在社会主义革命、建设、改革的过程中，自然会形成社会主义核心价值体系。随着中国特色社会主义事业的发展，我们形成和完善了社会主义核心价值体系。2006 年，党的十六届六中全会第一次明确提出了“建设社会主义核心价值体系”的命题和任务。2007 年 6 月 25 日，胡锦涛同志强调，要大力建设社会主义核心价值体系，巩固全党全国人民团结奋斗的共同思想基础。习近平在党的十九大和二十大上进一步提出，要坚持和践行社会主义核心价值体系。

社会主义核心价值体系是社会主义制度本质规定的价值表现和价值表征，是社会主义制度的精神成果和价值气质，是社会主义意识形态本质的集中体现。坚持社会主义核心价值体系，要求我们必须坚持和巩固马克思主义的指导地位，坚持不懈地用马克思主义中国化最新成果武装全党、教育人民、指导工作，用中国特色社会主义共同理想凝聚力量，用以爱国主义为核心的民族精神和以改革创新为核心的时代精神鼓舞斗志，用社会主义荣辱观引领风尚，巩固全党全国各族人民团结奋斗的共同思想基础。由于其他问题已经都有所涉及，我们这里仅仅强调一下爱国主义问题。

爱国主义始终是把中华民族坚强团结在一起的精神力量。在中国共产党的领导下，社会主义中国的建立和完善，洗刷了近代以来的民族耻辱，真正开启了中华民族伟大复兴的历史进程。在当代中国，爱国主义和社会主义具有内在一致性和高度统一性，爱党和爱国具有内在一致性和高度统一性。因此，“弘扬爱国主义精神，必须坚持爱国主义和社会主义相统一。我国爱国主义始终围绕着实现民族富强、人民幸福而发展，最终汇流于中国特色社会主义。祖国的命运和党的命运、社会主义的命运是密不可分的。只有坚持爱国和爱党、爱社会主义相统一，爱国主义才是鲜活的、真实的，这是当代中国爱国主义精神最重要的体现。今天我们讲爱国主义，这个道理要经常讲、反复讲”①。只有坚持爱国主义教育，使爱国主义成为每一个中国人的坚定信念和精神依靠，我们才能实现中华民族的大团结，为把我国建设成为富强民主文明和谐美丽的社会主义现代化强国而共同奋斗。这样，爱国主义就指向了“五位一体”的总体布局，成为推进总体布局的价值导引。

在弘扬爱国主义的过程中，我们要坚持爱国主义、集体主义、社会主义、国际主义的统一，尤其是要把民族精神和全人类共同价值统一起来。在当下复杂的国际环境当中，“中国共产党将继续同一切爱好和平的国家和人民一道，弘扬和平、发展、公平、正义、民主、自由的全人类共同价值，坚持合作、不搞对抗，坚持开放、不搞封闭，坚持互利共赢、不搞零和博弈，反对霸权主义和强权政治，推动历史车轮向着光明的目标前进”②。我们要坚持按照社会主义的国际主义精神，大力弘扬全人类共同价值，大力推动构建人类命运共同体。这样，才能为建设富强民主文明和谐美丽的社会主义现代化强国赢得稳定和平的国际环境，才能使中华民族为世界文明的发展做出更大的贡献，才能使社会主义成为人类文明的发展方向和未来代表。

2. 大力弘扬社会主义核心价值观

社会主义核心价值观是社会主义核心价值体系的凝练和提升。2012年11月，党的十八大报告提出，要倡导富强、民主、文明、和谐，倡导自由、平等、公正、法治，倡导爱国、敬业、诚信、友善，积极培育和践行社会主义核心价值观。在此基础上，习近平指出：“要加强社会主义核心价值体系建设，倡导富强、民主、文明、和谐，倡导自由、平等、公正、法治，倡导爱国、敬业、诚信、友善，积极培育和践行社会主义核心价值观，使之成为全体人民的共同价值追求。”③ 社会主义核心价值观体现了古

---

① 习近平关于社会主义文化建设论述摘编. 北京：中央文献出版社，2017：129.

② 习近平. 在庆祝中国共产党成立100周年大会上的讲话. 人民日报，2021-07-02（2）.

③ 习近平关于社会主义文化建设论述摘编. 北京：中央文献出版社，2017：105.

圣先贤的先进思想，体现了仁人志士的夙愿，更为重要的是，体现了革命先烈的理想，体现了社会主义核心价值体系的内核。它们既是对中国特色社会主义事业“实然”的凝练，又是对中国特色社会主义实践“应然”的期待。

富强、民主、文明、和谐，集中体现了国家层面的价值目标。这一目标回答了一个重大问题，那就是我们究竟要建设什么样的国家。目前，我们亟须将“美丽”上升到这一层面。价值观不是一个单纯的人与社会关系的问题，还涉及人与自然关系的问题。它总是人类在认识、改造自然和社会的过程中产生与发挥作用的。不同民族、不同国家由于面对的自然条件和所经历的发展历程不同，产生和形成的核心价值观也各有特点。在当代中国，建设“美丽中国”不仅是重要的国家战略，而且是重要的价值追求。“我们要在全社会牢固树立社会主义核心价值观，全体人民一起努力，通过持之以恒的奋斗，把我们的国家建设得更加富强、更加民主、更加文明、更加和谐、更加美丽，让中华民族以更加自信、更加自强的姿态屹立于世界民族之林。”① 同时，中国共产党人明确把建设富强民主文明和谐美丽的社会主义现代化强国目标纳入了党的基本路线当中，明确写入了《中国共产党章程》当中。因此，在国家的层面上，我们应该大力倡导富强、民主、文明、和谐、美丽的价值观，努力把我国建设成为一个经济富强、政治民主、文化繁荣、社会和谐、生态美丽的社会主义现代化强国。这样，就为我们系统推进总体布局提供了价值导引。

自由、平等、公正、法治，集中体现了社会层面的价值目标。这一目标回答了我们要建设什么样的社会的问题。它对于推进总体布局的具体工作具有针对性，对于经济、政治、文化、社会、生态文明的建设工作都有指导性，为各方面的建设工作描绘出了一道图景，尤其是明确了社会建设的具体要求。

爱国、敬业、诚信、友善，集中反映了公民层面的价值目标。这一目标回答了我们到底要成为什么样的人，突出反映了中国特色社会主义文化在道德、规范等方面的内容与要求。它对参与总体布局实践的个体提出了

① 习近平关于社会主义文化建设论述摘编. 北京：中央文献出版社，2017：115.

更为具体的要求，涵盖社会公德、职业道德、家庭美德、个人品德各个方面，关系到人们生产生活的方方面面，引导人们坚持正确的价值追求，更好地实现自己的人生价值，为推进总体布局做出贡献。

总之，社会主义核心价值观是社会主义核心价值体系的高度凝练和集中表达，集中体现着社会主义核心价值体系的根本性质和基本特征，为系统推进总体布局提供了系统的价值导引。

3. 大力弘扬伟大抗疫精神和脱贫攻坚精神

党的十八大以来，以习近平同志为核心的党中央带领中国人民，统揽伟大斗争、伟大工程、伟大事业、伟大梦想，勇敢地战胜一系列重大风险挑战，我国抗疫斗争取得重大战略成果，我国脱贫攻坚战取得了全面胜利，由此铸就了伟大抗疫精神和脱贫攻坚精神。这是社会主义核心价值体系和核心价值观的成功实践，进一步丰富和发展了核心价值体系和核心价值观，为系统推进总体布局提供了价值导引。

弘扬伟大抗疫精神。面对新型冠状肺炎疫情，“在这场同严重疫情的殊死较量中，中国人民和中华民族以敢于斗争、敢于胜利的大无畏气概，铸就了生命至上、举国同心、舍生忘死、尊重科学、命运与共的伟大抗疫精神”①。生命至上，就是要坚持以人民为中心，不惜一切代价维护人民群众的生命安全和身体健康，高扬起了社会主义人道主义的旗帜。举国同心，就是要在党的领导下团结一心、同甘共苦战胜疫情，充分发挥新型举国体制的作用，高扬起了社会主义集体主义的旗帜。舍生忘死，就是要毫不利己、专门利人，以大无畏的英雄气概战胜疫情，高扬起了革命英雄主义的旗帜。尊重科学，就是要坚持按照客观规律和科学规律处置疫情，按照求真务实、开拓创新的科学精神战胜疫情，高扬起了科学唯物主义的旗帜。命运与共，就是要坚持按照和衷共济、爱好和平的原则处置疫情防控中的国际合作，按照人类命运共同体理念推动建立人类卫生健康共同体，高扬起了社会主义国际主义的旗帜。总之，伟大抗疫精神是中国精神和中国价值的生动诠释和科学实践，为我们夺取疫情防控人民战争、总体战、阻击战提供了价值支撑，为系统推进总体布局提供了价值导引。

---

① 习近平关于统筹疫情防控和经济社会发展重要论述选编. 北京：中央文献出版社，2020：9.

弘扬脱贫攻坚精神。贫穷不是社会主义，两极分化也不是社会主义。在全面建成小康社会的伟大实践中，我们党领导人民发起了脱贫攻坚战。在消灭绝对贫困的基础上，“脱贫攻坚伟大斗争，锻造形成了‘上下同心、尽锐出战、精准务实、开拓创新、攻坚克难、不负人民’的脱贫攻坚精神”①。上下同心、尽锐出战，体现的是中国反贫困的社会动员方式，突出强调的是团结奋斗的精神。在中国共产党的领导下，我们充分尊重人民群众的主体地位和首创精神，全社会形成广泛的社会动员，党群干群共同努力，全国人民团结奋斗，通过形成反贫困的人民战争态势，我们取得了脱贫攻坚的胜利。精准务实、开拓创新，体现的是中国反贫困的科学治理方式，突出强调的是有的放矢的精神。我们坚持具体问题具体分析，实行扶持对象、项目安排、资金使用、措施到户、因村派人、脱贫成效“六个精准”，实行发展生产、易地搬迁、生态补偿、发展教育、社会保障兜底“五个一批”，取得了脱贫攻坚的胜利。攻坚克难、不负人民，体现的是中国反贫困的崇高价值追求，突出强调的是乐于奉献的精神。按照以人民为中心思想，广大党员干部群众以及社会各界人士以大无畏的气概投入反贫困斗争中，有的同志甚至牺牲了宝贵生命。总之，脱贫攻坚精神是中国精神、中国价值、中国力量的充分彰显，为我们夺取脱贫攻坚战的胜利提供了价值支撑，为我们系统推进总体布局提供了价值导引。

伟大事业孕育伟大精神，伟大精神引领伟大事业。伟大抗疫精神和脱贫攻坚精神，是我们系统推进总体布局的宝贵精神财富，理应发扬光大。

4. 明确推进总体布局的价值规范

中国特色社会主义文化通过法律、制度、理念、习惯、传统、规约等存在形式，引领建设主体树立积极的生活态度，形成正确的价值判断、价值选择和价值行为，为推进总体布局明确了具体的价值规范。

对于执政党来说，中国特色社会主义文化以理想、信念、价值观等方式，规范和引领着中国共产党的治国理政的行为。作为推进总体布局的领导力量，中国共产党必须要保持政治立场坚定、维护国家的团结与统一、

① 习近平. 论把握新发展阶段、贯彻新发展理念、构建新发展格局. 北京：中央文献出版社，2021：521.

维护国家的安全与荣誉，坚定不移地贯彻和执行党和国家的路线、方针、政策。中国共产党人必须忠于人民，甘于奉献，密切联系群众，使推进总体布局的各项工作获得人民的认可。中国共产党必须戒骄戒躁，遵循实事求是的思想路线，杜绝一切形式主义和官僚主义作风，反对拜金主义和享乐主义，发扬全心全意为人民服务的根本宗旨，带领广大人民群众将中国特色社会主义事业不断推向前进。

对于国家与政府而言，中国特色社会主义文化以一种无形的力量规范其管理职能和政府行为。在推进总体布局的实践中，中国特色社会主义文化时刻提醒着国家与政府制定政策时要遵循社会主义公平正义的原则，坚持以人民为中心的发展思想；在行使其职权时，要有全局观和大局意识，牢固树立看齐意识，不是仅仅着眼于眼前的利益，而是要放眼长远，能够把握全局；在推进社会主义建设的过程中，要有忧患意识和危机意识，时刻警惕前进路上可能会出现的各种挑战与风险，积极推进伟大斗争，不断地增强预见性；此外，要正当地行使政府职能，充分地发挥国家与政府的作用。

对于广大人民群众而言，中国特色社会主义文化以社会舆论、风气、道德、艺术等形式规范和塑造着人们的思想与行为。中国特色社会主义文化引导人们正确处理个人与他人、集体或国家之间的关系，通过发挥“以文化人”的功能，引导人们加强自身道德修养，端正品性，发扬热爱祖国、诚实守信、言行一致、谦虚谨慎、勤劳勇敢、自强不息、崇尚科学、遵纪守法、艰苦奋斗的精神传统，自觉提高自身的科学文化素质和道德行为品质，自觉抵御不良思想的侵蚀。中国特色社会主义文化中还蕴含着与人为善、助人为乐、尊老爱幼、互帮互助、无私奉献的精神，在推进总体布局的过程中，这些精神元素有利于加强社会成员之间的协同合作、团结统一，从而有利于创造和平、稳定、持续发展的环境和局面。中国特色社会主义文化对人与自然、人与社会关系的深刻理解，有利于构建人与自然、人与社会、人与人、人与自身之间的和谐关系，切实推进总体布局实践的创新发展、协调发展、绿色发展、开放发展、共享发展。

总之，中国特色社会主义文化以潜移默化的形式和无形的力量，贯穿

于中国特色社会主义建设事业的始终，并决定着推进总体布局的价值目标与具体的行为选择。只有坚持弘扬中国特色社会主义文化，才能从价值的维度正确引导推进总体布局的各项工作。

三、在文化创新发展中坚定文化自信

要实现“五位一体”战略布局，要实现中华民族伟大复兴的中国梦，必须弘扬中国特色社会主义文化。这就需要在推进中国特色社会主义的伟大实践中，推动中华优秀传统文化创造性转化、创新性发展，继承革命文化，发展社会主义先进文化，培育和践行社会主义核心价值观，不断增强意识形态领域主导权和话语权，进一步坚定文化自信，构筑中国人的精神家园。

1. 在批判的基础上传承中华优秀传统文化

文化是一个生生不息的历史流变过程。传统文化或民族文化是文化之根。坚持文化自信，包括科学对待中华传统文化。这就是要科学区分清楚糟粕和精华，舍其糟粕，取其精华，坚持“古为今用”“推陈出新”。党的十九届六中全会提出，我们要坚持把马克思主义基本原理同中国具体实际相结合、同中华优秀传统文化相结合，推动中华优秀传统文化创造性转化、创新性发展①。坚持“两个结合”、推动“双创”，是坚持文化自信的重要要求，为系统推进总体布局提供了文化支撑和价值导引。

我们坚持“两个结合”、推动“双创”，是由我们正在做的事情——中国特色社会主义事业决定的。马克思主义的发展、社会主义的发展必须与各国的文化传统结合起来。这是由马克思主义一切从实际出发的唯物主义原理决定的，这是由具体问题具体分析的马克思主义辩证法决定的。当然，这与文化基质具有密切的关系。从哲学上来看，中华文化存在着通达马克思主义和社会主义的文化基因。

（1）坚持唯物主义传统。在与唯心论的斗争中，中华民族形成了“敬鬼神而远之”“子不语怪力乱神”的理性主义精神，形成了悠久的唯物论传统。先秦和汉代的“自然论”认为，世界的构成、发展是一个自然而然

① 中共中央关于党的百年奋斗重大成就和历史经验的决议. 人民日报，2021-11-17（1）.

的过程。如荀子所言：“天行有常，不为尧存，不为桀亡。应之以治则吉，应之以乱则凶。”魏晋到明清时期的“唯气论”，将抽象的物质性的气视为宇宙的本原。这样，唯物主义就成为中华优秀传统文化的重要特质，能够通达马克思主义的唯物主义。

（2）坚持辩证思维传统。在与形而上学的斗争中，中华民族形成了深厚的辩证思维传统。它不仅要求“执两用中”“和而不同”，而且承认变是宇宙中的根本事实，其根源来自事物自身。这就是《周易》所讲的“穷则变，变则通，通则久”的道理。难能可贵的是，我们祖先将之与社会变革联系起来，即“汤武革命，顺乎天而应乎人”。近代以来，这成为中华民族接受进化理论和革命理论的社会心理基础。这一文化特质能够通达马克思主义的辩证法。

（3）坚持民本主义传统。在农耕文明中，农业是社会的基础，农民是生产的主体，因此，必须将民本和农本统一起来。孟子提出：“民为贵，社稷次之，君为轻。”具体到“治民”来看，君主不仅要坚持“天视自我民视，天听自我民听”的原则，而且要将“爱民”和“利民”统一起来。这一文化特质能够通达马克思主义的群众史观。

（4）坚持世界大同传统。“大同”是一种向后看的理想，是与“天下为公”联系在一起的。这是一个“人不独亲其亲，不独子其子，使老有所终，壮有所用，幼有所长，鳏寡孤独废疾者皆有所养”的理想社会，表达着中华民族对原始共产制的深刻追念。当孙中山先生明确将之概括为“天下为公、世界大同”时，大同就成为“振兴中华”的理想。这一文化特质能够通达马克思主义的共产主义理想。

中国共产党始终坚持以科学的态度对待中华传统文化，是中华优秀传统文化的忠实传承者和弘扬者，是“两个结合”“双创”的科学典范。例如，毛泽东用“实事求是”这一中华传统文化的“旧瓶”，装进了马克思主义唯物主义的“新酒”，创造性地阐释和发展了一切从实际出发、理论联系实际的科学唯物主义，不仅成为反对党内教条主义的科学武器，而且奠定了党的思想路线的哲学基础。再如，邓小平用“小康”这一传统文化的“形式”，表达了社会主义现代化的“内容”，形成了“中国式现代化”

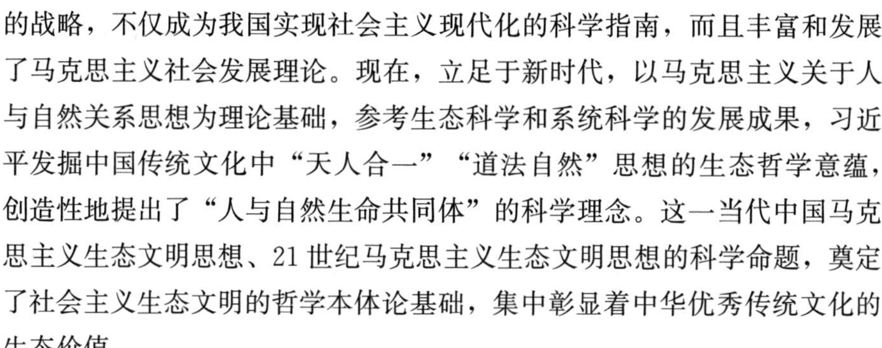

的战略，不仅成为我国实现社会主义现代化的科学指南，而且丰富和发展了马克思主义社会发展理论。现在，立足于新时代，以马克思主义关于人与自然关系思想为理论基础，参考生态科学和系统科学的发展成果，习近平发掘中国传统文化中“天人合一”“道法自然”思想的生态哲学意蕴，创造性地提出了“人与自然生命共同体”的科学理念。这一当代中国马克思主义生态文明思想、21世纪马克思主义生态文明思想的科学命题，奠定了社会主义生态文明的哲学本体论基础，集中彰显着中华优秀传统文化的生态价值。

不过，需要强调的是，坚持中华优秀传统文化自信，关键是要采取批判地继承的态度从传统文化中汲取有益的东西，实现“古为今用”，而不是用传统文化救国，更不是去实现“儒学复兴”，关键是要实现创造性转换和创新性发展。“儒学资本主义”和“儒学社会主义”都是伪命题。

2. 在继承的基础上光大革命文化

在长期的革命、建设、改革中，中国共产党人创造了革命文化。革命文化是文化之魂，是革命实践及其成果和经验的积淀和升华。在成立之初，我们党就创造了伟大建党精神。一百余年来，我们坚持弘扬伟大建党精神，在长期奋斗中构建起中国共产党人的精神谱系，锤炼出鲜明的政治品格。今天，这一精神谱系为我们系统推进总体布局提供了强大而持续的精神动力和价值导引。

（1）革命文化发源于伟大建党精神。在革命的不同时期，我们党都形成了各具特色的革命文化。“一百年前，中国共产党的先驱们创建了中国共产党，形成了坚持真理、坚守理想，践行初心、担当使命，不怕牺牲、英勇斗争，对党忠诚、不负人民的伟大建党精神，这是中国共产党的精神之源。”① 坚持真理、坚守理想，就是要坚持马克思主义的真理性，坚持用与时俱进的马克思主义指导工作；就是坚持共产主义远大理想，在当下就是要将中国特色社会主义共同理想和共产主义远大理想统一起来。践行初心、担当使命，就是要坚持将全心全意为人民服务作为党的宗旨，始终矢志不渝地为人民谋幸福、为民族谋复兴、为世界谋大同，力求促进社会的

---

① 习近平. 在庆祝中国共产党成立100周年大会上的讲话. 人民日报，2021-07-02（2）.

全面进步和人的全面发展。不怕牺牲、英勇斗争，就是要有顽强的意志和大无畏的英雄气概，为实现崇高的理想和人民的解放不惜抛头颅、洒热血。诚如夏明翰烈士所言："砍头不要紧，只要主义真，杀了夏明翰，还有后来人。"对党忠诚、不负人民，就是要忠于党和人民，为了党和人民的利益不惜牺牲自己的一切甚至是生命。人民群众是历史的主人，中国共产党是坚持全心全意为人民服务的马克思主义政党。忠于党和忠于人民具有高度的一致性。因此，我们要永远把伟大建党精神继承下去、发扬光大。

（2）革命文化发展于革命实践当中。历史川流不息，精神代代相传。建党精神是革命文化之源。按照这一精神，在新民主主义革命时期，我们形成了井冈山精神、苏区精神、长征精神、遵义会议精神、延安精神、抗战精神、红岩精神、西柏坡精神、照金精神、东北抗联精神、南泥湾精神、太行精神（吕梁精神）、大别山精神、沂蒙精神、老区精神、张思德精神等。在社会主义革命和建设时期，我们形成了抗美援朝精神、"两弹一星"精神、雷锋精神、焦裕禄精神、大庆精神（铁人精神）、红旗渠精神、北大荒精神、塞罕坝精神、"两路"精神（"两路"指川藏公路、青藏公路）、老西藏精神、西迁精神、王杰精神等。在改革开放和社会主义现代化建设新时期，我们形成了改革开放精神、特区精神、抗洪精神、抗击"非典"精神、抗震救灾精神、载人航天精神、劳模精神、劳动精神、工匠精神、青藏铁路精神、女排精神等。在中国特色社会主义新时代，我们形成了脱贫攻坚精神、抗疫精神、"三牛"精神（"三牛"指为民服务孺子牛、创新发展拓荒牛、艰苦奋斗老黄牛）、科学家精神、企业家精神、探月精神、新时代北斗精神、丝路精神等。这些精神一脉相承、交相辉映，共同构成了彰显党的性质宗旨和政治品格的精神谱系。

（3）革命文化凝聚革命实践的精华。以伟大建党精神为源头而形成的中国共产党人精神谱系，是革命文化的基础和基质，是革命文化的主干和主流。在中国共产党的领导下，在马克思主义的指导下，在长期浴血奋战的基础上，老一辈无产阶级革命家、无数的革命先烈和英雄模范、成千上万的优秀中华儿女以及一批国际主义战士共同为这一宝贵精神财富的形成

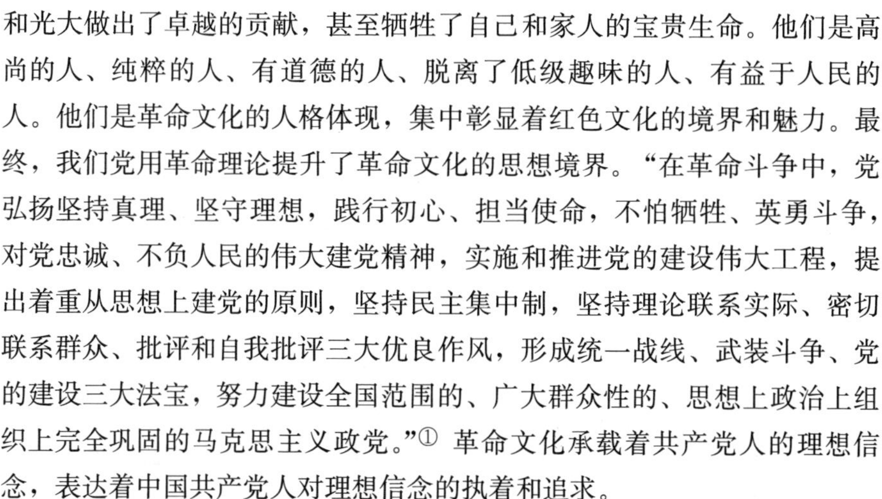

和光大做出了卓越的贡献，甚至牺牲了自己和家人的宝贵生命。他们是高尚的人、纯粹的人、有道德的人、脱离了低级趣味的人、有益于人民的人。他们是革命文化的人格体现，集中彰显着红色文化的境界和魅力。最终，我们党用革命理论提升了革命文化的思想境界。“在革命斗争中，党弘扬坚持真理、坚守理想，践行初心、担当使命，不怕牺牲、英勇斗争，对党忠诚、不负人民的伟大建党精神，实施和推进党的建设伟大工程，提出着重从思想上建党的原则，坚持民主集中制，坚持理论联系实际、密切联系群众、批评和自我批评三大优良作风，形成统一战线、武装斗争、党的建设三大法宝，努力建设全国范围的、广大群众性的、思想上政治上组织上完全巩固的马克思主义政党。”① 革命文化承载着共产党人的理想信念，表达着中国共产党人对理想信念的执着和追求。

在中国特色社会主义新时代，我们要牢记革命的历史，树立科学的历史观，尊重历史事实、学习历史科学、学会正确地评价历史，进一步坚定历史自信。这样，不仅可以有效击溃历史虚无主义的攻击，而且可以进一步增强我们的道路自信、理论自信、制度自信和文化自信。按照党的十九届六中全会精神和二十大精神，我们要大力弘扬伟大建党精神，勿忘昨天的苦难辉煌，无愧今天的使命担当，不负明天的伟大梦想，以史为鉴、开创未来，埋头苦干、勇毅前行，为实现社会主义现代化建设目标、实现中华民族伟大复兴的中国梦而不懈奋斗。

3. *在创新的基础上发展社会主义先进文化*

先进文化是文化之本。新中国成立后，在全面开展社会主义建设的实践中，社会主义先进文化实现了大发展和大繁荣，成为体现社会主义优越性的重要方面。

（1）以科学文化坚定科学信仰。先进文化是科学的文化。这种科学性来自马克思主义指导下的文化自觉。马克思主义科学地揭示了自然、社会、思维发展的普遍规律，是无产阶级和劳动人民解放的科学武器。只有坚持马克思主义指导，才能保证文化的先进性。今天，坚持马克思主义指导，坚持文化自信，关键是要坚持以马克思主义中国化最新成果为指导，

---

①　中共中央关于党的百年奋斗重大成就和历史经验的决议. 人民日报，2021-11-17 (1).

坚持以习近平文化思想为根本遵循，坚持对中国特色社会主义的自信。这样，才能切实坚定对马克思主义的科学信仰。

（2）以民族文化坚定科学信念。先进文化是民族的文化。发展民族文化的关键是要弘扬以爱国主义为核心的民族精神，实现中华民族的伟大复兴。为此，必须将爱国主义和社会主义统一起来，必须将中国特色社会主义和共产主义统一起来。鸦片战争以来的历史告诉我们，只有社会主义才能使中国站起来、富起来、强起来，实现民族复兴。

（3）以大众文化承载理想信念。先进文化是大众的文化。它不仅要实现自身的大众化，而且要努力培养社会主义新人，实现人的全面发展。实现人的自由全面发展的共产主义社会是马克思主义崇高的社会理想，是建设社会主义新社会的本质要求。社会主义新人是具有马克思主义科学信仰的人，是具有社会主义和共产主义科学信念的人，是积极投身于中国特色社会主义建设事业的人，最终将成为自由全面发展的人。为此，必须坚持用社会主义核心价值观立德树人。

（4）以创新文化培育理想信念。只有通过文化创新，才能促进先进文化的创新发展。为此，在坚持中国特色社会主义文化道路的前提下，必须弘扬以改革创新为核心的时代精神，通过改革文化体制推动文化事业发展。目前，只有按照中国特色社会主义总体布局，实现社会主义物质文明、政治文明、精神文明、社会文明、生态文明的全面进步，才能真正推动文化的创新发展。这样，才能为培育理想信念提供肥沃的文化土壤。

4. 培育与践行社会主义核心价值观

社会主义核心价值观是中国特色社会主义文化的核心内容。我们要大力培育与践行社会主义核心价值观，推动中国特色社会主义文化的发展与进步。

（1）加强对社会主义核心价值观的诠释和转化。要全面深刻地把握社会主义核心价值观的内涵、核心和实质，既要开发传统文化资源，继承中国优秀的精神元素，又要兼顾时代要求，反映时代的特点和发展趋势。在宣传教育时，要实现语言的转换，做到深入浅出，简单易懂，确保人民大众的理解、接受和认同。此外，既要具有世界的眼光，又要保持民族的特

色，在深入理解和挖掘民族精神的基础上，正确借鉴和积极吸收世界先进文明成果，为社会主义核心价值观的“入脑”“入心”奠定基础。

（2）加强社会主义核心价值观对多样文化思潮的引领。要坚持马克思主义阶级分析方法，对不同的社会思潮进行梳理，认清社会思潮的阶级性质，对于政治问题和学术问题进行明确的界定，进而彰显中国特色社会主义文化的性质、立场和实质。对于那些企图攻击我国社会主义制度、试图取代马克思主义指导地位、意图瓦解和毁灭中国特色社会主义文化的思潮，要坚决抵制，予以反击。要通过弘扬优秀的精神品质，及时地澄清误解，进行思想疏导，帮助人民群众正确认识社会思潮，促使人们焕发自立、自强、自爱、自信的美好精神面貌。

（3）重视社会主义核心价值观的践行。社会主义核心价值观不仅要内化于心，而且要外化于行。广大党员和干部，要以身作则、择善固守，发挥行为示范作用，带头践行社会主义核心价值观，为人民群众做出表率。对于广大哲学社会科学工作者来说，“要把社会责任放在首位，严肃对待学术研究的社会效果，自觉践行社会主义核心价值观，做真善美的追求者和传播者，以深厚的学识修养赢得尊重，以高尚的人格魅力引领风气，在为祖国、为人民立德立言中成就自我、实现价值”①。尤其是，不能传递负能量。青年一代要勤于学习、砥砺品格，自觉抵制不良社会思潮的影响，加强判断、分析、甄别的能力，加强自我道德修养和品德行为规范，在弘扬社会主义核心价值观、弘扬中国特色社会主义文化中的发挥生力军作用。

5. 增强中国特色社会主义文化的影响力和感召力

为了进一步增强文化自信，我们必须在做好中国特色社会主义文化构建和完善的基础上，做好中国特色社会主义文化的宣传和教育、传播和交流。

（1）加强中国特色社会主义文化的宣传和教育。要深入地研究、阐述与诠释中国特色社会主义文化，将中国特色社会主义文化与社会主义建设中的现实问题紧密结合，使中国特色社会主义文化更有现实性、针对性与实效性，能够更加有效地说明、解释、处理一些重大问题，能够发挥出对

---

① 习近平. 论党的宣传思想工作. 北京：中央文献出版社，2020：240.

人们生产生活实践的巨大指导作用，进而彰显中国特色社会主义文化的巨大力量。目前，我们亟须做好马克思主义中国化时代化最新成果的宣传和教育工作，促进习近平新时代中国特色社会主义思想进教材、进课堂、进校园、进头脑，做好习近平经济思想、习近平法治思想、习近平文化思想、习近平生态文明思想、习近平强军思想、习近平外交思想以及中国式现代化理论体系、总体国家安全观的宣传和教育工作。

（2）加强中国特色社会主义文化的对外传播与交流。为了增强文化自信，进一步提高国家的文化软实力，我们要“加快国际传播能力建设，向世界讲好中国故事、中国共产党故事，传播好中国声音，促进人类文明交流互鉴，国家文化软实力、中华文化影响力明显提升”①。为此，我们要加强对外文化传播和精神交往，重视对外宣传和交流，把中国特色社会主义文化准确有效地传递给世界，并及时汲取世界各国精神的优秀成分，使中国特色社会主义文化的发展符合世界的潮流和趋势，从而使其更好地走向世界。要积极构建对外传播体系，提高话语权，进而增强中国特色社会主义文化的号召力。尤其需要注意的是，中国特色社会主义文化的传播形式多种多样，既要重视文化的宣传、价值观的传递，也要重视精神成果的对外展示、精神产品的对外输出，全面地提升中国特色社会主义文化的国际影响力，使中华民族在文化上屹立于世界东方。在坚持和平发展道路的前提下，在大力倡导人类命运共同体理念的过程中，我们要切实提高对外文化传播和交流的技术和技巧，既不一味地讨好和“跪舔”西方，也不急功近利和盲目扩张，而是要坚持久久为功、润物细无声，以世界各国人民可理解、可包容、可信任的方式讲好中国故事、传播好中国声音，让世界真正了解中国、理解中国，让世界真正包容中国、相信中国。这样，才能有效化解中国文化“威胁论”，为系统推进总体布局、全面建设社会主义现代化国家营造一个良好的国际环境。

在总体上，弘扬中国特色社会主义文化和坚持文化自信是一致的。相对于道路自信、理论自信、制度自信，文化自信是更基础、更广泛、更深厚的自信。因此，弘扬中国特色社会主义文化必须在批判的基础上传承中

① 中共中央关于党的百年奋斗重大成就和历史经验的决议. 人民日报，2021-11-17（1）.

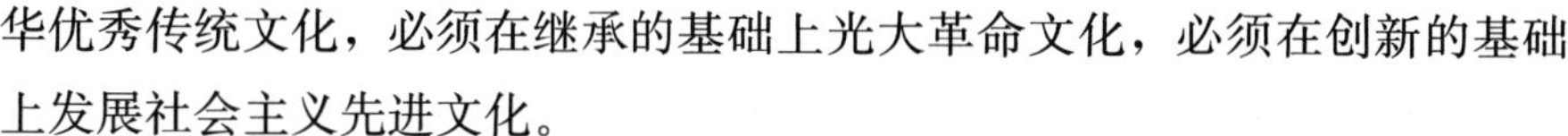

华优秀传统文化，必须在继承的基础上光大革命文化，必须在创新的基础上发展社会主义先进文化。

总之，中国特色社会主义文化为人民提供精神指引，不仅可以为推进总体布局提供正确的价值引导，而且能够为坚持和发展新时代中国特色社会主义提供价值支撑。

第五节　凝聚中国力量：推进总体布局的依靠力量

中国力量的内涵十分丰富，但其中最为核心与关键的，还是人的力量。习近平指出："这就是中国各族人民大团结的力量。中国梦是民族的梦，也是每个中国人的梦。只要我们紧密团结，万众一心，为实现共同梦想而奋斗，实现梦想的力量就无比强大，我们每个人为实现自己梦想的努力就拥有广阔的空间。"① 中国力量在推进总体布局的过程中具有不可替代的地位与作用。

一、中国共产党——推进总体布局的领导力量

中国共产党是中国工人阶级和中华民族的先锋队，在我国的社会主义革命、建设、改革实践中始终发挥着核心的领导作用。"中国特色社会主义最本质的特征是中国共产党领导"②，中国共产党是推进总体布局坚持正确的道路与方向的根本保证。

1. 中国共产党是推进总体布局的领导力量

在我国社会主义建设中，中国共产党始终发挥着领导作用。在推进总布局的进程中，中国共产党同样处于领导核心的位置。

（1）从共产党本身的性质与特点来说，以科学的理论为指导，代表整个无产阶级的利益。作为无产阶级最先进的部分，以及工人政党中最坚决的部分，中国共产党人清醒地认识和了解社会主义事业发展的条件、进程

---

① 十八大以来重要文献选编：上．北京：中央文献出版社，2014：235.

② 十八大以来重要文献选编：下．北京：中央文献出版社，2018：355.

与一般结果，他们代表着先进的生产力与社会的未来，代表着最广大人民群众的根本利益，拥护与坚持的是科学社会主义的道路与制度，等等。这些都赋予了共产党以先进性。正是这种先进性，才使共产党在社会主义革命、建设、改革事业中，始终处于领导核心地位，并决定着事业发展的方向和道路。

（2）从中国共产党本身的宗旨与作风来说，中国共产党秉承全心全意为人民服务的宗旨，发挥艰苦奋斗的作风，坚持群众路线，以实现共产主义作为奋斗目标，以实现全人类的幸福为己任。正因如此，中国共产党才能在保持与群众之间的血肉联系中，不断夯实群众基础，彰显政治优势，增强战斗力，稳固执政地位，进而充分地发挥领导的作用。

（3）从中国特色社会主义建设事业的特点来说，推进总体布局具有长期性、艰巨性与复杂性。事实一再地证明，中国共产党是中国特色社会主义事业的合格领导者，在每一次紧要关头，都肩负起领导中国人民的使命和职责，在推动历史前进的过程中，发挥了重要作用。在当代中国，没有任何政党比中国共产党更加熟悉推进总体布局的事业，更加了解广大人民群众的需求，更加明白整个工作的方向、目标、计划、重点与难点。中国共产党对中国特色社会主义建设事业有深厚的感情，与人民群众之间有紧密的联系，能够充分地调动人民参与建设事业的热情，有效疏导和协调利益分歧与矛盾，积极配置和利用资源，调动各方的力量形成强大的合力，以切实有效地推进总体布局。

2. 党的领导是推进总体布局的关键

（1）只有坚持中国共产党的领导，才能保证总体布局的建设方向。“五位一体”总体布局的提出，有着复杂的国际国内背景。中国共产党的领导是在复杂严峻的形势下的一颗“定心丸”，是坚持社会主义方向的政治保证。不管如何改革与建设，不管现实问题最后以何种方式得以解决，不管推进总体布局路上有多少阻碍与干扰，坚持中国共产党的领导，就不会在涉及道路、理论、制度、文化等根本问题上，出现根本性的、原则性的、颠覆性的错误。也只有坚持中国共产党的领导，才能够捍卫社会主义建设的胜利果实。

（2）只有坚持中国共产党的领导，才能完成推进总体布局的艰巨任务。近代以来，中国经济文化十分落后，屡遭帝国主义列强的侵略与压迫。在内忧外患的情况下，中华儿女为了实现民族的解放与独立，奋发图强、艰苦奋斗，但没有现成的道路可走。新中国成立以后，如何进行社会主义建设也没有既定的答案可循。我们不能照搬外国的模式，只能依据本国的国情，探索一条真正属于自己的道路。中国共产党发扬了艰苦奋斗、勇往直前的精神，带领着中国人民开创了中国特色社会主义道路，领导全国各族人民不断推进中国特色社会主义建设的伟大事业。只有坚持中国共产党的领导，才能根据中国的实际情况，按照社会主义现代化建设的规律，制定正确的方针、路线、政策，采取切实有效的措施，完成推进总体布局的艰巨任务。

（3）只有坚持中国共产党的领导，才能凝聚各方力量推进总体布局。中国是一个发展中的人口大国。要想把亿万人民的思想与力量凝聚起来，统一到推进"五位一体"总体布局之中去，并让人们始终为同一个目标而奋斗，没有一个先进的政党与一个稳固的领导核心，是不可能的。一方面，中国共产党在长期的革命、建设与改革过程中，建立了深厚的群众基础，形成了优良的传统，能够获得人民群众的拥护与支持，能够尽可能地扩大爱国统一战线，团结各民族的力量，协调各方面的利益关系，调动一切积极因素，进行社会主义现代化建设。另一方面，推进"五位一体"总体布局必然会带来各种利益冲突，使一些层面上的矛盾凸显出来。中国共产党作为执政党，有很高的威望与号召力，可以广泛地动员各民族、各行业的人民凝聚起来，行动一致，创造安定团结的政治局面，推进总体布局不断向前发展。

3. 凝聚中国共产党的关键在于坚定其理想信念

理想信念是我们共产党人精神上的"钙"。作为共产党人，如果没有理想信念，或者理想信念不够坚定，精神上就会"缺钙"，战斗力就会大大降低。只有坚定理想信念，才能经得起各种风险和考验、彰显中国共产党的领导力。

（1）坚定理想信念，就必须重视党风党建。随着经济全球化与改革开放的不断深入，市场经济对党员的理想信念造成了很大的冲击，一些领导干部以权谋私、贪污腐败、严重堕落，还有个别党组织纪律涣散，个人主义、自由主义严重，思想落伍，脱离群众，道德败坏。这极大地破坏了我党的威信与形象，削弱了中国共产党的凝聚力与号召力，降低了人民对党、对政府、对国家的信任感与认同度。坚定理想信念，就要不断加强中国共产党的思想道德与工作作风建设，尤其是要加强党员党性教育，提高其思想道德素质与修养，自觉树立正确的世界观、人生观与价值观，保持党的纯洁性与先进性，严明组织纪律，树立服务意识，发扬批评与自我批评的优良传统，提升其政治敏锐性与鉴别力，自觉抵制西方不良思潮的冲击与腐蚀，自觉克服个人主义、享乐主义、官僚主义与形式主义，严于律己，拒腐防变，并始终把群众利益放在第一位，不断加强和改进党的执政水平与执政能力。

（2）坚定理想信念，就必须重视信仰教育，加强马克思主义理论教育。一方面，要加强党员干部的理论学习，通过培训与自学，使他们深刻认识马克思主义基本原理和中国特色社会主义理论体系。尤其是领导干部，更要注重研读马列主义经典著作，研究马克思主义中国化时代化的成果，真正掌握科学社会主义的基本理论。只有在理论上把那些迷惑人心、扰乱思想的问题讲清楚、说明白，才能够增强现实工作的针对性与实效性。只有理论透彻，才能够说服人，才能够促使党员干部树立马克思主义信仰、坚定中国特色社会主义信念。当然，也要重视理论与实践相结合，用理论去指导实践，用实践去检验和发展理论。另一方面，要重视在社会主义建设的实践中，促使党员干部把远大理想与共同理想结合起来。实现共产主义远大理想，是一个漫长的过程，不是一蹴而就的。在我国现阶段，建设中国特色社会主义这个共同理想就是其集中的要求和体现。共同理想是实现最高理想的必经阶段，围绕着共同理想所做的种种努力，都应该为远大理想的最终实现而服务。只有坚定理想信念，中国共产党才能够保持对社会主义建设的决心与信念。

（3）坚定理想信念，还需要健全奖惩机制。尤其要注重发挥党员干部的模范和带头作用，对那些廉洁奉公、勤于职守、严于律己、甘于奉献的代表性人物进行表彰，树为典型，发挥对其他党员干部的示范作用；也要注意对那些自私自利、贪污腐败、为非作歹的党员予以严惩，对其他党员干部做出警示。要依法治党，严格治党，做到奖罚分明。中国共产党必须依法办事，带头捍卫和维护法律的尊严，加强制度管理与约束，坚决杜绝党员干部以权谋私、贪赃枉法、违法乱纪的现象，对于触犯法律的党员严惩不贷，同时以道德谴责与反面教育作为补充，以警戒人心、惩恶扬善、坚定信念。

总之，办好中国的事情的关键在中国共产党，落实和推进总体布局的关键也在中国共产党。中国共产党要勇于自我革命，将党的政治建设摆在党的建设的首位。"旗帜鲜明讲政治是我们党作为马克思主义政党的根本要求。党的政治建设是党的根本性建设，决定党的建设方向和效果。保证全党服从中央，坚持党中央权威和集中统一领导，是党的政治建设的首要任务。"① 只有这样，中国共产党才能更好地承担起领导中国特色社会主义事业的历史重任。

二、人民群众——推进总体布局的主体力量

每一次社会的改革与进步，都离不开人民群众的力量。党的二十大提出，全面建设社会主义现代化国家，必须充分发挥亿万人民的创造伟力。推进总体布局，必须依靠人民群众，尊重他们的主体地位，发挥其主动性。也只有获得人民群众的拥护、支持与帮助，推进总体布局才不是空谈，实际的工作才能够取得实实在在的效果。

1. 人民群众始终是推动社会改革与进步的实践主体

广大的人民群众每天所进行的物质生产活动，是整个社会生存与发展的基础。他们本身就是生产力中的关键因素和最为活跃的部分，直接创造了物质财富。同时，人民群众发挥自身的能动性与创造性，直接创造了丰硕的精神成果。此外，人民群众是历史的创造者，是推动历史进步与社会发展的决定性力量。人民群众是社会变革与建设的主力军，他们通过艰辛的劳动，推动着生产力的发展，变革与发展社会关系，不断推动社会历史

---

① 十九大以来重要文献选编：上. 北京：中央文献出版社，2019：44.

的进步，其中的杰出人物，还对历史的发展起着至关重要的作用。

纵观历史的发展，不难发现，社会的每一次革命或者改革，实质上都是以劳动人民为主力军，任何斗争或者革新，如果没有广大人民群众的参加，就不可能取得最终的胜利与成功。人民群众赞不赞同、认不认可、拥不拥护、支不支持，决定着事业的成败。在当代中国的社会主义建设之中，人民群众同样处于主体地位，必须始终依靠人民群众的智慧和力量，才能确保从根本上推进中国特色社会主义事业的发展。

2. 人民群众是推进总体布局的主体力量

人民群众是一个历史范畴，指的是一切对社会历史具有推动作用的人。在当代中国，主要包括广大的工人、农民、知识分子等社会主义建设者以及社会主义建设参与者等。

（1）推进总体布局必须依靠工人阶级。从党和国家的性质来说，中国共产党是工人阶级的先锋队，而我国是工人阶级领导的、以工农联盟为基础的人民民主专政的社会主义国家，推进总体布局是社会主义现代化建设的重要内容，因此，必须全心全意依靠工人阶级。从工人阶级本身的历史地位来说，它伴随着产业革命的产生而产生。这一阶级一经产生，就对世界历史的发展起到革命和推动的作用。它是先进生产力和先进生产关系的代表，组织纪律与觉悟程度高，是力量最集中、革命最彻底、具有远大前途的阶级，是科学社会主义产生与发展的现实性力量。除了具备工人阶级自身的先进性与优点之外，我国工人阶级还长期忍受帝国主义、封建主义、官僚资本主义这三座大山的剥削与压迫，有着顽强的生命力与战斗力；政治觉悟高，组织性与纪律性强；与广大的农民有天然的联系，更容易与之建立同盟。工人阶级是我国社会主义革命、建设、改革的主力军。从推进总体布局的任务来说，它涉及政治、经济、文化、社会、生态文明各个领域，而工人阶级在各行各业都是生力军。显然，工人阶级是推进中国特色社会主义总体布局的主力军。

（2）推进总体布局必须依靠广大的农民群众。农民在经济、政治、文化、社会、生态文明等各方面都有举足轻重的作用。在经济方面，我国作为一个农业大国，农业的发展关系到国民经济的命脉，经济建设离不开农业的发展，而农业的发展离不开农民。在政治方面，农民作为工人阶级的同盟军，是执政党的重要群众基础。从一定意义上而言，工农联盟是否坚固稳定，直接关系到国家的政治安全。在文化方面，农村、农业、农民是我国文化的重要元素，是我国文化的重要内容，是传统文化与现代文化的契合点与生长点，也是文化作品与产品创造的一大源泉。在社会方面，农业人口占产业总人口的比重较高，农民的数量大，在我国分布的范围广，农村的生活质量、教育水平、医疗卫生建设，以及农民的整体素质、精神面貌等等，都直接影响着社会的发展与进步。在生态文明建设方面，农民的生产生活与自然环境之间紧密相连、息息相关，其实际产出受环境的影响很大，密切关注着生态的变化与优化。

（3）推进总体布局必须依靠知识分子。知识分子是科学技术、文化教育、法律艺术、管理等方面人才的重要来源。现在，我国知识分子已经成为工人阶级的一部分。因此，推进总体布局离不开知识分子的智慧与才能。其一，广大的知识分子不断把现实中的问题、经验、成果、教训提升到理论层面，通过不断研究，深化认识，形成科学成果，指导实践。其二，各行各业的人才，大多数都属于知识分子的行列，都接受过相关的培训或教育，都同时拥有某一专业的系统的知识，是政治、文化、经济、社会、生态文明各个领域进行改革与创新的重要力量。其三，广大的知识分子直接创造精神财富，尤其是对于科学、文化、技术、教育、艺术、管理等方面，有较大的创新力和变革力，直接影响文化建设的进程。其四，知识分子主要从事的是脑力劳动，他们不直接创造物质财富，但通过创新管理、变革制度、开发技术、发展科学等，对物质生产有极大的促进与激励作用，可以间接地转化为物质成果。总之，推进总体布局，必须依靠知识分子，重视发挥他们的能力与才华。

此外，我们要充分发挥港澳台同胞和海外侨胞的作用。一切社会力量都是中国特色社会主义事业的建设者和参与者，都是推进总体布局的重要力量。

3. *凝聚人民群众的关键在于实现利益共鸣*

广大的人民群众来自各个民族、各条战线、各个行业，有着不同的生活经历、成长背景、利益需求。凝聚中国力量，关键在于把人民群众的力量汇集起来，使之投入到推进总体布局的实践之中去。而凝聚人民群众的关键，就在于通过利益关系的协调与整合，实现人民群众之间的利益共鸣。因此，我们要始终把实现好、维护好、发展好最广大人民的根本利益作为党和国家一切工作的出发点和落脚点，尊重人民首创精神，保障人民各项权益，不断在实现发展成果由人民共享、促进人的全面发展上取得新成效。

（1）必须坚持人民群众的主体地位。为了充分发挥人民群众的作用，我们必须切实尊重人民群众的主体性与能动性，培养和明确人民群众的主人翁意识，增强他们对于社会主义现代化建设事业的使命感与认同感，鼓励他们发挥其首创精神和聪明才智。人民群众中蕴含着无穷的智慧与能量，高度确认他们的主体地位，充分发挥他们的作用，调动他们的积极性，是我国推进总体布局的力量之源和优势所在。为此，必须充分发扬民主，坚持党的群众路线，保障人民当家作主，最广泛地动员和组织人民依法管理国家事务和社会事务，让他们积极参与政治、经济、文化、社会、生态文明等方面的建设。同时，必须切实保障人民的知情权、参与权、表达权、监督权，重视人民群众的意见和建议。在推进总体布局的过程中，凡是涉及人民群众切身利益的问题，都要加强协商与思想疏导，要正确处理人民内部矛盾，确保人民群众成为推进总体布局的成果享有者，进而加强团结，凝聚共识，形成合力。

（2）必须着力保障和改善民生。民生关乎人民群众的生存发展问题，也是广大人民群众关心的头等大事。改善民生是推进总体布局的目的所在，也是凝聚中国力量、汇聚民众共识的必然要求。在经济方面，要不断提高人民的生活水平，使居民收入获得快速而稳定的增长，着力解决结构性就业矛盾，完善创业扶持政策，积极改善人民的衣、食、住、行条件。在政治方面，要深化体制改革，使人民享有更加广泛的权利，不断发展与扩大基层民主，建立健全法律制度。在文化方面，要尽可能地减少就学的困难与阻碍，提高教育水平，丰富人民文化生活，提升群众的精神品质。在社会方面，要加大公共设施建设的投入，健全医疗卫生、养老保险制

度，提高基本公共服务能力，切实维护人民的生命财产安全。在生态文明方面，要转变产业结构与生活方式，加大环境治理力度，优化人民的生存环境，净化人民的生活空间，为人民提供更健康安全的生态产品，从源头上扭转生态恶化的趋势。改善民生，就是最大限度地把推进总体布局的成果，惠及全体人民，这是调动、激励和凝聚中国力量的根本途径。

（3）必须维护社会的公平正义。维护与实现公平正义，应该兼顾以下三个内容，即权利公平、机会公平和规则公平。这要求在推进总体布局的过程中，增强政府职责与功能，时刻谨记消除贫富差距、实现共同富裕的目标和理想，有重点、有针对性地照顾弱势群体，巩固精准扶贫、脱贫攻坚成果。同时，重视调整国民利益格局和收入分配格局，缩小城乡之间在收入分配、教育资源、医疗卫生条件等方面的差距，使全体人民在经济生产、政治文化生活、社会权益等多方面平等参与、平等竞争、平等发展，享有同样的权利、同等的机会和资源，完善社会公平保障体系，努力营造公平的社会环境，使发展的成果人人享有。维护社会的公平正义，是促进民族团结、协调社会矛盾、缓和利益冲突的重要手段，也是调整各方利益关系，壮大社会合力的主要方法。公平与正义的实现，使全体人民在推进总体布局的过程中，有更多的获得感、参与感和成就感，进而促进广大人民群众的共享与共建。

党的十九届六中全会指出："必须坚持以人民为中心的工作导向，举旗帜、聚民心、育新人、兴文化、展形象，牢牢掌握意识形态工作领导权，建设具有强大凝聚力和引领力的社会主义意识形态，建设社会主义文化强国，激发全民族文化创新创造活力，更好构筑中国精神、中国价值、中国力量，巩固全党全国各族人民团结奋斗的共同思想基础。"① 因此，只有通过制度创新的方式激励广大工人、农民、知识分子等一切社会主体的能动性、积极性和创造性，我们才能切实推进总体布局，推动人的全面发展和社会的全面进步。

综上，坚持理论自信、道路自信、制度自信、文化自信，不断凝聚中国力量，我们就能够为推进总体布局提供坚强有力的政治保障。

---

① 中共中央关于党的百年奋斗重大成就和历史经验的决议. 人民日报，2021-11-17（1）.

第八章　推进中国特色社会主义总体布局的发展愿景

中国特色社会主义总体布局要求我们在坚持以经济建设为中心的同时，必须从整体上协调推进经济建设、政治建设、文化建设、社会建设、生态文明建设，把我国建设成为一个富强民主文明和谐美丽的社会主义现代化强国，这样，就进一步科学地回答了什么是发展、实现什么样的发展、怎么发展等发展观的基本问题，从而进一步科学表达了当代中国的发展愿景，开辟了马克思主义社会发展理论发展的新境界。

第一节　发展任务在推进总体布局中的系统拓展

总体布局不仅进一步明确了发展生产力是我国发展的根本任务，而且进一步系统拓展了我国的发展任务。习近平指出："强调总布局，是因为中国特色社会主义是全面发展的社会主义。我们要牢牢抓好党执政兴国的第一要务，始终代表中国先进生产力的发展要求，坚持以经济建设为中心，在经济不断发展的基础上，协调推进政治建设、文化建设、社会建设、生态文明建设以及其他各方面建设。"① 显然，发展不仅包括经济发

① 十八大以来重要文献选编：上. 北京：中央文献出版社，2014：77.

展（经济建设），而且包括政治发展（政治建设）、文化发展（文化建设）、社会发展（社会建设）、绿色发展（生态文明建设）等方面。发展任务是一个复杂系统。

一、坚持经济建设的中心地位

在“五位一体”的总体布局系统中，尽管“五位”存在相互联系和相互作用的关系，但是，其地位和作用不是等量齐观的，经济建设始终是其中心和重心。

（1）在一般意义上，发展生产力是社会主义的根本任务。生产力是社会发展的最根本的决定性因素，是社会发展不可超越的决定性条件。在这个意义上，生产力是经济社会发展的“中轴”。具体来看，第一，发展生产力是无产阶级完成自身肩负的伟大历史使命的必然要求。根据社会基本矛盾运动的规律，尤其是生产社会化和生产资料资本主义私人所有制的资本主义基本矛盾发展趋势，资本主义的灭亡和社会主义的胜利都是不可避免的。只有在社会化大生产达到一定的发展程度的时候，生产的社会化和生产资料私人占有之间的矛盾才能激化，无产阶级的历史使命才能提上议事日程。第二，发展生产力是社会主义制度优越性的集中体现。从根本上说，评价一种社会制度（社会形态）是否先进和是否具有优越性，关键要看其是否促进了社会生产力的发展，能否创造出比先前的社会制度（社会形态）更快更高更好的社会生产力。同样，社会主义的优越性归根结底要体现在能够以一种更快、更高、更好、更均衡、更协调的方式发展生产力上，最终体现在能够在发展生产力的基础上以一种公平方式不断提高人民群众的物质文化生活水平上。第三，发展生产力是社会主义本质的内在要求。社会主义的本质是解放生产力，发展生产力，消灭剥削，消除两极分化，最终达到共同富裕。这就决定了社会主义的根本任务是解放和发展生产力。对于中国特色社会主义来说，更是如此。因此，我们必须全面深化改革，不断为发展生产力尤其是先进生产力开辟道路；必须把发展作为党执政兴国的第一要务，筑牢共享发展和共同富裕的强大物质基础。只有大力发展生产力尤其是先进生产力，才能最终在社会物质产品极大丰富的基础上，实现共享发展和共同富裕。

（2）在具体意义上，发展生产力是解决我国社会主义建设中一切矛盾的关键。目前，我国经济总量已达到世界第二位，但是，我们仍然必须坚持以经济建设为中心不动摇。这在于，第一，我国仍处于并将长期处于社会主义初级阶段的基本国情没有变。从生产力水平来看，我国农业产业化的任务尚未完成，仍然处于工业化的中后期发展阶段，现在又面临着信息化的严峻挑战，我国发展生产力尤其是先进生产力任重而道远。从经济体制来看，我国已建立起了社会主义市场经济体制，但是，市场尚未在配置资源中发挥决定性作用，改革进入攻坚期和深水区。为此，我们必须协调推进新型工业化、城镇化、市场化、农业现代化和绿色化。只有坚持以经济建设为中心，才能实现上述目标。第二，人民日益增长的美好生活需要和不平衡不充分的发展之间的矛盾是我国社会的主要矛盾。需要是生产的前提和目标。资本主义生产的目的是保证资本家获得剩余价值，社会主义生产的目的是满足人民群众的物质文化需要。为此，必须全面系统地把握社会主义社会的矛盾系统，通过有效解决社会主义社会的基本矛盾，来有效解决社会主义社会的主要矛盾。同样，随着社会主要矛盾的变化，只有在大力发展生产力的基础上才能解决好发展不平衡不充分的问题。只有坚持以经济建设为中心，才能有效促进社会主义矛盾向正向方向发展。第三，我国是世界最大发展中国家的国际地位没有变。我国是在一穷二白的基础上开始社会主义建设的，国土面积大，人口数量众多，地域发展差异明显，所以，我国在2000年的时候达到的小康是低水平的、不全面的、不均衡的小康。2000年开始，我国抓紧全面建设小康社会。党的十八大以来，按照党的十八大和十九大精神，在总体小康的基础上，我国加快了全面建成小康社会的历史进程。2020年，我国全面建成小康社会。在此基础上，我们开启了全面建设社会主义现代化国家的新征程。只有坚持以经济建设为中心，才能完成全面建成小康社会和全面建设社会主义现代化国家的历史任务。

唯物史观告诉我们，生产力是社会生活和全部历史的基础。我国改革开放的历史告诉我们，只有坚持以经济建设为中心不动摇，我国经济发展

才发生了翻天覆地的变化。因此，按照总体布局推进中国特色社会主义，必须始终坚持以经济建设为中心，这样，才能最终把我国建设成为一个社会主义现代化强国。

二、把握全面发展的系统要求

借鉴世界发展尤其是社会主义现代化建设经验，我们坚持以经济建设为中心绝不是简单地追求经济的数量、速度和规模，而必须转向科学发展尤其是高质量发展。在发展任务上，必须系统拓展发展的含义，始终坚持全面发展的原则和要求。

1. 全面发展理念的形成过程

在领导中国人民进行社会主义现代化建设中，我们党在实践中不断拓展对发展任务系统的科学认识，最终形成了全面发展的科学发展理念。

新中国成立之后，我们党就把发展生产力当作主要任务。毛泽东对革命与建设的关系进行了辩证论述："革命是为建设扫清道路。革命把生产关系和上层建筑加以改变，把经济制度加以改变，把政府、意识形态、法律、政治、经济、文化、艺术这些上层建筑加以改变，但目的不在于建立一个新的政府、一个新的生产关系，而在于发展生产。"① 当然，我们并没有陷入"唯生产力论"当中，而是要求全面推进社会主义建设。毛泽东指出："随着经济建设的高潮的到来，不可避免地将要出现一个文化建设的高潮。中国人被人认为不文明的时代已经过去了，我们将以一个具有高度文化的民族出现于世界。"② 也就是说，必须按照系统方式从整体上推进经济和文化的全面发展。进而，在一般方法论意义上，毛泽东提出了统筹兼顾的要求："我们的方针是统筹兼顾、适当安排。无论粮食问题，灾荒问题，就业问题，教育问题，知识分子问题，各种爱国力量的统一战线问题，少数民族问题，以及其他各项问题，都要从对全体人民的统筹兼顾这个观点出发，就当时当地的实际可能条件，同各方面的人协商，作出各种

① 毛泽东. 毛泽东文集：第7卷. 北京：人民出版社，1999：182.

② 毛泽东. 毛泽东文集：第5卷. 北京：人民出版社，1999：345.

适当的安排。”① 在总体上，这就是要立足系统整体（“统”），通过系统分析和研判（“筹”），力求实现全面发展（“兼顾”）。

党的十一届三中全会以后，我们顺利实现了工作重点的转移。1980年1月16日，邓小平在总结过去经验时指出，近30年来，经过几次波折，始终没有把我们的工作重点转移到社会主义经济建设上来，所以，社会主义优越性发挥得太少。现在，全党全民要把发展经济这个雄心壮志牢固树立起来，扭住不放，毫不动摇。通过改革开放，我们推动了生产力的发展，我国经济实力显著增强。但是，由于各种复杂原因，意识形态领域出现了诸多消极现象，带来了精神文明建设“一手软”的问题。因此，邓小平提出了两手都要抓、两手都要硬的思想。这样，我们就将发展任务看作是由经济发展（物质文明建设）和文化发展（精神文明建设）共同构成的系统。

在强调坚持以经济建设为中心的前提下，1987年，党的十三大明确提出了要把我国建设成为富强民主文明的现代化国家的目标。在将文明划分为物质文明和精神文明的基础上，“三个代表”重要思想进一步提出了政治文明的概念。党的十六大报告中提出，要不断促进社会主义物质文明、政治文明和精神文明的协调发展，推进中华民族的伟大复兴。在此基础上，科学发展观明确提出了全面发展的思想：“全面发展，就是要以经济建设为中心，全面推进经济、政治、文化建设，实现经济发展和社会全面进步。”② 事实上，物质文明、政治文明和精神文明都是社会文明的重要方面。缺少其中任何一个方面，社会都不可能健康地向前发展。

随着全面建设小康社会任务的完成，在应对突发性公共卫生事件的过程中，我们加深了从系统角度看待社会发展问题的认识，要求从系统各部分的共生性、协同性的关系来看待经济发展（经济建设）与社会发展（社会建设）的关系。据此，我们提出了构建社会主义和谐社会的战略构想，要求大力加强社会主义社会建设。2005年2月19日，我们党明确提出：“必须树立和落实科学发展观，坚持以经济建设为中心，坚持‘五个统

① 毛泽东. 毛泽东文集：第7卷. 北京：人民出版社，1999：228.

② 十六大以来重要文献选编：上. 北京：中央文献出版社，2005：850.

筹'，促进社会主义物质文明、政治文明、精神文明建设与和谐社会建设全面发展。"① 这样，在对发展任务的构成要素的认识上，我们要求在坚持以经济建设为中心的同时，必须大力推进经济建设、政治建设、文化建设、社会建设四者的全面发展。

我国经济的飞速发展和人口数量的不断增加，给资源环境生态造成了沉重的压力，发展的不可持续性问题日益突出。顺应世界可持续发展的潮流，党的十五大明确将可持续发展确立为我国社会主义现代化建设的重大战略，党的十六大将实现可持续发展确立为全面建设小康社会的基本目标之一。在此基础上，党的十七大将生态文明确立为全面建设小康社会奋斗目标的新要求之一。在科学探索人与自然和谐发展规律的基础上，党的十八大将生态文明纳入中国特色社会主义总体布局。至此，"五位一体"的中国特色社会主义总体布局全面形成。这就表明，我国社会主义现代化建设的任务系统是由经济发展（经济建设）、政治发展（政治建设）、文化发展（文化建设）、社会发展（社会建设）、绿色发展（生态文明建设）构成的科学整体。只有实现上述五者全面发展，才能促进社会的全面进步和人的全面发展。

这样，在科学探索社会主义现代化建设规律的过程中，在推进中国特色社会主义建设的实践中，我们就拓展了对发展任务系统的科学认识。

2. 全面发展理念的基本要求

发展主要指社会发展，即现代化尤其是经济文化落后国家的现代化②。全面发展理念将现代化看作是一个包括经济、政治、文化、社会和生态等方面的发展在内的整体的社会进步的过程。

现代化（发展）是一个整体的社会进步过程。随着资本主义生产方式的兴起和发展，追求剩余价值成为社会发展的价值轴心，形而上学成为占支配地位的思维方式，这样，就形成了这样一种占主导地位的发展观：增长取代了发展，GNP 或 GDP 成为了衡量发展的唯一尺度。这就是机械发

---

① 十六大以来重要文献选编：中．北京：中央文献出版社，2006：707.

② 在社会历史领域，社会发展有三层含义。在宏观层次上，是指整个社会历史的进步过程；在中观层次上，是指经济落后国家的现代化；在微观领域，是指与经济、政治、文化、生态并列的狭义社会领域的发展。作为和平与发展时代主题中的发展，指的是中观层次上的社会发展。

展观或传统发展观。这种发展观尽管在一定程度上促进了西方现代化，但是，存在着一系列的弊端和局限：作为一个有机体的社会成为了“单面”的社会，追求经济价值成为了资本主义社会中的绝对的甚至是唯一的发展目的；活生生的人成为了“单面人”，对物质欲望的渴求和精神生活的空虚等困扰着资本主义社会中的人们。同时，单纯的经济增长也容易引发人口激增、资源枯竭、能源短缺和环境污染等一系列的问题。将机械发展观移植到经济文化落后国家不仅不能促进现代化，而且会导致比资本主义更为严重的问题。事实上，在致力于经济增长的同时，忽视和回避社会公正等问题，已经成为一些亚非拉国家社会动荡的重要原因。目前，经过反思和批判，国际社会已经认识到，“必须把发展看成是涉及社会结构、人的态度和国家制度以及加速经济增长、减少不平等和根除绝对贫困等主要变化的多方面过程。发展从其实质上讲，必须代表全部范围的变化”①。于是，全面发展成为了世界性潮流。广义社会发展是一个涉及社会有机体的所有领域的变化和上升的过程，最终指向的是人的全面发展。显然，“五位一体”的中国特色社会主义总体布局就是对社会全面发展规律的科学确认。

全面发展要求从经济、政治、文化、社会、生态文明等方面全面推进社会主义现代化。全面发展意味着：第一，大力推动经济发展。在当代中国，实现经济发展就是要实现经济现代化。在这个过程中，我们一定要坚持以科学发展为主题、以加快转变经济发展方式为主线，切实把推动发展的立足点转到提高质量和效益上来。第二，大力推动政治发展。实现政治发展就是要通过政治现代化的途径，在实现民主化和法治化的基础上，实现国家治理体系和治理能力的现代化。在这方面，我们要高度警惕所谓“普世价值”的危险。第三，大力推动文化发展。实现文化发展就是要通过文化现代化的途径促进社会主义文化的大发展和大繁荣。我们要大力弘扬社会主义核心价值体系和社会主义核心价值观，大力推动社会主义先进文化发展，大力建设社会主义文化强国，不断丰富人民的精神世界、增强人民的精神力量，努力培养和造就社会主义新人。第四，大力推动社会发

① 托达罗．经济发展与第三世界．北京：中国经济出版社，1992：79.

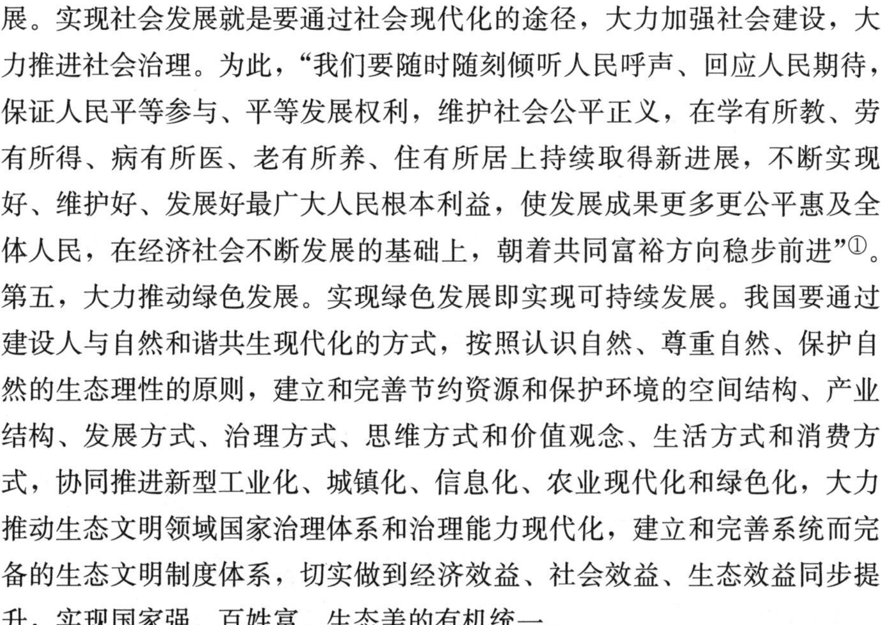

展。实现社会发展就是要通过社会现代化的途径，大力加强社会建设，大力推进社会治理。为此，“我们要随时随刻倾听人民呼声、回应人民期待，保证人民平等参与、平等发展权利，维护社会公平正义，在学有所教、劳有所得、病有所医、老有所养、住有所居上持续取得新进展，不断实现好、维护好、发展好最广大人民根本利益，使发展成果更多更公平惠及全体人民，在经济社会不断发展的基础上，朝着共同富裕方向稳步前进”①。第五，大力推动绿色发展。实现绿色发展即实现可持续发展。我国要通过建设人与自然和谐共生现代化的方式，按照认识自然、尊重自然、保护自然的生态理性的原则，建立和完善节约资源和保护环境的空间结构、产业结构、发展方式、治理方式、思维方式和价值观念、生活方式和消费方式，协同推进新型工业化、城镇化、信息化、农业现代化和绿色化，大力推动生态文明领域国家治理体系和治理能力现代化，建立和完善系统而完备的生态文明制度体系，切实做到经济效益、社会效益、生态效益同步提升，实现国家强、百姓富、生态美的有机统一。

总之，实现全面发展，必须保证其发展系统的各个子目标要朝着与社会发展的共同价值目标相一致的方向发展。否则，各个子目标之间就不能成为整体。

三、理顺经济建设和其他建设的关系

在社会主义现代化建设中，坚持以经济建设为中心和坚持全面发展是辩证统一的关系，要在经济建设和其他建设之间维持一种必要的张力。

（1）正确处理涉及经济建设的关系。全面发展就是要求我们全面推进中国特色社会主义事业的发展，使经济、政治、文化、社会和生态文明五者同时发展和共同发展。当然，这并不意味着要同等发展、平均发展。在总体布局中，经济始终是一切领域的基础和一切工作的核心。只有坚持以经济建设为中心，不断增强综合国力，才能为抓好发展这个党执政兴国的第一要务、为实现全面协调可持续发展打下坚实的物质基础。另外，经济和政治、文化、社会、生态文明是相互联系、相互作用、有机统一、不可

---

① 十八大以来重要文献选编：上. 北京：中央文献出版社，2014：236.

分割的整体。在总体布局中，没有政治、文化、社会和生态文明的相应的作用，就不会有经济的正常发展；没有政治发展、文化发展、社会发展和绿色发展，单纯追求经济发展，不仅经济发展难以持续，而且经济发展最终也难以搞上去。因此，必须时刻警惕防止出现因发展不平衡而制约发展的局面。

（2）切实纠正绑架发展的错误倾向。由于复杂原因，在现实中仍然存在着或明或暗地否定经济建设中心地位的言行。主要是存在着以下问题：第一，用稳定绑架发展。在现代化建设中，改革发展稳定三者是一个不可分割的整体。面对特殊时期的特殊问题，我们党鲜明地提出"稳定高于一切，稳定压倒一切"的方针，从而为改革发展提供了切实的保证。但是，一些人抽象地绝对地理解这一点，甚至将一些新时期人民内部矛盾也视为不稳定事件，采用简单、粗暴的方式处理群体性事件。对此，习近平严正指出，要："从人民内部和社会一般意义上说，维权是维稳的基础，维稳的实质是维权。人心安定，社会才能稳定。对涉及维权的维稳问题，首先要把群众合理合法的利益诉求解决好。"① 事实上，许多不稳定问题往往是发展政策失当造成的，甚至是贪污腐败问题引发的。只有坚持科学发展，才能有效实现稳定。第二，用民生绑架发展。面对时下的社会问题尤其是民生问题，一些人要求从经济建设为中心转向"以社会建设为中心"，要求实行"民生新政"。这一主张似乎具有为民请命的味道。其实，它割裂了社会建设和经济建设的有机关系，否定了生产力的基础性和决定性的作用，不仅变相怀疑和否定党的基本路线，而且背离和背叛了唯物史观。只有坚持以经济建设为中心，做大"蛋糕"，加上坚持共享发展和共同富裕，我们才能分好"蛋糕"。否则，只能导致一切死亡的旧社会的东西死灰复燃。第三，用生态绑架发展。一些人认为生态文明是取代工业文明的一种新的文明，荒谬地认为农业社会和乡村文明才最符合生态文明的要求。从逻辑上来看，这种观点混淆了文明要素（物质文明、政治文明、精神文明、社会文明、生态文明）和文明形态（渔猎文明、农业文明、工业文明、智能文明）的关系。从实践上来看，上述观点有用生态绑架发展的图

---

① 习近平关于社会主义社会建设论述摘编. 北京：中央文献出版社，2017：147.

谋。事实上，现代化是从农业社会向工业社会转变的过程，工业化是其核心。假如我们用生态文明取代工业文明，那么，美国等资本主义工业化国家就会继续维持其经济优势，从工业化走向信息化，我国却仍旧停留在目前的发展水平上。如此下去，发展的差距会越来越大，我们必然会重新回到落后就要挨打的悲惨老路上。科学的选择只能是追求人与自然和谐共生的现代化道路，只能是坚持新型工业化道路。

（3）大力提高发展质量和发展效益。发展是数量和质量、速度和效益的辩证统一，因此，在坚持以经济建设为中心的过程中，还必须大力提高发展质量和发展效益。以习近平同志为核心的党中央把“以提高发展质量和效益为中心”作为我国“十三五”时期发展的指导思想，要求实现高质量的发展。2020 年 10 月 29 日，党的十九届五中全会要求我国“十四五”时期“以推动高质量发展为主题”①。党的二十大提出，要着力推进高质量发展。目前，要切实做好以下工作：第一，必须推进以科技创新为核心的全面创新，大力发展科学技术事业，实施创新驱动战略，将经济发展的重心转移到依靠科技进步上来，努力把我国建设成为科技资本强国。第二，必须牢牢把握集聚人才大举措，大力发展教育、文化、卫生事业，加强对人力资源的投入，将经济发展的重心转移到依靠全民族的科学文化素质的提高上来，努力把我国建设成为人力资本强国。第三，必须正确处理绿水青山和金山银山的关系，大力发展绿色金融，加强绿色投资，加强生态文明建设，将经济发展的重心转移到依靠绿色发展、低碳发展、循环发展上来，努力把我国建设成为自然资本强国。在总体上，科技资本、人力资本、自然资本将成为决定综合国力竞争的关键要素，将成为提升发展质量和提高发展效益的关键要素。

总之，“五位一体”的中国特色社会主义总体布局昭示我们，在实现社会主义现代化的过程中，必须将“中心论”（以经济建设为中心）和“全面性”（全面发展）统一起来，这样，才能真正实现又好又快的科学发展。

---

① 中共中央关于制定国民经济和社会发展第十四个五年规划和二〇三五年远景目标的建议．人民日报，2020-11-04（1）．

第二节　发展目标在推进总体布局中的系统表达

从根本上来说，社会发展目标是用以规范和引导社会实践，借助一定的手段和工具，进而达到目标所预期的结果的价值体系。由于实践是由目标（目的）、中介手段、结果所构成的动态实践过程，是实现主体和客体相统一的过程，既与实践过程中的具体内在矛盾展开过程有关系，又与实践系统所处的外部环境时空条件有关，因此，社会发展目标具有多元化、动态化、主体化、生态化等多种多样的特征。当然，社会发展目标的确立也要遵循实践的基本规律，即合目的性和合规律性的统一。合目的性就是符合人民群众的期望，目标所引起的结果对群众来说具有价值。合规律性即发展目标要建立在对社会发展规律的把握上，实事求是而不是脱离实际，是采用合适的科学方法能够达到的目标。党的十八大和十九大就是按照这样的科学的世界观和方法论将富强、民主、文明、和谐、美丽确立为我国社会主义现代化的目标，从而为我国社会主义现代化指明了前进方向。

一、“五位一体”发展目标的确立

富强、民主、文明、和谐、美丽发展目标的确立经历了一个历史发展过程。这与社会有机体发展的复杂性有关。马克思主义有机体理论认为，社会系统内部生产关系和生产力的矛盾、上层建筑和经济基础的矛盾，是社会发展变化进而发生复杂变化的基础和原因；同时，世界历史的形成把民族史纳入到世界史的大熔炉的共同进化表明，一个国家、一个民族又不可避免地受到外界环境的影响，又表现为许多共性的变化发展。因此，社会系统在自组织和他组织机制的作用下，不断地由低级向高级运动变化，使社会发展表现出历史性特征，社会形态由资本主义发展到社会主义，社会主义在建设中也不断完善丰富自身。随着社会目标的系统集成，社会有机程度不断地提高，社会主义的优越性也不断地表现出来。

鸦片战争以来，摆脱贫穷、实现富强是中华民族共同的追求，成为中

国社会发展的目标。1953年，我们党提出了“一化三改”的过渡时期的总路线，将社会主义工业化作为实现国家富强的战略。1964年，根据毛泽东的指示，周恩来在第三届全国人民代表大会第一次会议上提出，要在不长的历史时期内，把我国建设成为一个具有现代农业、现代工业、现代国防和现代科学技术的社会主义强国。这样，富强就被确立为我国社会主义现代化的目标。

党的十一届三中全会以后，我们党将当代中国的社会发展目标扩展到经济、政治、文化三个方面，将富强、民主、文明确立为我国社会主义现代化的发展目标。1987年，在总结我国社会主义现代化建设经验的基础上，党的十三大提出：“在社会主义初级阶段，我们党的建设有中国特色的社会主义的基本路线是：领导和团结全国各族人民，以经济建设为中心，坚持四项基本原则，坚持改革开放，自力更生，艰苦创业，为把我国建设成为富强、民主、文明的社会主义现代化国家而奋斗。”① 这样，就把我国的发展目标首次定位于富强、民主、文明三个方面。党的十四大、十五大、十六大报告都进一步重申：到21世纪中叶基本实现现代化，把我国建设成富强民主文明的社会主义国家。

在提出全面建设小康战略的同时，我们又提出了构建社会主义和谐社会的战略构想。这样，和谐也就作为一项发展目标进入了我国发展目标系统中。2006年，党的十六届六中全会通过的《中共中央关于构建社会主义和谐社会若干重大问题的决定》中首次提出：“为把我国建设成为富强民主文明和谐的社会主义现代化国家而奋斗！”② 党的十七大进一步强调，要为把我国建设成为富强民主文明和谐的社会主义现代化国家而奋斗。

在科学把握人与自然和谐发展规律的基础上，党的十七大把生态文明确立为全面建设小康社会奋斗目标的新要求，党的十八大在把生态文明纳入中国特色社会主义总体布局中的同时，提出了努力建设美丽中国的要求。2013年7月18日，习近平在致生态文明贵阳国际论坛2013年年会的贺信中提出，走向生态文明新时代，建设美丽中国，是实现中华民族伟大

---

① 十三大以来重要文献选编：上. 北京：人民出版社，1991：15.

② 十六大以来重要文献选编：下. 北京：中央文献出版社，2008：671.

复兴的中国梦的重要内容。在此基础上，党的十九大修改和完善了党在社会主义初级阶段的基本路线，将建设富强民主文明和谐美丽的社会主义现代化强国作为我国发展的目标。根据中共中央的建议，十三届全国人大一次会议将之写入宪法当中。

富强是指人民富足，劳动生产率高；国家强盛，不受外辱。民主指的是在政治生活中人民能够获得一定程度的全面发展，实现自己当家作主的愿望，实现自己在经济、文化等各方面的权利，民主制度更加完善，民主形式更加丰富，人民积极性、主动性、创造性进一步发挥，依法治国基本方略全面落实，法治政府基本建成，司法公信力不断提高，人权得到切实尊重和保障。文明是指人民所创造的精神财富大量涌现，人民所创造的文学、艺术、科学、体育所达到一个比较高级的状态，人民的思想道德素质普遍提高，守法用法意识普遍增强。在社会主义条件下，和谐指的是人与自然、人与人、人与社会所形成的稳定的、可持续的关系。美丽指的是山清水秀、鸟语花香的人居环境，生态良好的人化自然环境，既有金山银山，又有绿水青山的生产环境。

二、“五位一体”发展目标的关联

富强、民主、文明、和谐、美丽作为总体布局的发展目标，它们之间存在着非线性的、复杂的相互关系。在中国特色社会主义的发展进程中，这五个具体发展目标构成了一个有机系统，呈现出辩证统一、相互耦合的状态，实现了发展目标在推进总体布局中的系统表达。

1. 富强在总体布局发展目标中的价值定位

富强，简单地理解即民富国强，是总体布局的本质追求。发展中国特色社会主义，就要在解放生产力和发展生产力的基础上，增加经济的总量，提高人民的生活质量，让人民群众在历史实践中逐渐摆脱物的奴役和束缚，从而增强实践的“主体性”，实现自由自觉的“人的生活”。可以说，建成一个富强的国家，让人民普遍享受较为富裕的生活，这不仅符合历史唯物主义的基本原理，也是全面建成小康社会和全面建设社会主义现代化国家，实现伟大中国梦的重要目标。

（1）富强是民主的物质基础。“人们为了能够‘创造历史’，必须能够生活。”① 人在政治上的真正解放，需要以经济上的解放为基础。当然，人要实现经济上的解放，政治上的解放也是必要前提。人民民主的高度实现，不仅需要科学、健全的制度体系和法治中国的协调推进，而且需要以人民生活的不断改善作为宏大历史背景，还需要必要的物质条件和设施。随着经济的发展，一方面是人民对民主发展的新期待不断涌现；另一方面，生活的不断改善可以使人产生更多的获得感，增进对中国特色社会主义的制度自信，增强创造历史的责任感。

（2）富强是文明的必要前提。“仓廪实则知礼节，衣食足则知荣辱。”没有生产力的发展作为绝对前提，结果必然是普遍的贫穷落后。在这种情况下，就会开始争取必需品的斗争，全部陈腐污浊的东西又要死灰复燃。只有随着经济的发展，人们逐渐摆脱各种生存困境，才能逐渐克服与贫穷相伴随的各种“劣根”和陋习。当然，马克思主义不是机械决定论，经济发展和文明进步并不是绝对同步的关系。但是，经济的发展程度对于社会整体文明水平的提升具有根本制约性，则是不争的事实。

（3）富强是和谐的重要保障。社会主义不仅追求富强，而且要将发展成果惠及广大人民群众，这就是共同富裕和共享发展。和谐社会不可能建立在普遍贫穷的基础上，只有实现了全社会的共同富裕，才有真正的、持久的、高度的社会和谐。只有在人民的实际利益不断得到满足的条件下，才能形成深化改革和推进发展的“最大公约数”，从而有效凝聚社会共识，实现有效的社会整合，促进社会成员的良性互动，不断提高社会的和谐程度。

（4）富强是美丽的物质前提。建设美丽中国，不是要消除自然的“人化”痕迹，让世界回到“原初自然”的状态，而是要在遵循自然规律和人的活动规律的基础上，通过合理地调控人与自然之间物质变换的规模和力度、方式和节奏，实现人与自然的共生共荣、和谐发展。从这个意义上说，美丽中国必须建立在富强中国的基础之上。随着经济的发展和科技的进步，社会拥有了强大的物质和技术条件，能以集约化的方式提高资源利

① 马克思，恩格斯．马克思恩格斯文集：第1卷．北京：人民出版社，2009：531.

用效率，以对自然最低的消耗和适合自然本性的方式满足人类生存发展的各种需求，这样才能彻底打破贫困和生态破坏之间的恶性循环，实现富强和美丽的双重目标。

总之，富强不仅是社会主义经济建设的直接目标，而且是社会主义政治建设、文化建设、社会建设、生态文明建设的重要追求。

2. 民主在总体布局发展目标中的价值定位

人民民主是社会主义的生命，也是中国特色社会主义的本质要求。中国特色社会主义是人民群众创造历史的伟大事业。只有充分发扬民主，调动人民的能动性、积极性和创造性，才能不断发展进步。只有建设高度的社会主义民主，实现人民当家作主，人民才能真正成为社会和国家的主人，从而不断实现人的解放和人的自由。

（1）民主是富强的重要保证。社会主义市场经济是法治经济，需要在社会主义民主所创造的良好政治生态下打破行业垄断和形形色色的等级特权，让每位公民都平等地享有历史主体地位，从而极大地激发市场活力和人民群众的无穷创造力，实现大众创业、万众创新的生动局面。当前，在中国经济发展进入新常态的时代背景下，随着社会主义民主的不断发展完善，必将从政治维度有效地保护人民的正当权利和合法利益，从而增强致富创业、发展经济的内生动力。

（2）民主是文明的必要条件。人民当家作主地位的实现和巩固，让人民真正成为国家和社会事务的主人，必然会增强他们的社会责任感，激发人民的精神创造力，发展社会的精神生产力，有效地提高人民的精神境界和文明素养。社会主义民主建设的各项实践，还能丰富人民的实践内容，拓宽人民的实践领域，创新人民的实践形式，促进人在文化和文明方面的成长成熟。

（3）民主是和谐的政治保障。只有真正实现人民当家作主，国家的一切权力属于人民，并且实现民主的内容和形式、目的和效果的高度统一，保证人民在政治发展利益上的高度一致，才会有效消除社会冲突和对立，促进社会矛盾的顺利解决，切实提高社会的和谐程度，实现国家的长治久安。

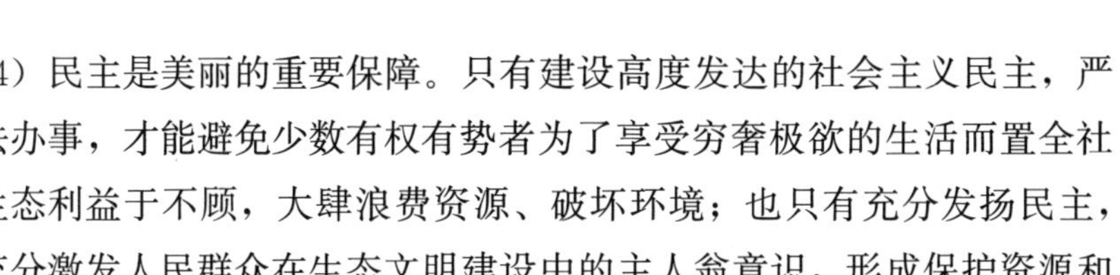

（4）民主是美丽的重要保障。只有建设高度发达的社会主义民主，严格依法办事，才能避免少数有权有势者为了享受穷奢极欲的生活而置全社会的生态利益于不顾，大肆浪费资源、破坏环境；也只有充分发扬民主，才能充分激发人民群众在生态文明建设中的主人翁意识，形成保护资源和治理环境的群众约束和监督机制。可见，只有建设高度的社会主义民主，才能让绿水青山成为人民群众共建共享的美丽家园。

总之，民主不仅是社会主义政治建设的直接目标，而且是社会主义经济建设、文化建设、社会建设、生态文明建设的重要追求。

3. 文明在总体布局发展目标中的价值定位

作为一个全面进步的社会，中国特色社会主义也是追求高度文明的社会。当然，这里的文明是指社会发展到较高阶段和具有较高文化发展水平的理想状态，主要指精神文明。精神文明不仅是社会发展的内在要求，也是社会发展的内生变量。

（1）文明是富强得以实现的“软实力”。在现实的生产中，社会文明程度和文化水平不仅制约着劳动者素质的提升，而且影响生产工具的更新和劳动对象的扩大，影响生产力要素的集成和系统升级。可见，要实现生产力的真正解放，就必须进一步提高全社会的文明程度，提高人民的受教育程度和科学文化素质，这样，才能为现代化建设造就大批的创新型人才，使经济增长从依靠投资和消费拉动转移到依靠创新驱动，从而提高社会产品的科技含量，实现创新发展。

（2）文明是民主进步的重要动力。发展高度的社会主义民主，需要大量具有较高的思想政治素质和科学文化素质，并且熟悉民主的规则和程序的社会主义公民。只有社会文明程度普遍提高，人们才能进一步认清社会发展的规律，顺应历史进步的潮流，在有效参与国家和社会事务的过程中理解并诠释“历史创造者”角色的地位和含义、责任和担当，以“天下兴亡，匹夫有责”的决心和气概，把个人价值的实现和国家的前途、民族的命运有机统一起来，把民主权利的正确行使和个人义务的自觉履行结合起来。

（3）文明是和谐社会的重要保证。人们只有普遍具有高度的文明素养和较高的认知能力，才能真正知荣辱、明是非、讲诚信，理解个人与他人、社会、国家在根本利益上的一致性和共生性，以宽广的胸襟、理性的行为正确处理个人与他人、社会、国家之间的复杂关系。这样，社会生活中方方面面的关系都得到了妥善处理和有效解决，和谐社会的构建和生成就具备了现实可能性。

(4) 文明是美丽的有力支撑。社会文明程度的提高，意味着人们不仅能够正确地认识和处理人与人之间的社会关系，而且能正确地认识和处理人与自然之间的生态关系。人必须遵循人与自然关系的法则，以理性的行为协调好人和自然之间的物质变换，实现天地人和。随着社会文明程度的普遍提高，人们的生态意识将会进一步增强，更加认识到人与自然的一体性，更加懂得珍惜资源、保护环境、遵守生态伦理、呵护生态正义的重要性，并积极运用现代科学技术发明绿色化的生产工具，践行绿色化的生活理念，以自身的实际行动推进美丽中国建设。

总之，文明不仅是社会主义文化建设的直接目标，而且是社会主义经济建设、政治建设、社会建设、生态文明建设的重要追求。

4. *和谐在总体布局发展目标中的价值定位*

构建社会主义和谐社会是中国共产党顺应历史潮流，把握社会发展的客观规律，为全面推进中国特色社会主义事业做出的重大战略举措，是中国处于社会转型时期经济社会发展的必然要求，也是全面建成小康社会和全面建设社会主义现代化国家，实现中国梦的必然要求。

(1) 和谐是富强的基本前提。没有和谐，就不可能实现真正的、持久的繁荣富强。只有社会安定团结、社会关系和谐融洽、公平正义得到切实维护、人们生存的基本条件得到有效保障，才能不断减少社会的冲突和摩擦，降低社会改革的风险和成本，有效实现社会整合和利益融合，实现社会各种要素的优化组合，从而促进经济的持续发展和人民生活水平的不断改善。

(2) 和谐是民主的重要依托。和谐社会关系的普遍建构能够减少或消除对政治建设的各种干扰和负面影响，把社会成员的意志凝聚成推进民主发展的巨大动力，使人们在相互尊重彼此权利、认真遵守民主规则和程序

的条件下，负责并有序地参与国家和社会事务，从而使他们的民主权利得到保障和实现。可见，一个公平正义、诚信友爱、安定有序、高度和谐的社会，是实现人民当家作主的必要条件和重要依托。

（3）和谐是文明的重要支柱。只有人们普遍建立公平合理、和谐有序的社会关系，社会各个阶层、群体和个体之间的利益关系得到妥善处理，社会良性整合的态势初步形成，人们才能在价值领域正确地认识、处理个人和他人、社会以及国家的关系，在个人价值和社会价值的结合中进一步深化世界观、人生观和价值观的改造，切实提高人之为人的文明素养，从而促进整个社会文明水平的提高。

（4）和谐是美丽的必要保证。人与自然的关系和人与人的关系相互交织、互为中介，它们共同构成了社会历史的经纬网。要正确处理人与自然之间的物质变换，实现人与自然和谐相处，必然要求人与人之间形成公平、和谐的社会关系，这样就能以最优化的社会组合协调人类改造自然的活动，实现利用自然的效益最大化。这样既能有效避免自然资源占有和利用不均的情况，又能有效防止贫穷和环境污染的恶性循环，实现“天地之大美”。

总之，和谐不仅是社会主义社会建设的直接目标，而且是社会主义经济建设、政治建设、文化建设、生态文明建设的重要追求。

5. 美丽在总体布局发展目标中的价值定位

通过统筹兼顾、综合治理的方式扎实推进美丽中国建设，是中国在现代化建设过程中，从人民生存发展的根本利益，以及国家和民族的未来出发做出的重大战略抉择，也是中国特色社会主义发展的应有之义。

（1）美丽是富强的必要条件。高投入、高污染、低产出的粗放式经济增长之路已经面临着严重的资源和环境制约。如果不从根本上转变经济发展方式，推进结构调整和产业升级，降低能耗，治理污染，今后的发展空间将会越来越狭窄，中国经济的航船就不可能稳健前行。事实告诉人们，只有以最合理的方式自觉调控人和自然之间的物质变换，在利用自然的同时注重保护自然、修复自然、养育自然，才能有效突破资源瓶颈和环境约束，实现真正的、持久的增长和繁荣。

（2）美丽是民主的重要表征。实现人与人之间的真正平等，自然包括让人们在处理人与自然关系的生态文明领域享有完全平等的权利。从这个意义上说，生态权利不仅具有经济上的重要意义，而且具有政治方面的深刻内涵。发展社会主义民主，客观上必然要求人们平等地享有利用自然资源的权利，平等地履行节约资源、保护环境的法定义务。这不仅是美丽中国建设的内在要求，也是人民民主发展的重要标志。

（3）美丽是文明的重要动力。美丽要求人类在认识和改造世界的过程中，“究天人之际”，并自觉地遵循人与自然和谐共生的规律，以全面的、联系的、发展的和系统的方法，统筹处理人与自然之间的物质变换关系，实现自然和社会的良性互动。在这样的生态实践中，自然的美化和人的“美化”是相互反馈、相互促进的，这也就是所谓的“美育”。当前，随着美丽中国建设的深入推进，生态环境不断得到治理和改善，将使人获得更加丰富、高级的审美体验，实现“环境育人”，从而提高全社会的审美层次和文明程度。

（4）美丽是和谐的推动因素。社会关系在一定程度上影响人与自然的关系，人与自然的关系也在一定程度上影响社会关系。对自然的热爱、珍视和敬畏，必然有助于形成对和谐人伦关系的高度认同和自觉追求，以及对群体或人类整体利益的理解和尊重。在美丽中国建设中，对资源的节约和环境的保护，不仅对于改善和修复人与自然的关系、再造秀美山川具有重要意义，而且对于形成平等、公正、友爱、互助的和谐人际关系具有重要意义。

总之，美丽不仅是社会主义生态文明建设的直接目的，而且是社会主义经济建设、政治建设、文化建设、社会建设的重要追求。

综上，富强、民主、文明、和谐、美丽是中国特色社会主义总体布局对我国社会主义现代化目标的系统表达，构成了社会主义核心价值观国家层面的基本要求。

三、“五位一体”发展目标的整合

富强、民主、文明、和谐、美丽作为我国社会主义现代化的发展目

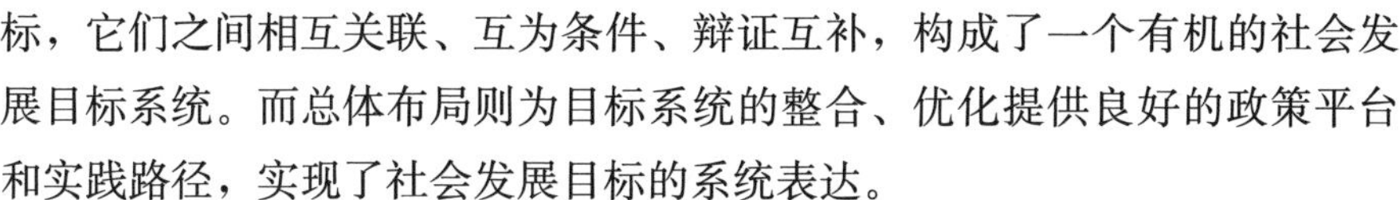

标，它们之间相互关联、互为条件、辩证互补，构成了一个有机的社会发展目标系统。而总体布局则为目标系统的整合、优化提供良好的政策平台和实践路径，实现了社会发展目标的系统表达。

总体布局是中国特色社会主义发展的总体实践系统。“五位一体”的基本依据就在于社会是一个有机体，社会发展不是单方面的经济增长，而是经济、政治、文化、社会、生态等因素、向度的优化组合、协同共进。“系统论的观点总是把系统作为由从属组成部分结合成的集合整体来对待，从来不把系统当作处在孤立因果关系中的各部分的机械聚集体来对待。”① 总体布局就是采取统筹兼顾的方法，把社会发展和社会治理视为一项系统工程和“总体实践”所形成的具体路径，符合社会结构本身的系统性，体现了唯物辩证法和系统观念的精神实质。

社会发展的总体目标也是一个系统。作为社会发展在价值层面的具体目标，富强、民主、文明、和谐、美丽之间相互联系、相互促进，也是一个有机系统，其存在的客观依据就是人的发展和社会进步的全面性。富强的实现，可以使人们摆脱物的匮乏，充分享有自己的“自然本质”，使外部自然从异己之物变成“为我之物”，从而使人摆脱“物的依赖性”，实现真正的“人的独立性”。人民民主的高度实现，使人真正变成了国家和社会的主人，行使着广泛的民主权利，实现了政治意义上的“人的平等”。文明的高度实现，不仅意味着人的认知水平和精神境界有了极大提高，而且能够使人在精神关系中获得解放，成为自己的精神生活的主人。和谐的高度实现，意味着人不仅真正成为社会关系的主人，而且是社会关系的积极构建者，从而使社会关系成为促进个人发展、实现社会价值的基本平台。美丽意味着人在处理人和自然物质变换关系的过程中，自觉地从人的需求和自然的规律出发，把“合规律性”和“合目的性”高度统一于人的实践活动中，实现了人和自然的和谐相处、共生共荣。

总体布局和社会发展目标系统是内在的关系。总体布局作为现代化建设的总体实践系统，富强、民主、文明、和谐、美丽作为社会发展的目标系统，二者不是彼此孤立的外在关系，而是相互包含、融合的内在关系。

---

① 拉兹洛. 用系统论的观点看世界. 北京：中国社会科学出版社，1985：13.

总体布局作为中国共产党领导人民推进社会主义现代化建设的总体规划依据，不断“外化”为改革和建设的生动实践。社会发展目标系统作为中国特色社会主义事业全面发展的美好愿景，就内化、嵌套在推进总体布局的实践中。目标系统对实践系统发挥着导向和引领作用，通过对实践系统不断发出调节性信号，指导人们在实践中以统筹兼顾的方法处理社会发展各方面、各环节之间的关系，实现实践效果的最大化和最优化，从而促进中国特色社会主义事业的整体发展和全面发展。当然，目标系统本身也是动态的、开放的，也需要不断地从实践系统吸取全面的经验和信息，更新内容，丰富内涵，不断实现对实践经验的新总结、对发展要求的新表达，在保证目标系统本身科学完善的同时，还要尽量保持目标系统的先进性和前瞻性，唯此才能更好地引领实践前进。

总之，“五位一体”重在一体（系统），提供了建设中国特色社会主义的系统路线图。

第三节　发展战略在推进总体布局中的系统综合

在统筹推进中国特色社会主义事业总体布局的伟大实践中，在全面建成小康社会和全面建设社会主义现代化国家的大发展战略背景下，中国提出了创新驱动发展战略、“一带一路”倡议、京津冀协同发展战略、长江经济带发展战略等，推动黄河流域生态保护和高质量发展。这是对我国发展现状和趋势的正确研判和科学把握，顺应了总体布局实践发展的内在要求。反过来看，作为中国特色社会主义的总体实践框架，“五位一体”总体布局也为发展战略的系统综合提供了一个系统路线图和实践路径。

一、发展战略的重要性

发展战略，是指在推进事物整体发展和系统演进的过程中所制定的重大的、具有全局性的总体部署和全面谋划。在事物发展的过程中，尤其是在推进一项具有全局性和复杂性的事业时，制定科学的发展战略具有特殊

重要的意义。具体来看，发展战略的重要性体现在以下方面。

（1）发展战略的重点性。从辩证法的角度来看，事物的发展固然表现出协同进化的特征，但是，这种协同不是绝对均衡中的协同，而是有差异、有重点的协同。要制定科学的发展战略，首先就要在纷繁复杂的矛盾体系中把握事物的主要矛盾，并且抓住矛盾的主要方面。这样，就能在千头万绪的工作和事务中抓住“牛鼻子”，找到发展中面临的真正难题，这就是打开新的局面的突破点。统筹推进中国特色社会主义总体布局，建设中国特色社会主义，都是异常复杂的社会系统工程，涉及经济、政治、文化、社会和生态文明等诸多方面。在这个过程中，制定的发展战略一定要抓住社会主义建设和改革中的重点问题和关键环节。

（2）发展战略的全局性。在事物发展的过程中，主要矛盾和次要矛盾之间的关系都是辩证的。一方面，我们既要看到次要矛盾的状况会影响主要矛盾的解决；另一方面，我们更要看到主要矛盾的解决必然为次要矛盾的解决创造根本条件，并为事物的整体进步扫清障碍，从而实现事物的全面进步和质的全面提升。因此，在推进总体布局的过程中，通过发展战略的积极实施和有效推进，就可以不断打开社会主义现代化建设的新局面，收到“抓重点”“带全局”的良好效果。

（3）发展战略的实践性。发展战略的实践性主要表现在：第一，发展战略来自实践。发展战略是在总结实践经验、把握实践趋势的基础上提出来的，体现了本然和应然的统一、合规律性和合目的性的结合。第二，发展战略要引领实践发展。发展战略是破解实践难题、提升实践水平、开创新的实践天地的总体规划。第三，发展战略要付诸实践。任何发展战略，不管它是多么完善，如果得不到落实或者落实不好的话，都不能变成现实的存在，也就不能发挥引领实践、改造世界的应有效果。因此，在提出发展战略以后，还要制定详细的工作方案，动员各方的积极性，千方百计地组织好发展规划的推进和落实。

（4）发展战略的历史衔接性和横向关联性。从纵向的角度来看，在社会主义现代化建设的不同时期，党和政府会根据不同的历史任务和时代课题，提出不同的发展战略。这样，随着实践的发展和实践条件的变化，发

展战略也呈现为一个相互衔接的演进序列。从横向的角度来看，党和政府从建设和改革的全局出发，根据面临的不同任务和课题，提出不同的发展战略。这些发展战略都是中国特色社会主义总体实践中的具体部署，因此，它们之间存在着相互作用、相互耦合、互为条件的“正相关”关系。一个发展战略的顺利推进必将有利于其他发展战略的全面落实，从而使这些战略之间呈现出系统联动的特点。

总之，认清发展战略的重点性、全局性、实践性、历史衔接性和横向关联性等特点，有利于在总体布局视域下稳步推进和全面落实创新驱动战略、“一带一路”倡议、京津冀协同发展战略、长江经济带发展战略等，从而使社会主义建设和改革事业不断跃上新的台阶，保证贯彻和落实总布局的实践获得成功。

二、发展新战略的提出

党的十八大以来，以习近平同志为核心的党中央科学判断国际和国内发展大势，把握发展规律，顺应人民期待，对经济社会发展做出了科学部署和总体安排，提出了一系列具有重大现实意义的发展新战略。

（1）发展新战略是对世界发展形势的正确应对。自从美国次贷危机引发全球性金融危机以来，虽然世界经济时有好转，但是至今都没有彻底走出金融危机的阴影，呈现出在低迷中徘徊、反复的局面。这种情况对我国发展形成了一种制约。2016 年，习近平指出：“西方国家等强化贸易保护主义，除反倾销、反补贴等传统手段之外，在市场准入环节对技术性贸易壁垒、劳工标准、绿色壁垒等方面的要求越来越苛刻，由征收出口税、设置出口配额等出口管制手段引发的贸易摩擦越来越多。我国近九年来连续成为世界上受到反倾销反补贴调查最多的国家。与此同时，我国劳动力等生产要素成本上升较快，东盟等新兴经济体和其他发展中国家凭借劳动力成本和自然资源比较优势积极参与国际分工，产业和订单向我国周边国家转移趋势明显，导致我国出口竞争加剧。”① 在这样的情况下，中国提出了

① 习近平．论把握新发展阶段、贯彻新发展理念、构建新发展格局．北京：中央文献出版社，2021：78.

一系列新的发展战略。发展新战略的提出具有极强的国际针对性。实施创新驱动发展战略，是加快转变经济发展方式、提高我国综合国力和国际竞争力的必然要求和战略举措，就是要将外“患”转化为内“优”，增强自主发展能力，凭借科技创新实现内生性发展和创新性发展。实施“一带一路”倡议，就是要利用历史和文化资源，充分发挥我国在产能、技术装备和资金等方面的比较优势，扩大和深化国际合作，这不仅有利于促进中国经济社会的全面协调发展，而且对于加强南南合作、促进全球治理体系合理化、推进经济全球化进程都具有重要意义。实施京津冀协同发展、长江经济带发展、粤港澳大湾区建设、长三角一体化发展等战略，就是要通过区域发展总体战略的突破，形成内生发展的增长极，坚持优势互补、互利共赢、扎实推进，在实现协调发展的同时，推进国家的总体发展。

（2）发展新战略是对我国发展状况的全面把握。目前，中国经济发展进入了新常态，暴露出过去在发展中存在的一些深层次矛盾和问题，譬如经济结构不合理、发展方式不科学、科技含量低、资源代价大、环境损害严重等。在经济发展进入新常态的背景下，推进供给侧结构性改革，实施创新驱动发展战略，是引领和适应经济新常态的重大创新。简言之，就是要通过一系列政策举措，特别是推进科技创新、发展和壮大实体经济、保障和改善人民生活的政策措施，来解决我国经济供给侧存在的问题，从而化解过剩产能，降低发展成本，补齐发展短板，提高经济增长的科技含量。这样，才能为经济持续健康发展提供源源不断的内生动力，从而全面提高经济增长的质量和效益。同时，这也需要协调对外开放和对内搞活两个方面的工作。在对外开放方面，“一带一路”倡议有利于扩大和深化对外开放。只有坚持对外开放，深度融入世界经济，才能实现可持续发展。更为重要的是，“一带一路”建设能够把快速发展的中国经济同沿线国家的利益结合起来。在对内搞活方面，区域协调发展战略本身就是适应新常态、引领新常态的科学举措，其实质是走出一条内涵集约发展的新路子，促进区域协调发展，形成新增长极。

（3）发展新战略是发展战略在实践中演进的必然结果。改革开放以来，我们曾不失时机地提出了科教兴国、可持续发展、西部大开发、人才强国等重大战略，有效地引导我们顺利地实现了发展任务。第一，科教兴国战略。这一战略是指全面落实科学技术是第一生产力的思想，坚持教育为本，把科技和教育摆在经济、社会发展的重要位置，增强国家的科技实力及其向现实生产力转化的能力，提高全民族的科技文化素质，把经济建设转移到依靠科技进步和提高劳动者素质的轨道上来，加速实现国家的繁荣强盛。在此基础上，我们进一步提出了创新驱动发展战略。第二，可持续发展战略。这一发展战略的提出和实施，深化了人们对人与自然和谐发展、永续发展重要性的认识，促进了环境保护的基本国策在社会主义现代化建设中的全面落实。在此基础上，我们提出了生态文明和绿色发展等科学理念。“一带一路”建设、京津冀协同发展、长江经济带发展、黄河流域生态保护和高质量发展都要以绿色化为导向。第三，西部大开发战略。西部大开发的总体战略目标是，经过几代人的艰苦奋斗，到全国基本实现现代化时，从根本上改变西部地区贫穷落后的面貌，建成一个经济繁荣、社会进步、生活安定、民族团结、山川秀美、人民富裕的新西部。在此基础上，为了进一步促进区域经济协调发展，我们提出和完善了西部大开发、促进中部崛起、振兴东北老工业基地等关系全局的区域发展总体战略。在新的形势下，京津冀协同发展战略、长江经济带发展战略、黄河流域生态保护和高质量发展规划是西部大开发战略的延伸、扩展和升级，这样，我们就完善了区域发展总体战略。第四，人才强国战略。人才强国战略就是要充分发挥人才在国家发展中的作用，把我国从一个人口大国建设成为一个人力资源强国、人力资本强国，最终带动整个国家的发展。教育是人力资源投入的重要渠道。因此，人才强国直接决定着创新驱动。可见，发展新战略既是对以往发展战略和发展成果的吸收和坚持，也是在新的条件下对发展战略的深化、拓展和创新。

总之，上述各种战略的提出，具有重大的战略意义，将从国家发展战略的层面推进总体布局的贯彻和落实。

三、发展新战略的要求

发展新战略作为中国特色社会主义事业总体布局的重要组成部分，必

须科学规划、精心安排，务求在实践中取得实效。

（1）大力实施创新驱动发展战略。当前，科学技术已经成为推动经济社会发展的主要力量，综合国力的竞争说到底是创新能力的较量。“实施创新驱动发展战略，就是要推动以科技创新为核心的全面创新，坚持需求导向和产业化方向，坚持企业在创新中的主体地位，发挥市场在资源配置中的决定性作用和社会主义制度优势，增强科技进步对经济增长的贡献度，形成新的增长动力源泉，推动经济持续健康发展。”① 为此，要坚持问题导向，跟踪世界科技发展前沿，明确我国科技创新的主攻方向，着力攻克一批关键核心技术，实现从“跟跑”到“领跑”的重要跨越。同时，还要打通科学技术转化为现实生产力的枢纽和关节，促进科技成果的应用推广。2016 年，党中央颁布的《国家创新驱动发展战略纲要》明确，我国科技事业发展的目标是，到 2020 年时使我国进入创新型国家行列，到 2030 年时使我国进入创新型国家前列，到新中国成立 100 年时使我国成为世界科技强国。当然，创新不仅包括科技创新，还包括制度创新、文化创新、教育创新等各方面的创新。在实践中，只有让这些创新协同发挥作用，才能使社会的创新动能竞相迸发、充分涌现。当下，我们要把这一战略的重点放到发展新质生产力上。

（2）推动“一带一路”建设。2013 年，习近平主席在访问中亚和东南亚时，分别提出建设丝绸之路经济带和 21 世纪海上丝绸之路的倡议。“一带一路”追求的是沿线各国政策沟通、设施联通、贸易畅通、资金融通、民心相通，顺应了时代要求，反映了沿线国家人民加快发展的共同愿望。“形象地说，这‘一带一路’，就是要再为我们这只大鹏插上两只翅膀，建设好了，大鹏就可以飞得更高更远。”② 在建设“一带一路”的过程中，要本着互利共赢的原则，以打造利益共同体和责任共同体为目标，以贸易和投资自由化便利化为纽带，同沿线国家开展富有实效的双边和区域合作，不断开创“一带一路”合作新模式。为此，要汇集各方力量参与“一带一路”建设框架内的交流合作，营造良好的政治、舆论、商业、民意氛围。

① 习近平关于科技创新论述摘编. 北京：中央文献出版社，2016：17.

② 习近平关于全面深化改革论述摘编. 北京：中央文献出版社，2014：134-135.

当然，中国企业和人员在走出国门的过程中，要自觉地遵守所在国的法律法规，尊重各国人民的宗教信仰和生活习惯，积极承担社会责任。

（3）实施京津冀协同发展战略。京津冀地区同属京畿重地，战略地位十分重要。“实现京津冀协同发展、创新驱动，是面向未来打造新的首都经济圈、推进区域发展体制机制创新的需要，是探索完善城市群布局和形态、为优化开发区域发展提供示范和样板的需要，是探索生态文明建设有效路径、促进人口经济资源环境相协调的需要，是实现京津冀优势互补、促进环渤海经济区发展、带动北方腹地发展的需要。”① 推动京津冀协同发展，要以疏解非首都功能、解决北京“大城市病”为基本出发点，调整优化城市布局和空间结构，构建现代化交通网络系统，扩大环境容量和生态空间，推进产业升级转移，推动公共服务共建共享，加快市场一体化进程，打造现代化新型首都圈，努力形成京津冀目标同向、措施一体、优势互补、互利共赢的协同发展新格局。在这个过程中，要加强顶层设计，明确各自的功能定位、产业分工、城市布局等重大问题，并从财政、投资、项目安排等方面制定具体措施。同时，要切实加大对协同发展的推动，自觉打破“一亩三分地”的思维定式，使三地抱成团朝着顶层设计的目标一起发力。为此，要破除限制资本、技术、人才等生产要素自由流动和优化配置的各种现实障碍，推动各种要素按照市场规律在区域内自由流动和优化配置。

（4）实施长江经济带发展战略。长江经济带横跨我国东中西三大区域，具有独特优势和巨大发展潜力。改革开放以来，长江经济带已发展成为我国综合实力最强、战略支撑作用最大的区域之一。我们要“坚持生态优先、绿色发展的战略定位，把修复长江生态环境放在首要位置，推动长江上中下游协同发展、东中西部互动合作，建设成为我国生态文明建设的先行示范带、创新驱动带、协调发展带”②。从总体上来看，依托黄金水道推动长江经济带发展，有利于挖掘中上游广阔腹地蕴含的巨大内需潜力，

① 习近平关于社会主义经济建设论述摘编. 北京：中央文献出版社，2017：247.

② 中华人民共和国国民经济和社会发展第十三个五年规划纲要. 北京：人民出版社，2016：95-96.

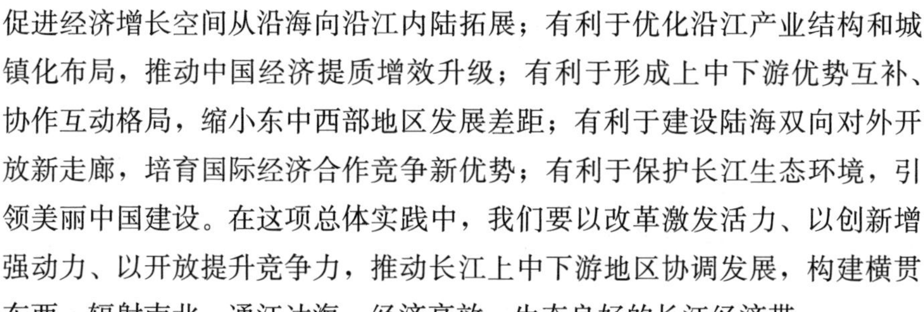

促进经济增长空间从沿海向沿江内陆拓展；有利于优化沿江产业结构和城镇化布局，推动中国经济提质增效升级；有利于形成上中下游优势互补、协作互动格局，缩小东中西部地区发展差距；有利于建设陆海双向对外开放新走廊，培育国际经济合作竞争新优势；有利于保护长江生态环境，引领美丽中国建设。在这项总体实践中，我们要以改革激发活力、以创新增强动力、以开放提升竞争力，推动长江上中下游地区协调发展，构建横贯东西、辐射南北、通江达海、经济高效、生态良好的长江经济带。

（5）黄河流域生态保护和高质量发展战略。黄河是中华民族的母亲河。黄河流域是国家重要的生态屏障，也是人口活动和经济社会发展的重要区域，在社会主义现代化建设全局中具有重要的战略地位。党的十八大以来，习近平总书记多次考察黄河流域生态保护和经济社会发展，并就三江源、秦岭、祁连山等重点区域的生态环境保护和生态文明建设做出重要批示。党中央把黄河流域生态保护和高质量发展上升为国家战略。治理黄河，重在保护，要在治理。一是要坚持山水林田湖草沙冰一体化保护和系统治理。由于黄河流域是一个复杂的生态系统，因此，我们“要坚持山水林田湖草综合治理、系统治理、源头治理，统筹推进各项工作，加强协同配合，推动黄河流域高质量发展”①。同时，要将“沙”（防沙治沙）和“冰”（保护黄河上游的冰川冻土）纳入进来。二是要坚持绿水青山就是金山银山。保护黄河最终要落在促进黄河流域的高质量发展上，因此，我们“要坚持绿水青山就是金山银山的理念，坚持生态优先、绿色发展，以水而定、量水而行，因地制宜、分类施策，上下游、干支流、左右岸统筹谋划，共同抓好大保护，协同推进大治理，着力加强生态保护治理、保障黄河长治久安、促进全流域高质量发展、改善人民群众生活、保护传承弘扬黄河文化”②。在这个过程中，运用系统思维和统筹兼顾的方法，保护好黄河流域的生态环境，促进该地区经济社会高质量发展，是调节黄河水沙关系、缓解水资源矛盾、保障黄河安澜的客观需要。在这个重大的国家战略问题上，一定要协同抓好大保护，合力推进大治理，走生态优先、绿色发

① 习近平．论坚持人与自然和谐共生．北京：中央文献出版社，2022：242.

② 习近平．论坚持人与自然和谐共生．北京：人民出版社，2022：242.

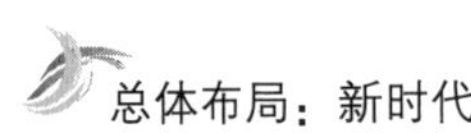

展之路，保障黄河流域长治久安和民生改善，促进全流域高质量发展，让黄河成为永远造福中华民族的幸福河。

总之，在大力实施创新驱动发展战略的同时，根据发展实际需要，我们还不失时机地提出其他战略。

四、发展新战略的落实

创新、协调、绿色、开放、共享的新发展理念，是引领我国经济发展新常态的重要方针和基本遵循。在统筹推进总体布局的实践中，实施好一系列新发展战略，实现发展战略的系统综合，需要坚定不移地贯彻新发展理念，以新发展理念指导发展战略的具体落实。

（1）贯彻创新发展的理念。创新是一个复杂的系统。在经济发展中，最为重要的是，“一个是科技创新的轮子，一个是体制机制创新的轮子，两个轮子共同转动，才有利于推动经济发展方式根本转变”①。只有贯彻创新发展理念，增强科技创新能力，同时积极地推进制度创新，才能更好地发挥创新对经济增长的驱动作用，才能有效提升各项战略的有效性。目前，“我们要坚持创新驱动发展，加强在数字经济、人工智能、纳米技术、量子计算机等前沿领域合作，推动大数据、云计算、智慧城市建设，连接成二十一世纪的数字丝绸之路。我们要促进科技同产业、科技同金融深度融合，优化创新环境，集聚创新资源。我们要为互联网时代的各国青年打造创业空间、创业工场，成就未来一代的青春梦想”②。为此，中国愿同各国加强创新合作，启动“一带一路”科技创新行动计划，开展科技人文交流、共建联合实验室、科技园区合作、技术转移四项行动。总之，只有贯彻创新发展的理念，大胆创新，才能有效探索实施这些发展战略的新途径、新模式、新机制、新方法，提升发展战略实现的层次和效果。

（2）贯彻协调发展的理念。只有坚持协调发展的原则，才能实现系统要素的优化组合，促进系统在良性的状态下新陈代谢、不断更新。建设“一带一路”，让沿线国家搭上中国发展的“快车”，与中国共享发展的机

---

① 习近平关于社会主义经济建设论述摘编．北京：中央文献出版社，2017：140.

② 十八大以来重要文献选编：下．北京：中央文献出版社，2018：735.

会和成果，这本身就是协调发展的原则在国际合作中的运用。同样，以习近平同志为核心的党中央决策设立河北雄安新区，就是实现京津冀协同发展的重大举措，就是实践区域协调发展的重大举措。“规划建设雄安新区要突出七个方面的重点任务：一是建设绿色智慧新城，建成国际一流、绿色、现代、智慧城市。二是打造优美生态环境，构建蓝绿交织、清新明亮、水城共融的生态城市。三是发展高端高新产业，积极吸纳和集聚创新要素资源，培育新动能。四是提供优质公共服务，建设优质公共设施，创建城市管理新样板。五是构建快捷高效交通网，打造绿色交通体系。六是推进体制机制改革，发挥市场在资源配置中的决定性作用和更好发挥政府作用，激发市场活力。七是扩大全方位对外开放，打造扩大开放新高地和对外合作新平台。”① 雄安新区建设的推进，不仅会为我们树立一个京津冀协同发展的典范，而且会为我们树立一个区域协调发展的范例。此外，长江经济带发展战略也是实现协调发展尤其是区域协调发展的重大举措。

（3）贯彻绿色发展的理念。在推动各项战略的实施的过程中，如果不注意生态环境的保护、搞盲目开发的话，很快就会出现区域性的生态环境问题，造成人与自然关系的全面紧张，甚至会丧失已经取得的经济发展成果。因此，在实施发展新战略的过程中，只有坚持绿色发展的原则，加强区域绿色合作，才能使区域合作成为资源节约、环境友好的合作，从而赢得可持续发展的未来。习近平主席提出，“我们要着力深化环保合作，践行绿色发展理念，加大生态环境保护力度，携手打造‘绿色丝绸之路’”②。加强绿色信息共享、加大绿色投资融资力度、加强绿色民间组织合作等措施，将会有效提高“一带一路”沿线国家绿色发展水平，为促进全球生态安全做出有益贡献。同样，实施京津冀协同发展战略必须坚持绿色发展的理念。加强大气污染联防联控，加强生态环境保护，扩大环境容量和生态空间，是京津冀协同发展需要重点突破的重要领域。此外，实施长江经济带发展战略也必须坚持绿色发展的理念。长江拥有独特的生态系

① 中共中央、国务院决定河北雄安新区设立．人民日报，2017-04-02（1）.

② 习近平．论坚持推动构建人类命运共同体．北京：中央文献出版社，2018：350.

统，是我国重要的生态宝库。因此，“长江经济带发展必须坚持生态优先、绿色发展，把修复长江生态环境摆在压倒性位置，共抓大保护，不搞大开发”①。我们必须把长江经济带建设成为我国的绿色生态廊道，建设成为我国生态文明建设的先行示范带、创新驱动带、协调发展带。黄河流域生态保护和高质量发展战略，更是将生态保护置于优先位置。当然，贯彻和落实绿色发展理念，也为创新驱动战略提出了新课题、新任务。“绿色发展是生态文明建设的必然要求，代表了当今科技和产业变革方向，是最有前途的发展领域。”② 总之，坚持绿色发展的理念，要求人们以合理的方式处理人与自然之间的物质变换，实现人与自然和谐发展、协同进化。

（4）贯彻开放发展的理念。任何系统都要处理自身与外部环境的关系，只有这样，才能保证系统功能的基本正常和相对稳定。当前，从全球范围来看，科学技术越来越成为推动经济社会发展的主要力量，创新驱动是大势所趋。世界主要国家抓紧制定新的科技发展战略，抢占科技和产业制高点。这一动向值得我们高度关注。这就要求我们必须紧跟世界科技发展的潮流，吸收和借鉴国外在科技创新和人才培养等方面的有益经验，实施创新驱动发展战略。实施创新驱动战略，必须将引进创新和自主创新统一起来。同样，建设“一带一路”，本身就是开放发展的原则在现代化建设中的创造性应用，并在实践中建构了不同国家和地区之间开放发展的新平台和新模式。因此，“我们要打造开放型合作平台，维护和发展开放型世界经济，共同创造有利于开放发展的环境，推动构建公正、合理、透明的国际经贸投资规则体系，促进生产要素有序流动、资源高效配置、市场深度融合”③。我们要有“向外看”的胸怀，建设开放、包容、普惠、平衡、共赢的经济全球化。此外，实施其他各项发展战略不仅要积极引进和吸收世界文明的优秀成果，也要面向全国其他地区，有效打破地区封锁和行政壁垒，实现与其他地区发展的有效互动。

---

① 习近平．论坚持人与自然和谐共生．北京：中央文献出版社，2022：136.

② 十八大以来重要文献选编：下．北京：中央文献出版社，2018：335.

③ 同②734.

(5) 贯彻共享发展的理念。人人共建、人人共享，是经济社会发展的理想状态。在实施创新驱动战略的过程中，我们必须始终坚持以人民为中心的发展思想。我们要看到，“人民的需要和呼唤，是科技进步和创新的时代声音”①。因此，科技工作要想人民之所想、急人民之所急，大力发展民生科技，依靠科技创新建设低成本、广覆盖、高质量的公共服务体系。为此，我们要聚焦重大疾病防控、食品药品安全、人口老龄化等重大民生问题，大幅增加公共科技供给，让人民享有更宜居的生活环境、更好的医疗卫生服务、更放心的食品药品。我们要加强普惠和公共科技供给，发展低成本疾病防控和远程医疗技术，实现优质医疗卫生资源普惠共享。我们要发展信息网络技术，消除不同收入人群、不同地区间的数字鸿沟，努力实现优质文化教育资源均等化。在推进其他各项发展战略中，也要自觉地坚持共享发展的理念，不断地缩小城乡之间、地区之间、不同行业和部门之间的利益差距，使全体人民都能共享改革和发展的成果。此外，在“一带一路”建设中必须坚持共享发展的原则，不仅中国人民有机会享受发展的成果，也要促进沿线国家的经济发展和民生改善。

总之，只有认真贯彻和落实创新、协调、绿色、开放、共享的新发展理念，才能使发展新战略在实践中落地生根、开花结果，才能系统地有效地推进中国特色社会主义总体布局的贯彻和落实。

第四节　发展成果在推进总体布局中的系统衡量

发展指标是发展的指挥棒。党的十八届三中全会提出：必须“完善发展成果考核评价体系，纠正单纯以经济增长速度评定政绩的偏向，加大资源消耗、环境损害、生态效益、产能过剩、科技创新、安全生产、新增债务等指标的权重，更加重视劳动就业、居民收入、社会保障、人民健康状

① 十八大以来重要文献选编：下. 北京：中央文献出版社，2018：336.

况”①。为此，我们要系统衡量发展成果。

一、克服“以 GDP 论英雄”的弊端

改革开放以来，中国实现了经济的腾飞和人民生活水平的巨大改善。同时也要看到，在取得显著成绩的同时，我们在发展理念和发展思路方面还存在一些问题。譬如，由于主观和客观的原因，在一定程度上还存在着为增长而增长、为发展而发展的“唯 GDP 是从”现象。这样看似能够产生一定的“短期效果”，但是在人口、资源、环境、社会、安全等方面都带来了许多问题。

（1）“唯 GDP 是从”是对“以经济建设为中心”的错误“解读”。以经济建设为中心不仅符合社会发展的客观规律，而且顺应了历史的潮流和人民的期盼。只有坚持以经济建设为中心，大力发展生产力，不断提高人民群众的物质生活水平，社会主义才能真正在历史的舞台上站稳脚跟，焕发出巨大的生命力和无比的优越性。从辩证法的角度看，坚持以经济建设为中心抓住了社会主义初级阶段的主要矛盾，鲜明地体现了辩证法的“重点论”思想。不过，这里需要注意的是，“重点论”不能理解为“一点论”，更不是“唯一论”，它与“两点论”辩证结合、不可割裂。关键是要把增长和发展区分开来，要把单纯的数量增长和全面的质量提升区分开来，坚持又好又快的科学发展。“这就要求我们在制定和执行工作计划时，必须进一步贯彻落实科学发展观，不能片面追求 GDP 增长速度，要着重关注节能降耗减排等约束性指标，把结构调整、资源节约和环境保护放在更加突出的位置，更加注重发展的协调性、均衡性和可持续性，努力实现又好又快发展。”② 显然，如果人为地割裂“重点论”和“两点论”的内在关系，就会只顾经济建设的中心地位，而看不到社会发展的丰富内涵和全面要求，简单地把社会发展理解为单纯的经济增长，必然在认识和实践上走进“唯 GDP 是从”的误区。

（2）“唯 GDP 是从”也是机械的经济决定论的重要表现。经济决定论

① 十八大以来重要文献选编：上. 北京：中央文献出版社，2014：520.

② 习近平. 之江新语. 杭州：浙江人民出版社，2007：249.

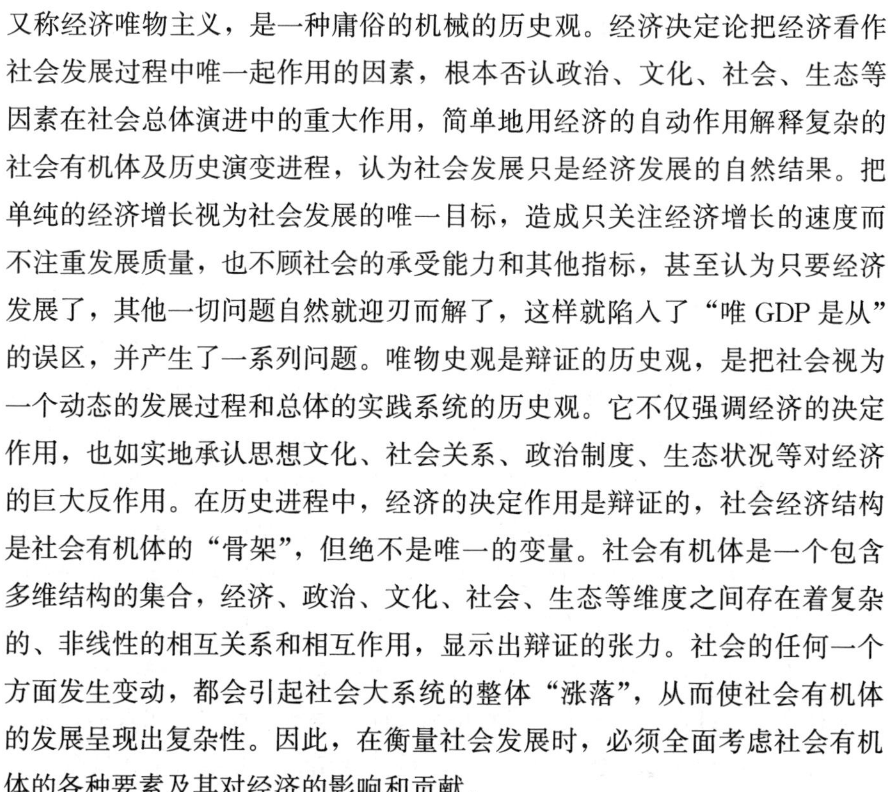

又称经济唯物主义，是一种庸俗的机械的历史观。经济决定论把经济看作社会发展过程中唯一起作用的因素，根本否认政治、文化、社会、生态等因素在社会总体演进中的重大作用，简单地用经济的自动作用解释复杂的社会有机体及历史演变进程，认为社会发展只是经济发展的自然结果。把单纯的经济增长视为社会发展的唯一目标，造成只关注经济增长的速度而不注重发展质量，也不顾社会的承受能力和其他指标，甚至认为只要经济发展了，其他一切问题自然就迎刃而解了，这样就陷入了“唯 GDP 是从”的误区，并产生了一系列问题。唯物史观是辩证的历史观，是把社会视为一个动态的发展过程和总体的实践系统的历史观。它不仅强调经济的决定作用，也如实地承认思想文化、社会关系、政治制度、生态状况等对经济的巨大反作用。在历史进程中，经济的决定作用是辩证的，社会经济结构是社会有机体的“骨架”，但绝不是唯一的变量。社会有机体是一个包含多维结构的集合，经济、政治、文化、社会、生态等维度之间存在着复杂的、非线性的相互关系和相互作用，显示出辩证的张力。社会的任何一个方面发生变动，都会引起社会大系统的整体“涨落”，从而使社会有机体的发展呈现出复杂性。因此，在衡量社会发展时，必须全面考虑社会有机体的各种要素及其对经济的影响和贡献。

（3）“唯 GDP 是从”是资本逻辑造成的必然现象。中国在深度参与经济全球化的过程中，当然不可能完全避免资本逻辑的巨大影响。毋庸讳言，在社会主义初级阶段，现实的生产力水平决定了资本逻辑依然具有一定的生存空间。资本追求无限增殖的逐利本性表现在社会经济生活中，而且在一定程度上还将其自身运动的逻辑向整个社会生活扩散。这样，不仅会在社会上助长拜金主义思潮，而且会在社会发展领域促成“GDP 崇拜”和“唯 GDP 是从”等现象的出现。与之相联系的是，在充分发挥市场在资源配置中的决定性作用的同时，我们必须看到市场经济在外部性问题、公共产品问题、社会公正问题等方面是失效的，我们必须防范市场经济的盲目性、自发性和滞后性对发展、发展观、发展方式、发展评价的负面影响。在中国特色社会主义建设中，必须坚持社会主义的本质，发挥社会主义制度的优越性，在利用资本逻辑的同时必须限制资本逻辑，不断消除资本逻辑对经济社会发展的负面作用，这样才能纠正由资本逻辑导致的“唯GDP是从”等现象，促进经济社会的健康发展。

（4）全面推进总体布局是走出“唯GDP是从”误区的有效路径。总体布局从马克思主义社会有机体理论和现代系统论的角度出发，从总体上设计社会主义建设路线图，不仅丰富和发展了马克思主义关于社会发展的科学构想，树立了科学的“社会发展观”，而且从方法论角度为走出“唯GDP是从”误区指明了实践路径。习近平指出：“党的十八大提出中国特色社会主义事业五位一体总体布局，把生态文明建设放到更加突出的位置，强调要实现科学发展，要加快转变经济发展方式。”[①] 这就意味着，根据“两点论”和“重点论”统一的原则，在中国特色社会主义建设中要抓住重点，集中精力解决主要矛盾，保证经济建设的中心地位。同时，还需放眼全局、综合施策，要统筹兼顾、协调推进经济建设、政治建设、文化建设、社会建设、生态文明建设，在“五位一体”总体布局的全面落实中实现经济增长和社会进步的良性互动。可见，总体布局不是仅仅关注经济这一个维度，而是把社会看成一个多维集成的复杂系统，这样就有效避免了对社会发展过程的简单化、绝对化和片面化理解。反之，如果不顾社会的动态平衡而孤立地、盲目地追求经济的快速增长，必然会造成社会有机体的“熵增”以及系统和谐性的递减。

综上，要全面落实“五位一体”总体布局，促进现代化建设各方面相协调。这样才能从根本上转变发展理念，走出“唯GDP是从”的误区，从而不断开拓生产发展、生活富裕、生态良好的发展道路。

二、系统衡量发展成果的原则

为了全面系统地衡量统筹推进总体布局的实际进展，客观全面地反映和评价我国经济社会发展的实际成效，客观全面地评价党政干部的实际政绩，我们必须坚持价值评价和事实评价的统一，并以此来完善我国的发展成果评价指标体系，以此来推动科学发展，尤其是高质量发展。

（1）坚持以人民性原则衡量发展成果。衡量和评价发展成果，必须坚

① 习近平关于社会主义生态文明建设论述摘编. 北京：中央文献出版社，2017：5.

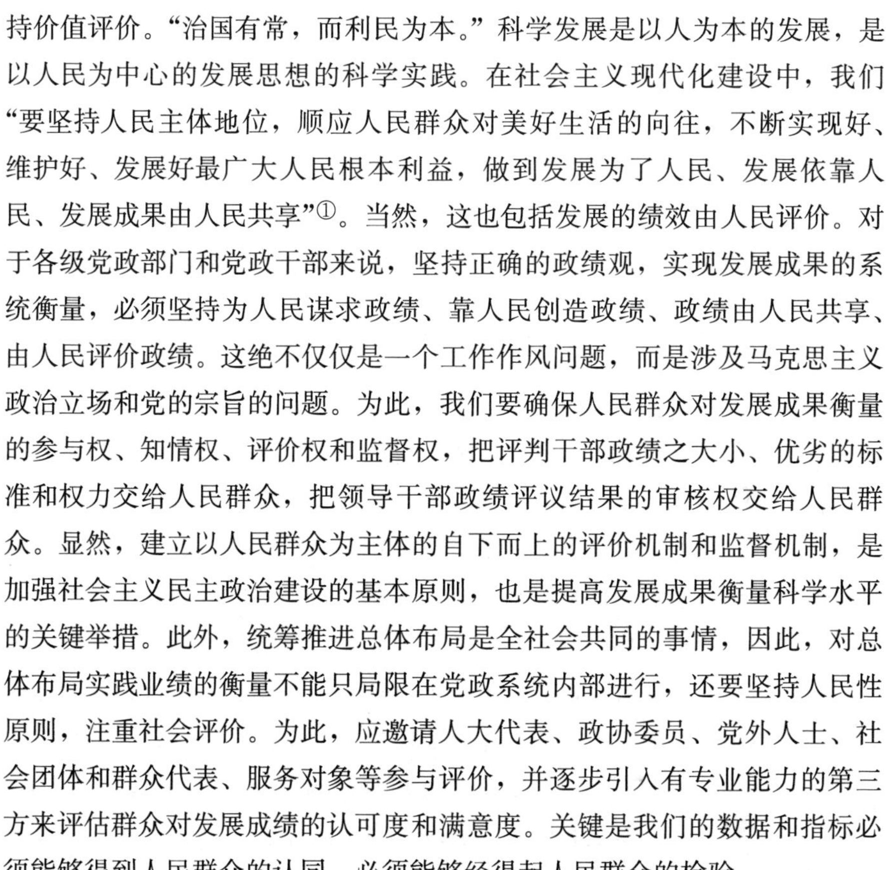

持价值评价。“治国有常，而利民为本。”科学发展是以人为本的发展，是以人民为中心的发展思想的科学实践。在社会主义现代化建设中，我们“要坚持人民主体地位，顺应人民群众对美好生活的向往，不断实现好、维护好、发展好最广大人民根本利益，做到发展为了人民、发展依靠人民、发展成果由人民共享”①。当然，这也包括发展的绩效由人民评价。对于各级党政部门和党政干部来说，坚持正确的政绩观，实现发展成果的系统衡量，必须坚持为人民谋求政绩、靠人民创造政绩、政绩由人民共享、由人民评价政绩。这绝不仅仅是一个工作作风问题，而是涉及马克思主义政治立场和党的宗旨的问题。为此，我们要确保人民群众对发展成果衡量的参与权、知情权、评价权和监督权，把评判干部政绩之大小、优劣的标准和权力交给人民群众，把领导干部政绩评议结果的审核权交给人民群众。显然，建立以人民群众为主体的自下而上的评价机制和监督机制，是加强社会主义民主政治建设的基本原则，也是提高发展成果衡量科学水平的关键举措。此外，统筹推进总体布局是全社会共同的事情，因此，对总体布局实践业绩的衡量不能只局限在党政系统内部进行，还要坚持人民性原则，注重社会评价。为此，应邀请人大代表、政协委员、党外人士、社会团体和群众代表、服务对象等参与评价，并逐步引入有专业能力的第三方来评估群众对发展成绩的认可度和满意度。关键是我们的数据和指标必须能够得到人民群众的认同，必须能够经得起人民群众的检验。

（2）坚持以科学性原则衡量发展成果。衡量发展成果是一个科学认识和科学评价的过程，因此，必须坚持科学性的原则。第一，坚持科学性的原则，就是要坚持实事求是的唯物主义路线，坚持一切从实际出发。在这个过程中，既不能照抄照搬别国的指标体系和衡量办法，也不能人为编造指标体系和衡量办法。尤其是不能在指标上弄虚作假、欺上瞒下，必须避免走形式、走过场的问题。为此，必须严肃法纪。第二，坚持科学性的原则，就是要坚持唯物主义的认识路线，完善衡量发展成果的信息收集、处理、比较、反馈的科学程序，科学设计衡量发展成果的指标体系和考核办

① 习近平．论把握新发展阶段、贯彻新发展理念、构建新发展格局．北京：中央文献出版社，2021：94.

法，保证衡量结果的客观公正。在这个过程中，要科学运用大数据、云计算等现代信息科学技术的手段来收集信息、处理信息、交换信息、利用信息，最终要以此来完善指标体系。第三，坚持科学性的原则，就是要尊重发展成果衡量中涉及的经济和社会发展问题的专业性，坚持决策的科学化和民主化的统一，反对长官意志和官僚主义，因此，应该组建和委托第三方专业性衡量机构。当然，这样的机构必须在法律范围内开展自己的工作，要避免自身的失灵。

（3）坚持以全面性原则衡量发展成果。全面发展，就是要以经济建设为中心，全面推进经济建设、政治建设、文化建设、社会建设、生态文明建设，实现经济发展和社会全面进步，最终要实现人的全面发展。因此，在评价干部政绩和衡量发展成果的时候，我们既要看经济指标，又要看人文指标、社会指标和环境指标；既要看当前发展，又要看发展的可持续性；既要看经济总量的增长，又要看人民群众得到的方方面面的实惠。在这个过程中，我们“要改进考核方法手段，既看发展又看基础，既看显绩又看潜绩，把民生改善、社会进步、生态效益等指标和实绩作为重要考核内容，再也不能简单以国内生产总值增长率来论英雄了”①。此外，在评价政绩和衡量发展的过程中，要坚持速度和效益的统一。实际上，发展的速度和效益是数量和质量关系的重要表现。在实践中要正确处理速度和效益的关系，必须更新发展思路，转变发展方式，优化发展结构，主要依靠科技进步、提高劳动者素质和管理创新来提高发展的速度和效益。在衡量发展的效益时，我们必须坚持生态效益、经济效益和社会效益的统一，坚持将生态效益作为基础、经济效益作为手段、社会效益作为目标，以此作为衡量政绩和评价发展的重要原则。习近平主席在2016年指出：“今后5年，中国单位国内生产总值用水量、能耗、二氧化碳排放量将分别下降23％、15％、18％。我们要建设天蓝、地绿、水清的美丽中国，让老百姓在宜居的环境中享受生活，切实感受到经济发展带来的生态效益。”② 这

---

① 十八大以来重要文献选编：上. 北京：中央文献出版社，2014：343-344.

② 习近平. 中国发展新起点 全球增长新蓝图：在二十国集团工商峰会开幕式上的主旨演讲. 人民日报，2016-09-04（3）.

样，就明确了中国的绿色发展指数。在这个过程中，必须坚持眼前效益与长远效益、局部效益与整体效益、具体效益与根本效益的统一。

（4）坚持以具体性原则衡量发展成果。发展是具体的历史过程。在衡量发展成果时，必须坚持具体性的原则，坚持具体问题具体分析。从我国的国情来看，地大人多，各地区、各部门的情况千差万别，因此，在衡量发展成绩时，必须坚持一切从实际出发，必须摈弃“一刀切”的形而上学思维，必须坚持因地制宜，必须根据各地区、各部门的具体情况，分别设置不同的衡量标准和采用不同的衡量办法。习近平指出：“全面小康，覆盖的区域要全面，是城乡区域共同的小康。努力缩小城乡区域发展差距，是全面建成小康社会的一项重要任务。对这个问题，要辩证地看。城市和乡村、不同区域承担的主体功能不同。……我们说的缩小城乡区域发展差距，不能仅仅看作是缩小国内生产总值总量和增长速度的差距，而应该是缩小居民收入水平、基础设施通达水平、基本公共服务均等化水平、人民生活水平等方面的差距。此外，对城乡地区收入差距，也要全面认识。城乡区域之间生活成本特别是居住成本很不一样，光看收入也不能准确反映问题。”① 同样，对限制开发区域和生态脆弱的国家扶贫开发工作重点县，我们现在已经取消了地区生产总值考核。如果就是简单为了国民生产总值，但生态环境问题越演越烈，或者说面貌依旧，即便搞上去了，那也是另一种评价了。中央看一个地方工作得怎么样，不会仅仅看国内生产总值增长率，而是要看全面工作，看解决自身发展中突出矛盾和问题的成效。只有这样，才能引导各地方、各部门走上科学发展之路。

（5）坚持以动态性原则来衡量发展成果。经济社会发展是一个动态的过程，现代化是一个动态的过程，推进总体布局也是一个动态的过程，因此，发展成果的衡量必须坚持动态性的原则，坚持因时制宜，坚持与时俱进。从根本上来看，研制指标体系要立足我国发展的具体实际，不可超越发展阶段。为了保证衡量的科学性，必须坚持确定性和发展性的统一。随着经济社会的发展，发展的重点和策略也会发生变化，呈现出新的特点。相应地，衡量指标也必须反映这些新变化。因此，在设计指标体系时，既

① 十八大以来重要文献选编：中. 北京：中央文献出版社，2016：833.

要反映目前的发展现状，突出重点，体现确定性；又要把握未来发展的新态势，体现指标体系的预见性。要在现有指标的基础上，不断增加开拓性指标，并对发生变化的现有指标进行动态调整。只有这样，才能有效地满足人民群众日益增长的美好生活需要。目前，在完成“两个一百年”奋斗目标的过程中，我们要前瞻性地研究全面建设社会主义现代化国家的态势，研制相应的指标体系，制定相应的考核办法。

（6）坚持以实践性原则衡量发展成果。建立衡量发展成果指标体系的基本目的，就是为社会发展规划提供定量依据。因此，制定指标体系必须围绕促进总体布局实践的发展而展开，要具有可操作性。为此，要尽量利用现有统计资料，如行业统计、部门统计和综合统计资料；同时，要尽量选择独立性较强的指标，尽可能简单实用，便于计算分析和比较。此外，衡量发展成果还要坚持实效性原则。衡量发展成果的目的是为了进一步总结经验、认清形势，激发干部群众的责任心和使命感。因此，要把衡量结果作为干部选拔任用、培训教育、奖励惩戒的重要依据。习近平指出：“把节水纳入严重缺水地区的政绩考核。在我们这种体制下，政绩考核还是必需的有效的，关键是考核内容要科学。我看要像节能那样把节水作为约束性指标纳入政绩考核，非此不足以扼制拿水不当回事的观念和行为。如果全国尚不具备条件，可否在严重缺水地区先试行，促使这些地区像抓节能减排那样抓好节水。”① 只有这样，才能用有效的成果衡量来促进实践的发展。

总之，只有在党的领导下，正确地坚持上述原则，才能客观、全面、有效地衡量中国特色社会主义发展成果，衡量干部政绩、评价发展成果。只有这样，才能使发展成果的评价成为进一步促进发展的必要手段。

三、系统衡量发展成果的指标

当前，为了实现以新发展理念引领经济社会发展新常态，要以新发展理念为评价指针，建立和完善创新发展指数、协调发展指数、绿色发展指数、开放发展指数和共享发展指数，作为衡量发展成果的重要指标。当然，经济

---

① 习近平关于社会主义生态文明建设论述摘编. 北京：中央文献出版社，2017：105.

指数仍然是第一位的指数。我们要全力完成经济指标（见表 8-1）。

表 8-1　我国"十四五"时期经济发展主要指标

指标	2020 年	2025 年	年均/累计	属性
国内生产总值（GDP）增长（%）	2.3	—	保持在合理区间、各年度视情提出	预期性
全员劳动生产率增长（%）	2.5	—	高于 GDP 增长	预期性
常住人口城镇化率（%）	60.6（2019 年数据）	65	—	预期性

资料来源：中华人民共和国国民经济和社会发展第十四个五年规划和 2035 年远景目标纲要. 北京：人民出版社，2021：11.

1. 建立和完善创新发展指数

创新发展指数是衡量经济社会发展中创新能力、创新的贡献率和创新潜力的具体指标。具体来说，不仅要衡量经济发展中创新对农业发展的贡献、对工业发展的贡献、对第三产业发展的贡献以及对总体经济增长的贡献，还要全面衡量创新对统筹推进新型工业化、城镇化、信息化、农业现代化和绿色化的贡献，以及创新对文化进步、改善民生、实现国家治理体系和治理能力现代化、生态文明建设等方面的意义。国际社会通常用研究与开发指数（R&D 指数）来衡量创新发展。长期以来，我国的 R&D 指数一直偏低。这是影响我国创新发展的重要原因。为此，我们必须加大这方面的投入。（见表 8-2）

表 8-2　我国"十四五"时期创新驱动主要指标

指标	2020 年	2025 年	年均/累计	属性
全社会研发投入增长（%）	—	—	> 7 力争投入强度高于"十三五"时期实际	预期性
每万人口高价值发明专利拥有量（件）	6.3	12	—	预期性
数字经济核心产业增加值占 GDP 比重（%）	7.8	10		预期性

资料来源：中华人民共和国国民经济和社会发展第十四个五年规划和 2035 年远景目标纲要. 北京：人民出版社，2021：11.

2. 建立和完善协调发展指数

协调发展指数是衡量经济社会发展协调程度的具体指标。从系统论的角度来看，协调度是系统要素之间彼此和谐一致的程度，体现了系统由无序走向有序的趋势，是衡量系统协调性的定量指标。因此，有必要建立协调发展指数，作为考察“五位一体”总体布局视域下经济社会协调发展程度的重要指标。从哲学上来看，不管是绝对的统一还是绝对的对立都不是促进事物协调发展的最佳状态，协调的最佳状态往往出现在有适度差异的统一之中。因此，要评价发展是否达到了协调的程度，必须进行全面的分析、评判和比较。因此，科学的协调发展指数不仅要涵盖地区发展差距、行业发展差距、收入分配差距等若干项指标，而且要涉及文化的进步、民生状况的改善、资源的节约和生态环境的改善等方面的状况，还要设置它们之间合理的权重关系。这样，才能在有效的比较中全面衡量经济社会发展的协调度。例如，基尼系数是衡量一个社会贫富差距的重要指标。按照国际通常标准，基尼系数在 0.3 以下为公正状态，在 0.3～0.4 之间为正常状态，超过 0.4 为警戒状态，达到 0.6 则属于危险状态。根据国家统计局的数据，自 2000 年开始，我国的基尼系数已越过 0.4 的警戒线，并逐年上升，2004 年达到 0.465。2012 年，国家统计局公布的我国基尼系数为 0.474。2013 年到 2016 年，我国基尼系数分别为 0.473、0.469、0.462、0.465①。我们要客观地看待基尼系数，并且采取切实可行的举措将之降下来。

3. 建立和完善绿色指数

绿色发展指数是衡量社会经济的可持续发展和资源环境的可持续发展的结合程度的一项重要指标。和传统的发展指标相比，绿色发展指数增加了“绿色”方面的考量，是既要发展又要“绿色”的指标体系，这样就可以全面衡量一个国家或地区在增加人类福祉和降低环境风险方面的能力和效果。建立绿色发展指数，就要研究绿色国民经济核算方法，探索将发展

① 统计局：2016 年基尼系数为 0.465 较 2015 年有所上升. http://www.chinanews.com/cj/2017/01-20/8130559.shtm.

过程中的资源消耗、环境损失和环境效益纳入经济社会发展的评价体系。“为此，我们既要 GDP，又要绿色 GDP。”① 具体来说，就是要按照生态文明的理念、原则和目标，对现有的统计准则、会计准则和审计准则进行修订，在此基础上，研究制定具有可操作性的绿色统计准则、绿色会计准则以及绿色审计准则，从而建成体系完善、功能健全的绿色核算准则体系（见表 8－3）。

表 8－3 我国“十四五”时期绿色生态主要指标

指标	2020 年	2025 年	年均/累计	属性
单位 GDP 能源消耗降低（%）	—	—	[13.5]	约束性
单位 GDP 二氧化碳排放降低（%）	—	—	[18]	约束性
地级及以上城市空气质量优良天数比率（%）	87	87.5	—	约束性
地表水达到或好于Ⅲ类水体比例（%）	83.4	85	—	约束性
森林覆盖率（%）	23.2 （2019 年数据）	24.1	—	约束性

[] 内为 5 年累计数。

资料来源：中华人民共和国国民经济和社会发展第十四个五年规划和 2035 年远景目标纲要. 北京：人民出版社，2021：12.

4. *建立和完善开放发展指数*

开放发展指数是衡量经济社会发展开放程度的重要指标。当今世界是一个开放的世界，增强发展的开放度是新时期中国经济社会发展的客观要求。从系统的观点来看，任何系统都是开放的。在系统发展的过程中，系统要素以及要素之间关系的演变，客观上要求系统与外部环境不断地进行物质、能量和信息的交换，这样才能保证系统结构的持续优化和系统新质的不断生成，实现系统的“内外和谐”。从这个角度来说，保持一定的、合理的开放度是系统存在发展的必然要求。而且，系统在内部结构上越合理、有序，对环境信息和能量的“吞吐量”就越大，对开放度的要求也就越高。2017 年，习近平主席在达沃斯论坛上提出：“预计未来 5 年，中国

① 习近平. 之江新语. 杭州：浙江人民出版社，2007：37.

将进口 8 万亿美元的商品、吸收 6 000 亿美元的外来投资，对外投资总额将达到 7 500 亿美元，出境旅游将达到 7 亿人次。”① 开放发展指数的设计不仅要反映中国引进国外资金、技术、人才和管理经验方面的情况，而且要能够涵盖我国在主动参与全球化的进程中对外投资、承包工程和劳务输出等方面的情况；不仅要全面反映对外开放的情况，而且也要能够充分体现打破部门和行业壁垒、实现资源优化配置的对内开放的情况；不仅要涵盖经济领域的开放，而且要考察文化、环保、社会建设等方面的开放情况。这样，才能形成一个总体的、系统的、先进的开放发展指数。

5. 建立和完善共享发展指数

共享发展程度是衡量人民群众共享发展成果的实际状况的综合性指标。共享发展理念体现了以人民为中心的发展思想，更进一步回答了中国特色社会主义“为了谁发展”“由谁来享受发展”的问题。人的发展是全面的发展，因此，基于共同富裕的基本原则，共享发展指标不仅要反映人民群众在经济收入方面的公平状况，而且要全面地反映人民群众在就业、教育、养老、医疗、住房等民生问题上都得到全面改善的情况。只有这样，才能使共享发展指标全面准确地衡量共享发展理念的落实情况（见表 8-4）。例如，在反贫困方面，在巩固脱贫成果的基础上，要提高贫困线标准。

表 8-4 我国“十四五”时期民生福祉主要指标

指标	2020 年	2025 年	年均/累计	属性
居民人均可支配收入增长（%）	2.1	—	与 GDP 增长基本同步	预期性
城镇调查失业率（%）	5.2	—	<5.5	预期性
劳动年龄人口平均受教育年限（年）	10.8	11.3	—	约束性

① 习近平．共担时代责任 共促全球发展：在世界经济论坛 2017 年年会开幕式上的主旨演讲．人民日报，2017-01-18（3）．

续表

指标	2020 年	2025 年	年均/累计	属性
每千人口拥有执业（助理）医师数（人）	2.9	3.2	—	预期性
基本养老保险参保率（%）	91	95	—	预期性
每千人口拥有 3 岁以下婴幼儿托位数（个）	1.8	4.5	—	预期性
人均预期寿命（岁）	77.3（2019 年数据）	—	[1]	预期性

[] 内为 5 年累计数。

资料来源：中华人民共和国国民经济和社会发展第十四个五年规划和 2035 年远景目标纲要. 北京：人民出版社，2021：11.

总之，总体布局的协同推进有利于更好地贯彻创新、协调、绿色、开放、共享的发展理念，使社会发展走出“唯 GDP 是从”的误区，实现发展成果的系统衡量和整体呈现，从而为经济的健康发展和社会的全面进步打下良好基础。

第五节　发展理论在推进总体布局中的开拓创新

作为推进中国特色社会主义事业发展的实践路径和政策安排，“五位一体”的中国特色社会主义总体布局，丰富和发展了马克思主义社会发展理论，特别是在科学发展观基础上丰富和发展了中国特色社会主义社会发展理论，开辟了当代中国马克思主义和 21 世纪中国马克思主义社会发展理论的新境界。

一、坚持和发展马克思主义社会发展理论的新典范

马克思主义社会发展理论是一个科学的有机的整体，既回答了一般的社会发展问题（人类社会的发展进步），又回答了具体的社会发展问题（发展中国家的现代化问题）。中国特色社会主义总体布局既坚持和发展了马克思主义社会发展理论的科学理论，又坚持和发展了马克思主义社会发展理论的科学方法。

1. 坚持和发展马克思主义社会发展理论的科学理论

（1）社会有机体思想是历史唯物主义的重要思想。

历史唯物主义认为，每个社会的生产关系都是一个统一的整体，而社会就是“一切关系在其中同时存在而又互相依存的社会机体”①。社会有机体即社会系统。

社会有机体有着内在的基本矛盾和演变的客观规律，是在社会实践基础上的“社会结构”和“社会形态”的统一，表现出社会质的多样性和特殊性。在社会有机体内部，“各个人借以进行生产的社会关系，即**社会生产关系，是随着物质生产资料、生产力的变化和发展而变化和改变的。生产关系总合起来就构成所谓社会关系，构成所谓社会，并且是构成一个处于一定历史发展阶段上的社会，**具有独特的特征的社会”②。在这里，马克思已经初步抓住了社会有机体运动的总体过程和基本特征。在对社会发展规律的探索中，通过科学回答社会存在和社会意识的关系，马克思进一步得出了生产力与生产关系、经济基础与上层建筑之间的矛盾运动规律。这样，就把握住了社会有机体的根本矛盾及其发展演变的基本动力机制。在对资本主义社会的研究中，马克思运用社会有机体思想，在科学的劳动价值论和剩余价值论的基础上，通过对资本主义经济的典型解剖和深度解析，科学地论证了资本主义生产社会化和私有制的矛盾必然产生“生产过剩”的经济危机，并由此造成资本主义民主政治的虚假表象、社会公平正义遭到践踏、精神文化受到拜金主义的玷污、生态关系被资本增殖的本性破坏等一系列社会危机。为了彻底埋葬资本主义，实现无产阶级的解放，不仅要打碎资产阶级的国家政权，消灭私有制，还要通过思想文化战线的斗争和较量使人们从统治阶级的思想奴役中解放出来，并消除旧社会遗留下来的一切陈腐落后的东西，只有这样，才能造就新的社会、新的国家、新的人类，从而结束人类的“史前时期”，开启人类历史发展的新时代。

可见，马克思主义以社会有机体思想为哲学依据，以宏观的视野、总

---

① 马克思，恩格斯．马克思恩格斯文集：第1卷．北京：人民出版社，2009：604．

② 同①724．

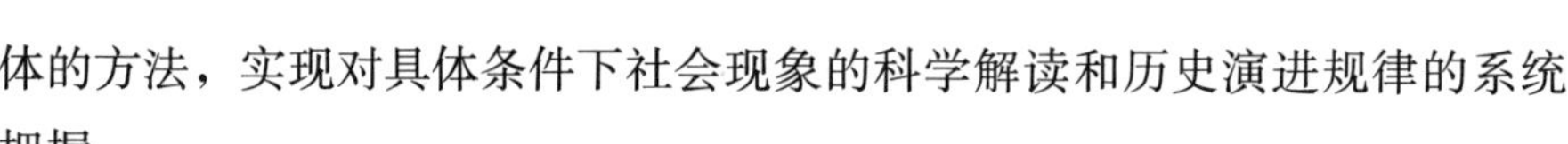

体的方法，实现对具体条件下社会现象的科学解读和历史演进规律的系统把握。

（2）总体布局是新时期社会有机体思想的运用、发展和创新。

改革开放以来，中国共产党运用马克思主义社会有机体思想和方法，逐渐形成并发展了中国特色社会主义总体布局，进一步丰富和发展了马克思主义社会有机体思想。

从社会的整体性、系统性、有机性出发，我们必须从整体上谋划社会主义建设，必须从整体上推进社会主义的发展，必须从整体上评价社会主义的发展。在此基础上，中国化马克思主义创造性地提出了“总体布局”的概念。党的十二届六中全会提出，我国社会主义现代化建设的总体布局是：以经济建设为中心，坚定不移地进行经济体制改革，坚定不移地进行政治体制改革，坚定不移地加强精神文明建设，并且使这几个方面互相配合，互相促进。这标志着“三位一体”总体布局的正式确立，也充分说明中国共产党人把社会发展作为一个有机的实践系统，重视利用和协调社会各要素之间的“正相关”关系，在“重点论”和“两点论”统一的基础上，着力促进经济、政治、文化的全面发展。随着实践的不断深入，促进社会公平正义、构建社会主义和谐社会成为时代的重大课题，中国特色社会主义事业的总体布局由经济建设、政治建设、文化建设“三位一体”发展为经济建设、政治建设、文化建设、社会建设“四位一体”。这同时突出了社会建设（社会生活和社会交往）在社会有机体的重要位置。这个基于物质利益的社会生活和社会交往的领域具有不同于生产关系的含义，是一个与经济、政治、文化并列的领域。随着改革的不断推进和现代化建设的不断发展，破解人与自然关系的难题，促进人与自然和谐发展，成为社会主义现代化的迫切要求。党的十八大将生态文明建设纳入中国特色社会主义总体布局，正式确立了经济建设、政治建设、文化建设、社会建设、生态文明建设“五位一体”的总体布局。党的十八大以来，中国的社会主义现代化建设按照“五位一体”总体布局的要求，朝着更加协调、健康的方向不断推进。这样，不仅扩展了总体布局的内涵和外延，而且扩展了社会有机体的构成和关系。

纵观改革开放以来总体布局的演变，可以看出，这既是社会发展方略、方针根据实践需要的主动调整，也是在发展理念和发展思路上的不断深化、开拓的过程。从“三位一体”到“四位一体”，再到“五位一体”，表明中国共产党对社会有机体自身的独特性和复杂性、要素的多样性和多变性、要素关系的非线性和立体性的认识逐步深入，在实践中更加注重发展的全面性、系统性和可持续性，更加自觉地运用综合治理、统筹兼顾、集成创新的理念和方法，更加追求发展的整体质量和最佳效益。在这个意义上，总体布局就是社会主义实践中的社会有机体，就是社会有机体在中国特色社会主义建设中的实践形态、具体形态、时代形态、中国形态。

总之，总体布局是新时期中国共产党对社会有机体思想的运用、发展和创新，体现了中国共产党与时俱进的理论自觉和不断进取的时代精神。

2. 坚持和发展马克思主义社会发展理论的科学方法

“五位一体”总体布局是对唯物辩证法的坚持、运用和创新。总体布局对社会有机体各种向度之间关系的整体把握，不仅符合社会主义建设普遍联系和永恒发展的基本特征，体现了矛盾分析法所要求的“两点论”和“重点论”的统一，而且将唯物辩证法与系统观念有机地融合起来，实现了对唯物辩证法的创造性运用，从而进一步丰富和创新了马克思主义社会发展方法论。

(1) 总体布局体现了系统观念。“总体布局”意味着站在整体的、系统的视角，把社会看成一个复杂的大系统，统筹兼顾各方面的关系，促进社会的全面发展和协调发展。作为一个动态的实践系统，社会不仅是由不同个人或群体所组成的集合，而且展现出经济、政治、文化、社会和生态文明等基本关系和基本维度。各种要素之间的联系方式也是不同的，这种区别不仅表现在量上，更表现出质的差异，因此，系统内部的不同关系就会对系统产生不同的作用和影响。而且，正是系统存在着不同维度，才使系统呈现出不同的面貌，甚至会造成“横看成岭侧成峰”的情况。因此，以系统的眼光分析和推进社会发展，既要关注重点，又要胸怀大局；既要抓住系统的决定性因素，又要兼顾各种影响性因素，采取不同的方法解决

系统内部的不同矛盾，从而促进社会系统健康发展。

（2）总体布局实现了社会发展中的“功能耦合”。在社会总体结构中，经济结构、政治结构、文化结构、社会结构、生态结构都有其独特的功能。但是，需要指出的是，系统总体上所具有的功能，相对于子系统的分功能而言具有“非加和性”。也就是说，系统总体功能不是子系统功能的简单相加，而是子系统之间“功能耦合”所产生的整体效能。只有系统要素之间保持良性的、有序的、和谐的关系，并与外部环境进行适当规模和方式的信息交换，系统才会实现结构的优化和功能的升级，从而产生系统新质，并使“整体大于部分之和”。反之，“功能耦合”的结果必然是“整体小于部分之和”，这就意味着系统功能的退化和失调。因此，在制定发展的政策、方针时必须对其可能产生的社会效果进行全面衡量和多维审视，以实事求是的原则权衡利弊、扬长避短，确保政策的制定和执行能够符合人民群众的根本利益。同时，还要保证各项路线方针政策之间的良性对接，而不是相互抵触，这样才能在社会发展中实现进步的、有意义的“功能耦合”。

（3）总体布局追求“五大建设”的协同共进。“五位一体”总体布局的不断推进是社会大系统的各种要素协同共进的过程。“协同”意味着不是要单兵突进，抓住一点不及其余，而是要全面“撒网”，经济建设、政治建设、文化建设、社会建设、生态文明建设一起抓，统筹兼顾这五者之间的关系，使其各得其所、各有所进。当然，“协同”不是绝对均衡地用力，也不是眉毛胡子一把抓，而是有重点、有差异的协同。实现这五者之间的协同，需要遵循它们各自的规律及社会大系统的总体演进规律。协同有法，但无定法。只有本着实事求是的态度和具体问题具体分析的原则，才能实现五者之间的高度协同。对于系统来说，只有实现了内部诸要素的有机协同，才会形成要素之间相得益彰、相互促进的良好局面，从而积聚起促进系统发展、升级的“势能”，推进系统的自我更新、自我演进。可见，“协同”和“共进”之间有着必然联系。只有协同，才有共进；没有协同或者协同不理想，就不可能达到共进。

总之，“五位一体”总体布局是将系统观念与唯物辩证法这个马克思主义的根本方法有机结合的产物，从而有效提升了唯物辩证法对社会发展的指导意义，实现了对马克思主义社会发展方法论的丰富完善和重大拓展。

二、丰富和发展科学发展观的新成果

科学发展观是中国马克思主义社会发展理论尤其是中国特色社会主义社会发展理论的集大成者。“科学发展观，发展是第一要义，以人为本是核心立场，全面协调可持续是基本要求，统筹兼顾是根本方法。”① 总体布局的提出，不仅进一步丰富和发展了科学发展观，而且也充分证明了中国马克思主义在实践中所具有的无穷生命力。具体来说，总体布局对科学发展观的丰富和发展体现在以下方面：

1. 丰富和发展以人为本的理念

科学发展观的核心是以人为本。总体布局理顺了社会发展和人的发展之间全面的内在关联，不仅深化了对以人为本的认识和理解，而且更好地回答了怎样落实以人为本的问题。第一，总体布局的全面落实有利于促进“人类与自然的和解”，实现自然主义和人道主义的统一。在“五位一体”总体布局中，涉及人与自然关系的“直接相关方”是经济建设和生态文明建设。经济建设的主要任务是通过生产更多更好的物质产品来提高人民的生活水平，满足人生存和发展的物质需求。生态文明建设的意义是在人与自然的物质变换中，通过主动调控人与自然之间物质变换的规模、力度和节奏，使生产在最无愧于和最适于人类本性的条件下进行，保证自然在资源和环境方面的可持续性，从而实现人类对自然的永续利用。把经济建设和生态文明建设并列入总体布局，体现了人与自然关系中两种维度的有机互补。第二，总体布局的全面落实有利于促进“人类本身的和解”，使社会关系真正成为的“人的本质”。从某种意义上说，在构建和谐的社会关系方面，政治建设和社会建设存在着功能互补的一面。只有在宏观和微观上都向着构建平等、和谐的社会关系发力，才更有利于消灭社会关系对人的“异己性”，促进“人和人之间的矛盾的**真正**解决”②，使社会关系真正

---

① 十八大以来重要文献选编：下. 北京：中央文献出版社，2018：382.

② 马克思，恩格斯. 马克思恩格斯文集：第1卷. 北京：人民出版社，2009：185.

成为“人的本质”。第三，总体布局的全面落实有利于促进人与自身精神的和谐，使人在精神的向度方面实现高度自由。总体布局视域下的文化建设是社会主义精神文明建设责无旁贷的“直接当事人”。社会主义的文化建设，必将以海纳百川的气概吸取古今中外的一切优秀文明成果，在文明的交融和碰撞中激发全社会的精神创造力，形成具有丰富内涵和独特魅力的中国特色社会主义文化，从而充实人们的精神生活，涵养人们的心智，提高人们的精神境界和文明素养，促进人与自身精神的和谐，使人在精神的向度实现高度自由。在此基础上，习近平新时代中国特色社会主义思想创造性地提出了以人民为中心的发展思想，将人民至上确立为自己的重要的世界观和方法论。

2. 丰富和发展全面发展的基本要求

全面发展是科学发展观的一项基本要求，“五位一体”总体布局是促进全面发展的政策平台和实践路径。“强调总布局，是因为中国特色社会主义是全面发展的社会主义。”① 在推进社会发展的过程中，社会发展规划和方针政策的制定，必须体现并符合社会发展和文明进步的客观维度，这是社会主义建设在方法论上的一项基本要求。在这个意义上说，经济、政治、文化、社会和生态文明都是中国特色社会主义建设的基本向度，这其中的任何一个方面都不能轻视，更不能偏废。否则的话，我们必然会在实践中遇到各种问题和麻烦，并引发一系列的连锁反应。譬如，改革开放以来，社会主义现代化建设不断推进，但在处理人与自然的关系上出现了许多新情况、新问题。如果只顾经济、政治、文化、社会建设的推进，必然会造成实践活动中生态维度的缺失，结果必然是资源的紧张、枯竭和环境的污染、破坏，从而危及人类自身的生存和发展。正是在此基础上，党的十九大进一步完善了党在社会主义初级阶段基本路线的表述，要求把我国建设成为富强民主文明和谐美丽的社会主义现代化强国。

3. 丰富和发展协调发展的基本要求

协调发展是科学发展观的应有之义，统筹推进“五位一体”总体布局，必然有利于实现协调发展。社会的协调发展，必然是建立在社会系统

---

① 十八大以来重要文献选编：上. 北京：中央文献出版社，2014：77.

各个方面、各种向度比例和谐的基础上。比例和谐意味着结构合理，进而实现功能的优化和整合。当然，社会系统比例和谐不是一个静止的状态，而是一个动态的实践过程。可以说，统筹推进总体布局，就是顺应社会发展的客观趋势，遵循社会发展的客观规律，对社会系统的相关比例关系进行动态的再平衡和再调节。这表明中国在全面建成小康社会、建设社会主义现代化国家的新阶段新征程，更加注重从局部现代化到全面现代化，从不尽协调的现代化到协调推进的现代化，从不可持续的发展方式向可持续的发展方式的重大转变，实现了与科学发展观基本要求的有效对接。党的十九大和二十大在科学判断我国社会主要矛盾已经发生转变的前提下，进一步突出了协调发展的必要性和重要性。

4. 丰富和发展可持续发展的基本要求

“五位一体”总体布局的全面发展和协调发展，是实现可持续发展的基本条件。全面而协调的发展，必然意味着社会生产力与生产关系、经济基础与上层建筑以及社会其他要素都处于一种动态的和谐状态，社会有机体处于良性的运行状态。在这种情况下，社会就能够在最无愧于和最适合于人类本性的条件下进行人与自然之间的物质变换，减少社会系统的“无用功”和各种要素、向度之间的“内耗”，以对自然适量索取和开发获得利用自然的最大效果，有效预防和控制人化自然过程中对生态环境造成的各种不良影响，并在开发自然的过程中主动地注重修复、养育自然，从而保证自然资源的永续利用。党的十八大以来，以习近平同志为核心的党中央进一步提出了绿色化和绿色发展的科学理念，要求建设人与自然和谐共生的现代化，不仅进一步丰富和发展了可持续发展的基本内涵，而且进一步指明了实现可持续发展的基本路径。

5. 丰富和发展统筹兼顾的根本方法

科学发展观的根本方法是统筹兼顾。所谓统筹兼顾，就是要总揽全局、科学筹划、协调发展、兼顾各方，正确认识和妥善处理中国特色社会主义事业中的重大关系，统筹城乡发展、区域发展、经济社会发展、人与自然和谐发展、国内发展和对外开放，统筹中央和地方关系，统筹个人利益和集体利益、局部利益和整体利益、当前利益和长远利益，充分调动各

方面积极性。总体布局通过“五大建设”将社会发展过程中相互关联的“五个向度”统一于中国特色社会主义总体布局。这样，“五位一体”总体布局就成为统筹处理社会主义建设和改革中的重大关系和基本问题的有效平台，也是运用统筹兼顾方法的实践现场。而且，总体布局对社会主义“五大建设”的提炼和概括，以及对“五大建设”之间非线性关系的辩证认识，也是正确运用统筹兼顾方法的必要前提。在这个意义上说，总体布局的提出以及推进总体布局的实践，是丰富、深化、运用和拓展统筹兼顾方法的有利条件。在此基础上，习近平指出：“当前，我国社会各种利益关系十分复杂，这就要求我们善于处理局部和全局、当前和长远、重点和非重点的关系，在权衡利弊中趋利避害、作出最为有利的战略抉择。”① 这进一步丰富和发展了统筹兼顾的方法。

总之，“五位一体”总体布局不仅坚持了科学发展观的基本思想，而且还结合新的时代问题和实践条件，进一步推进和促成了中国特色社会主义社会发展的理论创新和实践创新。

三、开拓当代中国马克思主义和二十一世纪中国马克思主义社会发展理论新境界

党的十八大以来，以习近平同志为核心的党中央，在带领全国人民建设中国特色社会主义的征程中，按照“五位一体”的中国特色社会主义总体布局，协调推进“四个全面”战略布局，树立创新、协调、绿色、开放、共享“新发展理念”，提出了一系列关于社会发展的新理念新思想新战略，开拓了当代中国马克思主义和二十一世纪中国马克思主义社会发展理论的新境界。

1. 发展新理念的整体性和创新性

党的十八大以来，以习近平同志为核心的党中央提出了创新、协调、绿色、开放、共享的新发展理念，形成了一个有机的整体性的指导理念，指明了我国的发展思路、发展方向和发展着力点。改革开放以来，从以经济建设为中心、发展是硬道理，到发展是党执政兴国的第一要务，到坚持

① 习近平．论党的宣传思想工作．北京：中央文献出版社，2020：129-130.

科学发展、全面协调可持续发展，每一次发展理念、发展思路的创新和完善，都实现了发展的新跨越。创新、协调、绿色、开放、共享的新发展理念，集中反映了我们党对经济社会发展规律认识的进一步深化，是中国特色社会主义社会发展理论的又一次重大创新。创新发展，力求解决发展动力问题。只有将创新作为发展的基点，才能塑造更多依靠创新驱动、更多发挥先发优势的引领型发展。协调发展，力求解决发展的不平衡问题。只有坚持区域协同、城乡一体、军民协同、物质文明和精神文明并重，才能在协调发展中拓宽发展空间，在加强薄弱领域中增强发展后劲。绿色发展，力求解决人与自然和谐共生的问题。只有加快推动形成绿色化的发展方式和生活方式，才能协同推进人民富裕、国家富强、中国美丽。开放发展，力求解决发展的内外联动问题。只有积极引领全球化，丰富对外开放内涵，提高对外开放水平，才能开创对外开放新局面，形成深度融合的互利合作格局。共享发展，目标是解决社会公平正义问题。只有让广大人民群众共享改革发展成果，才能真正体现社会主义制度的优越性。实际上，这五大发展理念相互贯通、相互促进，是具有内在联系的集合体。“我们要深刻认识我国仍处于并将长期处于社会主义初级阶段这个最基本的国情，始终牢记发展是硬道理、发展必须是科学发展，牢牢把握中国特色社会主义事业总体布局，正确处理发展中的重大关系，坚持以经济建设为中心，加快转变经济发展方式，加快推进供给侧结构性改革，坚定走生产发展、生活富裕、生态良好的文明发展道路，努力实现更高质量、更有效率、更加公平、更可持续的发展。”① 总之，新发展理念体现了对新的发展阶段基本特征的深刻洞悉，也体现了对社会主义本质要求和发展方向的科学把握，标志着我们党对发展规律的认识到了新的高度。

2. 发展新思想的整体性和创新性

落实创新、协调、绿色、开放、共享的新发展理念，首先就要解决为了谁这个根本问题。党的十八届五中全会首次提出以人民为中心的发展思想，体现了坚持人民群众的历史主体地位的内在要求，彰显了人民至上的价值取向，确立了落实新发展理念必须坚持的基本原则。习近平指出：

---

① 十八大以来重要文献选编：下. 北京：中央文献出版社，2018：384.

“我们要坚持以人民为中心的发展思想，抓住人民最关心最直接最现实的利益问题，不断实现好、维护好、发展好最广大人民根本利益，努力使全体人民学有所教、劳有所得、病有所医、老有所养、住有所居。全面建成小康社会，不仅要如期实现，而且在地域上、人群上一个都不能少。最艰巨的任务是脱贫攻坚，最繁重的工作是保障各方面困难群众基本生活。我们要坚定信心、扎实工作，坚决打赢脱贫攻坚战，切实关心和扶持各类困难群众，努力建成人民群众满意、高质量的小康社会。”① 从这个意义上说，以人民为中心的发展思想与新发展理念之间具有不可割裂的内在关系，以人民为中心回答的是发展问题上的价值方向、价值目标问题，新发展理念解决的是如何实现发展、如何更好地实现发展的问题。只有把这两个方面统一起来，才能建构反映人民利益的科学的完整的发展理论。实际上，不仅新发展理念是一个有机整体，而且以人民为中心的发展思想也是一个系统的理论体系。从中国共产党的立党宗旨和执政使命来看，新发展思想体现了全心全意为人民服务的根本宗旨。在新的时代条件下，就是要把保证人民过上美好生活作为发展的目标和归宿，把增进人的福祉、促进人的全面发展作为发展的出发点和落脚点。从历史的主体方面来看，新发展思想体现了人民是历史创造者的唯物史观。当前，这就是要贯彻群众路线，坚持发展为了人民、发展依靠人民、发展成果由人民共享、发展业绩由人民评价。从社会主义社会的根本原则和发展方向来看，新发展思想体现了共同富裕的目标要求。实际上，以人民为中心的发展思想不仅在理论上具有强大的贯通性，从价值的维度反映了马克思主义及其中国化形态的内在一致性，而且，从新发展思想落实的实践层面来看，它还涵盖为了促进人的发展、实现全体人民共同富裕而制定的一系列具体的指导思想、路线方针。这包括推进供给侧结构性改革，实施精准扶贫和精准脱贫，推进新型工业化、信息化、城镇化、农业现代化和绿色化同步发展等。这些政策和措施，都是以人民为中心的发展思想的具体要求，都是为了提高发展的质量和效益，从而生产出更多更好的物质文化产品，满足人民日益增长的物质文化需要。当然，以人民为中心的发展思想，自然还包括实践层面

---

① 十八大以来重要文献选编：下. 北京：中央文献出版社，2018：385-386.

的调整收入分配格局，完善再分配调节机制，从而解决好社会收入差距问题，使发展成果更多惠及全体人民。

3. 发展新战略的整体性和创新性

党的十八大以来，我们坚持全面建成小康社会和全面建设社会主义现代化国家的发展战略，同时，又推进各方面的具体发展战略。从发展总体战略来看，按照我国社会主义现代化建设的“三步走”战略和“两个一百年”的奋斗目标，全面建成小康社会和全面建设社会主义现代化国家，明确了我国发展的未来方向和发展目标。在全面建成小康社会和开启全面建设社会主义现代化国家新征程的关键时刻，习近平进一步突出了中国式现代化的一般意义。从其内涵来看，中国式现代化是人口规模巨大的现代化，是全体人民共同富裕的现代化，是物质文明和精神文明相协调的现代化，是人与自然和谐共生的现代化，是走和平发展道路的现代化。中国式现代化不仅是对南北问题这一全球性问题的科学解答，而且有助于终结西方式现代化的霸权地位，增强中国人民和世界人民自主建设现代化的自信和自觉。在具体的发展战略上，这些发展战略，构成了总体布局实践中的几个精彩篇章。从经济社会发展的全局来看，这几个发展战略之间不是相互孤立的，而是体现出一种系统的、有机的、整体的联系。当前，“适应和引领经济发展新常态，推进供给侧结构性改革，根本要靠创新”①。只有深入实施创新驱动发展战略，推进以科技创新为核心的全面创新，才能加快形成以创新为引领和支撑的经济体系和发展模式。只有实施好创新驱动发展战略，切实增强我国的科技实力和国际竞争力，才能提高“一带一路”建设的交流水平和合作层次，才能使各种区域走上内涵发展的道路。换言之，实现各种区域发展等可以有效整合这些地区的强大的科技资源和人文优势，培育创新的土壤，激发创新的势能，促进这些地区的发展从要素驱动为主转向创新驱动为主。而且，由于京津冀地区和长江经济带在全国发展中的地位举足轻重，其在创新驱动上的先进经验将有效引领创新型国家建设，进而提升“一带一路”建设的内涵和层次。实际上，从空间的维度来看，京津冀协同发展、长江经济带发展、粤港澳大湾区建设、长三

---

① 习近平关于社会主义经济建设论述摘编. 北京：中央文献出版社，2017：154.

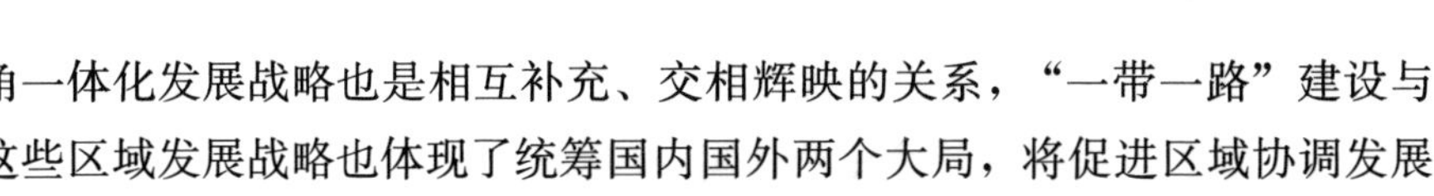

角一体化发展战略也是相互补充、交相辉映的关系，“一带一路”建设与这些区域发展战略也体现了统筹国内国外两个大局，将促进区域协调发展与提升对外开放水平统一起来，实现内外联动、有效互动的发展新思路。

这样，在开辟当代中国马克思主义和21世纪中国马克思主义发展新境界的过程中，我们也开启了当代中国马克思主义和21世纪中国马克思主义社会发展理论的新征程。

总之，“五位一体”总体布局坚持了马克思主义的立场、观点和方法，并结合当代中国的时代特征和发展实际，实现了社会发展理论的系统深化和开拓创新。“五位一体”总体布局和“四个全面”战略布局、新发展理念一起，共同构成了十八大以来中国共产党治国理政、改革发展的总体规划和科学方略，并为实现“两个一百年”奋斗目标和中华民族伟大复兴中国梦提供了最基本的理论架构和行动战略。

第九章　推进中国特色社会主义总体布局的文明愿景

统筹推进中国特色社会主义总体布局，不仅与文明结构（文明要素）和文明演进（文明历程）密切相关，而且与中华文明和世界文明紧密相连。党的十九届六中全会指出："党领导人民成功走出中国式现代化道路，创造了人类文明新形态，拓展了发展中国家走向现代化的途径，给世界上那些既希望加快发展又希望保持自身独立性的国家和民族提供了全新选择。"① 这样，"五位一体"的中国特色社会主义总体布局就开辟了人类文明发展的新天地，开辟了马克思主义文明理论发展的新境界。

第一节　文明要素在推进总体布局中的自我创生

党的十八大创造性地将生态文明纳入中国特色社会主义总体布局中。这样，就在文明系统的构成上，尤其是在社会主义文明系统的构成上，实

① 中共中央关于党的百年奋斗重大成就和历史经验的决议. 人民日报，2021-11-17 (1).

现了由“二分法”（物质文明—精神文明）、“三分法”（物质文明—政治文明—精神文明）到“五分法”（物质文明—政治文明—精神文明—社会文明—生态文明）的创造性改变，从而扩展了文明系统，尤其是扩展了社会主义文明系统的内涵和外延（见表9-1）。

表9-1　人类文明系统的构成

人的需要	人的活动	文明系统
物质需要	生产活动	物质文明
政治需要	政治活动	政治文明
精神需要	文化活动	精神文明
社会需要	社会活动	社会文明
生态需要	生态活动	生态文明

一般来讲，人的需要是一个不断丰富的系统。围绕着满足人的物质需要，形成了人的生产活动，生产活动的积极的进步的成果就是物质文明。围绕着满足人的政治需要，形成了人的政治活动，政治活动的积极的进步成果就是政治文明。围绕着满足人的精神文化需要，形成了人的文化活动，文化活动的积极的进步成果就是精神文明。围绕着满足人的社会需要，形成了人的社会活动，社会活动的积极进步的成果就是社会文明。围绕着满足人的生态需要，形成了人类的生态活动，生态活动的积极进步的成果就是生态文明。当然，这几个方面也存在着复杂的互动和交叉作用，而不是简单的一一对应的关系。“五位一体”的中国特色社会主义总体布局，不仅是对社会发展整体规律的科学把握，而且是对人类文明系统构成的科学表达。按照“五位一体”总体布局推进中国特色社会主义建设的过程，就是社会主义物质文明、政治文明、精神文明、社会文明和生态文明的自我创生和自我完善的过程，就是社会主义文明系统的自我创生和自我完善的过程。

一、物质文明在推进经济建设中的自我创生和自我完善

物质文明是人类文明系统的首要构成要素。今天，按照“五位一体”的总体布局推进中国特色社会主义经济建设，就是要建设高度发达的社会

主义物质文明。

物质文明是人类实践在经济结构中所积淀的积极进步成果的总和。物质生产是形成人类文明的基本条件和基本动力。在这个过程中，形成了物质文明。物质文明是人类改造自然过程中获得的物质成果的总和（人类创造物质财富的总和），是人类社会赖以生存和发展的基础，是社会进化的基础性标志。物质文明主要表现在生产工具、生产条件等生产力状况和人类的物质生活水平的提高两个方面。在这个意义上，可以把生产力看作是"文明的果实"，因此，人们必须通过变革生产关系来保护这种果实。这样，人类文明才能延续下去。这在于，"随着在文明时代获得最充分发展的奴隶制的出现，就发生了社会分成剥削阶级和被剥削阶级的第一次大分裂。这种分裂继续存在于整个文明期。奴隶制是古希腊罗马时代世界所固有的第一个剥削形式；继之而来的是中世纪的农奴制和近代的雇佣劳动制。这就是文明时代的三大时期所特有的三大奴役形式；公开的而近来是隐蔽的奴隶制始终伴随着文明时代"①。在这个意义上，判断物质文明的发达程度，不仅要有事实尺度，而且要有价值尺度，即作为物质文明创造者的生产者能否平等地享有物质文明成果。因此，在严格意义上，只有社会主义物质文明才是先进的。在总体上，社会主义物质文明是社会主义经济建设所取得的积极进步成果的总和，是所有社会主义建设活动所取得的物质成果的总和。

在社会主义改造任务完成之后，我国社会的主要矛盾转变为人民群众日益增长的物质文化需要同落后的社会生产之间的矛盾。但是，我国仍处于并将长期处于社会主义初级阶段的基本国情没有变。因此，必须始终坚持"以经济建设为中心"不动摇，通过经济建设来更好地满足人民群众日益增长的物质需要，从而推动物质文明的发展。党的十八大以来，以习近平同志为核心的党中央科学分析我国经济发展的新常态，坚持以人民为中心的发展思想，提出并落实新发展理念，贯彻稳中求进工作总基调，大力推进供给侧结构性改革，就推动我国社会主义经济建设做出一系列重大决策和工作部署，推动我国社会主义物质文明持续健康发展。在社会主义经

① 马克思，恩格斯. 马克思恩格斯文集：第 4 卷. 北京：人民出版社，2009：195.

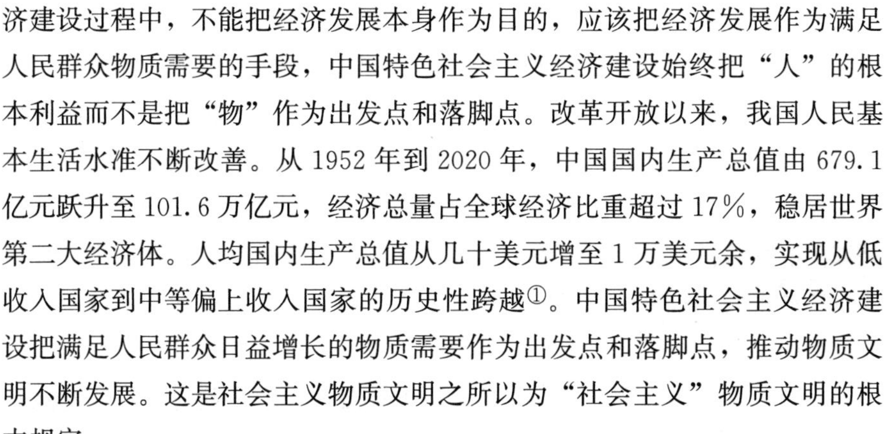

济建设过程中，不能把经济发展本身作为目的，应该把经济发展作为满足人民群众物质需要的手段，中国特色社会主义经济建设始终把“人”的根本利益而不是把“物”作为出发点和落脚点。改革开放以来，我国人民基本生活水准不断改善。从 1952 年到 2020 年，中国国内生产总值由 679.1 亿元跃升至 101.6 万亿元，经济总量占全球经济比重超过 17%，稳居世界第二大经济体。人均国内生产总值从几十美元增至 1 万美元余，实现从低收入国家到中等偏上收入国家的历史性跨越①。中国特色社会主义经济建设把满足人民群众日益增长的物质需要作为出发点和落脚点，推动物质文明不断发展。这是社会主义物质文明之所以为“社会主义”物质文明的根本规定。

总之，社会主义物质文明是在统筹推进总体布局的进程中自我创生和自我发展的。当然，经济建设是其首要的基础和动力。

二、政治文明在推进政治建设中的自我创生和自我完善

政治文明是人类文明系统的重要构成要素。按照“五位一体”中国特色社会主义总体布局推进中国特色社会主义政治建设，必须建设高度发达的社会主义政治文明。

政治文明是人类实践在政治结构中所积淀的积极进步成果的总和。从文明的发展来看，人类文明的发展过程其实就是政治文明发展的过程。马克思指出：“执行权力。集权制和等级制。集权制和政治文明。联邦制和工业化主义。国家管理和公共管理。”② 这里，在与集权制相对的意义上，马克思首次明确提出“政治文明”的概念。从文明的构成来看，政治文明是文明体系的一个基本的组成部分，是人类实践在政治结构中的政治生活和政治建设中所形成的积极进步的成果总和。政治结构是建立在经济结构基础之上的政治法律设施、政治法律制度及其相互关联的方式，包括政党、政权结构、军队、警察、法庭和监狱等实体性要素以及政权的组织形式、立法、司法、宪法和规章等规约性要素。在社会有机体中，政治结构

① 中华人民共和国国务院新闻办公室．中国的全面小康．人民日报，2021-09-29 (10).

② 马克思，恩格斯．马克思恩格斯全集：第 42 卷．北京：人民出版社，1979：238.

是在国家产生的过程中形成的。因此，阶级性是政治文明的显著甚至是本质的特征。随着私有制的出现，剥削阶级为了维护既得利益，创造了国家。但是，在私有制条件下，国家只能是一种虚幻共同体。无产阶级革命把国家主权重新收回并且交回到人民群众的手中，人民群众在无产阶级革命中能够组成自己的力量去代替压迫他们的有组织的力量，无产阶级革命是人民群众获得社会解放的政治形式。社会主义政治文明是社会主义政治建设所取得的积极进步成果的总和，是所有社会主义建设活动所取得的政治成就的总和。

社会主义政治文明的价值原则决定了社会主义政治建设的核心必然是发展社会主义民主。社会主义建设经验表明，没有民主就没有社会主义，没有民主就没有社会主义现代化。社会主义民主的核心是人民当家作主。我国《宪法》第二条明确规定："中华人民共和国的一切权力属于人民。人民行使国家权力的机关是全国人民代表大会和地方各级人民代表大会。人民依照法律规定，通过各种途径和形式，管理国家事务，管理经济和文化事业，管理社会事务。"① 社会主义法治建设就是通过法律途径保障最广大人民群众的根本利益，使人民民主制度化。党的十八大以来，以习近平同志为核心的党中央高度重视社会主义民主和社会主义法治的发展，提出了实现国家治理体系和治理能力现代化的任务，提出了建设法治中国的任务，我国社会主义政治文明建设取得了重要进展。第十三届全国人民代表大会代表中，一线工人、农民代表占15.7%，56个民族都有本民族代表。政协第十三届全国委员会委员中，非中共委员占60.2%。妇女参与决策和管理的比例越来越高，第十三届全国人民代表大会有女代表742人，占24.9%；政协第十三届全国委员会有女委员441人，占20.4%②。这些社会主义政治建设的成果就形成了社会主义政治文明。另外，协商民主是公民实现有序政治参与的重要途径。习近平指出："在中国社会主义制度下，有事好商量，众人的事情由众人商量，找到全社会意愿和要求的最大公约

① 中华人民共和国宪法．人民日报，2018-03-22（1）．

② 中华人民共和国国务院新闻办公室．中国的全面小康．人民日报，2021-09-29（10）．

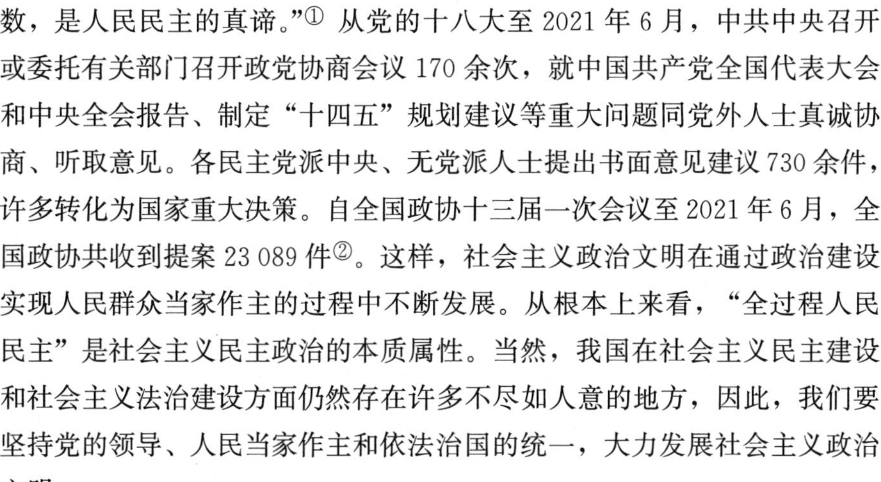

数，是人民民主的真谛。”[①] 从党的十八大至2021年6月，中共中央召开或委托有关部门召开政党协商会议170余次，就中国共产党全国代表大会和中央全会报告、制定“十四五”规划建议等重大问题同党外人士真诚协商、听取意见。各民主党派中央、无党派人士提出书面意见建议730余件，许多转化为国家重大决策。自全国政协十三届一次会议至2021年6月，全国政协共收到提案23 089件[②]。这样，社会主义政治文明在通过政治建设实现人民群众当家作主的过程中不断发展。从根本上来看，“全过程人民民主”是社会主义民主政治的本质属性。当然，我国在社会主义民主建设和社会主义法治建设方面仍然存在许多不尽如人意的地方，因此，我们要坚持党的领导、人民当家作主和依法治国的统一，大力发展社会主义政治文明。

总之，社会主义政治文明是在统筹推进总体布局的过程中自我创生和自我发展的。其中，政治建设的目标和成果直接指向的就是政治文明。

三、精神文明在推进文化建设中的自我创生和自我完善

精神文明是人类文明系统的重要构成要素。在当代中国，按照“五位一体”的总体布局推进中国特色社会主义文化建设，就是要大力建设高度发达的社会主义精神文明。

精神文明是人类实践在文化结构中所积淀的积极进步成果的总和。在社会有机体中，社会意识和意识形态构成了社会的文化结构，由此构成了人类的文化生活和文化建设的领域。人类的精神生产就是在这个领域中进行的。“适应自己的物质生产水平而生产出社会关系的人，也生产出**各种观念、范畴**，即恰恰是这些社会关系的抽象的、观念的表现。”[③] 这里的“生产出各种**观念、范畴**”是人类进行精神生产所创造的成果即精神文明。精神文明建设主要由思想道德建设和科学文化建设两个方面构成，而人类的思想道德素质和科学文化素质的提升必须通过教育来实现。“显而易见，

---

① 十八大以来重要文献选编：中．北京：中央文献出版社，2016：73.

② 中华人民共和国国务院新闻办公室．中国的全面小康．人民日报，2021-09-29（10）.

③ 马克思，恩格斯．马克思恩格斯文集：第10卷．北京：人民出版社，2009：49.

社会成员中受过教育的人会比愚昧无知的没有文化的人给社会带来更多的好处。如果说无产阶级在受了教育之后必然不愿再忍受现代无产阶级所受的那种压迫，那末从另一方面来看，和平改造社会时所必需的那种冷静和慎重只有**受过教育的**工人阶级才能具有。”① 这表明，通过教育来提升无产阶级的思想境界和科学文化素质对于无产阶级的解放斗争和社会的发展具有重要的促进作用。在一定经济基础之上产生的精神文明总是一定经济基础的代言人，在经济上占统治地位的阶级在思想文化领域中同样占统治地位，因此，精神文明同样具有鲜明的阶级性。社会主义精神文明是社会主义社会的本质特征。社会主义精神文明是社会主义文化建设所取得的积极进步成果的总和，是所有社会主义建设活动所取得的思想文化方面的成果的总和。

在中国社会主义建设的过程中，中国共产党人十分重视社会主义文化建设，十分重视社会主义精神文明建设。按照物质文明和精神文明两手抓、两手都要硬的方针，1986 年 9 月，我们党通过了《中共中央关于社会主义精神文明建设指导方针的决议》，明确了社会主义精神文明的战略地位。党的十八大以来，以习近平同志为核心的党中央高度重视社会主义精神文明建设，推动社会主义精神文明建设在理论和实践上不断取得新成就、创造新经验。2015 年 10 月，《中共中央关于繁荣发展社会主义文艺的意见》发布。2017 年 5 月，中共中央印发了《关于加快构建中国特色哲学社会科学的意见》。随着社会主义文化建设事业的推进，我们在社会主义精神文明方面取得了一系列重大成果。例如，我国公共文化服务体系建设加速推进，文学艺术、新闻出版、广播影视和体育事业蓬勃发展，少数民族地区文化事业发展迅速，老年人、残疾人和进城务工人员等群体的文化发展受到高度重视。截至 2020 年底，全国共有公共图书馆 3 212 个、美术馆 618 个、博物馆 5 788 家、文化馆 3 327 个、乡镇综合文化站 32 825 个、村级综合性文化服务中心 57.5 万多个。所有公共图书馆、文化馆、文化站、美术馆和 90%以上的博物馆已实行免费开放。广播节目综合人口覆盖率为 99.4%，电视节目综合人口覆盖率为 99.6%。全国共有体育场地

① 马克思，恩格斯．马克思恩格斯全集：第 2 卷．北京：人民出版社，1957：614.

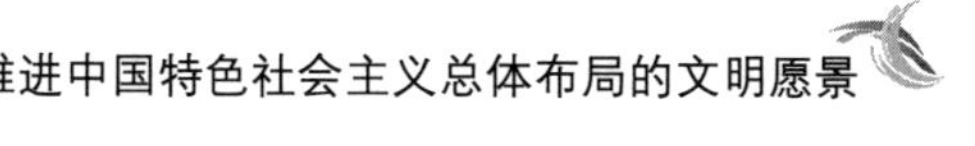

371.3万个，体育场地面积31亿平方米，人均体育场地面积达2.2平方米[①]。但是，我国文化发展的总体水平还不高，同经济发展还不相适应，同人民群众日益增长的精神文化需求还不相适应。为此，我们必须坚持为人民服务、为社会主义服务的“二为”方向，必须坚持百花齐放、百家争鸣的“双百”方针，进一步加大文化建设的力度，推进文化大繁荣大发展，更好地满足人民日益增长的精神文化需求，丰富人民精神世界，增强人民的精神力量，促进人的全面发展。

总之，社会主义精神文明建设是在整体推进总体布局过程中自我创生和自我完善的。文化建设的目标和成果直接指向的就是精神文明。

四、社会文明在推进社会建设中的自我创生和自我完善

社会文明是人类社会文明系统的重要构成要素。按照“五位一体”的总体布局推进中国特色社会主义社会建设，就是要建设高度发达的社会主义社会文明。

社会文明是人类实践在社会结构中所积淀的积极进步成果的总和。社会结构有广义和狭义之分。在人类历史上，“以一定的方式进行生产活动的一定的个人，发生一定的社会关系和政治关系。经验的观察在任何情况下都应当根据经验来揭示社会结构和政治结构同生产的联系，而不应当带有任何神秘和思辨的色彩。社会结构和国家总是从一定的个人的生活过程中产生的”[②]。这里的社会结构就是狭义的社会结构，主要指社会生活和社会交往领域。人类的社会生活和社会建设就是在社会结构中展开的。社会文明是社会建设实践的成果，是社会素质的综合体现。一般而言，在社会结构中所积淀的社会生活和社会建设的积极进步成果总和构成了社会文明。当然，社会主义社会文明有其内在的规定和特征。社会文明反映着人类社会治理水平的提高和社会生活状况的改善，并随着人类社会的发展而不断提高。社会文明的形成与发展总是在一定的社会形态中进行的，尤其是在生产资料私有制的情况下，根本不可能存在公平正义。因此，社会文

---

① 中华人民共和国国务院新闻办公室. 中国的全面小康. 人民日报，2021-09-29 (10).

② 马克思，恩格斯. 马克思恩格斯文集：第1卷. 北京：人民出版社，2009：523-524.

明也具有明显的阶级性。“只有在没有阶级和阶级对抗的情况下，**社会进化**将不再是**政治革命**。”① 社会主义社会文明是社会主义社会建设所取得的积极进步成果的总和，是所有社会主义建设活动在实现社会和谐方面所取得的积极进步成果的总和。只有到实现共产主义社会的时候，才会达到最理想的社会文明。

在社会主义革命、建设和改革开放的过程中，中国共产党人以致力于改善民生为己任，不断强化和改善社会管理和社会治理。早在革命时期，毛泽东就指出：“在我们党领导的解放区，不仅社会上的人都有人格、独立性和自由，而且在我们党的教育下，更发展了他们的人格、独立性和自由。”② 通过社会主义改造，我们将一个旧社会改造成为了一个新社会。改革开放以来，在加强社会主义社会建设的过程中，我们党创造性地提出了构建社会主义和谐社会的战略构想。社会和谐是中国特色社会主义的本质属性，是国家富强、民族振兴、人民幸福的重要保证。党的十八大以来，以习近平同志为核心的党中央十分重视社会建设和社会治理。社会建设主要包括推进社会事业发展和创新社会治理方式两个方面。推进社会事业发展，就是要深化教育领域综合改革，健全促进就业创业体制机制，形成合理有序的收入分配格局，建立更加公平可持续的社会保障制度，深化医药卫生体制改革，实现发展成果更多更公平惠及全体人民。创新社会治理方式，必须着眼于维护最广大人民根本利益，加强系统治理、依法治理、综合治理、源头治理，最大限度增加和谐因素，增强社会发展活力，提高社会治理水平。现在，我国人民健康权保障水平大幅提高，覆盖全社会的保障体系基本建成，社会救助力度不断加大，教育公平得到更好落实。中国学前教育普及率、普惠率超过 84%，九年义务教育巩固率达到 95%以上。中国人均预期寿命从 1981 年的 67.8 岁增长到 2019 年的 77.3 岁，婴儿死亡率从改革开放初期的 37.6‰下降到 2020 年的 5.4‰，孕产妇死亡率从 2002 年的 43.2/10 万下降到 2020 年的 16.9/10 万③。这充分展现了社

① 马克思，恩格斯．马克思恩格斯文集：第 1 卷．北京：人民出版社，2009：655.

② 毛泽东．毛泽东文集：第 3 卷．北京：人民出版社，1996：416.

③ 中华人民共和国国务院新闻办公室．中国的全面小康．人民日报，2021-09-29（10）.

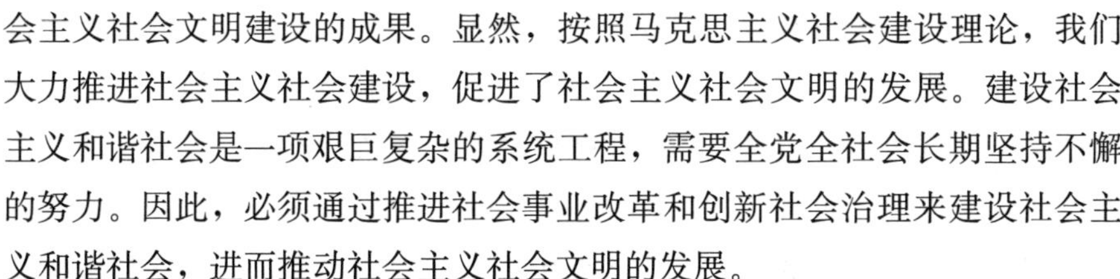

会主义社会文明建设的成果。显然，按照马克思主义社会建设理论，我们大力推进社会主义社会建设，促进了社会主义社会文明的发展。建设社会主义和谐社会是一项艰巨复杂的系统工程，需要全党全社会长期坚持不懈的努力。因此，必须通过推进社会事业改革和创新社会治理来建设社会主义和谐社会，进而推动社会主义社会文明的发展。

总之，社会主义社会文明是在统筹推进总体布局中自我创生和自我完善的。社会建设的目标和成果就是建设高度发达的社会主义社会文明。

五、生态文明在推进生态文明建设中的自我创生和自我完善

生态文明是人类文明系统的重要构成要素。按照“五位一体”总体布局推进中国特色社会主义生态文明建设，就是要建设高度的社会主义生态文明。

生态文明是人类实践在生态结构中所积淀的积极进步成果的总和。社会是在自然提供的物质平台的基础上开始自己的演化。“任何历史记载都应当从这些自然基础以及它们在历史进程中由于人们的活动而发生的变更出发。”① 以劳动为基础和中介，随着人与自然之间物质变换的展开，在社会有机体中就形成了一个由社会与自然交往而形成的独立层次——生态结构。生态结构是人（社会）和自然的相互作用的过程中形成的社会系统的一个特定的层次结构。在这个层次结构中，自然系统成为社会系统的组成部分，为社会系统和人的生存与发展提供物料、能源和信息等方面的支持，并且对经济结构、政治结构、文化结构和社会结构具有重大的制约与影响。这样，在物质、政治、文化与社会生活之外，就形成了人类的生态生活的领域。随着人类文明的发展，人与自然在进行正常的物质变换的同时，也加剧了冲突。“文明和产业的整个发展，对森林的破坏从来就起很大的作用，对比之下，它所起的相反的作用，即对森林的护养和生产所起的作用则微乎其微。”② 为了化解这些生态困境和生态危机，人类在与自然交往的过程中要正确地处理人与自然的关系，通过人类自己的以节约资源

① 马克思，恩格斯．马克思恩格斯文集：第1卷．北京：人民出版社，2009：519.
② 马克思，恩格斯．马克思恩格斯文集：第6卷．北京：人民出版社，2009：272.

与保护环境为主要内容的生态活动来加强生态文明建设，从而形成人与自然和谐发展的新格局。生态文明就是在这个过程中形成的。简言之，生态文明是人化自然和人工自然的积极进步成果的总和。当然，人与自然的关系要受到人与人之间的社会关系的影响和制约，尤其是受生产资料所有制的影响和制约。资本主义生产资料私有制是干扰和破坏人与自然和谐发展的最大因素，这是因为在资本主义私有制条件下，掌握生产资料的资本家为了追求剩余价值的最大化不断地剥削工人和掠夺自然，从而造成了资本主义生态危机，并通过全球化把污染转移到发展中国家。因此，只有消灭资本主义私有制，建立社会主义公有制，才能为实现人与自然的和谐发展提供前提保障。在这个意义上，只有社会主义才能与生态文明相融合。社会主义生态文明是社会主义生态文明建设积极进步成果的总和，是其他社会主义建设活动在促进人与自然和谐发展方面形成的成果。

在我国社会主义建设过程中，中国共产党人十分重视人与自然的和谐发展。1972 年，我国就正式开始了环境保护和环境外交的历程。改革开放以来，我国相继将计划生育、节约资源、环境保护确立为基本国策，将可持续发展战略确立为我国社会主义现代化建设的重大战略。在此基础上，党的十七大将生态文明确立为全面建设小康社会奋斗目标的新要求，党的十八大将生态文明纳入中国特色社会主义总体布局中。党的十八大以来，以习近平同志为核心的党中央十分重视生态文明建设，从顶层设计的高度提出了加强生态文明建设的一系列意见。2018 年 5 月 18 日至 19 日，全国生态环境保护大会召开。在这次大会上，正式提出了习近平生态文明思想，并确立了其在生态文明建设中的指导地位。党的十八大以来，我们党从思想、法律、体制、组织、作风上全面发力，全方位、全地域、全过程加强生态环境保护，推动划定生态保护红线、环境质量底线、资源利用上线，开展一系列根本性、开创性、长远性工作，我国生态环境保护发生历史性、转折性、全局性变化。一是持续打好蓝天、碧水、净土保卫战。2020 年，全国地级及以上城市空气质量优良天数比例为 87.0%；PM2.5 未达标地级及以上城市平均浓度比 2015 年下降 28.8%；地表水水质优良率达到 83.4%，居民集中式生活饮用水水源达标率为 94.5%，地级及以上

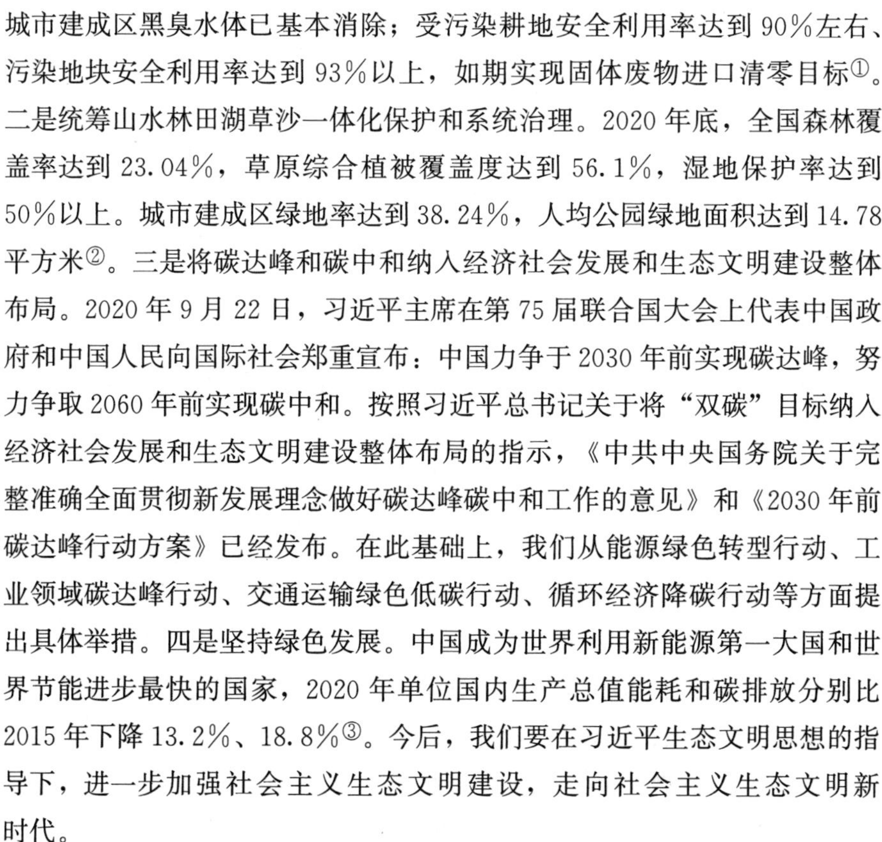

城市建成区黑臭水体已基本消除；受污染耕地安全利用率达到90%左右、污染地块安全利用率达到93%以上，如期实现固体废物进口清零目标[①]。二是统筹山水林田湖草沙一体化保护和系统治理。2020年底，全国森林覆盖率达到23.04%，草原综合植被覆盖度达到56.1%，湿地保护率达到50%以上。城市建成区绿地率达到38.24%，人均公园绿地面积达到14.78平方米[②]。三是将碳达峰和碳中和纳入经济社会发展和生态文明建设整体布局。2020年9月22日，习近平主席在第75届联合国大会上代表中国政府和中国人民向国际社会郑重宣布：中国力争于2030年前实现碳达峰，努力争取2060年前实现碳中和。按照习近平总书记关于将“双碳”目标纳入经济社会发展和生态文明建设整体布局的指示，《中共中央国务院关于完整准确全面贯彻新发展理念做好碳达峰碳中和工作的意见》和《2030年前碳达峰行动方案》已经发布。在此基础上，我们从能源绿色转型行动、工业领域碳达峰行动、交通运输绿色低碳行动、循环经济降碳行动等方面提出具体举措。四是坚持绿色发展。中国成为世界利用新能源第一大国和世界节能进步最快的国家，2020年单位国内生产总值能耗和碳排放分别比2015年下降13.2%、18.8%[③]。今后，我们要在习近平生态文明思想的指导下，进一步加强社会主义生态文明建设，走向社会主义生态文明新时代。

总之，社会主义生态文明是在统筹推进总体布局的过程中尤其是在生态文明建设中自我创生和自我完善的。

从总体上来看，在整个人类文明系统中，物质文明为其他文明提供经济物质基础，政治文明为其他文明提供政治保障，精神文明为其他文明的发展提供精神动力和智力支持，社会文明为其他文明提供社会运行条件，生态文明构成了其他文明的物质外壳。这样，物质文明、政治文明、精神文明、社会文明和生态文明的相互作用，就构成了整个人类文明系统。同样，社会主义文明是由社会主义物质文明、政治文明、精神文明、社会文

---

① 中华人民共和国国务院新闻办公室. 中国的全面小康. 人民日报，2021-09-29 (10).

② 同①.

③ 同①.

明和生态文明构成的复杂系统。根据党的十九大精神，我国宪法明确规定，必须“推动物质文明、政治文明、精神文明、社会文明、生态文明协调发展，把我国建设成为富强民主文明和谐美丽的社会主义现代化强国，实现中华民族伟大复兴”①。只有“五大文明”全面发展、共同发展、协调发展，才是真正的社会主义。我们系统推进总体布局，就是要实现“五大文明”全面发展、共同发展、协调发展。

第二节　文明形态在推进总体布局中的永续演进

文明总是具体的、历史的。就我国的发展阶段和历史方位来看，农业产业化的任务尚未完成，仍然处于工业化发展的中后期，又面临着信息化的挑战。习近平指出：“我国进入了新型工业化、信息化、城镇化、农业现代化同步发展、并联发展、叠加发展的关键时期，给自主创新带来了广阔发展空间、提供了前所未有的强劲动力。”② 可见，实现“新四化”（新型工业化、信息化、城镇化、农业现代化）是我国目前现代化要完成的基本任务。由于绿色化（生态化）是现代化的前提和保证，因此，2015 年 4 月，《中共中央国务院关于加快推进生态文明建设的意见》提出，必须“把生态文明建设放在突出的战略位置，融入经济建设、政治建设、文化建设、社会建设各方面和全过程，协同推进新型工业化、信息化、城镇化、农业现代化和绿色化”③。这里，协同推进“新四化”和绿色化，就意味着要实现“新四化”和绿色化的融合。这种融合的结果就是要实现新型农业文明和生态文明、新型乡村文明和生态文明、新型工业文明和生态文明、新型城市文明和生态文明、现代智能文明（信息文明或数字文明）和生态文明的和谐共融，从技术社会形态上促进文明形态的永续演进。

---

① 中华人民共和国宪法. 人民日报，2018-03-22（1）.

② 十八大以来重要文献选编：中. 北京：中央文献出版社，2016：21.

③ 同②486.

表 9－2　技术社会形态与文明形态的演进历程

技术标志	弓箭	铁犁	大机器	计算机
社会形态	渔猎社会	农业社会	工业社会	信息社会
文明形态	渔猎文化	农业文明	工业文明	信息文明

一、实现新型农业文明和生态文明的融合

农业现代化是现代化的基础和起点。在实现农业现代化的过程中，我们必须吸取西方农业现代化的教训，将绿色化作为农业现代化的发展方向，协调推进新型农业现代化和绿色化。

（1）从传统农业文明到新型农业文明的跃迁。从渔猎社会向农业社会的转变过程，其实就是从野蛮向文明的转变过程。“城乡之间的对立是随着野蛮向文明的过渡、部落制度向国家的过渡、地域局限性向民族的过渡而开始的，它贯穿着文明的全部历史直至现在”[①]。在这个意义上，农业社会所形成的成果的总和可称为农业文明。农业文明是人类文明形态发展的第一个阶段。在此基础上，西方社会实现了从农业经济向工业经济、从农业社会向工业社会的转变。从我国的情况来看，农业综合机械化水平发展不平衡，面临自然资源紧缺和生态环境破坏等问题。农民整体素养尤其是信息素养不高，农业规模化生产程度太低，农业信息化与机械化水平有待提高，创新性的农业商业模式匮乏等。因此，我们必须“努力走出一条生产技术先进、经营规模适度、市场竞争力强、生态环境可持续的中国特色新型农业现代化道路”[②]。通过农业现代化，我们要建立高度发达的新型农业文明。新型农业文明不同于人类历史上的技术社会形态意义上的农业社会中人类劳动和社会实践所创造的农业文明（农耕文明），而是在继承传统农业文明成果基础上，在现代科学技术和现代市场经济条件下，建设起来的现代化的农业文明。从农业和自然的关系来看，农业现代化经历了从有机农业到石油农业、从石油农业到生态农业的转变过程。我们必须将绿

① 马克思，恩格斯. 马克思恩格斯文集：第 1 卷. 北京：人民出版社，2009：556.

② 十八大以来重要文献选编：上. 北京：中央文献出版社，2014：703.

色化作为新型农业现代化的发展方向，大力发展绿色智慧的现代生态农业。

（2）夯实绿色智慧的现代生态农业的生态基础。现在，生态农业成为世界农业的发展趋势，绿色化（生态化）成为新型农业现代化的重要标志。但是，反观我国现实，农业资源能源约束趋紧，农业环境污染加剧，农业生态系统退化。这是影响我国农业可持续发展的重大问题。因此，我们必须补齐农业生态建设和质量安全短板，实现资源利用高效、生态系统稳定、产地环境良好、产品质量安全的目标，建设现代高效生态农业。“高效生态农业是集约化经营与生态化生产有机耦合的现代农业。”① 在全面振兴乡村的过程中，我们必须从三个方面实施绿色兴农，着力提升农业的可持续发展水平。第一，必须推进资源保护和生态修复。我们要严格保护耕地，节约高效用水，加强林业和湿地资源保护，着力修复草原生态，强化渔业资源养护，还要维护生物多样性。尤其是在坚守18亿亩耕地红线的同时，必须强化农田生态保护，实施耕地质量保护与提升行动，加大退化、污染、损毁农田改良和修复力度，加强耕地质量调查监测与评价。第二，必须强化农业环境保护。我们要推广水肥一体化、机械深施等施肥模式，集成应用全程农药减量增效技术，逐步降低化肥农药使用量的零增长；推进畜禽粪污综合利用，推广污水减量、厌氧发酵、粪便堆肥等生态化治理模式，推动农业废弃物资源化利用和无害化处理；推广应用低污染、低消耗的清洁种养技术，加强农业面源污染治理，下大力气强化环境突出问题治理。第三，必须确保农产品质量安全。我们要探索建立农药、兽药、饲料添加剂等投入品电子追溯码监管制度和建立健全农产品质量安全风险评估、监测预警和应急处置机制等一系列的制度，着力提升源头控制能力、提升标准化生产能力、提升品牌带动能力、提升风险防控能力、提升农产品质量安全监管能力等，确保农产品安全。这样，才能增强新型农业文明的可持续基础。

（3）强化绿色智慧的现代生态农业的支撑条件。在发展现代高效生态农业的过程中，我们必须强化相关的支撑。一靠政策。除了继续坚持新时

---

① 习近平．之江新语．杭州：浙江人民出版社，2007：109．

期党在农村的基本政策之外，关键是要坚持发展生态农业的政策。为此，我们要落实最严格的耕地保护制度、节约集约用地制度、水资源管理制度、环境保护制度，抓紧编制农业环境突出问题治理总体规划和农业可持续发展规划，抓紧划定生态保护红线，强化监督考核和激励约束。二靠科技。我们“要给农业插上科技的翅膀，按照增产增效并重、良种良法配套、农机农艺结合、生产生态协调的原则，促进农业技术集成化、劳动过程机械化、生产经营信息化、安全环保法治化，加快构建适应高产、优质、高效、生态、安全农业发展要求的技术体系”①。只有大力发展保护农业环境的技术，我们才能建立起环境友好型的农业。目前，应该将数字技术和绿色技术有机地统一起来，运用到现代生态农业的发展当中。三靠投入。我们要强化政府对农业的支持保护，加大农业人财物的投入力度，为农业发展创造良好的条件和环境。“建立以绿色生态为导向的农业补贴制度，要在确保国家粮食安全和农民收入稳定增长前提下，坚持稳妥推进、渐进调整。”② 在总体上，公共财政要坚持把发展生态农业作为支出重点，优先保证生态农业投入稳定增长。四靠改革。我们要始终把改革作为根本动力，坚持家庭经营为基础与多种经营形式共同发展，传统精耕细作与现代物质技术装备相辅相成，实现高产高效与资源生态永续利用协调兼顾，加强政府支持保护与发挥市场配置资源决定性作用功能互补。要以解决好地怎么种为导向加快构建新型农业经营体系，以解决好地少水缺的资源环境约束为导向深入推进农业发展方式转变，以满足吃得好吃得安全为导向大力发展优质安全农产品。只有这样，才能为发展新型农业文明创造适宜的社会条件。

总之，在统筹推进总体布局的过程中，实现农业现代化和绿色化的衔接，实现新型农业文明和生态文明和谐共融，是我国实现农业现代化的必然选择。这里，新型农业文明指农业现代化的成果，以区别于前工业文明时代的农业文明。

---

① 习近平在山东考察工作时强调 认真贯彻党的十八届三中全会精神 汇聚起全面深化改革的强大正能量. 人民日报，2013-11-29 (1).

② 习近平主持召开中央全面深化改革领导小组第二十九次会议强调 全面贯彻党的十八届六中全会精神 抓好改革重点落实改革任务. 人民日报，2016-11-02 (1).

二、实现新型乡村文明和生态文明的融合

在广义上，农业文明包括乡村文明。因此，实现新型农业现代化，还必须加强新型乡村文明建设。根据世界农村发展的经验，必须将绿色化作为建立新型乡村文明的重要发展方向。

（1）从传统乡村文明到新型乡村文明的跃迁。在作为农业文明典型的中国传统社会，乡村文明得到了长足发展，有效维系着农业文明的运转。但是，中国的传统乡村文明建立在血缘宗法制的基础上，成为阻挠社会发展的重大障碍。因此，实现中国特色新型农业现代化，必须建立新型的乡村文明。2005 年，党的十六届五中全会提出，要按照“生产发展、生活宽裕、乡风文明、村容整洁、管理民主”的要求，扎实推进社会主义新农村建设。“三农”问题是一个整体，因此，必须将实现农业现代化和加强新农村建设统一起来。今天，我们按照总体布局推进中国特色社会主义建设，必须统筹农村经济建设和社会建设。习近平指出：“全面建成小康社会，难点在农村。我们既要有工业化、信息化、城镇化，也要有农业现代化和新农村建设，两个方面要同步发展。”① 当然，实现农业现代化和加强新农村建设，必须坚持绿色化导向。建设宜居宜业和美乡村，就是要按照总体布局的要求，将绿色化作为社会主义新农村建设的发展方向。

（2）建设宜居宜业和美乡村的主要原则。第一，坚持客观性原则。建设宜居宜业和美乡村不能单凭热情，更不能想当然，必须遵循客观规律，按规律办事。“新农村建设一定要走符合农村实际的路子，遵循乡村自身发展规律，充分体现农村特点，注意乡土味道，保留乡村风貌，留得住青山绿水，记得住乡愁。”② 在坚持协调发展和共享发展的前提下，绝不能按照发展城市的方法发展农村，也不能照搬国外的做法发展农村，而必须从农村的实际出发。第二，坚持前瞻性原则。建设宜居宜业和美乡村必须加强各项规划工作，用规划引导建设。应该从加快编制村庄规划开始，推行

① 习近平在湖北考察改革发展工作时强调 坚定不移全面深化改革开放 脚踏实地推动经济社会发展. 人民日报，2013-07-24 (1).

② 习近平在云南考察工作时强调 坚决打好扶贫开发攻坚战 加快民族地区经济社会发展. 人民日报，2015-01-22 (1).

以奖促治政策，以治理垃圾、污水为重点，改善村庄人居环境。要制定传统村落保护发展规划，抓紧把有历史文化等价值的传统村落和民居列入保护名录，切实加大投入和保护力度。要加快修订村庄和集镇规划建设管理条例，大力推进县域乡村建设规划编制工作。要完善县域村庄规划，强化规划的科学性和约束力。这样，新农村建设才能事半功倍。第三，坚持具体性原则。我国地域广大，各地的具体情况千差万别，因此，“各地开展新农村建设，应坚持因地制宜、分类指导，规划先行、完善机制，突出重点、统筹协调，通过长期艰苦努力，全面改善农村生产生活条件”①。这样，宜居宜业和美乡村建设才能取得实际成效。第四，坚持系统性原则。宜居宜业和美乡村建设涉及经济、政治、文化、社会、生态文明以及党的建设等一系列工作，只有按照总体布局统筹推进农村各方面建设，促进各方面工作齐头并进，实现整体突破，才能建设好社会主义新农村。

（3）建设宜居宜业和美乡村的生态任务。加强农村生态文明建设，是建设宜居宜业和美乡村的基本任务和重要方向。目前，要做好以下工作：第一，加强农村环境整治。农村环境脏乱差是影响宜居宜业和美乡村建设的重要障碍，因此，要推进农村生活垃圾治理专项行动，促进垃圾分类和资源化利用，选择适宜模式开展农村生活污水治理，加大力度支持农村环境集中连片综合治理和改厕。为此，要开展农村垃圾专项治理，开展城乡垃圾乱排乱放集中排查整治行动，支持农村环境集中连片整治。第二，加强农村能源可持续供给。能源短缺是影响农民生活尤其是贫困地区农民生活的重要问题，因此，必须加强农村能源可持续供给。在农村内部，要根据各地的实际，因地制宜发展户用沼气和规模化沼气，做好秸秆制气和垃圾制气工作。在国家层面上，要实施农村新能源行动，推进光伏发电，逐步扩大农村电力、燃气和清洁型煤供给。第三，加强农村生态保护。生态脆弱是影响新农村建设的普遍问题，因此，必须加强农村生态保护，强化山水林田路综合治理。要依托乡村生态资源，在保护生态环境的前提下，加快发展乡村旅游休闲业。第四，加强农村房屋安全改造工作。由于一系列复杂原因，我国农村尤其是落后地区农村危房问题较为严重。为此，要

① 习近平就改善农村人居环境作出重要指示. 人民日报，2013-10-10 (1).

完善农村危房改造政策，提高补助标准，集中支持建档立卡贫困户、低保户、分散供养特困人员和贫困残疾人家庭等重点对象。同时，推动建筑设计下乡，开展田园建筑示范。在地震和其他自然灾害高风险区，要实施农村民居抗灾防灾安全工程。第五，加强农村基础设施建设。在饮水安全方面，要实施农村饮水安全巩固提升工程，提高农村饮水安全工程建设标准，加强水源地水质监测与保护，有条件的地方推进城镇供水管网向农村延伸。在公路建设方面，要实施村内道路硬化工程，以西部和集中连片特困地区为重点加快农村公路建设，加强农村公路养护和安全管理，推进城乡道路建设和客运一体化。在信息化方面，要加快农村互联网基础设施建设，推进光纤到村入户建设，加快实现 4G 网络农村全覆盖。只有这样，才能夯实农村可持续发展的基础。

（4）建设宜居宜业和美乡村的生态创新。目前，农村的生态环境问题已成为宜居宜业和美乡村建设的主要障碍之一。例如，农村环境保护与经济发展的协调不够，农村环境保护与城市环境保护的协调不够，农村环境监督管理能力薄弱等。为此，必须做好以下工作。第一，加强教育创新。农村生态环境问题的出现和加剧，与农民的生态文明素质具有很大关系，因此，必须通过各种方式加强农村的生态文明教育，引导广大农民树立生态文明理念和绿色发展理念，提高其节约意识、环保意识、生态意识，按照绿色化原则生产和生活。第二，加强制度创新。制度建设落后是影响农村可持续发展的重要问题，因此，必须建立健全农村环境保护的相关基础性制度建设。例如，要探索建立统筹城乡与区域的环境保护机制，制定各级农村环境规划，加强农村环境保护的制度性基础工作等。第三，实施乡村建设行动。我们要把宜居宜业和美乡村建设摆在社会主义现代化建设的重要位置，坚持优化农村的生产空间、生活空间、生态空间，持续改善村容村貌和人居环境，努力建设宜居宜业和美乡村。在这个过程中，我们要深入推进村庄清洁和绿化行动。开展美丽宜居村庄和美丽庭院示范创建活动。这是完成全面建成小康社会任务以后实施农村人居环境整治提升五年行动的重要内容和要求。只有把农村生态文明建设和其他方面的建设结合起来，才能切实推进农村的生态文明建设。

总之，在生产发展和生活富裕的基础上，建设村容整洁、环境优美的美好家园，实现新型乡村文明和生态文明的和谐共融，是新农村建设的必然选择和科学方向。这里的新型乡村文明指社会主义新农村建设的成果，以区别于传统的乡土社会形成的乡村文明。

综上，在统筹推进总体布局的过程中，协调推进中国特色新型农业现代化和社会主义新农村建设，不是要退回到传统农业文明和传统乡村文明，而是要把生态文明理念和绿色发展理念贯彻到中国特色新型农业现代化和社会主义新农村建设中去，实现新型农业文明和生态文明的和谐共融、新型乡村文明与生态文明的和谐共融。

三、实现新型工业文明和生态文明的融合

工业化是社会发展不可跨越的阶段。在此基础上，形成了工业社会和工业文明。目前，我国工业化快速推进，在整体上已经进入工业化中期阶段，成为名副其实的工业大国。但是，从质量上来看，我国还没有成为工业经济强国。主要存在的问题有：工业化的技术来源过多依赖国外，产业技术的自主创新能力薄弱，大中型工业企业的自主技术创新能力亟待提升；产业结构协调性较差，工业产业升级压力比较大；经济增长方式亟待转变，经济增长的集约化程度还很低；等等。但是，我们不能走传统工业化道路，因为传统工业化具有不可持续的弊端。我们必须坚持走新型工业化道路，必须坚持绿色化的原则和方向，实现新型工业文明和生态文明的融合。

（1）传统工业化的生态弊端。从 18 世纪 60 年代起，欧美一些主要资本主义国家先后发生了以机器大工业代替手工业的工业革命。棉花、羊毛和矿石等成为主要的加工和转换对象，资本成为主要的生产要素。凭借科学技术的力量，工业社会将影响力扩展到海洋和太空。从劳动工具来看，大机器生产体系成为主要的工具系统。这样，“劳动资料取得机器这种物质存在方式，要求以自然力来代替人力，以自觉应用自然科学来代替从经验中得出的成规”①。从能源基础来看，在工业化过程中，经历了以蒸汽

① 马克思，恩格斯. 马克思恩格斯文集：第 5 卷. 北京：人民出版社，2009：443.

机、电机、核电站为标志的三次能源变革。大工业代表着更高的生产力水平，并且也有着以资本为核心的日趋成长的复杂的技术系统，这样，就形成了人类文明发展史上以现代化和全球化为主要内容的新阶段——工业文明。但是，工业文明以一种不同于农业文明的方式实现着人与自然之间的物质变换。“对自然界的统治的规模，在工业中比在农业中大得多，直到今天，农业不但不能控制气候，还不得不受气候的控制。”① 这样，大工业使人类改造和征服自然的能力大大增强。同时，大工业与资本主义制度相结合使得资本家为了追求剩余价值的最大化，充分利用大工业不断地剥削人和掠夺自然，从而造成了人与自然的双重异化。这样，在资本逻辑的支配下，工业文明将人与自然的矛盾推向了极端，使生态环境问题成为全球性问题。

（2）新型工业化的战略抉择。工业化是指工业生产活动在一个国家和地区国民经济中取得主导地位的发展过程。“纵观近代世界经济发展史，中国和许多国家的经验证明，工业化是一个国家经济发展的必由之路。”② 这说明工业化是社会发展不可跨越的阶段。当然，我们必须划清以下几条界线。第一，资本主义工业化和社会主义工业化的区别。在现代化史上，工业化最先在资本主义条件下成为可能。但是，由于生产资料掌握在资本家手中，这种工业化成为资本主义工业化，造成了人与自然的双重异化。十月革命以后，在生产资料公有制的基础上，苏联迅速实现工业化，在第二次世界大战之前成为世界第二大工业国，从而开辟了社会主义工业化道路。第二，苏联工业化和中国工业化的区别。苏联的工业化建立在公有制和计划经济的基础上，实行重工业优先的战略。这尽管使苏联迅速实现了工业化，但在一定程度上忽略了农业和轻工业的发展，在一定程度上牺牲了农民的利益。1953 年之后，我国一直坚持社会主义工业化道路，一度采用苏联模式。在反思苏联模式的基础上，毛泽东要求正确处理农业、轻工业、重工业的比例关系。这一要求更为符合中国的实际。第三，传统工业

---

① 马克思，恩格斯．马克思恩格斯文集：第 9 卷．北京：人民出版社，2009：182.

② 习近平．携手共进，谱写中非合作新篇章：在中非企业家大会上的讲话．人民日报，2015-12-05（3）.

化和新型工业化的区别。无论是西方工业化还是苏联工业化都建立在牛顿机械力学基础之上，具有资源消耗大、环境污染重等特点，是一种不可持续的生产方式。随着新科技革命的发展尤其是信息化的发展，第四次工业革命迅速发展。根据工业化的发展趋势和我国的具体实际，党的十六大创造性地提出了新型工业化道路的战略。这就是坚持以信息化带动工业化，以工业化促进信息化，坚持走科技含量高、经济效益好、资源消耗低、环境污染少、安全条件有保障、人力资源优势得到充分发挥的新型工业化路子。党的二十大提出，要推进新型工业化。在新型工业化的基础上，将形成新型工业文明。可见，在坚持社会主义方向的前提下，坚持走新型工业化道路是我们的科学选择。

（3）新型工业化的生态方向。以传统工业化尤其是资本主义工业化为戒，新型工业化道路必须坚持绿色化的原则和方向。“中国特色新型工业化道路关于‘科技含量高、经济效益好、资源消耗低、环境污染少’的主张，同发展绿色经济、低碳经济、循环经济和实现可持续发展的时代潮流高度契合。”① 目前，重点应做好以下工作：第一，实现工业产品的绿色化。按照产品全生命周期绿色管理理念，遵循节约、清洁、低碳、循环、再生、多样、安全的原则，我们要全面提高产品技术，推广节能环保产品，发展再制造和再生利用产品，发展绿色制造技术与产品。在此基础上，对外要发展一批具有国际竞争力的大型节能环保企业，推动先进适用节能环保技术产品走出去。对内要以推广节能环保产品拉动消费需求，推动供给侧结构性改革。第二，实现工业结构的绿色化。在调整优化产业结构的过程中，我们要促进工业结构的绿色化，推动战略性新兴产业和先进制造业健康发展，加快培育未来产业，采用先进适用节能低碳环保技术改造提升传统产业，发展壮大服务业，合理布局建设基础设施和基础产业。目前，重点是支持节能环保、生物技术、信息技术、智能制造、高端装备、新能源等新兴产业发展。第三，发展环保技术装备。发展先进的环保技术装备将成为环保产业发展的主流，我们要增强节能环保工程技术和设

① 习近平．在2010’经济全球化与工会国际论坛开幕式上的致辞．人民日报，2010-02-26（2）．

备制造能力，研发、示范、推广一批节能环保先进技术装备。目前，主要是要发展资源能源综合利用技术装备、环境污染治理技术装备、环境监测专用仪器仪表、环境污染治理配套材料和药剂等。为此，政府应该从各方面给予支持。第四，发展智能绿色服务制造技术。当前，绿色智能制造是新质生产力的重要载体，是制造业发展的重要趋势。这是一种通过信息化和知识化的方式，提高制造业的资源能源利用效率、减少其环境负面影响并提高制造业经济效益和科技水平的现代制造业模式。我们要围绕建设制造强国，大力推进制造业向智能化、绿色化、服务化方向发展，必须将“工业 4.0”和“互联网＋绿色生态”纳入产业政策中，将之作为促进新型工业化发展的重要方向。这样，就可以实现工业化、信息化、绿色化三者的有机融合。

总之，按照总体布局的要求，协调推进新型工业化和绿色化，就是要实现新型工业文明和生态文明的融合。这里的新型工业文明指新型工业化取得的成果，以区别传统工业化开创的工业文明。

四、实现新型城市文明和生态文明的融合

在经济发展上，现代化主要包括工业化和城市化两个相互关联的方面。城市化既是伴随工业化出现的社会历史过程，又是工业化发展的社会动力机制。在城市化发展的基础上，形成了城市文明。目前，我国城市化已进入加速发展时期，城市化率逐步接近中等收入国家的平均水平。但是，城市化发展仍然存在生态环境恶化、资源消耗巨大、大城市病日益严重、人为“造城”、有城无业等问题。因此，在统筹推进总体布局的过程中，必须将绿色化作为新型城镇化的发展方向，实现新型城市文明和生态文明的和谐共融。

（1）新型城镇化的战略选择。城市化是社会经济发展的自然过程。当然，我们必须明确以下区别。第一，资本主义城市化和社会主义城市化的区别。尽管西方城市化促进了工业化的发展，但是，在资本逻辑的宰制下，这也成为一个造成人与自然双重异化的过程。因此，我们必须从资本主义城市化转向社会主义城市化。“我们通过城市化（过程）和城市（物）

之间辩证关系所理解的东西，建构了一种至关重大的社会生态转型观点，并且因此建构了一种根本的反资本主义和亲社会主义斗争的观点。”① 以人为中心是社会主义城市化的根本特征。第二，城市化和城镇化的区别。贪大求全的西方城市化造成了严重的“城市病”。例如，由于机械移植西方城市化模式，拉美各国政府片面推行城市化，将大量资金投入城市，结果使拉美城市化率从 1970 年的 62.5%上升到 2000 年的 78%，但是，超越基本国情和发展阶段的城市化也使拉美国家付出了沉重代价。例如，居住在贫民窟中的居民很难享受基本生活设施。此外，城市人口的快速增长，使城市管理的难度增加。为了医治“城市病”，人们提出了城镇化的选择。城镇化更多强调人口规模的适度性、人口转移的就地性和人口与城市的相融性等要求和特征。与此相适应，人口城镇化、职业城镇化和地域城镇化构成了衡量城镇化的三个指标。人口城镇化是其核心，也是衡量地区城镇化水平的重要指标。显然，城镇化更符合第三世界的实际。根据世界城市化的发展趋势和经验教训，结合我国的具体实际，我们党创造性地提出：“坚持走中国特色新型城镇化道路，推进以人为核心的城镇化，推动大中小城市和小城镇协调发展、产业和城镇融合发展，促进城镇化和新农村建设协调推进。优化城市空间结构和管理格局，增强城市综合承载能力。”② 这一战略将社会主义本质和我国国情有机结合了起来，理应成为我国推进城市化的科学战略。

（2）新型城镇化的生态方向。城市化和城镇化同样会产生生态环境问题。“如果城镇化目标正确、方向对头，能走出一条新路，将有利于释放内需巨大潜力，有利于提高劳动生产率，有利于破解城乡二元结构，有利于促进社会公平和共同富裕，而且世界经济和生态环境也将从中受益。”③ 因此，我们必须按照下述原则推进城镇化。

第一，坚持人民性原则。解决好人的问题是推进新型城镇化的关键。城市化和城镇化必须避免见物不见人的问题。推进农业转移人口市民化，

---

① 哈维. 正义、自然和差异地理学. 上海：上海人民出版社，2010：498-499.

② 十八大以来重要文献选编：上. 北京：中央文献出版社，2014：524.

③ 同②590.

必须坚持自愿、分类、有序的原则，充分尊重农民意愿，因地制宜制定具体办法。同时，还要维护好农民的土地承包经营权、宅基地使用权、集体收益分配权。关键是必须保障农民获得与市民同等的国民待遇，让农民和市民共享改革发展的成果。最终，我们要把城市建设成为人民城市。

第二，坚持客观性原则。推进城镇化不能急于求成、拔苗助长，必须坚持实事求是的原则。一方面，必须遵循自然规律。只有遵循自然规律，城市才是可持续的。因此，“要让城市融入大自然，不要花大力气去劈山填海，很多山城、水城很有特色，完全可以依托现有山水脉络等独特风光，让居民望得见山、看得见水、记得住乡愁”①。我们要根据区域自然条件，科学设置开发强度，尽快把每个城市特别是特大城市开发边界划定，把城市放在大自然中，把绿水青山保留给城市居民。另一方面，必须遵循科学精神。推进城镇化，必须坚持从我国社会主义初级阶段基本国情出发，使城镇化成为一个顺势而为、水到渠成的发展过程。在确定城镇化目标时，必须切实可行，不能靠行政命令层层加码、级级考核。在城市定位上，必须实事求是，科学规划和务实行动，避免走弯路。

第三，坚持绿色化原则。生态城市是在联合国教科文组织发起的“人与生物圈计划”研究过程中提出的一个重要概念，明确要求从生态学角度用生态方法来研究和设计城市。现在，生态城市（绿色城市）已经成为世界城市发展的重要方向。因此，我们要把生态文明理念和原则全面融入城镇化全过程，必须节约集约利用土地、水、能源等资源，大力提高城镇土地利用效率、城镇建成区人口密度；必须切实提高能源利用效率，降低能源消耗和二氧化碳排放强度；必须高度重视生态安全，扩大森林、湖泊、湿地等绿色生态空间比重，增强水源涵养能力和环境容量；必须不断改善环境质量，减少主要污染物排放总量，控制开发强度，增强抵御和减缓自然灾害能力。海绵城市、韧性城市都是生态城市的样态。

第四，坚持前瞻性原则。为了避免重蹈西方城市化的覆辙，必须做好城市规划工作，加强城镇化的前瞻性。现在，全国主体功能区规划对城镇化总体布局做了安排，提出了“两横三纵”的城市化战略格局，要一张蓝

① 哈维. 正义、自然和差异地理学. 上海：上海人民出版社，2010：603.

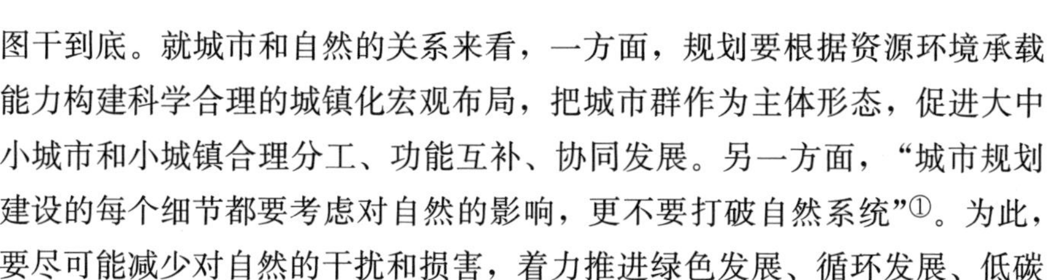

图干到底。就城市和自然的关系来看，一方面，规划要根据资源环境承载能力构建科学合理的城镇化宏观布局，把城市群作为主体形态，促进大中小城市和小城镇合理分工、功能互补、协同发展。另一方面，“城市规划建设的每个细节都要考虑对自然的影响，更不要打破自然系统”①。为此，要尽可能减少对自然的干扰和损害，着力推进绿色发展、循环发展、低碳发展。此外，城市规划编制要坚持科学化和民主化的原则，规划内容要保持紧凑型和持续性、连续性和稳定性。只有这样，人才可以诗意地栖居。

总之，按照总体布局的要求，协调推进中国特色新型城镇化和绿色化，就是要大力发展中国特色的生态城市（绿色城市），实现新型城市文明和生态文明的融合。这里，新型城市文明指新型城市化（城镇化）的成果，以区别传统城市化开创的城市文明。

综上，按照总体布局协调推进“新四化”和绿色化，必须将绿色化作为新型工业化和新型城镇化的发展方向，实现新型工业文明和生态文明的融合、新型城市文明和生态文明的融合。

五、实现现代智能文明和生态文明的融合

随着信息技术的发展和信息时代的到来，人类社会已经开始进入智能文明时代，即信息文明时代，或数字文明时代。信息化在生态环境问题上具有明显的二重性。因此，必须将绿色化原则和要求贯穿和渗透在信息化过程中，实现信息化和绿色化的合一，实现现代智能文明和生态文明的融合。

（1）从工业文明向智能文明的跃迁。现在，以互联网为代表的信息技术日新月异，引领了社会生产新变革，创造了人类生活新空间，拓展了国家治理新领域，极大提高了人类认识和改造世界的能力。从劳动对象来看，知识和信息将成为主要的劳动加工对象，人与自然的物质变换也从物料和能源的层次进入到了信息层次。与物质和能量相比，知识和信息的根本特征是无限可复制性。从劳动工具来看，电子计算机等智能化的控制技术将在生产中得到大规模的应用，将极大地解放人的智力。从劳动者来

① 十八大以来重要文献选编：上．北京：中央文献出版社，2014：603．

看，随着劳动者就业结构尤其是知识结构的集约性的提高，脑力劳动者将成为主要的劳动者。从经济部门来看，数字经济、知识经济和信息经济将成为主要的经济部门。信息化发展的成就便凝结为智能文明。因而，在技术社会形态上，智能文明将成为取代工业文明的新文明。从总体上来看，“当今世界，信息技术革命日新月异，对国际政治、经济、文化、社会、军事等领域发展产生了深刻影响。信息化和经济全球化相互促进，互联网已经融入社会生活方方面面，深刻改变了人们的生产和生活方式。我国正处在这个大潮之中，受到的影响越来越深”①。因此，我们必须大力发展信息化，力求用信息化提供的机遇和条件实现跨越式发展。

（2）信息化的生态二重性。由于知识和信息具有无限可复制的特点，可以有效降低资源能源的消耗和生态环境的污染，因此，与农业经济和工业经济相比，数字经济、信息经济和知识经济能够有效地节约资源能源和降低环境污染。与农业社会、工业社会相比，智能社会具有物耗低、能耗少、污染轻的特点。但是，智能社会同样面临着如何处理人与自然之间的关系问题，面临着电子垃圾和信息污染的问题。例如，电子废弃物的跨境转移已成为国际社会面临的一个新环境问题。此外，“从世界范围看，网络安全威胁和风险日益突出，并日益向政治、经济、文化、社会、生态、国防等领域传导渗透”②。当然，信息化为生态环境问题的解决提供了技术保障。因此，伴随信息化和知识化的潮流，绿色化和生态化也成为国际潮流。这就是所谓的“生态现代化”模式。“生态现代化意味着以一种可持续的方式使现代性得以现代化。需要理解或者可以说接受的重点在于，‘工业的绿色化’的未来将会在一个持续的现代化过程中发生——换句话说，基于新的科学和技术知识、发达的金融和市场体系、法律的规范准则，尤其是现代的心态与生活方式基础上的持续的发展与革新。”③ 因此，我们必须协调推进信息化和绿色化。信息化是贯彻和落实绿色发展理念的重要动力和抓手。

---

① 习近平关于网络强国论述摘编. 北京：中央文献出版社，2021：33.

② 同①91.

③ Huber J. Ecological Modernization：Beyond Scarcity and Bureaucracy//The Ecological modernisation Reader：Environmental Reform in Theory and Practice. Routledge，2009：46.

（3）用信息化促进绿色化。我们应该利用信息化提供的便利和优势，促进绿色化的发展。目前，重点是要做好以下工作。第一，推广绿色生产方式。生产方式的绿色化是绿色化的主要载体，代表着世界经济的发展方向。因此，围绕这一方向，我们要大力推广智能制造、绿色制造、能源互联网、智慧物流等，发展循环经济，促进整个产业结构向高端、智能、绿色的方向发展。这样可以进一步促进物质文明和生态文明的融合。第二，推广绿色生活方式。生活方式的绿色化是绿色化的另一个重要方面，是生活方式变革的重要方向。因此，我们要以信息化促进资源能源的节约集约循环利用和生态环境的保护，加强信息化和绿色化在日常生活等方面的融合应用，加快普及网络购物、在线教育、远程医疗、智慧交通、数字家庭、全民健身信息服务等，壮大信息消费，促进绿色消费，倡导生态文明理念和绿色发展理念，倡导绿色、低碳、循环的生活方式，促进人与自然和谐共生。第三，创新生态环境治理模式。推进生态文明领域国家治理的现代化和推进整个国家治理领域的绿色化是统一的。围绕这一目标，我们要实施自然资源监测监管信息工程，实施生态环境监测网络建设工程，利用新一代信息技术提升环保技术装备水平。这样，就可以进一步促进政治文明和生态文明的融合。总之，信息化是推进绿色化的有力动力。

（4）用绿色化引导信息化。为了有效规避信息化有可能引发的生态环境问题，必须用绿色化规范和引导信息化。第一，电子产品设计的绿色化。为了从源头上避免电子产品造成的生态环境问题，必须将绿色化作为设计的基本原则。这就是要将电子产品的生产、销售、消费和报废作为一个完整的生命周期，预先考虑到每一环节可能出现的问题，在设计上做出相应的预案。在产品的生命周期结束之后，必须保证其大多数零部件能够翻新或重新利用，其余零部件能够安全处理。第二，电子产品材料的绿色化。为了保证电子产品的可持续性，应该将生态技术、信息技术、智能技术、材料技术统一起来，研发绿色化的信息材料。绿色化信息材料应具有节约、清洁、低碳、循环、再生、智能、高效等特点。运用这种材料生产出的信息产品才能成为绿色化信息产品，获得低消耗、低污染和可回收等特性。第三，电子垃圾处理的绿色化。为了避免处理电子废弃品过程造成的生态环境问题，必须将绿色化作为电子垃圾处理的基本原则。因此，必须要制定电子废弃品再生利用的绿色化标准，推动电子垃圾再生利用的绿色化。在推动再生利用过程中，需要对电子产品的环境负荷进行评价，并制定计划以明确再生、报废的原则和方法。此外，还要积极推广节能减排新技术在信息通信行业的应用，加快推进数据中心、基站等高耗能信息载体的绿色节能改造。

总之，按照总体布局协调推进信息化和绿色化，就是要采用"互联网＋生态文明"的方式，实现信息化和绿色化的合一，实现智能文明和生态文明的和谐共融，促进跨越式发展。当代中国的发展任务、文明目标和绿色文明的愿景见表 9－3。

表 9－3　当代中国的发展任务、文明目标和文明愿景

发展任务	文明目标	绿色化的文明愿景
新型农业现代化 社会主义新农村建设	新型农业文明 新型乡村文明	新型农业文明和生态文明的融合 新型乡村文明和生态文明的融合
新型工业化 新型城镇化	新型工业文明 新型城市文明	新型工业文明和生态文明的融合 新型城市文明和生态文明的融合
信息化	现代智能文明	现代智能文明和生态文明的融合

综上，按照中国特色社会主义总体布局，我们必须把生态文明建设放在突出的战略位置，融入经济建设、政治建设、文化建设、社会建设各方面和全过程，协同推进新型工业化、信息化、城镇化、农业现代化和绿色化，保证各文明形态的前行步伐，保证新型农业文明、新型乡村文明、新型工业文明、新型城市文明、现代智能文明的可持续性，最终要确保中华文明和人类文明有一个永续发展的未来。

第三节　中华文明在推进总体布局中的伟大复兴

在世界历史发展中，中华文明一度领先于世界文明。鸦片战争以来，中国沦落为半殖民地半封建社会，成为积贫积弱的国家。因此，实现中华民族的伟大复兴成为近代以来无数优秀中华儿女的不懈追求。历史表明，只有社会主义才能拯救中国，才能发展中国，才能复兴中国。当然，根据中国的实际，我们选择的社会主义必须是中国特色社会主义。2023 年 6 月 2 日，习近平在文化传承发展座谈会上提出了“建设中华民族现代文明”① 的要求。建设中华民族现代文明必须统筹推进总体布局，使中国走上经济富强之路、政治民主之路、文化繁荣之路、社会和谐之路和生态永续发展之路，这样才能把我国建设成为经济富强、政治民主、文化繁荣、社会和谐、生态美丽的社会主义现代化强国，使中华民族屹立于世界先进民族之林。

一、中华文明在推进经济富强中实现伟大复兴

经济实力是衡量一个国家综合实力的主要标准，也是实现中华文明伟大复兴的物质基础。习近平指出：“全面建成小康社会，实现社会主义现代化，实现中华民族伟大复兴，最根本最紧迫的任务还是进一步解放和发展社会生产力。解放思想，解放和增强社会活力，是为了更好解放和发展社会生产力。”② 今天，按照总体布局推进中国特色社会主义，必须加强经济建设，实现经济富强的目标。

在中华文明史上，尽管存在过义利之辨，甚至出现过“正其道不谋其利，修其理不急其功”的形而上学言论，但从来没有忽视过正当的物质利益。在孔子看来，君必须要照顾好民的物质利益：“因民之所利而利之，斯不亦惠而不费乎?”在此基础上，他提出了庶民、富民、教民的仁政思想。在中国传统文化设定的社会理想中，无论是大同还是小康都有其经济上的规定，力求将国富和民强统一起来。当然，这是在固化和强化传统经济结构的意义上讲的。在这样的文化背景下，中国化马克思主义创造性地将中国特色社会主义现代化命名为“小康”。小康是中国特色社会主义现代化的阶段性目标。按照社会主义现代化建设的“三步走”（温饱—小康—比较富裕）的战略，我们已经顺利完成了现代化的前两步任务。目

① 习近平. 在文化传承发展座谈会上的讲话. 求是，2023（17）.

② 同①549.

前，“中国人民正在为实现‘两个一百年’奋斗目标而努力，其中全面建成小康社会中的‘小康’这个概念，就出自《礼记・礼运》，是中华民族自古以来追求的理想社会状态。使用‘小康’这个概念来确立中国的发展目标，既符合中国发展实际，也容易得到最广大人民理解和支持。”① 由于正确选择了社会主义经济建设的目标，我国经济实现了平稳较快发展。现在，我国综合国力大幅提升，已经成为世界第二大经济体；财政收入大幅增加；农业综合生产能力提高，粮食连年增产；产业结构调整取得新进展，基础设施全面加强；城镇化水平明显提高，城乡发展协调性增强；创新型国家建设成效显著，载人航天、探月工程、载人深潜、超级计算机、高速铁路等实现重大突破。现在，我们已经完成了全面建成小康社会的任务，开启了建设社会主义现代化国家新征程。这样，就进一步夯实了中华文明伟大复兴的经济基础。

尽管我国经济总量已跃升至世界第二位，但人均水平仍然靠后。因此，我们必须从以下方面着手。第一，实施创新驱动发展战略。科技创新是提高社会生产力和综合国力的战略支撑，必须摆在国家发展全局的核心位置。因此，我们要坚持走中国特色自主创新道路，以全球视野谋划和推动创新，提高原始创新、集成创新和引进消化吸收再创新能力，更加注重协同创新。同时，我们要通过完善科技创新评价标准、激励机制、转化机制，来保障科技创新。第二，转变经济发展方式。推进经济结构战略性调整，是加快转变经济发展方式的主攻方向。出口、投资和消费是拉动经济发展的三驾马车。过去，我们过度依赖投资和出口来拉动经济增长，现在，要通过推进经济结构战略性调整，把过度依赖出口和投资转变为依赖扩大内需来拉动经济增长。第三，全面深化经济体制改革。由于我国生产力水平与发达国家相比仍有较大差距，我国仍处于并将长期处于社会主义初级阶段，因此，我们必须毫不动摇巩固和发展公有制经济，毫不动摇鼓励、支持、引导非公有制经济发展。为此，要全面深化国有企业改革，破除一切不利于科学发展的体制机制弊端，使国有企业全方位融入市场经济。第四，坚定推进城乡一体化。要加快完

① 习近平. 论党的宣传思想工作. 北京：中央文献出版社，2020：83.

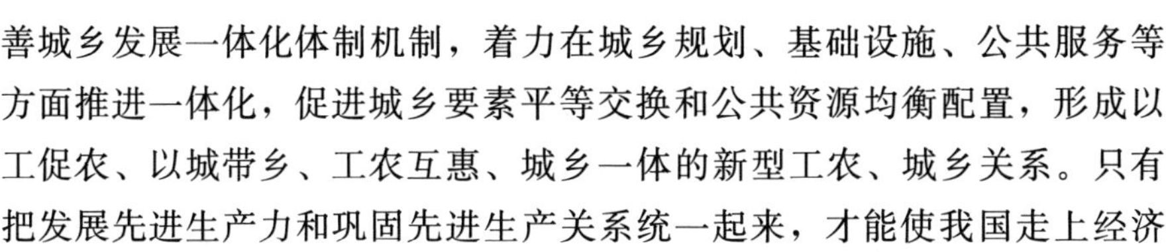
善城乡发展一体化体制机制，着力在城乡规划、基础设施、公共服务等方面推进一体化，促进城乡要素平等交换和公共资源均衡配置，形成以工促农、以城带乡、工农互惠、城乡一体的新型工农、城乡关系。只有把发展先进生产力和巩固先进生产关系统一起来，才能使我国走上经济富强之路。

总之，积贫积弱必然导致文明的中断和灭绝，贫穷必然要挨打，只有在经济富强的基础上才能实现中华文明的复兴。因此，中华文明的复兴必然要有经济富强的要求和特征。

二、中华文明在推进政治民主中实现伟大复兴

在现代国家的发展中，民主化和法治化是衡量国家治理体系和治理能力现代化的重要标尺，也是衡量国家综合实力必须考虑的因素。今天，按照总体布局推进中国特色社会主义，必须加强社会主义政治建设，实现政治民主的目标。

尽管中国传统社会在政治上是典型的封建专制制度，但是，由于农业是整个社会存在和发展的重要的经济基础，因此，在农本的基础上形成了源远流长的民本和法制的传统。习近平指出：“在中国，民本和法制思想自古有之，几千年前就有‘民惟邦本，本固邦宁’的说法。”① 孟子提出了“民为贵，社稷次之，君为轻”思想，要求君应有解民于“倒悬”的作为，要给民以“恒产”以保证其有“恒心”，最终要形成“忧民之忧”及“与民同乐”的思想道德境界。荀子提出“天之生民，非为君也；天之立君，以为民也”的思想。“天视自我民视，天听自我民听”成为中国古代重要的政治传统，由此形成了中国古代的民本主义思想。同时，中国古代也较为重视法制，要求德法兼济，将德治和法治统一起来。当然，这些思想并不是现代意义上的民主和法治思想，只是为了节制君权，是一种“南面之术”。只有社会主义制度在中国的建立和发展，才真正使中国走上了民主和法治之路。现在，我国民主法治建设迈出新步伐：政治体制改革继续推进；实行城乡按相同人口比例选举人大代表；基层民主不断发展；中国特

① 习近平在英国议会发表讲话．人民日报，2015-10-21（1）．

色社会主义法律体系形成，社会主义法治国家建设成绩显著；爱国统一战线巩固壮大；行政体制改革深化；司法体制和工作机制改革取得新进展。这进一步强化了中华文明复兴的政治保障。

现在，为了进一步巩固社会主义民主、加强社会主义法治，我们必须进一步坚持党的领导、人民当家作主和依法治国的统一，建设高度发达的社会主义政治文明。第一，坚持和改善党的领导。党的领导对于建设社会主义政治文明的方向和性质具有决定性意义。同时，我们要提高党领导实现国家治理现代化的能力，必须大力提高党领导人民发展社会主义民主的能力，必须大力提高党领导人民依法治国的能力。此外，在增强政治意识、大局意识、核心意识、看齐意识的前提下，要坚持以党内民主促进人民民主。第二，健全和完善社会主义协商民主制度。没有民主就没有社会主义，就没有社会主义现代化。恩格斯指出："民主已经成为无产阶级的原则，群众的原则。即使群众并不总是很清楚懂得民主的这个唯一正确的意义，但是他们全都认为民主这个概念中包含着社会平等的要求……而且，当各民族的无产阶级政党彼此联合起来的时候，它们完全有权把'民主'一词写在自己的旗帜上。"① 中国特色社会主义继承和发展了马克思、恩格斯的民主思想，创造性地提出了协商民主。习近平指出："协商民主是中国社会主义民主政治中独特的、独有的、独到的民主形式。"② "在中国社会主义制度下，有事好商量，众人的事情由众人商量，找到全社会意愿和要求的最大公约数，是人民民主的真谛。"③ 协商民主是我国人民民主的重要形式，必须运用和发展好协商民主，使之更能代表人民群众的利益。同时，我们形成了全过程人民民主。第三，加快建设社会主义法治国家。发扬民主必须同加强法治有机结合起来。全面建成小康社会和全面建设社会主义现代化国家、实现中华民族伟大复兴的中国梦，全面深化改革、完善和发展中国特色社会主义制度，提高党的执政能力和执政水平，必须全面推进依法治国。为此，我们要坚定不移走中国特色社会主义法治

① 马克思，恩格斯．马克思恩格斯全集：第2卷．北京：人民出版社，1957：664.

② 十八大以来重要文献选编：中．北京：中央文献出版社，2016：74.

③ 同②73.

道路，坚决维护社会主义宪法法律的权威，依法维护人民权益、维护社会公平正义、维护国家安全稳定。

总之，历史证明，专制会导致社会和文明的停滞和窒息。但是，将西方资本主义民主视为“普世价值”也会导致不自信，搅乱中华文明复兴的脚步。因此，只有在社会主义政治民主的基础上才能实现中华民族复兴。中华文明的复兴中必须要有政治民主的要求和特征。

三、中华文明在推进文化繁荣中实现伟大复兴

文化实力是一个国家综合实力的表现和表征，是衡量其综合实力的重要指标。习近平指出：“没有中华文化繁荣兴盛，就没有中华民族伟大复兴。一个民族的复兴需要强大的物质力量，也需要强大的精神力量。没有先进文化的积极引领，没有人民精神世界的极大丰富，没有民族精神力量的不断增强，一个国家、一个民族不可能屹立于世界民族之林。”① 因此，按照总体布局推进中国特色社会主义，必须加强文化建设，实现文化繁荣的目标。

在绵延数千年的文化发展进程中，中华民族在高度复杂的精神生产中创造了一系列精神文化产品，形成了中华民族独有的精神气质和文化品格。例如，在哲学社会科学方面，“中国古代大量鸿篇巨制中包含着丰富的哲学社会科学内容、治国理政智慧，为古人认识世界、改造世界提供了重要依据，也为中华文明提供了重要内容，为人类文明作出了重大贡献。”② 在自然科学方面，中华民族自古就形成了经世致用的优良传统，在“格物致知”的过程中，形成了兵、农、医、算等“四大实学”，创造了指南针、造纸、火药、活字印刷等“四大发明”，一度处于世界科学技术发展的领先水平。“四大发明”传到西方，成为改变社会的利器。**“火药、指南针、印刷术**——这是预告资产阶级社会到来的三大发明。火药把骑士阶层炸得粉碎，指南针打开了世界市场并建立了殖民地，而印刷术则变成新教的工具，总的来说变成科学复兴的手段，变成对精神发展创造必要前提

---

① 习近平. 论党的宣传思想工作. 北京：中央文献出版社，2020：96.

② 同①216.

的最强大的杠杆。”[1] 但是，近代以来，中国在精神生产领域落伍了。所以，才出现了所谓的“李约瑟难题”。新中国成立以来，社会主义文化得到了大发展和大繁荣。现在，我国文化建设已经迈上新台阶。社会主义核心价值体系建设深入开展，文化体制改革全面推进，公共文化服务体系建设取得重大进展，文化产业加速发展，文化创作生产更加繁荣，人民精神文化生活更加丰富多彩，全民健身和竞技体育取得新成绩。这样，就进一步强化了中华文明复兴的文化支撑。

由于一系列复杂的原因，在个别情况下，物质文明和精神文明建设一手硬一手软的问题依然存在，而“我国现代化是物质文明和精神文明相协调的现代化”[2]，因此，为了实现中华民族伟大复兴的中国梦，必须推动社会主义文化大发展大繁荣，提高国家文化软实力，建设社会主义文化强国。第一，夯实国家文化软实力的根基。传统文化或民族文化是文化之根。在坚持社会主义先进文化前进方向的前提下，我们要坚持对中华优秀传统文化的自信，坚持中国古代的唯物主义传统，坚持中国古代的辩证法传统，坚持中国古代的民本主义传统，坚持中国古代的世界大同理想，以此通达我们共产党人的理想信念，而不是用传统文化救国，更不是去实现“儒学复兴”。对于公民个人来说，要继承、弘扬和践行中华民族传统美德。第二，努力传播当代中国价值观念。当代中国是建设中国特色社会主义的中国。传播当代中国价值观念，就是要传播社会主义价值观念尤其是社会主义核心价值体系和社会主义核心价值观。我们必须积极培育和践行社会主义核心价值观，让社会主义核心价值观深入人心，成为我们共同的价值取向。第三，努力展示中华文化独特魅力。中华文化源远流长，博大精深。在革命文化的基础上，今天，我们又创造了辉煌灿烂的社会主义先进文化。我们要积极借鉴国外优秀文化成果，坚决抵制西方的糟粕文化。更为重要的是，我们要积极实施文化走出去战略，努力做好文化走出去的工作，让世界了解中国文化、认同中国精神、助力中国复兴。第四，努力

---

① 马克思，恩格斯．马克思恩格斯文集：第 8 卷．北京：人民出版社，2009：338．

② 习近平．论把握新发展阶段、贯彻新发展理念、构建新发展格局．北京：中央文献出版社，2021：9．

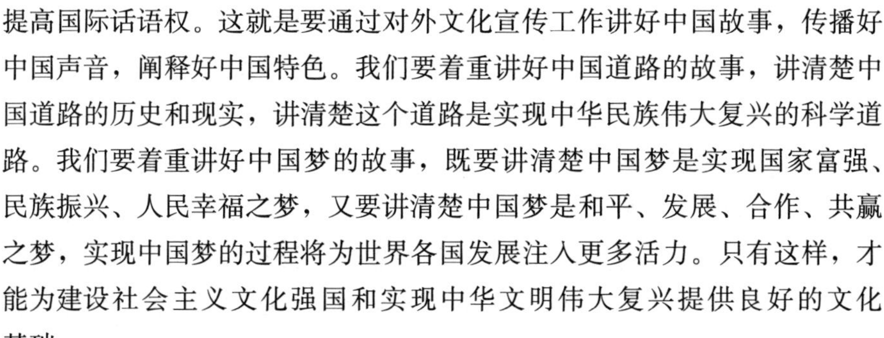

提高国际话语权。这就是要通过对外文化宣传工作讲好中国故事，传播好中国声音，阐释好中国特色。我们要着重讲好中国道路的故事，讲清楚中国道路的历史和现实，讲清楚这个道路是实现中华民族伟大复兴的科学道路。我们要着重讲好中国梦的故事，既要讲清楚中国梦是实现国家富强、民族振兴、人民幸福之梦，又要讲清楚中国梦是和平、发展、合作、共赢之梦，实现中国梦的过程将为世界各国发展注入更多活力。只有这样，才能为建设社会主义文化强国和实现中华文明伟大复兴提供良好的文化基础。

总之，愚昧不能实现国家强盛，愚昧同样要挨打，只有在文化繁荣的基础上才能实现民族复兴。当然，我们也要避免文化复古主义和文化自由主义。中华文明的复兴必然具备文化繁荣的要求和特征。

四、中华文明在推进社会和谐中实现伟大复兴

社会稳定与和谐是衡量一个国家综合国力的重要尺度，直接关系着民族和国家的生死存亡。习近平指出："国家富强，民族复兴，人民幸福，不是抽象的，最终要体现在千千万万个家庭都幸福美满上，体现在亿万人民生活不断改善上。"① 因此，按照总体布局推进中国特色社会主义，必须加强社会建设，努力实现社会和谐的目标。

中华民族自古就有注重社会和谐的优良传统。这个传统维系着中国传统社会的"超稳定"结构，延续了中华文明。尽管中国文化将道德置于绝对的位置，但从来没有否认过民生的重要性。孟子认为："民之为道也，有恒产者有恒心，无恒产者无恒心。"意思是说，保障老百姓的物质生活是治乱的根本之策。同时，中华文明要求做好社会救助工作。大同世界就是一个社会互助、社会互爱的理想世界。"大道之行也，天下为公。选贤与能，讲信修睦，故人不独亲其亲，不独子其子，使老有所终，壮有所用，幼有所长，鳏寡孤独废疾者皆有所养。"只有守望相助，才能存在良好的社会秩序。此外，中国传统社会十分重视乡规民约在乡村治理中的作用，形成了"德业相劝、过失相规、礼俗相交、患难相恤"的传统。但

① 习近平．论党的宣传思想工作．北京：中央文献出版社，2020：281．

是，在中国传统社会中，只有社会统治，而无社会管理，更遑论社会治理。社会主义政权在中国的建立，迅速实现了由乱到治的转变。现在，我国人民生活水平显著提高：改善民生力度不断加大，城乡就业持续扩大，居民收入较快增长，家庭财产稳定增加，衣食住行用条件明显改善，城乡最低生活保障标准和农村扶贫标准大幅提升，企业退休人员基本养老金持续提高。同时，社会建设取得新进步：基本公共服务水平和均等化程度显著提高；教育事业迅速发展，城乡免费义务教育全面实现；社会保障体系建设成效显著，城乡基本养老保险制度全面建立，新型社会救助体系基本形成；全民医保基本实现，城乡基本医疗卫生制度初步建立；保障性住房建设加快推进；加强和创新社会管理，社会保持和谐稳定。这进一步强化了中华文明复兴的社会条件。

由于我国仍处于并将长期处于社会主义初级阶段的基本国情，社会建设和社会治理仍然是我国发展中的短板，因此，我们必须从改善民生和创新社会治理两方面推进社会主义和谐社会建设。第一，必须以保障和改善民生为重点。加强社会建设，必须以保障和改善民生为重点，解决好人民最关心最直接最现实的利益问题。因此，我们要时刻牢记带领人民创造幸福生活，是我们党始终不渝的奋斗目标。我们要顺应人民群众对美好生活的向往，坚持以人民为中心的发展思想，以保障和改善民生为重点，发展各项社会事业，加大收入分配调节力度，巩固脱贫成果，全面推进乡村振兴，保证人民平等参与、平等发展权利，使改革发展成果更多更公平惠及全体人民，朝着实现全体人民共同富裕的目标稳步迈进。为此，我们要促进教育、文化、医疗卫生事业的创新发展和公平发展，为切实解决人民群众的根本利益问题和现实利益问题提供保障。第二，加强和创新社会治理。创新社会治理，关键是要改进社会治理方式。为此，我们要“坚持系统治理，加强党委领导，发挥政府主导作用，鼓励和支持社会各方面参与，实现政府治理和社会自我调节、居民自治良性互动。坚持依法治理，加强法治保障，运用法治思维和法治方式化解社会矛盾。坚持综合治理，强化道德约束，规范社会行为，调节利益关系，协调社会关系，解决社会问题。坚持源头治理，标本兼治、重在治本，以网格化管理、社会化服务

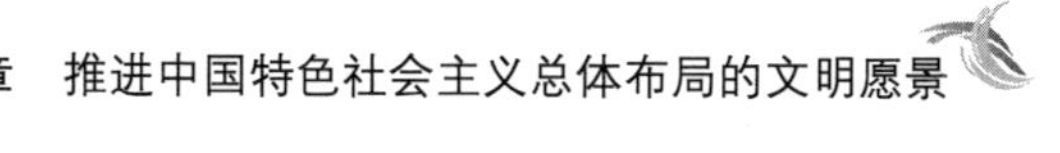

为方向，健全基层综合服务管理平台，及时反映和协调人民群众各方面各层次利益诉求”①。此外，我们必须激发社会组织活力，创新有效预防和化解社会矛盾体制，健全公共安全体系。只有这样，才能为实现中华文明的伟大复兴提供良好的社会条件。

总之，混乱就要受制于人，难以实现复兴。只有在社会和谐的基础上才能实现民族复兴。当然，和谐社会不是不存在矛盾的社会，而是矛盾能够得到合理化解的社会。中华文明的复兴必然具备社会和谐的要求和特征。

五、中华文明在推进生态美丽中实现伟大复兴

充足的资源能源和良好的生态环境是一个国家综合实力的表现和表征。习近平指出：“走向生态文明新时代，建设美丽中国，是实现中华民族伟大复兴的中国梦的重要内容。”② 显然，建设美丽中国是实现中华民族伟大复兴中国梦的生态目标。今天，按照总体布局推进中国特色社会主义，必须加强生态文明建设，实现生态美丽的目标。

由于中华文明是一种典型的建立在农业文明基础上的文明，与自然具有内在的关系，因此，中华文明内在地具有生态文明意识。回顾中华文明史，我们可以看出，“中华文明历来强调天人合一、尊重自然”③。在中国古代思想中，尽管“天”有“天帝”和“天命”的意思，但是，也有“自然之天”的意思，因此，天人合一思想具有人与自然和谐统一的含义。习近平指出：“我们的先人们早就认识到了生态环境的重要性。……关于对自然要取之以时、取之有度的思想，有十分重要的现实意义。”④ 这里的“时”就是中国古代对生态学季节节律的科学认识。尽管有其历史和阶级局限，但是，以“天人合一”为代表的世界观、以“中和位育”为代表的方法论、以“民胞物与”为代表的价值观、以“桑基鱼塘”为代表的有机农业模式、以《黄帝内经》为代表的朴素生态医学构想、以“虞”和

---

① 十八大以来重要文献选编：上. 北京：中央文献出版社，2014：539.

② 习近平. 论坚持人与自然和谐共生. 北京：中央文献出版社，2022：36.

③ 同②116.

④ 同②135.

“衡”为代表的资源管理机构设置，都是中国传统生态文化的重要内容。党的二十大报告指出，天人合一是中国人民在长期生产生活中积累的宇宙观，同科学社会主义价值观主张具有高度契合性。因此，增强中国特色社会主义文化自信，理应包括增强中国优秀传统生态文化自信。当然，由于忽视自然规律以及兵荒马乱等原因，中国历史上也出现过严重的生态退化问题。新中国成立以来，我们一直重视人与自然的和谐发展，在生态文明建设上取得了一系列重要成果。现在，我国生态文明建设扎实展开，资源节约和环境保护全面推进。这样，就进一步强化了中华文明复兴的自然物质条件。

目前，由于资源约束趋紧、环境污染严重、生态系统退化，生态文明建设成为全面建成小康社会的短板，因此，我们必须加强社会主义生态文明建设。建设社会主义生态文明，必须在习近平生态文明思想的指导下，坚持“四个自信”。第一，坚持道路自信。中国特色社会主义生态文明道路就是在中国共产党领导下，立足基本生态国情，坚持社会主义制度，坚持绿色发展，坚持节约资源和保护环境的基本国策，以满足人民群众的生态环境需要尤其是优美生态环境需要为根本目的，建设社会主义生态文明，促进人与自然和谐共生，最终把我国建设成为人与自然和谐共生的美国中国。第二，坚持理论自信。在开创社会主义生态文明新时代的过程中，我们也形成了中国特色社会主义生态文明理论。中国特色社会主义生态文明理论是中国特色社会主义理论的重要组成部分，是关于生态文明建设尤其是社会主义生态文明建设的科学理论。党的十八大以来，以习近平同志为核心的党中央提出了一系列关于生态文明的新理念新思想新战略，形成了习近平生态文明思想。习近平深刻阐述了坚持党对生态文明建设的全面领导、生态兴则文明兴、人与自然和谐共生、绿水青山就是金山银山、良好生态环境是最普惠的民生福祉、绿色发展是发展观的深刻革命、山水林田湖草沙是生命共同体、用最严格制度最严密法治保护生态环境、建设美丽中国全民行动、共谋全球生态文明建设等一系列新思想新理念新观点。可见，中国特色社会主义生态文明理论尤其是习近平生态文明思想能够为我国生态文明建设提供科学的理论指导。因此，我们必须坚持理论自信。第三，坚持制度自信。在生态治理中，制度更具有稳定性、连续性和有效性，因此，我们必须加快建立生态文明制度，健全国土空间开发、资源节约、生态环境保护的体制机制，推动形成人与自然和谐发展的现代化建设新格局。中国特色社会主义生态文明制度是中国特色社会主义制度的表现和表征，是建设社会主义生态文明的制度保障。第四，坚持文化自信。中国特色社会主义生态文化是中国特色社会主义文化的重要组成部分，是中华优秀生态文化、红色生态文化、社会主义先进生态文化以及国外有益生态文化的集大成者，是社会主义精神文明和社会主义生态文明的交汇点和结合点。我们既要将生态文明融入社会主义精神文明建设中，也要将精神文明纳入社会主义生态文明建设中。因此，我们要坚持文化自信，大力发展社会主义生态文化。

总之，只有在生态美丽的基础上才能实现民族复兴。美丽不等于退回到农耕文明和乡村文明，也并非超越和取代工业文明，而是要将农业革命、工业革命、信息革命和生态革命统一起来，实现人与自然和谐共生的现代化。因此，中华文明复兴必然具备生态美丽的要求和特征。

综上，从内容和要求来看，实现中华民族的伟大复兴就是要实现中华文明的伟大复兴，中国梦是由经济富强梦、政治民主梦、文化繁荣梦、社会和谐梦和生态美丽梦构成的有机整体。因此，在统筹推进“五位一体”中国特色社会主义总体布局的过程中，中华文明必然会走向全面复兴，中华民族必然会再度屹立于世界先进民族之林。

第四节　世界文明在推进总体布局中的交流互鉴

从整个世界历史来看，作为人类共同创造成果的文明，可分为世界性的文明和区域性的文明或者民族性的文明两种类型。在生产力极大发展和普遍交往极大提高的情况下，在“世界历史”的推动下，在各国文明发展的基础上，将会形成“世界文明”。马克思、恩格斯指出：“由于开拓了世界市场，使一切国家的生产和消费都成为世界性的了。”“过去那种地方的和民族的自给自足和闭关自守状态，被各民族的各方面的互相往来和各方面的互相依赖所代替了。物质的生产是如此，精神的生产也是如此，各民族的精神产品成了公共的财产。民族的片面性和局限性日益成为不可能，于是由许多种民族的和地方的文学形成了一种世界的文学。”① 这里的“世界的文学”具有“世界文明”的含义。

新中国成立以来，我国一直奉行独立自主的和平外交政策，积极开展外交活动，取得了巨大的成就，在国际事务中发挥了巨大作用，是世界和平的重要力量。党的十八大以来，习近平积极倡导构建人类命运共同体，促进全球治理体系变革，我国国际影响力、感召力、塑造力进一步提高，为世界和平与发展做出新的重大贡献。党的十九大进一步提出：构建人类命运共同体，建设持久和平、普遍安全、共同繁荣、开放包容、清洁美丽的世界。我们要尊重世界文明多样性，以文明交流超越文明隔阂、文明互鉴超越文明冲突、文明共存超越文明优越。“我国现代化是走和平发展道路的现代化”②。在中国特色社会主义新时代，在统筹推进“五位一体”总体布局的过程中，中华文明的复兴必将为世界文明的交流互鉴贡献更大的力量。

一、总体布局为推进世界文明贡献中国经济模式

改革开放后，在坚持中国特色社会主义道路的前提下，中国用了不到40年的时间迅速成为世界第二大经济体，创造了中国奇迹，形成了中国经济模式，成为稳定世界经济的重要力量。

（1）中国经济模式的特点。中国经济模式事实上就是中国特色社会主义经济的成功经验的集中表现和系统概括。“中国共产党领导人民发展社会主义市场经济。毫不动摇地巩固和发展公有制经济，毫不动摇地鼓励、支持、引导非公有制经济发展。发挥市场在资源配置中的决定性作用，更好发挥政府作用，建立完善的宏观调控体系。统筹城乡发展、区域发展、

① 马克思，恩格斯．马克思恩格斯文集：第2卷．北京：人民出版社，2009：35.

② 习近平．论把握新发展阶段、贯彻新发展理念、构建新发展格局．北京：中央文献出版社，2021：10.

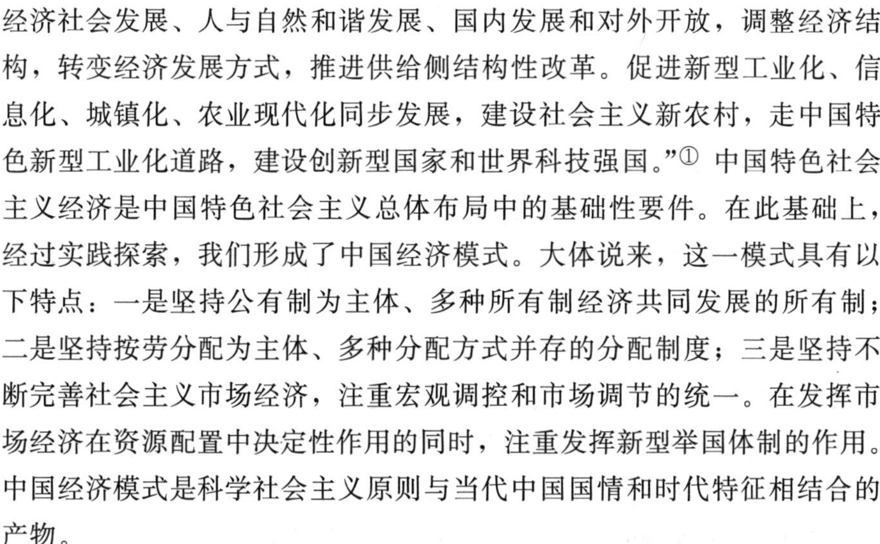

经济社会发展、人与自然和谐发展、国内发展和对外开放，调整经济结构，转变经济发展方式，推进供给侧结构性改革。促进新型工业化、信息化、城镇化、农业现代化同步发展，建设社会主义新农村，走中国特色新型工业化道路，建设创新型国家和世界科技强国。”① 中国特色社会主义经济是中国特色社会主义总体布局中的基础性要件。在此基础上，经过实践探索，我们形成了中国经济模式。大体说来，这一模式具有以下特点：一是坚持公有制为主体、多种所有制经济共同发展的所有制；二是坚持按劳分配为主体、多种分配方式并存的分配制度；三是坚持不断完善社会主义市场经济，注重宏观调控和市场调节的统一。在发挥市场经济在资源配置中决定性作用的同时，注重发挥新型举国体制的作用。中国经济模式是科学社会主义原则与当代中国国情和时代特征相结合的产物。

（2）中国经济模式的贡献。中国特色社会主义经济的发展，极大地改变了中国经济的面貌。习近平指出：“我们用几十年时间走完了发达国家几百年走过的发展历程，创造了世界发展的奇迹。”② 同时，中国经济的发展为推进世界文明、解决世界经济问题做出了重要贡献。到2020年底，中国如期完成新时代脱贫攻坚目标任务，现行标准下9 899万农村贫困人口全部脱贫，832个贫困县全部摘帽，12.8万个贫困村全部出列，区域性整体贫困得到解决。中国提前10年实现联合国2030年可持续发展议程减贫目标，对全球减贫贡献率超过70%③。经过多年探索实践，中国积累了通过减贫促进人权事业发展的成功经验，走出一条中国特色扶贫开发道路。这就是：坚持立足基本国情，充分发挥制度优势；坚持加快发展经济，扎实推进减贫事业；坚持多种形式减贫，注重提高实际效果；坚持社会公平公正，努力实现成果共享和共同富裕。

此外，自1949年中华人民共和国成立以来，我国在致力于自身发展的

---

① 中国共产党章程. 人民日报，2017-10-29 (4).

② 习近平. 论把握新发展阶段、贯彻新发展理念、构建新发展格局. 北京：中央文献出版社，2021：77.

③ 中华人民共和国国务院新闻办公室. 中国共产党尊重和保障人权的伟大实践. 人民日报，2021-06-25 (2).

同时，向来自亚洲、非洲、拉丁美洲等的120多个发展中国家提供了经济援助。开展对外援助70多年来，中国共向166个国家和国际组织提供了援助，派遣60多万名援助人员，先后7次宣布无条件免除重债穷国和最不发达国家对华到期政府无息贷款债务。中国积极向69个发展中国家提供医疗援助，先后为120多个发展中国家落实联合国千年发展目标提供帮助①。中国对外援助有助于受援国改善民生，促进受援国经济社会发展。中国现在正在推进“一带一路”建设。“一带一路”建设将是世界经济一个新的增长点。越来越多的项目在“一带一路”沿线国家推出，将推动世界与中国共享更多经济发展成果、共同推进世界文明。

正如我们不鼓励输出革命一样，我们也不鼓励输出发展模式。但是，中国经济模式对于其他发展中国家具有重要的借鉴价值，必将推动世界有效解决作为时代主题的发展问题，推动世界文明的发展。

二、总体布局为推进世界文明贡献中国政治模式

在“五位一体”的总体布局中，政治建设是保障。新中国成立以来，中国经济社会发展取得了巨大成就，离不开政治上的保障。在这个过程中，我们形成了中国政治模式，为世界政治发展提供了中国政治模式。

（1）中国政治模式的特点。中国政治模式是中国特色社会主义政治的成功经验的系统概括和集中表达。“中国共产党领导人民发展社会主义民主政治。坚持党的领导、人民当家作主、依法治国有机统一，走中国特色社会主义政治发展道路，扩大社会主义民主，建设中国特色社会主义法治体系，建设社会主义法治国家，巩固人民民主专政，建设社会主义政治文明。坚持和完善人民代表大会制度、中国共产党领导的多党合作和政治协商制度、民族区域自治制度以及基层群众自治制度。”② 在此基础上，我们形成了中国政治模式。与西方政治模式相比，中国政治模式具有以下优势：第一，从执政党的阶级基础来看，中国共产党是代表整个国家和全体

---

① 中华人民共和国国务院新闻办公室. 中国共产党尊重和保障人权的伟大实践. 人民日报，2021-06-25（2）.

② 中国共产党章程. 人民日报，2017-10-29（4）.

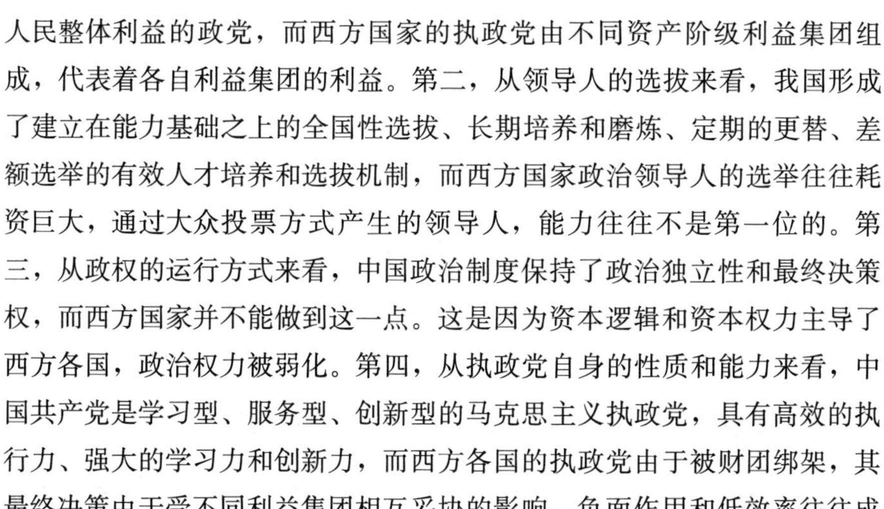

人民整体利益的政党，而西方国家的执政党由不同资产阶级利益集团组成，代表着各自利益集团的利益。第二，从领导人的选拔来看，我国形成了建立在能力基础之上的全国性选拔、长期培养和磨炼、定期的更替、差额选举的有效人才培养和选拔机制，而西方国家政治领导人的选举往往耗资巨大，通过大众投票方式产生的领导人，能力往往不是第一位的。第三，从政权的运行方式来看，中国政治制度保持了政治独立性和最终决策权，而西方国家并不能做到这一点。这是因为资本逻辑和资本权力主导了西方各国，政治权力被弱化。第四，从执政党自身的性质和能力来看，中国共产党是学习型、服务型、创新型的马克思主义执政党，具有高效的执行力、强大的学习力和创新力，而西方各国的执政党由于被财团绑架，其最终决策由于受不同利益集团相互妥协的影响，负面作用和低效率往往成为主导特征。中国在实践中摸索出了适合自身国情发展且优于西方国家的政治模式，所以取得了巨大的经济社会成就。

(2) 中国政治模式的贡献。我国的国体是工人阶级领导的、以工农联盟为基础的人民民主专政的社会主义国家。我国的政体是人民代表大会制度，坚持国家一切权力属于人民，人民行使国家权力的机关是全国人民代表大会和地方各级人民代表大会。我国的国体和政体决定了党和国家是最广大人民根本利益的代表。新中国成立 70 多年来，中国共产党不断推进政治体制改革，成功找到了一条适合自身发展实际的中国特色社会主义政治发展道路，为实现最广泛的人民民主确立了正确方向。中国不断丰富和完善适合自身发展的政治制度，中国特色社会主义民主政治与法治建设全面推进，公民权利和政治权利得到切实保障，人民参与、促进政治发展进程并分享政治发展成果的水平与日俱增。具体来看，人民代表大会制度是人民实现政治发展的根本制度保证，民主选举是公民实现政治权利的重要内容，协商民主是公民实现有序政治参与的重要途径，民族区域自治是少数民族实现政治权利的重要形式，基层民主是基层民众维护和实现平等发展的有效途径，公共参与是公民直接参与发展决策的便捷渠道。例如，中国成功创设了单一制国家结构下的民族区域自治制度，有效保障少数民族的各项民主权利。根据有关数据，155 个民族自治地方的人民代表大会常务委员会中，均有实行区域自治民族的公民担任主任或者副主任；民族自治地方政府的主席、州长、县长或旗长，均由实行区域自治的民族的公民担任。中国55个少数民族均有本民族的全国人大代表和全国政协委员，十三届全国人大代表中少数民族代表438名，占14.7%；十三届全国政协委员中少数民族委员247名，占11.45%①。

总之，作为中国特色社会主义政治发展经验集中体现的中国政治模式，不仅实现了国家的长治久安，而且成为有效维护世界政治稳定的重要条件，启发发展中国家走出一条适合自己实际的政治发展道路。

三、总体布局为推进世界文明贡献中国文化模式

中国特色社会主义文化具有超越"新教伦理"的科学品质和独特魅力，成为创造中国奇迹的文化引擎。中国特色社会主义文化是中国特色社会主义总体布局的重要组成部分。在此基础上，我们形成了中国文化模式。

(1) 中国文化模式的特点。中国文化模式是中国特色社会主义文化的成功经验的系统概括和集中表达。"中国共产党领导人民发展社会主义先进文化。建设社会主义精神文明，实行依法治国和以德治国相结合，提高全民族的思想道德素质和科学文化素质，为改革开放和社会主义现代化建设提供强大的思想保证、精神动力和智力支持，建设社会主义文化强国。"② 在此基础上，我们形成了中国文化模式。中国文化模式具有以下特点。第一，中华优秀传统文化、革命文化、社会主义先进文化的统一。历史、现实和未来是一个连续的统一体，因此，在发展中国特色社会主义文化中，我们要看到，"在五千多年文明发展中孕育的中华优秀传统文化，在党和人民伟大斗争中孕育的革命文化和社会主义先进文化，积淀着中华民族最深层的精神追求，代表着中华民族独特的精神标识"③。因此，中国特色社会主义文化既反对文化保守主义和文化复古主义，也反对文化虚无

---

① 中华人民共和国国务院新闻办公室．中国共产党尊重和保障人权的伟大实践．人民日报，2021-06-25 (2).

② 中国共产党章程．人民日报，2017-10-29 (4).

③ 十八大以来重要文献选编：下．北京：中央文献出版社，2018：349.

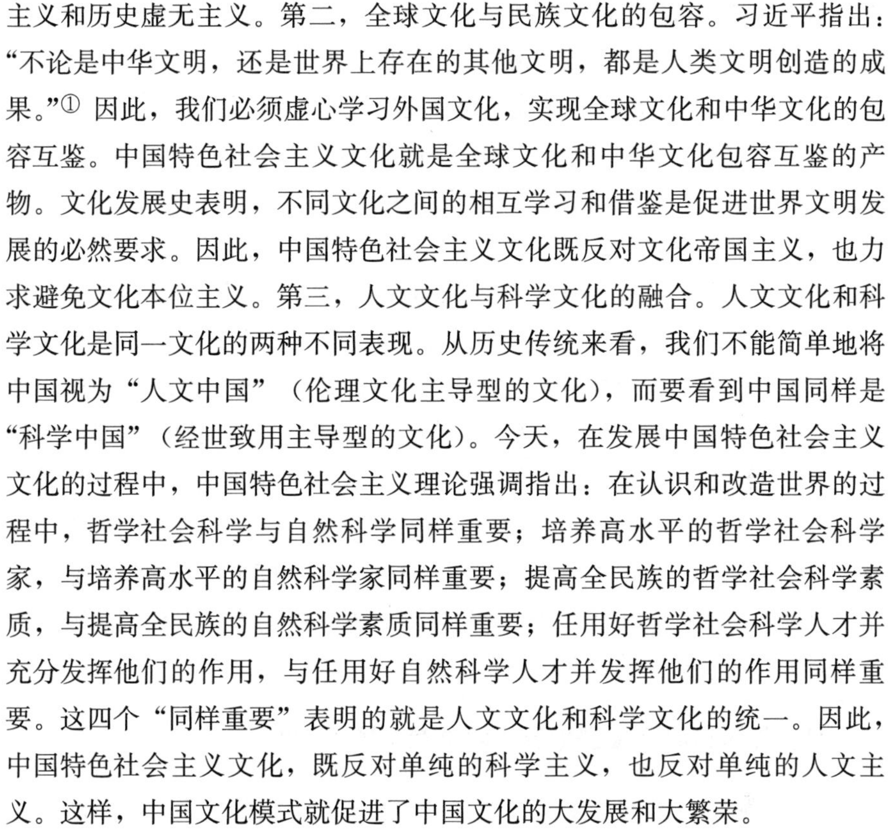

主义和历史虚无主义。第二，全球文化与民族文化的包容。习近平指出："不论是中华文明，还是世界上存在的其他文明，都是人类文明创造的成果。"① 因此，我们必须虚心学习外国文化，实现全球文化和中华文化的包容互鉴。中国特色社会主义文化就是全球文化和中华文化包容互鉴的产物。文化发展史表明，不同文化之间的相互学习和借鉴是促进世界文明发展的必然要求。因此，中国特色社会主义文化既反对文化帝国主义，也力求避免文化本位主义。第三，人文文化与科学文化的融合。人文文化和科学文化是同一文化的两种不同表现。从历史传统来看，我们不能简单地将中国视为"人文中国"（伦理文化主导型的文化），而要看到中国同样是"科学中国"（经世致用主导型的文化）。今天，在发展中国特色社会主义文化的过程中，中国特色社会主义理论强调指出：在认识和改造世界的过程中，哲学社会科学与自然科学同样重要；培养高水平的哲学社会科学家，与培养高水平的自然科学家同样重要；提高全民族的哲学社会科学素质，与提高全民族的自然科学素质同样重要；任用好哲学社会科学人才并充分发挥他们的作用，与任用好自然科学人才并发挥他们的作用同样重要。这四个"同样重要"表明的就是人文文化和科学文化的统一。因此，中国特色社会主义文化，既反对单纯的科学主义，也反对单纯的人文主义。这样，中国文化模式就促进了中国文化的大发展和大繁荣。

（2）中国文化模式的贡献。只有坚持走中国特色社会主义文化发展道路，才能满足人民群众日益增长的文化需求，才能使中华文化国际影响力不断增强。这在于，"中国特色社会主义文化发展道路，坚持为人民服务、为社会主义服务的方向，坚持百花齐放、百家争鸣的方针，坚持贴近实际、贴近生活、贴近群众的原则，推动社会主义精神文明和物质文明全面发展，建设面向现代化、面向世界、面向未来的，民族的科学的大众的社会主义文化"②。一方面，中国坚定不移地深化文化体制改革，解放和发展文化生产力，积极推进文化发展成果普惠化和文化发展机会均等化，努力保障公民文化发展权的实现。国家依法保障少数民族语言文字在行政管

① 习近平．论坚持推动构建人类命运共同体．北京：中央文献出版社，2018：77.

② 十八大以来重要文献选编：上．北京：中央文献出版社，2014：24.

理、司法活动、新闻出版、广播影视、文化教育等各领域的合法使用。除回族历史上使用汉语，满族、畲族基本转用汉语外，其他52个少数民族都有本民族语言，有20多个少数民族共使用近30种文字①。截至2020年，民族自治地方共设置广播电台、电视台、广播电视台等播出机构729个。全国各级播出机构共开办民族语电视频道279套，民族语广播188套②。这样，就促进了少数民族地区文化事业发展。另一方面，我们积极推动中华文化走向世界。习近平指出，“把跨越时空、超越国度、富有永恒魅力、具有当代价值的文化精神弘扬起来，把继承传统优秀文化又弘扬时代精神、立足本国又面向世界的当代中国文化创新成果传播出去”③。中国在世界各国建设海外中国文化中心和孔子学院，既有助于中国提升自身的国际形象，又有助于吸取国外文化中的优秀成分，以服务于中国文化发展以及与国际先进做法接轨。中国党和政府主张开展多渠道多形式多层次对外文化交流，广泛参与世界文明对话，促进文化相互借鉴，共同维护文化多样性。

总之，中国特色社会主义文化的发展，不仅有助于提升我国的国际形象，而且有助于推进世界文明的发展。

四、总体布局为推进世界文明贡献中国和谐方案

改革开放以来，我们正确处理改革、发展和稳定的关系，把不断改善人民生活作为三者的结合点，从而为中国经济模式的成功提供了适宜的社会环境。在构建社会主义和谐社会的实践基础上，我们形成了中国特色社会主义社会建设的模式，将之纳入中国特色社会主义总体布局中。在此基础上，我们提出了构建“和谐世界”和打造“人类命运共同体”的构想，为推进世界文明贡献了中国和谐方案。

（1）中国和谐模式的特征。中国和谐模式就是构建社会主义和谐社会的成功经验的系统概括和集中体现，是中国特色社会主义社会事业建设模

---

① 中华人民共和国国务院新闻办公室．中国共产党尊重和保障人权的伟大实践．人民日报，2021-06-25（2）．

② 中华人民共和国国务院新闻办公室．全面建成小康社会：中国人权事业发展的光辉篇章．人民日报，2021-08-13（10）．

③ 习近平．论党的宣传思想工作．北京：中央文献出版社，2020：50．

式和中国特色社会主义社会治理模式的总和。“中国共产党领导人民构建社会主义和谐社会。按照民主法治、公平正义、诚信友爱、充满活力、安定有序、人与自然和谐相处的总要求和共同建设、共同享有的原则，以保障和改善民生为重点，解决好人民最关心、最直接、最现实的利益问题，使发展成果更多更公平惠及全体人民，不断增强人民群众获得感，努力形成全体人民各尽其能、各得其所而又和谐相处的局面。”① 在此基础上，我们形成了中国和谐模式。该模式具有以下特点。第一，坚持改革、发展和稳定的统一。在中国特色社会主义建设中，改革、发展、稳定是一个不可分割的整体。发展是手段，改革是动力，稳定是前提，不断改善人民群众生活是目的。我们要处理好维稳和维权的关系，要把群众合理合法的利益诉求解决好，完善对维护群众切身利益具有重大作用的制度，强化法律在化解矛盾中的权威地位，使群众由衷感到权益受到了公平对待、利益得到了有效维护。这样，就确立了人民在中国和谐模式中的中心位置。第二，坚持社会事业发展和社会治理创新的统一。在中国特色社会主义建设中，加强社会建设，是社会和谐稳定的重要保证。加强社会建设，必须以保障和改善民生为重点，加快社会事业的创新发展和公平发展；同时，必须加快推进社会体制改革，为保障和改善民生提供社会支撑条件。第三，坚持效率和公平的统一。经过多年的探索，中国创造性地找到了效率和公平的统一点和结合点。我们强调，“必须坚持维护社会公平正义。公平正义是中国特色社会主义的内在要求。要在全体人民共同奋斗、经济社会发展的基础上，加紧建设对保障社会公平正义具有重大作用的制度，逐步建立以权利公平、机会公平、规则公平为主要内容的社会公平保障体系，努力营造公平的社会环境，保证人民平等参与、平等发展权利”②。目前，在坚持公有制主体地位的前提下，重点和难点是必须全面地切实地保障人民群众的各种权利。第四，坚持共享发展和共同富裕的统一。社会主义本质要求实现共同富裕。我们要通过共享发展的方式实现共同富裕。共享发展包括全民共享、全面共享、共建共享和渐进共享四个方面。这四者构成一个完

① 中国共产党章程. 人民日报，2017-10-29 (4).

② 十八大以来重要文献选编：上. 北京：中央文献出版社，2014：11-12.

整的体系。只有坚持共享发展才能实现共同富裕。这样，中国在实现自身的和谐稳定的同时，也为维护世界和谐稳定做出了自己的贡献。

（2）中国和谐模式的贡献。按照社会主义和谐社会的要求，我们大力推进社会事业发展和强化社会治理，在社会主义社会建设方面取得了一系列重大成就。例如，我国教育公平得到更好落实，主要表现在城乡教育差距、区域教育差距、群体教育差距进一步缩小，以及少数民族教育发展水平不断提升等方面。其中，中国已形成了完整的民族教育体系。新中国成立前，中国少数民族文盲率在95%以上，全国仅有1所少数民族高等学校。新中国成立初期，全国普通高校中只有少数民族学生1 300人，占比1.4%。有关数据显示，“民族地区已全面普及从小学到初中9年义务教育，西藏自治区、新疆维吾尔自治区的南疆地区等实现了从学前到高中阶段15年免费教育”[①]。这不仅促进了民族地区教育事业的快速发展，而且有效保障了少数民族同胞的教育权。

（3）“文明和谐论”的构建。中国在对内构建和谐社会的同时，对外也积极倡导构建和谐世界。2005年9月15日，胡锦涛倡议共建“和谐世界”：“只有世界所有国家紧密团结起来，共同把握机遇、应对挑战，才能为人类社会发展创造光明的未来，才能真正建设一个持久和平、共同繁荣的和谐世界。”[②] 在此基础上，习近平创造性地提出了“人类命运共同体”的理念。“中国倡导人类命运共同体意识，反对冷战思维和零和博弈。中国坚持国家不分大小、强弱、贫富一律平等，尊重各国人民自主选择发展道路的权利，维护国际公平正义，反对把自己的意志强加于人，反对干涉别国内政，反对以强凌弱。”[③] 从“人类命运共同体”意识出发，习近平站在人类文明发展的历史高度，以宽广视野揭示了人类文明多样、平等、包容的本质，提出了“文明交流互鉴”的深刻命题，倡导以“文明和谐”理念引领人类文明发展，廓清了人类文明进步和世界和平发展道路上的迷雾。第一，文明是多彩的，要维护世界文明多样性。在人类文明的发展进

---

① 中华人民共和国国务院新闻办公室. 中国共产党尊重和保障人权的伟大实践. 人民日报，2021-06-25（2）.

② 十六大以来重要文献选编：中. 北京：中央文献出版社，2006：995.

③ 十八大以来重要文献选编：下. 北京：中央文献出版社，2018：354.

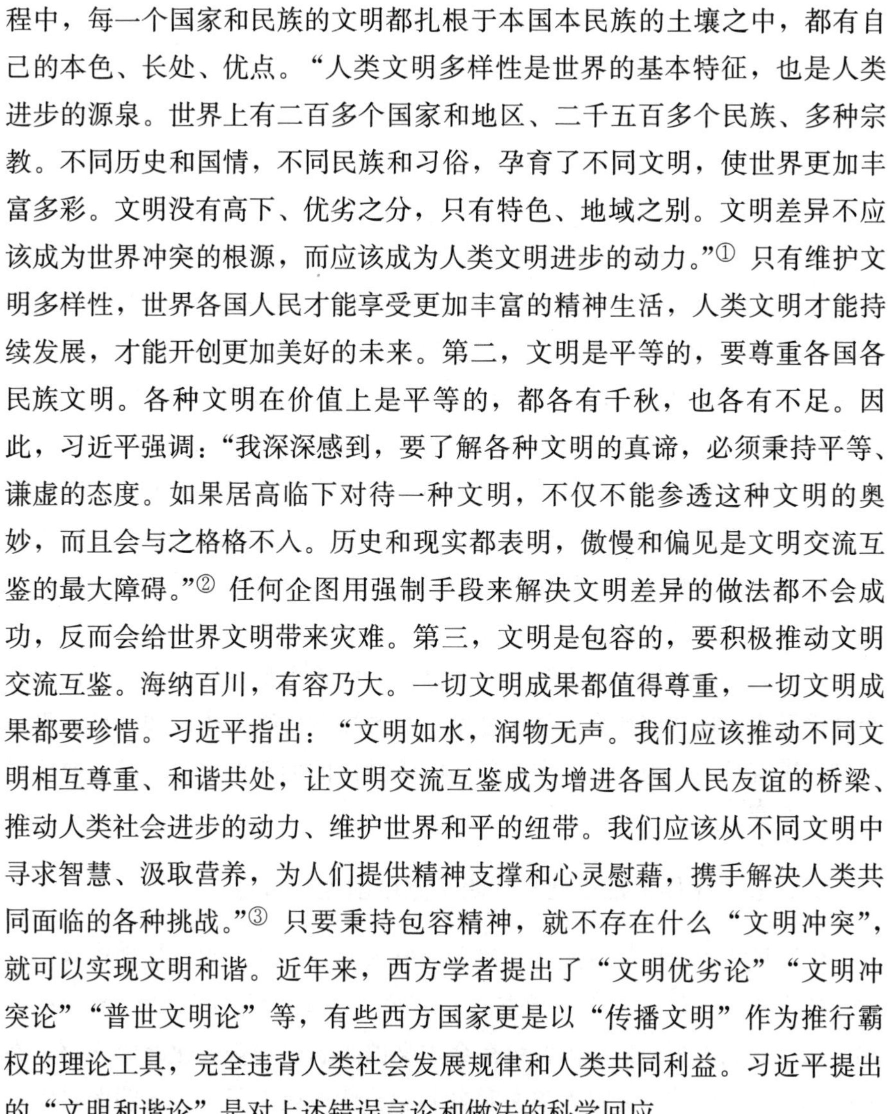

程中，每一个国家和民族的文明都扎根于本国本民族的土壤之中，都有自己的本色、长处、优点。“人类文明多样性是世界的基本特征，也是人类进步的源泉。世界上有二百多个国家和地区、二千五百多个民族、多种宗教。不同历史和国情，不同民族和习俗，孕育了不同文明，使世界更加丰富多彩。文明没有高下、优劣之分，只有特色、地域之别。文明差异不应该成为世界冲突的根源，而应该成为人类文明进步的动力。”① 只有维护文明多样性，世界各国人民才能享受更加丰富的精神生活，人类文明才能持续发展，才能开创更加美好的未来。第二，文明是平等的，要尊重各国各民族文明。各种文明在价值上是平等的，都各有千秋，也各有不足。因此，习近平强调：“我深深感到，要了解各种文明的真谛，必须秉持平等、谦虚的态度。如果居高临下对待一种文明，不仅不能参透这种文明的奥妙，而且会与之格格不入。历史和现实都表明，傲慢和偏见是文明交流互鉴的最大障碍。”② 任何企图用强制手段来解决文明差异的做法都不会成功，反而会给世界文明带来灾难。第三，文明是包容的，要积极推动文明交流互鉴。海纳百川，有容乃大。一切文明成果都值得尊重，一切文明成果都要珍惜。习近平指出：“文明如水，润物无声。我们应该推动不同文明相互尊重、和谐共处，让文明交流互鉴成为增进各国人民友谊的桥梁、推动人类社会进步的动力、维护世界和平的纽带。我们应该从不同文明中寻求智慧、汲取营养，为人们提供精神支撑和心灵慰藉，携手解决人类共同面临的各种挑战。”③ 只要秉持包容精神，就不存在什么“文明冲突”，就可以实现文明和谐。近年来，西方学者提出了“文明优劣论”“文明冲突论”“普世文明论”等，有些西方国家更是以“传播文明”作为推行霸权的理论工具，完全违背人类社会发展规律和人类共同利益。习近平提出的“文明和谐论”是对上述错误言论和做法的科学回应。

（4）“文明和谐论”的贡献。当今世界并不和谐安宁，领土争端、地区冲突等传统安全问题时有发生，南北差距进一步拉大，许多国家人民的

① 习近平．论坚持推动构建人类命运共同体．北京：中央文献出版社，2018：421．

② 同①77-78．

③ 同①81．

基本生存甚至生命安全得不到保障，国际恐怖势力、民族分裂势力、极端宗教势力在一些地区还相当活跃，环境污染、毒品走私、跨国犯罪、严重传染性疾病等世界性难题层出不穷。“文明和谐论”的提出为解决这些难题提供了新的思路。基于人类命运共同体意识，中国提倡建设的是持久和平、互利合作、共同繁荣的和谐世界。在此基础上，中国积极开展对外援助尤其是对外民生援助。截至 2021 年 4 月，中国已累计向发展中国家派遣医疗队员 2.7 万人次，诊治患者 2.8 亿人次。新冠疫情发生以来，截至 2021 年 4 月，中国已向世界卫生组织提供 5 000 万美元现汇援助，向 34 个国家派出 37 支医疗专家组，已经或正在向 151 个国家和 14 个国际组织提供抗疫援助，并向联合国新冠疫情全球人道应对计划提供支持①。在新冠疫情防控阻击战中，按照人类命运共同体理念，中国积极开展对外医疗援助。这些援助是“和谐世界”“人类命运共同体”“文明和谐论”等理念的生动实践，不仅有助于改善受援国的民生，而且为实现世界和谐、维护世界和平贡献了中国力量。

总之，和谐世界的基本精神与和谐社会的理念是一致的。通过加强社会建设最终实现和谐社会，再通过建设和谐社会最终为建设和谐世界做出贡献，这就是中国为打造人类命运共同体做出的创造性贡献。我们要建设的是文明共荣之桥。

五、总体布局为推进世界文明贡献中国生态智慧

中国模式之所以能够成功，就在于追求的是一种人与自然和谐共生的现代化之路，这样，不仅有效避免了资本主义现代化先污染后治理的弊端，而且开创出了一条中国特色社会主义的生态化和现代化兼容之路。在此基础上，中国共产党在人类文明史上创造性地提出了生态文明的科学理念，将之写入党的代表大会报告和党章中，纳入中国特色社会主义总体布局中。

（1）中国社会主义生态文明建设模式的特征。生态文明是人与自然和

① 中华人民共和国国务院新闻办公室. 中国共产党尊重和保障人权的伟大实践. 人民日报，2021-06-25（2）.

谐发展的成果。我们要建设的生态文明是社会主义生态文明。“中国共产党领导人民建设社会主义生态文明。树立尊重自然、顺应自然、保护自然的生态文明理念，增强绿水青山就是金山银山的意识，坚持节约资源和保护环境的基本国策，坚持节约优先、保护优先、自然恢复为主的方针，坚持生产发展、生活富裕、生态良好的文明发展道路。”① 在此基础上，我们形成了中国社会主义生态文明建设模式。这一模式具有以下特点。第一，中国社会主义生态文明建设模式以自然规律为科学准则，以生态阈值为科学基础，具有理性化的特征。第二，中国社会主义生态文明建设模式以人与自然的和谐共生为核心原则，力求统筹人口资源环境与社会经济的协调发展，具有和谐化的特征。第三，中国社会主义生态文明建设模式要求将生态文明理念贯彻和渗透在经济建设、政治建设、文化建设和社会建设中，大力建设生态经济、生态政治、生态文化、生态社会，具有全方位的特征。第四，中国社会主义生态文明建设模式要求协调推进“新四化”和绿色化，要求在实现农业现代化、工业化（城市化）和信息化的整个发展进程中都要实现绿色化，具有全过程的特征。第五，中国社会主义生态文明建设模式要求通过建立系统而完备的生态文明制度来促进生态文明建设，要求用严格的法治推进生态文明建设，十分重视制度创新和体制改革，具有创新性的特征。第六，中国社会主义生态文明建设模式要求将生产发展、生活富裕和生态良好统一起来，把生态文明建设看作是一项系统工程，具有系统性的特征。在此基础上，中国坚持绿色发展理念，加快推进生态文明建设进程，在生态文明建设方面取得了一系列重要进展。

（2）中国社会主义生态文明建设模式的国际影响。中国在积极推动国内生态文明建设的同时，也积极参与全球生态治理，成为维护世界生态安全的重要力量。人类命运共同体理念是中国开展环境外交和国际合作的哲学基础。“这个世界，各国相互联系、相互依存的程度空前加深，人类生活在同一个地球村里，生活在历史和现实交汇的同一个时空里，越来越成为你中有我、我中有你的命运共同体。”② 所谓“命运共同体”就是人与人

---

① 中国共产党章程．人民日报，2017-10-29（4）．

② 十八大以来重要文献选编：上．北京：中央文献出版社，2014：259．

之间、人与社会之间、人与自然之间具有一种唇亡齿寒的关系。按照人类命运共同体理念，中国积极履行作为一个负责任的社会主义大国的国际责任，积极开展生态文明领域的对外援助。截至2020年，中国-联合国和平与发展基金2030年可持续发展议程子基金相继启动实施34个项目，涵盖经济、社会、环境三大领域，为全球落实议程注入强大动力。2015年，中国宣布设立南南合作援助基金，目前已在50多个发展中国家实施了100余个有关救灾、卫生、妇幼、难民、环保等领域的发展合作项目①。根据美国国家航空航天局卫星数据，2000年至2017年，全球新增绿化面积中约四分之一来自中国。这样，不仅大幅度提升了这些受援国的可持续发展能力，而且有效促进了世界可持续发展。人类命运共同体意识要求我们必须运用系统观念并且团结起来解决全球性生态危机。针对美国政府退出《巴黎协定》的不负责任行为，习近平早已语重心长地指出："《巴黎协定》符合全球发展大方向，成果来之不易，应该共同坚守，不能轻言放弃。这是我们对子孙后代必须担负的责任！"② 显然，人类命运共同体理念是有效应对这类问题的共同价值观和科学方法论。

党的十八大以来，中国社会主义生态文明建设的进展和成就，引发了国际社会的高度重视和广泛好评。2016年5月，联合国环境规划署发布《绿水青山就是金山银山：中国生态文明战略与行动》报告，主要介绍中国生态文明建设的指导原则、基本理念和政策举措，特别是将生态文明融入到国家发展规划中的做法和经验，旨在向国际社会展示中国建设生态文明、推动绿色发展的决心和成效。2021年10月，《生物多样性公约》第十五次缔约方大会在中国昆明召开。12日，习近平主席在领导人峰会上发表重要讲话，呼吁全人类"共同构建地球生命共同体"。我们为维护世界生态安全贡献了中国生态智慧。

总之，不论是中华文明，还是世界上存在的其他文明，都是人类文明创造的成果。面对世界发展进程中遇到的各种矛盾和挑战，不同文明只有

---

① 中华人民共和国国务院新闻办公室. 中国共产党尊重和保障人权的伟大实践. 人民日报，2021-06-25 (2).

② 习近平. 论坚持推动构建人类命运共同体. 北京：中央文献出版社，2018：406.

相互尊重、平等交往、包容差异、真诚互助、和谐相处，人类才能共同繁荣进步，世界才能实现和平发展。在统筹推进“五位一体”总体布局过程中，中华文明与世界文明和谐共处，就是中国特色社会主义总体布局对世界文明的重要贡献。

第五节　生态文明思想在推进总体布局中的深化

由中国特色社会主义经济建设、政治建设、文化建设、社会建设和生态文明建设构成的总体布局，事实上就是由物质文明、政治文明、精神文明、社会文明和生态文明构成的文明系统。党的十八大吹响了走向社会主义生态文明新时代的号角。党的十九大进一步提出建设富强民主文明和谐美丽的社会主义现代化强国的目标，首次把生态文明与物质文明、政治文明、精神文明、社会文明作为我国社会主义现代化建设的目标。社会主义生态文明是将人与自然的和谐共生作为社会主义内在要求和基本规定而在社会主义建设中形成的人化自然和人工自然的成果总和。社会主义生态文明理论是马克思主义关于生态文明建设尤其是社会主义生态文明建设的科学理论。党的十八大以来，以习近平同志为核心的党中央在带领全国人民沿着中国特色社会主义道路奋勇前进中，按照“五位一体”的中国特色社会主义总体布局，协调推进“四个全面”战略布局，树立创新、协调、绿色、开放和共享新发展理念，提出了绿色化、绿色发展、人与自然和谐共生等一系列关于生态文明的新理念新思想新战略，进一步丰富和发展了社会主义生态文明理论，最终形成了习近平生态文明思想。习近平生态文明思想对生态文明建设进行了顶层设计和全面部署，是我们进行社会主义生态文明建设的强大思想武器。社会主义生态文明理论尤其是习近平生态文明思想是统筹推进中国特色社会主义总体布局中形成的科学理论，是中国化马克思主义的创造性理论贡献。

一、对马克思主义文明理论的丰富和发展

在唯物史观的基础上，马克思、恩格斯科学地揭示出了文明的起源、

文明的发展、文明的构成、文明的类型、文明的本质等一系列问题，形成了马克思主义文明理论。文明和自然的关系问题，是马克思主义文明论的重要论题。

（1）文明的系统含义。在马克思、恩格斯那里，文明具有二重含义。一方面，文明是指人类在实践活动中创造的各种成果的总和，体现为社会的素质。在人类实践的作用下，从自然产生出了文化，文化的积极进步的成果构成了文明。恩格斯指出："文明是实践的事情，是社会的素质。"① 这深刻地揭示了文明是实践范畴，具有鲜明的实践属性，是人类实践活动创造的一切成果；同时也揭示了文明体现了社会的素质，是人类社会的进步状态和人类创造的一切进步成果。另一方面，文明是继蒙昧、野蛮之后的社会发展阶段。恩格斯指出："蒙昧时代是以获取现成的天然产物为主的时期；人工产品主要是用做获取天然产物的辅助工具。野蛮时代是学会畜牧和农耕的时期，是学会靠人的活动来增加天然产物生产的方法的时期。文明时代是学会对天然产物进一步加工的时期，是真正的工业和艺术的时期。"② 即文明是指成文史社会，是建立在私有制基础上的阶级社会。显然，在马克思主义文明论中，文明是一个含义复杂的概念。

（2）文明和自然的辩证关系。从根本上来看，自然为人类的生存和发展提供基本条件。"没有**自然界**，没有**感性的外部世界**，工人什么也不能创造。自然界是工人的劳动得以实现、工人的劳动在其中活动、工人的劳动从中生产出和借以生产出自己的产品的材料。"③ 因此，自然是人类文明发展的前提。同时，随着人类实践的发展，人对自然的作用显示出了二重性。一方面，文明的发展强化了自然的有序性，推动实现着人与自然的和谐统一。例如，"在工业中向来就有那个很著名的'人和自然的统一'，而且这种统一在每一个时代都随着工业或慢或快的发展而不断改变"④。这样，就形成了人化自然和人工自然等方面的正面成果。另一方面，由于文明是在对抗中发展的，因此，随着文明的发展，也出现了人对自然的污染

① 马克思，恩格斯．马克思恩格斯文集：第1卷．北京：人民出版社，2009：97．
② 马克思，恩格斯．马克思恩格斯文集：第4卷．北京：人民出版社，2009：38．
③ 同①158．
④ 同①529．

和破坏。“文明是一个对抗的过程，这个过程以其至今为止的形式使土地贫瘠，使森林荒芜，使土壤不能产生其最初的产品，并使气候恶化。土地荒芜和温度升高以及气候的干燥，似乎是耕种的后果。”① 可见，对自然的污染和破坏是伴随着文明的发展而出现的问题。

（3）文明和自然冲突的社会根源。人与自然的关系总是受人与人、人与社会之间关系的制约和影响，因此，文明和自然的冲突是一个社会问题。在人类文明史上，资源短缺、环境污染、生态退化都是社会问题。“在西欧现今占统治地位的资本主义生产方式中，这一点表现得最为充分。支配着生产和交换的一个个资本家所能关心的，只是他们的行为的最直接的效益。不仅如此，甚至连这种效益——就所制造的或交换的产品的效用而言——也完全退居次要地位了；销售时可获得的利润成了唯一的动力。”② 可见，资本家只关心利润，不关心其行为对自然的影响。西班牙的种植场主曾在古巴焚烧山坡上的森林，因为他们认为木灰作为肥料能让最能赢利的咖啡树利用很久。但是后来热带的倾盆大雨冲毁了毫无保护的沃土而只留下赤裸裸的岩石，可他们哪会在乎这些呢？显然，在资本主义条件下，人与自然的关系是以对立和对抗为特征的。生态危机是资本主义的内生危机。

（4）文明和自然和解的社会未来。如果文明和自然永远处于冲突当中，最终会导致文明的中断。因此，恩格斯在 1843 年提出了“人类与自然的和解以及人类本身的和解”的思想。人与自然的和解即人与自然的和谐，也就是文明与自然的和解。从根本上来看，生产资料私有制造成了少数人占有自然资源而将绝大多数人排斥在自然资源的占有、享用之外，由此造成了文明和自然的对抗，因此，需要对我们的直到目前为止的生产方式、对我们的现今的整个社会制度进行变革。在此基础上，只有到了共产主义社会的时候，“社会化的人，联合起来的生产者，将合理地调节他们和自然之间的物质变换，把它置于他们的共同控制之下，而不让它作为一种盲目的力量来统治自己；靠消耗最小的力量，在最无愧于和最适合于他

① 恩格斯．自然辩证法．北京：人民出版社，1984：311.

② 马克思，恩格斯．马克思恩格斯文集：第 9 卷．北京：人民出版社，2009：562.

们的人类本性的条件下来进行这种物质变换”①。显然，只有实现从必然王国向自由王国的飞跃，才能实现文明与自然的和解。这种和解在实质上就是生态文明。在这个意义上，只有在共产主义条件下，才存在真正的生态文明。

可见，生态问题不仅是马克思主义自然观的重要议题，而且是马克思主义文明论的重要议题。当中国共产党人明确提出生态文明和社会主义生态文明理念、原则和目标的时候，就丰富和发展了马克思主义文明理论，将马克思主义文明论中蕴含的生态文明思想以清晰而明确的形式展示了出来。

二、对苏东社会主义国家生态经验和教训的反思

苏联和东欧等社会主义国家，由于认识受限、经验不足、体制僵化、外部渲染等一系列的复杂原因，对人与自然关系的处理，也表现出了二重性，走过了一条曲折的道路。

列宁对马克思主义生态思想的坚持和发展。在领导苏联人民进行社会主义革命和建设过程中，列宁十分重视协调人与自然的关系。在马克思、恩格斯思想的基础上，他进一步批判了资本主义农业所造成的土壤生产力的下降和土壤物质成分循环周期的破坏等问题，认为人造肥料既造成了自然肥料的浪费，又造成了环境污染，所以，为了保证土地的正常的物质循环，必须消灭城乡对立。在理论上，他认为，人必须遵循自然规律。在实践上，他在苏维埃政权刚创立的时候就签署了关于保护土地、森林、矿产、海洋资源、自然遗迹以及疗养院、狩猎区、居民住宅卫生和空气等一系列法令。到 1929 年，苏联建立了 61 个自然保护区，总面积近 400 万亩，分布在苏联全境。这些探索进一步推进了马克思主义生态思想的发展。

但是，在后来的发展过程中，苏联和东欧社会主义国家对生态环境问题重视不够，一直认为“社会主义是最好的生态学”，以为单纯凭借制度的优势就可以避免生态环境问题。20 世纪 30 年代，苏联开始了大规模的

① 马克思，恩格斯. 马克思恩格斯文集：第 7 卷. 北京：人民出版社，2009：928-929.

快速工业化，社会主义建设取得重大成就，同时也造成了严重的生态环境问题。快速工业化遭到具有生态学倾向的苏维埃领导层和科学界的反对。但是，在肃反扩大化中，布哈林、瓦维洛夫等具有生态思想的社会主义者遭到了清算。受苏联的直接影响，按照苏联模式进行社会主义建设的东欧、亚洲的社会主义国家，对生态环境问题都重视不够，并产生了程度不一的生态环境问题。70 年代，苏联和东欧社会主义国家才公开承认社会主义也存在严重的生态环境问题，但并未给予有效解决。苏东社会主义国家长期没有解决好人、自然与社会的关系问题，经济结构失衡，食物和日用品短缺，工业化和经济现代化造成了严重的生态环境恶化。例如，贝加尔湖、波罗的海、咸海、里海等内海湖泊的水面萎缩和污染，顿巴斯煤区严重污染，科拉半岛和中亚地区土地严重沙化等，1986 年甚至出现切尔诺贝利核电站泄漏事故。为了应对核泄漏问题，按照新思维，苏联推出了“生态公开化”政策，主张全人类利益高于民族利益、阶级利益和国家利益，结果成为外部势力介入的借口。在外部势力的渲染和干预下，生态环境问题被建构为严重的政治问题。此外，苏联还存在流动人口的安置问题和民族问题，也引起了社会动荡和民族矛盾等。

在总结和反思社会主义建设经验教训的基础上，苏联也为马克思主义生态理论做出了一定的贡献。20 世纪 80 年代，苏联的生态社会主义呼声开始成为世界生态社会主义运动中的重要力量，苏联的生态马克思主义理论也取得令人瞩目的成就。他们主要从马克思列宁主义的自然辩证法出发，初步形成了马克思主义生态理论的基本框架。在生态学领域，维尔纳茨基提出了“智慧圈”概念；在此基础上，“生物圈”“智慧圈”“协同演化”等概念发展起来，成为苏联研究生态环境问题的重要的方法论基础。1981 年，亚尼茨基最先提出生态城市的概念，特别注重城市的时空、社会、文化层次。同时，由于意识到了单学科的方法难以应对生态环境问题，苏联学者还提出了“社会生态学”和“全球学”等概念。社会生态学和全球学都是研究社会和自然科学的综合性科学。苏联学者认为，社会生态学不仅要求实现自然科学各学科的相互作用，而且要求实现自然科学和社会科学的相互作用。“综合环境保护问题及合理利用自然资源方面所积累的研究经验，为专门研究社会系统与自然环境关系的一门新兴科学的诞生和发展奠定了基础。我们把这门科学称作社会生态学。"① 在全球学方面，苏联学者认为："以马列主义经典作家丰富的、创造性的遗产和许多进步思想家观点为基础的马克思主义全球问题理论，贯穿着真正的人道主义并充满着对作为创造者的人的智慧与力量的信心。正是这种理论构成了坚实的方法论基础，在这一方法论基础上建立起来并发展了关于人在世界中所处的地位、关于社会与自然界的相互作用以及关于有能力去解决在文明发展现阶段人类所面临的各种问题的人的合理的实践活动等现代科学概念。"② 但是，他们最终没有形成生态文明的概念，更没有提出社会主义生态文明的理念。

总之，苏东社会主义国家没有解决好人与自然的关系问题，是导致苏东剧变的难以回避的原因之一。我们必须认识到，如果社会主义国家不能正确认识和处理人与自然的关系，不注意保护生态环境，也会出现生态环境问题，甚至会成为外部势力颠覆社会主义政权的借口。因此，我们必须借鉴苏东社会主义国家在生态问题上的经验和教训，正确处理人与自然的关系，科学探索中国特色社会主义生态文明建设之路。

三、对生态社会主义理论的批判和超越

1968年"五月风暴"之后，在批判和反思晚期资本主义生态危机的过程中，生态社会主义迅速在西方社会兴起，成为国外社会主义的一种重要流派，成为反抗晚期资本主义的一支重要的绿色力量。

(1) 生态社会主义的兴起。20世纪60年代以来，由于资本主义在全球的扩张和后工业时代的来临，西方社会出现了资源严重透支、环境严重污染、物种大量灭绝等全球性的生态危机和环境危机。如何科学认识人与自然的关系、保护人类赖以生存的环境，成为摆在人类面前的难题。这一问题引起了西方普通民众尤其是中产阶层的高度关注。在这种情况下，"五月风暴"之后，环境运动成为西方新社会运动的一支重要力量。与以

① 马尔科夫．社会生态学．北京：中国环境科学出版社，1989：1.

② 霍津．当代全球问题．北京：社会科学文献出版社，1989：24.

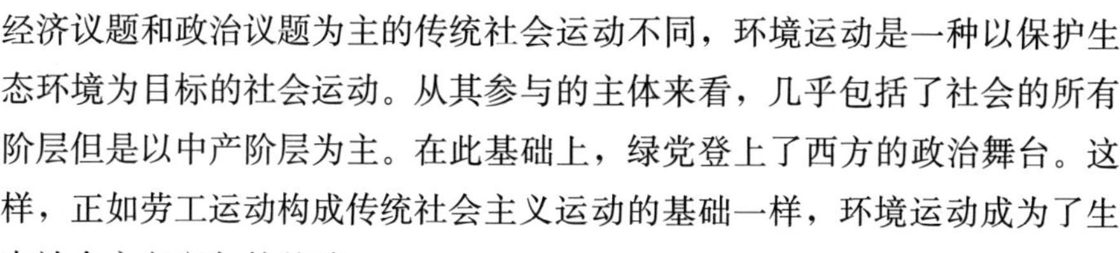

经济议题和政治议题为主的传统社会运动不同，环境运动是一种以保护生态环境为目标的社会运动。从其参与的主体来看，几乎包括了社会的所有阶层但是以中产阶层为主。在此基础上，绿党登上了西方的政治舞台。这样，正如劳工运动构成传统社会主义运动的基础一样，环境运动成为了生态社会主义兴起的基础。

（2）生态社会主义的诉求。西方生态社会主义是西方资本主义社会出现的一个社会主义思想流派，其总体特征是将生态学理论同马克思主义相结合，试图寻找一条既能解决生态危机，又能走向社会主义的理想道路。在奥康纳看来，生态学社会主义是指一种在生态上合理而敏感的社会，这种社会以对生产手段和对象、信息等的民主控制为基础，并以高度的社会经济平等、和睦以及社会公正为特征。在这个社会中，土地和劳动力被非商品化了，而且交换价值是从属于使用价值的。生态学社会主义严格说来并不是一种规范性的主张，而是对社会经济条件和日益逼近的危机的一种实证分析。与之不同，科威尔认为："所谓'生态社会主义'是指社会主义中的生产者因为强势的民主而联合起来进行生产，同时它也是一个能认识并尊重'增长限制'的生态模式，在这种模式下，自然的内在价值被知悉，并可以恢复到固有的道路。这种对生态社会主义的设想并不是水中花镜中月，而是指明了我们能做的事，可以让我们用它去替代行将就木的资本主义。"① 罗伊认为，所谓的绿色资本主义仅仅是一种公开的噱头而已，是为了推销产品的标签，即使在最好的情况下，也只是一种局部的尝试，就像向资本主义荒漠化的、干涸的土地上洒下一滴水来缓解旱情一样。而生态社会主义的目标是建立一个生态的社会主义社会，是一个建立在使用价值为主导、社会公正和民主控制基础上的生态理性的社会。

（3）生态社会主义的贡献。西方生态社会主义不仅在理论上继承和发展了马克思主义生态思想，批判生态危机产生的社会历史根源，认为造成生态危机的根本原因在于资本主义的生产方式，而且通过对人与自然关系的深刻反思和对资本主义工业文明的理性批判，提出了未来社会主义应该

① 科威尔．自然的敌人：资本主义的终结还是世界的毁灭?．北京：中国人民大学出版社，2015：6.

而且必然是绿色社会的论断，描述了一个新型的人与自然相和谐的社会主义模式。第一，生态社会主义的经济模式。在生产的目的上，应该以满足需要尤其是穷人的需要为生产的目的。在生产资料问题上，必须反对私有制尤其是资本主义私有制。在分配问题上，生产性正义应该成为生态社会主义追求的目标。第二，生态社会主义的政治模式。生态社会主义将社会主义作为取代资本主义的政治方案。奥康纳认为，生态学需要社会主义，因为后者强调民主计划以及人类相互间的社会交换的关键作用。科威尔认为，国家民主化是实现生态社会主义的政治前提，应该回归巴黎公社。第三，生态社会主义的文化模式。生态社会主义看到了文化变革对于实现人与自然和谐的重要性。科威尔认为，生态思维是走向生态社会主义的重要选择。莱斯认为，伦理的进步和科学技术的进步不是完全对立的。第四，生态社会主义的社会模式。生态社会主义看到了资本主义消费社会倡导的高消费带来的生态危机的严重性，要求实现消费的合理化和生态化。奥康纳提出了"社会主义生态学"的概念："'社会主义生态学'意指（也是大概来说）某种辩证的生态科学和社会政治实践，这种实践成功地扬弃了地方和中央、一时冲动和周密计划等因素之间的矛盾，换句话说也就是扬弃了传统无政府主义和传统社会主义的前提。"① 西方生态社会主义之所以能不断发展壮大，直至在资本主义国家的政治舞台占据举足轻重的位置，是与其提出的上述主张基本符合人类文明发展方向而深受民众欢迎分不开的。

（4）生态社会主义的局限。第一，在资本主义危机的问题上，它把生态问题看得高于一切，或者用"生态危机"去取代"经济危机"，这样，就自觉或不自觉地用人与自然的矛盾去取代资本主义社会的基本矛盾。最后，这必然导致否认生产的社会化和生产资料私有制的矛盾依然是资本主义社会的基本矛盾，其结果只能是转移人们的斗争方向。第二，在无产阶级革命主体上，他们以觉悟和知识而不是以阶级立场来划分革命的动力与非动力。甚至，他们将环境运动等新社会运动作为革命的主体。显然，这也与马克思主义的阶级分析相去甚远，最终会否认无产阶级和资产阶级的

① 奥康纳. 自然的理由：生态学马克思主义研究. 南京：南京大学出版社，2003：440.

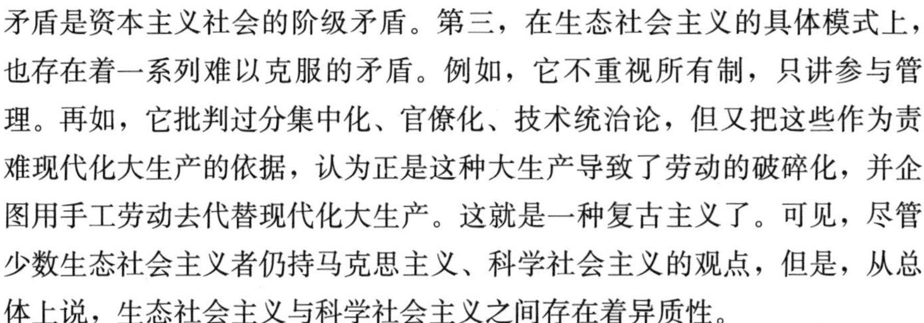

矛盾是资本主义社会的阶级矛盾。第三，在生态社会主义的具体模式上，也存在着一系列难以克服的矛盾。例如，它不重视所有制，只讲参与管理。再如，它批判过分集中化、官僚化、技术统治论，但又把这些作为责难现代化大生产的依据，认为正是这种大生产导致了劳动的破碎化，并企图用手工劳动去代替现代化大生产。这就是一种复古主义了。可见，尽管少数生态社会主义者仍持马克思主义、科学社会主义的观点，但是，从总体上说，生态社会主义与科学社会主义之间存在着异质性。

总之，从根本上说，生态社会主义不是科学社会主义，但它以对人类历史命运的强烈关注和对社会可持续发展的不懈追求为目标，提出了解决生态危机的社会主义方案，为提出社会主义生态文明的科学理念提供了借鉴。

四、对中国马克思主义文明理论的拓展和深化

改革开放以来，在社会主义建设实践的基础上，中国马克思主义对社会主义文明系统构成的认识逐渐深化。

（1）“两大建设”和“两个文明”的社会主义文明理论范式。在最为一般的意义上，我们可以将生产分为物质生产和精神生产两种类型。马克思指出：“要研究精神生产［Ⅸ－409］和物质生产之间的联系，首先必须把这种物质生产本身不是当作一般范畴来考察，而是从**一定的历史的**形式来考察。”① 据此，我们可以将人类文明划分为物质文明和精神文明两种类型。党的十一届三中全会以后，在回答什么是社会主义、怎样建设社会主义过程中，把马克思主义文明理论与中国社会主义建设实际相结合，我们党提出了“两大建设”和“两个文明”的理论。在邓小平看来，贫穷不是社会主义，愚昧也不是社会主义。社会主义不仅要有高度发达的物质文明，而且还要有高度发达的精神文明。只有做到物质文明建设和精神文明建设“两手抓、两手都要硬”，才是合格的社会主义。这样，中国马克思主义就初步形成了社会主义文明理论的范式，开启了社会主义精神文明建设的新天地。

（2）“三大建设”与“三大文明”的社会主义文明理论范式。其实，将社会有机体划分为经济、政治、文化三个方面，是对社会结构的一般划

① 马克思，恩格斯．马克思恩格斯全集：第33卷．2版．北京：人民出版社，2004：346．

分。这样，在文明的分类上就形成了“三分法”。随着中国特色社会主义事业的发展，党的十二届六中全会通过的《中共中央关于社会主义精神文明建设指导方针的决议》第一次明确提出了“总体布局”的概念。在此基础上，我们党又提出了物质文明、精神文明和政治文明三者协调发展的思想。党的十六大报告中指出：“发展社会主义民主政治，建设社会主义政治文明，是全面建设小康社会的重要目标。”① 在此基础上，我们还明确提出了经济建设、政治建设和文化建设“三位一体”的战略布局以及物质文明、政治文明和精神文明协调发展的重要论述。从“两个文明”扩展到“三个文明”协调发展，这是中国化马克思主义文明理论的重大突破，丰富和发展了马克思主义文明理论。

（3）“四大建设”与“四大文明”的社会主义文明理论范式。从人类生活的角度，可以将社会有机体划分为物质生活、政治生活、精神生活和社会生活四个方面。随着中国特色社会主义实践的深入，我们党对社会主义建设规律以及中国特色社会主义的认识不断深化。在提出科学发展观的过程中，我们党创造性提出了构建社会主义和谐社会的战略设想。党的十六届四中全会第一次把构建社会主义和谐社会写进了党的文件中。在此基础上，我们党进一步指出：“构建社会主义和谐社会，同建设社会主义物质文明、政治文明、精神文明是有机统一的。它们既有不可分割的紧密联系，又有各自的特殊领域和规律。”② 这样，事实上就形成了社会文明的概念。与经济建设、政治建设、文化建设、社会建设等“四大建设”对应的是物质文明、政治文明、精神文明、社会文明等“四大文明”。党的十七大进一步阐述了“四位一体”中国特色社会主义事业总体布局，并将其写进了修改后的党章。这就意味着，从“三大文明”扩展为“四大文明”，社会主义文明系统是由物质文明、政治文明、精神文明、社会文明等“四大文明”构成的系统。文明构成问题上的“四分法”，进一步丰富了对社会主义文明系统内涵和外延的认识，进一步丰富和发展了马克思主义文明理论尤其是中国马克思主义文明理论。

---

① 十六大以来重要文献选编：上．北京：中央文献出版社，2005：24.

② 十六大以来重要文献选编：中．北京：中央文献出版社，2005：707.

（4）“五大建设”与“五大文明”的社会主义文明理论范式。由于自然物质条件与生产方式共同构成了社会存在，因此，在对社会进行“四分法”的基础上，可以进行“五分法”，可以将经过人类实践中介的作为社会前提和条件的自然（从原初自然到人化自然和人工自然）作为社会的重要结构领域。世纪之交，面对资源约束趋紧、环境污染严重、生态系统退化的严峻形势，在党的十七大提出的生态文明的理念、原则和目标的基础上，党的十八大报告提出将生态文明建设纳入中国特色社会主义“五位一体”总体布局中。这样，我们就从“四大建设”扩展到了“五大建设”，从“四大文明”扩展到了“五大文明”。党的十八大以来，以习近平同志为核心的党中央高度重视生态文明建设，提出了一系列关于生态文明的新理念新思想新战略。党的十九大在描绘我国未来远景时提出：“从二〇三五年到本世纪中叶，在基本实现现代化的基础上，再奋斗十五年，把我国建成富强民主文明和谐美丽的社会主义现代化强国。到那时，我国物质文明、政治文明、精神文明、社会文明、生态文明将全面提升，实现国家治理体系和治理能力现代化，成为综合国力和国际影响力领先的国家，全体人民共同富裕基本实现，我国人民将享有更加幸福安康的生活，中华民族将以更加昂扬的姿态屹立于世界民族之林。”① 根据党的十九大精神，我国将“推动物质文明、政治文明、精神文明、社会文明、生态文明协调发展”的内容写入宪法中。现在，“在‘五位一体’总体布局中，生态文明建设是其中一位；在新时代坚持和发展中国特色社会主义的基本方略中，坚持人与自然和谐共生是其中一条；在新发展理念中，绿色是其中一项；在三大攻坚战中，污染防治是其中一战；在到本世纪中叶建成社会主义现代化强国目标中，美丽中国是其中一个”②。尤其是，随着生态文明成为中国特色社会主义总体布局中的重要一位，我们协同推进物质文明、政治文明、精神文明、社会文明、生态文明，创造了人类文明新形态。这进一步丰富和发展了马克思主义文明理论，进一步使中国化马克思主义文明理论走向定型和成熟，最终形成了习近平生态文明思想。

---

① 十九大以来重要文献选编：上．北京：中央文献出版社，2019：20-21.

② 习近平．论坚持人与自然和谐共生．北京：人民出版社，2022：279－280.

可见，随着我们党对社会主义建设系统构成和社会主义文明系统构成认识的科学化、清晰化和系统化，我们不仅明确了社会主义生态文明建设在社会主义建设系统和社会主义文明系统中的战略地位，而且扩展了对社会主义建设系统构成和社会主义文明系统构成的科学认知（见表9-4），这样，就推动中国马克思主义文明理论走向科学化、系统化和体系化，推动马克思主义文明理论走向中国化、时代化和大众化，最终形成了习近平生态文明思想。

表9-4　中国特色社会主义总体布局与社会主义文明系统

总体布局	发展目标	社会主义文明系统
中国特色社会主义经济建设	富强	社会主义物质文明
中国特色社会主义政治建设	民主	社会主义政治文明
中国特色社会主义文化建设	文明	社会主义精神文明
中国特色社会主义社会建设	和谐	社会主义社会文明
中国特色社会主义生态文明建设	美丽	社会主义生态文明

综上，建设中国特色社会主义“五位一体”的总体布局，是对社会有机体的系统发展、全面发展、整体发展、协调发展的客观规律的自觉把握和科学运用，不仅具有工具意义，而且具有价值意义。横向来看，它表明人类文明系统尤其是社会主义文明系统是由物质文明、政治文明、精神文明、社会文明、生态文明构成的整体；纵向来看，它要求将生态文明的原则和理念渗透和贯穿在实现新型农业文明、新型乡村文明、新型工业文明、新型城市文明、现代智能文明的历史演进中，推动文明形态不断向前演化。从国内来看，它要求在富强、民主、文明、和谐、美丽的基础上，实现中华文明的伟大复兴，建设中华民族现代文明；从国际上来看，它为世界文明的发展提供了中国方案，有利于世界文明和谐共处。因此，中国特色社会主义“五位一体”的总体布局，开辟了马克思主义文明理论发展的新境界，科学描绘了人类文明发展的新愿景。

总之，我们坚持和发展中国特色社会主义，按照“五位一体”总体布局，推动物质文明、政治文明、精神文明、社会文明、生态文明协调发展，创造了人类文明新形态。

第十章　推进中国特色社会主义总体布局的价值愿景

作为一项创造性的活动，总体布局必然体现着特定主体的价值立场、价值观念，折射出价值的愿景和理想的光芒。这就必然涉及总体布局是“为了谁”“相信谁”“依靠谁”的问题，而且这是一个根本的方向问题。坚持以人民为中心的发展思想，坚持人民至上，不断促进人的全面发展，是中国特色社会主义总体布局崇高的价值愿景和理想维度。习近平指出：“我们党领导人民全面建设小康社会、进行改革开放和社会主义现代化建设的根本目的，就是要通过发展社会生产力，不断提高人民物质文化生活水平，促进人的全面发展。”① 显然，这一价值愿景可通达人的全面发展的共产主义理想，即价值愿景其实就是社会愿景。

第一节　中国特色社会主义总体布局的价值追求

坚持以人民为中心，在实践中不断促进人的全面发展，不仅是马克思主义的核心价值和理论旨归，也是中国特色社会主义总体布局的价值追求

---

① 习近平. 全面贯彻落实党的十八大精神要突出抓好六个方面工作. 求是，2013 (1).

和奋斗目标。

一、马克思主义诞生以前人们对人的解放和发展路径的探索

改善人的生存境遇，促进人的全面发展，一直是人们不懈追求的美好愿景。在中国周朝的贵族教育体系中，就开始要求学生掌握六种基本才能——礼、乐、射、御、书、数，这就是所谓的“六艺”。在古希腊，普罗泰戈拉提出“人是万物的尺度”，这一观点虽然带有浓厚的相对主义色彩，但是它突出了人的主体地位，蕴含着鲜明的人本主义倾向。稍后的亚里士多德也探讨了人的发展问题。他认为，人是由身体和心灵两个基本要素构成的，只有通过必要的教育、活动和闲暇，才能培养身体健康、意志坚定、智慧发达的完美个体，使人在德、智、体等方面都得到全面和谐的发展。

在欧洲中世纪时代，人的本质被异化为虚幻的上帝，被压迫生灵在无声的叹息中痛苦地挣扎着。直到伟大的文艺复兴，才重新迎来了人的觉醒和回归。思想大师们敢于直面人的感性欲望，讴歌人的智慧和理性，倡导自由、平等、博爱的人文精神，体现了资产阶级在历史上升时期的精神风貌和社会理想。到了 18 世纪，法国唯物主义者把人视为教育和环境的产物，当然具有一定的合理成分。但是，由于历史观的根本局限，他们看不到“环境的改变和人的活动或自我改变的一致，只能被看做是并合理地理解为**革命的实践**”①，因此陷入了“环境塑造人”和“人改变环境”的两难悖论，不能自拔。特别值得一提的是，空想社会主义在人的发展问题上也进行了辛勤的探索，设计了诸多改造社会和人性的良方，并进行了若干可贵的尝试。遗憾的是，尽管闪耀着思想的光辉，包含着许多合理的成分，但是，由于不能科学地把握资本主义的时代主题和基本矛盾，空想社会主义依然不能从根本上找到实现人的全面发展的正确路径。

从文艺复兴到马克思主义诞生以前，在这几百年的时间里，思想大师们高扬人的主体性，奏响了“人的解放”的时代号角，但是最终都没有找到解放人、发展人的现实路径。历史地看，原因主要在于：第一，唯心史

---

① 马克思，恩格斯．马克思恩格斯文集：第 1 卷．北京：人民出版社，2009：500.

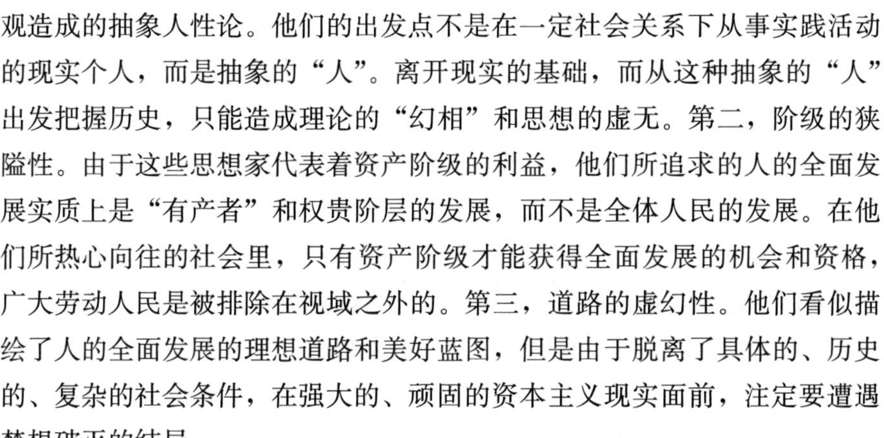

观造成的抽象人性论。他们的出发点不是在一定社会关系下从事实践活动的现实个人，而是抽象的“人”。离开现实的基础，而从这种抽象的“人”出发把握历史，只能造成理论的“幻相”和思想的虚无。第二，阶级的狭隘性。由于这些思想家代表着资产阶级的利益，他们所追求的人的全面发展实质上是“有产者”和权贵阶层的发展，而不是全体人民的发展。在他们所热心向往的社会里，只有资产阶级才能获得全面发展的机会和资格，广大劳动人民是被排除在视域之外的。第三，道路的虚幻性。他们看似描绘了人的全面发展的理想道路和美好蓝图，但是由于脱离了具体的、历史的、复杂的社会条件，在强大的、顽固的资本主义现实面前，注定要遭遇梦想破灭的结局。

二、实现人的全面发展是马克思主义的核心价值和理论旨归

在马克思主义理论视域中，实现人的全面发展是其核心价值和理论旨归，这就是以人民为中心的发展思想的理论源泉。

唯物史观揭示了实现人的全面发展的根本路径。唯物史观在劳动发展史中找到了理解全部社会史的钥匙。它深刻地揭示了劳动对人生存和发展的意义。劳动不仅创造了人，还发展和塑造着人的本质。所谓人的“类本质”，就是“自由自觉的活动”。“一当人开始**生产**自己的生活资料，即迈出由他们的肉体组织所决定的这一步的时候，人本身就开始把自己和动物区别开来。人们生产自己的生活资料，同时间接地生产着自己的物质生活本身。”① 劳动不仅创造了人，同时也创造了人类社会。在劳动中形成的分工和产品交换关系就是最原始、最基本的社会关系，复杂的社会关系之网就是在劳动关系的基础上发散、延伸、建构而成的。劳动中形成的人和自然、人和人的关系，构成了社会历史的二维坐标，并划定了历史发展的可能性空间。可见，人类劳动的不断进步，并在劳动中不断趋向自由，是唯物史观的逻辑主线，也是实现人类解放和全面发展的根本路径。

剩余价值理论揭示了资本主义条件下实现人的全面发展的具体路径。众所周知，马克思分析资本主义经济，是从“商品”开始的。商品是用来

① 马克思，恩格斯．马克思恩格斯文集：第1卷．北京：人民出版社，2009：519.

交换的劳动产品，是人类抽象劳动的物化形式。商品是由劳动创造的，正是劳动的二重性——具体劳动和抽象劳动，造成了商品使用价值和价值的对立。在资本主义条件下，劳动二重性表现为生产资本主义商品的具体劳动和创造价值增殖的抽象劳动的统一。在实际劳动过程中，工人的劳动分为必要劳动和剩余劳动。资本家对工人的剥削，实质上就是无偿地榨取工人的剩余劳动。这样，就在更深的层次上回答了造成“物的世界的**增值**同人的世界的**贬值**成正比”① 这一历史怪相的理论根源。因此，无产阶级只有将“批判的武器”和“武器的批判”结合起来，变革不合理的社会关系和社会制度尤其是消灭私有制，才能在现实中消除异化，把人的世界还给人，实现人的全面发展。

科学社会主义为实现人的全面发展指明了现实道路。唯物史观和剩余价值论为科学社会主义理论和运动指明了正确的方向。人类社会的历史首先就是一部生产劳动的发展史。人的发展归根到底体现为劳动能力的发展，生产力的发展和交往的普遍化只是劳动能力发展的证明和结果。人的解放说到底是从私有制和旧的分工下被动的、不自主的异化劳动转变为自由自觉的劳动，使对象性活动真正成为“人的活动”，成为人的本质力量的展现和确证，只有这样，才能实现人之为人的价值和尊严。只有在劳动不断进步的历史过程中，人才能彻底摆脱物的依赖和人的奴役，发展自己的“自由个性”，实现自由而全面的发展。剩余价值理论对资本主义社会的科学剖析，揭示了资本主义剥削的本质，从而在理论上昭示人们，在资本主义条件下实现人的解放和全面发展的主体性力量，只能是革命的无产阶级。只有唤醒无产阶级的历史主体意识，将它由自在的阶级变为自为的阶级，才能开展自觉的历史创造活动。在既定的资本主义现实中，要实现无产阶级的全面发展，根本上只能依靠革命的手段，改变不合理的社会关系尤其是资本主义私有制，并摧毁附属在资本主义制度上的一切设施和毒瘤，在改造旧世界中建设新世界。社会主义再经过由低到高的若干发展阶段，才能最终建成美好的共产主义社会。当然，共产主义也不是一种静止的终极状态。共产主义的实现，意味着人的全面进步和社会的全面进步将

① 马克思，恩格斯. 马克思恩格斯文集：第1卷. 北京：人民出版社，2009：156.

不断迈进新的天地。至此，人的全面发展的真实路径在马克思的理论视域中被正确地完整地揭示出来，社会主义才得以冠以“科学”二字。

总之，实现人的全面发展是科学社会主义的基本原则，也是马克思主义的核心价值和理论旨归。

三、促进人的全面发展是中国特色社会主义总体布局的价值追求

中国特色社会主义是社会进步和人的发展辩证统一的社会。人的全面发展最终将成为中国特色社会主义的价值追求。

1. 科学理解“以人为本”

以人为本与以人民为中心的发展思想是高度一致的，要求我们坚持发展为了人民、发展依靠人民、发展成果由人民共享、发展成就由人民评价。

“以人为本”是对过去“以物为本”的纠正和超越。在资本主义发展过程中，资本主义私有制造成了劳动的异化，在劳动异化的基础上产生了社会“总体”的异化。资产阶级“无情地斩断了把人们束缚于天然尊长的形形色色的封建羁绊，它使人和人之间除了赤裸裸的利害关系，除了冷酷无情的‘现金交易’，就再也没有任何别的联系了”①。“物的关系”统治着“人的世界”。社会存在决定社会意识。在这一法则的作用下，连人的思想意识领域也受到了资本的统治，出现了对“物”的崇拜和对金钱的狂热追求，这实际上表明人还处于“异化”的状态，受着“物”的压抑和支配。改革开放以来，中国告别了对“一大二公”的生产关系的推崇、对人的主观能动性的盲目自信，开始重视“物”的作用。这当然具有一定的历史必然性和合理性。但是，商品经济的发展，市场对资源配置的决定性作用，使资本逻辑在一定程度上超越了它存在发展的合理空间。在这样的历史背景下，提出“以人为本”，坚持以人民为中心的发展思想，坚持人民至上，促进人的全面发展，就是让经济建设回归本位，在合理看待经济建设、市场经济和资本逻辑的历史作用的同时，澄清经济建设的最终目的，是为了提高人的生活质量，促进人的全面发展。

---

① 马克思，恩格斯．马克思恩格斯文集：第2卷．北京：人民出版社，2009：34.

“以人为本”也不同于中国古代的民本主义和西方近代的人本主义。“以人为本”不同于中国古代的民本主义。中国传统文化中蕴含着丰富的民本思想。战国时期的孟子就认为，“民为贵，社稷次之，君为轻”。这体现了对“民”的关注和重视。作为一种社会意识，它是自给自足的小农经济在思想领域的必然反映。但是，“民本”中的“民”，并非现代政治学概念中的“人民”，而是分散地从事农业劳作的个体小农。唐太宗李世民关于“君”“民”关系的“舟”和“水”的比喻，在一定程度上看到了暴政之下劳动群众的联合反抗可能对阶级统治构成严重威胁。因此，要因势利导、安抚民众，才能让“舟”平稳地行驶在“水”上。说到底，这还是站在统治阶级立场上，对如何统治和驾驭劳动人民的“合理性”的认识，与“以人为本”不仅有时代的差异，而且在根本的价值观上是完全相反的。

“以人为本”也不同于西方近代以来的人本主义思潮。文艺复兴以来的人本主义思潮，在反对中世纪神学的斗争中发挥了极其重要的作用。它强调人的主体性，宣扬人的价值，歌颂人性的伟大。但是，其理论基础是唯心史观，在理论出发点和思想方法上都存在着致命的缺陷，对“人”的认识只能是抽象的、虚幻的，看到的根本不是“现实的人”。即使在最坚定的唯物主义者费尔巴哈那里，也只能把宗教的本质归结为人的本质，这样，人的“本质只能被理解为‘类’，理解为一种内在的、无声的、把许多个人**自然地**联系起来的普遍性”①。由于费尔巴哈看不到人是具体的、历史的、实践中的存在，必然在思想中造成自然主义和人道主义的割裂，除了震撼世界的词句之外，不能对实际生活有任何助益。

科学理解“以人为本”中的“人”。“以人为本”中的“人”是指广大人民群众。促进人的全面发展，就是让人民群众在有效处理人与自然、人与人、人与自身关系的基础上，在政治、经济、文化、社会和生态等各个方面都得到自由、和谐、充分的发展。我们之所以要坚持以人民群众为本，促进人民群众的全面发展，就在于：第一，人民群众是历史的创造者。人民群众是认识和实践的主体。他们不仅创造了社会的物质财富和精神财富，而且是社会变革的决定力量，是推动历史前进的主力军。只有以

① 马克思，恩格斯．马克思恩格斯文集：第 1 卷．北京：人民出版社，2009：501.

人民群众为本，才是真正尊重人民群众的历史主体地位。只有依靠人民、相信人民、为了人民，才能凝聚起推动历史前进的巨大力量。第二，践行中国共产党根本宗旨的必然要求。全心全意为人民服务是中国共产党的根本宗旨。除了最广大人民的利益之外，中国共产党没有任何自己的特殊利益。代表最广大人民利益的政党，必须做到“以人为本”，把人民群众放在最高位置，一切致力于实现人民群众的全面发展。第三，共产主义远大目标在现阶段的具体体现。实现共产主义是马克思主义的崇高理想。共产主义最重要的特征就是实现每个人的自由全面发展。作为一项历史性的运动，共产主义不是一蹴而就的，它的基础和萌芽、生成和实现就在中国特色社会主义的历史实践中。共产主义和中国特色社会主义在实践上的统一，必然包含着价值目标上的一致性。

2. “五位一体”总体布局是发展和实现人的自然本质的正确路径

人的自然本质，是指在人与自然的实践关系中，自然对人所呈现的功能、价值和意义。当然，这里的自然本质绝不是单纯的人的生物本性，而是指人与自然之间的社会联系，或者说人与自然关系的社会属性。改造自然的物质生产活动不仅是人类生存的前提，也是社会发展的基础。人类永远无法割断和自然的联系，只有在不断的物质生产活动中，与自然进行着物质、信息和能量的交换，才能维持生存。“任何一个民族，如果停止劳动，不用说一年，就是几个星期，也要灭亡，这是每一个小孩子都知道的。”① 自然的先在性和人对自然的依赖性，决定了以处理人与自然关系为主要内容的物质生产活动，对人类生存具有绝对的意义。只有经济的发展创造更多的物质产品，才能满足多样化的需求，提高人民的生活质量。只有经济的发展，才能为社会提供更多的就业岗位，为人的价值实现提供更宽广的平台。只有经济发展，才能不断改善民生和提高社会保障水平。一旦物质生产受到影响，将会造成社会的全面倒退。

改革开放以来，中国共产党纠正了过去“左”的错误，确立了以经济建设为中心的基本路线，极大地激发了市场活力，调动了人民发展经济的积极性、主动性和创造性。40 多年来，中国社会主义社会的生产力、社会

① 马克思，恩格斯．马克思恩格斯文集：第 10 卷．北京：人民出版社，2009：289.

主义国家的综合国力和人民生活水平，都不断迈上新的台阶。当然，在看到成绩的同时，还要看到存在的问题。第一，经济发展方式不够科学，社会主义市场经济还不够健全。经济发展中不平衡、不协调、不可持续的问题较为突出。第二，资源使用效益不高，浪费严重。同样是创造一万元的国民生产总值，中国消耗的资源数量是发达国家的好几倍。这种“高投入、低产出”的道路难以持久，必将在资源上付出沉重的代价。第三，环境问题日益突出。不科学、不合理的工业化进程破坏了人与自然之间正常的生态关系，必然损害人的生存环境，降低人的生活质量，对人的全面发展造成不利影响。

面对这些问题和挑战，要从总体上观察和谋划，采取统筹兼顾的方法，形成加快发展的“合力”，系统地加以解决。为此，要坚持把发展作为执政兴国的第一要务，大力转变经济发展方式，促进新型工业化、信息化、城镇化和农业现代化协同发展，不断提高经济增长的质量和效益。人的全面发展，不仅需要经济的繁荣，而且需要绿水青山。要充分认识自然的本性和规律，尊重自然、爱护自然、养育自然，“在最无愧于和最适合于他们的人类本性的条件下来进行这种物质变换”①。要动员全社会力量，通过法治、市场和教育等多种手段，综合施策，标本兼治，有效开展环境保护、治理和修复活动。总之，要从根本上解决经济发展和生态领域出现的这些问题，就要站在“五位一体”总体布局全面推进的高度，科学地分析政治、经济、文化、社会、生态文明之间系统的、辩证的、多维的复杂关系，采用辩证思维的方法，只有这样，才能实现人和自然的永续发展、和谐发展。

3.“五位一体”总体布局是发展和实现人的社会本质的正确路径

人的本质不是抽象的东西，而是社会关系的总和。人总是在特定社会关系下进行着与自身生存发展相关的实践活动。社会对个人而言，既是一种先在的存在，又是一种在实践中不断重塑和生成的存在。人与人之间最基本的交往是生产中的协作和交换关系，在此基础上，衍生出形式多样的复杂社会交往系统。交往关系的固定化、规范化、程序化，就形成了一定

---

① 马克思，恩格斯．马克思恩格斯文集：第7卷．北京：人民出版社，2009：928-929.

的制度、规范和法则。交往关系的实体化，就形成了特定的机构和设施。人是社会存在物，这也是人的本质的重要方面。即使是人与自然的关系，也是以社会关系为中介而发生的。在某种意义上说，社会就是人存在的特定历史空间。

就社会主义社会的本质而言，由于坚持以公有制为主体、以共同富裕为根本方向，这决定了人与人、人与社会在根本利益上是一致的。但是，由于中国还处在社会主义初级阶段，传统“人治”社会的影响尚未根除，资本逻辑还在一定范围内发挥作用，这就决定了人与人、人与社会在根本利益一致的基础上还存在着一定程度的利益矛盾。人与人、人与社会在利益上出现的分化和对立，必然影响社会凝聚力，降低人的生活满意度，对人的全面发展造成负面影响。

在这样的现实背景下，要发展社会主义民主，推进和谐社会建设，有效地维护社会公平正义，不能采取“头疼医头、脚疼医脚”的办法，必须按照“五位一体”总体推进的思路，全面落实总体布局提出的科学方针，只有这样，才能真正构建和谐的社会关系。为此，要改革和调整社会收入分配，取缔非法收入，调节过高收入，提高中低收入者收入水平，促进收入分配更加公平合理。要通过有序推进民主建设，扩大和落实人民的当家作主权利，为人民群众真正发挥历史主体作用奠定制度条件。要通过加强社会建设，有效化解社会矛盾，保障老百姓最基本的民生需求，兜住社会安全的底线。要通过深化改革，打破部门、行业和地区壁垒，突破利益分化和固化的藩篱，消除社会隔阂，凝聚社会共识，有效维护社会公平正义，提高整个社会的文明程度，使社会关系更加安定祥和、和谐有序。

4. “五位一体”总体布局是发展和实现人的精神本质的正确路径

人不仅是自然存在物、社会存在物，也是精神存在物。人的精神本质绝不是单纯的主观世界，而是指人的精神的实践性和社会性。马克思说：“通过实践创造**对象世界，改造**无机界，人证明自己是有意识的类存在物。”① 意识是在劳动过程中产生的。在初始阶段，它和物质生产有割不断的联系。但是，随着实践的发展，精神世界开始了相对独立化的自我建构

① 马克思，恩格斯．马克思恩格斯文集：第1卷．北京：人民出版社，2009：162.

活动。以至到最后，“它不用想象某种现实的东西就能**现实地**想象某种东西”①。在某种意义上说，精神世界不仅是对现实世界的反映，也是对现实世界的反思、批判、建构和超越。精神把握世界的方式是复杂多样的。精神生活是人的生活和人的世界中不可缺少的内容，没有它，人就不成其为人。当然，精神产品对人的作用也是异常复杂的，不可一概而论。就是同一种精神产品，对人的作用也往往是两面的。总体而言，精神和思维是人的本质的重要方面，精神世界的日益丰富，标志着人的对象意识和主体自我意识的不断成熟，是人的全面发展的重要标志。

改革开放以来，中国实现了伟大的历史转折，成功走出了一条国强民富的复兴之路。但是，在复杂的国际背景下，由于市场经济和资本的负面作用，商品和货币的作用被无限放大，出现了拜金主义、享乐主义和极端个人主义思潮，价值观领域出现了是非不分、善恶不分、美丑不分等价值错乱的奇怪现象。这不仅影响人民群众精神文化需求的丰富和满足，阻碍社会主义核心价值观的培育和弘扬，而且会削弱社会的思想活力和精神创造力，制约人的全面发展进程。

中华民族的伟大复兴，必然蕴含着文化的伟大复兴。因此，必须站在“五位一体”总体布局的战略高度，加强社会主义先进文化建设，促进社会主义文化大发展大繁荣，通过文化的“以文化人”和“以文育人”，提高人的认知能力、道德水平和审美水平，促进人的全面发展。为此，要大力发展文化产业，为人民群众提供丰富的精神食粮，打造积极的、健康的精神文化产品和品牌，用心呵护中华民族共同的精神家园，切实增强国家文化软实力。当然，从“五位一体”总体布局的角度来看，文化建设也不能脱离其他四个方面的建设而单独发展，它需要经济建设提供基础，政治建设提供保证，社会建设提供条件，生态文明建设提供美好环境。

综上，中国特色社会主义总体布局及其蕴含的价值目标，体现了世界观和方法论的有机统一、合规律性和合目的性的内在一致、真理和价值的深度融合，符合社会运动和历史发展的辩证法，不仅具有深远的理论意

---

① 马克思，恩格斯. 马克思恩格斯文集：第1卷. 北京：人民出版社，2009：534.

义，而且具有重大的现实意义。

第二节　促进人的全面发展的科学含义和要求

在唯物史观视域下，人的全面发展表现为合规律性和合目的性相统一的过程。它是在劳动的解放、发展和社会交往的批判、改造中不断生成实现的，具有自身的发展逻辑和科学内涵。在现实层面，人的全面发展表现为人的需要、能力、素质和个性等人之为人的特性的充分发展、自由发展、和谐发展，并表现出对现实的超越性、实践性、历史性等过程性质。

一、马克思关于人的发展三大阶段的科学论断

人是历史发展过程的产物。作为社会的主体，人的发展是衡量社会发展程度的重要标尺。在马克思看来，“人的依赖关系（起初完全是自然发生的），是最初的社会形式，在这种形式下，人的生产能力只是在狭小的范围内和孤立的地点上发展着。以**物的**依赖性为基础的人的独立性，是第二大形式，在这种形式下，才形成普遍的社会物质变换、全面的关系、多方面的需要以及全面的能力的体系。建立在个人全面发展和他们共同的、社会的生产能力成为从属于他们的社会财富这一基础上的自由个性，是第三个阶段”①。这一论断站在人类文明发展史的高度，按照逻辑和历史相统一的原则，从总体上概括了人的发展进程中必然经历的三大阶段。

（1）“人的依赖关系”对应的是前资本主义社会。在这个阶段，由于生产力低下，人的社会交往也比较有限、简单。人还没有能力剪断和原始共同体相联系的天然“脐带”，摆脱不了血缘和宗法关系的束缚，造成对一定的共同体及首领、贵族或地主的各种人身依附，带有“人治”社会下的典型特征。从地理上看，人们的社会交往范围也比较狭窄，表现为狭隘的地域性交往，对共同体以外的世界基本上是全然未知的。在这个阶段，人在才能和个性上也表现出“原始”的丰富性，简单中散发着朴素，全面

① 马克思，恩格斯．马克思恩格斯文集：第8卷．北京：人民出版社，2009：52.

中又伴随着贫乏。

（2）“以物的依赖性为基础的人的独立性”对应的是资本主义社会。人在这一阶段有了巨大的发展，普遍的物质交换、广泛的社会交往、不断增长并得到不断满足的需要体系，以及社会化大分工下全面的能力体系，都得以建立。这个阶段，还实现了个人在市场上的“独立”人格和在法律面前的“平等”地位，相比过去而言，显然具有历史进步意义。当然，在看到资本主义为人的全面发展奠定了物质基础和历史前提的同时，还要看到资本主义由于其自身固有的局限性，并不能真正实现人的全面发展。私有制主导的社会关系使丰富的社会财富和物质资源被少数人垄断，包括有产者在内的所有社会成员依然不能摆脱“物的依赖”。全面的能力体系和多样化的需求，只是对“社会总体”而言才成立的；而对于广大劳动者来说，由于他们不占有生产资料，在社会化分工体系中只能被固化在某个岗位或操作流程上，被异化成“单向度的人”。他们不仅在能力的发展上是片面的、畸形的，而且自身需求也只能得到有限的满足，生活极度贫乏和空虚。在物的关系统治一切的社会，工人也不能真正享受到应有的“独立”“平等”和“自由”。

（3）“自由个性”对应的是共产主义社会。当然，共产主义不是平地而起的，它是在第二阶段所提供的历史条件的基础上建立起来的，是“对**私有财产**即**人的自我异化**的**积极的**扬弃”①，是在对资本主义的辩证否定中生成实现的。共产主义将实现个性自由。只有到这个阶段，人才能真正实现需要的全面满足、能力的全面发展、素质的全面提高和个性的自由发展。自由个性意味着人的全面发展，意味着人真正成为自然和社会的主人，开始真正掌握自己的命运，实现了真理和价值、自由和必然的完美统一。至此，人类才正式告别“史前时代”，开始自由地创造和发展“人的历史”。

由于社会主义是共产主义发展的第一阶段，因此，促进人的全面发展是建设社会主义新社会的本质要求。

---

① 马克思，恩格斯．马克思恩格斯文集：第1卷．北京：人民出版社，2009：185.

二、人的全面发展的历史逻辑

人的全面发展是社会历史自身辩证运动的过程和结果，是历史辩证法的具体体现和必然趋势。“全面发展的个人——他们的社会关系作为他们自己的共同的关系，也是服从于他们自己的共同的控制的——不是自然的产物，而是历史的产物。”① 这说明，人的全面发展是在物质生产不断发展的基础上，在劳动和交往两大基本动力的共同作用下，在矛盾中不断向前发展的。

1. 劳动的发展促进人的发展

劳动的发展，既是人全面发展的基本途径和根本动力，也是衡量人的全面发展程度的客观指标。

（1）从受自然必然性支配的劳动到自由劳动

劳动是人以自己的活动调整、控制和实现人与自然之间物质变换的活动。世界不能满足人，人只能以自己的行动改变世界，满足自身的需要。要有效地处理自身和自然的关系，人必须追问自然、认识自然，将对世界的规律性认识和自身的实践目的统一起来，“把固有的尺度运用于对象”，形成科学的实践观念。再以实践观念为蓝图，通过感性的实践活动，达到改造客观世界、造福人类的双重目的。作为实践观念的外化和物化，实践的结果是人类改造世界的本质力量的感性呈现。

然而，在现实层面，人的本质力量的外化和展现都要受到外在必然性的支配和制约，而且在人类成长的初期，这种支配和制约会异常强大。因此，人时时会感到世界对人具有强大的“异己性”，感到自由的有限和不足。特别是在生产力不发达的社会，这种世界的必然性和“异己性”，会使弱小的主体在劳动过程中产生被动的、非自主的感觉。随着人类劳动能力的提高，劳动也经历着由被动的、非自主的劳动向自主的、自由的劳动转变。人在劳动过程中日益获得更多的成果和超脱感，这不仅会增强对自身力量的自信，而且会使劳动过程本身体现出更多自由的性质。当然，无论劳动发展到什么程度，依然摆脱不了自然必然性的支配，都必须无条件

① 马克思，恩格斯．马克思恩格斯文集：第8卷．北京：人民出版社，2009：56.

地服从自然的规律。但是，必须承认，在尊重自然规律的前提下，人可以实现对规律的驾驭、利用和超越。这样，人的自由程度和主体力量的发挥程度，就展现出巨大的历史空间。近代以来，随着工业的兴起、机器的普遍使用、自动化生产体系的建立和科技革命的浪潮冲击，不仅极大地提高了劳动生产率，而且促进了劳动的解放和人的发展。人逐渐从繁重的体力劳动和一些机械的、重复性的脑力劳动中解放出来，这从根本上改变了人类的劳动方式和劳动条件，大大促进了劳动的发展，为人的发展奠定了客观前提。

（2）从异化劳动到“人的劳动”

进入阶级社会以来，私有制社会关系的存在，必然造成不平等的劳动关系。无产者、少产者终日在辛劳和贫困的双重压迫下饱受煎熬，而有产者却不劳而获，凭借着生产资料所有权过着养尊处优、奢靡无度的生活。从奴隶社会到封建社会，虽然剥削的形式不断改变，但是有产者和无产者在劳动关系上的不平等关系一直在发展、延续。到了资本主义社会，由于资本和劳动的直接对立尖锐到无以复加的地步，造成了劳动的全面异化。资本主义条件下的异化劳动，不仅表现为劳动产品的异化、劳动行为的异化，而且表现为人的类本质的异化、人的社会关系的异化。劳动异化成为了一切社会异化的总根源。在这种情况下，作为人的本质属性的劳动，不仅不能使人感到成就和快乐，而且变成一种外在的压抑力量。异化劳动的存在和发展，既是资本主义社会非人道性、非正义性的明证，也充分说明了资本主义的历史暂时性和自我否定性。

在现实中，要消除异化劳动，让劳动真正成为人的本质力量对象化的活动，就必须改造劳动借以进行的社会关系。只有消除社会关系的异化性质，才能真正在现实中消灭异化劳动。作为物质的社会关系，生产关系的最重要的方面就是生产资料所有制。所有制不仅决定着人们在生产中的关系和地位，而且决定着产品分配关系、流通关系、消费关系，成为社会关系中最基本的方面。因此，要消灭资本主义造成的异化劳动及种种弊病，必须消灭资本主义私有制，建立公有制的生产关系，让劳动者成为生产资料的真正主人。这样，既消灭了一无所有的无产阶级，也消灭了靠剥削为

生的资产阶级。可以说，消灭私有制是消除异化劳动及一切异化现象的根本性环节。

（3）从旧式分工下的单一的机械劳动到多样化的劳动

分工和私有制是一对孪生物，一个是就活动而言，一个是就活动的结果而言。劳动从异化劳动中解放出来，也必然意味着它从旧式分工下机械的、单一的劳动转化为多样化的自由劳动。在旧式分工下，每个劳动者只是分工体系或复杂机器下的一个部件或环节，不断进行着重复性劳动。这样的劳动，很少有创新的可能，也很少能感受到自由和美感。活动的单一性必然造成人的能力的畸形发展、精神的贫困化、个性的趋同化，更妄谈才智、艺术和个性的充分、自由发展。只有消灭资本主义私有制，扬弃旧式分工和旧的劳动，才能从根本上改变人终生从事某一个固定的职业或工序的情形。这样，人就能在多样化的劳动中体验劳动本身的“丰富性”，促进个体认知结构的重塑、完善以及思维方式的改进、变革，实现多方面才能的均衡发展、和谐发展。

2. 交往的发展促进人的发展

社会交往的发展，是人的全面发展的另一个基本动力。宏观地看，劳动与交往这两个主要因素，在推进人的发展过程中互为条件、相互作用，共同生成了促进人的全面发展的复杂动力系统。在社会交往的过程中，交往与人的发展之间形成了内在联系。

（1）从劳动分工到全面的、立体的社会交往。从发生学的意义上来看，交往和劳动是同时发生的。在原始人那里，由于个体劳动能力极端低下，即使最简单的劳动也需要分工协作、交流借鉴才能进行。这种简单的分工协作就是人与人之间最原始、最基本的交往形式。随着历史的发展，交往形式越来越复杂，并逐渐超出了直接的生产过程和劳动领域，在广阔的天地和多彩的历史舞台构建并形成了更为广泛、更加多样的交往关系，其中既有政治交往，也有精神层面的交往。这些物质层面、政治层面和精神层面的交往错综复杂、相互交织，展现了社会历史的多维面貌。

交往作为人的活动和人的本质的重要方面，必然对人的生存境遇和发展状况构成直接的影响，在客观上制约着人的发展程度。因为一个人的生存发展，不仅需要从自然界汲取物质、能量和信息以维持生存，同时还要在社会交往中，吸取社会其他成员的实践经验和智慧，内化为自身的素质和禀赋，只有这样，才能不断提高自身发展水平。在历史上，从简单的社会分工到全面的、复杂的、多维的交往关系的构建和形成，既是社会进步的重要维度，也为人的全面发展提供了更高的历史平台。

（2）从异化的社会到自由人联合体。人的发展是在矛盾中曲折前进的。交往关系的复杂化，为丰富人的社会本质、促进人的全面发展提供了客观历史前提。社会关系的全面性是人的全面发展的必要条件。但是，还要看到，自从告别原始社会以来，私有制条件下的社会关系就不可避免地具有一定的异化性质，社会关系有压抑人、控制人、剥削人的一面。到了资本主义时代，这种社会关系的异化更为典型，也更加严重。劳动者在资本的重压之下，完全是榨取剩余价值的工具，丧失了任何尊严。只有推翻资本主义社会，消灭私有制，建立社会主义社会和公有制生产关系，才能在解放生产力、发展生产力的基础上，消灭剥削，消除两极分化，彻底铲除产生异化社会关系的条件和土壤，实现人与人之间自由平等的联合，即“自由人联合体”。到那时，社会关系才真正消除对人的异己性质，成为人的发展的重要条件和动力来源，社会关系才真正成为人的“类本质”。

总之，人的发展随着劳动的发展和交往的发展日益成为可能。

三、人的全面发展的含义和要求

人的全面发展，是“人以一种全面的方式，就是说，作为一个完整的人，占有自己的全面的本质”①。具体来说，人的全面发展包括人的需要的全面满足、能力的全面发展、素质的全面提高和个性的自由发展。

1. 人的需要的全面满足

需要是人对自身生存状态和发展需求的认识和反映，是主体性和客观性的统一。正因为人能省察自身的不足和困窘，才能进行主动的活动来弥补和丰富自己。从这个意义上说，需要是人类行为的动力之源。“他们的

① 马克思，恩格斯. 马克思恩格斯文集：第1卷. 北京：人民出版社，2009：189.

需要即他们的本性。”① 当然，必须承认，动物也有其生存和繁殖的需要，但是，它还没有能动地意识到自身的需要，更不能主动地开展实践活动来满足需要、发展需要。而人的活动则是一种有意识的、主动的、对象化的实践活动。在这个问题上，人比动物优越之处就在于他能够达到对自身需求的自觉反映，并在此基础上，主动地设定实践目的，进行有计划的实践活动。

需要的产生和满足本身也是具体的、历史的。在一定意义上说，人的发展过程，就是在实践中不断产生新的需要，又不断实现需要的过程。这个过程，一方面使人的需要得到更好的满足，生活质量不断改善；另一方面也使人的能力不断获得质的飞跃，使人的发展不断迈向新的台阶。

还要看到，进入资本主义时代以来，社会生产力较之以往获得了极大的解放，劳动生产率提高了几十倍甚至上百倍，社会财富呈现爆炸式的急剧增长。从理论上说，这些都为满足人的全面需要提供了必要的物质基础。然而，在资本主义时代，每个人全面需要的满足是不可能实现的，因为生产资料私有制及其造成的异化社会关系，决定着只有少数人才能实现“全面”需要的满足，广大劳动者阶层只能维持在最低的需要层次上。要打破那些制约人的全面发展的魔咒，最根本的依然是变革不合理的社会制度及生产关系，这样，才能为人的全面需要的满足和提升敞开巨大的现实空间。

2. 人的能力的全面发展

能力，是主体在完成一项目标或任务时所体现出的把握事物、分析矛盾、解决问题的素质和才能，是顺利进行实践活动所必需的主观条件。一定的个人能力，是一个人生存发展的必要条件。

能力总是和特定的实践联系在一起。离开了实践既不能表现人的能力，也不能发展人的能力。实践产生了发展个人能力的客观要求。人只有具备一定的体力和智力、认知能力和行为能力、沟通能力和协调能力等，才能有效地进行改造自然和社会的活动，维持自身的生存发展。另一方

① 马克思，恩格斯. 马克思恩格斯全集：第3卷. 北京：人民出版社，1960：514.

面，人只有在实践中才能获得能力的发展和提升。只有在实践中，人才能把握、归纳和总结事物的现实联系，获得对事物的规律性认识，并将其融入主体的认知结构，积淀为实践智慧和思维逻辑，这样，就为下一次实践水平的提升积累了必要的主体条件。而且，在实践中，人通过和社会其他成员的交流，获得经验和知识的交流、借鉴，实现个体经验的社会共享，达到社会的优势互补和文化整合，从而使每个人的能力都获得提升。总之，生动的社会实践活动，是人的能力发展的基本途径。离开了实践活动，能力的发展和提升根本无从谈起。

现代化的生产体系、丰富的物质产品和发达的科学技术，都是人类能力全面发展和提高的明证。但是，在资本主义制度下，个人能力的发展，却是在异化的状态下进行的。人在某个方面才能的发展，总是以某个方面机会的丧失为代价。而且，这种发展了的个人才能，从根本上说并不属于他自己，而是属于资本，只能被用来服务于剩余价值的无穷榨取。一个人的能力越大，被剥夺的就越多。也就是说，在资本主义时代，劳动者自身的能力也具有“异己性”，它只是属于社会的少数有产者。这虽然听起来是极端残酷的，但却是铁一般的事实。只有到了共产主义社会，由于消灭了异化的社会关系，个人能力的自由全面发展才能真正实现。也只有到那时，能力才真正属于每个人，成为其在实践中改善生存境遇、提高发展境界的必要条件。

3. 人的素质的全面提高

素质是人在先天生理条件的基础上，经过后天的教育和社会环境的影响，由知识、经验内化而形成的相对稳定的心理品质及素养、修养和能力的总称。人的素质不仅包括体质，也包括个人的科学文化水平和思想道德水平，还包含一定的审美能力。素质就是这些方面条件、能力和禀赋的综合。

人的全面发展，必然要求人的素质的全面提高，这也是社会进步的必然要求。社会主义制度的建立，为人的素质发展提供了最基本的制度条件。但是，不可讳言，在社会主义初级阶段，人的素质提升还存在着许多制约因素。

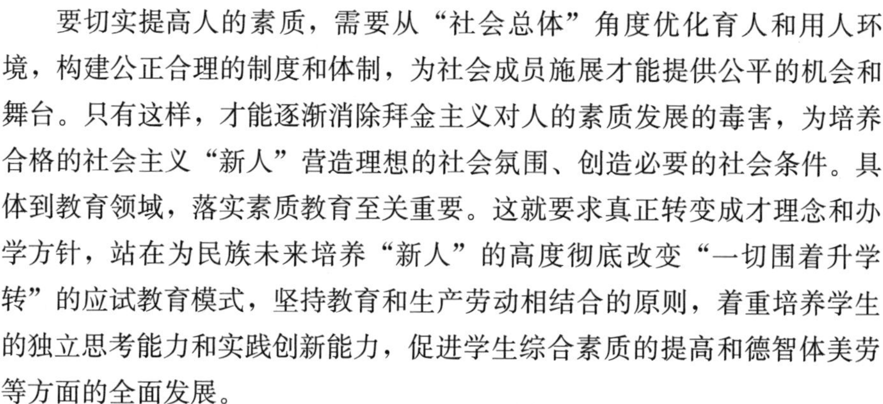

要切实提高人的素质，需要从“社会总体”角度优化育人和用人环境，构建公正合理的制度和体制，为社会成员施展才能提供公平的机会和舞台。只有这样，才能逐渐消除拜金主义对人的素质发展的毒害，为培养合格的社会主义“新人”营造理想的社会氛围、创造必要的社会条件。具体到教育领域，落实素质教育至关重要。这就要求真正转变成才理念和办学方针，站在为民族未来培养“新人”的高度彻底改变“一切围着升学转”的应试教育模式，坚持教育和生产劳动相结合的原则，着重培养学生的独立思考能力和实践创新能力，促进学生综合素质的提高和德智体美劳等方面的全面发展。

4. 人的个性的自由发展

个性是指人的个别性、个体性，就是一个人在思想、性格、品质、意志、情感、态度等方面不同于其他人的特质。任何人都是有个性的人，个性化是人的存在方式。

人的全面发展，并不意味着每个人在一切方面都要实现同等程度的发展。人的全面发展，必然要求每个人都能在个性上自由发展。毛泽东曾经指出，“没有几万万人民的个性的解放和个性的发展”，要“建立起社会主义社会来，那只是完全的空想”①。只有每个人都实现个性的自由发展，这种个体之间质的多样性不仅让社会生活更加丰富，而且能促进社会成员之间交流互鉴、取长补短、共同发展，使个体之间的交往和互动成为推进社会整合和文明进步的加速器。

在资本主义社会，要让每个人都实现个性自由发展，是不切实际的空想。劳动的异化，使工人成为人格化的劳动时间。在资本主义生产过程的塑造下，劳动者只是表现出“同一性”，只是作为榨取剩余价值的工具而存在，毫无个性可言。要使每个人都实现个性自由发展，必须在现实中消灭资本主义制度，让劳动真正成为实现人与自然之间的物质、能量和信息交换的过程，促进人类社会新陈代谢、自我更新的有效活动。这样，提高社会生产效率、降低必要劳动时间的目的就不再是为了获得剩余价值，而是要为社会节省出自由时间。只有自由时间在全社会得到公平分配，才能

① 毛泽东．毛泽东选集：第3卷．2版．北京：人民出版社，1991：1060.

使人们有机会享受闲暇，促进个人在艺术、科学和其他方面的发展。这就是人的个性发展的基本条件和路径。

作为一个完整的系统构成，人的全面发展还包括人的充分发展、和谐发展。人的充分发展，侧重的是人的发展程度，是指人在主观条件和客观条件所许可的范围内，在个人禀赋和潜能方面实现完全或比较完全的发展。所谓和谐发展，是指人在需求、知识、能力、素质和个性等方面实现均衡的、协调的发展。“要使这种个性成为可能，能力的发展就要达到一定的程度和全面性。”① 在人的全面发展过程中，需要的满足、知识的丰富、能力的发展、素质的提高、个性的解放这几个方面是互为条件、相互作用、相互影响的。

四、人的全面发展的过程性质

人的全面发展的实现，不是一蹴而就的，而是在人类自觉创造历史的活动中生成实现的。具体地说，人的全面发展过程表现出以下性质。

（1）人的发展的超越性。人的全面发展，是人不断地批判和超越过去的自我，从现在走向更加美好的未来的过程。人作为有意识的类存在物，在改造世界的对象化活动中，不仅形成了对象意识，同时也形成了自我意识。人能主动反思自己的生存状态，清醒地审视自身和外部世界的关系，认清自身的匮乏和不足，通过自觉创造更多的物质产品、精神产品和制度成果来提高自己的发展水平，在不断发展的物质文明、政治文明、精神文明、社会文明和生态文明中丰富自己的本质。在对总体布局实践的不断审视、反思、规划和创造中，人不断得出新的结果，并把新的结果作为新的历史前提，从而在更高层次上追求更加美好的生活。

（2）人的发展的实践性。在马克思主义看来，人的全面发展是人在实践中特别是在物质生产劳动中实现的。人的全面发展，只能是一个实践的过程。在现实语境中，促进全体人民实现全面发展的总体性实践就是统筹推进总体布局的历史进程。在这个过程中，物质生产实践发挥着基础性作用。在主体客体化和客体主体化双向统一的活动中，人不仅按照自己的目

① 马克思，恩格斯．马克思恩格斯文集：第8卷．北京：人民出版社，2009：56.

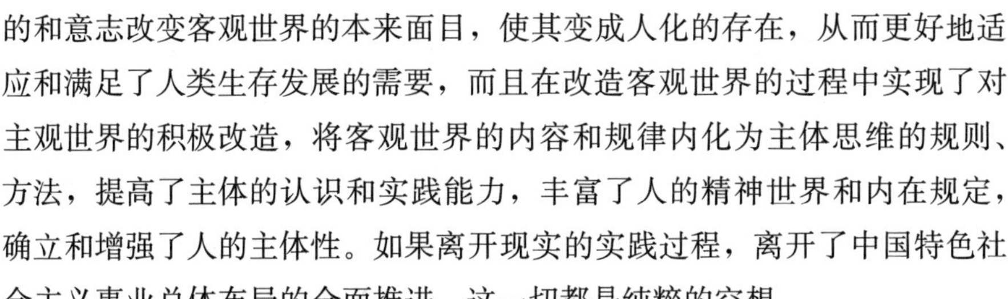
的和意志改变客观世界的本来面目，使其变成人化的存在，从而更好地适应和满足了人类生存发展的需要，而且在改造客观世界的过程中实现了对主观世界的积极改造，将客观世界的内容和规律内化为主体思维的规则、方法，提高了主体的认识和实践能力，丰富了人的精神世界和内在规定，确立和增强了人的主体性。如果离开现实的实践过程，离开了中国特色社会主义事业总体布局的全面推进，这一切都是纯粹的空想。

（3）人的发展的历史性。人的全面发展是一个历史的过程。人们自觉地创造自己的历史，但不是随心所欲地进行，而是在既定的历史条件下进行这种创造活动。每一代人总会遇到上一代提供的生产力和交往水平、地理环境和人口因素，这是他们进行历史活动的客观前提。因此，历史主体的能动性不是绝对的、无限的，因为特定的历史前提决定了人的发展的根本走向和可能性空间。生活在资本主义时代的无产阶级，如果不经历共产主义革命这一必需的历史环节，也不能实现真正的“自由个性”。就是在社会主义初级阶段的中国，当下人的生活质量和发展程度比起40多年前的改革初期已经上了新的台阶，人们的物质和文化生活需要得到了更好的满足，民主、法治、社会、生态文明等方面的制度都更加健全，人们享受着更加殷实、祥和、惬意的生活，更加自信地迈向全面建设社会主义现代化国家的宏伟目标。这说明，人的全面发展和解放程度总是具体的、历史的，历史进程必然是和历史条件相联系的，历史运动本身和历史条件的变化是辩证统一的。

总之，人的发展具有超越性、实践性和历史性，是一个社会历史过程。在统筹推进总体布局的伟大实践中，人的发展的程度将不断地提高。

第三节　人的发展在推进总体布局中的全面实现

当前，在中国特色社会主义实践中推进“五位一体”总体布局，既是建设富强、民主、文明、和谐、美丽的现代化国家的必由之路，也是实现人的全面发展的正确选择。

一、在中国特色社会主义经济建设中促进人的全面发展

改革开放以来，中国经济快速增长，目前已成为世界第二大经济体，人民的生活总体上实现了从贫困到温饱、再从温饱到小康的两次历史性飞跃，正在向着全面建设社会主义现代化国家的目标不断奋进。这是新中国成立以来经济发展最快的时期，也是人民群众得实惠最多的时期。中国特色社会主义经济的发展，不仅是人的本质力量发展和提升的确证，而且对人的全面发展具有重要意义。

经济的发展是能够更好地满足人的物质需求的前提。物质需求是人最基本的需求，物质生产是人类生存发展的“必然王国”。只有满足人的物质需求，摆脱物的“纠缠”，人才能走到“必然王国”的彼岸，获得真正的自由。经济的增长和劳动生产率的提高，意味着社会将创造更多物质产品，满足人们的物质需求。具体到现实层面，社会主义制度的性质为人民群众物质需要的满足提供了最基本的制度前提。作为社会主义国家，发展经济的目的不是为了“剩余价值”，而是为了更好地满足人民群众日益增长的美好生活需要。当然，人的需要本身也是在历史中不断发展的。中国特色社会主义经济的发展，带来消费结构的不断升级，人们的需要必将获得更高层次的满足。

经济的发展，“自由时间”增多，对促进人的全面发展具有重要意义。生产力的发展和劳动效率的提高，意味着用于物质生产的必要劳动时间将相对减少，整个社会的“剩余劳动时间”将相应延长。在资本主义条件下，尽管可以节省出大量的剩余时间，但是，资本主义私有制的存在，造成了劳动时间和剩余时间在工人和资本家之间的绝对割裂。工人变成了人格化的劳动时间，而剩余时间完全被资本家攫取了。在社会主义初级阶段的中国，由于我们坚持公有制和按劳分配的主体地位，坚持共同富裕的根本原则，不仅基本上能够保证劳动时间本身是真正的“社会劳动”，这种劳动时间将比“役畜”的劳动时间更有效率、更有质量，而且基本上能够保证“自由时间”为全社会成员公平享有。随着中国特色社会主义经济的发展，社会必要劳动时间还将更加缩短，人民将普遍获得更多的“自由时

间”。这样，“由于给所有的人腾出了时间和创造了手段，个人会在艺术、科学等等方面得到发展”①。“自由时间”的不断增加，为人的全面发展开辟了广阔的天地。

生产技术的不断进步，为扬弃“单向度的人”提供了历史条件。当前，中国正在同步推进工业化、信息化、城镇化和农业现代化。在信息革命的时代背景下，我们既面临着巨大的挑战，也面临着发挥后发优势、实现跨越发展的历史机遇。经过现代信息技术提升改造的传统产业，必将发生产业结构的深度调整，生产部门不断调整、机器不断更新、工序和流程更加简化。这也在客观上增加了人活动的多样性和实践内容的丰富性，促进人的能力全面发展。随着生产自动化程度的进一步提高，把人从体力劳动和某些重复、机械的脑力劳动中解放出来，同时也逐渐消除在现代生产体系下人作为机器的附庸而产生的呆板、迟钝和麻木的感觉，使感觉真正变成“人的感觉”，使“单向度的人”变成全面的、立体的、丰富的人。

经济的发展，是建立人的全面交往的历史前提。交往的发展程度和社会生产力水平具有直接相关性。资本主义极大地解放了生产力，开创了“世界历史”，把人们的生产和消费都变成了世界性的活动，人成了“世界历史性的个人”。但是，由于资本主义私有制，这种世界性的交往依然是一种异化的交往关系，人还是摆脱不了“物的依赖”。社会主义在制度层面铲除了异化的社会交往存在的基础，基本上保证了交往关系的公平化和人文化，并为交往关系的普遍化、多样化发展提供了历史条件。当然，必须承认，社会主义初级阶段生产力水平还比较落后，民主法治还不够健全，封建特权的遗毒和拜金主义的影响依然存在。在这样的情况下，只有通过发展经济，解放生产力，才能在现实中逐渐消灭异化社会关系的产生条件，促进交往关系的正常化、普遍化、丰富化、多样化。

当然，在经济的持续高速增长的过程中，也产生了一些不可忽视的困难和问题。面对这些挑战，我们坚持以发展的办法解决前进中出现的问题，只有在经济社会不断发展的基础上才能为各种问题的解决创造更加有

---

① 马克思，恩格斯．马克思恩格斯文集：第8卷．北京：人民出版社，2009：197．

利的条件。以深化改革为动力，不断促进生产关系的调整和变革，以适应生产力的进一步发展。积极转变经济发展方式，促进经济的持续发展、集约发展和绿色发展。综合运用各种宏观调控手段，准确把脉，精准发力，总体上保持了宏观经济政策的持续性、稳定性，保持了经济发展的良好态势。随着中国特色社会主义经济建设的发展，我们将“既不断解放和发展社会生产力，又逐步实现全体人民共同富裕、促进人的全面发展”①，这样，人的全面发展也将进入一个新的阶段。

二、在中国特色社会主义政治建设中促进人的全面发展

改革开放以来，中国不断丰富和完善适合自身发展的政治制度，中国特色社会主义民主政治与法治建设全面推进，公民政治权利得到切实保障，人民参与、促进政治发展进程并分享政治发展成果的水平与日俱增。中国特色社会主义政治建设，既是促进社会全面进步的重要内容，也是促进人的全面发展的重要途径。

（1）推进社会主义政治建设和政治体制改革，是社会发展的必然要求。社会政治结构通过服务和作用于社会经济结构，能够间接地影响社会进步和人的发展的物质基础和社会环境。具体地看，在政治上层建筑服务经济基础的方向上，会造成两种结果：或者是加速经济的发展；或者是阻碍经济的发展，窒息社会的生机和活力，甚至造成社会形态的灭亡。因此，实行改革开放，发展社会主义经济，必然要求推进政治上层建筑的调整和变革，使之与经济领域的改革相互协调、相互适应。“不搞政治体制改革，经济体制改革难于贯彻。”② 只有自觉遵循经济基础和上层建筑之间的辩证运动规律，才能把握社会历史发展大势，促进物质文明和政治文明的良性互动，促进人的全面发展和社会全面进步。

（2）建设高度发达的社会主义政治文明，是实现人民当家作主的必然要求。人民民主是社会主义的生命。没有民主就没有社会主义，就没有社会主义现代化。只有在经济上和政治上解放人民，才能充分调动人民的积

---

① 十八大以来重要文献选编：上. 北京：中央文献出版社，2014：75.

② 邓小平. 邓小平文选：第3卷. 北京：人民出版社，1993：177.

极性，激发社会活力，凝聚起推进社会发展的巨大力量。社会主义民主的目标是真正实现人民当家作主，让人民享有广泛的权利和自由，成为国家和社会事务以及个人生活的主人。在民主政治建设的历史进程中，要坚持从国情出发，坚持民主的形式和内容的统一、目标和效果的统一，积极创新民主载体，丰富人民民主的内涵，在实践中不断提高社会主义政治文明建设的质量，为实现人的全面发展提供良好的政治环境。

（3）全面从严治党，是保护人民利益、维护人民民主权利的现实抉择。办好中国的事情，关键在党。中国共产党是中国特色社会主义事业的领导核心，建设一个清正廉洁、全心全意为人民服务的执政党，是保障人民当家作主基本权利的有力政治保障。在由计划经济向市场经济转变的过程中，一方面会出现制度、规则的暂时“缺场”，对权力运行的有效的制约和监督机制难以及时建立；另一方面由于资本固有的“逐利”本性，自然会发生资本和权力的相互腐蚀，造成权钱交易、以权谋私、贪污受贿等消极腐败现象。腐败现象不仅极大地败坏了社会风气，破坏了公平有序的市场环境，影响市场经济的健康发育，而且也是对人民民主权利的侵犯和践踏，必然损害人民的根本利益，给中国特色社会主义事业造成严重后果。党的十八大以来，中国共产党坚持从严治党的重要方针，加大党风廉政建设和反腐败力度，处理了一批涉及腐败的大案要案，保持了惩治腐败的高压态势。同时，从制度建设着手，加强和改善巡视制度、审计制度、干部考核任用和管理制度等，积极探索把“权力关进制度的笼子”的有效途径，在治理党风政风上取得了明显效果。当然，还要看到，全面从严治党，保持党的先进性和纯洁性，这是一个持久的任务和永恒的课题。只有不断加强党的建设，才能为建设高度的政治文明、维护人民的民主权利、实现人民当家作主创造风清气正的政治生态。

当然，在社会主义初级阶段，社会主义民主政治建设中还有一些不完善的地方。在中国特色社会主义政治建设中，要本着积极审慎的原则，稳步推进各项民主制度建设，保证制度落实并在实践中使之不断发展完善。为此，我们要以改革的精神，积极推进决策的民主化、科学化和法治化，发展全过程人民民主，让人民应该享有的民主权利真正落到实处。

三、在中国特色社会主义文化建设中促进人的全面发展

改革开放以来，文化建设领域贯彻“二为”方向和“双百”方针，弘扬主旋律，提倡多样化，不断有精品力作呈现，为人民群众提供了丰富的精神食粮。公共文化服务体系建设加速推进。加强社会主义先进文化建设，促进文化大发展大繁荣，对满足人的精神需求、实现人的精神上的解放、促进人的全面发展具有重要意义。

社会主义社会是满足人的精神需求、促进人的精神发展、实现精神文明的制度保障。社会主义社会是消除了阶级剥削而追求每个人自由全面发展的社会，必然要求每个人在精神上的高度发展和精神需求的极大满足。个人在精神上的现实丰富性完全取决于其现实关系的丰富性，由于目前的社会经济发展水平还没有让人真正摆脱“物的依赖”，拜金主义、享乐主义和极端个人主义还有存在空间。科学和迷信、进步和腐朽、民主和专制、法治和人治在人们的认识和思维中的斗争和较量还是一个长期、复杂的过程。面对这样的形势，在中国特色社会主义文化建设中，只要坚持依靠马克思主义真理的力量，遵循思想文化自身发展规律，充分调动广大理论工作者和文艺工作者的积极性、主动性和创造性，从改革开放和中华民族伟大复兴的生动实践中汲取精神营养，持之以恒，久久为功，就一定能够创造文化建设新的成绩。

此外，中国特色社会主义文化建设，可以促使优秀的思想文化在相互激荡和交融中更加活跃，在博大厚重的文化背景下，有利于人们积累广博的知识，激发思想的创造活力，使更多的创新型人才脱颖而出，提高民族的自主创新能力；还能普遍提高社会成员的文化水平和审美能力，丰富社会交往的内容，提升交往的文化含量，有利于人们吸取时代的精神营养，全面提高个人能力和综合素质；还可以提高人的文化教养和社会文明程度，使人与自然、人与人的关系更加和谐。

随着社会主义文化的大发展大繁荣，人的发展必将跃上一个新的台阶。

四、在中国特色社会主义社会建设中促进人的全面发展

改革开放以来，中国致力于发展各项社会事业，建立和完善各类社会保障和社会服务制度，不断改善社会保障水平，使全体人民共享发展成果。

加强社会建设，对促进人的全面发展具有重要意义。加强社会建设，保障和改善民生，是保证人的生存和发展权利的基本要求。在现实生活中，教育、就业、医疗、养老、住房等问题，关系到人的生计和尊严，直接影响着人的生活质量。这些基本条件的满足，不仅是人维持生存的必要前提，而且是实现个人发展的现实基础。从这个意义上说，保障和改善民生是加强社会建设的重点，起到了“筑底”和“托底”的作用。近年来，随着经济的发展，中国逐渐有能力有条件改善和提高民生保障水平。我们还要看到，在改革开放和市场经济条件下，人的生活压力日益增大，矛盾不断增多，工作节奏加快，生活充满了风险和变数。因此，较之以往，人们常常会感到缺少安全感和稳定感。在新形势下，改善民生福祉、提高社会保障水平依然任重而道远。

调整社会收入分配，是构建社会主义和谐社会的重要方面，也是保证人在经济方面平等的必然要求。社会收入的公平分配是社会主义和谐社会的重要基础。生产资料公有制和人民当家作主的国家政权，决定了社会和谐是中国特色社会主义的本质属性。在改革开放的时代，经济建设取得了丰硕成果，社会收入差距也在不断拉大，现实的收入差距状况和共同富裕的根本原则拉开了一定距离。以此为鉴，必须不断调整社会收入分配，正确处理好公平和效率的关系，既不能因追求所谓的“绝对公平”牺牲效率，也不能因追求“效率第一”而丧失公平，应通过制度创新的方式促进不同阶层之间、群体之间、地区之间和城乡之间在收入分配上更加合理。这是实现人的经济上平等的重要方面。

全面推进依法治国，对于构建社会主义和谐社会、为人的发展创造安定有序的社会环境具有重要的现实意义。在社会主义初级阶段，社会关系和交往状况还存在着阻碍或制约人的发展的地方。在这样的条件下，促进社会进步和人的发展不仅需要经济的发展和民主政治的不断加强，同时还需要从法治的层面创新社会治理，通过法治的手段和措施维护人的基本权利和社会公平正义，捍卫人的生命价值和尊严，从法治建设的维度为人的全面发展扫除障碍。这在现阶段具有重要意义。

当前，中国的发展既面临着重要的“战略机遇期”，又处在“矛盾凸显期”。在这样的形势下，加强社会建设、构建社会主义和谐社会对促进人的全面发展具有重要的现实意义。随着社会主义社会建设的日益深入，人的各种社会关系将日益合理，人的全面发展必将获得新的社会空间。

五、在中国特色社会主义生态文明建设中促进人的全面发展

只有坚持绿色发展理念，加快推进生态文明建设进程，才能让良好生态环境成为人民生活的增长点，让可持续发展成果惠及全体人民。近年来，我们在生态文明建设方面付出了积极努力，也取得了明显成绩。在中国特色社会主义实践中，建设生态文明，实现人与自然的和谐共生，对于促进人的全面发展具有特殊重要的意义。

建设资源节约型和环境友好型社会，就是保护人类的现在和未来。由于实践活动本身的两面性和实践结果的复杂性，人在改造自然的过程中，必然会对自然施加一定的作用和影响，有时难免会造成一定程度上的资源浪费和环境破坏。这种现象在历史上就存在。作为社会主义国家，我国发展经济的目的是为了更好地满足人民日益增长的美好生活的需要。社会主义生产的根本目的决定了必须正确处理人和自然的关系，这是自然对人类实践活动的“绝对命令”。只有这样，才能不仅满足当代人的需求，而且能满足下一代人的需求，实现人与自然的永续发展。因此，建设生态文明，是社会主义现代化建设的应有之义。只有这样，才能在社会经济活动中减少资源的消耗和对环境的破坏，促进资源修复和再生，不仅能保证当代人的发展，而且为未来人的发展预留了足够空间。

推进生态文明建设，建设美丽中国，不仅能增加生活中美的“含量”，而且对提高人的审美能力、丰富人的审美体验具有重要意义。实现人与自然和谐发展、协同进化的过程，本身就是美的追求和实现的过程。在中国

特色社会主义实践中，建设美丽中国，就是人不断创造美的生活和美丽世界的过程。

推进生态文明建设，实现人与自然和谐发展，也是不断提高人类自由境界的过程。生态文明建设的根本目的和根本原则就是要合理处理人与自然之间的物质变换关系，促进人与自然和谐发展，这也是实现人的自由的重要维度和本质要求。生态文明的不断发展，就是人在与自然的关系中不断走向自由的历史过程。

当然，在社会主义初级阶段，由于资本逻辑还有一定的存在空间，再加上对人与自然和谐发展的规律、方法的认识本身也需要一个过程，资源和环境保护的有效制度尚在探索和检验阶段。在这种情况下，出现了一定程度的资源浪费和环境破坏现象，在有些地区甚至出现了资源枯竭、生态恶化的状况。这些情况值得高度关注，也考验着我们实现人与自然和谐共生的能力和智慧。随着社会主义生态文明建设的深入发展，人与自然的关系将日趋合理，有助于进一步实现人的全面发展。

人类社会是一个高度复杂的有机体，是一个不断运动发展的自组织系统，它在共时的意义上与经济全球化和信息革命的大时代深度融合，在历时的意义上与历史文化传统相互关联。在这个有机体内部，政治、经济、文化、社会和生态文明之间也是相互交织、相互制约，是多要素、多维度的辩证统一。“五位一体”总体布局就是从系统工程和复杂性科学的角度，根据中国特色社会主义建设各个方面存在的相互协同、相互补充、相互整合和优化升级的关系，就社会全面进步和人的全面发展做出的总体规划和战略部署。

第四节　人的全面发展和社会全面进步的统一

人的全面发展和社会全面进步是辩证统一的。在现实中，二者统一于推进中国特色社会主义总体布局的伟大实践中，共同体现在全面建成小康社会、建设社会主义现代化国家、实现中华民族伟大复兴中国梦的历史进程中。

一、人和社会的辩证关系

要真正弄清人的发展和社会进步的关系，必须坚持唯物史观的立场、观点和方法，以实事求是的态度，从历史辩证法的高度，客观地、辩证地、历史地把握人和社会的复杂关系。“首先应当避免重新把‘社会’当做抽象的东西同个体对立起来。个体**是社会存在物**。”① 这样，才能正确揭示人和社会相互生成、相互构建的历史轨迹和客观规律。

人是社会存在物，社会性是人的本质属性。自从人类诞生以来，人就是以社会的形态，在社会中生存发展的。劳动使猿转变成人并使猿群变成社会共同体，这是同一个历史过程的两个方面。一定的社会形式是人与自然联系的中介，是实现“人的自然本质”和“自然的人的本质”辩证统一的现实条件。社会不是个人力量的简单组合和机械相加，而是体现了个体之间在经验、智慧、方法、思维等方面的共享、优化、整合、集成。作为人类存在的必要形式，社会不仅制约着人的生存状况，而且决定人的发展道路和发展空间。

社会是人的社会，社会在本质上是属人的存在。唯物史观考察社会和历史的出发点，是在特定的社会形式下进行实践活动的现实的人。在一定生产方式下进行着生产活动的“个人”，历史地发生着社会交往，由此产生了包括经济结构、政治结构、文化结构、社会结构、生态结构在内的社会有机体。可见，在唯物史观视阈下，社会作为特定历史实践中的人的存在方式，具有属人存在的意义。马克思不是笼统地用“人”而是用更加具体的“个人”来表述，不仅能更如实地描绘人的现实存在状况，而且意在表明，共产主义所追求的人的解放和发展，不是在抽象意义上实现的，而是要解放和发展每一个真实的活生生的“个人”。这在于，每一个人的自由发展是一切人自由发展的前提。只有全社会的每个人，而不是一部分人或者部分阶级实现了自由全面发展，才是真正的共产主义社会形态。当然，个人和个体总是在一定社会和共同体中生活和生产。

---

① 马克思，恩格斯．马克思恩格斯文集：第1卷．北京：人民出版社，2009：188.

总之，人是社会的人，社会是人的社会，二者是统一的。

二、社会进步和人的发展关系的历史演变

要全面考察个人发展和社会进步的关系，就要立足历史的维度，从人类社会发展演变的进程中梳理和分析个人与社会从对抗到共生的必然趋势。只有这样，才能准确把握人的发展和社会进步之间的客观规律，自觉地顺应历史发展潮流，在科学的实践中促进人的全面发展和社会全面进步的和谐共进。

1. 社会对抗的产生发展和社会性“独立个人”的出现

从一定意义上说，从人类诞生到资本主义社会，历史就是人不断摆脱对“人的依赖”，形成以“物的依赖”为基础的“独立的个人”的过程。原始共同体是人类最初的社会形态。在低下的生产力水平下，人绝对地依赖这样的共同体，只有这样，才能维持自身生存，并保持缓慢地发展。在这样的条件下，人和社会在总体上是一致的，共同体内部的合作大于冲突，社会关系基本上是非对抗的。当然，这并不是社会发展的理想状态，低下的生产力水平使人的需求的满足仅仅保持在生存的最低限度，简单而狭隘的社会交往造成人在能力、个性等方面发展极不充分。而且，在这样的社会中，社会关系也不是绝对和谐的。首领和普通成员，无论是社会活动的能量还是个人发展的程度，都是不平均的。但是，从总体上看，这个阶段的人表现出对社会共同体的绝对依赖性。

文明时代的来临意味着社会对抗的开始。也正是对抗的出现，成为加速社会前进的重要动力。社会进入了阶级社会，出现了阶级上的不平等和阶级剥削。在阶级社会，人的发展和社会的进步表现出相互对立、相互排斥的性质。社会的进步，并不能使所有社会成员获得绝对一致的发展，而必须以牺牲大部分人的发展利益为代价换取少部分人发展和社会总体进步的机会，可以说，这是社会发展的必经阶段。唯物史观不是站在抽象的道德立场上评判历史，而是从实际出发考察历史发展演进的内在联系和客观规律，揭示历史发展的客观辩证法。从无阶级社会到阶级社会，是低下的生产力条件下社会发展的必然趋势。这个阶段的进步意义就在于，它使人

类文明尤其是生产力水平在告别原始社会之后呈现了加速发展的态势，从而为最终消除人与社会的对立、实现人的发展与社会进步在历史中走向一致积累了必要的物质前提。

2. 对抗性社会的消灭与“自由个性”和“自由人联合体”统一的生成

阶级社会在自身的辩证否定中，最终走进了资本主义时代，并开创了世界历史。虽然资本主义还是没有消除社会关系的对抗性质，但是其在生产关系上的进步，还是促进了社会生产力的巨大解放，使社会创造的物质财富超过了以往一切时代的总和。而且，随着资本主义生产的发展，社会交往的普遍化，最终使人摆脱了“人的依赖”，获得了“独立”的地位。这种“独立的个人”的出现是历史的一大进步。公民不再受等级和特权的压迫，在法律上享有平等的地位。在市场经济中，社会成员之间按照“公平自由”的交易法则进行着交换行为。当然，这种“独立的个人”还不具备全面发展的条件和可能。他虽然具有形式上的、身份上的独立性，但并不占有生产资料，这决定了其无法拥有对社会资源分配的参与权和剩余价值的索取权。因此，在资本主义社会，社会对人依然具有“异己性”，还不是人与人之间自觉自愿的组合，而只是“虚幻的共同体”。

人类社会是在不断否定和变革中前进的。要实现人的发展和社会发展在根本方向上的一致，需要一定的生产力基础，因为只有高度发达的、社会化的生产力才能提供坚实的物质基础和高度的历史平台；还需要一定的生产关系基础，因为只有建立了能够保证人们在经济上平等的生产关系，才有其他一切社会关系上的平等，才能实现人的利益和社会利益的根本一致。在无产阶级革命基础上建立的社会主义社会为人的发展和社会进步的真正统一奠定了现实基础，并为社会的全面进步和人的全面发展开辟了广阔空间。这样，自从文明时代以来，人与社会在发展问题上的根本对立将被真正扬弃，实现在社会进步中促进人的全面发展，在人的全面发展中推动社会进步。这样，社会在生产力不断发展的基础上，逐步创造条件，使每一个成员都能够摆脱物的依赖，实现“自由个性”。“自由个性”是对“以物的依赖性为基础的人的独立性”的积极的、历史的扬弃，是在吸收人类发展文明成果的基础上，彻底摆脱了物的依赖关系的真正独立的

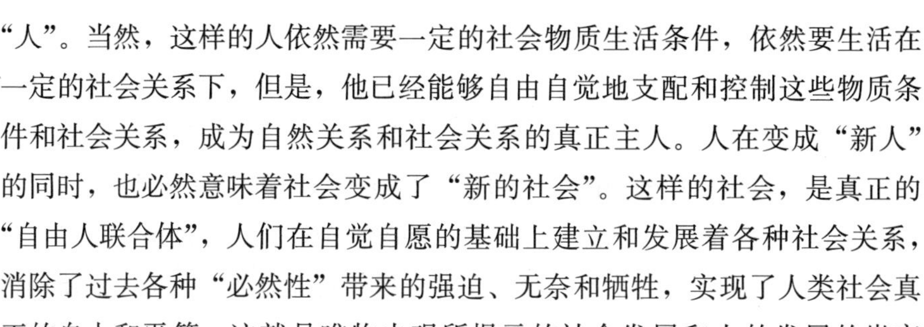

“人”。当然，这样的人依然需要一定的社会物质生活条件，依然要生活在一定的社会关系下，但是，他已经能够自由自觉地支配和控制这些物质条件和社会关系，成为自然关系和社会关系的真正主人。人在变成“新人”的同时，也必然意味着社会变成了“新的社会”。这样的社会，是真正的“自由人联合体”，人们在自觉自愿的基础上建立和发展着各种社会关系，消除了过去各种“必然性”带来的强迫、无奈和牺牲，实现了人类社会真正的自由和平等，这就是唯物史观所揭示的社会发展和人的发展的崇高愿景。

三、中国特色社会主义语境下社会进步与人的发展的辩证统一

随着中国特色社会主义在实践中不断发展，社会进步和人的发展在统一中不断提升到新的水平，增加新的内涵。在这个阶段，社会进步和人的发展的统一主要体现在以下几个方面。

1. *社会全面进步是人的全面发展的必要前提*

经济的发展、政治的民主、文化的繁荣、社会的和谐、生态的美丽，不仅是社会进步的重要内容，而且也是促进人的全面发展的必要前提。

（1）社会的全面进步，为提高人的消费水平和生活质量奠定了必要的物质基础。消费是人通过客体主体化的方式，使世界的物质或精神资源化为己有、为己所用的过程，实现了产品对人的意义。消费水平的提高和消费结构的升级，必然意味着人的发展程度的提高。只有社会经济运行保持持续快速健康发展的良好态势，才能为社会提供更多的就业岗位，保证人们收入的稳定增长，从而提高社会的消费能力。只有积累了雄厚的国家财力，才有条件加大民生方面的投入力度，解除老百姓在养老、医疗、教育和住房等方面的后顾之忧，提高城乡居民的消费层次，保证人民的生活质量不断提高。目前，国际上普遍采用联合国开发计划署提出的“人类发展指数”（HDI）作为衡量社会进步和人的发展程度的通行指标。不同于传统的 GDP 指标，人类发展指数是根据“预期寿命、教育水准和生活质量”三项基础变量，按照一定的计算方法得出的综合指标。人类发展指数的三个基础变量，都需要一定的经济社会发展成果作为物质支撑。没有社会经

济的一定发展，人的发展难免陷入空想。

（2）社会的全面进步，是提高人的健康水平的必要条件。“通过社会生产，不仅可能保证一切社会成员有富足的和一天比一天充裕的物质生活，而且还可能保证他们的体力和智力获得充分的自由的发展和运用。”① 只有经济的发展和科学的进步，才有条件改善全社会的医疗服务条件，逐步提高全民的医疗保障水平，为人民群众提供更加方便、价廉、优质的医疗卫生服务。只有在经济不断发展的基础上，才能更好地发展体育事业，普及群众性体育运动，让人民在运动中增强体质，促进身心健康。只有在经济建设和生态文明建设的良性互动中，才能不断消除空气污染等环境问题对人民生命和健康的危害，为人民群众营造健康的、绿色的生活环境。

（3）社会的全面进步，有利于人的科学文化素质和思想道德素质的提高。“教育是提高人民综合素质、促进人的全面发展的重要途径。”② 社会经济和文化事业的发展进步，可以为教育的发展提供良好条件，提高人的科学文化素质。社会的全面进步，不仅有利于提高人的科学文化素质，也有利于提高人的思想道德素质。以富强、民主、文明、和谐、美丽为价值目标的社会全面进步，可以让人民群众在实践中真切体悟个人和集体、个人和社会之间的辩证关系，在充满正能量的“社会场”中积极进行世界观、人生观和价值观的改造和升华，切实增强对社会发展和个人价值实现的信心，增强个人责任感，提高自身道德修养水平，促进人的道德上的成长和完善。

（4）社会的全面进步，还有利于提高人的美育水平。人的全面发展，是真善美相得益彰、和谐共进的过程。人在实践中不仅追求主观和客观相统一的认识之真，也不止于让客体满足主体需要的价值之善，而且还追求真善美在更高层次上统一的“大美境界”。当然，美育的发展也需要以社会的全面进步为基础。经济的发展成就证明了人的无限智慧和力量，美丽中国的建设带来了人与自然和谐的幸福感，高度的政治文明让每个人充分

① 马克思，恩格斯．马克思恩格斯全集：第25卷．2版．北京：人民出版社，2001：411.

② 习近平．做党和人民满意的好老师：同北京师范大学师生代表座谈时的讲话．人民日报，2014-09-10（2）.

行使当家作主的权利，繁荣的文化让人们有机会广泛吸取人类创造的一切优秀文明成果，和谐社会的不断生成让人们体会到人与社会和谐相处的快乐。社会的全面进步，是增加实际生活中“美”的成分，从而提高人的审美能力，丰富人的美的感受，创造美好生活和美丽人生的必要条件。

总之，推进社会进步的根本目的，是为了促进人的全面发展。

2. 人的全面发展是社会全面进步的必要条件

人的全面发展是在社会全面进步的基础上实现的，同样，推进社会全面进步也离不开人的全面发展。“要不是每一个人都得到解放，社会也不能得到解放。”① 在现代化建设过程中，人的因素是不能忽视的。人的发展既是社会进步的根本目标，也是推进社会进步的重要动力和必要条件。在人的全面发展中推进社会全面进步，是中国特色社会主义现代化建设的正确选择。

（1）人的全面发展，是加快转变经济发展方式，实现科学发展的重要条件。在全面建设社会主义现代化国家的时代背景下，必须从根本上大力转变经济发展方式，促进产业结构优化升级，发展战略性新兴产业，把经济增长转移到依靠科技创新和提高劳动者素质的轨道上来。只有提高经济的科技含量，才能实现经济的绿色发展、循环发展和低碳发展，这显然离不开全民族科学文化素质的全面提高和一大批创新人才的培养。只有大批的高素质人才不断涌现，才能将科教兴国战略和可持续发展战略真正落到实处，增强中华民族的自主创新能力，在科技革命突飞猛进的时代抢占未来的制高点。

（2）人的全面发展，是建设高度政治文明的必要条件。发展人民民主，实现人民当家作主，不仅需要建立体现人民意志的民主制度，而且需要实施民主制度的良好的主体条件。只有人民群众普遍具有一定的文化水平，具备现代民主意识，能正确认识自己的权利和义务，依法行使民主权利，自觉履行法定的义务，才能成为社会主义民主制度的合格公民。在社会主义初级阶段，依然存在着人民群众文化素质不高、民主观念和法治意识比较淡薄的实际情况，影响社会主义民主优越性的发挥。因此，只有通

① 马克思，恩格斯. 马克思恩格斯文集：第9卷. 北京：人民出版社，2009：310.

过持之以恒的教育，逐渐提高公民的文化素质和民主意识，才能为顺利推进社会主义政治文明建设创造必要的主体条件。

(3) 人的全面发展，对促进社会主义文化大发展大繁荣具有重要意义。文化的繁荣昌盛，不是无源之水、无本之木，只有社会文化积淀深厚，才能积聚文化发展创新的巨大“势能”。这种“势能”，实际上就是社会成员的整体素质和文化水平。社会成员只有文化素质普遍提高，才能自觉地对多样的社会实践和多彩的社会生活进行理性的审视和追问，促使伟大的思想成果和艺术作品问世。当前，中国恰逢改革开放的伟大时代，深刻的社会变革带来社会生活的巨大变迁，国家的面貌和人民生活正发生着巨变，这都需要广大哲学社会科学工作者和文艺工作者从思想的高度加以总结和概括，发掘改革时代社会生活演变的真实轨迹，把握和倾听人民精神领域的深层脉动，提炼出“时代精神的精华”，创造出无愧于这个伟大时代的文化和思想成就。

只有促进人的全面发展，才能为实现社会公平正义、构建社会主义和谐社会提供良好的主体条件。只有全面提高人的素质尤其是道德素质，充分发挥个体的社会作用，才能更好地将依法治国和以德治国相结合，使人们增强规则意识和法治观念，自觉遵守家庭美德、职业道德和社会公德，正确处理个人和社会的关系，使社会关系更加和谐，社会生活更加安定有序。同时，只有人们积极参与社会生活，乐善好施，扶危济困，才能促进实现社会公平正义，才能构建社会主义和谐社会。

只有促进人的全面发展，才能更好地促进生态文明建设，使人与自然的关系更加和谐。生态文明建设是亿万人民群众的事业，需要全社会每一个成员的自觉参与。只有人民素质普遍提高，普遍具有高度的科学文化素质、道德素质和审美素质，才能正确地认识人和自然和谐相处的规律，在日常工作和生活中以合理的方式处理人和自然之间的物质变换，以对环境、对社会、对未来高度负责的态度自觉地节约资源、保护环境，以美的眼光和标准参与到美丽中国的建设中，以实际行动促进人和自然的和谐相处、和谐共生。只有这样，才能建成生态文明。

总之，人的全面发展意味着人的关系的丰富性、全面性，这样，人的

全面发展就会成为社会全面进步的必要条件。辩证地看，推进人的全面发展，同推进经济、政治、文化的发展和改善人民物质文化生活，同生态文明建设，是互为前提和基础的。人的全面发展程度越高，推进社会全面进步的动力就越强大，而社会发展越充分，又越能促进人的全面发展。因此，“前进道路上，我们必须始终把人民对美好生活的向往作为我们的奋斗目标，践行党的根本宗旨，贯彻党的群众路线，尊重人民主体地位，尊重人民群众在实践活动中所表达的意愿、所创造的经验、所拥有的权利、所发挥的作用，充分激发蕴藏在人民群众中的创造伟力”①。社会的全面进步是逐步提高、永无止境的历史过程，人的全面发展也是逐步提高、永无止境的历史过程。这两个历史过程应相互结合、相互促进地向前发展。

第五节　中国特色社会主义总体布局的崇高理想

实现共产主义，是中国特色社会主义的崇高理想。习近平指出：“中国共产党之所以叫共产党，就是因为从成立之日起我们党就把共产主义确立为远大理想。我们党之所以能够经受一次次挫折而又一次次奋起，归根到底是因为我们党有远大理想和崇高追求。”② 当下，按照“五位一体”总体布局推进中国特色社会主义现代化建设，就是在实践中通往共产主义的科学选择。从中国特色社会主义到共产主义，这是中国共产党领导中国人民自觉地创造历史，不断开辟社会发展和人的发展新境界的伟大事业，体现了历史发展的辩证法和人民群众的伟大创造精神。

一、科学共产主义是正确揭示人类社会发展规律的科学理论

马克思主义是资本主义时代诞生的理论成果。在这个时代，大工业开创了世界历史，物质生产对历史发展的决定性作用更加凸显，生产关系在社会关系中的基础性地位不断上升并日益明朗，阶级斗争引起了震撼世界

① 十九大以来重要文献选编：上. 北京：中央文献出版社，2019：731.
② 十八大以来重要文献选编：下. 北京：中央文献出版社，2018：347.

的效果。这些情况，都为马克思、恩格斯正确把握历史发展规律，创立科学的理论体系提供了最充分的条件，最终促成了科学共产主义理论的诞生。

科学共产主义理论正确揭示了人类社会发展的一般规律。它以科学实践观为指导，以劳动的发展史作为理解人类发展史的钥匙，发现了人类社会的历史首先是一部物质生产劳动的历史，社会的发展是一个自然历史过程。以物质生产劳动为基础产生了人和自然的关系、人和人的关系，这两种关系相互交织，构成了历史的经纬网。马克思主义把社会看作一个“活的”有机体，正确地揭示了社会存在和社会意识、生产力和生产关系、经济基础和上层建筑之间的辩证关系，认为生产力是社会发展的最终决定力量，随着生产力的发展和不断变革，整个社会的经济基础和上层建筑迟早要发生变化。作为物质生产主体的人民群众是历史的创造者，共产主义的实现实际上就是人民群众在推进社会进步的过程中实现自身的全面发展，是自己解放自己、自由地发展自己的过程。

科学共产主义理论还正确揭示了资本主义社会发展的特殊规律。和以往的思想家不同，马克思、恩格斯抓住了资本主义社会内部包含的自我否定性，辩证地分析了资本主义发展的进步性和存在的历史暂时性。通过对剩余价值的研究，马克思、恩格斯揭示了资本主义剥削过程的实质，揭露了资本主义文明的虚伪性，向世人展示了资本主义制度吃人的本质。马克思、恩格斯还通过对无产阶级的先进性质、历史地位的科学论证，找到了改变资本主义社会的主体力量，阐明了通过无产阶级革命实现无产阶级和人类解放的科学道路。

按照马克思、恩格斯的构想，共产主义社会将彻底消除阶级之间、城乡之间、脑力劳动和体力劳动之间的对立和差别，实行各尽所能、按需分配，实现每个人自由而全面的发展。“只有在那个时候，才能完全超出资产阶级权利的狭隘眼界，社会才能在自己的旗帜上写上：各尽所能，按需分配！”① 在共产主义社会，将实现真正意义上的生产资料社会所有制，全体社会成员都具有高度的共产主义思想觉悟和道德品质。由于阶级和阶级

① 马克思，恩格斯．马克思恩格斯文集：第3卷．北京：人民出版社，2009：436.

差别的消失，国家也必将“自行消亡”。

总之，科学共产主义理论是马克思主义理论体系的有机组成部分，不仅闪耀着真理的光芒，而且也反映了马克思主义以实现人类自由解放为崇高追求的价值立场。

二、中国特色社会主义是共产主义运动在当代中国的具体实践

共产主义不仅是科学的理论体系，还是用实际手段追求实际目标的最实际的运动。“对**实践的**唯物主义者即**共产主义者**来说，全部问题都在于使现存世界革命化，实际地反对并改变现存的事物。”① 作为现实的运动，共产主义包括若干相互联系、有序衔接的具体发展阶段，体现了历史运动的辩证法。就在面向未来的永恒运动中，共产主义不断提升着社会和人的发展境界，给人类的解放和社会的进步开启了理想之光。

中国特色社会主义是共产主义在当代中国的现实体现，是中华民族和中国人民实现共产主义远大理想的现实选择，体现了当前和长远、路径和目标、现实和理想的辩证统一。经历了40多年改革开放实践的检验，中国特色社会主义在实践中不断发展完善，体现了理论、道路、制度和文化的有机统一。中国特色社会主义之所以是完全正确的，就是因为它既坚持了科学社会主义的基本原理，又扎根中国大地和中国文化，具有鲜明的中国特色和时代特征，符合中国实际和人民意愿，是科学社会主义的理论逻辑、中国社会发展的历史逻辑、中国社会主义建设的实践逻辑的有机统一。

共产主义远大理想和中国特色社会主义共同理想在实践中是辩证统一的。作为最现实的运动，共产主义的因素、成分和幼苗，就孕育生长在中国特色社会主义实践中。在当代中国，建设好中国特色社会主义，就是为迈向共产主义做出实际的努力。因此，“坚持不忘初心、继续前进，就要牢记我们党从成立起就把为共产主义、社会主义而奋斗确定为自己的纲领，坚定共产主义远大理想和中国特色社会主义共同理想，不断把为崇高

---

① 马克思，恩格斯. 马克思恩格斯文集：第1卷. 北京：人民出版社，2009：527.

理想奋斗的伟大实践推向前进”①。具体来看，在中国特色社会主义经济建设中，坚持公有制的主体地位和共同富裕的根本原则，在社会主义市场经济条件下解放和发展生产力，就是要为社会的进步和人的发展积累必要的物质基础。这样一步一步走下去，最高境界就是生产力高度发达、社会产品极大丰富的共产主义社会。在中国共产党领导下，建设中国特色社会主义政治，发展人民民主，推进依法治国，支持和保证人民当家作主。这样一步一步走下去，最高境界就是人民群众历史主体地位和现实生活主人地位的充分实现。以马克思主义为指导，建设中国特色社会主义文化，培育和弘扬社会主义核心价值观，建设面向现代化、面向世界、面向未来的，民族的、科学的、大众的社会主义先进文化。这样一步一步走下去，最高境界就是人的精神生活极大丰富、精神境界极大提高的共产主义社会。进行中国特色社会主义社会建设，努力保障和改善民生，逐渐消除异化的社会关系产生、存在的条件，切实维护社会公平正义，促进和谐社会的生成和构建。这样一步一步走下去，必然会消灭“三大差别”，最高境界就是社会关系高度和谐的共产主义社会。进行中国特色社会主义生态文明建设，统筹人与自然和谐发展，实施可持续发展战略，努力建设资源节约型、环境友好型社会。这样一步一步走下去，最高境界就是实现人道主义和自然主义相统一的共产主义社会。

当然，共产主义远大理想的实现，不是一蹴而就的。中国特色社会主义的不断发展过程，就是在实践中向着共产主义远大目标不断迈进的过程。

三、共产主义是人类历史上最理想的社会形态

虽然马克思、恩格斯一直反对具体地描绘共产主义社会的面貌，认为这应该由未来的实践进行回答，但是，我们依然可以根据资本主义社会的基本矛盾及其发展的可能性，根据社会发展合规律性和合目的性相统一的原则，结合历史和逻辑的维度，对共产主义的基本特征进行科学的预测。

---

① 十八大以来重要文献选编：下. 北京：中央文献出版社，2018：347.

1. 社会产品极大丰富，消费资料按需分配

唯物史观认为，共产主义首先具有经济上的意义。“生产者只有在占有生产资料之后才能获得自由。”① 共产主义克服了资本主义的基本矛盾，在人类历史上第一次彻底打碎了私有制的枷锁，建立了适应社会化大生产要求的、以社会占有为特征的公有制生产关系。因此，共产主义必将促进生产力的极大解放，完全可以创造出比资本主义更高的社会劳动生产率，社会产品的丰富程度足以满足所有社会成员的需要。在物质产品极大丰富的条件下，在资本主义社会获得充分发展的商品生产和商品交换将被历史扬弃，社会经济摆脱了商品的“统治”，进入产品经济时代。这样，每个人创造的劳动价值将不再通过商品的形式间接地实现，而是作为社会总劳动的直接体现而存在。同时，由于实行生产资料社会占有制，社会生产的无政府状态将被有计划、有组织的生产代替，实现社会资源利用的合理化。

在消费资料的分配上，共产主义将以“按需分配”代替社会主义的“按劳分配”。这也是一个巨大的进步。只有在生产力高度发达、社会财富的源泉充分涌流的共产主义社会，才具备了实现“按需分配”的基础和条件，从而在分配领域真正实现了人的完全平等，这也标志着人最终从“物的依赖”中摆脱出来，获得了真正的独立。

2. 人与人的关系、人与自然的关系高度和谐

共产主义社会不仅消灭了私有制，而且必将在现实中消灭工业和农业、城市和乡村、脑力劳动和体力劳动之间的差别。“断定人们只有在消除城乡对立后才能从他们以往历史所铸造的枷锁中完全解放出来，这完全不是空想。”② 到了共产主义社会，在生产力高度发达和消除了旧式社会分工的条件下，三大差别将真正走进历史博物馆。只有在工业和农业、城市和乡村、体力劳动和脑力劳动相互融合、平等交流的基础上，社会成员在利益和机会面前完全平等，和谐社会才能得以真正实现。

共产主义社会还意味着阶级和国家的必然消亡。由于生产力高度发

① 马克思，恩格斯. 马克思恩格斯文集：第3卷. 北京：人民出版社，2009：568.

② 同①326.

达，社会消灭了私有制，这就在客观上消除了一部分人凭借生产资料的所有权剥削他人劳动的可能，意味着阶级必然会在历史中走向消亡。与此同时，阶级斗争以及作为阶级斗争工具的国家政权自然就不存在了。由于消除了利益上的根本冲突，战争也不复存在。人们在利益一致的基础上将自由地、平等地、广泛地进行着各种内容丰富、形式多样、健康有益的社会交往活动。

共产主义还是人与自然的关系高度和谐的社会。资本主义私有制的消灭，使社会生产的目的实现了根本转换。产品的生产不再是为了剩余价值的无限索取，而是为了满足全体人民的物质文化需要和生态环境需要。生产目的的转变，意味着人们必将以科学的、系统的、辩证的方法正确处理生产过程中人与自然的关系，在尊重自然、保护自然的前提下谋取人的合理的生存需求和发展利益，实现人的活动规律和自然规律的和谐一致。而且，消灭了三大差别，必将使过去城市和乡村、工业和农业的对立而造成的生态断裂得以修复。“只有通过城市和乡村的融合，现在的空气、水和土地的污染才能排除，只有通过这种融合，才能使目前城市中病弱群众的粪便不致引起疾病，而被用做植物的肥料。”① 在此基础上，将实现人道主义和自然主义的统一。

3. 人们的精神境界极大提高，精神生活极为丰富

生产力的高度发达，以私有制为主导的社会关系的消灭，以及消费资料的按需分配，将为消灭异化创造条件。在现实生活中造成异化的因素一旦被消除，随之被消除的还有精神领域的异化现象以及人们头脑中的各种落后观念。这样，人与人、人与社会不仅在根本利益上是一致的，而且在思想观念上也能够反映和体验这种一致性，真正达到大公无私的境界。

共产主义“新人”必然是精神上的富有者。实践的高度发达和真理的不断发展，使历史上麻痹人们的各种“精神鸦片”完全失去了市场。人与人、人与自然和谐关系的形成发展，为人的精神生活的充实和发展提供了丰富的营养。丰富多彩的社会生活、各具风采的共产主义“新人”、巧夺天工的人化自然、变化万千的瑰丽世界，为人提供了丰富的精神矿藏，不

---

① 马克思，恩格斯．马克思恩格斯文集：第 9 卷．北京：人民出版社，2009：313.

断地增加人在精神上的富有度。人们在改造自然的劳动中体验着对象化和非对象化统一的乐趣，在积极健康的社会交往中进行着经验和智慧的积累、交流和分享，在物质生产“必然王国”的彼岸创造了一个包罗万象、气象恢宏的精神世界。

4. 每个人都实现自由而全面的发展

共产主义高度发达的生产力和完全平等的社会关系，使每个人都成为全面发展的人。在旧式分工体系下，每一个人只能熟悉社会生产的某一个部门或某一个环节，因此，他只能发展才能的某一方面而偏废了所有其他方面。

共产主义彻底消除了少数人垄断发展机会的现象，扬弃了旧的社会分工及其造成的人的被动、畸形发展的状况，使每个社会成员都拥有自由全面发展的机会。在共产主义社会，每个人的自由发展是一切人自由发展的条件。这样，社会将使其成员能够全面发挥他们的得到全面发展的才能。而且，在共产主义社会，由于不再具有谋生的意义，劳动就真正成为人的本质力量和主体地位的展示和确证，成为最能体现人的价值和尊严的活动。同时，生产效率的极大提高，必然使社会劳动时间缩短到最低限度，充足的自由时间的占有和支配，必将使人在才能、个性方面获得巨大的发展空间。

总之，共产主义是从必然王国到自由王国的飞跃。

四、共产主义标志着人的发展上升到自由境界

自由是人类的美好追求和不懈向往。社会发展的历史就是一部人类从必然王国不断走向自由王国的历史。共产主义是社会进步和人的发展的最高境界，是自由的真正实现。

从抽象的意义上讲，自由是对必然的认识和对客观世界的改造。从某种意义上说，自由包括两个维度或两个阶段：认识自由和实践自由。不管是自然界还是人类社会，都有着运动发展的固有规律。在人还没有获得对这些规律的认识之前，自然或社会就对人表现出盲目的、异己的性质，人处在“必然”的支配之下。只有在实践中正确地认识了“必然”，才能达

到观念中的自由，即认识自由。“人对一定问题的判断越是自由，这个判断的内容所具有的**必然性**就越大。”① 不过，认识自由只是**自由**的低级阶段，因为它依然没有在现实中消除世界的“异己性”，自在之物还没有变成“为我之物”。在认识自由的基础上，人结合主体自身的需要和目的，用主观尺度协调客观尺度，在观念领域设计出符合主体目的的“为我之物”，这就是通常所说的“实践观念”。然后，再通过感性的实践活动将实践观念变成客观现实，实现对世界的改造和利用，这就实现了实践自由。在一定意义上说，社会的进步、人的发展就是不断地从必然中挣扎、超越出来，有效地驾驭和利用必然，从认识自由到实践自由，再从实践自由到新的认识自由，就在这样的循环往复中不断实现着对主观世界和客观世界的双重改造，进行着对社会和人的批判和重构，历史地提升着人类的认识能力和实践水平。

在现实的意义上看，自由意味着“人终于成为自己的社会结合的主人，从而也就成为自然界的主人，成为自身的主人——自由的人”②。从这个意义上说，自由的发展程度既取决于人与自然关系的状况，也受制于社会关系的状况。可见，要提高人的自由程度，必须以辩证的观点和方法统筹处理相互制约、纵横交错的自然关系和社会关系，实现人与自然关系的提升和社会关系的优化，以及提升和优化之间的良性互动，在生产力发展的同时促进生产关系的相应进步，这是在实践中走向共产主义的必然要求。

共产主义意味着人的发展上升到自由阶段，“是存在和本质、对象化和自我确证、自由和必然、个体和类之间的斗争的真正解决”③。

总之，中国特色社会主义总体布局，不仅是建设中国特色社会主义的系统路线图，而且是实现共产主义理想的系统路线图。因此，“我们要全面掌握辩证唯物主义和历史唯物主义的世界观和方法论，深刻认识实现共产主义是由一个一个阶段性目标逐步达成的历史过程，把共产主义远大理

① 马克思，恩格斯. 马克思恩格斯文集：第 9 卷. 北京：人民出版社，2009：120.

② 同①398.

③ 马克思，恩格斯. 马克思恩格斯文集：第 1 卷. 北京：人民出版社，2009：185.

想同中国特色社会主义共同理想统一起来、同我们正在做的事情统一起来，坚定中国特色社会主义道路自信、理论自信、制度自信、文化自信，坚守共产党人的理想信念，像马克思那样，为共产主义奋斗终身”①。只有社会主义和共产主义才能确保中国人民站起来、富起来、强起来。在新时代，我们要善于通过总体布局将中国特色社会主义共同理想和共产主义远大理想统一起来。

① 习近平. 论党的宣传思想工作. 北京：中央文献出版社，2020：327-328.

主要参考文献

【马克思主义经典著作】

1. 马克思恩格斯文集：第1—10卷. 北京：人民出版社，2009.
2. 马克思恩格斯全集：第2卷. 北京：人民出版社，1957.
3. 马克思恩格斯全集：第4卷. 北京：人民出版社，1958.
4. 马克思恩格斯全集：第14卷. 北京：人民出版社，1965.
5. 马克思恩格斯全集：第42卷. 北京：人民出版社，1979.
6. 马克思恩格斯全集：第47卷. 北京：人民出版社，1979.
7. 马克思恩格斯全集：第12卷. 2版. 北京：人民出版社，1998.
8. 马克思恩格斯全集：第19卷. 2版. 北京：人民出版社，2006.
9. 马克思恩格斯全集：第25卷. 2版. 北京：人民出版社，2001.
10. 马克思恩格斯全集：第31卷. 2版. 北京：人民出版社，1998.
11. 马克思恩格斯全集：第33卷. 2版. 北京：人民出版社，2004.
12. 马克思恩格斯全集：第34卷. 2版. 北京：人民出版社，2008.
13. 恩格斯. 自然辩证法. 北京：人民出版社，1984.
14. 列宁专题文集. 北京：人民出版社，2009.

【中国化马克思主义文献和中央文件】

1. 毛泽东文集. 第1—8卷. 北京：人民出版社，1993，1993，1996，1996，1996，1999，1999，1999.
2. 毛泽东著作专题摘编：上，下. 北京：中央文献出版社，2003.

3. 邓小平文选：第1卷. 2版. 北京：人民出版社，1994.

4. 邓小平文选：第2卷. 2版. 北京：人民出版社，1994.

5. 邓小平文选：第3卷. 北京：人民出版社，1993.

6. 江泽民文选：第1—3卷. 北京：人民出版社，2006.

7. 胡锦涛文选：第1—3卷. 北京：人民出版社，2016.

8. 胡锦涛. 论构建社会主义和谐社会. 北京：中央文献出版社，2013.

9. 习近平谈治国理政. 第1—4卷. 北京：外文出版社，2014，2017，2020，2022.

10. 习近平著作选读. 第1、2卷. 北京：人民出版社，2023.

11. 十九大以来重要文献选编：上、中、下. 北京：中央文献出版社，2019，2021，2023.

12. 二十大以来重要文献选编：上. 北京：中央文献出版社，2024.

13. 习近平关于社会主义经济建设论述摘编. 北京：中央文献出版社，2017.

14. 习近平关于社会主义政治建设论述摘编. 北京：中央文献出版社，2017.

15. 习近平关于社会主义文化建设论述摘编. 北京：中央文献出版社，2017.

16. 习近平关于社会主义社会建设论述摘编. 北京：中央文献出版社，2017.

17. 习近平关于社会主义生态文明建设论述摘编. 北京：中央文献出版社，2017.

18. 习近平关于协调推进“四个全面”战略布局论述摘编. 北京：中央文献出版社，2015.

19. 习近平关于全面建成小康社会论述摘编. 北京：中央文献出版社，2016.

20. 习近平关于全面深化改革论述摘编. 北京：中央文献出版社，2014.

21. 习近平关于全面依法治国论述摘编. 北京：中央文献出版

社，2015.

22. 习近平关于全面从严治党论述摘编. 北京：中央文献出版社，2016.

23. 习近平关于“三农”工作论述摘编. 北京：中央文献出版社，2019.

24. 习近平关于扶贫论述摘编. 北京：中央文献出版社，2018.

25. 习近平关于科技创新驱动论述摘编. 北京：中央文献出版社，2016.

26. 习近平关于网络强国论述摘编. 北京：中央文献出版社，2021.

27. 习近平关于总体国家安全观论述摘编. 北京：中央文献出版社，2018.

28. 习近平关于统筹疫情防控和经济社会发展重要论述选编. 北京：中央文献出版社，2020.

29. 习近平关于防范风险挑战、应对突发事件论述选编. 北京：中央文献出版社，2020.

30. 习近平. 论把握新发展阶段、贯彻新发展理念、构建新发展格局. 北京：中央文献出版社，2021.

31. 习近平. 论坚持全面深化改革. 北京：中央文献出版社，2018.

32. 习近平. 论坚持人民当家作主. 北京：中央文献出版社，2021.

33. 习近平. 论坚持全面依法治国. 北京：中央文献出版社，2020.

34. 习近平. 论党的宣传思想工作. 北京：中央文献出版社，2020.

35. 习近平. 论坚持人与自然和谐共生. 北京：人民出版社，2022.

36. 习近平. 论坚持推动构建人类命运共同体. 北京：中央文献出版社，2018.

37. 习近平. 论坚持党对一切工作的领导. 北京：中央文献出版社，2019.

38. 习近平. 论中国共产党历史. 北京：中央文献出版社，2021.

39. 习近平. 在2010’经济全球化与工会国际论坛开幕式上的致辞. 人民日报，2010-02-26（2）.

40. 习近平. 科技工作者要为加快建设创新型国家多作贡献：在中国科协第八次全国代表大会上的祝词. 人民日报，2011-05-28（2）.

41. 习近平. 做党和人民满意的好老师：同北京师范大学师生代表座谈时的讲话. 人民日报，2014-09-10（2）.

42. 习近平. 在纪念孔子诞辰2565周年国际学术研讨会暨国际儒学联合会第五届会员大会开幕会上的讲话. 人民日报，2014-09-2（2）.

43. 习近平. 中国肯定要迈过“中等收入陷阱”. http://finance.people.com.cn/BIG5/n/2014/1111/c1004-26004320.html.

44. 习近平. 全面贯彻落实党的十八大精神要突出抓好六个方面工作. 求是，2013（1）.

45. 习近平考察朱熹园谈文化自信：没有中华五千年文明，哪有我们今天的成功道路. http://www.xinhuanet.com/2021-03/23/c_1127243217.htm.

46. 习近平. 庆祝中国共产党成立100周年大会上的讲话. 人民日报，2021-07-02（2）.

47. 习近平. 正确认识和把握我国发展重大理论和实践问题. 求是，2022（10）.

48. 习近平. 高举中国特色社会主义伟大旗帜 为全面建设社会主义现代化国家而团结奋斗：在中国共产党第二十次全国代表大会上的报告. 人民日报，2022-10-26（1）.

49. 习近平. 在文化传承发展座谈会上的讲话. 求是，2023（17）.

50. 中国共产党章程. 人民日报，2017-10-29（4）.

51. 中华人民共和国宪法. 人民日报，2018-03-22（1）.

52. 生态文明体制改革总体方案. 人民日报，2015-09-22（14）.

53. 全国人民代表大会常务委员会关于全面加强生态环境保护依法推动打好污染防治攻坚战的决议. 人民日报，2018-07-11（4）.

54. 中华人民共和国国民经济和社会发展第十四个五年规划和2035年远景目标纲要. 北京：人民出版社，2021：11.

55. 中共中央国务院关于全面推进乡村振兴加快农业农村现代化的意见. 人民日报，2021-02-22（1）.

56. 中共中央国务院关于完整准确全面贯彻新发展理念做好碳达峰碳中和工作的意见. 人民日报，2021-10-25（1）.

57. 中共中央关于党的百年奋斗重大成就和历史经验的决议. 人民日报，2021-11-17（1）.

【政策白皮书】

1. 中华人民共和国国务院新闻办公室. 中国共产党尊重和保障人权的伟大实践. 人民日报，2021-06-25（2）.

2. 中华人民共和国国务院新闻办公室. 全面建成小康社会：中国人权事业发展的光辉篇章. 人民日报，2021-08-13（10）.

3. 中华人民共和国国务院新闻办公室. 中国的全面小康. 人民日报，2021-09-29（10）.

后　记

党的十八大创造性地将生态文明建设纳入中国特色社会主义总体布局中，形成了“五位一体”的总体布局。为了研究这一理论创新成果的理论价值和实践意义，进一步推动生态文明研究尤其是社会主义生态文明研究，我们申请了北京市哲学社会科学规划项目。最后以 2013 年北京市哲学社会科学规划研究基地特别委托项目“建设中国特色社会主义的总布局研究”（项目编号：13JDKDD001）的形式获得资助。本书即为该项目的最终成果。

在项目申请的过程中，由笔者独立设计完成了课题申请书。课题获得立项后，由笔者提出全书的写作思路、写作提纲和写作要求，最后由各位作者分别撰写了初稿。具体分工情况为：引言，张云飞；第一章，焦冉；第二章，吉志强；第三章，袁雷；第四章，张云飞、王宏兴；第五章，刘燕；第六章，焦冉、张云飞；第七章，张苗苗；第八章，王宏兴；第九章，张云飞、刘乃刚；第十章，王宏兴。

全书初稿完成以后，笔者对全书进行了三次修改和完善，重新撰写了部分章节。

2017 年 10 月 16 日，本课题通过了北京市哲学社会科学规划办公室组织的鉴定。

2017 年 10 月 18 日至 24 日，党的十九大胜利召开。根据党的十九大精神以及十九大以来党和国家的一系列重要文件的精神，根据习近平新时代中国特色社会主义思想，结合北京市哲学社会科学规划办公室在结项通知中提出的修改意见，笔者对全书进行了大幅度的修改，重新写作了部分章节。

2020 年 4 月，依据党的十九届四中全会精神，结合新冠疫情防控阻击战的经验，笔者完善了相关内容。

2022 年 5 月到 6 月，根据党的十九届六中全会精神，参考有关方面的审读意见，笔者对全书又进行了修改和完善。

2023 年 3 月，根据党的二十大精神，笔者对全书进行了一些润色。

2024 年 7 月，以党的二十大之后的有关文件为依据，笔者对相关表述进行了调整。

本书的出版，得到了中国人民大学出版社郭晓明、余盛、李俊峰、徐小玲、牛晋芳、赵景刚等同志的大力支持，特此致谢！

至于书稿中存在的问题，由笔者一人负责。请读者批评指正为盼！

张云飞

2024 年 7 月 10 日

于中国人民大学马克思主义学院

图书在版编目（CIP）数据

总体布局：新时代建设中国特色社会主义的系统路线图/张云飞等著. --北京：中国人民大学出版社，2025.2. --（马克思主义理论研究与当代中国书系）.
ISBN 978-7-300-33032-7

Ⅰ.D616

中国国家版本馆 CIP 数据核字第 20240UR782 号

国家出版基金项目
“十四五”时期国家重点出版物出版专项规划项目
马克思主义理论研究与当代中国书系
总体布局：新时代建设中国特色社会主义的系统路线图
张云飞 等 著
Zongti Buju：Xinshidai Jianshe Zhongguo Tese Shehui Zhuyi de Xitong Luxiantu

---

出版发行	中国人民大学出版社		
社　　址	北京中关村大街 31 号	**邮政编码**	100080
电　　话	010－62511242（总编室）		010－62511770（质管部）
	010－82501766（邮购部）		010－62514148（门市部）
	010－62515195（发行公司）		010－62515275（盗版举报）
网　　址	http://www.crup.com.cn		
经　　销	新华书店		
印　　刷	天津中印联印务有限公司		
开　　本	720 mm×1000 mm　1/16	**版　　次**	2025 年 2 月第 1 版
印　　张	34.25 插页 2	**印　　次**	2025 年 2 月第 1 次印刷
字　　数	504 000	**定　　价**	168.00 元